Todos los libros de Linkgua Ediciones cuentan con modelos de Inteligencia Artificial entrenados por hispanistas. Pregúntale al chat de tu libro lo que desees acerca de la obra o su autor/a.

Para ebooks: Accede a nuestro modelo de IA a través de este enlace.

Para libros impresos: Escanea el código QR de la portada con tu dispositivo móvil.

Obtén análisis detallados de nuestros libros, resúmenes, respuestas a tus preguntas y accede a nuestras ediciones críticas generativas para una experiencia de lectura más enriquecedora.

La transparencia y el respeto hacia la autoría de las fuentes utilizadas son distintivos básicos de nuestro proyecto. Por ello, las respuestas ofrecen, mediante un sistema de citas, las fuentes con las que han sido elaboradas.

Jorge Mañach

La civil discrepancia

Compilación de Carlos Espinosa Domínguez

Barcelona 2024

Linkgua-ediciones.com

Créditos

Título original: La civil discrepancia. Compilación de Carlos Espinosa Domínguez.

© 2024, Red ediciones S.L.

e-mail: info@linkgua.com

Diseño de la colección: Michel Mallard.

Imagen de portada: Michel Mallard.

ISBN rústica ilustrada: 978-84-9953-652-1.
ISBN tapa blanda: 978-84-9953-631-6.
ISBN ebook: 978-84-9953-514-2.

Cualquier forma de reproducción, distribución, comunicación pública o transformación de esta obra solo puede ser realizada con la autorización de sus titulares, salvo excepción prevista por la ley. Diríjase a CEDRO (Centro Español de Derechos Reprográficos, www.cedro.org) si necesita fotocopiar, escanear o hacer copias digitales de algún fragmento de esta obra.

Sumario

Créditos	4
Introducción	13
Del discutir	19
Hombres-cohetes	23
La herencia	26
La multitud y los iniciados I	30
La multitud y los iniciados II	34
El nuevo idioma castellano	40
Acto de cortesía	45
Réplica a Aristigueta	48
Acaba la réplica a Aristigueta	51
La novela cubana	56
Más sobre la novela cubana	59
El ácido en el anca	63
La influencia de Zuloaga: ritornello	67
Recogiendo una alusión	69
Pues bien...	71
A «un lector»	74
Gustos y colores	77
Otra vez «Tartarín»	79
Marinello y la actitud crítica	82
Réplica a Juan Marinello	85
Sobre la música popular	88
Alrededor de un juicio	90
¿Por qué no «martiano»?	93
Martiniano y martiano	94
Lo del Conservatorio Nacional	97
Recogiendo un suelto	100
Una queja intelectual	102
La obra del señor Tamayo	104

Una aclaración	107
La Biblia y Marianófilo	110
De la filial justicia	112
La emoción sajona	114
Desahogos académicos	117
Los prestigios filosóficos	120
Reparos a «Diógenes Laercio»	122
Humores veraniegos	126
Loveira y un reparo	129
Al lector de San Miguel	132
Contracríticas	134
Los demagogos de la moral	138
Las viejas huellas	141
Dúplica al señor Goldarás	144
Más sobre el teatro cubano	146
Ítem más	148
Los clásicos y el teatro	151
La tierra y las palabras	154
Con la misma vara…	157
Réplica a Manuel Vega	160
Sobre la necesidad de estilo	164
Finiquito	167
Sancta Simplicitas	*170*
Una opinión inadmisible	173
II-Cultura y tecnología	175
Una carta rectoral	178
La Filarmónica et al…	180
Suum Cuique…	183
Elogio de nuestro Rubén	187
A nuestro Rubén ironista	190
Correo Habana-París	194
Carta a Agustín Acosta	197

Humores y flechitas	200
I-El falso vanguardismo	203
II-Amigos, enemigos	205
III-La traición y lo nuevo	207
IV-Lo ruso y lo occidental	210
Réplica a «Billiken»	214
Una leccioncita y algo más	217
Más sobre el cine	220
Polémica y civilidad	222
Desmintiendo rumores	226
Crítica y bandería	229
Poco menos que superfluo	232
Y para rematar	234
Clericalismo e hispanidad	237
Acercando posiciones	241
Pro-Arte y la prensa	244
Ismos. Niebla	247
Películas. Precisiones	250
El muñeco y el ventrílocuo	253
Carta abierta a Joaquín Edwards Bello	258
Segunda carta abierta a Edwards Bello	262
La salud de la criatura	266
Defensa del ABC	270
Una réplica inevitable	275
Y nada más	279
La verdad está en medio	284
Precisiones a una oriental	289
Lo espiritual y lo social	293
La cruzada nueva	297
De arte viejo y nuevo	302
O matarlos, o entenderlos	305
Respuesta a Medardo Vitier	310

Cuestión de orientaciones	320
Caminos de fe y de razón	323
Fin de confesión	327
La paja en el ojo ajeno	331
De la polémica inútil	335
El vaciador vaciado	339
El imperialismo y las falsificaciones	346
Colofón en el 12 de agosto	353
De filosofía y humildad	358
Sentimientos y resentimientos	362
Articulación de contrarios	365
Réplica para Manzanillo	371
Nuestra frustración	375
Nosotros y los demás	378
De lo que pudimos ser	382
La tangente y la menor resistencia	386
Una generación ante el espejo	390
Sobre la réplica de Chibás	395
Las cuentas que nos piden	403
Las oblicuidades de un «Apóstol» Respuesta a Juan Marinello	413
Las oblicuidades de un «Apóstol» II	420
Para cerrar una polémica	426
Defensa de la revolución... y un muerto	436
Un estilo de pensar	443
Las cosas claras	446
Por entre las columnas	451
Necesidades del oficio	455
Avispas en la ventana	459
La tolerancia y sus límites	468
El arcano de cierta poesía nueva Carta abierta a José Lezama Lima	471

Reacciones a un diálogo literario (Algo más sobre poesía vieja y nueva)	480
Final sobre la comunicación poética	489
Breve réplica a Cintio Vitier	500
El ajeno disentimiento	504
Las cosas en su punto	511
Las bardas del jardín de Cándido (Respuesta a Álvarez del Real)	518
El autenticismo no da para más	526
El incauto y el reincidente (Contestación a Rivero Agüero)	532
Algo más que una cuestión personal	540
Réplica a Rodríguez	550
Segunda réplica a Rodríguez	562
Las ideas y la política (Impugnación al doctor Fernández Varela sobre «La Moral del doctor Agramonte»)	575
Sobre una juvenil discrepancia	587
Por una polémica decente	591
Defensa de un juicio	595
Glosa de unas declaraciones	599
¿Quién es reaccionario? Réplica a un defensor de la dictadura	602
Contrarréplica a un corifeo del régimen	613
Carta abierta a don José Vasconcelos	625
Segunda carta a don José Vasconcelos	633
Sobre el recurso y una actitud	642
Otra carta... y dos posiciones	648
Primera respuesta	655
Ampliación a un comunista eminente	658
Contestación a Mr. Robinson	668
La razón de cada cual	679

Cuestión de civilidad	683
Ya que el Dr. Lazo se empeña…	686
Las ideas en la enseñanza	690
Hechos y opiniones	693
Las razones de un movimiento (Respuesta a Carlos Márquez Sterling)	697
Defensa de un manifiesto	708
Final de una defensa	711
La polémica y su «relajo»	715
La semilla y la fronda (Con motivo de dos alusiones)	719
Las formas y la sustancia (Defensa a una «opinión disidente»)	724
Dicciones y contradicciones	733
Positivismo y metafísica en Ortega	736
Réplica a un joven impugnador	741
Una puntualización necesaria	747
Para alusiones…	751
Respuesta a buenos entendedores	754
Compromiso con la verdad entera (Réplica a un joven discrepante)	763

Introducción

La polémica, para que sea útil, requiere una base de buena voluntad, de inteligencia, de respeto al prójimo que sabe respetar, de amor a la justicia cabal y a la verdad. Cuando no es eso, es solo gresca y diatriba. J.M.

Desde que se inició en el periodismo, cuando era un veinteañero, Jorge Mañach tuvo una valoración muy positiva de esa noble pugna de pareceres que es la polémica. La concebía como una agradable charla, como un coloquio estimulante que permite desarrollar el ingenio y contribuye a ejercitar las opiniones, al tonificar las mejor pensadas. El germen de la inconformidad, sostenía, es necesario para el progreso de las ideas. Eso lo llevó, en algunas ocasiones, a provocar la discusión sobre temas que creía pertinente y necesario tratar, como fue el caso del fraternal intercambio acerca de la novela cubana que Rafael Suárez Solís y él mantuvieron en los años veinte.

Tuvo por eso una actitud hospitalaria a todos los pareceres adversos, con tal de que estos saludaran antes de entrar. Pensaba que la civil y noble discrepancia de opiniones hay que respetarla siempre, pues es algo propio de personas civilizadas. Se holgaba de las polémicas honrosas y corteses que tuvo con interlocutores inteligentes. En ese grupo presumo que estaban las que sostuvo con Medardo Vitier, Manuel del Riego, José Vasconcelos. Sin embargo, no tenía reparos en responder a personas que le escribían al diario en el cual colaboraba en ese momento, y lo hizo más de una vez. Esto, pese a saber que las polémicas en medios periodísticos pueden ser un espectáculo divertido para los lectores, pero raramente conducen al esclarecimiento de la verdad y, en cambio, abren entre los contendientes un agrio vacío. Por supuesto, no todas eran ingratas ni ociosas, y alguna luz y no poca animación cordial salía de ellas.

Hay que lamentar que el periodismo lo obligó en algunas ocasiones a descender hasta el arroyo. Al respecto, conviene apuntar que era consciente de que uno no debe ocuparse de los mordiscos en letra de molde de gente irresponsable, o de quienes no perdonan que se ignore su genialidad. Pero de igual modo, sabía que no hay enemigo pequeño, ni difamación de la cual no quede alguna huella. Por eso respondió a ataques y juicios hostiles, aunque eso le provocase fastidio y lo forzara a apartarse de faenas más importantes y constructivas.

En 1925, cuando solo llevaba tres años y pico escribiendo regularmente en la prensa habanera, primero en el *Diario de la Marina* y después en *El País*, Mañach se quejaba de que, «para contar con tan breve hoja de servicios literarios, ya he tenido muchas veces el honor de verme hostilmente aludido en letra de molde». Muchas más fueron después las ocasiones en que se vio puesto, como San Sebastián, erizado de flechitas. No dedicó tiempo y esfuerzo a responder a todos esos ataques. Aun así, polemizó mucho, pues como él mismo admitía, era «un viejo corcel de guerra». Difícilmente se va a encontrar en la literatura cubana un escritor que a lo largo de su ejecutoria acumulara tantas polémicas como las que se recogen en este volumen.

Leer estos artículos ofrece la oportunidad impagable de ver a Mañach poniendo en práctica e iluminando las concepciones de lo que para él debía ser una polémica ejemplar, respetable, elegante, culta. Conviene recordar, comentó Mario Parajón, que pertenecía «a la raza de los que creen que si el hombre no razona, no se eleva y cultiva, todo a su alrededor se convierte en escoria».[1] Hombre de ideas, uno de los más brillantes y lúcidos que hemos tenido, poseía una cabeza muy bien amueblada, que él se ocupó de llenar a través de sus estudios universitarios y de sus incesantes lecturas.

En estos artículos que aquí se recogen, lo vemos desenvolverse con gran seguridad y dominio en campos como la literatura, el arte, la filosofía, la religión, la política. Admira su habilidad para avalar las opiniones propias o para impugnar las ajenas. Discute con orden y claridad y elude las alusiones oblicuas y el despliegue de vanidades, pues estaba convencido de que solo así se puede llegar a la verdad y hacer que aflore la luz. Podía llegar a ser duro, pero nunca es irrespetuoso ni ofensivo. A lo sumo, echa mano a su arma más afilada, que es la ironía amable y suave. Asimismo, siempre se hace responsable de lo que ha dicho y trata de que la controversia se mantenga en el plano superior e impersonal de las ideas. Tampoco polemiza para ganar, sino que se contenta con haber aclarado el asunto sobre el cual se debate.

Aunque, como a la vista está, las polémicas que integran esta compilación son numerosas, aclaro que se trata solo de las que yo he podido reunir. Hay alguna, como la que Mañach sostuvo con Raúl Roa en los años treinta, que me fue imposible localizar por no poseer ningún dato acerca de dónde se publicó. Asimismo y siempre que he podido, en las notas al pie adiciono la referencia bibliográfica de los textos de otros autores a los cuales Mañach respondió o de aquellos a los cuales los suyos dieron lugar. Eso permitirá a quienes se interesen, acceder a la versión de la contraparte.

1 Mario Parajón: Prólogo, Jorge Mañach, *Obras II, Estampas de San Cristóbal (I)*, Trópico, España, 1995, pág. 7.

Carlos Espinosa Domínguez

Aranjuez, diciembre 2019.

Esta compilación de artículos de Jorge Mañach constituye un segmento de un proyecto mayor, encaminado a recuperar parte de su faena periodística. Y digo parte, porque reunirla toda es una tarea, si no imposible, sí muy ardua. Sus primeras colaboraciones en la prensa cubana datan de cuando tenía diecisiete o dieciocho años; la última la redactó pocas semanas antes de morir. En varias ocasiones se quejó de la servidumbre del diarismo, que según él no le dejaba tiempo para escribir los libros que prometió a lo largo de su vida y que nunca llegaron a ver la luz. Pero nunca pudo abandonar la que fue su pasión más fiel y duradera, acaso porque al igual que su admirado Ortega y Gasset, era un escritor de artículos y de pequeños ensayos. De hecho, cuatro de los libros que publicó —*Glosario* (1924), *Estampas de San Cristóbal* (1926), *Pasado vigente* (1939), *Visitas españolas: Lugares, personas* (1959)— los armó a partir de materiales periodísticos.

En una entrevista aparecida en 1956, Mañach comentó que un buen amigo suyo se había dedicado bondadosamente a hacer una bibliografía de lo publicado por él hasta ese momento. El registro sumaba «unos ocho mil títulos, entre artículos, conferencias y ensayos». Si se pudiese reunir todo el material disperso, que se halla en periódicos y revistas, el número de páginas como mínimo triplicaría el de todos sus libros. Pero no se trata solo de una cuestión cuantitativa. Su labor periodística es una parte sustancial de su actividad intelectual y literaria, aquella que probablemente constituye su columna vertebral, aquella en la cual se volcó con mayor vehemencia. De ello se puede deducir que solo tendremos una imagen cabal de su pensamiento y de su trayectoria humana e ideológica cuando ese copioso material esté accesible y al alcance de los lectores. Y justifica también la necesidad de acometer ese proyecto, de atender el reclamo de esos textos de permanecer en libro.

No hace falta que diga que la realización del mismo ha implicado dedicar mucho tiempo en bibliotecas y hemerotecas. Reunir los textos de Mañach ha sido una faena todo menos fácil, debido a la enorme cantidad de ellos que escribió y que se hallan dispersos en varias publicaciones. Algunas de estas además solo existen en Cuba, lo cual dificultó aún más el trabajo, por no residir allí. A lo largo del proceso de búsqueda y acopio he contado con la colaboración de algunas personas amigas, a quienes quiero dejar constancia de mi agradecimiento: los investigadores Cira Romero, Enrique Río Prado y Ricardo Hernández Otero; el investigador y académico Ernesto Fundora; Araceli García Carranza, jefa de investigaciones de la Biblioteca Nacional; y Tamara Pérez, empleada de esa institución. A todos les expreso aquí mi gratitud por la generosidad y la buena disposición que siempre demostraron para ayudarme.

C.E.D.

Del discutir

Estábamos de sobremesa.

El Doctor (usted sabe a quién me refiero) que, sin respeto alguno a la etiqueta, nos dio durante toda la comida una disertación sumamente metódica y razonada sobre la herencia, se había callado al fin. Usted lo logró con sus atinados:

—Coma, doctor. No deje que, por el gusto de oírle, abusemos de su elocuencia.

La verdad es que el eximio catedrático había razonado tanto, que todos nos aburrimos.

Ya callado él, hacia los postres, se suscitaron dos o tres polémicas de las buenas, de las divertidas, de esas en que cada uno, muy seriamente, cree tener la razón.

Los ánimos empezaron a interesarse. Prevaleció una controversia sobre no recuerdo qué asunto. Todos terciamos a más y mejor, y aquello se hizo un guirigay divertidísimo.

De repente, usted, con la mejor intención del mundo, amonestó:

—Vamos, discutan con orden y claridad.

Y comentó el doctor, a quien no le gustan las polémicas, sino las conferencias:

—Así únicamente es posible llegar a la verdad. De la discusión ordenada sale la luz.

Y entonces todos nos callamos. Razonadamente, nadie se aventuraba ya a discutir; y cuando al fin uno lo hizo, nos aburrimos disimuladamente (él inclusive) hasta que empezó el baile.

El error fue suyo y del Doctor, amiga mía. Estuvo en el querer intelectualizar aquello ingenuamente. Ya en otra ocasión le dije de cómo a nuestra psicología cubana no le gustan las cosas serias, a menos que haya posibilidad de bulla.

Por otra parte, el concepto que ustedes tienen de lo que nosotros entendemos por discusión es bastante falso.

Que de la discusión salga la luz, a mí siempre me ha parecido muy poco luminoso. En realidad nosotros siempre lo decimos para justificar nuestro prurito latino de dialéctica; es a lo sumo una excusa, un pretexto para discutir por el solo placer de discutir. Y este placer, créamelo usted, es mayor personalmente cuando cuanto más éxito tenemos en confundir y enmarañar a nuestro antagonista. De donde, si cuando discutimos lo hacemos por el placer que en ello encontramos, y si este aumenta con la tergiversación rara vez saldrá luz alguna de una polémica, y si sale, o ha sido mera casualidad o no ha habido verdadera discusión ni conflicto, sino una doble conferencia.

Una discusión se resuelve cuando se llega a una conclusión; es decir, cuando los dos adversarios se ponen de acuerdo —aunque sea para callarse, por falta de argumentos. Cuando el acuerdo es positivo, tan solo porque es común lo creen justo y lo llaman luz.

Por fortuna, amiga mía, esa falacia no se da con mucha frecuencia. Es tan aburrido estar de acuerdo, que los hombres lo evitamos cuidadosamente y solo nos avenimos a ello sobre una base de intereses contrarios, como en las notarías. El espíritu de contradicción es fundamentalmente el odio a la concordancia de parecer; en otras palabras, es una forma del espíritu de diversión, de la jovialidad.

Por eso crearon los antiguos la cátedra de los sofistas. Mientras en labios de los demás filósofos, los razonamientos no eran sino lentos tanteos hacia su verdad inasequible, o por lo menos irreconocible, los sofistas se servían de ella para recrear a las multitudes, como en juegos malabares o de pirotecnia. Ambos fracasaban en cuanto a la verdad;

pero estos, siquiera, entretenían. Ellos fueron los epicúreos del pensamiento y los únicos que supieron sacar algún partido de la filosofía.

Otro hecho, gracias al cual no solemos ponernos de acuerdo, sobre todo en las discusiones que suscita a diario el roce ciudadano, es que rara vez nos entendemos. En algunos casos, porque usamos las palabras en distintos sentidos, como aquellos dos individuos que a poco se pegan, discutiendo si la señora de uno de ellos lucía o no ricos arreos.

Pero en la gran mayoría de los casos no nos entendemos porque no nos oímos. Usted no me pone atención cuando yo hablo, ni yo se la pongo a usted cuando le toca su turno. Ambos estamos demasiado preocupados con arrinconar al otro, demasiado ocupados con lo que vamos a decir a nuestra vez. Los argumentos que maduro, no se forman en oposición a los de usted, sino en contra de los que yo mismo me pongo a su favor, mientras usted habla sin que yo lo oiga.

Y como es posible que a veces coincida nuestra íntima argumentación con la de nuestro adversario, se da el caso de nos pongamos de acuerdo sin quererlo ni darnos cuenta. Entonces surge el:

—Bueno. Pues eso es lo que yo digo. ¡Si en el fondo usted y yo pensamos lo mismo!

Con lo cual, acaba la discusión y se entristecen los ánimos.

Nunca, amiga mía —sobre todo si es usted huésped y quiere ser hospitalaria—, nunca recomiende a sus contertulios que discutan con orden y claridad. No lo conseguirá usted sin aguarles la fiesta.

Además, acuérdese de que cuando los hombres están en sociedad, aun los más inteligentes se vuelven como el pueblo, que prefiere la elocuencia al raciocinio, y la mentira amena al abstruso silogismo.

¿Por qué, si no, hay tan pocos *causeurs* que sean peinadores? ¿Por qué cree usted que tengan tan poco éxito nuestros editorialistas y tanto nuestros representantes?

(*Diario de la Marina*, 6 diciembre 1922)

Hombres-cohetes

De este quicio espiritual en que me hallo gozoso, sin meterme con los hombres, sino solo con las ideas y las cosas, han venido a sacarme bruscamente tres cartas que son tres petardos.

El petardo es un perfecto símbolo de ciertos temperamentos y de ciertas elucubraciones. Notad que esos menudos provocadores de regocijo, a veces llamados cohetes, apenas son más que un rollito de papel, pintado por fuera, y apertrechado por dentro con una santabárbara infinitesimal. Cuando se encienden, lo cual suele hacerse en las «solemnidades» patrióticas, la mechita arde veloz y agoreramente, como si tuviese prisa por suscitar una hecatombe; prende el papel, prende la pólvora, brinca todo ello a ras del suelo, con mucho ruido y humo, y luego, el pobre petardo, habiendo cumplido su misión en la vida, se queda agotado y patético sobre el adoquín, mientras los chicos se alejan solazados, absurdamente divertidos...

Cuando se aíran, sin embargo, son como el cohete: el rojo iracundo se les chamusca, brincan estrepitosamente, divierten... no hicieron daño. ¡Ah, pobres hombres-cohetes!

* * *

Pero decía yo que había recibido tres cartas...

En efecto; tres cartas relativas al comentario que ha poco me ocurrió hacer sobre el prólogo epistolar de don Jacinto Benavente al bello libro de don Julio Sigüenza.[2]

Estas cartas me ponen como chupa de dómine, y lo hacen con una elegancia encantadora. Jamás he gozado fruición tal.

---

2 «Apolo-Febo (epistolar)», *Diario de la Marina*, 10 agosto 1923, pág. 1.

Debo ser un hombrecillo bravo y horrendo. —¿Quién me ha metido a mí a crítico? —preguntan. —¿Cómo me atrevo yo —adolescente incauto, Aristarco en ciernes, Zoilo de parvulada, *inimicus malus* de la verdad y de la raza— a decir tales herejías del genio —del Genio—, del Máximo Genio? ¿Cómo puedo yo, con mi estilo prepaño (¡fea palabra!) de rarezas, de «parisismos» y de contorsiones, menospreciar nada que haya salido de la pluma del maestro? ¿Y quién me contó que Benavente quiso escribir un prólogo, y no simplemente, una carta de presentación afectuosa?

***

El lector que aún me quiera bien, comprenderá que yo no me puedo indignar así, en una sola glosa, de las tres acusaciones esenciales en que coinciden esos tres petardos; a saber, lo de la autoridad, lo del estilo y lo del prólogo.

Me iré indignando separadamente, según me lo permitan mis quehaceres.

Pero como los lectores no-cohetes no tienen por qué sufrir repeticiones provocadas por explosiones ajenas, les ahorro la de mi opinión sobre Benavente y la de lo tocante al prólogo. Ya escribí lo que me parecía sobre esos particulares.

Cuando don Jacinto fue laureado con el Premio Nobel, le dediqué (tres por dos: ¡seis!) seis medias columnas al fausto y singular suceso; o sea, tres columnas enteras: todo un arco triunfal.

Entonces, sin embargo, no dije que el galardón me parecía relativamente inmerecido. Hoy lo digo, deplorando mi pusilanimidad de entonces. Creo en la vasta habilidad de Benavente; creo en su claro talento; creo en la bondad nacional de su dramaturgia. Pero creo también que su genio y su valor universal son muy discutibles (como lo ha pensado la vasta mayoría de los críticos, ingleses, franceses, alemanes e italianos que comentaron el lauro Nobel).

Acreditar con argumentos este parecer, habría menester un ensayo, por lo menos. Mas los señores petardos pueden estar seguros de que este Aristarco, que escribe y opina porque, al parecer, hay quienes le hacen la merced de leerle, trata siempre de razonarse lo que piensa, y rara vez permite que se le confundan en el fuego interior cosas tan disconexas como la Raza, que es un valor fundamental, y Benavente, que es un valor intelectual.

En cuanto al prólogo al libro de Sigüenza, reitero: me parece una laureada insipidez.

Por lo que toca a mi propia manera, admito que nunca servirá para modelo en una preceptiva literaria. Pero de esto sí me he de ocupar, con el lema: «pobre, pero honrado».

Agradezco a mis tres comunicantes sus adjetivos, y siento que no me hayan conmovido sus explosiones respectivas. Estoy curado de pequeños espantos. Solo me permito darles este consejo: las cosas intelectuales se discuten intelectualmente —si se saben discutir—; aunque a veces los mismos «periodistas» o los mismos «compañeros», no sepamos todos dar el ejemplo.

(*Diario de la Marina*, 21 agosto 1923)

La herencia

«Toda la responsabilidad de nuestros actuales trastornos políticos corresponde atribuirla a la juventud de hoy.»

Con esta enfática y generalísima declaración comenzaba hace dos o tres días mi querido compañero Jorge Roa (a quien no por mera etiqueta de redacción adjetivo así), en su «Ambiente Actual» donde impugnaba la actitud de pasividad inercia cívica en la mozada de hoy.

«El delito en que incurre sin interrupción la juventud procede de inactividad», agregaba Roa. Y, haciendo encomiástica salvedad del movimiento universitario de depuración, añadía que «en ningún otro sector de la sociedad la juventud intelectual cubana ha dado muestra de consciente identificación con sus intereses más caros», sino que se ha limitado a «la pasiva y habladora protesta en el círculo o en el club... cuando el mal o los males que provoca se han tornado irremediables».

Roa cita como ejemplo de este moceril encanijamiento, la inactividad de la «Falange de Acción Cubana», que dirige nuestro Rubén Martínez Villena. Falangista que soy también, recojo sin rubor la implícita alusión. Pero, en ningún caso entiendo que debiera dejarse inadvertida la crítica que a todos por igual nos hace el reflexivo compañero. Lo justo en ella nos aleccionará, y lo injusto —que quizá no se antoje poco a algunos— bien convendrá precisarlo, para dignificación de quien lo merezca.

***

¿Cree Roa, en rigor de verdad, que sea nuestra la culpa de los trastornos políticos actuales?

Todo parece reducirse a deslindar escrupulosamente dos categorías de juventud y dos conceptos de actitud. Defender a nuestra generación es más difícil que defender a cierto grupo —el grupo «intelectual», si se quiere— de esa generación. Por otra parte, hay que distinguir entre la pura y simple inercia y la actitud expectante, consciente e inteligentemente expectante, que caracteriza a aquella minoría juvenil.

Acaso viera Roa la intensa representación de *Espectros* que hace unas noches nos dieran Mme. Duse y su farándula. ¿Recuerda aquel personaje mozo —Osvaldo Alving— a quien Ibsen agita, roído en plena ansia de vivir, por una herencia orgánica y amado de una buena madre, que no sabe si matarlo en las horas atávicas? Pues así parece nuestra generación. Nuestra generación es el Osvaldo que pena los pecados de ayer y de antier; los descuidos de una época inicial de libertinaje republicano que nos dejaron en el organismo este morbo de irresponsabilidad, de cinismo materializante, de egoísmo.

Una interpretación muy generosa y humana del drama de Ibsen quizás llegaría hasta hacernos simpática, diré mejor, perdonable, la figura del vivir Alving corrompido que la trama implica. Así como a las rebeldías que se malogran, en vez de llamarlas revoluciones las llamamos insurgencias, así a los hombres pecadores se les llama solo «alegres» cuando quedan impunes, y disolutos cuando el pecado por azar los macula. La señora Alving llamaba a su esposo «disoluto», pero acaso moralmente solo es alegre.

Esta denominación relativa también la sufren los pueblos y las generaciones. Nuestros padres —los inauguradores de la república— pudieran muy bien estar en el caso del señor Alving. Por eso esta generación de hoy no los condena en todo rigor, antes bien los perdona. Pero ello es que no nos pasaron tacha al engendrarnos. Más circunspección entonces, más atención a la esposa casta y puritana que era la Nación esperanzada, más abnegación para prescindir del propio orgullo, del propio criterio, del propio medro; más sentido de las consecuencias y respeto del qué dirán internacional, nos hubieran salvado de todo lo que dio al traste con nuestra lozanía inicial. ¿Acaso es necesario hacer relación específica del desbarajuste, de las rivalidades, de las flaquezas anteriores a nosotros con las cuales se nos enajenó, momentánea pero trascendentalmente una y otra vez la soberanía que ya nos habían dado harto mermada?

A nadie que esté medianamente avisado en la observación de vidas colectivas —y mucho menos a Roa, que tanto sabe de sociologismos— se pretenderá hacer valer a estas alturas cuánto y qué de veras afecta la herencia al desenvolvimiento de los pueblos. El progreso —ha dicho esencialmente Gedding— es un equilibrio progresivo entre lo malo viejo y lo bueno nuevo. Así, el carácter, las aptitudes, el temperamento moral y cívico de las generaciones está predeterminado al menos parcialmente. No marcha la sociedad por generaciones sucesivamente separadas, sino por generaciones, sucesivamente confundidas; y de esta confusión viene el contagio de lo malo viejo a lo bueno nuevo.

Pienso que el índice del valor intrínseco de una generación dada, lejos de constituirlo su mayoría, lo da el grupo «selecto» que la representa en los órdenes superiores de su gestión. Este grupo selecto va ganando terreno poco a poco (con un grado de rapidez que mil concausas ambientes determinan), hasta adquirir el predominio cuantitativo. El progreso social no es, pues, más que una conquista y reducción graduales de las mayorías susceptibles a los contagios de lo viejo.

A nuestra generación —que es la generación en la obra de redimir— no ha de juzgársela por su vasta mayoría de contaminados; antes bien, por aquel grupo, cada día más numeroso, que se mantiene por el momento en una actitud expectante, no sin alzar de vez en vez una voz de protesta, encaminada a dar aviso de sí mismo y a hacer constar que mira, proyecta y espera...

Pero esto de la «actitud expectante», mejor otro día.

(*Diario de la Marina*, 5 febrero 1924)

La multitud y los iniciados I

«El día en que las obras de arte no pudieran ser gustadas más que por los iniciados, el arte no tendría ninguna razón para realizarse».[3]

Tal es la sentencia de Rafael Suárez Solís, que el divertido redactar de «De día en día» subrayó como un suspiro de liberación, planeando una disidencia primero verbal, y ahora escrita, entre aquel querido compañero y el presente comentarista.

Yo, en efecto, me sentí un si es no es puesto en entredicho. En este papel y casi «a contra corazón» vengo sobrellevando el muy arduo, solemne y antipático papel de crítico de arte; y alguna vez he tenido la audacia de insinuar que el arte no siempre es para las multitudes. Pues bien, el sábado, y bajo el mismo título de esta glosa, nuestro Rafael fijaba con su habitual, con su tersa y elegante claridad, los términos en que la discusión había de trocarse en polémica. Su último párrafo era uno de esos coquetones gestos de modestia que os hacen sentiros vergonzosamente olímpicos: «Si Mañach, cosa que le será tan fácil, me saca de su error...».

Mas no será, no, con la presumida intención de «sacarle de su error» como atenderé la cortesía de la respuesta. En primer lugar, porque ni el generoso compañero —tan felizmente devuelto a la crónica, para nuestro constante regalo— ni este cauto glosador podrían aspirar a resolver en cuatro artículos la cuestión propuesta; a saber: el valor relativo, en la apreciación artística, de la opinión profana y de la opinión culta, del parecer ingenuo y el parecer «iniciado». Desde que el mundo

[3] «De día en día», *Diario de la Marina*, 28 noviembre 1924, pág. 27. Aunque de acuerdo a Mañach fue redactada por Suárez Solís, la sección salía siempre sin firma.

es mundo, este asunto ha preocupado, extensa e inconclusamente, a mil ingenios dotados de mayores facilidades. El papel del crítico ha parecido siempre un papel intruso, voluntarioso y estéril. Contra él ha reaccionado frecuentemente la profanidad más o menos letrada; y una de las formas características de esa reacción ha consistido en restarle beligerancia al parecer individual del crítico aduciendo que todo arte se propone un mensaje universal.

Remontar de nuevo la cuestión a esas eminencias filosóficas sería ocioso y arriesgado. Mas como, por otra parte, aquellas diferencias no pueden resolverse sino en el fondo, esto es, partiendo del concepto mismo del arte, tendremos que resolvernos a no resolver nada, a exhibir cada cual su propia posición de una manera suavemente dogmática.

Mi posición es, por ello, notoriamente desventajosa, porque acontece que lo que más suele reprochársele al crítico es precisamente eso: la dogmaticidad, y yo confieso que todavía no he aprendido ese rubor de ser dogmático que asalta a tantos espíritus sensibles. A pesar de ser ya abogado, creo que las verdades más indudables son las que no pueden probarse; las que se mantienen con una afirmación y un encogerse de hombros.

Como tal verdad primaria tengo reputada la de que el arte se goza más plenamente, mientras más culto, más diestro, más «iniciado» es el espíritu de quien se acerca a él. Yo no pido un privilegio exclusivo a favor del perito. Estimo que hay formas estéticas tan simples y tan elocuentes a la vez, que se hacen accesibles del profano; pero aun en ellas, el criterio educado es el que más de lleno siente la fruición estética.

Ahora bien, Suárez Solís no ha planteado la cuestión en términos de profanidad y crítica, sino en términos de «iniciados» y multitudes. «Lo que yo afirmo —dice— es que la verdad íntima y simple de una idea o de un pensamiento llega con claridad absoluta al corazón del pueblo». Y aquí me parece que hay un salto de lógica en el cual se envicia la opinión del penetrante compañero.

Toda su argumentación, en efecto, se deriva manifiestamente de su experiencia en el arte del teatro. Fundándose en ella, establece, entre otros escolios, «que nunca una obra encontró la sanción definitiva de la posteridad, en desacuerdo con la impresión primera grabada en el sentimiento de la muchedumbre»; y cita luego con tino ejemplos de obras dramáticas en que la apreciación del público prevaleció sobre la opinión contraria de la crítica.

Todo lo cual, en cuanto se refiere al teatro, es harto admisible. Pero la involuntaria falacia surge al derivar de esa experiencia teatral generalizaciones atañederas a todas las artes.

El teatro es un arte sui generis. El teatro, como la oratoria, es un arte para las multitudes. Nace con esa condición y su bondad se mide en la misma medida en que la realiza. Obra que, normalmente, no logra hacerse gustar de la muchedumbre, es obra teatral defectuosa, digan lo que quieran los críticos. Cuando estos contrarían el parecer ostensible del público, es que juzgan la obra con criterios literarios, es decir, con criterios de gabinete. Casi todas las obras dramáticas de gran éxito aburren un poco al leerlas y, a la inversa, hay fiascos de la escena que, leídos, son de una exquisitez literaria indiscutible. La decadencia de los grandes dramaturgos se inicia cuando comienzan a escribir para los críticos de gabinete: así fracasan Benavente con *La virtud sospechosa* y Bernardo Shaw con su *Juana de Arco*; así fracasó en Madrid, hace pocos años, la poesía de Rabindranath Tagore, llevada del libro a las tablas.

Y es que los públicos, normalmente, no tienen nada de exquisitos. Hay una famosa observación de no recuerdo qué francés: «Tomad quinientos espíritus como Renán, colocadlos en un teatro y el resultado es... un portero». Pues bien; yo creo que el arte teatral es, fundamentalmente, un arte para los *concierges*, es decir, un arte deliberadamente calculado para impresionar a grandes efectos las cuerdas más simples de la sensibilidad colectiva. Todo lo demás que se ponga discretamente en la obra dramática —leve emoción, pensamiento sutil, motivación profunda— es regalo que se nos da por añadidura: para el gabinete o para los públicos del porvenir.

Pero nada tan arriesgado como asimilar al arte dramático las demás formas estéticas. Mientras aquel está hecho para los agregados, estas, en su tipo más puro, se dirigen al individuo. La pintura, salvo cuando es escénica; la música, salvo cuando es de ópera, son artes subjetivas que buscan reacciones unipersonales. El éxito extenso de un cuadro o de una composición se determina por una mera acumulación aritmética de aprobaciones aisladas; pero ese éxito extenso equivale solo a la celebridad y no a la sanción de la obra de arte como tal. Un solo individuo es quien para pronunciarse.

¿Es cierto que «la verdad simple» de un gran cuadro o de una gran escultura llegue siempre «con claridad absoluta» al corazón del pueblo? El pueblo tiene, a no dudarlo, cierta sensibilidad elemental, cierto «instinto», como se dice, que lleva a vislumbrar burdamente la chispa sacra en la Afrodita que su azadón acaba de desenterrar; pero el mismo rústico que la exhumó cambiará su hallazgo por otro azadón flamante. Su experiencia nunca tendrá la plenitud de fruición con que la gozaría un espíritu más avisado. En este punto, Suárez Solís y yo, apenas diferimos.

Pero el perspicaz compañero, admite que hay en arte «matices de pensamiento, iniciaciones, pronunciamientos embrionarios y esquemáticos» de los cuales el alma del pueblo no llega a percatarse. Y es que, en efecto, el alma del pueblo siempre está retrasada. Admira (nunca tanto como el iniciado) a Van Dyck o a Velázquez; pero no comprende a Picasso. La razón de este retardo está en la misma limitación de su sensibilidad estética. Porque el crítico, el iniciado, tiene la aptitud de gozar más, es él quien va delante, y en ir delante, señalando las nuevas bellezas que atisban, está la función y la justificación de la crítica. No es que solo los iniciados pueden gustar de las obras de arte, sino que ellos las gozan antes y enseñan a las muchedumbres y a los profanos a gozarlas.

(*Diario de la Marina*, 2 diciembre 1924)

La multitud y los iniciados II

«Agradable charla», en efecto; estimulante coloquio, todo fervor de amigas devociones y de enemigas ideas, este en que vamos empeñados Rafael Suárez Solís y yo, en torno a la comprensión estética. ¡Algunos espíritus menudos y timoratos, deshabituados ya, en la hosquedad intelectual de nuestro tiempo, a esa noble pugna de pareceres que es la polémica, habrán podido imaginar que los camaradas en cuestión andamos como de pique áspero, y que de esto ha de surgir un duelo o poco menos! La conjetura es viciosa; pero no nos hace mal de ojo. De sonrisa a sonrisa van tratadas estas cosas, frente a un pupitre de la redacción, antes de cuajarse en el plomo periodístico.

Reiteremos una vez más la tesis, lector paciente. Suárez Solís piensa que todo arte, para que sea genuino y verdadero, ha de ser fundamentalmente comprensible a la multitud —y quien dice de la multitud dice del mero hombre, del individuo escueto dotado de normal sensibilidad humana. Y yo me aventuro a sostener que el arte es, cuanto más puro, cuanto más noble, cuanto más arte, un producto para la minoría, un manjar de aristocracia, una experiencia solo gozada plenamente por los espíritus adiestrados y selectos. Admito desde luego que la tesis de Rafael es la más simpática, por lo mismo que es una tesis de mayoría; pero ¿cómo no he de tener puestos todos mis ahorrillos de fe en mi propia opinión, si ella —¡significativa coincidencia!— acierta a ser también la de mis amigos artistas?

***

Por lo pronto, el debate quedó ya excluido de la comarca del arte teatral al conceder yo, no sin algún esfuerzo de generosidad, que el teatro, en efecto, sí es un arte para las multitudes.

Pero lo que quizás me permita advertir a destiempo el pródigo compañero es que, por el mismo hecho de ser para la multitud, el teatro es el menos «arte» de todas las artes. A medida que un autor se va acercando a «la sensibilidad un poco gruesa, pero siempre honrada» de los públicos heterogéneos, el artista va cediendo más y más de lo que es individual y peculiar en él, para reducirse a aquellos motivos emocionales e ideales que ya están como diluidos en la conciencia de la masa, que ya están pre-aceptados de ellas y constituyen una suerte de patrimonio vulgar. Para poder mantener satisfecha la sensibilidad elemental de los corrales, Lope tuvo que explotar la bufonada picaresca de los «graciosos», y Calderón las complicaciones truculentas y absurdas del honor. Pero lo mejor de Calderón y Lope —la melancolía especulativa de Segismundo, por ejemplo— debió quedar siempre (porque queda aún hoy día) tan fuera del radio de comprensión de la multitud como la metafísica de Hamlet en su monólogo o las vacilaciones ambiciosas de Lady Macbeth antes del regicidio nefando.

Ni se me diga que el público tiene una vaga intuición de esas bellezas cimeras. La vaga intuición nunca equivaldrá a la comprensión; y lo cierto es que el público solo reaccionaba fervorosamente ante las chocarrerías de los enterradores o el aquelarre grotesco de las brujas. El arte escapaba a la masa; solo la movía la burda ficción jocosa o plañidera. ¿Es ahí donde está, por consenso universal, la grandeza de aquel «salvaje borracho» a quien Voltaire, envidioso y crítico, llamaba así, más por haberle visto representado que por haberlo leído con todas sus luces? No: fue menester que un Saint Víctor, un iniciado, un culto, señalara a la Francia la entraña artística de Shakespeare para que los públicos no teatrales se hicieran lengua de su genio.

* * *

Pero si yo admití como cierto que el arte del teatro (no el Arte en el teatro) era para la multitud, negué que tal cosa pudiera decirse de las demás artes, eminentemente subjetivas y aristocráticas.

Suárez Solís, a su vez, niega esa denegación. «Las otras artes también, señor abogado», me dice zumbándome el pobrecito título (sin duda para castigar el que yo mismo lo hubiera tratado zumbonamente). Y el argumento con que sostiene su inclusión es que, por descuidar el parecer del público, los artistas «muchas veces se ven abandonados de la fina y necesaria percepción de las multitudes».

Esto es lo que en buena lógica se llama rogar la cuestión; o sea, suponer lo que está bajo discusión. ¡Cuando yo decía que tendríamos los dos que pasar en suave dogmatismo, querido Rafael! Porque ¿quién ha probado todavía que la percepción de las multitudes sea fina, cuando usted mismo la tacha de «gruesa» tres párrafos más abajo? ¿Ni por qué guisa de relegante ardid me va a persuadir usted de que esa percepción de las multitudes sea «necesaria» al gran artista que pinta o esculpe de espaldas al mercado, siguiendo solo los dictados trémulos de la visión interior?

«El público —dice usted— nunca debe de estar excluido del pensamiento del creador». Pero el hecho es que lo está, amigo mío. Todos los artistas, inquilinos o vecinos del Olimpo, han detestado cordialmente el parecer de las multitudes y de los críticos multitudinarios. Yo no sé de otros «artistas» atentos al público en el producir que los mercachifles de mameyes y palmas pintadas, o los *épateurs* novísimos de los judíos coleccionistas en París. El artista es siempre, mientras más tal, más solitario, más autónomo, más demófobo. Su obra es un producto de humanidad, sí; pero no de humanidad gregaria o aritmética. Es como flor de especie, arraigada en ella, erguida por cima de ella a guisa de avanzada espiritual.

* * *

Porque, que el arte sea un producto social no quiere decir que sea una función social. Tal me parece ser su confusión, finísimo Suárez Solís, cuando, para sostener su credo multitudinario, nos invoca el ejemplo de la religión y de la justicia: de los Evangelios y el Derecho. Las funciones sociales necesitan de la cooperación de los sentimientos básicos de la Humanidad. Para entretener un menester colectivo inmediato, como lo son la religión y la administración de justicia, interesa siempre plasmar en instituciones orgánicas los sentimientos generales de los hombres —la equidad, la inconformidad terrena; y por esos mismos sentimientos comunes y elementales se gobiernan aquellas funciones sociales. De ahí esos caracteres de humildad, esa apelación al «estado llano» que se advierten en la Iglesia, en la institución del jurado, en los sistemas políticos a que usted aludía en su primer artículo.

Pero el arte no es una función orgánica de la humanidad; es, simplemente, una expresión superior de la especie, realizada en la superioridad específica de algunos individuos. Superioridad específica digo: de sensibilidad y creatividad tan solo, pues ya se sabe que, en lo demás, muchos grandes artistas han sido innobles patanes, prueba inequívoca de que el arte es en ellos una resultante individualísima, una actividad irresponsable del temperamento.

¿Homero? ¿El Greco? ¡Vagos ejemplos a fe! De Homero no consta aún que existiese, en verdad. Hasta se supone que la épica a él atribuida fuese en realidad una lenta y cumulativa elaboración popular de la musa anónima. Pero a mí nadie me convencería en abstracto de que la *Odisea*, por ejemplo —la obra artística, la confección literaria que es la *Odisea*— no fue obra individualísima de uno o varios artistas inspirados en el folclor helénico. De nuestro *Poema de Myo Cid*, sobre el cual se forjan similares conjeturas, asegura Menéndez y

Pidal que es mucho menos artístico que su congénere galo *La Chanson de Roland*, cuyo único autor es conocido.

En cuanto al Greco, todos sabemos qué amargamente tascó en vida (y sigue aún tascando en gloriosa inmortalidad) el freno de la incomprensión aquel orgulloso del arte. No fueron ciertamente vulgo ni muchedumbre los Fray Palavicini que lo impusieron a su época como una boga estrafalaria protestada del Rey Felipe y sus palaciegos.

De la humanidad, dice mi admirable contradictor, han de salir los fallos críticos. Cierto; pero no de la humanidad en representación: de aquella parte más avizora y culta de la especie en que el sentido del progreso se ha acendrado al punto de contrariar a veces las nociones retardadas de la muchedumbre.

(*Diario de la Marina*, 5 diciembre 1924)

El nuevo idioma castellano

Bajo este epígrafe, acaba de aparecer en el *Repertorio Americano*, de Santa José de Costa Rica, la traducción de una carta-manifiesto que desde París escribió Ventura García Calderón al gran hispanista inglés, ya fallecido, James Fitzmaurice-Kelly.

El profesor, en uno de sus libros sobre literatura hispanoamericana, había tildado al escritor finísimo de ser «un maestro del rápido estilo afrancesado». Nuestro peruano respondió con una suerte de apología defensiva, admirable de contenido y de forma en que, «ampliando el debate», hace una erudita y sutil justificación no tanto del nuevo idioma como del nuevo estilo castellano. La carta en cuestión ha tomado proporciones de documento histórico —especie de «Prefacio de Cromwell» de las nuevas letras hispánicas—, y sobre ella se ha invitado el parecer de algunos escritores de la raza. A continuación transcribo el mío humildísimo, en atención a la pertinencia esencial y local del asunto.

***

Mi queridísimo García Monge:

En el número 10 de noviembre de su *Repertorio Americano*, siempre tan alerta, generoso y proficuo, me veo honrosamente invitado entre otros escritores de nuestra América y de España, a expresar mi opinión respecto de la bellísima carta-manifiesto con que Ventura García Calderón, desde las páginas de *Hispania* primero y desde las de *Repertorio* ahora, ha vuelto por los fueros —que no otra cosa hace en rigor— del decir literario castellano.

Es el suyo un exquisito, certero y estimulante alegato, autorizado con todo el prestigio de ese acendradísimo artista que —como nos decía ha poco aquí Antonio Caso— comparte con Alfonso Reyes una suerte de magisterio estilístico entre la juventud letrada de nuestro idioma.

Hora era ya de que, con tales aptitudes y por modos así de expreso y enfático, se ventilase esto del «afrancesamiento» en el nuevo estilo y se le pusiesen las peras a cuarto a los arqueólogos del idioma, empeñados en que, tan entrado el siglo de las novedades y de las revisiones, sigamos usufructuando el lenguaje ampuloso y florido de los *Trozos Selectos*. Todavía ha poco pasmábame yo de oír a un reverendo crítico de cierto relieve (perdone que no lo cite) denostar «la frase pasicorta de Azorín», y era claro: los párrafos de los libros zoilunos, en punto a «resistencia» y a fárrago conceptual, hubieran dado bascas al mismo Donoso Cortés, por él tenido como sumo y definitivo dechado de la «galanura» española.

Y es esta idea de la definitividad de la lengua la que hay que situar. Parece un tópico, y, sin embargo, aún no convence a todos, que un idioma es una cosa viva, un organismo evolutivo que progresa precisamente por la corrupción, un elemento plegadizo a las novedades de la experiencia y, por ende, del pensamiento. Los académicos a macha martillo, los obsesos de casticismo y de pureza que nos zahieren porque acuñamos palabras y trasegamos o adaptamos giros, no se quieren (acaso es que no pueden) dar cuenta de que los hombres de hoy tenemos una actuación y una sensibilidad distintas, la una en calidad, la otra en grado, de las de sus tiempos ejemplares. No permiten que aludamos a las cosas nuevas ni expresemos los nuevos matices sino con léxico de infanzona y castellanía. ¿Qué importa que solo resulten aproximaciones?: hemos de decir «tocado» por *toilette* y «llegar a ser» en vez de «devenir», para salvar la bendita virginidad cervantesca.

Y no solo el léxico, sino que el tono mismo del lenguaje ha de mantenerse reminiscente del Siglo de Oro. ¡Como si lo mejor del Siglo de Oro no se hubiera hecho clásico precisamente por su autonomía, por su arisca independencia de todo modelo que no fuese la vida misma!...

Pero, qué quiere usted, ese conservadorismo tan común en otros aspectos de nuestra vida social, es una de tantas actitudes miméticas como produce la ineptitud. ¿No le habrá dado García Calderón excesiva importancia? ¿No se la estaremos dando nosotros?

Ventura, desde luego, se ha hecho inexpugnable con el argumento de que, a la postre, este castellano «antiasmático» de nuestros Azorín, Valle-Inclán o Miró no es otro que el muy sabroso y añejo de *La Celestina*. Por esa sanción histórica, que se nos da por añadidura, acaso sea comprometido invocarla. No conviene embarazarse —argumentativamente al menos— con respetos al pasado, por muy áureo que este sea. Debemos reclamar absolutamente para cada época lo suyo. Así, yo hubiera ido todavía más lejos, porque pienso que aunque nuestra manera literaria actual no contase con esos antecedentes ejemplares, aún tendríamos derecho a ella en nombre de la nueva sensibilidad y de la nueva experiencia a que responde.

Dicen que hay que respetar el «genio» de nuestro idioma, y yo lo admito si por «genio» hemos de entender objetivamente su sintaxis, la escueta gramática. Pero otra cosa, no. Si el tal genio fuese un tono interior, un *animus*, una disposición subjetiva, yo me sentiría totalmente anárquico, pues mi «romántica rebeldía» me lleva a reivindicar, sobre todo otro carácter sustancial, la privanza inalienable de cada temperamento. Escribir honradamente: eso es todo.

La tacha de «afrancesamiento» con que el sabio Fitzmaurice-Kelly despachaba a García Calderón es viciosa, y todos los jóvenes, con más o menos mérito y merecimiento, la hemos padecido. Pero es una etiqueta como otra cualquiera, y no tiene otra justificación que el afán metódico de esos archiveros literarios. Revolvámonos también contra la intolerancia hacia el trasiego comedido de idioma a idioma. ¿No adoptamos del extranjero, para lo demás de nuestro vivir, costumbres, aparatos, leyes? ¿Por qué no vivas y eficaces maneras de decir que carezcan de parejo sustituto en nuestra habla?

De esta, que algunos llamarán actitud anárquica, yo solo reservaría la gramática como única norma; y eso, porque ella se encarga de evolucionar por su cuenta, como lo sabe cualquiera que conozca algo la morfología del idioma; pero todo lo que no violente la técnica actual del decir, me parece que puede y debe utilizarse en bien de la lengua misma, harto necesitada de viajar y ver mundo. Lo demás, repito, creo que es todo cuestión de sinceridad, de exactitud y de buen gusto.

En fin, con todo y el mucho respeto que conservo a la provechosa labor de aquel erudito hispanista que fue Fitzmaurice-Kelly, déjeme usted que felicite también a García Calderón por el —¿diremos civismo? ¿diremos la sana herejía?— de pronunciarse en su contra. Los que nos hemos disciplinado en universidades extranjeras sabemos qué suerte de bien intencionada pero estrecha dictadura —con boicotaje y lista negra— suele ejercer en ellas el criterio y el gusto de los *scholars* y *savants* correspondientes a la R.A.E. ¡Hay cada libro de texto, y con tales exclusiones!

Dispénseme usted en gracia al rigor, querido García Monge, que, aunque abogando por la economía en el estilo, no

haya sabido ser más breve; y sígame teniendo por su más fervoroso y agradecido amigo.
Jorge Mañach.

(*Diario de la Marina*, 13 diciembre 1924)

Acto de cortesía

Durante la semana pasada, y aun creo que parte de la anterior, dos señores se han desfogado contra mí en sendos artículos a propósito de mis pareceres sobre la efímera exposición de Radda.[4] Trátase de un estimadísimo artista y amigo, y de un bardo a quien deploro no tener el privilegio de estimar, pues no lo conozco. No cito su nombre, porque sería agraviar su notoriedad.

Confieso que no leí oportunamente sus respectivas elucubraciones. Aunque parezca desleal, soy muy poco dado por temperamento a la lectura de los periódicos, y mi desinterés sube de punto respecto a la prensa meridiana; quiero decir, de la que se publica a esa hora ardiente del mediodía, tan hostil al recogimiento y a la serenidad.

Sin embargo, amigos obsequiosos, amigos alertas, veraces amigos leyeron esos artículos por mí; y todos convienen en que tanto el pintor como el bardo en cuestión —mis honorabilísimos adversarios—, adoptaron hacia este comentarista una actitud de represión más o menos zumbona, pero no exenta de la elemental urbanidad que pedía asunto tan noble. Así, pues, aludo a las mencionadas disensiones, no para contestarlas sino para agradecerlas, y darme por enterado de ellas. Esto también me pareció de rigurosa cortesía. Pese a los consejos que habitualmente se nos dan en estos casos, creo que la displicencia menospreciativa hacia las opiniones adversas es una postura poco generosa y poco elegante, sobre todo cuando esas opiniones se nos presentan con guante blanco. Todo parecer honrado, por muy huero e insípido que fuese, tiene beligerancia suficiente para que se le atienda,

---

[4] «Radda y la ingenuidad», 23 diciembre 1924, pág. 1; «El arte de Radda», 27 diciembre 1924, pág. 1, ambos en *Diario de la Marina*.

aunque no sea sino con la «sonrisa de benevolencia» que suscitó uno de mis propios artículos.

Que dichos señores opinadores hayan hecho algún chistecillo a mi costa, no se lo tengo a mal. Es harto difícil, en los floreos y rehiletes de un asalto cualquiera, suprimir completamente la tentación a la cabriola, a la chanza mordisqueante que nos hace parecer infinitamente irónicos e ingeniosos. Además, yo siempre he sido un admirador del espíritu de contradicción, entre otras razones, porque estimula el humor en contra de la solemnidad, fosa común de todas las mediocridades. Los señores en cuestión —mis honorables adversarios— han hecho dos artículos divertidísimos, en todas las acepciones del superlativo. ¡Imagínese el lector, cuánto no se prestarían para sacarles puntas mis romos lirismos acerca del arte «horrible» de Radda! Mas no importa: el riesgo fácil de todo entusiasmo es el ridículo. Y a veces su sanción; y a veces su gloria. ¡Pobre, en verdad, aquel que con alguna frecuencia da pie en su vida al santo ridículo!

Los honorables adversarios me disculparán si no contesto circunstancialmente a sus advertencias y reparos. Apenas podría hacerlo sin reiterar punto por punto todo lo que yo escribí sobre el tema, y esto sería abusivo para su generosa paciencia y para la de mis lectores. Ya algunos de estos piensan que frecuento con demasía los asuntos de crítica, y a fe que no les falta razón. Tampoco conviene abandonarse muellemente a los propios entusiasmos, sobre todo cuando estos se estrellan una y otra vez contra esas dos cosas tremendas e inexpugnables que se llaman la injusticia y la estulticia.

No siendo el sentido de lo bello algo que se inculque por la persuasión, mucho menos podría infundirse por la percusión. «Sobre gustos y colores no hay nada escrito», dice el refrán; lo cual está visto que ha de entenderse: sobre gustos y colores cada quisque escribirá lo que le venga en gana, según la medida de su caletre. Pues yo ya he dado mi medida; y los señores aludidos, la suya. Y tan ricos todos.

Y aunque ya uno de esos señores tituló su artículo «Punto final» (verdad es que no hubo polémica; pero no importa: hay imaginaciones maravillosamente dotadas que dialogan consigo mismas), el punto final, por lo que a mí atañe, será este, ya que entre mis buenas resoluciones de Año Nuevo figura la de la variedad y la brevedad.

Solo me permitiré, por añadidura, rogar a los señores que en lo sucesivo honren mis pareceres escribiendo en contra de ellos, que tengan una gentileza más: la de enviarme luego sus artículos a esta Redacción, de suerte que yo pueda edificarme y solazarme en su divertida lectura.

(*Diario de la Marina*, 6 enero 1925)

Réplica a Aristigueta

Aristigueta amigo: Me he convencido de que lo montañés en ti es accidental; en cambio, tienes toda la vasquedad de ese apellido tuyo que suena a latigazo metido hasta el tuétano de los huesos. Eres, en efecto, arteramente simpático, dúplicemente franco, memoriadamente generoso, socarronamente certero. La última crónica tuya sobre esa exposición de pintura en Santiago, acaba de demostrarme todo ello.

Verás. Nuestro Ichaso el Mayor —siempre atento a la salvaguardia de ese estado de ánimo sublime que llamamos «compañerismo»— tuvo la gentileza de darme a leer tu susomentada crónica y preguntarme si yo hallaba algo en ella que vulnerase mi dignidad, en cuyo caso apelaría al cauterio de su lápiz rojo para salvarla del desdoro. Mas yo contesté a nuestro Subdirector con la ecuanimidad que siempre me esfuerzo en dar a todas mis contestaciones; y le dije abnegadamente: «Aristigueta me tunde, querido Ichaso, y casi me pone como no digan dueñas; pero tiene razón. Le ruego a usted que publique su crónica sin mutilación alguna». Y la crónica se ha publicado.

No creas que te relato esto por pujo de grandeza, Aristigueta; no. Es por mantener una vez más en provecho general, y por tanto en provecho propio, un principio que pudiéramos llamar de ética intelectual: el principio, esto es, que la opinión ajena debe ser siempre respetada y, cuando tiene razón, acatada. Lo cual es una postura egoísta: la única manera de reservarme incólume el derecho de esgrimir alguna vez una verdad en contra tuya, es permitir que a tu vez las esgrimas en mi contra. Carlyle decía: «¡La verdad, la verdad siempre, aunque los cielos se hiendan sobre nuestras cabezas!».

Pues bien: tú, en lo esencial de tu crónica al menos, tienes la verdad. Una verdad alusiva, cierto; pero una verdad. De suerte que esta réplica mía apenas pretende ser otra cosa que un mea culpa explicativo y trémulo de agradecimiento por tus observaciones, principalmente por aquellas que se refieren a mi opinión, en un reciente ensayo sobre la pintura en Cuba, de ciertos connotados artistas orientales. A esto volveré más tarde; pero de momento, yo no sabría reprimir un impulsillo que al ánimo me viene de aclarar algunos extremos ambiguos y superfluos de tu crónica.

Por lo pronto, no es rigurosamente cierto —¿verdad que no?— que yo haya ido a Santiago de Cuba la primera vez «para tomar chocolate». Bien se me alcanza que esto lo dijiste por *humour* entonces, y que por *humour* lo repites ahora, satisfecho sin duda del éxito que la frase tuvo en su sazón. Yo mismo la encontré divertida en aquella oportunidad, hace año y medio, y la seguiría encontrando tal ahora si no fuese por la iteración. Pero, veo que eres avaro de tu ingenio, y creo que haces mal. Quien como tal abunda copiosamente en *humour* debe ser más pródigo de él, para regocijo de la humana especie, máxime cuando tu tipo de *humour* no es de los que tienen vocación de eternidad.

Si creo necesario elucidar estas falencias tuyas, no es que deje de estimarlas en toda su hilarante eficacia, sino que recuerdo cómo ya en su tiempo el mismo Mark Twain, maestro del género, nos ponía en guardia contra las tergiversaciones del *humour* usado como recurso periodístico. Tu repetición del mismo chiste pudiera ocasionar que algún lector ingenuo creyera de buena fe que yo fui a Santiago como agente de Matías López; y contra eso sí que se resiste mi gravedad.

Además, ¿por qué recordarme tanto aquel inolvidable chocolate de medianoche? Al cabo no fuiste tú quien lo pagó, sino un pobre bardo a quien tenías amagado con tus chistes. No así el tintero de Talavera, ni el bastón. Propiedad tuya fueron, y ambos figuran hoy orondamente en mi haber; pero tampoco —lectores— tampoco es exacto que yo los «estafara», como dice humorísticamente Aristigueta, porque si mi Derecho no me falla, uno de los elementos de la estafa es el engaño, y... ¡cualquiera engaña a un ser tan vasco en el origen como Aristigueta!... ¿Conocen ustedes la anécdota entre Unamuno y Grandmontagne?

—Si es verdad —dijo amenazadoramente el excatedrático— que todos los vascos llevan un zorro dentro, ¡yo, señor Grandmontagne, llevo dos!

Y Grandmontagne:

—¡Bravo! Pero mis experiencias cinegéticas me tienen demostrado, Sr. Unamuno, que los zorros son mucho menos astutos cuando andan en pareja...

Pues bien, tú, mi caro Aristigueta, llevas dentro un solo zorro, y además es un zorro viudo, un zorro que ya está de vuelta de muchos gallineros y de algunos juegos florales. Así pues, hagámosle estricta justicia a tu taimería y aclaremos que el tintero de Talavera me lo diste como premio a haber hecho contigo un retroceso tan superfluo como oneroso de Bayamo a Santiago, sufriendo que ensayaras en mí tu *humour*. Fui un *experimentum in corpore vilis*, que decían los latinos. Y en cuanto al bastón, con él quisiste catequizarme para que yo no hiciera mi discurso de moderador en Santiago; y como yo rechazara indignado el soborno, tú despojaste la ofrenda de toda condición, pues al cabo eres de índole generosa.

¿Acaso no lo está probando esta misma crónica tuya en que sales a reivindicar la importancia en la pintura cubana de artistas orientales como el venerable Tejada, omisos en mi estudio?... Pero este, Aristigueta amigo, es tema para el martes, y hasta entonces te emplazo.

(*Diario de la Marina*, 24 enero 1925)

Acaba la réplica a Aristigueta

Pues bien: si es cierto, vasquísimo Aristigueta, que en mi conferencia sobre «La pintura en Cuba desde sus orígenes hasta nuestros días»,[5] publicada ha poco en *Cuba Contemporánea*, quedaron sin menar algunos relevantes artistas orientales, con sobrada injusticia sobre todo al venerable José Joaquín Tejada, de martiana notoriedad.

No he de pretender ahora el cohonestar esta omisión que yo mismo me hube de reprochar cuando ya era demasiado tarde para subsanarla. Convengo en que el título de aquel mi bosquejo de historiación era harto inclusivo y ambicioso (para no decir nada de su académica gravedad); y que con tales pretensiones iniciales, no tiene perdón de Dios, o por lo menos no lo tiene de los hombres, el que yo privara de la más sumaria colación la obra meritísima de Tejada y de otros artistas de su comarca. Ni siquiera puedo aducir que fuese mi propósito considerar solamente los más altos valores, porque en todo caso Tejada lo es, y porque la intención de mi somerísimo ensayo fue más de reseña que de crítica. Por otra parte, el esfuerzo de esos artistas provinciales acaso es más bravo y tesonero aún que el de los que pugnan en estas lati-

---

[5] «La pintura en Cuba desde sus orígenes hasta el presente», *Cuba Contemporánea*, n. 141, septiembre 1924, págs. 5-13, y n. 142, octubre 1924, págs. 105-125.

tudes capitalinas, por lo mismo que el ambiente se les opone con mayor pobreza de estímulo.

Tampoco ignoro, oh paladinesco Aristigueta, la conveniencia patriótica de alentar y reconocer esos pronunciamientos de la cultura regional en nuestra tierra. Yo tengo la honra de ser guajiro también, y todavía antier se me estremecía de gozo el ánima leyendo cómo mis paisanos de Sagua la Máxima habían rendido fervores de recordación orgullosa ante la estatua del gran sagüero Albarrán en el día de su aniversario. Mi espíritu, teñido de algunas andanzas cosmopolitas, y mi pluma, forzada a un vivir habanero, no han dejado nunca de ser fieles al ideal de una Cuba más integrada, más representativa, más estrechamente interprovincial. Aunque parezca vanagloria, permite que te recuerde cómo es cierto que mi viaje por el interior de la Isla tuvo una intención afín a ese mismo ideal. Después de haber trashumado un poco por esos mundos de Dios, tómome cierta vergüenza de no conocer cabalmente mi propia tierra, y para calmar ese escrúpulo me lancé a isla traviesa, haciéndole frente a las flaquezas de mi bolsa, y a los hoteloides, y a los mosquitos. Pero ¡qué! ¿no fuiste tú mismo quien, en una crónica de entonces, apuraste la loa a aquel personaje de mi cubanidad? ¿Y no aplaudiste luego el que yo incorporase a mi *Glosario* aquellas «Impresiones de la Tierra», ansiosas de veracidad y de carácter tropicales?

Queda, pues, sentado que no fue el menosprecio de lo regional, como acaso malicias ahora, lo que motivó mi silencio respecto de los artistas de Oriente. En rigor de verdad, mi silencio no fue calculado: fue un mero descuido. Pero un descuido que, si no tiene justificación, por lo menos es explicable, lo cual atenúa esta responsabilidad que tú con tanto ahínco me exiges.

Al escribir mi trabajo sobre la evolución de la pintura en Cuba (trabajo que, con parecerte tan festinado y superficial, es lo único aproximadamente completo que entre nosotros se ha intentado en la materia); al escribirlo, digo, quedaron omisos algunos artistas de acá y de acullá, a más de los que tú citas. La causa de esas omisiones fue, en algunos casos, la ignorancia, en otros, el olvido. Escribí todo lo que yo tenía presente dentro del asunto, sin más ayuda bibliográfica que unos viejos y levísimos apuntes de Serafín Ramírez, inclusos en su *Habana literaria*, y el fragmentario discurso que Bernardo Barros tenía preparado para su ingreso en la Academia de Artes y Letras. Pero en todo caso, mi única fuente de información acerca de los pintores contemporáneos fue esta desmedrada memoria mía, ayudada de las glosas de crítica que desde dos hace años vengo escribiendo para estas mismas columnas.

Ahora bien: ni yo soy omnisapiente, gracias a Dios, ni tengo la pretensión de haberme impuesto, en el curso de esa actuación, de todos los valores artísticos que entre nosotros existen; aunque sí creo haber registrado mis impresiones acerca de cuantos se han significado en nuestro medio capitalino. En cuanto a los de provincia, muchos, sin duda, o me son totalmente desconocidos, o solo los conozco por referencias. Pero, por desgracia, oh Aristigueta, la crítica no es cosa que pueda hacerse «de oídas». En crítica ha de preferirse una labor incompleta a un simulacro erudito de gabinete.

De Hernández Giró y de Tejada sí tenía copiosas noticias. Sabía de su ejecutoria meritísima. Mas tampoco *saber de* equivale a *conocer*. Lo más plausible de la labor de Hernández Giró —este que tú, sin miedo a los superlativos y usando un criterio completamente florentino no vacilas en llamar «El Magnífico»— estaba aún en París cuando yo hice mis discutidas conferencias. Y de Tejada, a quien no ciertamente por culpa mía apenas pude tratar en Santiago, no me constaba sino que Martí le había elogiado su cuadro *La Confronta* y que dicho artista abominaba al Greco, según me confesó cuando lo conocí en Santiago... El elogio de Martí, francamente, no me tenía impresionado. Me parecía, recordando este cuadro pardo, académico, externo y anecdótico de los Dependientes, que la loa del Apóstol acusaba más una noble ansia de afirmación de los entonces escasos valores indígenas de Cuba que un juicio riguroso.

Yo no guardaba, pues, impresiones generales de la obra de esos pintores. No la conocía. No la tenía juzgada por mí y para mi gobierno. Esto no justifica el que dejara de mentarlos en lo histórico de mi reseña; pero sí explica el que los olvidara. Generalmente, lo que se olvida es aquello de lo cual no se guarda una impresión personal vívida. Tú nunca te olvidarás de tu bastón, ni yo de tu chocolate.

De todo esto, permíteme que, para concluir, desprenda unas cuantas observaciones. Hablar de lo que no se sabe es, caro Aristigueta, simular. E infinitamente peor que el olvido o la ignorancia resignada es pretender que se sabe lo que se ignora, o lo que solo se conoce de segunda mano. En nuestro trópico se forman muchas reputaciones así; pero también se engendran muchos mitos y muchos falsos conceptos. La honradez y la precisión son las dos virtudes que hemos de oponer, día a día, a la vaguedad y a la simulación intelectual. El «bluff» nos asedia, y el «poco más o menos» también.

Y otra observación. El trabajo mío que ha dado origen a estas aclaraciones ha sido un ensayo honrado y riguroso a pesar de —o quizás, precisamente por— su limitación. Yo he pretendido en él saber más de lo que sabía; pero lo sabía, sin disimulos lo dije, y acaso tenga por ello menos acompañantes el día de mi entierro. Además, este ensayo es el único esfuerzo con visos de seriedad que, desde Bernardo Barros para acá, se haya hecho en una materia harto desatendida. Y yo creo, Aristigueta, dejando toda vanidad aparte, que más vale, más construye, más alienta aplaudir la realización parcial de tales empresas, que sorprenderles una limitación para perpetrar chistes a su costa.

Te agradezco, empero, tu rectificación casi tanto como el bello tintero y el opulento báculo de marras. Honrada y orgullosamente tuyo,

Jorge Mañach.

(*Diario de la Marina*, 29 enero 1925)

La novela cubana

¿Por qué no abordó Rafael Suárez Solís de una manera más rotunda y menos anecdótica, si no tan deliciosa, el tema riquísimo que antier trataba bajo ese mismo título? Quedé yo tan regustado de aquella polémica que hicimos sobre lo estético y lo multitudinario; comulgamos con tan pareja devoción el querido compañero y yo en los mismos asuntos para la crónica, que ya he perdido hasta el escrúpulo de gozar sus propios temas, exponiéndome con ello a que se me atribuya un vano espíritu de aprovechamiento o de contradicción. En materia artística, sobre todo, ¡cuántas veces, Señor, no has tenido que poner coto prudente a esta pluma mía para que no se lanzara al disentimiento a raíz de algún ladino comentario rafaelista, en que se me echaba encima, como a crítico profesional, el fardo del tecnicismo inexorable!

Y es que —sígaseme excusando la digresión— Rafael Suarez Solís es un acabadísimo coqueteador del periodismo. La coquetería la concibo yo como una suerte de darse y no darse, como una actitud insinuante que se inicia en ofrenda y se resuelve en denegación. Las mujeres coquetas son tales porque os hacen maliciar un interés que luego se malogra en evasiva displicencia: en los labios os brindan la cereza que nunca habéis de alcanzar. Pues bien: la profesión de ideología en el periodismo también crea estos espíritus coquetos que os abocan a un tema fascinador para dejaros enseguida con la miel en los labios. Acaso por eso se gusta tanto de esta suerte de escritores. Los americanos dicen de ellos —lo dicen, sobre todo, de Mencken, el famoso crítico derivado del periodismo— que son como «irritadores» intelectuales: ingenios agudísimos que no aspiran a inyectar ideas, sino a punzaros el entendimiento para que este mismo se goce en su propia especulación.

¿Sería esa la mira de Suárez Solís al proponernos antier un tema tan seductor a la reflexión como este de la novela indígena?

A su vez él nos preguntaba, textualmente, si podría escribirse una novela o una comedia cubana, eminentemente cubana, sin llevar la acción a generaciones pasadas; y es una lástima que escritor tan sagaz, español tan «aplatanado», vocación tan escondidamente novelística como los que en Suárez Solís concurren, no se hayan puesto acordes para darnos una respuesta categórica.

La cuestión es importantísima. Acaso de todos los pueblos de un relieve cultural en la América Latina, el nuestro sea el único que no descubra en su panorama literario contemporáneo una perspectiva grata desde el punto de vista de la novela. La Argentina, el Brasil, Chile, México, ya tienen narradores de monta; su incipiencia es una incipiencia organizada, que toma bríos de la atención pública y de la crítica. Y es precisamente la ausencia de estos últimos caracteres lo que impide que en Cuba se pueda aludir con igual optimismo a los ensayos esporádicos de novela aquí realizados por temperamentos tan inequívocamente bien dotados como los de Castellanos, Miguel de Carrión, Carlos Loveira, Álvaro de la Iglesia, Luis Felipe Rodríguez.

¿Por qué han fracasado, en el sentido menos deprimente de la palabra, esos primeros novelistas de nuestra tierra? ¿Fue culpa suya como autores, culpa de las novelas por su índole cubana, o culpa del ambiente? No sospecho a cuál de estos elementos de imputabilidad haría Suárez Solís responsable. Yo, sin vacilar, al ambiente.

El ambiente —el «pobrecito ambiente» que yo hace tres años defendía, cuando aún me sentía con fierro exótico en las venas— es, en realidad, el alud incontrastable que a todos nos avasalla y reduce, como a ese pobre minero Collins el derrumbe en su «Cueva de Cristal». Nosotros también vivimos en una romántica cueva de cristal donde todo parece diáfano y seguro, donde se dijera que solo es menester moverse para extraer de los veneros, con honor y provecho, la proficua paletada. Pero, Miguel de Carrión escribió dos novelas que, por razones más o menos intrínsecas, se vendieron copiosamente, y sin embargo, después nada más ha vuelto a salir de su pluma, ocupada en Dios sabe qué atroces deberes burocráticos. Otro tanto le ha acontecido a Loveira, cuyas primeras novelas representaban tan halagüeña promesa de cubanidad. En las gavetas de su pupitre doméstico, yo sé que usted mismo, Rafael, guarda los primeros capítulos de *Un pueblo en que nunca pasó nada*, páginas de nostalgia asturiana cuyas primicias encantadoras usted me dio a gustar una vez; y en mis propias gavetas conservo yo también, patéticamente, los manuscritos de *El Malogro* y de algún otro intento de novelización tropical. ¿Por qué no siguen escribiendo novelas aquellos que ya merecieron los alientos de la crítica? ¿Por qué no concluimos y publicamos las nuestras los que aún no hemos intentado la aventura?

El ambiente no es solo la atmósfera general de desinterés en las especulaciones letradas, ni el desaliento que supone oírle decir al librero: «De los dos mil ejemplares de su libro, dígame usted qué quiere que haga con los mil quinientos restantes». El ambiente es eso y esto más: el imperio con que el medio económico y social le impone aquí a cada escritor un género de actividades absorbentes y reñidas con la vocación.

No es, mi querido Rafael, como usted dice, que esperemos que la montaña venga a nosotros, sino que queremos quitarnos la montaña de encima.

Ambiente en el sentido del interés público, lo hay para comenzar al menos; ambiente en lo que toca a la inspiración, tampoco falta en esta tierra virginal, sin que sea necesario remontarnos a las épocas del quitrín y los baños del Malecón. El ambiente que han menester nuestros novelistas en ciernes es el más inmediato, el del simple desembarazo económico que permita a los inspirados un mínimum de ocio sereno y fecundo. En librar al literato, por acción gubernamental, o por acción cooperativa, o por una combinación de ambas, de algunos gravámenes enojosos y cotidianos, estriba toda la prosperidad de nuestras letras.

(*Diario de la Marina*, 7 febrero 1925)

Más sobre la novela cubana

Mis comedidos reparos a la crónica en que Rafael Suárez Solís esbozaba recientemente el problema de la novela cubana han surtido su calculado efecto. Como dicen los parlamentarios, se ha ampliado el debate. Tan se ha ampliado que, a más de las dos ricas crónicas ulteriores del propio Suárez Solís, hemos visto cómo otro excelente compañero, el señor Beltrán, se ha asomado a la brega desde su burladero bibliográfico, con banderillas en mano.

Todo lo cual es muy tónico. Hora es ya de que, reaccionando contra el concepto falseado, simplista y ñoño del «compañerismo», hagamos todos por traer a las páginas del periódico común un poco de inquietud pugnaz y de estimulante rigor. Una redacción nos es una grey uncida toda a la misma coyunda. La sana controversia, que tan fecundo auge alcanzó en los tiempos añejos, hace ya mucho tiempo que está en patética decadencia, suplantada por un conformismo ceremonioso y externo, que no se atreve a llevar el disentimiento a la letra de molde por temor a contrariar al compañero, pero que, a lo mejor —¡a lo peor!— desahoga sus inhibiciones en la acre ineficiencia de los corros orales.

Lo que sí conviene es que, lo que hayamos de decirnos, nos lo digamos y lo entendamos con claridad, porque el otro requisito de la buena crianza no es cosa que falte en esta redacción. Y yo no sé si será debido a esta «tenuidad peculiar de mi prosa rarefaciente» —para citar a mi galaico señor Beltrán— el hecho de que no se entendiesen cumplidamente ciertas implicaciones de mi anterior artículo sobre este mismo asunto de la novela cubana.

¿Entendió el mismo Rafael lo de «irritador», con que quise caracterizar de paso algunos aspectos de su ideación periodística? ¿Comprendió el señor Beltrán el sentido de mi aserto al insinuar que pudiera propiciarse el desenvolvimiento de la novela cubana «por acción gubernamental, o cooperativa, o por ambas combinadas»?

Por las dudas, hagamos aclaración de ambos casos. Aun a trueque de que se malicie —siempre hay espíritus dispuestos a tales malicias— que existe entre Rafael y yo alguna «entente» para cultivarnos recíprocamente la notoriedad, debo hacer constar la admiración que siempre he sentido hacia su vivísimo talento y hacia su prosa encendida de mil luces que se quiebran en lo hondo, como en las piedras preciosas, y no en un mero pulimento superficial, como les acontece a los espejos. Y precisamente por estos finos y extraños fulgores, y por la riqueza que ellos tienen, ciertas crónicas de Suárez Solís deslumbran tanto que no enfocan suficientemente. ¿Ineptitud? No: preferencia del artista, que vence al ideólogo. Como cronista, le gusta más ser voluble fosforescencia marina que circunspecto faro. De ahí su calidad «irritante» en el mejor, en el más noble, en el intelectual sentido de la palabra. Irritante como el ácido de las bellas planchas, como la piedra de toque, como el eslabón.

Hecha esta justicia para acallar reticencias menguadas, me felicitaré otra vez de haber sonsacado a Rafael con mi propia irritación. Le pedí categoricidad acerca de la novela cubana: no el simple dogmatismo de decir «sí» o «no» y escaparse luego, dándonos por satisfechos, a travesear entre sus amenidades. Y ahora en dos plenas crónicas, Rafael ha mostrado que puede ser faro circunspecto cuando le place; y nos ha iluminado con estas verdades alentadoras: que no falta ambiente para la novela en Cuba; que lo que algunos estiman como tal falta de ambiente —«la pérdida de muchas costumbres clásicas y la adquisición de muchas costumbres exóticas»— es aliciente antes que obstáculo, porque «¿podría darse más emocionante tema, más intenso cubanismo, digno de ser escrito y divulgado, que el de una Cuba sin carácter propio?».

Así, el problema de la carencia de novela cubana queda resuelto en lo esencial, es decir, en cuanto a las posibilidades de inspiración y de peculiaridad, en cuanto al ambiente como estímulo intelectual. En todo caso existiría, como ya insinué una vez en mi ensayo «La Pintura en Cuba», el ambiente del no ambiente…

Pero, con ser este el problema esencial en teoría, no lo es en la práctica. El ambiente que falta a la novela cubana no es el de inspiración o estimulación intelectual, sino el más concreto y cotidiano, que actúa sobre la voluntad. Ideas, motivos, aptitudes nos sobran sin duda; lo que no tenemos es posibilidades personales y externas, bríos que distraigan el trabajo nuestro de cada día. Y aquí es donde yo sugería la posibilidad de facilitar ese esfuerzo mediante «acción gubernamental, o cooperativa, o ambas combinadas», lo cual suscitó en el señor Beltrán sus escepticismos.

 El desgano nuestro hacia la novela no se origina, a mi ver, en la desconfianza que Suárez Solís atribuye a nuestros novelistas en potencia, cuando dice que les preocupa si podrían contar con más lectores que los del medio. Esta desconfianza podría llegar a imponerse como una consideración retardataria una vez suficientemente engrosada la producción novelística; pero por lo pronto no pesa todavía sobre el ánimo de los aspirantes en ciernes. A estos no los detiene ningún calculismo. Ellos producirían a la buena de Dios, como han producido nuestros poetas, sin cuidarse a priori de su éxito. Lo que detiene a los novelistas pretensos no es una perspectiva, sino un obstáculo actual, dominante, inmediato: la falta de reposo y de posibilidades económicas, bastantes para abordar obras tan exigentes como onerosas como son las novelas. En procurar esas posibilidades actuales está, pues, la solución práctica del problema. Y aunque nuestro culto señor Beltrán piense que «en ninguna parte de la tierra» se ha recurrido para ello a la acción gubernamental y a la acción cooperativa, de otro modo opinarán cuantos recuerden conmigo las gestiones oficiales y privadas que, para el fomento del libro, se vienen haciendo en Europa, en los Estados Unidos y hasta en algunos países de nuestra América. Pero quede para otro día la indicación de estos recursos cooperativos.

(*Diario de la Marina*, 14 febrero 1925)

El ácido en el anca

Súfrase que vuelva una vez más (¿por qué una vez más?; acaso mil veces más sea menester) sobre el tema nobilísimo de la novela cubana, que tan diverso comentario ha venido suscitando en estos días.

En fuerza de insistir sobre el asunto, puede que logremos por lo menos dos cosas fecundas: disponer receptivamente los ánimos hacia cualquier medida práctica ulterior, y desvanecer la vaguedad, el mero lirismo huero, que tan frecuentemente carcome y esteriliza estas inquietudes generosas.

Por lo pronto, ya se va viendo cómo, a pesar de ciertas amables defensas que persisten en la tergiversación de un vocablo inocente, la iniciativa de nuestro dilecto compañero en la crónica ha logrado, en efecto, «irritar» criterios y producir reacciones alentadoras, a la manera como la gotita de ácido en el anca de la rana sirve en los laboratorios para descubrir los más nobles mecanismos humanos. No pocos opinadores distinguidos han terciado en la discusión últimamente desde estas y otras columnas. El señor Beltrán respondió generosamente un poco «en» gnóstico que suspende el juicio hasta mejor prueba. La señora Herminia Planas de Garrido, que suaviza diariamente estas páginas con una nota de feminidad delectable, pareja a la cinta verde de su cesto de papeles en la sobriedad de nuestra Redacción, también dio su parecer alerta. En dos enjundiosos artículos, el señor Pérez Manrique le hubo de descubrir originales facetas al tema, abogando ampliamente por la agrupación afectiva de los intelectuales de Cuba como condición inicial para el fomento de los géneros literarios. Y, en fin, el señor Juan Manuel Planas, el autor de *La Cruz de Lieja*, que, para ejemplo de todos, sabe ser a la vez ingeniero e ingenio, me escribe particularmente una carta de la cual no será indiscreción divulgar estas confidencias:

«En Cuba hay ambiente para hacer novelas, y hay público para leerlas. Falta algo, evidentemente, algo que estriba unas veces en la bondad de los periódicos, y otras muchas, en la bondad de los libreros. Pero yo puedo asegurarle que, a pesar de lo que falta, yo he vendido hasta ahora mis libros... Con una buena cooperación, iríamos todos al triunfo completo...». Y el señor Planas alude, a renglón seguido, a cierta asociación de escritores iniciada «hace poco más de un año» bajo los mejores auspicios, declarando que «los menesteres profesionales y administrativos de todos estancaron aquel brote».

Como ya se ve, pues, abrígase mucha fe, en esta idea de asociación que comparten dos de los comentaristas precitos y que ya en épocas anteriores sirvió de punto de partida a otras malogradas iniciativas. Guillermo Martínez Márquez, ese otro espíritu nuevo, pleno de gallardía en la voluntad y en la inteligencia, no me dejará mentir; ni tampoco esos «minoristas» que recientemente se congregaron para considerar las bases de una posible «Cooperativa del Libro», llamada acaso a integrar todos estos esfuerzos.

¿Quién dudará de que en la asociación resida, en efecto, el brío inicial para el fomento de la producción literaria en Cuba? Desde que se dijo por primera vez aquello de la fuerza de la unión, y la verdad se hizo tópico, y el tópico refrán, parece que fuera perogrullada insistir en la ventaja de los esfuerzos cooperativos. Sin embargo, estas verdades de todos los días, por todos aceptadas, suelen presentársenos en la experiencia como las de más ardua realización. Diríase que por lo mismo que son tan obvias, han perdido su valor militante, al igual que los hombres que se prodigan en demasía.

Entonces se hace necesario presentar la idea de agrupación bajo formas más nuevas y estimulantes, tomando las voluntades como por sorpresa y subterfugio. La «Cooperativa del Libro» a la que antes aludí y de la cual no me es dado aún adelantar pormenores, pudiera muy bien conquistar eficacia merced a esa forma novedosa.

Pero hay otra perogrullada esencial. Las ideas como esta no sirven para nada sin el concurso animoso de la voluntad. En vano fatigaremos los comentaristas a nuestras columnas y a nuestros lectores con exhortaciones más o menos líricas si no se da en los dispersos ánimos, para comenzar, una genuina robustez de intención. No es la idea lo que hay que proteger, sino la realización. Si tuviéramos tanta capacidad ejecutiva como la que tenemos para la iniciativa, no seríamos el decantado pueblo del «mañana». A la cabecera de cada lecho tropical deberíamos tener la parábola adusta de «La pampa de granito» y aquel otro «Mensaje a García», que el recio escritor yanqui entresacó de nuestra gesta libertaria.

Hay que precisar cuáles son y dónde están las polillas de la voluntad, que vencen sin cesar la buena intención. No os bastarán los dedos de ambas manos. Está la pereza que dice: «Yo les ayudaría de buena gana si no estuviese tan ocupado». Está el egoísmo: «El que quiera escribir que se la busque, como me la busco yo». Está el recelo: «¡Um!... Vaya usted a saber qué maniobra y qué ansia de *figurao* se esconde en ese proyecto». Está el escepticismo: «No se cansen, caballeros. Aquí esos romanticismos no caminan». Está la intolerancia: «¡Fulanito intelectual! Pero ¿cuándo ha sido intelectual fulanito?». Está el espíritu de delegación cómoda: «Yo pagaré la cuota; pero que H. haga el trabajo: él que se presta». Está el espíritu de contradicción y la indisciplina. Está la falta de fe para empezar y de constancia para continuar. Está... ¿Pero a qué proclamar lo que todos nos tenemos tan sabido?

Con una miaja de abnegación, con un poco de honradez, con un ahorrillo de entereza se lograría todo. Se lograría hasta persuadir a los señores libreros de que ellos tienen gran parte de la culpa de que en Cuba no haya más producción literaria, puesto que no han querido o no han sabido abordar el problema de la edición como negocio, y solo lo han intentado como beneficencia, o como aventura. Se lograría, hasta conseguir réditos del Erario para el establecimiento de premios anuales. Se lograría, hasta vincular nuestra producción con los mercados extranjeros: menos inaccesibles de lo que parece, porque si en Cuba se leen libros de la Ibarbourou, de Horacio Quiroga, de Vargas Vila, de Ingenieros, del señor Belda, bien pudieran leerse fuera, con solo organizar bien la trascendencia, las obras que nuestros ingenios guardan en la melancólica oscuridad de sus gavetas. Se lograría... ¡qué sé yo cuánto se lograría con unos pocos arrestos per cápita letrada!

Acaso la iniciativa organizadora no esté ya muy lejana. Cuando se lance al viento el banderín de enganche, depongamos timideces, pesimismos, malquerencias y recelos y aportemos todos nuestro entusiasmo, y un poco de nuestro dinero, a la común cruzada. Una vasta y desinteresada buena voluntad abonará el plantío. Luego, los dioses de arriba dirán para quiénes han de germinar los laureles. Pero los laureles de unos pocos, ¿no serán entonces los laureles de todos?

(*Diario de la Marina*, 21 febrero 1925)

La influencia de Zuloaga: ritornello

El señor Camín leyó harto de prisa —tengo que deplorarlo— mi glosa de antier acerca de la posible y «deseable» influencia de Zuloaga sobre nuestra pintura novicia.[6] El señor Camín, que me hizo la merced de leerme, no me hizo, en cambio, la justicia de entenderme. O por mejor decir: sí; me entendió; pero justamente al revés de cómo yo lo pensé todo. Y aunque sufro, para desdicha mía, la notoriedad de que escribo enrevesado, no hallo que lo fuera yo tanto esta vez, que el señor Camín, con su reconocida agudeza, no me hubiera comprendido mejor de haberme leído más despacio.

El señor Camín, a vuelta de amables superficialidades, me atribuye dos cosas horribles: romanticismo y didáctica; pero ellas fueran lo de menos si no me atribuyese también, como para probarlas, frases que yo no he dicho y posturas que no he tomado. Su artículo de ayer —«Temas criollos»— es, pues, una voluptuosidad de contradicciones. Me recuerda aquel ego filosófico de Fichte que se erigía a sí mismo en mundo moral adverso para ejercitar en él su voluntad depuradora y pugnaz.

Apenas es menester pormenorizar las tergiversaciones del señor Camín. Tan obvio resulta, que sería agraviar la susomentada agudeza del señor Camín pretender hacerle parar mientes de ella.

¿Me permitiría, en cambio, el señor Camín una suerte de moraleja, para darle algún contenido positivo a esta aclaración? Siendo yo, como el señor Camín advierte, «el joven Mañach», y el señor Camín veterano en esto de escribir y hasta en esto de leer, la moraleja no sabría ir dedicada a él. Va sin dirección, como buena moraleja.

6   «La posible influencia», *El País*, 19 marzo 1925, pág. 3.

Pues bien, el trópico, lectores, suele engendrar un hábito nefando: el de la superficialidad. Vivimos tan urgida, tan laxa, tan falazmente, que nada fija nuestra atención con adecuado rigor. Los cometidos se llenan sin plenitud. El color nos pone en el ánimo una festinada displicencia. La carencia de normas nos excusa; la de criterios severos nos deja impunes. Y todo se hace con una pasajera levedad de impromptu.

Por ejemplo, leer. Los periódicos, sobre todo, no se leen: meramente se ven. La gente dice: «Hoy no he visto *El País*; ¿de qué trata Camín?». Con lo cual se hace una injusticia al señor Camín, que escribe para que se le entienda, no para que se le vea.

Respecto de los señores que escriben identificablemente —los que firman, los notorios y tales— yo recomiendo al apreciado lector un método que a mí me tiene ahorrado mucho tiempo y paciencia. Esto es: dividir aquellos escritores en dos categorías: aquellos a quienes solo leí una vez, y aquellos a quienes leo siempre. De los primeros, dicho se está que jamás vuelvo a ocuparme. Pero en cuanto a los segundos, los leo con todas las potencias de mi alma, porque ellos escriben con todas las potencias de la suya. Y la peor injusticia que puede hacérsele a un escritor honrado es la de leerlo «por encima».

(*El País*, 21 marzo 1925)

Recogiendo una alusión

Menguada e inútil cosa es esta de recoger alusiones. El presente comentarista, que para contar con tan breve hoja de servicios literarios, ya ha tenido muchas veces el honor de verse hostilmente aludido en letra de molde, no se ha parado nunca a mirar las almohadillas —o las piedras— que le arrojaran a su coso. ¿A qué bien puede conducir darle beligerancia a la obcecación? Ciertos pareceres no se revelan como verdaderos y respetables juicios críticos, sino como hijos del ánimo gratuitamente adverso. Hay que acogerlos, pues, con una sonrisa de inalterable displicencia.

Pero esta vez la alusión es excepcional, no solo por el aire de comedimiento en que se orea, sino por el tema que le sirve de trampolín y el público en que se zambulle. *Hispania*, la «Revista de Artes y Letras de la Raza» que se edita en Madrid bajo la dirección de Monilla San Martín y de Ricardo León, publica en su último número un artículo titulado «Literatura cubana. Iraizoz y su nacionalismo profiláctico», firmado por un señor que se rubrica cubano y a quien no es necesario mentar.[7] Si lo mencionase, sería de todas suertes poco menos que inútil, pues solo parece ser muy conocido en su casa y yo no quiero agravar su modesto anonimato. Lo que importa advertir es que este señor ocupa actualmente un puesto subalterno en la Legación de Cuba en Lisboa, cuyo Ministerio ha sido confiado al mismo Dr. Iraizoz.

Pues bien: el artículo está dedicado todo él a hacer un elogio al mismo Dr. Iraizoz, como escritor que tiene «pleno derecho —dice— a figurar en las antologías de autores ame-

[7] Eduino Mora: «Literatura cubana. Iraizoz y su nacionalismo profiláctico», *Hispania*, n. 13 agosto 1925, págs. 22-24, y n. 14, 1 septiembre 1925, págs. 18-21. La alusión a Mañach y Chacón y Calvo aparecen la segunda parte.

ricanos y obliga a que no se pueda escribir en el futuro sobre literatura cubana sin citarse su nombre ya consagrado...». Y en el curso de ese elogio jerárquico inserta violentamente el articulista este juicio sobre la Biografía de Enrique Piñeyro: «... es interesante y amena, de las que obligan a leerse de un tirón, desprovista de los amaneramientos y la afición a los vericuetos lexicográficos de los atacados de megalomanía erudita, como Chacón y Calvo y Mañach, por ejemplo».

Yo no sé qué pensará el lector de estos pareceres. A mí se me antoja que con ellos se ha sorprendido la credulidad y la buena fe de aquella «Revista de Artes y Letras de la Raza»; y eso —que no el puntillo de honor— es lo que me mueve a la rectificación pertinente. Una revista como *Hispania*, que aspira a reunir en un solo haz de simpatía y de comprensión mutuas todas las inquietudes espirituales de «la Raza» debiera mirar que sus páginas no se abrieran nunca al juicio irresponsable y a las valoraciones caprichosas. En primer lugar, un ensayo acerca de la literatura cubana solo tiene derecho a escribirlo, sobre todo si es con fines aparentes de divulgación, quien haya demostrado suficiente competencia en tales faenas de erudición y de crítica. Los Menéndez y Pelayo y los Brunetières no surgen por generación espontánea. La chispa creadora del cuentista podrá fulminarse insospechada; pero la chispa crítica ha menester el pedestal y la yesca de un espíritu agudo y una larga disciplina.

No sé yo que el articulista en cuestión sea un genio hasta ahora oculto y entregado a las vigilias laboriosas de su gabinete. Por lo menos, su loa al Dr. Iraizoz y su obra —cuyos méritos me excuso de discutir ahora— ciertamente no lo demuestra. Es todo él una urdimbre de citas generosas, de fatua adjetivación, de superlativos y de alguna que otra falta de ortografía. Y lástima grande es que un señor tan pródigo de la gran frase, del espíritu holgado y del gesto subalterno logre sentar plaza de evaluador de nuestras letras en las páginas desapercibidas de una revista como *Hispania*.

Cuanto a lo que a mí personalmente me toca de su aventura crítica, ya hablaremos.

(*El País*, 29 septiembre 1925)

Pues bien...

Tampoco creo digno ni útil que un escritor, por público y periódico que sea, se empeñe en su defensa o justificación de su propio estilo. El estilo, la manera literaria, como decía Gómez Carrillo en una crónica que se publicó aquí el domingo, es algo tan fatal e involuntario como la fisonomía. Es, en efecto, la fisonomía de su sensibilidad. Y tan menguado y vano se me antoja intentar la apología del propio estilo como ensalzarse el juego de boca o la curva de la nariz. A quien Júpiter se lo dio, Apolo se lo bendiga; si a mi prójimo no le place mi rostro o mi literatura, ¿qué hacer más que lamentar el gusto de mi prójimo?

Pero es que el gusto adverso se expresa en ocasiones por medio de conceptos estúpidos, que como tales conceptos, aparte su aplicación a tal o cual caso determinado, causan estragos en la credulidad ajena y pervierten los generales criterios. Así el juicio —citado ayer— en que el Aristarco de *Hispania* nos apareja a Chacón y a mí en la misma condena, por estimar que ambos somos «amanerados», que les tenemos «afición a los vericuetos lexicográficos» (?) y que padecemos de «megalomanía erudita».

El aparejamiento con Chacón y Calvo me honra sobremanera. Pienso que el autor de *Hermanito menor* con todas sus imperfecciones —¿quién no las tiene?— es uno de los escritores más puros, más sensibles, más delicados y más finos que ha producido Cuba en nuestro tiempo. Los mejores criterios españoles comparten y avaloran este parecer mío. Pero, ¿habrá nada más romo, más obviamente caprichoso que el postular, como lo ha hecho el criticoide aludido, una identidad entre a manera plácida y lírica de Chacón, y esta nerviosidad a que mi pobre pluma no sabe sustraerse?

Lo que el señor Eduino Mora —¡ya dije su nombre!— encuentra de común entre nosotros es, en primer lugar, el amaneramiento. Pero el amaneramiento consiste, a mi entender, en escribir sin sinceridad, formularmente, por receta ajena; porque cuando el amaneramiento es dentro de la propia manera, en obediencia constante de la propia sensibilidad, ¿qué es eso sino el estilo —el vaso limpio o turbio, fino o tosco, pero el propio vaso al cabo?

¡Y los «vericuetos lexicográficos»! Con esta frase confusa e inexplicable, el señor Mora alude, sin duda, a «las palabras raras»: ¡es un perro que ya nos ha mordido! Mas yo quisiera advertirle de una vez al crítico, como a cuantos como él opinan, que lo raro no son las palabras sino el conocimiento extenso de ellas. Esta voz que al señor Mora le parece peregrina y rebuscada, para un Azorín sería de lo más habitual e insustituible del mundo. En castellano apenas hay sinónimos. Cada vocablo tiene su mensaje exclusivo que justifica su existencia. La crítica contra los estilos «de palabras raras» es el desahogo de los señores cómodos que prefieren se les diga las cosas «poco más o menos» con tal de ahorrarles la molestia de leer mucho y de visitar alguna vez el diccionario.

Y en fin, eso de «megalomanía erudita» no pasa de ser una frase inepta e irritada. Megalomanía, o «delirio de grandeza» se les antoja a todos los mediocres que es el esfuerzo por levantarse sobre el nivel medio de sentimientos ruines y de ideas consabidas. La inteligencia discrepante, el prurito de pensar por cuenta propia, el cuidado de la documentación, de la cita honrada a tiempo, del vivir alerta a lo que pasa en el mundo, son atentados de lesa mediocridad contra los cuales no es extraño que proteste el Canciller que elogió a su Ministro.

(*El País*, 30 septiembre 1925)

A «un lector»

«Un lector» me escribe una civil, elocuente y desilusionada carta para expresarme su discrepancia y su desencanto tras la lectura de mi elogio «La serenata gozosa»,[8] publicado hace unos días con ocasión del homenaje popular al Presidente de la República.

Este lector amable, que siempre me ha leído —dice— con excepcionales atención y complacencia, parece seguirme teniendo por «un hombre honrado», mas le duele que yo haya juzgado tan «a la ligera» la actuación de nuestros gobernantes actuales, y quisiera «sustraerme al error en que he caído».

Aseguro al generoso comunicante que he meditado y ponderado mucho los razonamientos de su carta, porque si bien vino anónima, recato que es siempre injusto y desagradable, ya que suele pedirnos una valentía de que no se atreve a dar ejemplo, la escribió una pluma hábil y un espíritu de nobles preocupaciones. Pero he aquí que tras mucho pensarlo, me hallo otra vez en desacuerdo con dicho lector.

Amigo mío: yo creo haberme conquistado durante mi ejecutoria periodística el derecho, que usted todavía no me niega, de que se me estime riguroso y sincero.

Jamás le hice el coro a ninguna situación política. Desinteresado, por temperamento, de las cuestiones políticas, que exigen, cuando más honradas, innúmeros acomodos de criterio y falseamientos de opinión, no he mirado nunca a la política de mi país si no fue para dolerme, como simple ciudadano, de los atrasos, las impudicias y las vergüenzas en que esa política antaño nos sumía. Once años de vida extranjera me enseñaron a considerar a la patria como rezago, y no

8 «La serenata gozosa», *El País*, 24 septiembre 1925, pág. 3.

como pedestal que Martí condenaba. Callé, pues, siempre cuestiones políticas porque las cuestiones políticas aquí no merecían más comentario que el de un dolorido silencio y el de una silenciosa esperanza. Escribiendo sobre otras cosas fundamentales he creído hacer más patria que dispensándole saetas de lodo.

Por eso, amigo lector, cuando al cabo de cuatro años de repatriación hallo que la cosa política aun cuando no anda perfecta, se redime en una general honradez de intenciones y de procedimientos; cuando por primera vez encuentro en mi patria que no es menester sobornar a un servidor público para que gestione mis derechos, que la prostitución ostensible no saca rubor a las mejillas amadas, que al penado se le cobija humanamente, que al guajiro se le preparan contactos con la civilización, que las leyes se ponen al día, que el juego no arruina las voluntades; cuando hallo todo esto y más, recuerdo aquel decir bíblico de «al árbol, por sus frutos» y no escamoteo el elogio comedido y oportuno del árbol gubernamental.

¿Despotismo? ¿Represión de las ideas?... Sobre eso, amigo mío, habría mucho que decir. Yo también pienso —¿cómo no, si soy joven y de este siglo?— que «las ideas no delinquen». Pero cuando esas ideas prenden en los cerebros ingenuos llamaradas de odio y dictan a la voluntad programas de violencia; cuando, por amor de una convicción llevada al fanatismo, no se vacila ante la bomba y el veneno servidos al tuntún, «caiga quien caiga»; cuando, lejos de aspirar al triunfo por la claridad, se aspira a la victoria por la obcecación, siéntome «burgués» hasta la cal de los huesos y si no abomino de las convicciones que tales excesos aspiran sí reniego de los flacos cerebros que las recogen. Porque las convicciones, encarnadas, dejan de ser venerandas desde el momento que tratan de imponerse por la fuerza destructiva; es decir, por fuerza que no sea la de mera conservación social. Igual que hay una sociabilidad de los hombres, hay una sociabilidad de las ideas que exige, como condición esencial, el mutuo respeto. No es crimen que usted opine de tal o cual manera; pero sí sería criminal el intento de «tupirme» dogmáticamente, el de aventarme en pedacitos o el de viciarme la gaseosa. Y solo contra esos intentos estamos, créalo usted.

(*El País*, 1 octubre 1925)

Gustos y colores

Fernández de Castro, mi tocayo, el «Tartarín» que pone «Día en Día» una sonrisa en las graves columnas editoriales del *Diario de la Marina*, insinuó ha poco, en nombre de los asturianos, una amable protesta contra cierta frase mía también reciente sobre el patriarca novelista astur don Armando Palacio Valdés. Aludí sin mucha atención crítica, porque el momento de mi crónica no pedía más, a la literatura «plácida y doméstica» de aquel autor, y solo creo haber subrayado cuánto es de lamentar que los yanquis no hayan conocido hasta ahora la literatura española sino a través de esas páginas, las de Fernán Caballero y las de Blasco Ibáñez. Nada de esto le gustó a mi compañero; para respaldar su discrepancia juzgó pertinente advertirme de las posibles reacciones de Somines y sus compatriotas; y luego temió que yo le supusiese a él siempre encontrado con mis pareceres.

Vamos a esto primero. Tartarín no se imagina cuánto me huelgo yo de las discrepancias honrosas y corteses. Alguien escribió una vez el «Elogio del espíritu de contradicción»,[9] demostrando que en él se conserva, como en un caldo de cultivo, aquel germen de inconformidad necesario para todo progreso de las ideas. Y si no parece discreto suponer que la contradicción sistemática sea siempre fecunda, la contradicción ocasional sin duda lo es. Del debate que por ella se entabla podrá no nacer inmediatamente «la luz», como quieren los menudos Carreños de la Dialéctica; pero al menos se ejercitan las opiniones, tonificándose más las mejor templadas. ¿No cree Tartarín como yo que el padecimiento más hondo

---

9   Probablemente se refiere a «En elogio del espíritu de contradicción», del escritor mexicano Julio Torri.

de nuestra Prensa está en que ha degenerado la buena, la civil, la entusiasta discrepancia?

Lo de Palacio Valdés... Puesto que Tartarín me ha puesto tan en evidencia apenas me queda otro recurso que ampliar aquel juicio de soslayo sobre el venerador de *Las Hermanas San Sulpicio*. Yo no he dicho sino que me duele que la literatura española se juzgue exclusivamente al través de sus páginas «plácidas y domésticas» ... ¿Acaso no son así esas páginas? ¿No parece que están cochas en baño de María? ¿No copian con dulce o socarrona mansedumbre, pero sin íntimos hervores de protesta o de lirismo, las pasiones y las virtudes pequeñas de cierto mundillo aburguesado y pueblerino? ¿No se atienen a la realidad más somera, a los aspectos más inmediatos y accesibles de las cosas, sin hacer apenas un esfuerzo por escudriñar en lo inhibido y secreto de las motivaciones humanas? ¿No realizan plenamente el tipo de la mera «novela bonita» que predicaba el otro patriarca de las letras españolas finiseculares, Don Juan Valera, tan parecido a Palacio Valdés y tan gustado como este por las multitudes yanquis de película?

Claro que la averiguación es demasiado compleja para confiarla a la brevedad de un artículo. Yo no quiero sino ratificar más precisamente mi parecer para que Tartarín —si lo desea— tenga por donde cogerlo. Contra lo que él y Suárez Solís opinan, estimo yo que una novela debe proponerse algo más que entretener, relatándonos fiel y externamente una cadena de peripecias cuotidianas, dentro de un ambiente peculiarizado. No. Mi curiosidad lectora al menos —y no la creo muy personal ni muy extraviada— espera de un novelista que, sin caer en doctrinarismos ni en alardes didácticos, antes por virtud de la sugestión y de los análisis psicológicos, me dé una interpretación viva, fuerte, decidida y profunda del vivir humano. Y esto, que yo encuentro en Galdós, en Baroja, en ese agudo asturiano que es Pérez de Ayala, del cual Tartarín a su vez no gusta, es lo que ha hecho que se me cayesen de las manos no pocas elucubraciones plácidas y domésticas del señor Palacio Valdés.

Ahora, que sobre gustos y colores...

(*El País*, 11 octubre 1925)

Otra vez «Tartarín»

Sí; decididamente, Fernández de Castro, el agudo Tartarín del *Diario*, está por el tipo rubio, que es el más beatífico, y yo por el trigueño terrenal. Al fin y al cabo, ambos se encarnan en mujeres de carne y hueso humanos; pero mientras las blondas, en general, nos dan una sensación de angélica simpleza y de candor celeste, las morenas nos suelen hechizar mejor, por la afinidad de pecadora arcilla que en ellas descubrimos.

Aquí podría, pues, terminar en una suerte de «tablas» la discusión entre mi querido compañero y yo a propósito de las novelas de Armando Palacio Valdés. Pero en el curso de su réplica, Tartarín se propone una pregunta tan capciosa, que me aterra otorgar callando... Dice el travieso humorista: «¿Es más indispensable la condición didáctica en una obra, que el hecho de ser entretenida?». Y claro que él se contesta que no.

¡Yo también! Dicho así, también yo pienso que más vale a una novela ser entretenida que ser didáctica. Pero vamos a precisar qué significan estas palabras, harto ambiguas y convencionales. Si por «didáctica» entendemos una novela de las llamadas «instructivas», esto es, de las que se proponen inculcarnos elementos de moral, de geografía, de una ciencia o un arte cualesquiera, ¡no, Señor!: nos basta con *Alrededor del Mundo*, el «Juanito», en efecto, y los papelitos del almanaque! En todo caso, ¡ya hicimos nuestro bachillerato!... Pero lo que sí hay derecho a pedirle a una novela, sin que por eso cuadre llamarla «didáctica», es un punto de mira sobre la vida y, por ende, una actitud de interpretación filosófica hacia la vida misma. No conceptos abstractos, silogismos ni hipótesis, sino una evidente preocupación íntima, por parte del autor, con el «de dónde somos y adónde vamos» que intrigó a Darío. Este punto de mira es el que me parece un poco somero en Palacio Valdés, esta consistente interpretación filosófica del destino humano es la que no hallo en sus novelas sino desleída, plácida y doméstica, como la moraleja de un papá tras un cuento de sobremesa. Lo que se ha de preguntar es si una novela no puede, no debe ser «entretenida» y profunda al mismo tiempo. Yo creo que sí.

Cuanto a Fernán Caballero, la novelista germano-andaluza del decimonono español, a la cual Tartarín hubiese querido ser mencionada en mi crónica, también es rubia para mi gusto. El elogio —si es elogio— de esa *frau* alemana que el compañero cita, no me conmueve a priori. Durante año y medio estuve yo enseñando literatura española como Instructor en la Universidad de Harvard (E.U.), y en el curso de aquella grata faena, me vi obligado a emplear como texto de lectura, por imposición de la superioridad académica, alguna que otra novela de Doña Cecilia Böhl de Faber. ¡Quisiera yo que Fernández de Castro hubiese leído los ditirambos que los comentaristas norteamericanos dedican a la buena señora en las ediciones de sus obras!... Pero los jóvenes alumnos yanquis —ya muy avisados por su experiencia de otras literaturas y de la misma clásica española— se aburrían solemnemente leyendo a aquellos melodramas de familia saturados de ética maternal y de humorismo curro. Y yo también, Tartarín amigo, ¡cómo me aburría!

(*El País*, 15 octubre 1925)

Marinello y la actitud crítica

A propósito de mis recientes artículos sobre «Los bombos mutuos» y sus implicaciones,[10] he recibido hoy una carta, demasiado importante y apretada de sentido para fundar en meros extractos el comentario de ella. La carta es de Juan Marinello Vidaurreta, el noble poeta de nuestra generación. Dice así:

«Mi querido Jorge Mañach:
«Una mención afectuosa en tu Glosa de anteayer, me decide a hacer un alto en mis varias actividades para exponerte mi opinión —como simple ciudadano de la maltrecha República de las Letras— sobre algunos extremos de tu interesante artículo.

«Dejemos de lado lo de los «bombos mutuos»; ellos no son —y así lo has convenido— sino inevitable circunstancia de un medio intelectual reducidísimo: porque el propio medio, en su pequeñez, nos obliga a ser, a un tiempo mismo, productores y jueces, ya que nadie ha querido asumir la enojosa y alta responsabilidad de decir en cada caso «lo que hay y no más de lo que hay». Vayamos a lo esencial del asunto planteado, es decir, a la determinación de cómo ha de producirse entre nosotros la labor crítica.

«Según tu criterio —probado con una actuación diaria—, la crítica doméstica debe hacerse con benévola actitud, ya que hace falta el estímulo amable donde la producción literaria significa en sí una dedicación heroica. Es este un error fundamental que ha de acarrearnos serios prejuicios. Admitido el mérito sabido y el simpático desinterés de quien dedique sus horas mejores a las letras, en un medio tradicionalmente hostil (¿no disputaba el ínclito Félix Varela —que no era por

---

10 «Los bombos mutuos», *El País*, 1 noviembre 1925, pág. 3.

cierto de estos tiempos vertiginosos de Carlos Miguel— al saco de azúcar como único valor ponderable de la Isla?). Admitido que esa labor es en extremo plausible, debe decirse a tiempo, por humanidad, a aquel a quien falten quilates para la labor intelectual, que dirija hacia otras actividades sus energías, ya que el grave sacrificio va en camino de realizarse en perjuicio de todos.

«Somos un pueblo necesitado de esfuerzos ideales. Pero nos precisa, por esa causa, orientar a tiempo esos esfuerzos. En un país donde una larga tradición de cultura haya formado en cada lector un crítico certero, el elogio fácil y la gloriola vernácula en nada influirán respecto de la estimación final de un valor; pero en el país nuestro, en que se lee poco y deprisa, en que se hace una reputación con una docena de elogios ruidosos y huecos, es imprescindible que los que tienen «cura de almas» procedan con extremada rectitud y con sinceridad a toda prueba, lejos por igual del encarecimiento vago y superficial y de las actitudes «fraycandilescas». Es hora ya de que terminen los nocivos compadreos que han llevado a nuestro «cuerpo lector» tantas notoriedades de alfeñique, que han trascendido —¡cuán desgraciadamente para nuestro nombre!— a países más preocupados de la recta estimación de los valores.

«Nuestros intelectuales —has afirmado— solo pueden juzgarse en justicia con un patrón local, en su humilde relatividad; junto a las cumbres de otros climas, nuestras eminencias criollas se confunden con el llano. Y esta no es una verdad sino a medias. Alguien ha dicho que si Benavente no fuera español, tendría ya, por sus altos talentos, una bien cristalizada fama universal, con el Premio Nobel por añadidura. Sin entrar en la mayor o menor verdad de la afirmación, es lo cierto que la categoría del país del autor influye de modo poderoso en la apreciación universal de su obra. Yo no sé que en sus días existiera en América un escritor más original y poderoso que Martí, y, sin embargo, mucho trabajo nos costará, si es que lo logramos, hacerlo conocer y admirar universalmente tanto cuanto merece.

«Al establecer el desfavorable parangón, que no peca más que de su absoluta generosidad, fijas los ojos en París y en Madrid, que fueron fuentes ilustres de tu cultura. Pues bien, no lo aseguraré de París, pero de Madrid no tengo ningún reparo en decir que en algunos aspectos —en poesía, por ejemplo— tiene mucho que aprender de esta pobrecita América nuestra. No hay en esa afirmación apasionamiento alguno. He convenido en la indubitable pobreza de nuestro medio, y no puedo tener inconveniente en afirmar que más de una modalidad literaria está entre nosotros en pañales. Por ello precisa una amplia comprensión en todos los momentos; por ello es indispensable un continuo comprobar con lo producido con otros círculos más afortunados; una ponderación cuidadosa de lo que significa un serio esfuerzo para nuestro modesto «status» y de la distancia a que ha quedado —cuando ha quedado— de lo producido fuera. Si en la comparación no se olvida la justicia, no cabrá la ofensa. Quien eche sobre sus hombros esa tarea y se disponga a sacudir al mismo tiempo el ruego amistoso y la benevolencia culpable —¡pecados de amor!— merecerá bien de nuestra cultura, que tanto cuidado reclama, y tan pocos devotos tiene».

(*El País*, 6 noviembre 1925)

Réplica a Juan Marinello

Mi querido Juan Marinello:
Lo sustancial de tu muy sabrosa carta —con cuya publicación se honraron ayer estas columnas mías— se contesta, creo yo, en pocas palabras. Tu carta es, en efecto, un fallo condensuatorio de «la actitud benévola» en la apreciación de los valores domésticos, y para justificar esa condena, derrochas austeridad y raciocinio que nadie osaría escatimarte. Pero tu argumentación es ociosa en cuanto a mí atañe, porque yo, no solamente no he cohonestado la «benevolencia» en el sentido de vista gorda y compadreo que tú le das al concepto, sino que deliberadamente previne al lector contra tan somera interpretación.

No, Marinello: lo que yo escribí y repito, es que se hace necesario juzgar, estimar los valores locales en el orden literario y artístico con esa misma «amplia comprensión» que tú pides al final de tu discrepante epístola. Ahora bien: ¿qué cosa es comprender ampliamente si no es comprender relativamente? El juicio más inteligente —creo que convendrás conmigo en ello— es aquel que tiene más cosas adjetivas en cuenta. En el arte, como en la vida, los valores absolutos no existen: nada es un summum definitivo, nada es dechado insuperable de belleza: la perfección es un ideal perennemente inasequible, porque de lo contrario no sería ideal. Así —para no demasiarnos en abstracciones— los «esfuerzos» que en Cuba se hacen por la belleza, hay que juzgarlos, no con benevolencia, que es una suerte de simpatía apriorística e irrazonada, sino con amplio criterio, con «amplia comprensión», teniendo en cuenta lo actual y lo potencial, las realidades y las posibilidades.

Ahí es donde diferimos tal vez. Tú entiendes que en cada caso se debe decir «lo que hay y no más de lo que hay'. Yo opino que se debe decir lo que hay y, además, lo que puede haber. En el señalamiento juicioso de estas posibilidades que algunas obras de arte local evidentemente entrañan está, creo yo, «la otra» misión —la misión estimulante— que la crítica debe tener entre nosotros.

Tú admitirás que nuestros «esfuerzos» de índole artística o literaria, nuestros libros, nuestros cuadros indígenas, se dividen en dos categorías: la de las obras francamente malas y la de las obras que llamamos buenas. Decimos que una obra es «francamente» mala cuando es incapaz de producirnos, no ya una satisfacción, pero ni siquiera una esperanza. Son las obras que carecen de los dones elementales del *quid divinum*, de la virtud ingénita, del fulgor en bruto: el libro que no demuestra visión propia, curiosidad original, rigor de disciplina, atención a lo que ya se ha dicho antes; el cuadro o el poema desposeídos de sinceridad o de buen gusto instintivos... Estas son las obras «francamente» malas que hay que condenar de plano, desahuciarlas, acogotarlas en una especie de boycotaje crítico o enrarecerles el ambiente por medio del silencio, para que no pueda cundir su mal ejemplo. Y a mí, querido Marinello, pese a la «benevolencia» que tú me atribuyes, mi conciencia no me reprocha el haber alentado jamás uno de esos «esfuerzos» que no tienen aliento propio.

Pero luego hay las obras que llamamos «buenas» y que en París o en Madrid no serían más que medianas. Las obras en que la flecha —para usar el símil en boga— no ha podido llegar al blanco todavía, mas se desmaya en buen camino. Las obras que aún no nos dan una realización con visos definitivos, pero que dejan entrever potencialidades considerables. En esta misma categoría están los buenos que comienzan y los buenos que ya el optimismo patrio ha rociado de óleos consagradores. Antes de juzgarlos con un criterio absoluto, por un patrón definitivo que acaso sería demasiado enérgico y mataría el retoño, el porvenir de nuestra altura exige que los juzguemos primero con un patrón local o relativo, igual que en los torneos eliminatorios. La valoración definitiva «con extrema rectitud» solo debe hacerse respecto de aquellos que —un Varona, pongamos por caso— han agotado ya sus posibilidades.

Convienes en que es necesario «orientar esos esfuerzos» locales. Pero advierte que los esfuerzos que se orientan son los que están a medio camino. Y orientar no es estrangular. Si queremos que nuestra cultura no se malogre en pañales, es menester hallar un justo medio entre la benevolencia y la intransigencia a ultranza.

(*El País*, 7 noviembre 1925)

Sobre la música popular

En el último número de *Pro-Arte Musical*, la mimada y fervorosa revista que la Sociedad de ese mismo nombre consagra al adoctrinamiento de sus miembros, el anónimo editorialista se ha servido recoger una alusión mía, todavía reciente, a propósito de nuestra mejor música criolla, y de lo bien que haría Pro-Arte Musical incluyendo «en sus programas menos clásicos».[11]

«Reconocemos —dice el articulista— el buen propósito de quien tal escribiera, pero debemos consignar que se incurre en un error por partida doble». El anuncio de esta abundancia de yerro me produjo, como es de suponer, un escalofrío de airosidad. Dios me coja confesado, díjeme; y seguí leyendo: «En primer término, porque Pro-Arte Musical jamás ha dejado de prestar calor y entusiasmo a todo lo nuestro», aserto que el articulista justifica con varias referencias a la ejecución de su Sociedad. «En segundo extremo —dice después— hay error porque no es absolutamente cierto que la música popular sea la sola expresión del alma de un pueblo»; y esta segunda negación susténtala el editorialista con argumentos derivados de la historia literaria, sin duda por sospechar que, no sabiendo yo nada de música y sí una miaja de literatura, así había de entenderla mejor.

Antes, sin embargo, digamos algo de mi primer error. No dudo de que en cierta medida lo sea. Para mi desgracia, el reparto de mis quehaceres me ha obligado y me obliga aún a ser un mero espectador de la admirable labor de Pro-Arte Musical, y como ni aun a título de «botellero» periodístico puedo asistir ocasionalmente a sus conciertos, ya que dicha Sociedad prescribe esa gratuidad con muy justificado rigor,

11 «El orgullo de nuestra música», *El País*, 6 octubre 1925, pág. 3.

he aquí que solo me mantengo enterado de sus actividades por la lectura de esta amena revista que comento y por el común decir de gentes más afortunadas que yo. De ambas fuentes de información deduje la creencia de que Pro-Arte, si no desdeñaba nuestra música típica, ni totalmente la excluía, al menos la subordinaba en su atención a otros exotismos apenas superiores. Si esto no es así, me place saberlo. Pero sigo pensando ahora que hay dos clases de protección: la protección deferente, que se dispensa como una gracia al humilde, y la protección entusiasta, que reconoce el mérito igual y lo exalta. Y yo quisiera que la suerte de protección que Pro-Arte extiende a nuestra música fuera siempre esta última. Esa Sociedad, con su bien ganado prestigio, es la llamada a darle una prestigiosa alternativa a nuestros ritmos populares.

Cuanto que estos sean «la sola expresión del alma de un pueblo», yo nunca dije tal cosa, con perdón del amable articulista. Su erudita disquisición en torno a ese presunto error resulta, pues, ociosa. Y además, habría mucho que decir sobre ella, caso de hallarla pertinente. Porque si la música popular no es —¡claro que no!— «la sola» expresión musical del alma de un pueblo, sí es la más típica, ya que ella se substrae mucho más que la música «artística» a las condiciones individuales y arranca de los más ingenuos estratos de la emotividad colectiva. La poesía «erudita» del Marqués de Santillana no será menos española que el Poema del Myo Cid; pero crea el articulista que si queremos sentir la emoción más pura de España, acudiremos a este y no a aquella. Lo mismo que para la emoción cubana, acudiríamos a ciertas décimas guajiras, y no a las elucubraciones de Zenea o del señor Mendive.

(*Diario de la Marina*, 8 noviembre 1925)

Alrededor de un juicio

«Mientras se va la vida». Y, debajo, un artículo de dos columnas y más de tipo menudo, publicado antier en este mismo periódico, por el señor Gastón de los Ríos, para refutarme un juicio que yo tuve que condensar en dos columnas de tipo grande...[12] Al lector acaso le parezca que esta métrica periodística en términos de columnas y de tipos no significa nada; pero ¡ya lo creo que significa!... Significa, por lo pronto, que puesto uno en el trance de escribir las cosas sobriamente, enjutamente, corre el riesgo de que no se le entienda a derechas...

Al final de su exuberante disentimiento, el articulista declara que «sus líneas indirectas no llevan un propósito de polémica literaria», sino que «se limitan a expresar su admiración» por la señora Sansores, sobre cuya obra última yo hice mis reparos humildes pero honrados.[13] No comprendo bien, si eso es así, qué necesidad tenía el señor de los Ríos para «expresar su admiración», de referirse a mí cincuenta veces e ir impugnando, uno a uno, los distintos extremos de aquella crónica mía. Además: el articulista llega hasta a dirigirme preguntas en el curso de su discrepancia; luego me obliga a la cortesía de contestarle.

Yo tampoco creo que valga la pena, señor de los Ríos, hacer una polémica sobre el asunto. Las polémicas en torno a ideas abstractas alguna vez alcanzan cierta utilidad difusiva; pero las que se inspiran en ideas aplicadas, en juicios o, lo que es lo mismo, en «gustos y colores», apenas logran más que enturbiar los humores y las mismas ideas. Yo digo mis

---

12 Gastón de los Ríos: «Mientras se va la vida», *El País*, 23 noviembre 1925, pág. 3.
13 «De re poética», *El País*, 10 noviembre 1925, pág. 3.

opiniones por lo que valgan. Quien no esté de acuerdo, tiene el sacratísimo derecho de proclamar su propio parecer —¡Y santa paz!

Pero el señor de los Ríos, que en tan halagador concepto parece tenerme por ciertas generosidades que de soslayo me dedica y que de veras le agradezco, no me hizo, en cambio, la merced de leerme con rigurosa atención. Voy convenciéndome de que es más difícil leer bien que escribir bien. Era muy posible, en efecto, que «Homero» durmiera cuando se escribió la pobrecita crónica ya tan asendereada. ¡Hay cosas que son narcóticos hasta para el Homerillo más alerta!... Pero crea el señor de los Ríos que a mi juicio no fue ni «insincero», como él cree, ni «impensado»: la señora Sansores me pidió —subráyese esto bien— un juicio sobre su último libro, y accedí a dárselo con toda la probidad que acostumbro. Probidad no es infalibilidad. Pese a los testimonios de aprobación que dicho juicio me valió, es muy posible que no solo no haya yo atinado en la crítica, sino que tampoco lograse infundir a mi artículo toda la simpatía cordial que siento hacia la poetisa en cuestión.

Sin embargo, leída la impugnación del señor de los Ríos, no puedo menos que ratificarme en mi primer parecer. Me reprocha el articulista la «vulgaridad» de la alusión galante al retrato de la poetisa. Pero ¿no era ese retrato parte del libro? ¿Y no era el intento de mi artículo juzgar TODO el libro? Pues no hice sino decir lo más bello que en él hallé.

Enseguida el señor de los Ríos me atribuye la afirmación de que la poetisa ha leído a Musset; y prorrumpe ufanamente en la negativa diciendo que todo lo que yo he basado en esa afirmación «viene a tierra». Sin duda; solo que yo no he fundado nada en ese aserto, sencillamente porque no lo he hecho. Aludí a los poetas en general y no a un verso del autor de «Rolla» que todo el mundo conoce, sin necesidad de haber leído al gran romántico.

¿«Plagiarismo»?... Tampoco he acusado yo de plagiaria a la escritora mexicana. He hablado de «reminiscencias», esto es, de recuerdos inconscientes, lo cual no «equivale» a plagio, como dice el señor de los Ríos, porque el plagio es siempre algo deliberado y, por tanto, consciente. ¿Importa que la Sansores sea ella, anterior cronológicamente a la Ibarbourou?... El libro que yo he juzgado es posterior; creo que eso basta.

En cuanto a las comparaciones entre la poetisa uruguaya y la Mistral, me parece haber dicho ya, sustancialmente, lo necesario para aclarar mis pareceres. Admiro a la Ibarbourou tanto como el señor de los Ríos; pero gusto más aún la Mistral, porque la creo más rica, más fina y más alta de inspiración, y por mayor o menor «morbidad» de su arte. Por lo que hace a la «fecha» de su maternalismo y a su proveniencia que nacen con una vocación, no comprendo la pregunta del articulista. Hay mujeres que nacen con una vocación maternal ajena a toda consideración de placer, a todo logro filial. Esa vocación es la que Gabriela ha llevado a su poesía, infiltrándole un dejo ternísimo de canción de cuna con infante o sin él. Y no «aconsejé» a la señora Sansores que leyese a la Mistral para «imitarla», sino para antidotarla a ella contra el contagioso sensualismo de Juana de Ibarbourou.

Con todos estos comentarios, señor de los Ríos, no hay duda de que el libro de marras va a venderse mucho. Mucho más, sin duda, que mi *Glosario*, por usted aludido, el cual, como todos mis libros pasados y futuros, está, gracias a Dios, a venderse muy poco...

(*El País*, 25 noviembre 1925)

¿Por qué no «martiano»?

Rubén Martínez Villena, nuestro Rubén de Cuba, ha protestado alguna vez, no sé si de un modo público, contra el adjetivo «martiano», que aquí se suele emplear en los oficios del culto... oficioso a Martí.

La protesta, como tal, y ahora como tema para la crónica, sería en verdad nimia si no se tratase nada menos que el Apóstol de las libertades nacionales. Esto nos obliga —si no a votarle una pensión a su hermana Amelia, que hace años vive sufriendo estrecheces bochornosas para la República—, por lo menos a no tomarnos libertades fonéticas con el padre de nuestras libertades políticas.

Porque no hay vuelta que darle: «martiniano» viene de Martín, nunca de Martí; y esa injerencia de la n en el adjetivo derivado, resulta bastante más caprichosa y superflua que la de la Enmienda Platt en nuestra pequeña Carta Magna. ¿Qué pensaría el General si a los que antaño fueron sus suaces —hoy multiplicados desmedidamente por la gratitud o por la conveniencia—, en vez de Machadistas se les llamara «machadianos»? Sería rebajar a Machadín al serio apellido presidencial.

Por lo que al prócer del Apóstol hace, «martiniano» nos parecería a todos —aquí y fuera de aquí— una derivación más lógica, más fiel y hasta más peculiar. Suena, en efecto, algo alusivo a Marte. Mas la alusión no es ingrata: tanto del planeta como del dios bélico sin duda tuvo mucho aquel espíritu estelar y pugnaz que fue Martí. Pero sobre todo hay que respetar la contundencia casi de martillazo en el trascendental apellido.

Cuando murió Sanguily, este mismo comentarista apuntó, a reserva de su admiración hacia todos los méritos intrínsecos de aquel patriota aquilino, la importancia que esa «y» final tuvo en la determinación de su prestigio. Las nociones populares, en efecto, muchas veces se impresionan con esas exterioridades pintorescas. Y aun las no populares también. Salvador de Madariaga, en su aguda semblanza crítica sobre el poeta español de las *Sonatas*, al hablar del verso alejandrino perfecto que resulta ser el nombre de Don Ramón del Valle-Inclán, sostiene que muchos otros hombres famosos les deben a semejantes peculiaridades de su nombre, no escasa parte de su notoriedad. Pues así, con la «y» y con la «i» agudas y finales de nuestro Martí, de nuestro Sanguily.

No digamos, pues, «martiniano», como no diríamos «sanguiliano». Es casi un desacato a las influencias de la fonética sobre la Historia. ¿No cree usted, amigo Carricarte?

(*El País*, 21 diciembre 1925)

Martiniano y martiano

Muchas gracias le debo y le doy, mi fervoroso amigo [Arturo R. de] Carricarte, por la civilidad de su respuesta. Usted supo extender la cortesía de contestarme, al tono mismo de su contestación, cosa que si bien era de presumir en usted, no es nada frecuente en quienes recogen las alusiones periodísticas para refutarlas. Por esa misma dignidad de su réplica y por estimarla sobremanera interesante para el público en general, me permití, como usted vio, traer ayer a estas columnas. Si hoy le contesto a mi vez, es más a guisa de comentario que de «dúplica». Su cortesía me obliga.

Pero también me obliga mi inconformidad. Aunque sé que usted no es de esos letrados, timoratos dentro de su audacia, que les temen a las polémicas como al «coco», barrunto que convendrá conmigo en que no vale la pena discutir sobre si debe decirse «martiano», como opino yo, o «martiniano», como opina usted. Lo importante es que haya «martianianos' y «martianos». El nombre no hace a la cosa, dijo Pero Grullo; y Shakespeare le dio la razón.

¿Que por qué, entonces, suscité este distingo verbalista? Tan solo por un prurito de lógica y de fonética. Si los periodistas no atenemos a estas minucias, ¿quién se cuidará de ellas?... Yo presumo que usted, en efecto, encuentra más lógico decir «martiano» que «martiniano»; lo que no le gusta a usted del primer vocablo, lo que llegó hasta parecerle una «enormidad», necesitando todos sus esfuerzos y desvelos para evitarla, es la fonética de mi «martiano». Usted encuentra que «la forzada censura que determina el sonido de 'ti' precediendo a la vocal 'a' produce en la palabra «martiano» una descompensación (dividiéndola)» que usted estima irreverente.

¡Qué suspicacia, amigo mío! Yo me atrevo a suponer que del centenar de personas que aquí hemos venido empleando la voz «martiano» verbalmente y por escrito, noventa y nueve jamás se percataron de esa descomposición irreverente a que usted alude. Y no por falta de ponderación ni de vis cómica, créalo, sino porque la descomposición fonética verdaderamente no existe. La palabra se pronuncia naturalmente cargando el acento sobre la «a», lo cual debilita la «i» aguda de «Martí» y se resuelve en un sonido diptongal perfectamente inocente, ajeno a toda tergiversación grotesca.

Usted, sin embargo, debió preceder a su «acuñamiento» de un vocablo adecuado para describir la empresa ideal de su vida, se fijó tanto en todas las posibilidades burlonas de la palabra y del ambiente, que llegó a caer en la malicia. Claro que esto ni es depresivo ni tiene nada de particular. El mismo don Francisco de Quevedo, cuando se dispuso a escribir su delicioso «Cuento de cuentos», en el cual ridiculiza tan donosamente ciertos idiotismos del lenguaje castellano, le encontró a este multitud de decires comunes cuya inmundicia u obscenidad nadie había maliciado. En realidad, el pícaro don Francisco les puso la malicia que no tenían, y más bien por exceso de ponderación crítica que de travesura mental.

Así usted, mi querido Carricarte. Si ahora, ¡ni yo mismo puedo decir «martiano» —o «haitiano», que Acebal trae oportunamente a cuento—, sin pensar en lo de la descomposición!

Por lo que hace al resto de su carta, en que alude pormenorizadamente a la labor que usted ha venido realizando para afirmar la memoria del Apóstol, ¿qué le diré, como no sea que siempre he tenido por esa labor la estima más genuina? «Honrar honra», dijo el prócer; y usted no ha hecho sino acrecentar su mucha honra honrando a Martí.

De usted muy cordialmente.

(*El País*, 31 diciembre 1925)

Lo del Conservatorio Nacional

No hay nada tan fácil como un parecer intermedio. Se coge un poco de A y otro poco de B, y hete aquí formada ya la propia opinión. Por eso ciertos eclecticismos no son más que indicios de holgazanería mental, y en muchos casos de algo más condenable aún: de miedo a los filos extremos de una verdad, de conservadoritis.

Pero hay opiniones intermedias a las cuales no puede uno honradamente sustraerse: aquellas, claro está, en que se acepta lo plausible de dos tesis opuestas y se rechaza lo caprichoso o lo insustanciado. Tal mi parecer sobre ese asunto, ayer planteado, de la creación de un Conservatorio Nacional de Música.

Yo no puedo estar con el Maestro La Torre cuando se pregunta, en la página 19 de su folleto, «si verdaderamente habrá gentes tan cándidas que crean posible transformar aquí el medio artístico nada más que porque la enseñanza reciba un gran apoyo oficial».

Siempre fui uno de los cándidos que así lo creen. Advierto que el Maestro La Torre dice cautamente: «nada más» que por el apoyo oficial. Pues bien: nada más que por esto. Los otros requisitos: el talento indígena, el entusiasmo, la laboriosidad, los tenemos natural y generosamente. Para desarrollar el arte en Cuba, para «hacer ambiente», como decimos, solo es menester que el Estado se ocupe un poco más de los artistas; que los adiestre mejor, que los estimule mediante premios y becas, que los proteja, una vez emprendida su odisea de vida, contra el materialismo y el indiferentismo rampantes.

Y claro está también que, en lo atañedero al adiestramiento musical, nada es comparable en eficacia y alcance docentes a un grande y genuino Conservatorio. Pero un Conservatorio de verdad. Algo muy completo, muy bien organizado, muy ricamente dotado; y no uno de esos simulacros de centros de alta enseñanza que en el trópico solemos padecer.

Me parece muy justo y no «exagerada vanidad» ni «deseo inmoderado de ostentación» que aspiremos a rivalizar —en esto como en todo— con los grandes países más propicios. Quien no apunta alto, nunca da en los blancos altos. Una de las cosas que más retardan a los países jóvenes es su excesiva humildad: su cortedad de aspiración, dijéramos mejor: este querer limitarse siempre a lo consabido, lo comedido, lo democráticamente aprobable. Si nos sobra tanta sábana de riqueza y de entusiasmos, ¿por qué no intentar alguna vez estirar bien, en todo su alcance, nuestra encogida juventud?

No creo, pues, que baste con las Academias particulares ni con la gratuita Escuela Municipal (donde se enseñará Dios sabe cómo), para hacer buenos músicos en Cuba. Ellas lograrán tañedores más o menos habilidosos; pero nunca ejecutantes y compositores de algún calibre que puedan, sin más, aspirar a una disciplina europea de virtuosismo.

Ni obsta la posibilidad de que el Conservatorio Nacional se crease mal, se organizase mal, para que su conveniencia se estime indiscutible en abstracto. Ninguna cosa es buena si está mal hecha. Pero cuando se discute la creación de instituciones, se presume la voluntad de crearlas honrada e inteligentemente.

Ahora bien: uno de los motivos por los cuales la Comisión de Bellas Artes juzga procedente la institución del Conservatorio Nacional es el de que, por mediación suya, se pueda reglamentar la enseñanza privada de la música. Y aquí sí que yo digo también «¡Vade retro!» como lo ha dicho el Maestro La Torre, magistralmente endorsado por don Enrique José Varona.

No creo que se le deba prescribir el librillo a los maestrillos. Sabido es que cada uno tiene el suyo, y cuando lo tiene, es porque lo estima el mejor. Sujetarlo a una metodología distinta equivaldría a restarle sinceridad y entusiasmo en el desempeño de su tarea. Por otra parte, ya ha recordado Varona que el arte es libérrimo. Lo es, porque su misión subjetiva es aguzar la sensibilidad para la apreciación de lo bello, y la sensibilidad es cosa personalísima que no conoce imperios.

Podría dividirse la enseñanza de la técnica musical; pero la formación del gusto requiere énfasis y dosificación especiales para cada temperamento. La mera imposición de un examen de entrada al Conservatorio, semejante al que hoy requieren los Institutos, no implica necesariamente la reglamentación interior de la enseñanza de las Academias; y en cuanto no la implica, es perfectamente aceptable y hasta sería de desear.

Y ahora, señores musicófilos, si yo he desbarrado al terciar en cosa de ajena competencia, digan ustedes lo que piensan, pues hay veces en que el silencio no es oro, y la mejor manera de evitar que se digan tonterías es prodigar enseñanzas.

(*El País*, 22 enero 1926)

Recogiendo un suelto

Estima pertinente *La Noche*, en un suelto de última plana de su número del sábado —¡siempre resulta excitante la noche del sábado!— hacerme «unas ligerísimas observaciones» a propósito de la glosa «destinada a loar el reciente triunfo de Mariano Miguel» en la Exposición Pan-Americana de Los Ángeles.[14]

Como el asunto parece haber suscitado algún revuelo en nuestro mundillo pictórico y como, por otra parte, el colega encabeza sus discretos reparos con una frase inaceptable —«Más amigos de la verdad»—, conviene hacer examen de conciencia y poner los puntos sobre las íes.

Viene a decir *La Noche* que comparte mi satisfacción por el «triunfo» de Mariano Miguel; pero que es justo nos regocijemos también con «el de idéntica índole que han recibido nuestro glorioso Romañach, que tiene en Los Ángeles nada menos que *La última prenda*; Rodríguez Morey, Manuel Vega y Domingo Ramos».

Pues bien: esto del triunfo de «idéntica índole» de estos otros cuatro artistas admirables es lo que yo ignoraba, y agradezco a *La Noche* que me haya enterado, aunque sea algo tardíamente. La noticia que en dos periódicos —el Decano y este en que escribo— se publicó días atrás, nos informaba solamente acerca de la adquisición, no sé si en firme o en proyecto, de un cuadro de Mariano Miguel. Que yo sepa, los demás periódicos tampoco —ni aun *La Noche*— nos avisaron que Romañach, Rodríguez Morey, Vega y Ramos hubieran recibido idénticas proposiciones. Nadie lo sabía más que los artistas en cuestión. ¿Por qué no comunicaron ellos la grata nueva a los periódicos, al modo que sin duda lo hizo

---

14 «Un triunfo cubano», *El País*, 29 enero 1926, pág. 3.

Mariano Miguel? El deseo de publicaciones, en ocasiones tales para la vida de un artista, es perfectamente legítimo. Y los periódicos no son adivinos. Yo estoy seguro de que el *Diario de la Marina* y *El País* hubieran tenido tanto gusto en destacar el triunfo de Juan como el de Pedro. Es más: el mismo Mariano Miguel —espíritu generoso que sabe que ciertos bienes no se merman al compartirlos—, se habría cuidado de subrayar el triunfo de los cinco cubanos, si él lo hubiese sabido. Cuanto a mí mismo, creo que tengo harto demostrada mi simpatía por el arte patrio, y mi admiración por estos artistas en particular, para que se me impute el haber silenciado adrede uno de sus triunfos.

Hablé de Mariano Miguel porque me constaba que su cuadro *Nosa Señora das Marinas* había despertado considerable interés en aquella Exposición. En el catálogo de la misma, el único envío cubano que se reproducía era el suyo, lo cual es ya una distinción. Además, una revista de Los Ángeles también lo reproducía entre halagüeñas referencias. Con justicia o sin ella, los demás artistas triunfaron menos ostensiblemente. Es cierto que su éxito coincidió con el de Miguel en lo que podría estimarse más sustancial; pero como nadie lo sabía sino ellos... ¡He aquí los gajes de la modestia excesiva!

Y ya ve, pues, el amigo anónimo de *La Noche* que soy tan amigo de la verdad como él. Por lo que hace al último párrafo de mi glosa —«Depongamos el resentimiento estéril y la menguada suspicacia...»— ¿sigue creyendo el colega que sea menester alguna demostración?

(*El País*, 1 febrero 1926)

Una queja intelectual

En noviembre de 1925, Víctor Hugo Tamayo produjo un libro de intenciones filosóficas titulado nada menos que de esta suerte: *Dios explicado por mí*. Hace un mes, en el de enero del año que va corriendo, el mismo escritor ha dado a la publicidad una novela con otro título capcioso: *El hombre a quien le gustaban las niñas*. Como se ve, es el señor Víctor Hugo Tamayo un escritor generoso de sí mismo. Se estima portador de un mensaje para sus contemporáneos —acaso también para la posteridad—, y no pierde tiempo en rendirlo. ¿Cuál es el significado y la importancia de este mensaje?

En el prologuillo de la última obra producida y citada, dice el señor Tamayo con un egotismo y una impaciencia a que tales advertencias nos tienen acostumbrados: «Mucho escribí durante veinte años para los hombres de talento. Y el intelecto cubano permanece casi mudo aún frente a mi labor de filósofo. Ahora voy a escribir para los hombres de corazón a ver si tampoco hay, en mi patria, corazones que sientan».

Aunque el presente comentarista no se siente «hombre de talento», y sí «de corazón», se presume vagamente aludido en aquella adusta cita del señor Tamayo. Y se pregunta, ¿cómo es, en efecto, que un escritor que lleva publicadas cinco conferencias «filosóficas», un estudio sobre el *Mecanismo del Universo*, un vaticinio sobre el fin del mundo —con los retratos en la carátula de todos nuestros políticos del día—, una explicación de Dios y una novela de ginefilia (para no citar otras tantas obras que ahora tiene «en prensa» o «en preparación»), cómo es posible, digo, que tal Fénix del ingenio criollo haya podido pasar inadvertido?

Y buscando la solución, va uno derecho a esta disyuntiva: o en Cuba no hay siquiera un principio, un escrúpulo, un cumplido de estimación literaria; o sí los hay, pero la labor del señor Tamayo no ha sido tomada en serio. Yo me inclino a esta segunda suposición.

Me inclino a ella, por una razón quizás arbitraria, pero obviamente poderosa conmigo mismo; y es que yo tampoco he podido tomar en serio, hasta donde me ha sido dado conocerla, la obra del señor Tamayo.

Quisiera que este pronunciamiento personalísimo se interpretara con todo rigor y, por lo mismo, con todos los discrimines del caso y haciéndole justicia a su probidad y buena fe. Hay que distinguir —como ya lo hizo alguna vez implícitamente el doctor Varona— entre «la obra» del señor Tamayo por una parte, y sus aptitudes y su esfuerzo por otra. La obra del señor Tamayo puede no convencernos, no gustarnos, no interesarnos siquiera; pero solo una percepción muy roma, o una injusticia muy empedernida, le negaría de plano a su autor una mente activa y dúctil y un propósito sobremanera ejemplar «en su hábito externo», como dicen los forenses de las autopsias. Por el momento, el mismo señor Tamayo no aspira a más. En una carta que de él he tenido el gusto de recibir y que tomo la venia de citar, reclama: «Me conformaría muy mucho que se reconociera que mis ideas son mías y que dentro del campo de la Filosofía represento una novedad. Buena o mala, eso es obra del Tiempo sancionarla (sic)».

No es justo ni discreto, pues, seguir despidiendo en silencio la obra del señor Tamayo. Pues que él se empeña que la advirtamos, advirtámosla. Pero mañana será otro día.

(*El País*, 3 marzo 1926)

La obra del señor Tamayo

Más discreto sería que este título se ciñese a la única obra que hasta ahora tengo del señor Tamayo, que es su explicación de Dios... Respecto de ella, yo no tengo escrúpulo alguno en admitir desde luego que «sus ideas son suyas», y hasta que «dentro del campo de la Filosofía representan una novedad». Pero he aquí que precisamente ese exclusivismo, ese empeño más o menos logrado de originalidad es lo que resta a la ideología de nuestro filósofo criollo esencias y visos de cosa seria.

El deseo de originalidad es, en efecto, un arma de dos filos. Por un lado, corta las mallas invisibles que embarazan el progreso de las ideas y de las acciones; y en este sentido es condición tan deseable como lo es el llamado «espíritu de iniciativa» en el orden de las realizaciones prácticas. Pero, por otro lado, el afán de originalidad rompe con todos los vínculos que nos enlazan, o deben enlazarnos, a ciertas realidades exteriores a nuestro ego, y por ende, nos desvincula, nos aísla. Esta separación se traduce en olvido y hasta en menosprecio de ciertas cosas de las cuales no es posible prescindir, por ejemplo, la obra del pasado, la obra ajena del presente, la lección de la naturaleza que la observación recoge. Y así, el hombre excesivamente ganoso de originalidad, queriéndose enfrentar primitivamente con el mundo, descuida o deliberadamente ignora la obra ajena, con la cual viene a repetir verdades que ya son harto sabidas, a afirmar mentiras que ya fueron mil veces desenmascaradas, o a resucitar hipótesis (es decir: ni verdades ni mentiras) que tuvieron su boga en los tiempos de la Nanita y que, a lo peor, están ya en patética decadencia. Como si esto no fuera bastante ingenuo, el originomaníaco quiere extraerlo todo de sí mismo, y por consiguiente, desdeña toda preparación crítica, toda disciplina auténtica. Cree que con haber deglutido una biblioteca de divulgación tiene de sobra para lanzarse a la conquista de los mundos siderales. De ahí que se advierta casi siempre en su obra un viso de especulación, de improvisación, de cosa que no tiene sus cimientos en la noble fatiga de los años y del gabinete, sino que deriva toda su virtualidad de la mayor o menor aptitud lógica nativa, y todo su interés de las condiciones de temperamento o de estilo.

Esta es, honradamente, la impresión que a mí me deja la obra del señor Tamayo. No sé, a ciencia cierta, si el señor Tamayo será o no un culto en materia filosófica, si se conocerá por el derecho y el revés su Santo Tomás, su Spinoza, su Kant y su Bergson. Tampoco me consta que para poder explicar a Dios sea menester conocer a todos esos señores. Pero sospecho que lo uno y lo otro es cierto.

En el libro precito, lanza el señor Tamayo conceptos como los de «infinitud», «conciencia», «necesidad», «Absoluto» y tales, con la misma *sans-façon* que un malabarista sus ideas. A los que no somos, ni mucho menos, «autoridad» en esto, pero que siquiera hemos cursado bastante filosofía para saber que cada uno de esos conceptos entraña un arduo problema lógico, ontológico o epistemológico —y perdóneseme la jerga—, no puede menos que antojársenos pura y simple logomaquia todo ese intento de descifrar a Dios en dieciséis capítulos de frases categóricas.

¡No, amigo Tamayo! La Filosofía es algo mucho más serio. En el Perú hay actualmente un hombre joven que explica esa asignatura en la Universidad de San Marcos. Una vez le preguntó cierto amigo: «—¿Qué opina usted de Croce?». Y el joven filósofo respondió: «Nada». «—¿Cómo nada? —insistió el otro. «No, señor: llevo nueve años estudiando Filosofía, y hasta ahora no he llegado más que hasta Platón».

¿No le parece, amigo Tamayo, que esta frase está cargada de sentido y de ejemplaridad?[15]

(*El País*, 4 marzo 1926)

15 El artículo dio lugar a una respuesta de Víctor Hugo Tamayo que Mañach publicó en su columna: «La noble reacción», *El País*, 10 marzo 1926, pág. 3.

Una aclaración

Hasta mis oídos ha llegado el rumor de que una glosa reciente, escrita con ocasión de la muerte unánimemente deplorada de doctor Sergio Cuevas Zequeira, ha suscitado comentarios adversos y se ha prestado a interpretaciones que, tergiversando el recto sentir mío, han hecho aparecer aquel articulejo como una corona de ironías.

Este es un caso más del problema eterno de todo periodista. Cuando de veras escribe irónicamente, nunca faltan ingenuos que le entiendan al pie de la letra. Y cuando —como esta vez— se prende a los puntos de la pluma una emoción sincerísima y una veneración genuina, sorpréndese uno de que se le atribuyan dobleces de sentido que no estuvieron ni pudieron estar en su ánimo.

No pudieron estarlo porque —ya lo decía yo en mi glosa— una tumba recién cubierta es un hecho demasiado imponente y dramático para que nadie se permita ante ella ejercicios de humor satírico. Sería, además, indicio de pésimo gusto y de cobardía moral, aguardar a la muerte de un hombre para sembrar cardos en su prestigio.

No me consta que tan mezquina haya sido la intención atribuida a mi artículo. Pero pudiera acaecer que la tergiversación menos malévola fuese tomando cuerpo, cobrando añadiduras gratuitas de boca en boca, hasta hacer de aquella glosa un vituperio y agravar un duelo respetabilísimo.

Quiero anticiparme a esa posible frustración. Este comentarista, sin presunciones ridículas, pero sí con toda la gallardía necesaria, está siempre dispuesto a asumir la plena responsabilidad de sus actos e intenciones. Mas cuando su dicho no se ha estimado suficientemente diáfano, al punto de ponerse en tela de juicio su buena fe, evadir la aclaración demuestra o sobra de terquedad o falta de nobleza.

Empezaré, pues, por recordar que mi artículo sobre Cuevas Zequeira se titulaba «Un hombre bueno».[16] Creo que este es el título más noblemente humano que se le puede reconocer a un hombre. Y todo mi escrito se enderezó luego a demostrar cómo, en efecto, el doctor Cuevas Zequeira nos había dejado, sobre todo —cito—: «el ejemplo sublime» de «una inefable, inagotable, fabulosa bondad...». No solamente no hubo ni asomo de ironía (porque ironía es decir lo contrario de lo que se siente) en lo que escribí, sino que expresamente condené la posibilidad de que en tan dolorosa ocasión se urdieran comentarios irónicos.

Del epigrama nadie está nunca a salvo; menos que ninguno quien, como el doctor Cuevas, vivió en constante actuación pública y rindió diversas faenas inevitablemente expuestas a los pareceres ajenos, justos o injustos. Pero el epigrama tiene otras oportunidades. A la muerte de un hombre público, no cumple al comentarista de periódico sino una de dos alternativas: o escribir un trabajo serio de apreciación crítica, o bordar una semblanza puramente emocionada. Esto último es lo que yo hice, y puedo asegurar, a cuantos quieran creerlo, que pocas veces he escrito un artículo con el ánimo tan hondamente conmovido, tan limpio de malicias, tan imbuido de genuino respeto.

Estimé y quise al doctor Cuevas sinceramente, sin untuosidades ni lisonjas. Vi siempre en él un esforzado paladín de todo entusiasmo ideal, y no pocas veces me deleité en su ágil plática o en la lectura de sus trabajos de amenidad. Por encima de todo —valga la reiteración— le consideré siempre

---

16 «Un hombre Bueno», *El País*, 8 marzo 1926, pág. 3.

sobradamente acreedor de aquella afectuosa reputación de buenhombría que en mi artículo apunté.

Si alguna frase se deslizó en aquella crónica que pudiera herir susceptibilidades, se me hace escasa justicia imputándole una intención bellaca. Piénsese más bien si no fue para destacar mejor los relieves espirituales de Don Sergio —tal el nombre cariñoso de «Cuevitas», que solían darle sus alumnos en la Universidad— o para matizar la descripción de sus aspectos más externos. El prestigio de aquel hombre bueno está por encima de estas tergiversaciones. Solo una extrema suspicacia, o la aguda sensibilidad del cariño enlutado, podrían imaginarse en tales alusiones indicios de reticente sarcasmo.

No tuve —repito— sino ternura en mi corazón al escribir lo que escribí. Quienes sepan de nobleza, sabrán apreciar estas aclaraciones cuya aparente necesidad soy el primero en deplorar.

(*El País*, 15 marzo 1926)

La Biblia y Marianófilo

En el último número de la revista *San Antonio*, «Marianófilo» —su admirable y contundente director, de quien tantas veces y con tan sentido encomio he hablado en este glosario— me da con la badana en los nudillos por haber escrito lo que fue al parecer una herejía acerca de la lectura de la Biblia entre nosotros.

Yo había dicho: «No he podido comprender nunca, sin atribuirlo a razones ingratas de política religiosa, de política confesional, por qué los encargados de la cura de alma no permiten y hasta recomiendan la lectura frecuente de la Biblia...». Y el sabio teólogo, el enjundioso escritor me contesta en sustancia, a vuelta de generosidades sin tasa: «Crea, Mañach, que ese esoterismo en que le han dicho que el Catolicismo envuelve y esconde doctrinas y creencias, es la más estúpida de las mentiras tan tercamente propaladas por el odio antipapista. Harto saben los infelices hijos de la herejía que los católicos conocen, leen y manejan *diurna et nocturna manu* el Libro inmortal y divino, y lo conservan íntegro y autentico, sin las desleales y criminales mutilaciones de que lo han hecho víctima los fanáticos de la *interpretación privada*».

Parece, pues, que he dicho una tontería; o, para ser más justo conmigo mismo, una inexactitud. Lo que la Iglesia tiene «ordenado y dispuesto», según el mismo Marianófilo, es que «los católicos tengan por vitandas y extraviadas todas las traducciones que, cual las protestantes, están sin notas ni comentarios». (Se entiende, sin notas ni comentarios exegéticos y de autoridad católica.) Y cuando esto es lo que la Iglesia prescribe, sus razones de muy alta monta tendrá. Mas ¿no serían siempre, mi estimado Marianófilo, razones «de política religiosa, de política confesional», como yo las describí?

Líbreme Dios de discutir con usted, desde el abismo de mi ignorancia doctrinal, estas cosas tan peliagudas y delicadas. Si propuse aquella pregunta fue, bien ha de haberlo advertido, con una intención mondamente literaria. Me duele que la Biblia, por las causas que sean, no se vea más leída entre nosotros, ya que es un venero tal de «tónicas sugestiones» e «inefables goces estéticos».

Después de la luminosa réplica de Marianófilo, este hecho —el de la escasa lectura de la Biblia— sigue pareciéndome indubitable. ¿Yerro otra vez si digo que la mayoría de nuestros católicos no han tomado jamás en sus manos las Escrituras, ni anotadas ni sin anotar? Tal es, al menos, la inferencia de mi observación personal, de los escritos que leo, de los coloquios que sostengo. Dulce, en efecto, tan medularmente ortodoxa como es y tan dada a las lecturas esenciales, no ha visto jamás las Escrituras ni por el forro. Para ella no se hizo aquel famoso elogio de Donoso Cortés que a mí, a los once años y en Getafe precisamente, Marianófilo, me insufló la curiosidad del Gran Libro.

Una presunción que el agudo comentarista hace es cierta. Fue en los Estados Unidos, en la biblioteca de Harvard, donde yo leí por primera vez la Biblia como «lectura colateral» a mi curso de Literatura Inglesa. La versión que se nos prescribió fue esa «noble versión henriana» a que aludí; esto es, la ordenada por Enrique VIII, no sé si antes o después que el filólogo y enamorado monarca quebró sus relaciones con la Iglesia. Lo que sí me consta es que la lectura se nos prescribió a título rigurosamente literario, por ser ella uno de los monumentos de la prosa inglesa renacentista. Y si mal no recuerdo, con notas puramente lexicográficas. ¿Por qué una versión igualmente bella, pero católica de toda catolicidad, no se ve frecuentemente, Marianófilo, en las rosadas manos de Dulce?

(*El País*, 6 mayo 1926)

De la filial justicia

Algo más quería yo decir a propósito de los suculentos y cariñosos reparos que Marianófilo les pusiera a aquellos veloces renglones míos sobre la lectura de la Biblia. Ese algo va más en defensa de mi Universidad de Harvard, y, por ende, de mi elemental disciplina nórdica. Ya se ha convenido en que toda Universidad es, o debe ser, un *alma mater*; y aunque este comentarista, por mimo o por rigor de su fortuna moza, ha tenido que conocer tres universidades distintas, la de Harvard es la que más le dio y, por consiguiente, es aquella a cuya defensa se siente más obligado por la ternura filial.

Hay dos nociones corrientes e injustas entre nosotros acerca de la formación universitaria en el Norte. La primera, de la cual se hace polémicamente partícipe el dilecto Marianófilo, es la de que las universidades del Norte son focos del proselitismo protestante; y así, dice que mi comentario, ya aludido, «a cualquier cristiano de sangre pura sugeriréle el pensamiento de que Mañach procede de una Universidad de Yanquilandia».

Digo que la noción es injusta por lo menos en cuanto se refiere a las grandes universidades norteamericanas, a la cabeza de las cuales está Harvard. Seis años de vida en y en torno de esta me autorizan para afirmar que en ninguna parte es más libérrimo el criterio, más pura la enseñanza, más oreado y barrido de sectarismo el ambiente que en esas instituciones. La religión, claro está, se mantiene junto a ellas; mas no con carácter oficial, ni con exclusivismos; antes ofreciéndosele a cada estudiante la oportunidad de retener y fomentar, dentro de la organización universitaria, sus vínculos religiosos hogareños. Harvard cuenta con un Club Católico —el de St. Paul— que es una de las instituciones estudiantiles más poderosas y enérgicas en el sector universitario. Y en cuanto a las aulas, puedo asegurar que en ellas no advertí ninguna sugerencia tendenciosa, ningún matiz catequizante, ni otra cosa que las paladinas verdades del desinteresado saber.

Un hecho reciente dará más vívida idea del celo con que Harvard defiende su albedrío intelectual. El gran ensayista americano H.L. Mencken dirigió hace poco desde su revista *American Mercury* algunos cáusticos vituperios contra los Metodistas en su país. Los Metodistas se le echaron encima con toda su formidable organización, y viose el escritor envuelto, de la noche a la mañana, en un ruidoso proceso criminal del cual parece que va saliendo incólume. Pues bien, con ocasión de la visita que tuvo que hacer a Boston para declarar en esa causa, Mencken fue invitado a hablar desde la más conspicua tribuna de la «protestantísima» Harvard. Y tengo aquí a la vista el número del diario universitario —el *Harvard Crimson*— donde se da cuenta de sus palabras y de sus impresiones. Dijo Mencken:

«Harvard y Oxford me parecen las dos universidades de más amplio criterio. No les importa lo que de un hombre pueda pensar otra gente; ellas le prestarán oído y juzgarán por sí mismas. Harvard es un centro cosmopolita incomparable». Márquese la circunstancia: esto, tan rico en implicaciones, lo dijo el más agresivo y agudo denostador en las letras americanas. Otras apreciaciones coincidentes y aun más autorizadas —como la del eximio Cardenal Mercier— pudiera citar para establecer esta pequeña verdad que se me antoja importante: las buenas universidades americanas son lugares de juicio, no de prejuicio; faros de claridad, no baluartes del fanatismo; madres, no madrastras.

Cuanto a la otra noción, que ya no se conecta con el admirable Marianófilo, sino con el doctor Salazar, de nuestra propia «madre alma», quede para el próximo día.

(*El País*, 7 mayo 1926)

La emoción sajona

Decíame una vez el doctor Salvador Salazar —y no quisiera citarle mal— que mi menosprecio crónico de la oratoria era un resabio de mi humilde formación nórdica. (Lo de humilde lo pongo yo, para que no suene demasiado pretencioso.)

No recuerdo bien con qué palabras argüía su afirmación el distinguido catedrático; pero de su prodigalidad conservo esta inferencia: que el doctor Salazar estima que la oratoria es esencialmente sentimiento, que yo abomino de la emoción, y que esta animosidad mía se debe a la frígida educación que en el Norte se da, funesta para todo lirismo «latino».

Como el propósito de estas líneas no es el de defenderme yo, sino el de defender la disciplina americana contra una noción que me parece injusta, me reprimo por ahora de insistir en mi actitud hacia la oratoria, género más histriónico que intelectual, y en la diferencia que es preciso hacer entre la emoción y la sensiblería, el lirismo y la cursi efusión. Lo que importa es rechazar el somero tópico que ve en la enseñanza sajona una dispensación yerta, positivista, utilitaria, pragmática, dispuesta contra todas las motivaciones emocionales y contra todo lo que no sea escueta lógica o comprobable objetividad.

Pero, ¿cómo negar esto en un artículo? Yo podría apelar a una prueba testifical. Podría recordar que, a poco de ganada nuestra independencia, una legión de más de mil maestros cubanos fueron a los Estados Unidos, y a Harvard precisamente, a perfeccionar su preparación. Todavía estoy por conocer uno de ellos que no me haya ponderado el florecimiento espiritual en que le redundó aquella visita.

Pero qué, ¿acaso los productos vernáculos de esas universidades revelan en su personalidad o en su obra defecto de idealismo y de incapacidad emocional? ¿Los revelan, para limitarme solo a Harvard, los poetas Longfellow y Whitman y Lowell?; ¿el héroe lírico que cantó en las trincheras de la Gran Guerra su bellísimo soneto «Tengo una cita con la Muerte»?; ¿el novelista Hawthorne, a quien Pérez de Ayala y Eugenio D'Ors están «descubriendo» ahora para la emoción española? ¿Thoreau, el hombre que más bellas cosas ha escrito sobre la amistad después de Cicerón? ¿Emerson, el filósofo en quien no se sabe qué admirar más: si sus escudriñamientos ideológicos o su lujo de nerviosa sensibilidad? ¿William James, el psicólogo a quien tanta ternura estorbaba; Elliot, el «ciudadano perfecto»; Jorge Santayana, el español que alumbró de altas claridades filosóficas y estéticas las cátedras de Harvard?

No, amigo Salazar: educación nórdica no significa intelectualismo cerrado a toda emoción. Significa, eso sí, repugnancia del vano lagrimeo, fobia del entusiasmo que arrastra y obceca y enturbia, desprecio de la emoción impura nacida de los más innobles surtideros de la animalidad, desdén hacia el apasionamiento que se erige en dogma, hacia los pequeños sentimientos notorios de almanaque y de abanico, hacia la emoción genuina que no sabe contenerse en los límites de la elegancia y del buen gusto, sino que se dispara en cohetes para caer hecha vaina; o se sale de madre para enlodarnos, sin aumentarle su fertilidad, el terreno de las ideas, en que es preciso caminar firme.

Por lo demás, créalo usted, los sajones se emocionan igual que nosotros. ¡Y hasta hay muchos que practican la oratoria! Como que, al fin y a la postre, esta no es mala en sí; antes tiene su oportunidad y su eficacia particulares. Pero hay que evaluarla en su justo valor, confinarla en sus adecuados límites; y lo que no vale ni valdrá ya en esta época de exactitud y ponderación en que vivimos, es devolverle a la oratoria, que es género de conveniencia circunstancial, aquella permanente misión directriz que acaparó en los tiempos románticos.

Si creo que conviene tanto insistir en esto, es porque pienso, amigo Salazar, que en Cuba hemos sufrido mucho de una saturación de oratoria, y de todo lo que ella implica en vaguedad, improvisación y entusiasmo efímero.

(*El País*, 8 mayo 1926)

Desahogos académicos

Un articulista oriental de apellido ilustre en nuestras letras, Héctor Poveda, me imputa urbanamente haber equivocado el juicio riguroso sobre la novela recién publicada de Luis Felipe Rodríguez *La copa vacía*.[17] Alude el distinguido escritor a mi glosa epistolar reciente acusando recibo de ese libro, y declara que en ella, me escapaba «del campo de la crítica disciplinaria, hacia el de las untuosas diplomacias».

El error suele originarse muchas veces en una impaciencia. Si los franceses han podido decir con no poca razón que el genio *c'est une longue patience*, es porque el genio tiene la rarísima virtud de saber esperar; por el contrario, uno de los tipos más caracterizados del sofisma es aquel que los antiguos decían cometido *per saltum*; esto es, brincando hacia las conclusiones, en vez de aguardar a que estas se nos acerquen por los peldaños de la observación y del razonamiento.

Quizás es excesiva la divagación. Lo que quiero decir es que el señor Poveda —con cuyo propio artículo sobre *La copa vacía* me hallo de acuerdo en más de un punto esencial— no me hace justicia al afirmar que yo evadiera un parecer estricto acerca del mismo tema. El señor Poveda no ha querido hacerme la merced de esperar... Mi glosa aludida apenas fue más que un acuse de recibo calculado, en lo periodístico, a señalar la aparición de un libro importante. Pero en carta particular de la misma fecha acompañando mi artículo, ya anunciaba a Luis Felipe Rodríguez mi intención de escribir algo más ceñido tan pronto como terminase de leer su obra. Esto no pudo ser hasta anoche.

---

17 «A Luis Felipe Rodríguez, en Manzanillo», *El País*, 22 mayo 1923, pág. 3.

Si me detengo a hacer esta aclaración es, no solo por la natural deferencia a que me obligan ciertas generosas frases del señor Poveda, sino también porque quiero dejar bien a salvo de parecidas suspicacias en ánimos peor dispuestos que el suyo.

Esta humilde pluma no tiene más prez que la de haber escrito siempre su verdad entera acerca de nuestras cosas literarias. Bien es cierto que le ha costado a su dueño algunos disgustos; pero algo había de costarle la honradez. Cuando esta no ha parecido muy evidente a ciertos entendimientos romos, es porque la obra comentada resultaba tan pobrecita que, puesto en el trance social de comentarla, solo quedaba el recurso de la ironía... No basta decir con dejo de reproche: «Fulano le ha dedicado un artículo» o tal o cual adefesio: hay que advertir qué clase y, sobre todo, qué tono de artículo es el que le ha dedicado. Porque no siempre se escribe estimativamente, ni para que se entienda al pie de la letra.

Ahora bien: la novela en cuestión de Luis Felipe Rodríguez era algo demasiado serio para despacharlo con unas cuantas ironías. Aunque no fuese más que por la labor literaria, admirable de esfuerzo, de probidad, de intención crítica y de preocupación cubana que ya tiene realizada el autor manzanillero de *Cómo opinaba Damián Paredes* y *La conjura de la ciénaga*; aunque no fuese sino por su relieve de excepción en un momento tan pobre de noveladores como el presente, se estaría en la obligación de acoger en serios y sinceros pronunciamientos una obra nueva de su pluma. Tomaré casi a agravio, el día ese en que yo mismo publique un libro digno de la atención honrada, la sinuosa lisonja de mis amigos o el miedo pequeño de quien no sepa auparse las bragas de su responsabilidad. ¿Cómo he de incurrir yo mismo en tales flaquezas?

Aun a trueque de parecer pedante —aquí donde es calificado de tal el que opina con algún énfasis, por discreto que sea—; aun afrontando la terrible tacha de «doctoral» y la hoy en boga de «académico», prontas siempre en los labios de los que no le perdonan a la mocedad el tener alguna disciplina y alguna mesura; aun así, el presente comentarista ha mantenido bravamente hasta ahora el derecho a enjuiciar con limpieza la obra ajena, recordando aquello de que «solo la verdad nos pondrá la toga viril».

Y perdónenme Luis Felipe Rodríguez, el preámbulo, y el caro lector los desahogos. Mañana será otro día.

(*El País*, 23 junio 1926)

Los prestigios filosóficos

Presumiendo la venia de su autor, que juzga discreto ocultarse bajo un seudónimo muy adecuado, doy publicidad a la siguiente carta avisadísima a propósito de mi glosa del jueves sobre «El Sexto Congreso Internacional de Filosofía».[18] Una libertad más me ha permitido: la de eliminar de la transcripción cierto paréntesis muy donoso, pero demasiado atinado para que no lastime vivamente a ciertos cultivadores del mito... La carta, que comentaré mañana, dice así:
«Muy señor mío:
«Sin riesgo de su popularidad —como usted pudo legítimamente suponer tratándose de algo tan ambiguo como la popularidad— leí ayer su noticia del Sexto Congreso de Filosofía, con provechosas reflexiones para mí. Reflexiones, naturalmente, al margen de los nombres que usted menciona (¿no hubiera sido mejor acaso una amable omisión?), nombres que con la sola excepción del de Varona, no han tenido otra vinculación con la Filosofía, que la que nosotros mismos, tentados del vicio de la ironía, hemos querido darles. Habría que hacer también la excepción de Aramburo y Machado, que por su disciplina podría hacer un buen papel en el campo muy limitado por cierto de la Filosofía del Derecho, incluida en uno de los cuatro grupos en que se dividirán las sesiones: Teoría de los Valores.
«¿Cree usted, señor Mañach, que quien no pueda barajar con la facilidad necesaria los problemas todos de la Metafísica, deba representarnos en un Congreso Internacional al que habrán de concurrir filósofos representativos de todos los países? Usted mismo reconoce que nosotros no tenemos sino una cátedra de Moral..., y usted sabe bien lo que es la disci-

18 Publicada en *El País*, 1 julio 1926, pág. 3.

plina filosófica, porque ha tenido profesores en Universidades importantes. Y nosotros tenemos unos cuantos escritores que citando de segunda mano algunos nombres de filósofos y algunas doctrinas (¿no sabe usted que alguien pone los títulos de los libros de Nietzsche en alemán para atraer profundidad?) que se encuentran mencionadas en Historias de la Filosofía traducidas al español, adquieren enseguida reputación de filósofos, y ya pertenecen a un grupo aparte, de una existencia totalmente virtual. Sin llegar a decir que para hablar seriamente de filosofía es indispensable conocer alemán y haber leído muchos libros importantísimos en ese idioma, me figuro que por lo menos sería necesario dominar francés, italiano e inglés, para hacer un papel que nos dé cierto crédito. Al italiano están traducidos todos los libros importantes de filosofía que se producen en Alemania, y en italiano escribe Croce, representativo en el idealismo contemporáneo. En francés abundan las excelentes monografías sobre aspectos de los filósofos y de sus doctrinas, y están Ravaison, y Boutroux, y Bergson, y Jules de Gaultier, todos dominando los problemas formales de la Filosofía, desde Kant. Usted mismo citaba en crónica reciente una frase de Josia Royce, filósofo americano que seguramente muy pocos conocen en Cuba, de nombre siquiera, como no se conoce a W. Jerusalen. A Santayana que además de sus numerosos ensayos tiene una extensa obra filosófica sobre *The Life of Reason*, lo conoce usted y nadie más probablemente.

«Pero aun cuando no fuera necesario nada de eso para representar a Cuba en un Congreso de Filosofía, no creo que el hecho de haber escrito varios libros con reflexiones personales sobre aspectos de la vida o del pensamiento, tenga relación alguna con la Filosofía formal o sistemática, que habrá de ser objeto de monografías y debates en el Congreso;

y no creo por eso que el hecho de haber escrito tales libros aconseje el envío de su autor para que nos represente en algo que desconoce.

«Kant es el punto de partida de la filosofía contemporánea, y para un filósofo cualquiera resulta elemental responder a todas las preguntas que el filósofo colocó a la cabeza de su *Crítica de la Razón Pura*: *¿Es en general posible la metafísica? ¿Cómo son posibles los juicios sintéticos a priori?* Etc., etc.

«¿Querría usted interrogar por ese tenor a los posibles candidatos representativos que usted señala?

«Deseo vivamente una contestación sobre estos particulares.

«Devotamente de usted,
Diógenes Laercio».

(*El País*, 5 julio 1926)

Reparos a «Diógenes Laercio»

Hubiese preferido recibir firmada, con auténticos nombre y apellidos, la carta de «Diógenes Laercio» que publiqué ayer. Y lo hubiera preferido no solo porque la irresponsabilidad del seudónimo se hace siempre menos simpática ante quienes arrostran bravamente a diario las pequeñas y grandes iras que sus pareceres suscitan, sino además por la curiosidad de conocer inmediatamente al «gallo tapado» —y perdóneme «Diógenes Laercio» la vulgaridad del decir— que con tan intransigente sensatez, con tan feliz desenvoltura y tan manifiesto conocimiento de causa, hubo de protestar contra mi selección de posibles representantes cubanos en el sexto Congreso Internacional de Filosofía.

Piensa «Diógenes Laercio» que una «amable omisión» de todo nombre hubiera sido «mejor». Y arguye este rigoroso parecer diciendo, como se recordará, que los nombres por mí citados «con la sola excepción de Varona, no han tenido otra vinculación con la Filosofía que la que nosotros mismos, tentados del vicio de la ironía, hemos querido darles». Con alguna más dificultad admite también la excepción de Aramburo y Machado, si bien insinúa el parcial alcance de su disciplina, que estima limitada a la Filosofía del Derecho. Cuanto a los demás nombres, su discrepancia es absoluta.

Ahora bien: los *demás* nombres por mí sugeridos se redujeron por discreta exclusión al único de Fernando Lles. De suerte que la protesta del avisadísimo comunicante ha de estimarse únicamente enveredada, a su vez, contra esa selección del hondo ensayista matancero. De los otros «aficionados» a las lecturas filosóficas que yo traje a colación, también pensé, con «Diógenes Laercio», que no tenían ejecutoria suficiente, ni creí necesario aventurarme en el escabroso terreno de los porqués.

Estoy absolutamente de acuerdo con mi comentarista en cuanto al criterio y consideraciones que deben presidir una selección de la índole propuesta. Un Congreso Internacional de Filosofía es algo demasiado serio, demasiado exigente de calidades y demasiado revelador para que ningún país de precaria cultura incurra, a tontas y a locas, en la vanidad de hacernos representar en él por hombres *sin competencia*. Lejos de favorecer nuestro prestigio, es obvio que ello solo redundaría en exponernos a un patético ridículo.

Pero, por otra parte, conviene, a mi juicio, que en coyunturas de relieve internacional como la presente, vayamos ya haciendo el esfuerzo de representarnos con la *verdadera* competencia que tengamos. El progreso de la cultura no es sino una lenta y creciente asunción de nuevas responsabilidades intelectuales. Si vicio es la osadía inconsulta, vicio es también la excesiva timidez. La mejor manera de darse cuenta de que la sábana es corta y de que hay que alargarla, es tratar de vez en cuando de estirar el pie un poquito más allá de donde nos llega la sábana.

Pero claro es que tales intentos han de fundarse en un escrúpulo de probidad: o lo que es lo mismo, en un aporte de competencia más o menos *extensa*; pero *genuina*. La simulación que anda rampante en casa, no podemos llevarla al foro internacional sin grave riesgo de decoro. Sí podemos llevar, empero, la seria curiosidad intelectual, el fino sentido de responsabilidad y la disciplina más o menos completa y ordenada de hombres como Varona y Lles. Sin duda, ninguno de estos es un gran filósofo. Pero tampoco se nos invita a que mandemos grandes filósofos, sino simplemente hombres de alta capacidad intelectual, que aun cuando no fueran técnicos acabados, estén sin embargo honda y seriamente percatados de los términos en que se plantean los grandes problemas filosóficos. No podrán ellos, tal vez, competir en la deliberación con pensadores de la talla de Bergson, de Benedetto Croce, de Boutroux, de Dewey o de Simmel; pero al menos serán oyentes avisados, como otros muchos que concurrirán de otras partes del mundo. Y cuando estos hombres vuelvan, cuando vuelva, sobre todo, Fernando Lles, que tiene todo su potencial juvenil por cumplir, traerán en el espíritu el precioso y fecundo contagio de una asamblea de mentes libres en que Cuba estuvo representada por lo más noble que tiene el entendimiento después de la sabiduría, o sea, por la alta *curiosidad*...

¿No cree «Diógenes Laercio»? ¿No cree el otro «buen amigo» que, sin firma, me escribe sobre el mismo asunto?

(*El País*, 6 julio 1926)

Humores veraniegos

«Por lo visto, habrá que aprender el francés para poder seguir leyéndolo a usted. ¡Por Dios, señor mío! No pasa día sin que usted intercale en sus crónicas una palabra o una frase de algún idioma extranjero, principalmente del francés... Este vicio, tan común como detestable, podría tolerarse en un escritor sin importancia. Pero no ¡señor! en un flamante Académico de la Lengua... ¿Qué razón tendrá usted para proceder así?», etcétera, etcétera.

¡Válgame Dios, señor P.G., y qué difícil, qué irritable, qué remilgado me va saliendo usted! Hace dos meses escasos echóme en cara que no le contestase de seguida una carta suya, harto infantil en sus interrogaciones. Le respondí al fin, un poco sumariamente, desde estas columnas; y aunque bien me imaginé que no se quedaría largo tiempo sin desfogar en contra mía algún otro humor malo, requemado por aquella contestación, no sospeché que lo hiciera al fin con un motivo así de socorrido y vano...

¿Con que yo empleo demasiadas frases extranjeras en mis artículos? ¡Exageraciones de usted, señor G., créamelo!... Si yo fuera a estimar muy en serio su reparo, es decir, si no pensase que una irritada predisposición le hace tomar por hábito un accidente y confundir con la excepción la regla, le invitaría a usted a que me demostrase que en mis treinta crónicas del mes pasado, por ejemplo, ocurre, en total, más de una docena de frases extranjeras. Creo que se vería usted apuradillo para comprobar su aserto y justificar su enfado. Y entonces, joven señor G., lejos de enojarme —pues yo tengo un humor bastante apacible—, me felicitaría de haber podido dar a su juventud la sencilla y fecunda lección de que, antes de criticar, conviene cerciorarse, so pena de salir trasquilado.

Es cierto, sin embargo, que algunas veces (admitiré que hasta con relativa frecuencia) suelo servirme de frases extranjeras en mis artículos. Pero fíjese usted que digo *servirme*, no «intercalar» como dice usted.

El distingo es importantísimo. «Servirse de» quiere decir utilizar algo que se necesita, en tanto que «intercalar» parece que lleva consigo una peligrosa aceptación de añadidura, de embutido, de artificio «para bonito». Aunque usted crea que no, señor G., hay ocasiones en que rigurosamente se necesita la frase extranjera para expresar el *matiz* justo de pensamiento, para suscitar un ambiente mental adecuado a lo que se va escribiendo, o, sencillamente —como es el caso con muchas frases latinas— para ahorrar palabras. Si es un país extranjero el que ha creado un concepto o un tipo peculiar de actividad, solo la palabra con que primitivamente se le designó en el idioma de ese país sirve con exactitud para referirse a ese concepto o a esa actividad. No es lo mismo decir «Fulano es un *clubman* distinguido» que «Fulano es un distinguido miembro de círculos»; ni «el *flirt* impera» que «impera la coquetería». Muchas veces se impera la palabra extranjera por «esnobismo» (¡no ciertamente en este caso entre comillas!); pero el escritor sincero y respetuoso de su oficio, el escritor que no necesita apelar a tales recursos de efecto para que se sepa que «conoce idiomas», cuando emplea las frases extranjeras su razón de orden literario tendrá.

El hecho de que no todos los lectores estén preparados para comprenderlo no es motivo suficiente de inhibición. De acuerdo con ese criterio, tendríamos que escribir siempre en el lenguaje de la plaza pública, que es el más generalmente accesible... Claro es que el periodista debe respetar más que ningún otro escritor la diversidad de inteligencias y grados de cultura, pero hasta cierto punto nada más, señor G., a menos que nos pongamos todos a brisbanizar...

No necesitará aprender usted el francés ni ninguna otra lengua exótica para seguir «deleitándose» —¡vaya, Dios se lo pague!— con mis crónicas; pero si mis petulantes extranjerismos le siguen estorbando, le recomiendo un remedio eficacísimo: ¡no seguirme leyendo!

Y punto completamente final, mi joven señor P.G.

(*El País*, 29 julio 1926)

Loveira y un reparo

A propósito de mis dilatados comentarios sobre la novela *Mersé*, de Félix Soloni,[19] «un lector» me escribe, no precisamente para discrepar de aquellos encomios, que estimó merecidos, sino para echarme en cara el haber, según él, «ignorado de refilón, en una frase incidental, la admirable labor novelística de Carlos Loveira». Hace mi comunicante, a renglón seguido, un generoso elogio del autor de *Generales y doctores*, subrayando especialmente su «verismo criollo» y la «fidelidad al ambiente local» que caracterizan las páginas de todas sus novelas, y no se explica por qué yo he «habitualmente silenciado», al escribir sobre estos asuntos, una labor de tan destacado mérito.

Pero este lector no repara en que, con tal de atribuirme una injusticia y sustanciar su acusación, me imputa él mismo faltas y desvíos de que no soy realmente responsable. La «frase incidental» mía a que sin duda alude es aquella que declaraba a *Mersé* «una de las pocas novelas importantes, a pesar de sus defectos, que se han escrito en Cuba después de *Las honradas* de Carrión». ¿De dónde infiere el lector en cuestión que esa frase excluye o ignore a este o al otro escritor? Lo único que hace es, obviamente, encontrar «pocas» las novelas dignas de ser incluidas en esa categoría de importancia. Y yo le aseguro al lector que, de haber estado en mi ánimo el citar nombres, de fijo hubiera contado entre ellos el de Carlos Loveira, cuya labor admiro mucho.

Si algo pudiera reprochársele con más visos de razón a esa frase categórica, es el haber plantado el jalón o punto de par-

---

19 Se refiere a la serie «*Mersé*, de Félix Soloni», «Una visión criolla» y «Final sobre *Mersé*», aparecida en *El País*, los días 8, 9 y 10 de agosto 1926, pág. 3.

tida «tan acá» que deja excluido a Jesús Castellanos, acaso el temperamento novelístico mejor dotado que haya tenido Cuba. Pero es que, después de la muerte prematura de aquel favorito de los dioses, paréseme que se produjo en la prosa cubana, y particularmente en la novela, un largo y hondo declive, al que vino a poner término la abrupta eminencia de Miguel de Carrión con *Las honradas*, allá por 1915. De suerte que Carrión es el que verdaderamente inicia el período de resurgimiento de nuestra prosa, resurgimiento del cual Jesús Castellanos había sido algo así como un precursor.

La labor de Loveira, si mi cronología no me falla, comienza inmediatamente después que la de Miguel de Carrión, y fuera curioso averiguar hasta qué punto se estimula en ella. Como yo vivía a la sazón en los Estados Unidos, no me fue fácil mantener una infalible atención a las más íntimas vicisitudes en el progreso de las letras patrias; pero sí creo haberlo seguido con alguna fijeza en sus principales accidentes. Siempre he contado entre estos la aparición de las primeras novelas de Carlos Loveira. Me impresionaron desde el primer momento su «verismo criollo», su vena de humorismo, su valentía crítica y su fondo de preocupación social. Recuerdo que solía comentarlas, rivalizando en estos encomios, con el crítico norteamericano Isaac Goldenberg, a quien creo haberle hecho accesibles ciertos criollismos de aquellas páginas llenas de animación y de color. Pues, aunque bien dice usted, aprovechándose de mi reciente distingo, que yo seré cubano, pero nada *criollo*, en lo cual creo que tiene usted sobrada razón, esa desventura no me veda la comprensión de las cosas esenciales de mi tierra, antes puede que me dé una perspectiva más clara sobre ellas.

Por lo demás, lector amigo, crea usted que yo tengo por Loveira muy buena amistad y tanta admiración como el que más discretamente se la tenga, y si no lo he demostrado en letra de molde, es porque no se me habrá deparado, allá en la intimidad de mi calendario, ocasión propicia... Ahora, si lo que usted me pidiese fueran idolatrías e incondicionalismos, ya no me encontrará tan obsequioso. La mesura sobre todo, amigo mío. ¡Hay que matar el superlativo!

(*El País*, 13 agosto 1926)

Al lector de San Miguel

Este «lector de San Miguel», cuyo nombre y apellidos callo, en atención a la valiente urbanidad que ha tenido de firmarlos al pie de una de sus cartas, me ha escrito dos que acaban de llegar a mis manos algo demoradas por la mudanza de marras.

En un estilo deliciosamente suelto y bien humorado, dicho lector, «que no es literato ni aspira a serlo» —con lo cual creo que van perdiendo nuestras letras—, me da el varapalo más extenso, minucioso e inmisericorde que haya podido castigarme en mi ya no bisoña actuación periodística. Dieron motivo a su irritación mis tres comentarios encomiásticos sobre la novela de Félix Soloni, *Mersé*, que, dicho sea de paso, se ha vendido en dos semanas al punto de casi agotarse su edición, lo que les da un profundo mentís a quienes hablan del desgano crónico de nuestro público hacia la literatura doméstica.

Pero he aquí que soy responsable, a lo que parece, de haber inducido al «lector de San Miguel» a buscar esa novela «por toda La Habana», y mi comunicante no me lo perdona; antes me escribe, como digo, seis largos pliegos llenos de amenos denuestos para echarme en cara el «haber abandonado, en mala hora, mi probidad literaria».

Esto es alarmante. He leído esa reacción con estoico detenimiento, y confieso que su elocuencia es tanta, tan formidable su despliegue de citas y subrayados que, antes de terminar la lectura de las cartas, llegué a preguntarme si, en efecto, estaría yo soñando al elogiar como lo hice la «linda novelita» del señor Soloni. Algunas veces, y con mayor razón, hemos de dormirnos los que no somos Homero.

Afortunadamente, luego de meditar un poco, volvió el glosador por los fueros de su pobrecito criterio. Leyó de nuevo sus crónicas sobre *Mersé* y terminó experimentando una vez más la desoladora sabiduría del refrán español que dice: «Palo si remas...» y tal. Aquí, en efecto, ya no se puede ser ni riguroso ni benévolo al juzgar libros cubanos. Si riguroso, le llaman a uno Aristarco feroz; si indulgente, le reprochan de seguida su falta de... «probidad literaria».

Acaso yo he escrito ya en demasía sobre la novela de Soloni para añadir nuevos criterios. Pudiera llegarse a creer que vamos a medias en la ganancia. Pero la verdad es que me han picado algunos recelos del de San Miguel, por lo mismo que vienen expresados con tanta chispa y donosura, pues para los demás ya mi susceptibilidad ha tiempo que echó callo.

En primer lugar, el lector de San Miguel se pregunta, más o menos dubitativamente, si yo habré escrito esos comentarios sobre *Mersé* por «amistad» o por «compañerismo» ... Contestaré con escueta veracidad: solo he hablado con el señor Soloni cinco veces, a largos intervalos, en mis otros tantos años de periodismo habanero. Cuanto al «compañerismo», puedo asegurar a mi malicioso comunicante que jamás he permitido que cosa tan vaga y elástica como esa enturbie mis pareceres. Lo que más estimo en el mundo —perdóneseme lo dramático de la frase— es mi libertad de criterio. Si yo tuviera blasón, podría escribir honradamente en él: «Me equivoco, pero no me vendo». Ahora, que sería también un poco cursi.

La otra duda de mi comunicante que me rozó a contrapelo fue la que descubre al proponerme ciertas preguntas, cuando dice que estas van «condenadas, desde luego, a quedar sin réplica...». ¡No, Señor... de San Miguel! Yo no dejo nunca sin réplica las preguntas inteligentes que se me hacen con civilidad, mucho menos aquellas que contrarían de un modo implícito mis opiniones. Si usted me ha leído con alguna asiduidad, habrá advertido que tengo algunas palabras e ideas favoritas. Una de estas es la palabra y el concepto de *discrepancia*. Por supuesto, la discrepancia elegante y razonable; porque lo otro que se le parece no es discrepancia, sino majadería contradictoria.

Esa actitud mía, hospitalaria a todos los pareceres adversos con tal de que saluden antes de entrar, le debe probar a usted que yo tampoco tengo nada de *magister*, como usted se deja decir harto desconsideradamente. Aquí le llamamos *magister* a cualquier señor que tenga opiniones y las afirme por lo que valgan. Otros, como usted, creen que el *magister* es el que no especifica las razones en que funda su opinión. Si eso es así, no hay duda de que la economía de espacio, la premura y el impresionismo periodísticos nos obligan con frecuencia a dogmatizar, a ser *magisters*. Pero, para mí, el *magister* es el pedante que «tupe» con paradas de erudición o el dictador intelectual que desprecia todos los pareceres contrarios al suyo. Y de ambos pecados me creo limpio, francamente.

Por lo demás, hasta mañana, amigo mío.

(*El País*, 19 agosto 1926)

Contracríticas

Quedó ya discretamente admitido ayer —«lector de San Miguel»— que mi comentario sobre la novela de Félix Soloni se inclinó a la benevolencia.

Cargué más la pluma en el elogio de lo bueno que en la censura de lo malo. Tal vez me ofuscaron un poco, con su natural e insólita fulgencia, las que juzgué evidentes dotes de novelista del señor Soloni. Tal vez me predispuso un poco a favor de la obra la dedicatoria del ejemplar que a título de «crítico» se me obsequió, en la cual dedicatoria no se me llamaba genial ni se me decía ninguna otra tontería superlativa, de ese linaje tan frecuente en las dedicatorias. Tal vez me dio ese día por mostrarme más proteccionista que de costumbre, pues también los hombres que, como usted dice, «nos debemos al público» tenemos derecho —¡caray!— a nuestras variantes de humor.

Pero, admitido todo eso, reconocido todo eso, no quedará menos cierto que la censura que usted le hace al señor Soloni se la hice yo antes que usted. La sola diferencia es que mientras su censura tiene un rigor implacable de absoluta condena y se explayó pormenorizadamente en seis pliegos llenos de «pruebas», la mía se limitó a regar en dos o tres frases lo único que tenía derecho a negar: que la novela estuviese bien escrita.

Porque este es el hueso de la contienda. Usted me dice (copio): «El señor Soloni no puede ser novelista y menos el 'esperado' novelista cubano; porque le falta, para ello, la condición más necesaria e imprescindible: saber escribir». Después, sustancia usted esta afirmación inmisericorde cogiéndole, con admirable tino cinegético, una muchedumbre de gazapos al descuidado señor Soloni.

Yo, a mi vez, le reproché, textualmente, «la falta absoluta de sutileza» con que la novela está escrita. Y añadí: «Es una lástima. Todo lo esencial en la obra está superiormente logrado: la estructura, el tiempo de la acción, la variedad, la amenidad, el movimiento, el diálogo (sabrosísimo de gusto criollo y de sales plebeyas), la visión y caracterización de los personajes secundarios... Todo, salvo eso tan importante: el estilo. *Mersé* está escrita con demasiada premura, a brocha gorda, sin ninguna ponderación del lenguaje: la construcción del párrafo, el ritmo de la frase, el tino del adjetivo, no preocuparon al autor. Se limitó a decir lo mucho bueno que tenía que decir del modo más sencillo, pero también del modo más chabacano...».

Más claro, agua, lector de San Miguel. Como usted ve, apenas diferimos de nuestra imputación. Para no verme escribir «en *magister*», sin embargo, usted tal vez esperaba que yo puntualizase, con muchas citas del señor Soloni, los fundamentos de mi censura, según usted lo ha hecho. Mas no repara, colega, en que, de seguir ese método, tendría yo que reservarme toda esta perínclita tercera plana de *El País*. En la hoja y media a máquina que debe cubrir mi glosa, no hay espacio para desarrollar pruebas; apenas si lo hay para afirmar unas cuantas cosas claras. No es usted el único «contracrítico» que olvida esta limitación. Usan diez pliegos para demostrarle a uno que se ha equivocado en diez líneas.

Me dirá usted que son otras cosas, además del «estilo», lo que echa de menos en el señor Soloni; a saber: «cultura general, cultura literaria, conocimientos generales, espíritu observador...». Es verdad: a eso le llamé yo, escuetamente, «falta absoluta de sutileza». La sutileza no consiste solamente, como algunos creen, en decir cosas «originales»: consiste, según creo, en *penetrar* inteligente y comprensivamente un tema cualquiera. Y no se puede llegar a la plenitud del significado de las cosas si no se tiene «cultura general» y fina observación.

Pero cuando todo esto se ha dicho en contra del señor Soloni, hay que ser completamente justo y reconocerle a la novela aquellas otras cualidades que yo especifiqué y de las cuales usted hace tabla rasa. Hay que decir que esta novela es «bonita», no con eufemismo, sino con el sentido que Valera le dio al adjetivo, creo que aludiendo modestamente a su *Pe-*

pita Jiménez —novela «bonita», es decir, novela que no llega a bella, pero que logra divertir y hasta conmover.

Aunque Soloni no nos explique más que por mera alusión el amor de Mersé por Ernesto; aunque el estilo sea de folletín (pues como tal se escribió y publicó originalmente, viéndose el autor obligado a hacer una entrega diaria quieras que no); aunque se abuse de la gramática; aunque en sus páginas se pacte en demasía con los gustos y con los sentimentalismos plebeyos; aunque ellas delaten penuria de léxicos, cacofonías y dislates, lo esencial, lector amigo, es que esta novela interesa, que tiene verismo criollo, que resulta «animadísima, llena de color, de calor, de justeza...».

Esto fue lo que yo dije. Esto es lo que repito ahora por lo que valga la afirmación. Entrar en comparaciones entre *Mersé* y las obras de Villaverde, de Rodríguez, de Montori, y demás, me parece ocioso. Las más de esas obras las reputo, en general, superiores artísticamente a la de Soloni; pero esto no quita que siga estimando a *Mersé* como «una de las pocas obras importantes, a pesar de sus defectos, que se han escrito en Cuba después de *Las honradas*». Y ello, porque son pocas las que han logrado darnos una visión panorámica tan veraz y tan completa de nuestro ambiente capitalino.

Y nada más, mi chispeante amigo. No pretendo «haber ganado», porque no suelo discutir para ganar. Me contentaré con haber aclarado. Cuantas veces usted esté de vena, le agradeceré sus contracríticas; no se imagina cuánto me ha solazado la lectura de estas. Solazado... y aprovechado.

(*El País*, 20 agosto 1926)

Los demagogos de la moral

A cierto lector amable no le hubo de complacer, antes le «sorprendió extraordinariamente» como algo injusto, el desdén con que en una glosa reciente aludía a las obras populares de Marden y de Smiles. «Nada conozco de literatura —díceme en su carta el lector discrepante—, ni sé cuáles son los que viven de dar consejos fáciles, y cuáles no; pero en mi pequeña colección de libros figuran algunos ejemplares de estos escritores, cuya estimulante y vigorosa literatura nunca vacilaré en aconsejarla, si a mi alcance se hallare tal consejo, a todo el que quiera emanciparse de la esclavitud de la incultura y sentirse en la verdadera alegría del vivir». Y añade: «... las obras de Smiles y Marden siempre responderán con preferencia a mis gustos, a pesar de que por usted son calificadas de estafa intelectual».

Bien, amigo mío. No hemos de querellarnos por cuestión de gustos; sobre los tales, según la tradición, no hay nada escrito, y no quisiera ser yo quien intente violar esa discreción tradicional, despojándole a usted de su brava complacencia. Por otra parte, es más noble y más fecunda tarea suscitar nuevas admiraciones que desalentar las existentes. ¿No dijo el Buda que lo más parecido a la felicidad es el saber contenerse? Bienaventurados, pues, los contentadizos, porque de ellos es el reino terrenal. Pero...

Pero lo menos que un hombre le debe a sus propios gustos y a sus propias opiniones es una defensa decorosa. Su misma carta, en que sale usted a quebrar una lanza por el prestigio de sus mentores preferidos, es de una ejemplaridad tal, que me siento movido a ampliar mi brevísima apreciación del otro día, siquiera para que no pueda tachársele de gratuita.

Yo no dudo, amigo mío, de que los libros de Marden y de Smiles sean muy tónicos y «estimulantes» en sus efectos inmediatos. Así es también la Coca-Cola. Sin embargo, a nadie se le ocurriría alimentarse de Coca-Cola. Si usted me perdona la travesura de este símil, verá que no resulta nada injusto al sustanciarlo. Lo que quiero decir es que no se puede confundir la literatura meramente *estimulante* con la literatura verdaderamente *edificante*. Toda edificación duradera exige un asiento sólido y una arquitectura bien calculada. Así, para que un libro sea verdaderamente constructivo en lo intelectual y en lo moral, es menester que sus conclusiones se deriven lógicamente de principios y criterios sustentados hasta la convicción. Una simple afirmación no convence a nadie. Se la puede aceptar pegadizamente, por simpatía; se la puede acatar por fe, por ingenuidad o por simple respeto; pero no logrará infundir en nuestro espíritu una fecunda energía vital, capaz de gobernar honradamente nuestra conducta. Un código de moral práctica que me diga: «Haz esto; no hagas esto otro», aunque sea a título de consejo, no me educa realmente, puesto que lejos de inculcarme principios y conceptos generales susceptibles de ser aplicados por mí a cualquier situación de la vida, lo que hace es proponerme fórmulas rígidas de acción. Entre Marco Aurelio o Epícteto —pongo por caso moralistas filósofos— y los señores Marden y Smiles, media toda la diferencia que existe entre un tratado y un manual, entre una filosofía y un catecismo laico. Mientras aquello nutre verdaderamente y cría cal y médula espirituales, esto otro es un mero simulacro docente.

Sin duda, estos libros nos ayudan a vivir decorosamente la vida. Pero el hombre inteligente aspira a algo más: aspira a que se le ilumine la total experiencia humana con claridades de lógica o de intuición. Marden y Smiles, con su moral práctica, moral de proverbios, de papelitos de almanaque y de consejos de abuela, tienen indiscutiblemente a su crédito el haber suscitado muchas resoluciones honestas; pero dudo mucho de que hayan formado por sí un hombre íntegramente moral.

Y luego, amigo mío, ¡estos libros vienen tan pobrecita, tan opaca, tan superficialmente escritos! Hasta en esto vienen a ser, en el campo de lo moral, lo que los demagogos son en el campo de la política...

(*El País*, 30 agosto 1926)

Las viejas huellas

En el último número de la *Gaceta de Bellas Artes* me encuentro aludido varias veces con diversos motivos y por muy distintos modos. La única alusión que invita a la réplica, empero, es la que se contiene en el valeroso ensayito de Emilio Gaspar Rodríguez «Para definir una actitud intelectual» y singularmente para responder a una glosa en que yo me dolía de que el admirado escritor, al ingresar recientemente en la Academia, no hubiese de ocuparse en su discurso de algún antiguo valor literario cubano, en vez de dedicarles a Larra y Eça de Queiroz los desvelos de su ingenio.[20]

A esto, Emilio Gaspar Rodríguez contesta que «la generación de 1900», la juventud de hoy, «no solo no les debía nada, en el sentido intelectual, a las pasadas, sino que nada la vincula a ella», a no ser la gratitud patriótica y la simpatía de la común dedicación hacia algunas figuras literarias del pasado.

No sé hasta qué punto sea admisible, en estricta justicia histórica, esta afirmación valientísima. Lo que una generación debe a las anteriores no siempre es fácil de discernir con tan breve perspectiva, ni ha de asumir por fuerza, para que sea deuda genuina y merecedora de gratitud, el énfasis de una tradición perfectamente definida.

¿Cree Emilio Gaspar Rodríguez que la generación española del 98, heredera presunta de los demorados románticos peninsulares, y de Larra entre ellos, le debe a este mucho más que la nuestra a Luz y Caballero, por ejemplo? Cierto que en Larra había ya un programa ideológico moderno que entronca con Ganivet y Costa y los criticismos fin de siglo. Pero ¿es una transmisión verdadera, o simplemente un parentes-

20 «Queiroz y Larra», *El País*, 9 julio 1926, pág. 3.

co inconsciente impuesto por la evolución de las ideas y el avance del europeísmo? A Larra se le ha venido a estudiar en España hace muy poco tiempo, lo que indica que su obra fue un hallazgo más que una herencia de los españoles de hoy. Tampoco él ejerció una influencia formativa, de esas que Emilio Gaspar Rodríguez les exige a los hombres del pasado para hacerse acreedores a nuestra atención y gratitud.

La obra de los antecesores esforzados es obra fecunda y trascendente aunque ellos no fueran «precursores» en un sentido estricto. A veces esa obra consiste en un mero esparcimiento de inquietudes, de énfasis, de estímulos que activan y modelan indirectamente el proceso histórico y, de ese modo al menos, afectan la posteridad creándole condiciones adecuadas de vida. Sin el Padre Varela, «el primero que nos enseñó a pensar», puede que Rodríguez y yo no estuviéramos ahora discutiendo estas cosas... Sin la obra admirable de Saco, es posible que aún estuviéramos con el machete en la mano y la esclavitud en el recuerdo. Aun no habiendo recibido nada concreto, ningún caudal de ideología activa, de los abuelos, puede nuestra generación serles deudora, como yo creo que lo es, de una tradición no escrita, merecedora de estudios devotos.

Pero aunque esto no fuese así, ¿es que solo ha de interesarnos el pasado por los bienes que le legó al presente? ¿No ha de haber un estudio desinteresado de la historia? Lo que caracteriza la más pura curiosidad intelectual, ¿no es precisamente su noble desprendimiento, su atención a toda vieja actividad por el valor humano que ella tuvo en sí? ¿Por qué se estudia la civilización azteca, Tirso de Molina, las leyes de Indias o la colonización si no es por el mero afán que tiene la conciencia humana de conocer sus antecedentes, sus experiencias? ¿No le interesan a Emilio Gaspar Rodríguez más que los escritores de quienes aprendió algo de lo mucho que sabe?

Creo quo que, aunque nuestros próceres del pasado no nos hubiesen legado más que su ejemplaridad de estudiosos, bien vale la pena de que los conozcamos siquiera. Nadie ha de hacer por nosotros esa labor de caracterización retrospectiva. Rompamos cuanto sea menester con los viejos conceptos, miremos preferentemente al porvenir para orientar nuestros rumbos; pero no desdeñemos las viejas huellas, ya que, como les decía Menéndez y Pelayo a los españoles de su tiempo, «no somos gentes sin abuelos».

(*El País*, 24 septiembre 1926)

Dúplica al señor Goldarás

No, amigo Goldarás: así, no...[21] Usted, que es veterano en esto de llenar cuartillas, sabe perfectamente que hay dos maneras de discutir las cosas en los periódicos: una, exponerlas con guante blanco, para llegar pulcramente a la claridad; otra, manosearlas con patita de gato, escondiendo el arañazo en la felpada caricia, para divertir a la galería... Usted no ignora tampoco, querido compañero, que este último procedimiento es relativamente fácil. Todos somos ironistas más o menos. Todos sabemos afilar un superlativo, como usted en su artículo de antier, y cargar de sorna cuatro reticencias. Pero así no se va a ninguna parte.

Paso, pues, por alto todas las romas saetillas de su contestación a mi glosa del otro día sobre el teatro cubano.[22] Me importa protestar tan solo que no hago profesión de originalidad, como usted supone. Siempre he creído que la mejor manera de no ser original es empeñarse en serlo, porque todo cálculo les da oportunidad al resabio y a la reminiscencia. De aquí que, al opinar sobre las posibilidades dramáticas de nuestro ingenio nativo, ni pretendiera decir nada nuevo, ni tuviera ánimo de reproche cuando advertí que incidía usted una vez más en sus antiguos pareceres sobre el asunto. Yo mismo lo traté con alguna amplitud, antaño, en esas queridas columnas del *Diario*; y entonces, como ahora, no hice sino poner en letra de molde algunas consideraciones que están al alcance de cualquier sensatez... Precisamente lo singular de estas discusiones «endémicas» es que, a pesar de insistirse tanto en ellas hasta la máxima claridad, no logran determi-

---

21 José López Goldarás: «¿Por qué no tenemos teatro?», *Teatros y artistas*, *Diario de la Marina*, 4 octubre 1926, pág. 2.
22 «Tablas en el patio», *El País*, 10 octubre 1926, pág. 3.

nar su propia solución. Creo que el fenómeno es como para sorprenderse un poco, ¿no?

¿Que vale la pena renovar una y mil veces más la indagación? Se necesitaría haberse caído de un nido para negarlo, y no creo que usted me atribuya seriamente ese percance. Ya sé, ya, que hay muchos graves señores que se ocupan de prehistoria, como usted observa con admirable agudeza. Pero vamos al grano.

Apuntó usted diversas causas de la «no-visibilidad» del teatro cubano. Yo, de acuerdo con todo lo por usted dicho, sugerí, tímidamente y por lo que valiera, el reconocimiento de una causa más: la falta de buenos dramaturgos o comediógrafos en Cuba. Digo que avancé esta sugestión, porque ya vio usted que confesé con elemental probidad que no me eran conocidas todas las obras de todos nuestros autores. Sin embargo, algo había visto y leído: *Tembladera*, de Ramos, que es un poderoso drama criollo, pero incierto de técnica de escenario; algunas comedias de Ichaso y Sanz; una de Sánchez Galarraga —sin duda, de las que él más estima, pues se la hizo representar a la Xirgu... Poca cosa, como usted ve. Pero uno se entera de la realidad, o por propia *experiencia*, o por propia *referencia*. Yo no he estado nunca en Constantinopla, y, sin embargo, me consta que Constantinopla existe. Todo el mundo lo dice.

Pues bien, por referencias, abrigo la noción de que —vamos a ver si lo digo con tacto— de que el Shakespeare criollo todavía no ha surgido. Ni siquiera el Florencio Sánchez... Y esto, amigo mío, que no es nada muy nuevo, pues «todo Madrid lo sabe», creo yo que también contribuye a explicar el porqué no hay teatro en Cuba. No lo hay, porque cuando se ha hecho el intento de representar lo producido, diz que se le han impuesto al público dramones abrumadores, comedias ñoñas e insustanciales o sainetes groseros. Yo no quisiera, al aventurar esta generalización, agraviar a ninguno de los numerosos ingenios que usted cita. Por todos y por cada uno de ellos tengo la más respetuosa estima, y para algunos muy cordial devoción. Es posible que tal cual haya producido obras de mérito. Entonces, su fracaso será explicable por otra u otras de las muchas razones de inviabilidad (¿está bien dicho?) que usted acopió. Pero como no creo que esa sea la regla, sino la excepción, sigo pensando que una de las causas de nuestra falta de teatro es nuestra pobreza de inventiva dramática.

Mi límite de espacio —que ya he transgredido— me veda decir más por hoy. Pero, si usted quiere, insistiremos... con guante blanco.

(*El País*, 15 octubre 1926)

Más sobre el teatro cubano

Es verdaderamente admirable la buena voluntad que ponen mis amigos en no comprenderme. Hasta un entendedor tan agudo y fulminante como Joaquín Aristigueta, a quien pocas palabras suelen bastarle, me atribuía el domingo, desde el *Diario*, el simplismo de «pretender al advenimiento de un Shakespeare para iniciar el teatro cubano».[23] ¡Yo no sé cuál es mayor candidez, si decir esto o suponerme capaz de pensarlo al pie de la letra! Evidentemente, ya la hipérbole no sirve como medio de expresión: hay que decir las cosas extáticas y lirondas, so pena de que alguien nos cite alguna frase excesi-

---

23 Joaquín Aristigueta: «Teatro cubano III», *Humoradas y bagatelas*, *Diario de la Marina*, 7 noviembre 1926, pág. 18.

va, caricaturizándonos la expresión y dejándonos en patético *ecce homo*.

Vamos a ver si esta vez logro explicarme, oh pitigrillesco Aristigueta, en términos incaturizables.

Lo que yo he pensado y sigo pensando, con toda modestia de mis alcances, en este asunto del teatro cubano, es *que no podemos iniciar verdaderamente un teatro indígena sino a condición de que ese teatro valga, por sí, tanto al menos como el teatro que importamos.*

La razón sigue pareciéndome obvia. El teatro es un arte que pudiéramos llamar *de referéndum*; es decir, que no existe, *teatralmente*, sino con referencia a un público que gusta de él y que por eso lo sostiene. Esta condición le es indispensable, lo mismo que a los periódicos. Hacer comedias en casa, cualquiera las hace; y generalmente la familia suele aplaudirlas entusiastamente de sobremesa, salvo algún menudo comensal que tenga el «civismo» de bostezar. Hacer comedias y representarlas una, dos o seis veces con buen suceso ante un público de amigos de sociedad, prestos a una benevolencia de etiqueta, también es cosa relativamente fácil; solo hace falta tener muchas relaciones. Hacer comedias e invitar a cuantos lo deseen a que presencien la representación gratis *et amorem*, tampoco es cosa difícil si se tienen tiempo y dinero sobrados. Yo hablo por alguna experiencia, pues *ancori'o*, caro Aristigueta, escribí antaño algunas comedias y hasta dramículas, que representé en el Club Español de Boston, y me las aplaudieron a rabiar. Pero yo era, a la sazón, ¡presidente del Club!...

En todos esos casos el éxito es una lisonja o, por lo menos, una falaz apariencia, porque esos públicos están previamente tocados de indulgente resignación. Tienen simpatías por el autor; y además, a caballo regalado...

Pero, ¿a quién se le oculta que este no es el público, ni esa la actitud de él, con que se debe contar para el sostenimiento de un teatro nacional permanente? A la larga, ese teatro solo puede sustentarse de la aprobación *crítica* de un público heterogéneo, egoísta, como todos los públicos, y dispuesto a que le den el valor de su dinero, o de lo contrario no vuelve más.

Luego para que haya teatro cubano es preciso que haya obras cubanas *que gusten* de verdad, sin recomendaciones extrínsecas. Que gusten, por lo menos tanto como las obras importadas. Porque, claro se está, querido Aristigueta, que si en un teatro habanero se representasen, en una misma temporada, comedias de éxito ultramarino, y en otro comedias... mías, por ejemplo, el público, por mucho que le tocasen la vena del patriotismo, iría a ver las comedias extranjeras; y tendría toda la razón del mundo.

Por caridad, por simpatía, por patriotismo se va al teatro, a lo sumo, dos o tres veces al año. Pero ni esos tres sentimientos juntos bastan para crear una dramática nacional.

Mañana, si te place, te diré lo que me queda por decir.

(*El País*, 8 noviembre 1926)

Ítem más

Creo haber sugerido cómo tu artículo, caro Aristigueta, contenía una peligrosa falacia.[24] Tras imputarme que yo pretendo «el advenimiento de un Shakespeare para iniciar el teatro

---

24 Joaquín Aristigueta contestó a Mañach con un artículo más: «Ego te absolvo», *Humoradas y bagatelas*, *Diario de la Marina*, 14 noviembre 1926, pág. 2.

cubano», dices que «si todos exigiéramos tanto, estaríamos aún en espera del primer crítico, y del primer poeta y del primero en todo, al menos en esta generación».

La exigencia se te volvió por pasiva: ahora eres tú el difícil... Solo que tu rigor me parece injusto y el paralelo que lo provoca, más injusto todavía. Porque puede haber —como en efecto las hay mal que bien entre nosotros— crítica y poesía indígenas de calidad sin necesidad de que un público las sancione. Precisamente en eso estriba, como veíamos ayer, la diferencia entre el teatro y las demás artes: estas son absolutas, no solo se bastan a sí mismas, sino que mejoran más en calidad cuanto menos atienden a los gustos corrientes. En cambio, el teatro es, eminentemente, un arte relativa, como la oratoria: para el público se hace y del público vive. Establecer una comparanza entre el teatro y las tareas literarias de gabinete en cuanto a sus condiciones de vida y de éxito, es creer una ilusión.

Después traes a cuento los clásicos españoles para encarecer que ellos pueden ser nuestros iniciadores, pues Cuba «es literariamente española». Esto no lo entiendo bien. ¿No se trata de hacer teatro *cubano*? ¿De qué pueden servirnos para tal empresa Moreto y Téllez más que Bernard Shaw y Hauptmann? ¡Vamos a no discutir el asunto con los criterios del Día de la Raza!...

Enseguida me adviertes que «antes de Shakespeare hubo actores y autores en Inglaterra, y después no ha nacido otro Shakespeare». Este argumento también se me antoja tenue, amén de que se aprovecha de mi hipérbole de marras. Pues si bien es cierto que en sus albores todos los teatros clásicos se expresaron con balbuceos, ello se debe a que el teatro renació con la cultura misma. No voy a enfrascarme en una disquisición histórica para probarlo, pero creo que resulta obvio que nosotros tenemos actualmente más cultura, y por lo tanto más sentido crítico, más exigencia estética, que los ingleses del tiempo de Marlowe y Chaucer; y ello, precisamente porque somos herederos de esas viejas experiencias humanas. Un balbuceador dramático como el primitivo español Lope de Rueda, claro es que nos aburriría profundamente. Necesitamos ya, si no un Shakespeare, un autor capaz de mover muñecos interesante y convincentemente, sin que se eche de ver la conmovedora torpeza del amateur.

No ha querido esta pluma mía —presta siempre a todo estímulo artístico— desalentar a nadie de la fundación de un teatro cubano. El esfuerzo que está haciendo Sánchez Galarraga, y cuantos más se empeñan en análogo sentido, merecen fervorosas alabanzas. Más vale —dice el sajón— intentar y fracasar, que no intentar en lo absoluto. Y ¿quién sabe? A lo mejor, en una de esas tentativas, damos con la piedra filosofal.

Pero sí me ha parecido pertinente insinuar que no debemos hacernos ilusiones de aficionado aplaudido; que el público exige mérito, y que a menos que pongamos en la obra todo el talento crítico asequible y un poco más, volverá a malogrársenos la criatura. Claro está que, además del talento, hacen falta ciertas circunstancias propiciatorias: ayuda y estímulo oficiales; dinero; organización; solidaridad entre los autores; buena voluntad por parte de los empresarios, y tal. Pero la sopa de pollo se hace, principalmente, con pollo, y un teatro nacional, con buenas obras nacionales.

(*El País*, 9 noviembre 1926)

Los clásicos y el teatro

Entre las humoradas y las bagatelas de la crónica con que Aristigueta —pitigrillista ahora confeso— me absuelve de mis recientes «arabescos críticos» a propósito del teatro cubano, solo una *riposta* del querido amigo me impide dar una finiquitada, con ese artículo suyo en el *Diario* de ayer, la ventilación de aquella *vexata quastio*.

En las polémicas, al contrario de las riñas, el que da *último* es el que da dos veces. Pero no es este mi ánimo al contestar a Aristigueta: tratándose, como se trata, de un hombre que difícilmente se queda callado, todavía puede que sea él quien me replique definitivamente y acabe por darme con la badila en los nudillos.[25]

Dice mi castizo camarada que me perdona el que yo no entienda bien «que los clásicos españoles son los clásicos cubanos». Y partiendo de esta magnánima presunción, añade: «En la famosa universidad norteamericana que tanto te enseñó (y tanto te ocultó) te dijeron, y así aceptaste, que Shakespeare era, por clásico inglés, clásico de los Estados Unidos; debe ser que entiendes mejor el inglés que el castellano».

Y yo contesto, que a pesar de esta dificultad de mis entendederas, sé que la argumentación de Aristigueta se definiría castizamente como una confusión... del ombligo con las témporas... Pues lo que no acierto a comprender, ni Aristigueta a explicarme, es qué diablos han de tener que ver los clásicos españoles, precisamente los españoles, con lo de la creación de un teatro cubano.

Soy tan devoto de las excelencias literarias solariegas como el que más. Creo haber gustado a fondo, en Harvard y aun

---

25 Dar a alguien con la badila en los nudillos significa vejarlo, molestarlo indirectamente o disimuladamente.

antes de cursar estudios allá, el arte de los grandes ingenios del Siglo de Oro español. Sé que ellos son nuestros «clásicos». Pero, ¿qué se me quiere decir con eso? ¿Que para hacer comedias en Cuba tenemos que tomar como modelos a Lope y a Tirso y a Calderón? Pues me parece la manera más segura no de no llegar a hacer nunca un teatro cubano.

Porque cuando se toma un modelo literario, es para imitar o aprender de él una de dos cosas: o la técnica, esto es, la manera de hacer; o la inspiración, los motivos estéticos. No supongo que Aristigueta piense inducirnos a que reproduzcamos estos últimos en los tablados criollos a la manera de los clásicos del corral de la Pacheca, con «graciosos», hidalgos altaneros, villanos y conflictos de honor. Si el pretenso teatro cubano no se nutre de inspiraciones directas en nuestro ambiente y en nuestro vivir peculiarísimos, no sé, a fe mía, en qué pueda consistir esa *cubanidad*, como no se limite a la mera nacionalidad de los actores.

¿Dirá entonces Aristigueta que lo que hay que aprender de los clásicos es la técnica, el oficio, el arte de «mover los muñecos»? Santo y bueno. Pero para eso no es imprescindible ir a los «clásicos»; y hasta creo que se aprende mejor la malicia de escenario en Benavente o en las traducciones de Bernard Shaw y de Pirandello, ya que los autores modernos cuentan con recursos y facilidades escénicas cuya carencia embarazó grandemente la técnica de «los cásicos».

El tradicionalismo de Aristigueta es muy respetable, muy simpático, muy «racial»; pero también muy vacuo, como los latiguillos del Día de la Raza. El arte no se gobierna por arquetipos: es una constante originación de la inteligencia y de la sensibilidad. Si algo lo informa, es el temperamento creador y su ambiente; no «los clásicos». El hecho de que nuestro teatro haya de escribirse en castellano no nos impone la obligación de recoger ningún legado castizo. Shakespeare no ha tenido nada que ver con el teatro norteamericano actual de Eugenio O'Neill, y el mismísimo Echegaray le debió más a Ibsen que a Calderón, a pesar de que escribió en castellano.

Perdone Aristigueta si el tono «serio y grave» con que escribo se le antoja otra vez «académico». Pero advierta que el academicismo está menos en el *tono* con que se dicen las cosas que en el conservatismo con que se piensan. Su éxtasis ante los clásicos, que evoca la candidez de las preceptivas literarias, es de un academicismo conmovedor, aunque se rodee de humoradas y de bagatelas...

(*El País*, 15 noviembre 1926)

La tierra y las palabras

Señor Manuel Sanguily Arizte
Presente
Mi muy distinguido amigo:
Leí oportunamente la carta abierta —publicada el domingo en un diario de la mañana— que usted estimó oportuno dirigirme con motivo de mi glosa reciente titulada «Martí y la tierra».[26] Cita usted en su carta frases aisladas de ese artículo mío y deriva de ellas una actitud de extrañeza, infundada, al parecer, en la impresión de que, al hablar yo del problema de la enajenación de la tierra cubana y del descuido en que se le tiene, olvidé o silencié deliberadamente el valeroso esfuerzo que realizara por resolverlo su inolvidable padre, don Manuel Sanguily.

Con extrañeza pareja a la suya leí yo, a mi vez, esos reparos amistosos de su carta. Nos tiene usted acostumbrados a cuantos le conocemos a una ponderación tan discreta de las cosas, que solo me resulta explicable su actitud presente como un noble y simpático exceso de susceptibilidad filial. Pero yo le aseguro, querido Sanguily, que sus recelos no tienen correspondencia alguna con mis sentimientos.

Sé desde hace mucho tiempo de aquel gallardo y vidente proyecto de ley que su padre presentara en el Senado prohibiendo la venta de la tierra nacional a los extranjeros. Lo conocía, hasta en sus pormenores y debates parlamentarios, desde mucho antes de que usted lo aludiese —bien sucintamente por cierto— en los «Datos biográficos» del volumen *Nobles Memorias* con que su devoción nos regaló hace poco más de un año. y no necesito decirle que nadie me supera en la admiración y reconocimiento patriótico debidos a aquel

---

26 «Martí y la tierra», *El País*, 28 enero 1927, pág. 3.

gran gesto previsor y patricio de su padre. ¡Ojalá lo hubiese escuchado antes la generación a quien correspondía velar por los destinos de Cuba!

Ahora bien: si lo que usted me reprocha es no haber aludido siquiera a aquel episodio en mi artículo precito, solo puedo justificarme diciendo que todo mi artículo se refería al presente y que en la economía de un comentario tan breve como los que me veo obligado a hacer, no siempre queda espacio para acuitarse por las inconsciencias del pasado, o para salvar las viejas excepciones. Escribí que nadie *se cuida* de restañar «la herida» por la cual se desangra, sin sentido, la integridad nacional. Y ese presente de indicativo sé que usted no lo pondrá en tela de juicio.

Si relacioné tales «cavilaciones» con la «palabra advertidora» de don Fernando de los Ríos, es porque fue una conferencia de este «distinguido extranjero» lo que suscitó aquel comentario; e involucré todo ello con el mensaje de Martí porque coincidía con el aniversario de su natalicio. La actualidad tiene sus exigencias, amigo mío; y esta vez no creo que me haya conducido a ningún artificioso maridaje de temas.

Hablando de México, ese «distinguido extranjero» nos tocó en la llaga viva. Y me pareció de más eficacia periodística apuntar, a la actualidad dolorosa de sus palabras, que evocar aquel esfuerzo de su padre, cuyo malogro contribuyó tanto a saturar de escepticismo sus últimos años.

No creo que el problema de la extranjerización de la tierra sea ya de «solución salvadora», como dice usted. Creo, sí, que su solución se hace más difícil mientras más se le retarda; pero si algo se ha de lograr, no será con tiquis-miquis históricos, ni tachando, por extranjera, la palabra de fuera que nos adoctrina y previene. Lo que hace falta es un movimiento integral de las conciencias libres de Cuba. Consigamos, por

lo pronto, que sea mirado como un delito público la enajenación al extranjero de un trozo de tierra cubana; y luchemos por que esa sanción moral se incorpore algún día a nuestro derecho constitucional.
Soy siempre su amigo devotísimo,
J.M.

(*El País*, 1 febrero 1927)

Con la misma vara...

Señor don Francisco Izquierdo.
Amigo mío:
Me hizo usted ayer la merced, que vivamente le agradezco, de publicar en el Suplemento Literario del *Diario de la Marina*, una de las impresiones habaneras que componen mi libro *Estampas de San Cristóbal*. Y estimó usted oportuno preceder esa impresión de una breve... ¿diremos noticia o aviso?; de un *entrefilet* cargado de cariñosas reticencias, en el cual anuncia usted que pronto dará a conocer su comentario «sincero, enteramente sincero», sobre mi obra; que ese juicio —por no ser usted «rebaño», ni ir «detrás de ningún cencerro»— discrepará un tanto del que mi libro a otros escritores merezca; y que como esto ha de ser así, espera usted —no sin preguntarse por dos veces si estará preocupado en la presunción— que yo seré «lo bastante noble, inteligente y modesto» para no alterarme con su crítica ni mermar la amistad cordial que le profeso.
Me apresuro a escribir para comunicar a usted la seguridad de que no se equivoca. Lo hubiera hecho privadamente, si no fuera porque su incertidumbre se delató con tal publicidad, y además, porque, hallándose tal vez otros amigos míos en disposición pareja a la suya, conviene que de una sola vez descargue el ánimo de todos y les aliente a que hagan de mi libro —ya que han de hacerla— la crítica franca y honrada digna de ellos, del público y de mí.
Solo estas consideraciones han podido inducirme, créalo usted, a aludir a mi libro y a sus exégetas, cosa reputada de poco elegante desde que el mundo sabe de letras.
Pero si alguien no debiera verse en menester de aclarar su actitud sobre el asunto, ese alguien creo serlo yo. Otros han

hecho crítica en Cuba más certera, más aguda, más autorizada y más sabia; pocos con la habitualidad casi rutinaria y la franqueza casi estoica con que yo lo he hecho, guardándome a un mismo tiempo de caer en el vituperio y en la zalema, en la negación infecunda y en el éxtasis amistoso. No aseguro que la «ecuación personal», como dicen los científicos, y las inspiraciones sutiles, inconscientes y por tanto irreprimibles, de la amistad o de la simpatía no hayan más de una vez apartado del fiel la aguja de mi propósito; ni mucho menos pretendo haber sido siempre certero en mi serenidad —pues soy harto hospitalario al entusiasmo—; pero lo que sí puedo afirmarle es que jamás escribí en deliberado y calculado desacuerdo con mi dictamen íntimo.

No soy crítico por temperamento. A esa faena me han forzado, primero, las incitaciones del periodismo; después —pero en un después que es primordial en mi conciencia—, la convicción de que la crítica, con que sea honrada y la asesore una mediana inteligencia, es una función indispensable al progreso de la cultura en cualquiera de sus órdenes, tanto porque pondera, valoriza y refina las ofertas, como porque ensancha la demanda de conocimiento, aguzando sus apetencias. A estas alturas, lo dicho parece ya una platitud. Sin embargo, no sin frecuencia nos salen al paso secuacillos del gran Goethe, o del equívoco Oscar Wilde, afirmando graciosamente, desde la turbiedad de su soberbia lastimada, que los críticos son los que no sirven para crear. ¡Como si con eso dijeran algo anonadante!

Y si la crítica es en todo lugar cosa vitalísima, lo es particularmente en pueblos neófitos como el nuestro, donde todos los valores son nuevos y le falta a la conciencia pública esa intuición estimativa que le viene de la tradición y de la cultura circunstante.

Ya sé que le estoy diciendo cosas que usted sabe de sobra. Pero mi intención es mostrarle que yo también las sé y que, siendo estas mis convicciones, ostensibles y habitualmente manifestadas, no sospecho qué razones pueda abrigar usted en apoyo de aquellas reticencias e incertidumbres de su... aviso.

No, amigo mío. Usted y todos los demás pueden juzgar mi libro como les venga en gana. Yo, a mi vez, me reservo al derecho de juzgar sus opiniones por lo que valgan. Probablemente, ningún juicio de ustedes será tan duro como el que yo, para fortuna y tranquilidad mía, ya me tengo formulado sobre las *Estampas de San Cristóbal*. El «bombo» no me interesa ni como estimulante mercantil, porque no he hecho mi libro para lucrar y, por otra parte, ya se han venido bastantes ejemplares para pagar la edición.

«Ándele, pues», mi escrupuloso amigo. Hienda usted, con la aguda lanza de su ingenio, esa carne de mi alma que son las *Estampas*. El único que podía ofenderse algo por ello, sería Luján; y a Luján le conviene esa disciplina. Yo por mi parte le aseguro que seré «lo bastante noble, inteligente, lo bastante modesto» —aunque sé muy bien lo que esto último significa entre nosotros los hombres de letras— para mantener inalterables mis humores y la amistad que le tiene su

J.M.

(*El País*, 17 febrero 1927)

Réplica a Manuel Vega

Mi querido Vega, ¿estuvo usted de veras en mi conferencia sobre «La Nueva Estética» la otra noche? En carne y hueso, ya sé que estuvo usted allí, honrándome con su presencia; pero en espíritu, en atención, en inteligencia, en voluntad compresiva, ¿estuvo usted allí?

Su comentario de ayer, en el *Diario de la Marina*, me demuestra que no. De otro modo, se me hace difícil explicarme cómo un entendimiento tan listo ha podido parir semejante versión de lo que yo dije en Prado 44. Amigo Vega: la gente de hoy, si a algo aspira, es al rigor, al orden, a la claridad; y da pena ver cómo usted, en su artículo, incurre y pretende hacerme incurrir a mí en el más infantil confusionismo. Creo yo, amigo Vega, que lo primero que hay que hacer antes de refutar es sentirse perfectamente enterado de lo que se va a refutar. Y usted, amigo Vega, *no se enteró*.

Veamos.

Afirma usted que yo dije que «uno de los fundamentos de la nueva estética es el no recordar nada de lo hecho hasta hoy» y que, sin embargo, cité a Palma el Viejo y aludí a las deformaciones de Miguel Ángel. En eso encuentra usted contradicción. Bien. Pero lo que yo dije es que para *comprender* (o ponerse en actitud de comprender) el arte nuevo, hay que ir a él sin prejuicios, sin reminiscencias, sin esperar que se conforme absolutamente con todo lo que se ha visto antes. Y luego, *justificando* la no-imitación en el arte nuevo, dije que este exageraba procedimientos ya empleados por los artistas clásicos. ¿Ve usted ya que no hay contradicción alguna? Una cosa es que la estructuración técnica del arte nuevo tenga sus antecedentes en el pasado (cosa que ya subrayó Cézanne al insistir en que había que *refaire Poussin d' aprés nature*),[27] y otra que el goce de lo nuevo exija dejación previa de todo prejuicio.

Aborda usted luego mis pareceres acerca de la anécdota en el arte, y vuelve a tergiversar lamentablemente lo que yo dije. Porque yo no afirmé, como asegura usted, que la pintura hasta hoy haya sido anecdótica «exclusivamente», sino *predominantemente*; ni quise «englobar maliciosamente todo lo realizado desde el Siglo XV, hasta hoy, en la pintura de historia de la última mitad del siglo pasado», pues esto supone una confusión candorosa de la anécdota con la historia, confusión en que es usted, y no yo, quien incurre. A pesar del esfuerzo que hice por aclarar lo que significa la anécdota en pintura, usted todavía parece creer que yo me refería a las anécdotas más o menos históricas de los papelitos de almanaque.

Por eso, sin duda, protesta usted también contra mi descripción de *La Convaleciente*, el admirable cuadro de Romañach, como algo típicamente anecdótico. ¿Pretenderá usted que no lo fue? Y el hecho de que Romañach se destaque principalmente por su virtuosismo técnico (no «plástico», como usted dice confundiendo conceptos tan distintos), no excluye mi afirmación de que aquel sea un cuadro anecdótico. ¿Dónde, pues, está el error que usted descubre, tan orondo?

Yo reclamé, efectivamente, «un puesto bajo el sol» para las nuevas tendencias. Pero no condené, ni he condenado nunca, las formas establecidas cuando tienen algo que expresar. El desahogo de usted contra los «exclusivistas» no me atañe, por consiguiente; a quien le venga el sayo... Pero

---

27 La frase correcta es: «*Imaginez Poussin refait entierement sur nature, voila le classique que j'entends*». Fue una declaración del pintor publicada por Emile Bernard en 1907.

lo que sí niego es el derecho de usted y de los intransigentes como usted, amigo Vega, a decir que hay en la nueva estética «poco o nada de la sinceridad que se pregona» y que es «un bluff que le da la vuelta al mundo». Quiere decir que somos unos farsantes los que auspiciamos los afanes expresivos de la moderna sensibilidad. Y claro que esa no pasa de ser una afirmación suya, hecha a la diabla.

¿Que en lo nuevo hay mucho de receta? Por supuesto; no menos que en lo viejo. Lo bueno, en uno y en otro, es lo que se levanta por encima de la receta; y lo tonto es pretender que todo lo nuevo sea nuevo arte, ¿recuerda? Y precisa nuevo.

En el quinto apartado de su comentario es donde demuestra usted más a las claras la floja atención con que escuchó mi conferencia. Supone usted que, para explicar «las piernas elefantiásicas» de algunos cuadros nuevos, yo solo dije «que en ese arte tenían que ser así...». Y enseguida, por supuesto, derrocha usted ironía en torno a esa presunción. Pero yo no me he caído de ningún nido, amigo Vega. Yo hablé de la *exageración* como recurso expresivo del nuevo arte, ¿recuerda? Y precisamente a propósito de eso traje a colación las deformaciones deliberadas de Miguel Ángel. Perdóneme; pero usted, tan buen pintor, es de los polemistas que levantan papeles para darse el gusto de abatirlos gallardamente con ufanes mandobles.

Y para terminar. Yo también voy creyendo, con los futuristas, que los críticos de arte somos, si no inútiles, nocivos. En efecto, higienizamos demasiado; lastimamos muchos intereses creados. Somos, en verdad, mala gente.

Por lo que hace a mis pobrecitos entendimientos históricos, verdad es que son de corte muy antiguo. Me falta talento y pericia para hacerlos nuevos. En lo nuevo se triunfa —como ha triunfado Picasso o, sin ir más lejos, Gattorno— después de haber dominado lo viejo; y yo todavía estoy en el primer añito. Mi obra literaria, a la que usted también alude, quisiera que fuese la expresión de mi general actitud estética: serena, pero curiosa; apta para afincar en lo clásico un impulso hacia lo nuevo; vieja en los modos, nueva en los conceptos. Si usted no la encuentra así, será tal vez porque me lee con la misma atención con que escuchó mi conferencia.

Y nada más, amigo Vega.

(*El País*, 24 mayo 1927)

Sobre la necesidad de estilo

Esta misma columna se llenó ayer de pensativa discrepancia con un artículo de mi camarada Pedro Alejandro López acerca de «El estilo». Y digo de discrepancia, porque desde el comienzo mismo de ese artículo se opinaba de esta suerte:
«Entre los distintos comentarios que cierto atildado crítico de la hora actual le hacía a una novela de reciente publicidad, saltaba este que me llamó poderosamente la atención: «carece de estilo». Este reparo le llenó «de asombro» al amable camarada, pues es su parecer, afirmando más abajo, que «una novela puede ser mediocre, tener defectos de técnica, etcétera... pero no puede carecer de estilo»».
¿Hay alusión, dilecto compañero? Barrunto que sí la hay. Pues a pesar de que yo —gracias a Dios— no creo tener nada de atildado —adjetivo que suele hacerme pensar irresistiblemente en pensamiento de bisutería y lenguaje perfumista barato—, recuerdo haber sido uno de los comentaristas que, a propósito de cierta novela reciente, esbozó aquel reproche de la carencia de estilo. No creo, pues, «pasarme de picao» —como reza nuestro delicioso tropicalismo— si recojo la vaga alusión aventada desde mi propia casa.
La argumentación con que Pedro Alejandro López sustancia su disentimiento es ya notoria. No es posible —se viene diciendo desde hace tiempo— que ningún escritor pueda dejar de tener estilo porque el estilo es «la manera de ver y de sentir las cosas», y es de presumir que todo escritor tiene su manera, más o menos peculiar, de verlas y sentirlas. Podrá —se concluye— ser bueno o malo el estilo, pero su existencia es inevitable.

Así razona el sofisma harto socorrido, derivación muy terca del raído apotegma de Buffon, según el cual *Le style, c'est l' homme.*

Pero no logro que la venerabilidad de esa teoría me gane a un sumiso acatamiento de ella. Ha sido discutida y negada tantas veces por averiguadores de muy subido calibre, que ni siquiera el discrepar de ella es ya cosa nueva, cuanto nos apta para causar «asombro».

El estilo será el hombre en el sentido de que, *cuando lo hay,* responde siempre, más o menos directamente, a la índole y temperamento personales. Así, el estilo de Martí es como es, porque Martí fue como fue. Pero esta vinculación de calidad no supone una causalidad necesaria. Muchos hombres de temperamento y genio parejos a los de Martí se han producido al escribir de una manera anodina, fría, inexpresiva, en una palabra, *impersonal.* Precisamente porque el estilo es el hombre, cuando un hombre de talento excepcional escribe vulgarmente se dice con razón que carece de estilo. Y carece, puesto que traiciona su personalidad.

El estilo —no sé si se me tolera el intento de definirlo— es la *adecuación* entre el hombre y la forma. Cuando esa adecuación no existe, no hay estilo. Ni bastará que un escritor tenga su manera «de ver y de sentir las cosas», si, al decirlas, incurre, por falta de talento o de disciplina artística, en deslealtad a su propia visión y pensamiento. Los que insistimos en la «necesidad» —pero no en la inevitabilidad— del estilo, lo hacemos precisamente por estimar que, lejos de ser un adorno, gala o «ropaje» postizo, de valor puramente adjetivo, el estilo es la máxima pureza expresiva. Hay muchos escritores en quienes se adivina que tienen grandes cosas dentro; pero que, como el rucio del gitano, no las saben «pronunciar». Es decir, que apenas son escritores.

(*El País*, 22 junio 1927)

Finiquito

Venía a sugerir «Tartarín» en la crónica de marras, cómo fue una injusticia, o poco menos, de mi parte el reprocharle a Masdeu —autor, por muchos conceptos bien celebrado, de *La Gallega*— ciertas deficiencias de estilo en que esa novela está escrita.[28]

Pero, como siempre que se improvisa una refutación inesperadamente a destiempo, «Tartarín» tergiversa a su guisa los pareceres míos, los descarna, los reduce a papeles y luego se da, muy ufano, el gusto de abatirlos a jocundos manotazos. Y digo que «interesadamente», porque toda la crónica del festivo camarada tiene la traza de las cosas hechas para auxiliar la venta. ¿Tan mal le va a *La Gallega*, a pesar de su título captante?

Yo, en verdad, lo sentiría. Tengo por Masdeu un principio de amistad muy sincera y una subidísima estima. Siento que sus apologetas no encuentren manera de celebrar su libro sin aludirme a mí, porque así me fuerzan, con la impugnación de aquellos juicios míos tan sinceros, a demostrar una y otra vez que, además, eran juicios harto fundamentados. Dije yo que el estilo de Masdeu era flojo. ¿Mentí? Muestras al canto:

En la página 14 se lee esto:

«... hasta transfigurar aquella piel blanca en un tinte sonrosado (...) con el agua adherida aún a la piel».

«... era de una belleza blanda, de colchón de pluma».

En la página 26, esto:

«... inhibido el pensamiento por el clamor de aguacero continuo que se desprendía en torno».

En la página 76, esto:

---

28 Se refiere a su artículo «La Gallega», *El País*, 11 abril 1927, pág. 3.

«Llorca retrocedió asustada, presa de esa conmoción de espanto que experimentan los trotamundos al volver de un recodo, en las selvas del Punjab, y encontrarse con los focos fosforescentes de la cabeza de un tigre».

En la página 117, esto:

«Durante el día, la natural timidez al problema que se le confrontaba, le hizo resistencia a la necesidad de exponer su caso a la señora y al caballero».

Y así... *ad infinitum*. Creo que con lo citado basta para que se juzgue si fue o no certero mi reproche. Me repugna la caza de gazapos y, por otra parte, no puedo convertir esta crónica en hoja penal. En fin de cuentas —y aquí sí estoy yo de acuerdo con todos los demás comentaristas—, la novela de Masdeu abunda en méritos de orden sustancial. Masdeu es sin duda uno de nuestros temperamentos de novelista mejor dotados, y yo así lo reconocí desde un principio con el sincero alborozo que siempre me produce todo acrecentamiento de posibilidades para las letras cubanas. Lo que hay es que entre nosotros no se conciben los juicios más que en superlativo: o el bombo sin reservas estilo «Tartarín», o el «palo», con su sustituto frecuente: el silencio.

Tomo nota, por lo que a mí hace, del ejemplo que Masdeu acaba de ofrecerles a todos los novelistas cubanos en potencia. «Tartarín» se cuida mucho de destacar esa ejemplaridad. ¡Lástima que lo hiciera con sorna tan innecesaria y con precisión tan escasa! El hecho de que Masdeu no sea «Académico, ni cronista de ninguna ciudad, ni Abogado Consultor de ninguna Secretaría» no prueba, si acaso, más que riqueza en otra parte de ocios... oficiales. Yo puedo asegurarle a «Tartarín» que la mayor parte de los escritores cubanos vivimos rigurosamente a punta de pluma y tendríamos, en cuanto a «auxilios», mucho que envidiarle —es un decir— al señor

Masdeu... Si tuviéramos sus facilidades, facilidad creo que no nos faltaría, aunque otra cosa crea Somines,
   «docto en pullas, qual mozo de camino».

(*El País*, 3 julio 1927)

Sancta Simplicitas

¿Valdrá la pena?

He ahí la pregunta que uno se hace a sí mismo, cuando le salta al paso, como can que ladra al transeúnte desde detrás de su verja, alguna opinión mordaz, improvocada y oscura. ¿Valdrá la pena ripostar, colocar los puntos sobre las íes virulentas? Los amigos nos dirán entonces que, con la repulsa, se acredita demasiado el ataque y se le da una resonancia que por sí no tendría. Pero la sapiencia del refranero nos recuerda que «no hay enemigo pequeño», ni difamación de la que no quede huella.

Contestémosle, pues, con todo el respeto debido a su misión de pastorear almas, pero también con toda la energía que merece quien ataca sin causa justa, el cura H. Chaurrondo, C.M., que en una revistilla de beatas acaba de publicar un articulejo miope y malintencionado contra los muchachos que aquí en Cuba hemos venido haciéndole ambiente propicio a la nueva estética.

Si el citado cura extranjero se hubiera limitado a poner en tela de juicio nuestros pareceres y nuestros gustos, sin salirse del sector ideológico que le es propicio, ni evidenciar más que un propósito crítico, nada me interesaría decir, por violenta que hubiese sido su discrepancia. A lo sumo, los aludidos en su articulillo nos hubiéramos limitado a recordar la sonrisa con que Ortega y Gasset le reprochaba a Pérez de Ayala que en su novela *A.M.D.G.*, no hubiera subrayado más «la incapacidad intelectual de los reverendos padres». Ni aun esto, tal vez, hubiera sido justo; porque también entre los curas se da el caso de algún «Marianófilo», de algún Padre Sarasola o Padre Amigo, pongo por conocidos ejemplos, en que la fina sensibilidad suele correr pareja con la información copiosa y la curiosidad despejada.

Sí; la civil y noble discrepancia de opinión hay que respetarla siempre. Es de hombres civilizados respetarla. Pero el cura señor Chaurrondo no se limita a disentir críticamente, ni se contenta con meterse en camisa de once varas. Poseído de un furor misoneísta inverecundo, escribe un artículo titulado «Simbolismo bolchevique», con el deliberado propósito de «llamar la atención de las familias cristianas y *de los llamados a garantizar el orden en la sociedad*» (el subrayado es mío) acerca del «anarquismo» (!) de los cultivadores del arte nuevo; pues estima él que toda esta pintura, música y literatura en cuya divulgación andamos empeñados los que sentimos la urgencia de nuestro tiempo, es obra del demonio; peor todavía, «símbolo del bolchevismo», ¡obra de Lenin!

Claro que no vale la pena (esto sí que no lo vale) intentar demostrarle al cura Chaurrondo en cuántas simplezas e incomprensiones incurre. Él empieza por declarar que el principio moderno de que «el color y el sonido han de tener sus propios y esenciales fines, sin que se reduzcan a meros trasmisores del pensamiento o del sentimiento humanos» (principio que, dicho sea de paso, no es común a todas las nuevas orientaciones estéticas), es... «una doctrina incolora». A renglón seguido, aun eso le parece mucho conceder, y afirma que no se trata más que de ¡«palabras seguidas»! El hombre, desde su celda lega, condena de una plumada todo lo que desde hace veinte años han venido discurriendo y descubriendo los más sagaces exégetas de nuestro tiempo. Pero, al fin y a la postre, lo que él tiene especial empeño en decir es esto: que «es un gran embuste la pretendida aserción de los cultivadores de lo nuevo, de que solo hacen arte. Antes que nada hacen anarquismo».

¡*Sancta simplicitas*! ¡Qué ganas, oh, reverendo páter, de poner en ridículo vuestro iracundo celo ultramontano! ¡Qué deseos tan poco cristianos de echarle leña de incomprensión al fuego de suspicacias en que hoy se consume la tranquilidad pública! ¡Qué indiscreta tentación de salirse del redil eclesiástico en que dormitan sus ovejas, para extraviarse, sin que nadie le llame, por los vericuetos del comentario político! ¡Qué falta de tacto, como huésped extranjero que usted es, en agraviar a la noble raza de color con: «lo que todavía le queda a esa raza de salvaje»! Y, sobre todo, reverendo P. Chaurrondo, ¡qué sarta de inepcias tan bastamente escritas!

Dios se lo perdone, páter. ¡Dios se lo perdone!... Desde la Cárcel, donde a usted le placería tanto vernos, los predicadores del arte nuevo, que no tenemos más de bolchevique que usted de mahometano, y que solo aspiramos a poner nuestra cultura estética al día; desde la Cárcel, ¡seguiríamos rogando al Cielo, gran comprendedor, por la salvación de su alma simplicísima!

(*El País*, 8 agosto 1927)

Una opinión inadmisible

Sorprende el aquiescente silencio que hasta la fecha se ha mantenido respecto de las declaraciones vertidas por el Rector de la Universidad en la oportunidad oratoria que el jueves le brindara el Club Rotario. Tengo el propósito —que estimo inevadible— de comentar estas palabras importantísimas.

Pero antes debo decir que cuando el doctor Averhoff fue electo para el cargo electoral, pocos espíritus amantes de nuestra Universidad se holgarían tanto de la feliz elección como el que esto escribe. A más de ser un profesor doctísimo en su «provincia» jurídica, el doctor Averhoff posee, según todos los indicios y referencias, una mentalidad muy aguda, muy apta para todos los finos discernimientos. Mi entusiasmo ante su elección se acrecentó al leer el cuestionario que el doctor Averhoff sometió recientemente a todos los catedráticos de la Universidad —cuestionario que, aun en su forma interrogativa, denotaba una intención renovadora y una sagaz percepción de las deficiencias capitales de aquel centro docente. Únase a todo esto que es el doctor Averhoff un espíritu «viajado», un hombre de amplias perspectivas y de modernísima visión, y se comprenderá hasta qué punto resultaba satisfactoria su presencia al frente de la Universidad en los momentos en que volvía a plantearse —con más posibilidades de solución que nunca— el problema de la reforma de nuestra enseñanza superior.

Pero he aquí que el Club Rotario invita al doctor Averhoff a sintetizar sus criterios e intenciones y, en tal razón, aventura el Rector estas palabras, según la versión que ofrece de ellas uno de nuestros periódicos más «serios»:

«El sistema de enseñanza tiene que variar definitivamente; el cubano tiene que ser un investigador y no un pensador y un filósofo; el cubano tiene que ser sobre todas las cosas un constructor. No necesitamos sabios, sino trabajadores, para que nos encontremos aptos para la lucha por la vida, que cada día se hace más intensa, más dura, más difícil. Después que el nativo se encuentre con los elementos para la lucha, entonces me parece bien que se creen cursos superiores para los graduados que quieran seguir investigando y estudiando».

Leí con profunda sorpresa estas declaraciones. Si las hubiera vertido un practicista miope cualquiera, no me hubieran causado extrañeza alguna, porque ya estamos, por desgracia, harto habituados a semejantes simplismos de fondo utilitarista. Pero estas palabras venían del doctor Averhoff, y nada menos que del Rector de la Universidad. Había una seria responsabilidad intelectual detrás de ellas, y asumían, por la investidura de quien las expresaba, una autoridad definitiva y una incalculable trascendencia. Y tan inconcebible me pareció la opinión citada, que he llegado a suponerla engendro espurio de una rápida improvisación, acogiéndome a la esperanza de que tal vez el doctor Averhoff no dijo exactamente lo que quería decir.

Pues, ¿cómo cabe aceptar plácidamente que el Rector de la Universidad —de una Universidad a la cual se le ha venido reprochando con larga reiteración su excesivo «profesionalismo», su estrechez de atención, su falta de curiosidad ideológica, su bajo vuelo intelectual, su falta de interés por las disciplinas puras y desinteresadas— estime que a Cuba no le hacen falta sabios, pensadores ni filósofos y, por consiguiente, la Universidad queda eximida del deber de procurárselos?

Semejante postulado, o es un desliz de la improvisación oratoria, o responde a un concepto tan profundamente erróneo de lo que es una Universidad y de lo que debe ser la nuestra, que no es posible —por grandes que sean nuestros respetos y simpatías hacia el doctor Averhoff— dejarlo pasar sin impugnación.

En mi glosa de mañana intentaré los reparos que me parecen indispensables.

(*El País*, 4 septiembre 1927)

II-Cultura y tecnología

Para determinar las necesidades de nuestra enseñanza, el doctor Averhoff se sitúa en un punto de vista que pudiéramos llamar político (en *el otro* sentido de la palabra), y examina primero las necesidades «del cubano», esto es, la del ambiente social. Quiere decir, que para el docto romanista, hombre de mentalidad jurídica (y alguna vez diré lo que esto importa), una Universidad no es una entidad cultural absoluta, sino algo relativo a las necesidades y, aparentemente, con la sola mira de satisfacerlas. Según este criterio, como vivimos en un país donde «la lucha por la vida» es el hecho más destacado, la misión principal de la Universidad, a juicio del doctor Averhoff, debe ser «facilitar» las condiciones de esa lucha: o lo que es lo mismo, desarrollar idoneidad para la explotación de nuestras posibilidades económicas: fomentar la técnica utilitaria. Esto, y no otra cosa, se deduce de las palabras del doctor Averhoff que citaba ayer.

Ahora bien: anticipé que semejante criterio se funda en un concepto profundamente erróneo de lo que debe ser una Universidad. En efecto, una Universidad es, antes que nada, por encima de todo, un centro de cultura superior. Lo que a una Universidad verdadera realmente le interesa es mantener y transmitir el acervo tradicional de *saber* en todos los sectores del conocimiento y, al mismo tiempo, cultivar el deseo y la aptitud para acrecentar ese tesoro de conocimientos.

Entre estos están, por supuesto, los conocimientos aplicados, de cuyo ejercicio en la vida se deriva un provecho material. Pero en ninguna parte del mundo se estima que la enseñanza práctica y profesional dispensada en una Universidad constituya el núcleo de ella o su cardinal razón de ser. Tanto es así que, en muchas universidades extranjeras, las escuelas profesionales tecnológicas representan como una irradiación universitaria, una excrecencia, algo periférico y adjetivo. Lo central y capital es el propósito desinteresado de investigación de la Verdad, sin ulteriores cálculos de provecho individual. Y ese propósito de investigación se produce en todos los órdenes del conocimiento, así como en el intelectual puro (la filosofía), como en el científico (la investigación de la Naturaleza) o el estético (el Arte, la Literatura).

Así, pues, si lo que queremos es tener una *Universidad*, y no una simple escuela profesional y tecnológica, tenemos que fundamentar la reforma en una multiplicación de las disciplinas «puras» y de los sectores de investigación desinteresada; es decir, que tenemos que procurar precisamente todo lo contrario de lo que dice el doctor Averhoff: tenemos que hacer sabios y pensadores, a reserva de mantener y mejorar, en los predios subalternos correspondientes, nuestras cosechas de profesionales y de técnicos.

Limitarse a esto último solamente, como parece proponer el doctísimo Rector, es condenar a la Universidad a que siga siendo, en un plano de superior idoneidad, lo que ha venido siendo hasta ahora en líneas generales: un centro de educación utilitaria. ¿Es así como se ha de redimir nuestra «alta cultura»?

El problema queda, pues, reducido a decidir si lo que queremos es una Universidad auténtica y genuina (un centro de cultura *universal*, que eso es lo que significa «Universidad»), o una Escuela Técnica y Profesional. Si esto último, el doctor Averhoff tiene plena razón. Pero no equivoquemos los conceptos; no nos hagamos ficciones. Servir al país, atender a las necesidades perentorias de nuestro medio social y económico, está muy bien. Ese debe ser, sin duda, uno de los fines de toda educación superior, y yo sería el primero en condenar enfáticamente cualquier sistema universitario totalmente platónico, que nos colocase de espaldas a las urgencias del período de formación por que atravesamos.

Pero, a su vez, el total positivismo educativo tiene tantas y tan serias quiebras; está tan desprestigiado ante la conciencia de la postguerra, anhelosa de más nobles y más claras luces para el entendimiento humano, que orientar ahora nuestros rumbos en ese sentido equivaldría a un doloroso retroceso o, por lo menos, a continuar arrestando deliberadamente el desarrollo intelectual y espiritual de la nación.

La cultura no es un fetichismo, ni una vaga entelequia de gabinete. Es un sustentáculo del prestigio colectivo y un agente poderosos de fecundación hasta en el mismo orden práctico. Tanto como de «investigadores» en el sentido practicista que el doctor Averhoff le da a la palabra, necesita Cuba de pensadores como Varona y de sabios como Carlos de la Torre.

(*El País*, 5 septiembre 1927)

Una carta rectoral

En la mayor parte de las versiones que los periódicos dan de las ideas ajenas, debiera colocarse un rótulo advertidor que dijese, hasta con calaveras y tibias cruzadas, algo así:
¡OJO! PARA USO EXTERNO SOLAMENTE
Porque, en efecto, esas versiones no suelen servir para fundamentar juicios, sino, a lo sumo, para registrar una impresión aproximada de lo que el engendrador de las ideas quiso decir. Así, por ejemplo, la versión del discurso del doctor Averhoff ante los rotarios utilizada por mí para apuntar, antier, algunos reparos acerca de la misión docente universitaria.
Hoy recibo una carta del Rector que me descubre la tergiversación del reportaje y precisa, con nitidez de jurista, sus auténticos pareceres, en los que comulgo casi totalmente. Honremos esta columna con esa carta, por la cual quedo al doctor Averhoff muy agradecido. Dice así tras el encabezamiento de ritual:
«Mi distinguido amigo y compañero:
«En la edición de ayer del diario El País, me hace usted el honor de comentar una de las declaraciones que hice el otro día cuando hablé ante el Club Rotario de nuestros problemas universitarios. Y como la opinión de usted me interesa sobremanera, deseo precisar con toda claridad lo que dije en aquella ocasión.
«Entiendo que los problemas actuales son difíciles y peligrosos para el cubano. Es preciso prepararlo con toda urgencia para la lucha más tenaz de cuantas hasta ahora haya sostenido. Un supremo interés nacional exige que desde la primaria hasta la Universidad, no haya más que un objetivo: crear ciudadanos eficientes. Por eso considero que nuestro

primer centro de enseñanza está obligado antes que nada a hacer profesionales competentes, que puedan defender en todos los terrenos nuestros intereses con la misma habilidad, con igual decidida fuerza que los extraños emplean para apoderarse de ellos.

«Tal cosa no significa que pretenda yo quitarle a la Universidad su elevada misión de formar pensadores. En el cuestionario que he dirigido a las distintas facultades para sugerir las reformas que deben hacerse en los estudios universitarios, indico «si debería crearse en todas las escuelas una sección de estudios superiores, en la que al mismo tiempo que se realicen los que sean necesarios para obtener el título de Doctor, se hagan las investigaciones y trabajos que permitan a la Universidad ocupar un puesto entre las que contribuyan al avance de la ciencia».

«Lo que deseo es que no se pretenda en unos cortos años, interrumpidos por continuas vacaciones, hacer un sabio del alumno, atiborrándole de teorías y de sistemas que no tiene tiempo ni preparación para entender. Hagámosle primero un profesional eficaz; entiéndase bien, un profesional y no un titulado.

«Y preparemos seriamente a la Universidad, con los mejores de sus profesores o con los que sea necesario traer del extranjero y dotándola del material que sea necesario, para que se un centro de alta cultura en el cual puedan formarse de entre los pocos graduados que sientan esa vocación, sabios e investigadores.

«Muy agradecido por los inmerecidos elogios que usted me dedica, quedo de usted afectísimo amigo y compañero,
O. Averhoff».

(*El País*, septiembre 1927)

La Filarmónica et al...

Sigue dando juego polemístico, en los círculos musicales (círculos tangentes: aquí la concentricidad no abunda) mi glosa de hace días sobre el Maestro Sanjuán y su magnífica labor al frente de la Orquesta Filarmónica de La Habana.[29]

La Lucha fue la primera en tildar de injusto, de parcializante, aquel elogio sencillo y sin segundas intenciones. Le siguió el compañero señor Manjarrez, en su vigilante «Encuesta de Hoy», en el *Heraldo*. Ahora, el editorial de Pro-Arte Musical, reproducido el lunes pasado en ese mismo diario, también tiene todas las trazas de una alusión a mis pareceres —tan modestos y desautorizados que, realmente, no merecían tamaña beligerancia.

A los compañeros de *La Lucha* les repliqué con unas líneas de las que, en sustancia, no diferirá mucho lo que escriba ahora. Les dije que mi artículo no tenía, ni podía por consiguiente deducirse lógicamente de él intención alguna de deprimir o «ignorar» la obra de entidades análogas a la Filarmónica de La Habana. ¿En qué se funda tal malicia? Es verdad que yo hablé de la Filarmónica como una «institución redentora de los malos gustos ambientes»; pero ¿es que esa frase excluye a nadie? ¿Niega acaso que haya habido otros redentores? Seguramente no tengo empacho alguno en declarar que la por todos conceptos admirable Sociedad Pro-Arte Musical y la Sinfónica, que dirige el Maestro Roig (de todos mis respetos personales), también han contribuido, cada cual en su sector y medida, al afinamiento del gusto musical en Cuba.

También escribí que «gracias al coraje sin tasa del Maestro Sanjuán, ha podido La Habana blasonar durante varios años

---

29 «*Castilla*, del Maestro Sanjuán», *El País*, 14 junio 1927, pág. 3.

de tener ese servicio público de armonías que en las ciudades norteamericanas se paga —por el Estado y los particulares— a precio de oro filantrópico». ¿Hay exclusión aquí? No; no la hay. Pues claro es que no tenía por qué traer a colación, hablando como hablaba de la pertinencia del homenaje a Sanjuán, los demás esfuerzos meritísimos paralelos al suyo. No estaba yo describiendo nuestro panorama musical; sino haciendo un elogio merecido y oportuno a un determinado artista, como se lo pudiera haber hecho al señor Roig o a Pro-Arte si pareja razón se presentase.

No hubo, pues, ni exclusión ni olvido —calculado— alguno. Tampoco hubo, como malició un poco pequeñamente el señor Manjarrez, españolismo, «influido por la preocupación que domina en la casa donde trabajo». Este comentarista no lleva nunca a sus pareceres preocupaciones de orden subalterno; o no las tiene, o se las deja en casa. Elogié a Sanjuán *el músico*, el fecundo organizador, el compositor admiradísimo; y no me paré a pensar si era o no «extranjero», porque el Arte no conoce fronteras. Ni me hubiera parecido «patriótico» subestimar por «extranjera» una institución como la Filarmónica, cuyo primer presidente, el doctor González Beltrán, fue un senador cubano; que está presidida actualmente por otro cubano, el doctor Baralt; que ha acogido a numerosos solistas cubanos y que ha dado a conocer la rica promesa de Amadeo Roldán, el compositor cubano que va a dirigir la orquesta en ausencia del Maestro Sanjuán.

En resumen: mi glosa no tuvo propósito comparativo alguno; no pretendía establecer prioridades, porque no estoy bastante informado de nuestro movimiento musical, ni gusto de hablar de cosas que no conozco. Lo único que sabía por referencias es que el Maestro Sanjuán fue el primero en dar a gustar en Cuba muchas grandes partituras europeas, y singularmente lo mejor de la música rusa; sin embargo, ni esto siquiera dije en mi escrito.

Hay que convenir, pues, compañeros, en que, como dice nuestro delicioso criollismo, alguien «se pasó de picao». No me importaría a mí gran cosa si no fuese porque, en tal aventura, se ha denunciado, con alguna frase poco ponderada, un espíritu de pequeña rivalidad (pues hay rivalidad grande, que es sana y fecunda) y otro de chauvinismo artístico que son poco... ¡elegantes! Unamos, señores, unamos; y dejemos, para estas cosas, ¡la banderita tricolor a un lado! Una de las maneras genuinas de hacer patria consiste, a veces, en prescindir de la bandera.

(*El País*, 9 septiembre 1927)

Suum Cuique...

«A cada cual lo suyo».

Bajo este rubro clásico, tan cargado de equidad, el último editorial de la revista *Pro-Arte Musical* me hace de nuevo el honor de concederme su belicosa atención. Esta vez, en contestación a la glosa reciente con que tuve que defenderme de ciertas mezquinas tergiversaciones que sufrió un artículo mío anterior sobre la gesta cubana del Maestro Pedro Sanjuán, en cuyo honor se llenará mañana el Teatro Nacional.

El hecho de que la directora de esa revista sea una dama que, sobre su respetable condición de tal, merece de todo cubano amante de la cultura patria la más acendrada estima, me veda de darle a esta respuesta necesaria el tono que mejor cuadraría al editorial que la provoca. Porque a la noble aclaración mía, diáfana de toda diafanidad y mantenida a la serena altura que el tema recomendaba, se me contesta ahora con un turbio enjuague de reticencias molestas, de suspicacias increíbles, de ademanes patrioteros y de argumentos *ad hominem* que deben quedar siempre fuera de toda discusión entre gente de cierta categoría y ejecutoria. Da pena.

Pero, *suaviter in modo*, no podré menos que replicar al anónimo articulista en el plano un poco cominero en que él ha querido situar la discusión. Según él, todo este empeño «rectificador» de su revista se debe «a una campaña emprendida por elementos extranjeros y extranjerizantes a favor de otros afines (sic) y contra genuinos representativos (sic) de nuestro arte nacional...». La calculada vaguedad de esta afirmación, en la que no me siento aludido, me exime de contestarla por mi cuenta. Mas, ¿cómo no deplorar que, para ventilar, aunque sea tan inoportuna e innecesariamente, cuestiones de prioridad o de primacía artísticas, se traiga a colación esa imputación de extranjería, que saca de tono todo el artículo de Pro-Arte Musical?

Disfruta el falaz editorialista de una considerable facilidad para reprocharle al prójimo sus propios pecados. A los que hemos hecho el elogio —harto merecido— del Maestro Sanjuán, nos acusa de «chauvinismo», sin reparar en que tanto este artículo suyo como el anterior hierven de susceptibilidades e hiperestesias de campanario.

«Postergar y deprimir a los de casa»... ¿A quién le hace tal inculpación el editorialista? Nadie ha gastado más tinta que yo en el encarecimiento de la labor de los artistas cubanos, cuando su valor me ha parecido de veras relevante y auténtico. La amistad no me ha llevado nunca a elogiar sin méritos, ni la antipatía a silenciar injusta y deliberadamente. En el presente caso, repito —y el editorialista debía haberme hecho la cortesía de creerme, desde el primer momento— repito que no estuvo en mi ánimo, ni por asomo siquiera, disminuir la importancia de nadie. Y sigo sin ver cómo el elogio de un artista que ha desarrollado en Cuba una labor admirable, supone una detracción al mérito —cualquiera que este sea— de colegas cubanos con quienes nunca le parangoné. Si el articulista comparte de veras la equidad del *suum cuique*, ¿por qué no se limita a darle a su César lo que es de él, dejando que los demás le demos a Sanjuán lo que es de Sanjuán? ¿Por qué se empeña en maliciar exclusiones y olvidos, forzando el sentido de una frase lícitamente hiperbólica, como lo fue aquella mía de que «gracias a Sanjuán... etcétera»?

El articulista me recuerda que yo, por confesión propia, soy un ignorante en materia musical. Es verdad: por mi desventura, disto mucho de tener la sapiencia presumible de mi contradictor. No soy un experto, y como creo que para hacer crítica rigurosa es necesario serlo, siempre estampo en mis escasas crónicas sobre acontecimientos musicales el aviso de mi ignorancia, para que nadie se llame a engaño. Pero el no ser un diletante técnico no me priva de tener mi alma en mi armario y alguna sensibilidad dentro de las orejas. Sé reconocer música cubana cuando la oigo, aun cuando no haya tenido el inefable privilegio de ser educado por Pro-Arte Musical. Supongo que de algo ha debido servirme el haber frecuentado largos años los más claros focos musicales de España, de Francia, de Alemania, de los Estados Unidos. Así y todo, el articulista tendría por qué escandalizarse de que «un distinguido escritor» me llamase «musicólogo». A mí también me hubiera escandalizado. Solo que no fue a mí a quien me lo llamaron, sino a Alejo Carpentier (otro «chauvinista»), admirador del Maestro Sanjuán. El articulista leyó mal. ¡También esa vez el suspicaz articulista leyó mal!

A otro argumento personal tengo que responder, y a fe que lo hago con no poca repugnancia. Mi acucioso impugnador, con su habitual y escurridiza reticencia, parece entender que porque el glosador «es de inmediato linaje gallego, se crio en la Mancha, se ilustró en Madrid y vive en Cuba», ha de ser un paladín del Maestro Sanjuán y un menospreciador de los otros misteriosos prestigios del patio, por quienes el articulista, en cambio, se desvela con indulgente *amore*, pues él sí tiene un «criollo abolengo de siglos».

¡Esto, en una revista de nos tacha de «chauvinismo»! ¿Qué pensaría de ello Martí, hijo de padre y madre españoles, ilustrado en buena parte en España? ¿Qué pensaría de que en una discusión sobre motivos de cultura, se sacasen a relucir, a estas alturas, las coplas y epigramas del '97 contra los mambises?

¡Da pena, da pena! Pena, y un poco de risa. Si el articulista de Pro-Arte Musical no tiene argumentos más dignos, más pertinentes, de más robustez dialéctica que estos, crea que le está haciendo un flaco servicio a la causa amistosa y «nacionalista» que defiende.

Y con lo dicho, renuncio a seguir mezclado en este barajamiento de fulanismos poco elegantes. Perdóneme mi refutador si encuentra en esta réplica alguna arista mal limada. Termino haciendo la protesta de mi más sincero respeto a la Sociedad Pro-Arte Musical y a su enérgica directora. *Suum cuique.*

(*El País*, 27 septiembre 1927)

Elogio de nuestro Rubén

Quedó ya antier acogida y alabada en esta columna la idea, lanzada por esa estación radiográfica que es el *Suplemento Literario del Diario de la Marina*, de costear por suscripción el alumbramiento de la obra poética de Rubén Martínez Villena. Prometí comentar el aspecto literario de este proyecto, y a ello voy.

Pero antes diré cómo no quisiera ver alterada la forma prístina del proyecto convirtiendo esa suscripción en suscripción pública y general. Antes preferiría yo que se quedase todo ello entre los escritores: que fuesen estos solamente quienes contribuyesen, cada cual en la medida recatada de sus posibles, a realizar la idea. No se me oculta que una «suscripción popular», accesible a todos, arrojaría un resultado más cuantioso, no exento de cierto simpático viso «democrático». Y cuadraría ello particularmente a la obra de un espíritu como el de Rubén Martínez Villena, que ha sabido ser exquisito y solitario sin perder jamás de vista los dolores y los anhelos del pueblo. Precisamente uno de los rasgos característicos de su personalidad, es esa doble aptitud misantrópica y apostólica, de poeta y de redentor, de hombre estelar y hombre de barricada a la vez.

Con todo, creo que la cuestación entre el gremio, sobre más hacedera y viable, tendría cierta dignidad especial y cierto carácter de homenaje literario.

Homenaje, ¿por qué? El caso de Rubén Martínez Villena es uno de los casos de prestigio más insólitos y singulares que pueda darse. Relativamente hablando, es un poeta sin bagaje, con una mínima ejecutoria conocida. Ciertamente, las revistas han publicado no pocos de sus versos, de un lirismo transido de contemplaciones, estremecido de sensibilidad, desgarrado, a veces, en una espina interior de escepticismo. Pero precisamente lo curioso es que el prestigio de Rubén Martínez Villena como poeta está, aparentemente, fuera de proporción con esa ejecutoria ostensible. A un observador demasiado objetivo, habrá podido parecerle alguna vez que existía un mito en torno a «nuestro Rubén de Cuba»: que la indulgencia de la amistad le había puesto, con arbitrariedad cordial, un halo prematuro a su figura.

Pero ya se sabe que los escritores no solemos pecar por exceso de caridad. Cuando de tal prestigio gozaba Martínez Villena, no cabía ponerle en tela de juicio tanto como averiguar las razones de él. Y estas me parece que se descubren en dos hechos: el primero, que no toda la labor poética de Rubén es conocida del gran público; y el segundo, la personalidad extraordinariamente irradiadora de talento, valga la frase, de nuestro poeta.

Quienes han explorado con autoridad —un Fernández de Castro o un Lizaso, por ejemplo— la ida lírica de Rubén, han vuelto contando maravillas. Y se lo hemos creído de buen grado, como a los misioneros creían los ignorantes de otrora. Pero claro es que, en el fondo, hemos sometido nuestra curiosidad insobornable a una disciplina de expectación. No nos bastaba con que se nos afirmara; y hemos esperado, y estamos esperando con ahínco el libro en que se nos ha de despejar la prestigiosa incógnita. Si el proyecto ahora lanzado cuaja, como todo induce a esperar, rectificaremos la primera causa presunta del olor de santidad que hasta ahora ha venido trascendiendo de la imagen rubeniana.

Pero esta, ¡cómo ha contribuido también al misterioso prestigio del poeta! Dije que la personalidad de Martínez Villena irradiaba talento. Hubiera sido, en efecto, demasiado simple calificarla de brillante. Demasiado simple, y acaso inexacto. Rubén es un hombre huidizo, tácito, modestísimo, difícil a todos los contactos ponderados. Y sin embargo, basta hablar dos palabras con él para percatarse de que se trata de un espíritu situado en un plano estelar y bañado de sus fulgores. Su nobilísima visión de las cosas y de los hombres está a la par impregnada de confianza y de escepticismo, de entusiasmo y de melancolía. Pero se advierte que prevalece en ella una profunda piedad, una amplitud infinita de comprensión, casi una ternura que le surge del fondo del alma y le satura hasta la palabra más nimia. Aquí está, sin duda, el secreto de la amistad sin tasa que profesan a Martínez Villena cuantos alguna vez lograron aproximarse suficientemente a su espíritu.

A esa capacidad insólita de simpatía, hay que añadir otra virtud que ya se aprecia y estima más intelectualmente: la integridad, el temple. Nuestra generación ha producido pocos hombres más serenamente denodados que Martínez Villena. Recuérdese la crónica en que José Vasconcelos, con su habitual sagacidad relataba la ejecutoria política (en el otro sentido de la palabra y de la acción) del poeta. Hombre de más valor genuino no entró nunca en los «Valores Actuales».

Pero hablábamos del talento. Una palabra de este muchacho despeja, a veces, un panorama. Sus juicios llevan siempre en sí una tremenda fuerza apodíctica —sin dogmatismo, sin pedantería. Es, en suma, uno de los hombres ejemplares de esta generación. Dando de balde lo demás, ¿no merece por eso solo esta forma nueva, digna, trascendente de homenaje? Rubén ha de marchar al Norte. Su salud quebrantada (acaso de tanta dádiva generosa de energías) lo exige. ¡Reunamos, amigos, para publicar los versos de Rubén y para conservarle en nuestra esperanza y en nuestro cariño!

(*El País*, 4 octubre 1927)

A nuestro Rubén ironista

Amigo Rubén Martínez Villena:
La epístola que me diriges desde el último número del Suplemento del *Diario de la Marina*, es una soberbia pieza de ironía.³⁰ Tal vez demasiado soberbia.

Tanto, que yo de buen grado apelaría a cualquier tribunal autorizado por un fino sentido de la amistad y el decoro literario, para que me dijese si esa contestación tuya, dura de aristas y fofa de reticencias, es la contestación adecuada a un artículo como el mío —«Elogio de nuestro Rubén»— en el cual no puse más que estimación por la obra «conocida» del escritor y devoción a la personalidad, hasta ahora verdaderamente desconocida para mí, del amigo.

Esta respuesta tuya me ha dejado harto adolorido para que intente contestarla por la vía —bien cómoda y accesible por cierto, pero larga y sinuosa— de la ironía. Prefiero, como verás, esquivar tu ejemplo y ser diáfana y noblemente explícito.

Para declinar el homenaje que desde el Suplemento se propuso y se sigue proponiendo, no necesitabas, seguramente, tal lujo de consideraciones marginales, por mucho que ellas se prestaran para tomar posturas ingenuas y despectivas. Ni mucho menos necesitabas tergiversar, por modo tan deplorable, tan desalentador y poco ejemplar, el sentido cordial del

---

30 Rubén Martínez Villena: «Epístola a Jorge Mañach», *Suplemento Literario del Diario de la Marina*, 16 octubre 1927, pág. 42. Este artículo de Mañach dio lugar a una nueva respuesta del poeta: «Réplica de réplica. De Martínez Villena a Jorge Mañach», *El País*, 19 octubre 1927, pág. 3.

artículo con que yo me adhería a aquella fraternal idea de un homenaje.

En ese artículo, yo, que tengo la poca fortuna de no echar piropos a caño abierto, y que entiendo que la misión de un escritor público —por modesto que sea— es ante todo analizar, traté de discernir cuáles eran las razones que abonaban el homenaje propuesto y que justificaban mi adhesión al mismo. Observé la desproporción —que muchos son a reconocer— entre la obra poética conocida y tu prestigio. Deduje que, siendo tan extenso, debía de estar fundado en algún motivo «adicional» de aprecio, y me pareció que este era tu personalidad «extraordinariamente irradiadora de talento». Terminé, en fin, haciendo el elogio debido a tus dotes personales, con lo cual me bastaba para justificar el título de mi artículo, aun dando de balde que este fuera parco en el elogio literario, que no creo que lo fuera. Y cuando, gracias al azar de una grata visita, le leí esa crónica a tu fraterno José Z. Tallet, la halló él muy de su gusto —tanto como los demás amigos, tuyos y míos, que me aludieron a ella después de publicada.

Pero he aquí que mi crónica ha soliviantado tu ironía, por no decir tu modestia. Prescindiendo del tono amigo de toda ella y de sus netos encomios, tu vanidad herida recurre al fácil y ya muy desacreditado procedimiento de aislar y entrecomillar trozos de frase, tomando pie en ello para tus volatines irónicos.

No puedo disimular, amigo Rubén, que esta reacción tuya me parece indigna de ti mismo. Leyéndola, me vino a los labios, con un poco de decepción y de amargura, el «*El tu quoque*» de tales ocasiones.[31] ¡También tú, «el espíritu más claro de nuestra generación», como dice Fernández de Castro, amoscándote porque un compañero juzga tu obra no con «benevolencia», sino con el gentil rigor y la probidad que constantemente estamos predicando para la estimativa tropical! ¿Es posible que a un poeta que desprecie sus versos, como tú dices gallardamente que los desprecias, excediéndote en la condena, es posible, digo, que se le haya subido a la cabeza el «nuestro Rubén» hasta el punto de nublarle la visión justa de sí mismo? ¡El autor misantrópico de la «Canción del sainete póstumo» en pecadillo de vanidad herida! ¡El dechado de comprensión, atribuyendo las simpatías literarias de que goza a causa tan innoble como la de «no ser un competidor»! ¿El amante de «la justicia civil» protestando contra la justicia individual?... ¡Y luego la recetita irónica —¡tan socorrida la pobre!— de contestar llamándome «académico», «ilustre crítico» y otras cositas burdas de ese linaje!

¡Ah, Rubén, Rubén, qué mal ejemplo! ¡Qué *lapsus vanitates*! ¡Qué ganas de apearse del altarcito y ponerlo a uno en el trance poco elegante de discutir públicamente sobre tales pequeñeces de campanario!

No, Rubén: en mi crónica ni hubo ni «esquinas cautelosas ni recados contradictorios». Hubo, sencillamente, un generoso impulso cordial sobre un fondo de honradez mental insobornable, reacia a todos los juicios huecos. Lo malo es que a la voracidad de superlativos, la parsimonia siempre parece tacañería.

31 Se denomina *tu quoque*, locución latina que significa «tú también», al argumento que consiste en rechazar un razonamiento, o considerarlo falso, alegando la inconsistencia de quien lo propone. Se le acusa de hacer o defender lo mismo que condena o, al contrario, de no practicar lo que aconseja hacer a otros. Es decir, se emplea para despreciar las razones quien no es consecuente, sin analizarlas.

Creo conocer toda la obra poética que llevas publicada, y aunque he tenido pretensiones intelectuales de crítico (pues solo me han llevado a ejercer de tal las inducciones del periodismo que profeso), estimo tu obra —a veces tan admirable— con la misma honradez que aforo la de todos los demás, incluso la mía precarísima. Creo que lo mejor de ti estaría aún por venir, si no fuese por tu lamentable desgana poética y por esos nobles afanes de «justicia social» de que crees tener monopolio, sin reparar en que algunos hemos gastado tanta energía como tú en «demostrar la absorción de nuestra tierra por el capitalismo estadounidense» —aunque no comulguemos con tu ideología radical.

Cuanto a mi «sugestión adicional» en el sentido de ampliar la colecta de marras a la cuantía necesaria para sufragar un viaje terapéutico, hago constar que no fue sugestión mía, sino eco de la de Fernández de Castro, y me felicito muy de corazón de que tu estado de salud haga necesaria esa ampliación.

Nada más, caro Rubén. Créeme que lamento de veras este percance y me aprovecho de su lección. Te devuelve el *shake-hands* ponderando tu «cándido» —¡en efecto!— admirador y amigo.

(*El País*, 17 octubre 1927)

Correo Habana-París

Mi querido Avilés Ramírez: París, que a espíritus de menos natural fineza que el suyo suele hacerlos inaguantables, a usted le ha acendrado la generosidad y la ironía. Indicio de lo uno: su artículo en *La Gaceta Literaria* de Madrid, donde con tan elegante largueza nos calibraba usted a sus antiguos camaradas de por acá.[32] (¡Qué distintamente de cómo lo hiciera en aquellas semblanzas suyas de *El Universal* —¿recuerda?— en que a mí, por ejemplo, me llamaba, entre otras feas cosas, «académico»!). Y la prueba de lo otro: esa crónica suya que se publicó hace unos días en esta página con el título «De Jorge Mañach a Jorge Duhamel».[33]

Este aparearme con el sutil ingenio de Francia estuvo a punto, mi querido Avilés, de engreírme ilusamente. ¿Se imagina usted la fruición? ¡Una comparanza semejante venida de su pluma exquisita, y desde París! Me pareció, de momento, que todo el Atlántico debió haberse llenado de su generosidad.

Pero luego leí su crónica, que me llenó de sobria disciplina. En ella me daba usted gentilmente con la badila en los nudillos, por haber escrito que el decir «una anécdota rigurosamente histórica, como gustan de decir algunos», era poner albarda sobre albarda. Seguramente no imaginaría usted que el «algunos» fuese una alusión específica a nadie, por supuesto. Si usted mismo alguna vez incurrió en esa que yo estimaba redundancia, créame que no lo advertí, con todo y que leo tan ávidamente sus deliciosas crónicas, ya sean en forma de pera o en cualquier otra.

32 Eduardo Avilés Ramírez: «Panorama de la poesía en Cuba», *La Gaceta Literaria*, 15 agosto 1927, pág. 5.
33 Eduardo Avilés Ramírez: «De Jorge Mañach a Jorge Duhamel», *El País*, 6 octubre 1927, pág. 3 y 8.

No; usted sencillamente quiso «sacarle punta» a mi leccioncilla con el filo de su ingenio, asentado en París. Hizo usted bien. Antaño no le gustaban a usted las polémicas; hoy, ya va coincidiendo conmigo en pensar que cuando un escritor «mete el pie», cualquier otro escritor tiene el derecho, y hasta el deber cívico-literario, por lo menos, de invitarle a que se desembarace.

Por lo visto, he metido el pie, esa vez. Ni la etimología de la palabra «anécdota» ni su definición en el manualísimo diccionario de que me sirvo, autorizan a afirmar que la especie «anécdota» sea necesariamente del género histórico. Viene la palabrilla del griego *an ekdotos*, que significa lo no publicado, lo inédito, y designa «la relación breve de un rasgo o suceso más o menos notable». Pero ¿le parecería a usted muy recalcitrante o muy hereje si yo le dijese, con las palabras de Unamuno, que usted tiene razón, pero no tiene verdad? Porque sea o no cierto el hecho que la anécdota narra, está, a mi ver, en la naturaleza de ella —en su «realidad interior», como tan precisamente dice usted— el que se tenga ese hecho por cierto, por histórico, por hecho. No se concibe que nadie pueda contar una anécdota de un ser ahistorico, de Homero, por ejemplo.

Ahora bien: creo que usted tiene sin embargo su razón, porque siendo esa la noción a mi juicio «verdadera» de la palabra, suele usarse esta con tal laxitud que se hace, en efecto, necesario enfatizarla con el adverbio «rigurosamente». Levante, pues, el brazo, amigo Avilés: usted ganó y yo me vuelvo a mi esquina maltrecho y escarmentado. Pero ¿quién nos quita a ninguno de los dos la delicia del deporte aclarador y del ejercicio?

Sin duda por ese deleite mental, que no todos comprenden, se tomó usted la imponderable molestia de dedicarle a tan nimio asunto una mirada, desde «nuestra redacción en París». ¡Ni más ni menos que yo antaño le hacía a usted también «pequeños y humildes reparos» a sus consideraciones lamentatorias sobre el Hamlet *de smoking*!

Escríbame letras particulares, amigo Avilés. Quiero comunicarme con usted sobre asuntos que ya no están dentro del orden vagamente periodístico de estas crónicas. Le estrecha cordialmente la mano su camarada,

Jorge Mañach.

(*El País*, 9 octubre 1927)

Carta a Agustín Acosta

Mi querido poeta:

Voy a hacerte una pequeña torería epistolar, valido de esta patente de indiscreción profesional que los periodistas tenemos aneja a nuestro carnet. Voy a contestar públicamente esta larga y nobilísima carta tuya que acaba de llegar a mis manos trayéndonos, a los casi 5 redactores de *1927* (lo de «casi» por el epicúreo de Tallet, que es una suerte de editor de lujo y de reserva), tu reacción leal ante la nota con que yo, ha poco, comentaba en esta columna el llamado —por Andrés Núñez Olano— «pleito vanguardista». Tu epístola es bocado de cardenal: no solo sabroso, sino también cuantioso. Por eso no la transcribo aquí; prefiero publicarla íntegra en el número próximo de nuestra revista. Con o sin tu venia, porque cuando se escriben cartas tan bellas y tan importantes como esa, se renuncia tácitamente al derecho de privanza. Puede que esa sea, en fin de cuentas, la excusa más apreciable de los violadores de correspondencia que dieron a la publicidad del *Heraldo de Cuba* tu famosa epístola de marras, *fons et origo* de toda la posterior comidilla. (¡Guárdate siempre de los periodistas, caro Agustín! ¡Por un golpe de publicidad a tiempo, cedemos de grado nuestro derecho de primogenitura!)

El que quiera enterarse de las agudezas y claridades de tu carta, que la lea en tu sazón. Yo ahora voy a limitarme brevemente, aunque el lector tenga que usar un poco su imaginación para colegir, de mis palabras, las tuyas.

Queda perfectamente aclarada tu alusión —que los amigos del *Heraldo* destacaron tan socarronamente— a los versos que publicaste en *1927*. Por supuesto, el hecho de que aquella carta fuese privadísima, no justificaba los visos de deslealtad que tanto nos acongojaron; mas no fueron sino visos, como ahora nos lo demuestras; y de tu demostración pudiera yo decir lo que Unamuno en ocasión pareja: que no tienes razón, pero tienes *verdad*. Y esto es lo único que importa. Queda, pues, restañada la heridita de *1927*, que no tiene la epidermis gruesa de ciertos suplementos y revistillas pipiolas al uso.

Pero lo cardinal de tu carta, en fin de cuentas, son tus declaraciones contra eso que, ahora, algunos medradores de lo ajeno, hacedores de primeras letras, renovadores de la ortografía y demás turbamulta de *tovariches* andan llamando «vanguardismo». ¡En mala hora, querido Agustín, se me ocurrió usar la palabreja como título de uno de mis primeros artículos en *1927*![34] No presumía yo entonces que ella iba a ponerse de moda y encubrir tanta poesía sietemesina, tanto garabato pictórico y tanta mera postura revolucionaria como cunde hoy por ahí. Porque yo sí creo en el vanguardismo —¿sabes?—; pero no como escuelita de párvulos, no como regüeldo de pastos bolcheviques, no como detonación exhibicionista. Para mí el «vanguardismo» es una franca orientación del espíritu hacia francas posibilidades estéticas e ideológicas. Desde el momento en que me convierten esa actitud acogedora y curiosa en una *adhesión* a determinadas reglas, procedimientos o doctrinas más o menos rojas, o en una tolerancia de la primera tontería sibilina que a un simulador se le ocurra, desde ese momento ya me siento aquello que a los tristes de mi bien más les gusta llamarme: «Académico».

Creo, querido Agustín, que mis compañeros de *1927* piensan a este respecto poco más o menos igual que yo. Por eso nuestra revista no se llama «de vanguardia», sino más modestamente «de avance». No nos interesa tanto revolucio-

---

34 Se refiere a «Vanguardismo», *1927*, n. 1, marzo 1927, págs. 2-3.

nar como evolucionar, ir adelante, marchar con el paso más rítmico —no con el más tumultuoso y desenfrenado— de nuestro tiempo. Defendemos las nuevas curiosidades estéticas; pero no las nuevas formas de simulación literaria, que son todavía más abominables que las viejas, porque, como tú mismo demuestras en tu carta, son más fáciles. Esto último, la simple cabriola, el revolucionarismo de redacción, pronto a desdecirse y llorar cuitas en la cárcel, la eliminación de la h, de la disciplina y del sentido común, la superstición de lo ruso... a distancia, la ausencia de toda seriedad intelectual y de toda limpieza cordial —todo eso se lo dejamos... a los *otros* vanguardistas, los que nunca tuvieron credenciales literarias, y ya osan hablar de revisiones de valores... ¡Si eso es para reírse, caro Agustín!

Riamos, pues. Yo aquí, tú en Jagüey Grande. Y que nuestras risas se crucen con un gran cariño cordial. Ya sabes cuánto te quiere y admira

Jorge Mañach.

(*El País*, 15 diciembre 1927)

Humores y flechitas

Todos tenemos nuestros días de mal humor. En esos días inevitables, ¡qué confortante es disponer de un buen amigo, o de un par de amigos, con quienes emprenderla, seguros de que no han de llegar a tomarnos demasiado en serio!

Lucilo se levantó antier de mal humor. Él, tan jocundo, tan maravillosamente desenfadado de costumbre, no sé qué mala hierba picaría. El caso es que por la tarde le duraba aún la atrabilis, y echándole un vistazo a los periódicos vespertinos, se topó con Francisco Ichaso y conmigo, que acertábamos a discurrir —o, por lo menos, a tratar de discurrir— ese día sobre el mismo tema: el arte sublime de Charlie Chaplin. Y se dijo Lucilo: «¡*Vae victis*! ¡Por aquí le doy yo escape a estos humores insólitos!».

Y, en efecto, tendió el arco de su péñola —Lucilo todavía escribe a mano, supongo yo—, y nos puso al otro columnista y a mí como dos San Sebastianes, todo erizados de flechitas.

Yo no suelo ocuparme ni mucho ni poco de los mordiscos en letra de molde cuando vienen de gente irresponsable, o de esas otras que no le perdonan a uno que ignore su genialidad, o, en fin, de las que buscan que uno les haga el caldo gordo de la divulgación. Pero cuando no se trata de esa laya, sino de hombres como Lucilo que conservan su penacho, ya es cosa de preocuparse un poco de los desfogamientos en letra de molde.

Verán ustedes. Lucilo, después de indignarse con Ichaso y conmigo porque ambos estimamos a Chaplin un gran artista —cosa que él está en su derecho de no aceptar—, me describe a mí como hombre capaz de «tener un criterio político en el *Repertorio Americano* de Costa Rica, y otro doméstico, de tácitas chancletas (sic), para *El País*».

¿Saben ustedes por qué dice esto Lucilo? Pues porque en el *Repertorio Americano*, la gran revista de García Monge, se publicó ha poco una larga carta que yo le dirigí hace años al distinguido boliviano Franz Tamayo, contestándole a una suya que sirvió de corolario a cierta polémica sostenida entre Manuel Aznar y yo.

En esa carta mía se hacen consideraciones rigurosas —que estoy dispuesto a suscribir, ratificar y sostener en cualquier momento— acerca del limitado albedrío con que cabe discutir aquí cuestiones que rocen la sensibilidad de la colonia española. Y ventilo luego mis puntos de vista acerca de la notoria tesis de Tamayo: «la recíproca incomprensión entre españoles y americanos» del tipo medio.

Cuando yo escribí esa carta, hace dos años, la di a la revista *Social* con el ruego de que la publicaran, sin que llegara a obtener esa hospitalidad, por motivos que desconozco. García Monge, a quien también remití una copia, por ser el *Repertorio* la otra revista que se había interesado en el asunto, no la publicó hasta hace unos meses. Bien se advierte, pues, que no se ha puesto ningún cuidado en recatar esas opiniones mías. No siempre digo todo lo que pienso; pero Lucilo puede estar seguro que siempre me hago responsable de todo lo que digo.

¿Quiere él insinuar, con la frase antes citada, que mis pareceres habituales en esta columna *contradicen* los sostenidos en el *Repertorio*? Si es así, le agradecería señalase esa contradicción para sanearla enseguida. Pero si lo que quiere apuntar el malhumorado amigo es que yo escribí allí cosas que no he repetido aquí, ¡todavía he de agradecerle que no vea en mí un escritor que pone en todas partes los mismos discos! Tampoco repito en estas columnas las herejías que desahogo en *1928*, por ejemplo. Cada mensaje, cualquiera que sea su importancia, tiene su vehículo de publicidad más adecuado. ¡Y a cada órgano de publicidad corresponde, no lo olvide Lucilo, su coeficiente de comprensión y de tolerancia intelectual!

Da pena tener que explicar todas estas cosas elementales a un hombre tan perspicuo como Lucilo; ¡pero los humores son el diablo!

(*El País*, 17 mayo 1928)

I-El falso vanguardismo

El «vanguardismo» tiene dos clases de enemigos, como tiene también dos clases de amigos. A la índole y seriedad de estas, corresponden las de aquellas. Precisemos, pues, en contestación indirecta a la admirable carta de Fernando Lles que transcribí ayer,[35] cuáles son los buenos y cuáles son los malos amigos del «vanguardismo». Que es como precisar cuál es el «vanguardismo» bueno y cuál el «vanguardismo» malo.

En primer lugar, yo tengo que declarar mi compunción por haber contribuido de un modo tal vez determinante a que se enraizara de tal suerte entre nosotros el vocablo «vanguardismo». Que yo sepa, no se empleó aquí de un modo muy enfático antes del ensayo con que inicié las tareas innovadoras de la revista *1928*.[36] Aquel ensayo quiso ser un elogio del «vanguardismo» como actitud literaria. Prendió la palabra y, a poco, «vanguardismo» sirvió para cobijar todas las arbitrariedades y todas las irresponsabilidades, todo lo nuevo bueno y todo lo nuevo malo. Cuando vinimos a ver, existía un sarampión nacional de «vanguardismo», y las buenas intenciones que dictaron el primer uso del vocablo se vieron puestas en cuarentena por la gente sensata, con un cartel a la puerta que decía: «¡Peligro! ¡Enfermedad contagiosa!».

Claro que ese es el sino de todos los vocablos bautismales. En 1830, Romanticismo significaba Hugo, Vigny, Lamartine; pero también significaba jipíos elegíacos, sentimentalismo morboso, y toda la gama de la tetricidad y del libertinaje subjetivo llevado a la mala literatura. Por el mundo anda suelta de continuo una fauna de desvalidos de la pluma, ansiosos de

35 «Una carta de Fernando Lles», *El País*, 23 junio 1928, pág. 3.
36 «Vanguardismo», *Revista de Avance*, n. 1, marzo 1927, págs. 2-3; «La fisonomía de las épocas», *Revista de Avance*, n. 2, marzo 1927, págs. 18-20.

acogerse al primer ismo suficientemente hospitalario y guarecerse en él de la intemperie y de la mediocridad. Estos señores son los primeros enemigos del ismo; se acomodan y gritan de tal suerte, que acaban por parecer dueños de la casa y granjear en contra de ella una pésima notoriedad.

Parece que ya van siendo necesarios la evicción y saneamiento, a fin de que hombres tan inteligentes y tan habituados a mirar por todas las ventanas como Fernando Lles, no juzguen la morada por los inquilinos subrepticios. Véase el daño que estos causan. Sacaron trapos rojos por todos los huecos, y ya hay quienes piensan —Lles, por ejemplo— que «vanguardismo» es, por necesidad, cosa rusa, síntoma de una regresión o de una desviación hacia la cultura oriental. Instalaron un radio en la azotea, para asombrar a los vecinos, y se arrobaron tan tontamente ante sus tornillos y sus eructos de jazz, que la gente supuso al vanguardismo sinónimo de rastacuerismo mecanicista —idolatría de la máquina y de sus aportes. Se asomaron a las ventanas vestidos de *overall*, y dieron pábulo natural a la creencia de que el «vanguardismo» era una nueva maniobra proletaria, así sin más. En fin, sometieron la sintaxis, el sentido común, la sensibilidad y el ritmo a tales crueldades de medianoche, que la gente honesta tuvo que dar parte a la policía de que en la casa del «vanguardismo» se estaban cometiendo, a altas horas de la noche tropical, toda clase de crueldades con dos criaturas secuestradas: el Verso y la Prosa.

Hablando claro: los intrusos del «vanguardismo» han hecho todo lo posible por desprestigiar al movimiento mediante 1) versos que han pretendido ser de nueva sensibilidad y no han sido sino de nueva receta: pueriles acumulaciones de imágenes frustradas y elementos temáticos hurtados a la externidad del mundo moderno; 2) una involucración de la política con la estética, de la arenga social con la pura experiencia lírica; 3) un prurito de la deformación y de la arbitrariedad por sí mismas, sin ningún propósito reflexivo; 4) una insolencia vacua (porque hay también insolencia nutrida) contra toda disciplina técnica; 5) la simulación y la improvisación obvias.

Esto es lo que han hecho los falsos adeptos al «vanguardismo». Mañana veremos lo que han hecho sus amigos auténticos —aquellos por cuya labor y conducta debe juzgársele la índole y méritos del movimiento.

(*El País*, 24 junio 1928)

II-Amigos, enemigos

El vanguardismo —escribía antier— ha tenido dos clases de amigos: los extravagantes, extremistas y equivocados, que solo han conseguido debilitar la adhesión y concitar contra el movimiento la chacota de simples y sensatos; y, de otro lado, los propugnadores que pudiéramos llamar experimentales. ¿Cómo entienden estos el vanguardismo?

En primer lugar, creo yo que lo entienden, no como una nueva legislación estética, sino como una nueva inquietud. Parten, desde luego, del concepto de que alguna novedad no solo es posible sino también deseable en la evolución artística. Esta novedad puede consistir en una mera renovación de los temas, o en una renovación de los procedimientos expresivos, o en ambas cosas. El Romanticismo —para insistir en el ejemplo más notorio— fue, como es sabido, una renovación integral: de asuntos (el yo, el tema innoble, el tema exótico, el tema plebeyo) y de formas (la renuncia al estereotipado lenguaje poético, a la alusión mitológica, al acento «elevado», a las tres unidades en el drama, etcétera). Como toda renovación literaria, el Romanticismo fue además la consecuencia de un cambio profundo en la psicología social: la violenta afirmación individualista que tuvo su origen ideológico en Rousseau y sus manifestaciones sociales en la Revolución Francesa y la Revolución Industrial.

Pues bien: en el primer cuarto del siglo que corre, se ha operado, indudablemente, uno de esos grandes cambios de psicología social. El progreso de las ciencias y su concomitante, el de la máquina, han determinado una serie de usos, de criterios, de tipos y de grados de actividad que diferencian profundamente al hombre actual del hombre del siglo pasado. El hombre de hoy, que lee periódicos de veinte páginas, vive sometido al imperio de la prisa, y encuentra virtualmente anuladas las distancias por el radio, el cinema y los nuevos medios de locomoción, y multiplicadas, gracias al deporte, sus dosis excitantes de aventura, y este hombre, digo, no puede ya tener los mismos gustos que el hombre de antaño. Pide emociones estéticas más concentradas, más fulminantes, más henchidas de la variedad de la experiencia.

El fenómeno no me parece difícil de explicar. En una escala superior, es el mismo que se observa en la satisfacción de las demás apetencias modernas. El amor, el baile, la información periodística, ¿no se ha hecho todo esto más trepidante y convulsivo? ¿A qué hombre de hoy le interesa ya un rigodón, un drama de Echegaray, un artículo de fondo o una mujer de hábitos vacunos?

Yo no digo que este cambio sea bueno o malo. Me inclino a creer que le ha mermado a la vida aquel deleite que proviene del armónico sosiego, del amplio y moroso ritmo, de la serena degustación. Pero el cambio no es menos cierto porque lo lamentemos. Y pienso que lo iremos lamentando menos a medida que perdamos la memoria de los antiguos módulos vitales. Buena parte de la protesta sensata actual contra el arte nuevo corresponde a la protesta contra las nuevas costumbres, contra el nuevo amor, contra la mujer moderna, y se funda en una pura y simple nostalgia. Cuando ya no haya más que hombres del siglo XX, el arte nuevo —como todo lo demás de nuestro tiempo— nos parecerá la cosa más natural del mundo. Pero estamos en la fase de transición, y toda transición es batalla de una necesidad contra un hábito.

Una clase de enemigos del vanguardismo —a la cual directamente no pertenece Fernando Lles— es la de los que no pueden comprender el arte nuevo porque no sienten ninguna simpatía con los demás caracteres de nuestra época. Tampoco gustan del cine, ni del deporte, ni de las costumbres de hoy. Si se les rasca un poco, se encuentra en ellos un perezoso, un convencido de que el siglo XIX fue el definitivo en la historia de la humanidad. A estos resulta ocioso argüirles. Son espíritus arqueológicos y románticos que se nutren de nostalgia.

Pero hay otra clase de enemigos puramente racionales, como Lles. A ellos quisiera convencer con mi próximo artículo.

(*El País*, 26 junio 1928)

III-La traición y lo nuevo

Da pena tener que explicar todas estas cosas elementales a un hombre tan perspicuo como Lucilo; ¡pero los humores son el diablo!

Los enemigos «racionales» del arte y la literatura nuevos fundan su enemistad o en consideraciones filosóficas y doctrinales, como Fernando Lles, o en una simple repugnancia empírica. Los llamo racionales porque ambos tipos expresan su inconformidad con argumentos, no con interjecciones obtusas o con burlillas cómodas. (Es, en efecto, sumamente fácil parodiar cualquier realización de arte nuevo, un dibujo o un poema, y obtener una jocosa caricatura de ellos; pero esa parodia —a que el arte nuevo se presta especialmente por su aparente independencia del sentido común, esto es, del sentido vulgar—, no tiene más fuerza probatoria de que el arte nuevo sea una tontería, que la que pueda tener una caricatura personal para probar que un individuo sea un adefesio. De parodias igualmente grotescas no son menos susceptibles el Dante o Velázquez.)

El enemigo racional filosófico, como Lles, condena el arte nuevo porque, a su juicio, rompe abruptamente con la tradición estética, sustituyendo las formas de emoción o intelectivas de ella con otras que son contrarias a nuestros hábitos psicológicos y que Lles atribuye a un «orientalismo revolucionario, infiltrado a través de Rusia».

Que el arte nuevo, en sus manifestaciones más genuinas, rompa violenta y totalmente con la tradición no me parece evidente. Lo que ese arte se propone es, como el de todos los tiempos, ser leal a la sensibilidad característica de su época. Todos los artistas representativos han sido siempre actualistas, y los más poderosos entre ellos, los que dejaron más honda huella de su paso, fueron... —contened la risa— fueron vanguardistas. Vanguardistas, es decir, innovadores, no-repetidores. La historia de los estilos no es más que el relato de ese proceso de innovaciones a través de los siglos. El artista como ve y expresa las cosas como las vieron y expresaron sus antepasados, sin traducir las preocupaciones y el tono vital de su época, probablemente no interesó en su tiempo, y seguramente no interesa a la posteridad.

La fidelidad a la época es ya, pues, un elemento de continuidad: es el denominador común del buen arte de todos los tiempos. Si el nuestro de hoy parece que se aparta más que ningún otro de los módulos anteriores, es sencillamente porque nuestra época es también intensamente distinta. Ya dejé recordado cómo el progreso de las ciencias, el maquinismo y todas las alteraciones que este ha traído al ritmo de nuestra vida y a nuestras costumbres, ha revolucionado el mundo en que vivimos. Si un hombre de mediados del siglo pasado levantara la cabeza, se quedaría aturdido y pasmado ante el espectáculo actual de la sociedad. ¿Cómo pedir que describamos este espectáculo, que expresemos nuestras reacciones hacia él con los mismos medios y procedimientos que un artista de entonces?

Y, sin embargo, si bien se mira, el instrumental artístico no ha cambiado tanto. Los medios son los mismos, aunque los métodos de empleo sean más económicos. La poesía nueva, por ejemplo, se vale casi exclusivamente de la imagen, que es tan vieja como Homero. La nueva pintura utiliza la estilización, el esquema, el geometrismo, el énfasis en los volúmenes, cosas que ya encontramos en los decoradores primitivos; y la decoración, que está ya en el Greco, para no hablar de Goya. Solo que el empleo de estos medios parece arbitrario porque responde a una manera de ver y de sentir que también les parece arbitraria a los tradicionalistas; pero que es un hecho psicológico indubitable. En la psicología del hombre de hoy se observa, en efecto, un apetito de síntesis, un frenesí de curiosidad, un desbordamiento de simpatías con la totalidad de la experiencia, un gusto de todo aquello que, por complejo, se resiste a la compensación inmediata y pone en juego todas las facultades de intelección; en fin, un sentido ocular y deportivo de la experiencia.

Nada, querido Lles, más alejado de ese orientalismo de que usted habla. Pero sobre ese apartamiento, si le place, discurriremos el sábado.

(*El País*, 28 junio 1928)

IV-Lo ruso y lo occidental

Quisiera, amigo Lles, que esta respuesta a usted —con la cual respondo de paso a cuantos me han reprochado seriamente mi adhesión a la teoría del vanguardismo— quedase hoy liquidada, so pena de liquidar, si no, la paciencia del linotipista y los lectores.

Piensa usted que los nuevos módulos estéticos son imposiciones de un «orientalismo revolucionario (...) infiltrándose a través de Rusia», y yo creo que no solamente engloba usted así a todas las nuevas formas dentro de una sola modalidad específica, sino que le atribuye además originalidad e iniciativa a lo que solo ha sido una tardía colaboración moscovita en un movimiento renovador marcadamente occidental.

El arte ruso actual se distingue, efectivamente, de las demás manifestaciones afines, en que es un arte *dedicado*; esto es, un arte al servicio de una política, de un concepto y de una dinámica social. Ese arte tiene dos preocupaciones fundamentales: la Masa y la Máquina. En cuanto atribuye a la máquina un valor de símbolo y, por decir así, normativo, *comparte* una de las simpatías características de la nueva estética. Pero en cuanto pone esa inspiración mecanicista al servicio de la masa y hace de ella un instrumento en la lucha de clases, el arte actual de Rusia se peculiariza en la misma medida en que se hace irrepresentativo de la totalidad de las nuevas tendencias. Y esa modalidad específica, esa tendencia a la utilización política del arte, no tiene, fuera de Rusia y de algunos sectores vecinos, otra repercusión que la muy ruidosa que en nuestra América le dan algunos grupos faccionales, más políticos que estéticos —tales el grupo de la espléndida revista *Amauta* en el Perú y el de nuestra valerosa *Atuey* en Cuba.

Pero insisto: eso es vanguardismo; pero no es *todo* el vanguardismo, y aun me atreveré a decir, si los adeptos de esa especie me lo permiten, que no es tampoco el vanguardismo más extendido ni el más representativo. Si usted lee los libros y revistas de la nueva estética en Francia, en Italia, en España, advertirá que, o eliminan de su credo el interés político, por entender que el arte es fundamentalmente desinteresado y jocular, o bien arriman el ascua a sardinas políticas de muy otro sabor que el bolchevique. Así, en Italia, por ejemplo, existen actualmente dos facciones (ni más ni menos que aquí) entre la gente nueva: el grupo *exrapaese*, que lleva la militancia fascista al terreno del arte, y el grupo *extracitá*, dirigido por Massimo Bontempelli, que está más o menos afiliado al fascismo en política, pero que predica una estética y un arte puros. En Francia y en España, este purismo es decididamente el que domina. Tales grupos no tienen con el arte ruso actual más que una coincidencia formal. Utilizan un lenguaje igual o parejo, mantienen la misma actitud interpretativa hacia las cosas; pero el mensaje es distinto. Y esa coincidencia no se debe a una influencia moscovita. De hecho, Rusia —como lo demuestra bien Álvarez del Vayo en su libro *La nueva Rusia*— fue el último de los grandes países europeos que se incorporó a las nuevas tendencias. El poeta Alejandro Blok, con su famoso poema «Los doce», fue un precursor; pero ya antes que él, si conjugo bien mis fechas, había surgido en Alemania el expresionismo, en Italia el futurismo de Marinetti, en Francia el superrealismo de Apollinaire y las herejías de Picasso. Como usted ve, pues, el vanguardismo no le debe a Rusia más que, a lo sumo, una dirección especial y política de un movimiento rigurosamente occidental en sus orígenes.

Quédame para contestar lo personal de sus reparos. Usted no se explica cómo yo, «temperamento de propensión didáctica y aun clásica», justifique estos criterios nuevos «en los que no incido ni por causa ni por casualidad siquiera». Yo vengo, pues, a ser algo así como un apostolito de los que no predican con el ejemplo. Pero, amigo Lles, ¿qué he de hacerle, si estoy demasiado lastrado todavía por mi visión de las cosas, por mis simpatías fervorosas hacia todo lo que le da sentido y contenido peculiar a nuestra época. Si todavía en la forma de producirme no soy «un nuevo», es porque la nueva estética tiene una técnica también nueva que no se aprende en un día y que, tal vez, no es indispensable para la expresión justa de una actitud novel. Por lo demás, no estoy sino al comienzo de mi veredita.

Y milito en este empeño renovador, primero, por convicción teórica, porque creo que responde a una óptica inevitable de nuestro tiempo, y después, porque ya iba siendo hora de que en Cuba se llevase un poco de fervor experimental, de inquietud juvenil, de curiosidad belígera al campo de las letras —era hora de poner algún petardo en el fondo de esta agua estancadas que eran nuestras aficiones literarias.

Ahora bien: usted siempre me tendrá a mí del lado de lo nuevo bueno, no de las malas imitaciones de lo nuevo. Y, por desgracia, querido Lles, casi todo lo que se viene cosechando hasta ahora entre nosotros, es de lo nuevo malo. Mas por algo hay que empezar. Toda tropa de vanguardia tiene siempre sus ladrones de gallinas.

(*El País*, 30 junio 1928)

Réplica a «Billiken»

Señor Billiken: [37]Yo esperaba esta contestación de usted; miento: la esperaba todavía más chocarrera, todavía más insidiosa, todavía con más hedor a ese lugar en que usted la declara concebida. Cada cual no da más que lo que tiene en sí, y la civilidad no se improvisa. De manera que su fétida rociada no me ha alcanzado, porque ya estaba preparado a esquivarla.

Gente decente me recomienda que no le conteste a usted, que no le dé esa alternativa. Pero el periodismo le obliga a uno a dar alternativas a toda clase de compañeros y descender a veces hasta el arroyo. Usted no me ha querido «citar» en su réplica «para no darme la alternativa de popularidad»; yo le voy a mencionar para darle una alternativa de prestigio.

Déjeme decirle, en primer lugar, que yo no me piqué porque me tirara usted ninguna chinita desde su revista. Yo no leo su revista. Leí el primer número, y me bastó. Me bastó la sangre gorda, la sal gordísima, la «guataquería» so capa de civismo y la mala imitación que toda ella es de *La Semana*. En este otro semanario, de veras gracioso, sí me he visto aludido muchas veces, y siempre he sido el primero en reírme, porque *La Semana* la dirige un periodista con civilidad y con cultura, cosas ambas de que usted prescinde tan ostensiblemente.

Yo me piqué y le aludí como le aludí —con una limpieza que usted quisiera para sus días de ordinario aseo— porque usted a su vez lo había hecho anteriormente con gratuita sor-

---

37 Seudónimo que usaba el escritor y periodista Félix Callejas (Bogotá, 1878-La Habana, 1936). Con él firmaba la sección humorística «Arreglando el mundo», la cual mantuvo durante unos veinte años, primero en el diario *La Prensa* y después en *El Mundo*. En 1914 recogió parte de esos textos en un libro titulado igual que su columna.

na. Usted es de los que creen que su condición de comentarista «festivo» le da derecho a estarle tirando mordiscos de continuo a la dignidad ajena. Y como es natural que haya mucha gente que le lee a usted, iba siendo hora de advertirle que no todos estamos dispuestos a padecer las consecuencias de su hipocondría.

Usted declaró que la cultura no le hacía falta para nada y yo convine en que, efectivamente, para lo que usted escribe maldita la falta que hace la educación. Es más, estorbaría positivamente.

Y ahora usted, con un método satírico sumamente desacreditado, que consiste en simular una inversión de situaciones, a fin de no decir las cosas directamente y no incurrir, por lo tanto, en responsabilidad manifiesta, me repite —¡qué escasa inventiva, señor Billiken!— lo que ya estoy cansado de oír impertérrito: que soy un erudito insoportable, que soy un pedante, que escribo en estilo plúmbeo, etcétera, etcétera. Muy bien: puede que tenga usted razón; pero así, con esta pluma de plomo, he ganado más atención, más respeto y probablemente más dinero en seis años que usted en la fracción de siglo que lleva tratando de hacer gracias y escribiendo versos infames.

Insinúa usted que yo he postulado desdén hacia los repórters por su condición de tales. Afortunadamente, señor Billiken, la insidia es evidente y todos los repórters de La Habana saben leer. Malicia usted que publiqué mi obra *Tiempo Muerto* para que vieran que era superior a la del señor [Marcelo] Salinas, y cuantos me han oído hablar del asunto saben que admiro la obra de Salinas y la considero superior a la mía en fuerza dramática.

Sugiere usted que yo no sé Gramática, lo cual, sobre no compadecerse con la condición de «erudito» que usted me atribuye, me tiene perfectamente sin cuidado. Y, finalmente, deja entender usted que el señor [Salvador] Salazar se ha expresado con sorna acerca de los conocimientos de literatura que puse de manifiesto en un examen. Sobre esto no puedo pronunciarme antes de investigar si en realidad el doctor Salazar se ha permitido los desdenes que usted insinúa, cosa que me parece improbable, porque el doctor Salazar no debe ignorar que yo enseñaba Literatura Española en la Universidad de Harvard antes de que él la enseñase en la de La Habana.

Y nada más, señor Billiken. Nada más, en esta columna. Pero quedo a la disposición de usted y le desea buena salud,
Jorge Mañach

(*El País*, 15 junio 1928)

Una leccioncita y algo más

La leccioncita me la dio «Ruy Díaz» en su columnada de ayer.

Yo la aceptaría de buen grado (porque para aprender nunca me duelen prendas), si creyese que «Ruy Díaz' tiene razón. El hecho de ser ya él un escritor tan veterano, me predispone al acatamiento y a un respeto matizado de veneración. Además, estoy en deuda de amabilidad con «Ruy Díaz». Reanudó sus actividades periodísticas en son de batalla, en campeador siempre, emprendiéndola de entrada con cuantos creemos que el Arte Nuevo es digno de respeto. Mas para mí tuvo adjetivos de desmedido halago, con los cuales me doró píldoras de refutación. Ya eso es de agradecer y de tener en cuenta, y sentiría que a «Ruy Díaz» le hubiera parecido inconsecuente la broma que me permití acerca de su nombre de pluma y de su largo silencio periodístico.

Escribí: «aunque sea el mismísimo belicoso «Ruy Díaz», que como su epónimo insigne, libra batallas después de muerto». Y por este pecadillo de ironía, el veterano compañero me inflige una cuarteta... y la lección. Según «Ruy Díaz», me he puesto en ridículo. «Epónimo —dicta desde lo alto del diccionario— es el héroe que da nombre a un pueblo o a una época y yo, no soy ninguna de las dos cosas. Colón es el epónimo de Colombia, Rómulo el de Roma, etc. Debió usted decir «homónimo» o «tocayo»».

Y lo triste del caso es que el Diccionario casi le da la razón a «Ruy Díaz»: ¡son tan... veteranos los diccionarios! Con todo, léase lo que dice el *Pequeño Larousse*, que es una especie de avancista de la fauna diccionaril: «Epónimo», adjetivo (gr. *epi*, sobre, y *onoma*, nombre). Que da su nombre».

¿Ve el maestro «Ruy Díaz»? «¡Que da su nombre!». Eso es, en efecto, lo que la palabra denota, etimológica y sistemáticamente. Etimológicamente, porque se deriva de raíces griegas: una, *epi*, que significa «sobre», en el sentido de «después» con que igualmente se usa en epílogo, epígono, etc.; otra, que significa «nombre». Luego la idea de «epónimo» es la de «estar nombrado sobre o después de otro». Y no es necesario, «Ruy Díaz», créamelo usted a mí, que he estudiado un poquito estas cosas, no es necesario que el así nombrado sea, como usted piensa, «un pueblo o una época». Roma, que usted pone de ejemplo, es una ciudad. Y además puede tener su «epónimo' una tribu, como se lo indica a usted el diccionario de la Academia.

¿Por qué no ha de poder tener su «epónimo» un hombre, si la palabra no denota más que alguien de quien se ha recibido el nombre? ¿Porque el diccionario no pone ningún ejemplo de hombre epónimo?

¡Ah, eso es característico de los veteranos y derechistas como usted, amenísimo «Ruy Díaz»! ¡No tienen una lealtad al sentido de las palabras, sino a los ejemplos del Diccionario! Se olvidan constantemente de que el Diccionario es una concreción de usos habituales y que suele excluir precisamente todos aquellos usos que por su más penetrante sentido del idioma, son usos insólitos, artísticos. Toman el diccionario como norma estética del lenguaje, cuando no es sino un instrumento técnico. Y se niegan a toda utilización especulativa del léxico, es decir, a todo lo que hace posible dotar a una idea de expresión vivaz, graciosa, excitante, virginal. Es el santo odio a la herejía, que les mueve a todos ustedes contra el Arte Nuevo, ¡porque el Arte Nuevo es un alegre hollador de Cánones!

Pero el Arte Nuevo —cuando es de veras Arte, y no lo que a menudo se las da de tal, sirviéndole a ustedes de cuerpo vil para sus sátiras—, es inteligentemente arbitrario. No tiene sentido común, pero tiene «el otro»: el sentido inédito que fulminantemente encuentra en él un hombre de sensibilidad y de cultura que no haya nacido hace demasiado tiempo.

Al llamar al Cid Ruy Díaz de Vivar epónimo suyo, compañero, por haber tomado usted de él su seudónimo, no hice más que exaltarle a usted a una altura de una nación, de una ciudad o de una tribu. ¡Y todavía me inflige usted una cuarteta! Está bien: en lo sucesivo (a lo que parece, vamos a tener que discutir un poco en lo sucesivo) le llamaré a usted «EL TOCAYO DEL CID».

(*El País*, 4 agosto 1928)

Más sobre el cine

Ha contestado mi distinguido amigo el doctor [Juan J.] Remos con una carta abierta, muy gentil y recalcitrante, al leve comentario que en esta columna suscitaron hace días ciertas apreciaciones suyas sobre el cine.

Recordará el lector que el doctor Remos declaró oratoriamente que el cinema carecía de valor artístico; es decir, que no era arte. Deploró la decadencia que le está ocasionando al teatro, y propuso una serie de medidas encaminadas a restringir y especificar la importación de películas en Cuba. Todo ello —o casi todo— me pareció aberrado. Y protesté, a título de espectador cinematográfico que ve menospreciada su afición y amenazada la satisfacción de ella.

Solo que hace años el cine estaba en pañales. Era simplista, elemental, ñoño, obvio. Aún no acusaba peculiares hallazgos de belleza, ni esa preocupación estética que, en la forma y en el contenido, evidencian las mejores películas yanquis, alemanas y rusas de hoy. Una memorable producción de la UFA que tuve ocasión de ver en el teatro de esa gran firma, en Berlín, allá por 1920, me hizo concebir por vez primera, vagamente, las posibilidades estéticas del cine. Desde entonces ha venido trascendiendo la posición negativa del doctor Remos. Y lo que me sorprende es que, siendo él y yo contemporáneos, se haya retrasado él tanto en esa natural evolución.

No se trata aquí de «vanguardismo», como malicia el distinguido amigo, víctima de esa aprensión vanguardista que hay en el aire. Se trata más que de OJOS y de SENSIBILIDAD. Las grandes películas están ahí; se llaman *El Circo*, *Variedad*, *El camino de la carne*, *Muchedumbre*, *Amanecer*, etc. Presumiendo (¿es mucho presumir?) que el doctor Remos las haya visto, yo le pregunto si no le emociona, si no experimenta ante ellas ese halago cercano que se reconoce como fruición de arte. A esto me contesta el doctor Remos que no, y aliña su negativa con reflexiones teóricas cuyo sentido quiere ser este: que el cine «no *produce*» obra de arte, sino que «*reproduce* en las cintas de celuloide la obra de arte, cosa muy distinta».

Ni la indiferencia ni la teoría del doctor amigo me convencen. Tengo la primera por uno de esos casos de autosugestión que suele engendrar el fetichismo o la soberbia intelectualista. A veces nos encariñamos tanto con las abstracciones, que por no verlas destronadas negamos la propia experiencia. No puedo creer que el doctor Remos permanezca pétreo ante el gesto con que Emil Jennings resume toda una tragedia, ante la mirada infinita de Lillian Gish o el despliegue felino y lívido de Greta Garbo. Si fuese cierto, habría que considerar a Guyau el gran anestésico.

Guyau, y ese razonamiento falaz. Pues cuando el doctor Remos dice que el cine «no *produce*», sino que «*reproduce* en las cintas de celuloide la obra de arte», supone: 1ro. Que por «cine» se entiende solo la película, y 2do. Que la película es solo reproducción. A lo cual cabe contestar: 1ro. Que «cine» es todo el proceso técnico que convierte un motivo emocional (tema) en un sistema de imágenes (cinta), y que, por consiguiente, incluye la labor artística del escenario. Y 2do.: Que la película, lejos de limitarse a «reproducir» la belleza del gesto y del escenario, selecciona, determina, cierne esa belleza y la subraya mediante efectos fotográficos de subidísimo interés plástico. De suerte que es precisamente la cámara la que «produce» (*pro-duce-re*: sacar afuera) esa belleza. Los escenarios, amigo Remos, son de cartón pintado casi siempre, y el gesto que en ellos hacen los artistas, con el rostro emblanquecido, entre los gritos desaforados del director, deben ser abominables.

Pero todo esto es teoría. Vaya, vaya, querido Remos, a ver *Amanecer* y olvídese por el momento de esos tratadistas venerables que se ciernen (palomitas del Espíritu Santo) sobre esa cátedra en que tanto me place verle repuesto.

(*El País*, 24 agosto 1928)

Polémica y civilidad

«El Vedado, 24 de Agosto de 1928.
Sr. doctor Jorge Mañach
Presente.
Mi distinguido amigo:
He leído hace un instante, su contestación a mi carta abierta. Una vez más he admirado en ella su bien decir y su fina inteligencia, y por ello soy deudor a su amable estimación y al noble goce de su sentimiento congratulatorio, con que cierra la aludida crónica.

Mil gracias, querido Mañach. Se experimenta cierto CONFORT espiritual cuando se ejercita un poco la mente en estas disquisiciones, y se convence uno de que se puede discutir aún, sin exponerse a las malacrianzas tan típicas de nuestro medio.

Esto quizá pudiera ser tema para una futura «Glosa», en que enfocara usted con su agudo talento y su elevada visión, el carácter incivil que por lo general suelen adoptar las polémicas entre nosotros.

Reciba un elocuente apretón de mano que sella nuestra controversia, y créame que he celebrado intensamente esta

oportunidad, por la cual nos hemos acercado más en la expresión de nuestra reciproca simpatía personal.
Muy afectuosamente,
JUAN J. REMOS.»
P.S.—¿Ha leído *Cómo marcha el mundo*, de Wells? Hay un artículo sobre la película *Metrópolis*, me interesa que lo lea. —Vale.

* * *

He transcrito esta bondadosa carta por su ejemplaridad como cierre de polémica y por las dos sugestiones que contiene.

Habla el doctor Remos de «el carácter incivil que por lo general suelen adoptar las polémicas entre nosotros». Más de una vez ha dado tema a esta columna esa misma observación, al punto de ser casi un ritornelo —un lugar común personal— mi encarecimiento de «la civil discrepancia».

«Civil». En esta palabra está dicho casi todo. Civilidad es ese delicado sentido de la convivencia que da la ciudad. Lo contrario es aldeanidad. Quiere decir que, en el fondo, no es cuestión de crianza personal ni de mayor o menor educación —en el sentido intelectual de la palabra—; es cuestión de pulimento: ese pulimento que da el roce constante con las aristas de los pareceres ajenos. Hay muchos hombres inteligentes y doctos cuyo ademan más natural es la coz. Tal vez sea ese el ademán natural de todos; pero el hombre de ciudad está habituado a inhibirlo, y el aldeano lo tiene por una gracia.

La ciudad tiende a engendrar civilidad, como el campo a dar maneras aldeanas. La hiperestesia notoria de los pueblos pequeños se debe, en parte, al resentimiento de su pequeñez; en parte aún mayor, a falta de oportunidades de choque dialéctico, a la exigüidad del espectáculo de las opiniones ajenas, a la falta de ese ejercicio de escepticismo y de tolerancia que la ciudad procura.

Pero hay en las ciudades muchos hombres rústicos, como en las aldeas muchos dechados de civilidad. Lo primero se debe, tal vez, a que ciertas ciudades lo son solo materialmente, conservando hábitos intelectuales de aldea, recelo contra la opinión independiente, falta de información, ensimismamiento y conformismo.

A tales ciudades a medias corresponde una prensa peculiarmente sensitiva, susceptible, donde la polémica brota difícilmente, más como un cactus espinoso que como una flor de civilización. Una polémica que parte de la idea instintiva: el que opina distinto que yo, es mi enemigo; y que, por consiguiente, no puede desenvolverse en un diáfano plano de cortesía, no trata de aproximarse al contrario, sino tundirlo; no procura allegar claridad, sino hacer alarde de mayor ingenio mordaz.

Esto es frecuente entre nosotros, amigo Remos. Vemos a cada paso como dos señores que no se conocen, que a lo mejor se han tenido siempre tácitamente en la mayor estima, se enzarzan por azar en una discusión intelectual —que debiera ser siempre un lindo espectáculo— y, a poco, se están sacando túrdigas de reputación. Basta con que uno de ellos se desvíe un poco de la línea de civilidad, para que el otro le conteste y se arme la tunda recíproca. El amor propio, ensañado por una tendencia del público a considerar perdido al que corresponde con el silencio a un denuesto, mantiene entre nosotros esa viciosa costumbre.

Hay que lidiar contra ella. El remedio está en la polémica misma; en las polémicas ejemplares, sin coces, sin argumentos «al hombre», sin cuchufletas para esconder la falta de argumento. La polémica en que el arma más afilada sea la amable ironía.

(*El País*, 1 septiembre 1928)

Desmintiendo rumores

El esmerado redactor de las «Ingenuidades» de *El Mundo* se asoció ayer noblemente a la idea del homenaje a Carlos Montenegro —idea que, dicho sea de paso, se realizará el sábado 29 y no el 28 como dice equivocadamente el compañero.

Cuidó, sin embargo, el Sr.... —iba a decir el nombre que sospeché tras ese despliegue cotidiano de «negritas»— de insinuar delicadamente que no había de verse en su adhesión un testimonio de simpatía «vanguardista», ya que Carlos Montenegro «no pertenece a la especie vaga de los que admiran más el subirse sobre los lomos de un elefante para decir que eso es literatura».

Bien. Lo principal, compañero, es que usted haya respondido cordialmente a la iniciativa. Cada día se está haciendo más necesario situar tan alto y tan inexpugnablemente esa norma de cordialidad entre escritores, que no lleguen a vulnerarla ni las discrepancias puramente intelectuales ni las filiaciones de grupo o de escuela. Yo no alcanzo a comprender por qué estas diferencias de apreciación artística o literaria han de perturbar nuestros humores al punto de hacernos discutir con acritud o avinagrar nuestra vida de relación. Uno de los respetos que más hay que cultivar entre nosotros es el de la opinión ajena —siempre que esa opinión se formule, a su vez, respetuosamente, y no con la insolencia de algunos bufos a quienes no hay por qué hacerles caso.

Ahora bien: Usted dice que Carlos Montenegro no es un «vanguardista». Es posible que no. A la palabra «vanguardista» se le han atribuido últimamente tantos significados que yo ya no sé claramente lo que quiere decir. Unos suponen que el «vanguardismo» consiste en decir cosas raras o verdaderos galimatías en renglones cortos y renglones largos. Otros como usted, declaran que estriba en «subirse sobre los lomos de un elefante para decir que eso es literatura». Estos conceptos caricaturescos han cundido tanto que cuando se le ofrecen a los anti-vanguardistas un ejemplo neto de arte nuevo, como el precioso «Romance de la casada infiel» que dirigió el señor Aznar, los «anti» inteligentes, como el señor Ruy Díaz, declaran que eso es bueno, ergo: no es vanguardismo.

Por mucho que los apostolitos locales del arte nuevo insistamos en precisar con toda claridad que se trata de una «manera de ver» distinta más que de una distinta manera de hacer, los antis seguirán concibiendo el vanguardismo a su modo —ateniéndose a ciertas muestras de vacuo estridentismo que por acá se les han deparado.

Esto no es serio. Lo menos que se puede hacer antes de atacar un credo artístico es «enterarse» de lo que ese credo artístico realmente es. Antes de juzgar a Gómez de la Serna por el hecho de que se suba o deje de subirse a un elefante —pirueta puramente humorística y no más risible que ciertos desplantes románticos de Lord Byron, por ejemplo—, yo quisiera que el distinguido compañero de *El Mundo* leyese *La mujer de ámbar* o el *Goya* de aquel escritor. Antes de declarar que García Lorca no es un poeta nuevo, pudiera Ruy Díaz informarse de cómo un sector de la nueva poesía española no desdeña emplear los viejos ritmos, siempre que se conjuguen en ellos imágenes de cierta audacia. ¿Que ya abundó en esas imágenes el *Cantar de los Cantares*? También las Cuevas de Altamira exhiben los lineamientos ingenuos que ha resucitado el arte nuevo.

Este no puede reducirse a una sola fórmula, a ninguna fórmula. Lo que le es esencial es su índole arbitraria. Por primera vez el artista se atiene a las normas que él mismo se impone, no a las que le dicta desde fuera una tradición o una retórica. En este sentido, amigo de *El Mundo*, Montenegro es un escritor nuevo. No escribe con clisés, ha cambiado, como diría Rafael Suárez Solís, el molde por la imagen. Y hay en su literatura —hasta en la más dolorida— una sanidad, un vigor, un anhelo hondo de liberación que es el legado de los grandes rusos a la novela y el cuento de hoy.

Pero de esto —si le parece— hablaremos con él el sábado a las 2 y media de la tarde, en el Castillo del Príncipe.

(*El País*, 27 septiembre 1928)

Crítica y bandería

Por segunda vez, mi querido y admirado compañero Arturo Alfonso Roselló me alude entre los brillantes *Pareceres* que viene emitiendo desde las columnas de *Heraldo de Cuba*. Lo hace ahora de esta fina suerte:

«Mañach justifica su inhibición no opinando sobre la Revolución del Sonido 13 por obvias razones de profanidad. Pero el talentoso compañero de las *Glosas* olvida sus recientes pronunciamientos críticos al margen de los conciertos de la Orquesta Filarmónica, del poema *Castilla*, de Sanjuán, y no sé también si en torno a ciertos ensayos del violinista Roldán. Y es doloroso que espíritus de tanta ponderación, que están encareciendo a cada instante serenidad y probidad de juicio para juzgar la estética nueva, incurran en estos deplorables eclipses, hurtando a una genuina conquista del arte de vanguardia, como el Sonido 13, la calorizadora emoción de sus entendimientos en marcha...».

Bien se ve que no le bastaron al compañero las protestas verbales que le hice de mi ignorancia en materia musical. Me obliga con su escepticismo a una nueva declaración y a un nuevo rubor más públicos, como si ya no me acongojara bastante el reconocimiento interno de mi limitación. Pero ¿qué he de hacerle si esa rica arpa auditiva de que el Maestro Carrillo asegura que todos estamos dotados, se porta, en el caso mío, más ociosa que en ninguno?

Precisemos. No es, querido Roselló, que yo sea un topo absoluto para los ritmos y melodías. Muchas composiciones buenas —y ¡ay! algunas tenidas por malas— me halagan el oído, hasta me conmueven. Pero mi reacción —lo he escrito ya varias veces— no pasa de ponerme la carne de gallina. En otras palabras: es puramente sensual, le falta aquella repercusión delicada en el cerebro que es la base del verdadero discernimiento y, por consiguiente, de la verdadera crítica. Algunas veces atino a descubrir las cosas que son realmente buenas; mas nunca acierto a explicarme por qué lo son.

En estas condiciones, ¿cómo quiere Roselló que yo haga «crítica» de música? Le tengo demasiado respeto a la crítica como función intelectual y social para incurrir en semejante osadía. Lo único que yo sí puedo hacer —y siempre con algún esfuerzo— es comentario impresionista y somero en torno a «sucesos» que me parecen importantes para nuestra cultura musical.

Eso, y no más, es lo que he intentado en los casos a que Roselló alude —una suerte de reportaje emotivo, enderezado a subrayar esfuerzos meritorios, o estimular hacia ellos curiosidades más aptas que la mía para gozarlos.

Ahora bien, en el caso del Maestro Carrillo, esta mera intención «auspiciadora» es poco menos que innecesaria, ya que el eminente experimentador mexicano se basta por sí solo para atraer la atención, sin menester de encarecimientos profanos. Y sobre todo, su dispensación musical es de índole tan marcadamente técnica, que abordar el comentario de ella sin una segura competencia sería exponerse a desbarrar. No gusto de tales aventuras. Ni hay por qué meterse en ella en un momento en que están adoctrinando al público musicófilos enterados como Francisco Ichaso y el mismo Roselló, entre otros.

¿No va siendo hora de que nos dividamos un poco el trabajo? Yo no le pedí, ni esperaba del brillante compañero, que se pronunciase acerca de la Exposición Americana, por ejemplo. Pero tampoco esquivé la faena que allí sí me incumbía. Y hubiera tenido entonces el mismo flaco derecho que él ahora presume para interpretar su silencio como indicio de un espíritu de bandería, según se colige de la totalidad de sus *Pareceres* últimos.

No, querido Roselló. Yo no tengo hábitos de rebaño, a Dios gracias. He probado en más de una ocasión que cuando un amigo o correligionario artístico mío lo hace mal, soy el primero en escatimarle galardones y aplausos. Creo en los grupos como instrumentos para divulgar criterios, mas no para imponerlos, ni para crear valores místicos. Y aunque no tengo nada de evangélico, me respeto lo bastante para hacerle siempre la justicia que creo debida a mis enemigos, cualquiera que sea la que ellos hagan a mí.

Pero tal vez me estoy poniendo solemne y yéndome de «picao». Quita, querido Roselló, lo que sobre de esta explicación.

(*El País*, 5 octubre 1928)

Poco menos que superfluo

Días atrás y desde el umbral de la revista *Bohemia*, cuya redacción dirige, Ramón Rubiera nos lanzó una andanada a los editores de *1928*, a propósito de la bellísima conferencia reciente de Juan Marinello «Juventud y Vejez».[38]

He venido demorando el dar cumplida réplica a aquellas excitadas apreciaciones del distinguido poeta y veleidoso amigo. Por una parte, no es grata cosa andar siempre a la greña con otros ejemplares de nuestra especie literaria; se enturbian los límpidos humores de la cordialidad y se le da al gran público neutral un espectáculo que, sobre ser poco elegante, hace desmerecer un poco el común propósito de acarrear cultura. Además, el venablo de Rubiera iba dirigido contra la revista *1928* —que ha tenido la distinción de hacerse de muy nutridas y significativas enemistades—; y el señor Hornedo[39] no me paga un sueldo en esta redacción para que yo defienda una tarea particular, aunque sea tan desinteresada y noble como la de nuestra *revista de avance*.

Pero es el caso que los fundamentos de la impugnación de Rubiera son de alcance tan general, nos toca con argumentos tan socorridos y tan frecuentemente aplicados a otros pronunciamientos culturales, que ya el tema se hace más público y merece, por consiguiente, público comentario.

No tengo ahora a la vista el artículo del poeta de *Bohemia*. Pero aunque no pueda citar textualmente sus palabras, recuerdo el sentido de ellas. Marinello no tiene derecho a lamentarse de la vejez de espíritu ambiente, porque esa vejez

---

38 Ramón Rubiera, «Pueblo sin Juventus», *Bohemia*, 11 octubre 1928, pág. 11.
39 Se refiere a Alfredo Hornedo (1882-1964), político y hombre de negocios, quien era el principal propietario de los diarios *El País* y *Excélsior*.

le acosa en su propia casa. Es decir, que *1928*, la revista que ha sido entre nosotros uno de los órganos más denodados de la renovación literaria actual; la revista tildada de procaz y de viciosamente experimental por todos los conservadores de nuestro pasatismo; la revista que, en cambio, cuenta con la estimación desde Varona para abajo, de todos los espíritus amplios y liberales de esta ínsula; la revista que, de todas las cubanas, ha suscitado en el extranjero más cantidad y calidad de comentario entusiasta que otra alguna, al punto de ser comentada con extraordinario aplauso por Kahn en *Die Literarische Welt* (el gran periódico literario de Alemania), por Petriconi en su estudio *Die Spanische Literatur von heute* (La literatura hispánica de hoy); la revista que el gran crítico catalán Sebastiá Gash declara ser «muy superior a la mayoría de las publicaciones que se editan en Europa»; la revista, en fin, tenida por los «enterados», en América y en Europa, como una de las más genuinas expositoras de la nueva sensibilidad y del nuevo pensamiento —esa *1928*, repito, el señor Rubiera la considera una cosa vieja. ¡Vaya por Dios! ¡Nos abruma y confunde esta opinión del distinguido poeta simbolista, autor de tan esmerados poemas en prosa a la manera *fin de siècle*!

Pero no le basta con eso al señor Rubiera. El autor de un reciente artículo de éxtasis ante la grandeza norteamericana, piensa, además, que nuestra revista es «extranjerizante». ¡Claro! Marinello es hijo de catalán; Ichaso, hijo de vasco; yo, hijo de gallego. Somos, pues, cubanos mediatizados. Mediatizados como Martí. Y, la revista publica muchas cosas españolas que envían Unamuno, Jarnés, Araquistaín, Marichalar, etc., gente que, por lo visto, nos contamina aún más de galleguismo. Por si eso fuera poco, traducimos prosas de Paul Valéry de Giraudoux, lo cual nos hace un poco franceses; y de Christopher Morley, Sherwood Anderson, Thorton Wilder, O'Neill, norteamericanos «de la hora de ahora», antimperialistas hasta las cachas, pero que así y todo nos tiñen de yanquismo. Y Pierre Flouquet nos hace un poco belgas. Y así sucesivamente. ¿Qué duda cabe? Somos unos monstruos extranjerizantes.

Españolizantes, sobre todo. El hecho de que Juan Marinello sea uno de los directores de la institución Hispano Cubana de Cultura está delatando nuestra inteligencia secreta con ese antro de perdición nacionalista. Que yo hable sobre el Choteo allí, confirma la sordidez; el tema cubano no es más que para disimular. Todos somos —Ortiz, Guerra, Grau San Martín, ¡todos!— unos recalcitrantes, y nuestra revista es —¡conocemos la frasecita amarilla!— «una regresión a la Colonia».

Ay, amigo Rubiera, y cuánto más lucido no era, de su parte, escribirnos, como hasta hace poco lo hacía, cartas privadas de largo encomio para *1928*. Cuánto más lucido que ponerse a reclamar novedad desde *Bohemia* y cubanismo desde la beatífica región de sus poemas en prosa.

(*El País*, 16 octubre 1928)

Y para rematar

Una de las pintorescas imputaciones que nos hacía el amigo Rubiera a Juan Marinello, a Francisco Ichaso, a Félix Lizaso y a quien esto añade es que somos «escritores de mentalidad antigua».

Buscamos la sustanciación de tan alarmante aserto y, aunque lógicamente no la encontramos en parte alguna de su ya aludido artículo, sospechamos que el estimado poeta simbolista quiso desplegarla en el resto del párrafo, según el cual nuestros cerebros «se han desenvuelto bajo una disciplina española, que equivale a decir sometidos a un patrón estrechamente tradicional». No hay en nuestras ideas, observa además el señor Rubiera, «ni originalidad autóctona ni transportación cosmopolita», y, además, «nuestro vocabulario atenta una desteñida etiqueta bicolor». Somos «netamente hispanos» y esto nos condena irremediablemente; «España no podrá darnos nunca ni originalidad ni juventud, porque no las tiene para ella misma».

Ya ven ustedes qué terrible dialéctica la del señor Rubiera. Exhibe, en el menor número de palabras posible, todos los vicios de la logomaquia, principalmente aquel que consiste en suponer lo que está bajo discusión. No define qué es lo que determina que una mentalidad sea nueva o antigua; sino que establece dos suposiciones a cuál más casquivana: la primera, que todo lo español es por necesidad arcaico; la segunda, que mis compañeros y yo somos súbditos de la literatura española.

Ya se vio antier qué fundamentos tiene el señor Rubiera —y con él otros de su cuerda— para sustentar esa última noción. Los editores de *1928* tenemos la sangre peninsular todavía muy espesa y les damos cabida en nuestras páginas a múltiples envíos de escritores de allende. No reparó —no quiso reparar el poeta de *Bohemia*— en los múltiples pronunciamientos de nuestra revista explícitamente contrarios a toda supeditación o coloniaje intelectual (como en el famoso caso del «Meridiano», por ejemplo), ni, por lo que a mí hace, en las actitudes que, a lo largo de mi periodismo, me han hecho sospechoso de «descastamiento» ante los celadores de mi linaje. Él también, como tantos apóstoles del simplismo, recela de todas las actitudes equidistantes; o por mejor decir, de todo lo que sea escrutinio mental; valoración de cada cosa por sus propios méritos; racionalidad, y no prejuicio más o menos lírico. Él también cree, por lo visto, que para servir a la Patria es menester pasarse la vida entonando el himno e izando la bandera, y que no se es profundamente cubano cuando se trabaja en el hondón de la conciencia nacional, sino en la epidermis que solo es sensitiva al patriotismo de las efemérides.

¡Antigüedad! ¡Modernidad! ¿Qué entenderá el distinguido poeta simbolista por estas palabras? Para mí, mentalidad de hoy significa agilidad espiritual para interesarse por las cosas de nuestro tiempo, para transportarse a toda empresa actual de la inteligencia y escudriñar su realidad. Modernidad significa asepsia, y no bohemia mugrienta; emoción pura, y no lirismo vagaroso; disciplina larga y no improvisación; realismo crítico, y no apasionamiento pueril en los juicios; información cabal del espectáculo de la cultura y no unas cuantas pequeñas devociones de vitrina. Significa saber por qué son bellos un buen rascacielos y una buena película; haber viajado extensamente aunque sea en el avión de la fantasía provisto de hélices de indagación. Modernidad es estar alerta y ahogar todos los romanticismos blandujos.

La modernidad no está en las palabras, como cree ingenuamente Rubiera. En efecto, mis compañeros de *1928* y yo escribimos en castellano, porque hasta ahora no hemos visto la necesidad de inventarnos un idioma distinto; y además procuramos que nuestro castellano sea lo más limpio, claro, decoroso y auténtico posible. Pero Rubiera no nos gana a meter un extranjerismo donde se hace necesario, ni a muscular nuestra frase contra todas las delincuencias de los poemitas en prosa.

¿Originalidad? Es posible que no hayamos descubierto la pólvora. Mas ¿podría Rubiera señalarnos un solo caso en que no hayamos pensado por nuestra cuenta o sustentado nuestras actitudes con algo más que con palabras hueras? Rigor nos pide. ¿Quiénes han juzgado entre nosotros más severamente —por expresión o por exclusión— que la gente de *1928*? ¡Si precisamente, amigo, por eso es que tenemos tanto que defendernos!

(*El País*, 19 octubre 1928)

Clericalismo e hispanidad

Como era de esperar, el señor Rubiera contrarreplica, en el último número de *Bohemia*, a los artículos que él provocara hace dos semanas, con su inesperada embestida contra los editores de *1928*.[40]

Ya dije entonces que no movería yo esta columna en defensa de esa otra revista, porque ella se basta por sí sola, como podrá verlo quien examine al respecto el último número recién publicado. Y la misma razón que entonces tuve para recoger el ataque de Rubiera es la que ahora me mueve a hacerme eco de su reiteración: a saber, la general peligrosidad de sus criterios.

Pero ya digo que lo importante son los criterios del señor Rubiera. Y precisamente lo que les da importancia es el hecho de ser él quien los exhibe. Siempre le he tenido por un hombre inteligente y por un poeta genuino.

---

40 Ramón Rubiera, «Sobre un mismo tema», *Bohemia*, 28 octubre 1928, pág. 17.

No me extrañaría que fuese yo quien, a pesar de mi enemiga (sic) a los superlativos —bombones del trópico—, le hubiese hecho esas dedicatorias encomiásticas a que alude.

Pero por lo mismo que Rubiera es un hombre inteligente, conviene, en los momentos en que no se conduce como tal, advertir que se trata de un lapsus. Rubiera habrá observado que yo nunca me tomo el trabajo de contestar a los imbéciles profesionales.

Pues bien, ahora Rubiera hace un esfuerzo por sustanciar sus principales acusaciones contra los editores de *1928*: que somos hispanizantes y hombres «de mentalidad antigua».

Examinemos con la brevedad y templanza necesarias los argumentos nuevos (de los viejos ya me ocupé) que Rubiera aduce para sustentar esos asertos.

El primero que encuentro se refiere a lo de la antigüedad. La juventud de *1928*, pregunta el poeta descuidadamente, «¿está en los números especiales a San Francisco de Asís y a Goya, con su ceremonial indefendible de conferencias y propaganda?». Y añade: «¿A qué publicación incuestionablemente joven se atrevería un clérigo a aconsejar la celebración del centenario de Fray Luis de León?». Digo que todo esto es descuidado, por la falta de exactitud en los datos, cosa peligrosa en una polémica. En primer lugar, *1928* no le ha dedicado números especiales ni a San Francisco ni a Goya. En segundo lugar, a la revista como tal, específicamente, nadie le hizo la exhortación en que Rubiera piensa.

Lo que sí ha hecho *1928* es publicar un fragmento de mi conferencia sobre San Francisco de Asís, una conferencia que se reputó de «herética» en su sazón, y un fragmento donde yo explicaba bien a las claras las razones de orden estético y moral que hacían simpática a los jóvenes la figura del Santo de Umbría. Pero evidentemente el señor Rubiera no me lee; ni lee tampoco, a lo que se ve, las numerosas revistas jóvenes de Europa que se ocuparon de San Francisco y de Goya en sus respectivos centenarios. El señor cree que para ser joven es todavía indispensable «tirarle a los curas», y no se ha percatado de que el neotomismo de Maritain es una de las corrientes ideológicas más vivas en la nueva cultura francesa; que Jean Cocteau se ha convertido al catolicismo; que *Le Roseau d'Or*, órgano de la nueva extrema estética, publica en uno de sus últimos números uno de los cánticos de San Buenaventura; que en París existe una revista, inspirada por Massis, dirigida por Jean de Maxene, que representan un sector católico dentro del vanguardismo; que la revista ultravanguarista de Gerardo Diego, *Carmen*, le dedicó un número de homenaje «al Maestro Fray Luis de León»; etcétera. De todas estas cosas nada sabe el señor Rubiera. Él está todavía en la época simbolista.

El otro argumento a que nuestro impugnador acude para probar la «hispanidad» de *1928* (aparte las meras afirmaciones y presunciones que no son argumentos), es que hemos publicado unos versos —en verdad, bastante flojos— de una poetisa española. Esos versos nos lo recomendó Chacón y Calvo, y Rubiera sabe que nosotros algunas veces pecamos por deferencia hacia los amigos. De humanos es. ¿Pero dónde está la «hispanidad» que eso prueba?

¡Ah! Además, teníamos una doble sección que se llamaba *Letras extranjeras, Letras Hispánicas*. En esta oposición de términos ve Rubiera otro indicio de rojigualdismo. Un examinador más desapasionado hubiera advertido que el adjetivo «hispánico», aplicado a una sección bibliográfica, tiene una connotación puramente idiomática. Hispánica es, en este sentido, toda la literatura que se produce en español.

Pero no hay, amigo Rubiera, como no querer ver; aunque se sea muy inteligente.

(*El País*, 29 octubre 1928)

Acercando posiciones

Mucho ha destacado el querido amigo Gustavo E. Urrutia, en sus amables cosas del *Diario*, los pareceres expuestos en estas columnas acerca de la cuestión racial en Cuba. Y no porque esas opiniones merecieran especial atención, sino porque algunos de sus lectores entendieron que no había perfecta y cabal consecuencia entre las dos que las suscitaron.

Veamos cuáles fueron las dos posiciones que ya Urrutia, eficacísimo «armonizador», procuró conciliar en sus artículos, particularmente en el Decano el domingo pasado.[41]

No tengo a mano ninguno de los dos míos sobre el asunto.[42] Mas para saber cómo me he pronunciado yo en anteriores ocasiones, me basta con volverme a consultar. Así, pues, en «El nacional dominó» yo debo haber dicho lo que ahora y siempre he sentido que se debe decir: esto es, que la separación, la mera tangencialidad de cubanos blancos y cubanos negros es un estado de cosas deplorable; que no puede haber integridad del espíritu nacional, mientras subsistan prejuicios de raza más o menos disimulados, y que buena parte del remedio a ese estado de cosas está en manos del blanco, el cual debe procurar, con noble ánimo, criterio ancho y disposición cordial, eliminar de sí mismo aquel vestigio de colonialidad que mide la consideración debida a un hombre por el grado de pigmentación de su tez. Esto ha salido largo; pero creo que ha salido claro. En fin de cuentas, no es sino la lección que en el admirable artículo «Mi Raza» y en cien escritos y discursos más nos dio, con su nobleza y videncia de siempre, Martí, el gran aleccionador.

41 Gustavo E. Urrutia: «Comentando a Mañach», *Diario de la Marina*, 20 enero 1929, pág. 38.
42 «El nacional dominó», *El País*, 18 diciembre 1928, págs. 3 y 6; «Hacer «hombres A»», 20 diciembre 1928, pág. 3.

Dije, pues, en mi primer artículo que en ese cambio de actitud del blanco estaba «parte» del remedio. La segunda glosa se enderezaba a mostrar que la otra parte de rectificación mejor, de propiciación, le correspondía al negro. Y pensaba, como pienso, que lo que el negro debe procurar es la formación de muchos «hombres A»; es decir, hombres que por su cultura superior, por su manifiesta distinción espiritual, sean grandes captadores de simpatía y respeto.

No hay contradicción, como ya vio Urrutia, entre esas dos posiciones. La una complementa la otra. Y puesto a encarecer más una de ellas, deberá estimarse que naturalmente le di más importancia a la que primero expuse. Hasta recuerdo haberme solidarizado con la observación, que alguna vez le oí al doctor Miguel Ángel Céspedes, de que el «racismo» en Cuba no es una actitud del negro, sino del blanco. Con lo cual dicho se está que a quien más le incumbe deponerla es al que la sostiene.

Pero a la segunda de mis modestísimas proposiciones, opone Urrutia algunos sustanciosos reparos. Estima él que lo de «formar hombres A» no es cosa que esté tan fácilmente en manos del negro y sugiere que a nadie se le deben proponer esfuerzos que no están cabalmente a su alcance. Pero, ¿es que no lo está de veras el remedio de la cultura? ¿Volveremos, después de tantos distingos como ya he hecho nuestro tiempo, a la confusión de la cultura con el talento, o con el saber?

Un hombre necesita facultades excepcionales para hacerse respetable por el cultivo a que ha sometido el espíritu con que la Naturaleza le dotó. Ni yo ni nadie le puede pedir a la raza de color que se haga estimar como multípara de genios. Lo que sí hay derecho a esperar de la raza de color es que, por modo semejante a como ha logrado salvar en sesenta años, los hándicaps de aquel pecado contra humanidad que fue la esclavitud, dirija ahora su empeño a una superación, cada vez más alta, de su nivel cultural. Porque si voluntariamente el blanco no se aviniese a eliminar los prejuicios que aún le quedan, ese ascendimiento constante del negro le obligaría a ello. Que «sobre la tierra —como enseñó también Martí— no hay más que un poder definitivo: la inteligencia humana».

Inteligencia no es talento, no es genio. Y la raza de color anda sobrada de ella. A reserva de que unos y otros hagamos todo lo posible por vencer, con el recíproco trato y conocimiento, las distancias relativas que hoy existen, acórtelas el negro con las irradiaciones de su inteligencia disciplinada. ¿No es Urrutia mismo una viva demostración de mi tesis?

(*El País*, 23 enero 1929)

Pro-Arte y la prensa

El último número del Boletín de Pro-Arte Musical me pone de nuevo en la necesidad, que soy el primero en deplorar, de traer a esta columna aclaraciones indispensables, relacionado con el enojoso incidente de que ya tienen harta noticia los lectores. No lo diré sin pedir antes a estos mis excusas. Si se tratase de un asunto de orden estrictamente personal, privadamente lo hubiese yo ventilado. Pero, a despecho de lo que pretende hacer ver la Dirección de Pro-Arte, se trata, como ya he dejado de sobra demostrado y como lo reconoció la Asociación de la Prensa de Cuba, de una represalia ejercida contra un periodista «exclusivamente» a virtud de manifestaciones de índole crítica y en letra de molde. Y como el arma del periodista es la pluma, tiene el derecho y el deber de usarla en defensa de sus fueros. Perdónenme los lectores si ya el tema les aburre. A mí también. Pero nunca me aburrirá bastante para dejar de insistir en él cuantas veces sea necesario. La Directiva de Pro-Arte —que no la Sociedad misma, por la cual tengo profunda admiración— se ha echado, por esta vez, un contradictor insilenciable. O ella me otorga la razón con su silencio, o yo he de seguir quitándole la razón con mis argumentos.

El último número del Boletín en cuestión trae inserto, bajo un epígrafe que dice «Incidente concluido» y una nota cargada de aristocrático fastidio, las cartas que se cruzaron entre esa Directiva y la de la Asociación de la Prensa de Cuba. En la primera carta, esta entidad invita a Pro-Arte a hacer, respecto del incidente conmigo, «las aclaraciones y estimaciones que estime procedentes». Pro-Arte las hace con una latitud bíblica, glosando su reglamento férreo, protestando su obsequiosidad hacia la Prensa, reclamando su derecho a ser sociedad privada, aduciendo en fin una serie de consideraciones que nada tienen que ver con el asunto. Cuando no se tiene la razón, pero se insiste en tenerla a toda costa, el método clásico es hacer un fárrago de palabras.

Al fin viene la Directiva en esa carta a tocar lo verdadero del asunto, y dice entonces que «la Sociedad», y en su nombre y representación la Directiva, han procedido dentro de sus atribuciones, «vedando la asistencia a sus conciertos a una persona cuya mala disimulada hostilidad consideraban lesiva de su prestigio y natural desenvolvimiento».

Mi «mala disimulada hostilidad» consistió en referirme siempre a «la admirable Sociedad Pro-Arte Musical» y en discrepar respetuosamente de las opiniones editoriales del Boletín de Pro-Arte, acerca de un asunto musical que nada tenía que ver con Pro-Arte. Esto lo sabe bien la Directiva. Finge no saberlo, sin embargo, y falsea notoriamente los hechos cuando afirma, para justificarse, que yo había actuado «de gratuito censor de los actos internos de la representación de la Sociedad». Si eso es cierto, pruébelo la Directiva. Afirmar no es argumentar, ni mucho menos convencer. Pruebe la Directiva sus asertos, como yo he probado los míos.

En la tercera carta, la Asociación de la Prensa se da por enterada de esas manifestaciones, sostiene su competencia (que Pro-Arte le negaba) para conocer el incidente y deplora no haber podido conciliarme con la belicosa Directiva. Dice además que yo no he querido aceptar un «pase» de crítico musical que Pro-Arte generosamente me ofrecía en su carta. Yo no soy crítico musical.

Y aquí terminan las transcripciones del Boletín. A todo, le pone un título que dice «Incidente concluido». Pero no, señores socios de Pro-Arte, el incidente no concluyó ahí, si eso es lo que se quiere dar a entender. El incidente concluyó, por lo que a la Asociación de la Prensa se refiere, con una amplísima declaración oficial de esta en la que, tras de exponer veraz y minuciosamente los hechos, hacía constar los siguientes acuerdos:

«1ro.-Declarar que en ninguno de los escritos del doctor Mañach que han sido presentados en relación con la Sociedad Pro-Arte Musical hay un solo concepto de crítica o censura a los actos internos de esa Sociedad, habiéndose producido el doctor Mañach constantemente al través de la polémica a que se ha hecho referencia, en términos de la mayor circunspección y el más grande respeto hacia esa Sociedad y a su prestigiosa representación.

«2do.-Hacer constar que sin entrar en el examen del derecho de la Directiva de la Sociedad Pro-Arte Musical a excluir a cualquier persona de los privilegios que a virtud de su reglamento o al margen del mismo concede a sus socios, la Asociación de la Prensa de Cuba advierte con profundo desagrado que se haya recurrido a una medida que por su índole, por su forma y por su alcance reviste caracteres de vejación, como consecuencia de una discusión periodística mantenida con absoluta cortesía y corrección, y para aplicarla a un escritor de los altos valores intelectuales y sociales del doctor Mañach, cuya actuación enaltece al periodismo nacional».

El tercer y último acuerdo era a los efectos de la divulgación de esas declaraciones, que, en efecto, se publicaron en todos los principales periódicos. Ahí es, pues, donde «concluyó» el incidente; no donde dice el Boletín de Pr-Arte.

Y por mí, si la respetable Directiva insiste, el incidente no ha terminado todavía.

(*El País*, 27 enero 1929)

Ismos. Niebla

Mi artículo reciente «Krishnamurti y la precisión»[43] ha provocado dos reacciones discrepantes, sin contar con la de mi barbero, que es hombre dado a metafisiqueos. Puede que aun haya suscitado mayor número de protestas, pero solo dos han llegado por escrito a mi conocimiento.

¿Parecerá fatuo decir que las esperaba? En aquel artículo se hablaba de neo hinduismo y de espiritismo, credos que, por lo mismo que están en relativa minoría, suelen infundir a sus adeptos cierta irritabilidad, cierta hiperestesia que les hace sumamente sensitivos a la alusión escéptica. Y no lo digo con intención peyorativa. Algo de eso nos pasa, nos pasó, también a los creyentes en el vanguardismo, del cual se hablaba igualmente en aquella glosa. Solo que los vanguardistas hemos oído, y sobre todo leído, tanta «divina» tontería, que ya hemos criado mucha epidermis.

Es posible que en aquel ligerísimo comentario a los pronunciamientos nebulosos del Sr. Rajagopal yo mismo dijera algún que otro disparate. No soy un técnico en teosofía ni en espiritismo, y cuando se escribe de lo que no se sabe bien, como tantas veces tiene que hacer el periodista por ministerio de la actualidad, raro es que no se incurra en algún desatino. Los periodistas de talento son los que saben disimularlo.

Ahora bien: lo que ciertamente no hice yo en aquel artículo es menospreciar ninguno de los credos que traje a colación. Tan no los menosprecié, que los puse un poco a la par de mi niña bonita, la ya aludida posición vanguardista. ¡Como no fuese precisamente en eso donde encontró el vituperio, la

---

43 «Krishnamurti y la precisión», *Excélsior-El País*, 3 febrero 1929, pág. 20.

«nota deprimente», uno de los señores que han exteriorizado su inconformidad!

Pero no. Este buen señor de Morón —la tierra del gallo— escribe una airada carta (no a mí, sino al Director, a ver si me daba la cuenta) protestando del «reproche de vaguedad» que yo le hiciera a Rajagopal. Y a renglón seguido, sin mucha ilación ni ortografía, la emprende con la religión católica, suponiendo, sin duda, ¡que mi artículo lo inspiraron los curas! La suposición es de una ingenuidad conmovedora; pero tal vez no huelgue explicarle al señor de Morón que yo no he salido a quebrar lanzas por más credo personal que el de la calidad. Lo que dije es que la prédica de Krishnamurti y sus secuaces es un galimatías que ni los vanguardistas lo entendemos. Y si la carta del señor de Morón hiciese prueba del caos mental a que tales prédicas conducen, habría que declararlas daño público.

En compensación, la carta del otro lector es muy clara e inteligente. Este es un espiritista, no un teósofo; y lo que me reprocha es que, a pesar de encarecer tanto en mi artículo la precisión y la discriminación, yo haya confundido el espiritismo con el neo hinduismo de Rajagopal. A continuación, me explica que aquella primera doctrina «no es una religión ni una doctrina fundada sobre hipótesis más o menos lógicas o razonables, sino una ciencia exclusivamente experimental…».

En efecto: algo de eso había yo oído afirmar y negar, según abordase el tema Sir Oliver Lodge, por ejemplo, o alguno de los múltiples refutadores igualmente científicos que insisten en poner en tela de juicio la validez de ciertas «demostraciones» metapsíquicas. Yo en esto soy un agnóstico; pero, mi atento y paisano amigo, ¿qué tiene que ver la exactitud de la doctrina con la tacha de oscuridad, de nebulosidad expositiva, que es lo único en que yo comparé el espiritismo con la teoría del señor Rajagopal?

En definitiva, mi reparo no fue —esa vez— a las doctrinas, sino a su dialéctica. Y si me decidí a censurar, no fue por aversión gratuita —ya que todos los credos idealistas tienen mi respeto, aunque no tengan mi adhesión—, sino porque entiendo que esas prédicas, tradicionalmente nebulosa y mística *ab ovo* la una, e insuficientemente sustanciada aún la otra para la divulgación y el proselitismo populares, están viciando y trastornando muchas mentes flacas de Cuba. Es decir: están violando la consigna de claridad que preside esta hora del mundo.

Esto no es intolerancia. Es, sencillamente, un escrúpulo de higiene mental. Yo asistí en Boston, hace años, a una serie de conferencias en un templo «Vedanta». El hindú que oficiaba era un hombre histriónico, espectacular, que decía con una voz cavernosa las más arrebatadas incoherencias. De entonces me quedó la sospecha de que toda la prédica neo hinduista es algo parecido; y ciertamente no me han disuadido de ello los sermones vagarosos de Krishnamurti y de su enviado tropical. Cuanto al espiritismo, yo bien quisiera que abundasen en sus adeptos la claridad y mesura que usted, amable paisano, ha puesto en su instructiva carta.

(*Excélsior-El País*, 10 febrero 1929)

Películas. Precisiones

Con algún retraso me he enterado de que en nuestra primera edición del domingo y en la sección titulada *Cinema*, se publicó una carta en que el querido compañero Manuel Marsal estimó «oportuno» dirigirse al Sr. Becali protestando cordialmente de ciertas apreciaciones mías acerca de «Las películas en inglés», que tal fue el título de la glosa provocadora.[44] He buscado, pues, esa carta para conocer las discrepancias de mi compañero, y declaro que si este escribió, como dice, «todo lleno de sorpresas», yo lo he leído todo lleno de asombro.

Porque uno pone tanto empeño en decir las cosas con precisión y claridad como en callar las que fuera tonto decir, y he aquí que un lector tan despejado como Marsal me atribuye cosas que yo no he escrito y entiende mal las que escribo. Puede que el pecado haya sido de oscuridad por parte mía. Volvamos, pues, por los fueros de la precisión.

Todo mi artículo estaba destinado a censurar la proyección de «películas en inglés», es decir, sincronizadas con diálogos en ese idioma, ante un público cubano, en un cinematógrafo de Cuba. Entendí y sigo entendiendo que esa invasión pública de un lenguaje extranjero, asistida por el atractivo de un espectáculo tan popular como es el cine, representa, no solo una amenaza a nuestra cultura, sino también cierto detrimento para nuestro decoro. «Presumir —escribí— que cualquier otro lenguaje extranjero —el inglés señaladamente— tiene en Cuba igual validez que el propio, es forzarnos a aceptar, en el orden cultural, el humillante sistema fiduciario que le da en Cuba al dólar patente de moneda nacional».

Esta fue la tesis central de mi artículo. Acerca de ella, Marsal no tiene otra cosa que decir que «es triste el que los cu-

---

44 «Las películas en inglés», *El País*, 24 mayo 1929, pág. 3.

banos no seamos políglotas, pero lo es más aún que nuestra producción cinematográfica se reduzca a una serie de adefesios», que las películas españolas son malas y que, en definitiva, las palabras en inglés de los films censuradas solo «surgen en las escenas culminantes», lo cual no estorba a la pura interpretación mímica. Esto se llama, querido Marsal, irse por los cerros de Úbeda.

No he abogado en mi glosa ni por las películas del patio ni por las españolas, pues comparto la opinión del compañero acerca de ellas. Abogo, sencillamente, por que las películas norteamericanas que se proyecten sean sin acompañamiento de diálogo en inglés. Mi oposición a esto se funda principalmente en consideraciones muy amplias de orden cultural y nacionalista. Pero, además, creo que, estéticamente, ese diálogo es un estorbo hasta para los que no tenemos dificultad alguna en entenderlo. A este respecto voy a suscribir, con mi entera responsabilidad, unos párrafos que tengo a la vista del argentino Arturo S. Mom: «La palabra —dice refiriéndose a las *talkies*— rompe de golpe la fantasía y la belleza sugestiva de esos seres de sombra, porque los arroja de golpe a la realidad, porque los materializa y por lo tanto los reduce a sus vulgares medidas reales». ¿Para qué hacer hablar con palabras a quienes para hablar no necesitan de ellas? ¿Por qué pretender imponer un lenguaje a quienes ya tienen uno mejor? Creo, sí, aunque con muchas limitaciones, en los llamados *sound pictures*, porque ciertos sonidos naturales pueden aumentar en algunas circunstancias la emoción del espectáculo. En cuanto a los *talking pictures*, considerados como una nueva forma del cinematógrafo, me dan la impresión de una patada brutal asestada al verdadero cinematógrafo; algo así, también, como una pedrada contra un cristal o contra la estática superior del agua.

Somos, pues, muchos a pensar, querido Marsal, que las *talkies* distan mucho de ser, como crees, una evolución triunfal del cine. No toda novedad es progreso. Entre los mismos productores de películas, según informa Mom, el cine hablado no goza de aceptación unánime. «Cada uno juzga de acuerdo con sus personales conveniencias», observa el argentino.

A despecho de las «personales conveniencias» que aquí también puedan resentirse, hay que protestar, sobre todo, contra esa de los diálogos en inglés. A mí no me estorban gran cosa; pero creo que le estorban mucho a la dignidad cubana.

Finalmente, aclararé que, al referirme en mi artículo a una película que mostraba «escenas falsas de una Habana falsa y canalla», no veo por dónde incurrí en provincianismo. En los anuncios se decía que *La dama sospechosa* tenía escenas tomadas en nuestros suburbios. Pongamos que, en efecto, fueron tomadas aquí. ¿Impide eso que las califique de falsas? ¿No lo es, en efecto, la de aquel carromato cargado de armas, asistido por un negro vestido de apache y un blanco con aire de forajido y sombrero de yarey, y detenido por una milicia cubana de opereta que se las entiende con agentes fiscales yanquis? Si eso no es falso y si el ambiente no es canalla, que baje Dios y lo vea. ¿Ni qué tiene eso que ver con la conveniencia de que se establezcan en Cuba estudios fotográficos extranjeros, con tal de que no falseen nuestro ambiente?

Y para terminar: cables recientes nos han enterado de que toda la prensa mexicana está ya protestando contra las películas de diálogos en inglés. Es que, en estas cosas, México mira más lejos y a tiempo.

(*El País*, 31 mayo 1929)

El muñeco y el ventrílocuo

Abro antier el periódico y encuentro que alguien se empeña en dar un espectáculo desde esta misma plana. El espectáculo se titula: «Carta abierta de Marcelo Pimentel a Jorge Mañach».

¿Quién es Marcelo Pimentel? Es un muñeco. Es el protagonista de esa novela que ha sido ya objeto de una denuncia convencional, de varias fotografías con pie forzado, de dos portadas, del título de «sensacional» conferido por su propio autor y de varios juicios, aparte del correccional, entre ellos, uno mío, sincero, razonado y bastante negativo.[45] Pimentel es el muñeco más destacado de la novela. Yo dije, entre otras cosas, que era de aserrín por dentro. Y ahora resulta que el muñeco se pica como todo un hombre, se anima desesperadamente y me dirige una carta abierta.

Eso parecía contradecir mi juicio. Un personaje literario capaz de salirse de sus páginas y endilgarme una apología de sí mismo, de sus blasones y de sus nueve generaciones, tiene que tener alguna vida y personalidad auténticas, cierto rango pirandeliano o unamunesco... Pero me acerco, sorprendido, y veo que no. Veo que el muñeco sigue siendo muñeco. Que el frac, el gesto, la palabra, tienen algo de ajeno y postizo, algo de artificial. Y compruebo, en efecto, que se trata de un mero espectáculo, y que el espectáculo no puede ser más divertido.

Es un acto de ventriloquía. Detrás del muñeco está el autor y empresario, que tiene una probada habilidad para sacarse las palabras del vientre. [Alberto] Lamar [Schweyer] ha

---

45 «La Roca de Espasmos», *El País*, 17 noviembre 1932, pág. 2. En ese artículo, Mañach reseña la novela de Alberto Lamar Schweyer *La roca de Patmos*.

tomado su pelele, se lo ha sentado sobre las rodillas y le ha secreteado: «A ver cómo repites contra Mañach, que nos ha dado un palo, las cositas burlonas que yo te vaya diciendo».

Y el muñeco, con su laxa docilidad, empieza a gesticular y a dar como propia la voz de su amo. ¿Qué dice el pelele?

Nada muy original. Dice que Mañach está poseído del morbo del trascendentalismo y, naturalmente, alude de paso a su vanguardismo, a su tono de dómine y a otras novedades. Aseguran que él —el muñeco— tiene un hondo drama interior, aunque Mañach no lo vea: drama que consiste en que él, producto de nueve generaciones blasonadas, se ve obligado a vivir «en un medio plebeyísimo, en el que no encuentra más timbre de superioridad que el dinero». Añade que él no ha podido entender el comentario de Mañach, aunque le ha mortificado; que ese artículo, sobre ser oscuro y sermonero, estaba «lleno de sugestiones maliciosas»; que Mañach se está haciendo pesado por no querer bajar un poco el tono, a la altura, por ejemplo, del Dr. Maret, el compañero muñeco que en la novela resulta tan simpaticón. Poniéndose de repente un poco más grave, el muñeco hace que entra en el fondo de la cosa y asegura que toda esa gentuza de gran mundo pintada en la novela es de veras un índice de nuestra sociedad cubana, depravada y sensual. Finalmente, el muñeco se duele de haber hecho, en la novela, «una escapada a los caminos de la política, de la que está arrepentido», porque él pertenece —como yo— a una generación «sándwich», excluida de la política.

Aquí la voz del vientre se vuelve un poco más cordial. El muñeco, que pensó en mandarme los padrinos, me perdona la vida. La mano que le sujeta se suelta, y el muñeco desfallece. Ha terminado el espectáculo. La claque bate palmas. ¿Qué piensa, entretanto, el dómine Sr. Mañach, increpado, juzgador juzgado, compañero acribillado de pequeños alfilerazos con su poquito de veneno?

Dice esto: Primero, que él no entra en espectáculos para la réclame, porque con la denuncia de marras basta y sobra. Que, por lo tanto, no discute con muñecos, ni tiene mayor interés en privarle a este de sus ilusiones de ser alguien. Que su juicio sobre la novela en cuestión queda hecho, y al público nada más corresponde decidir si fue atinado o no.

Pero al ventrílocuo sí se cree el Sr. Mañach en el caso de decirle algo; y a ello va, concisamente. No tiene más remedio que hacerlo con la impenitente seriedad que le caracteriza: es cosa fatal. Hay quienes nacen para los espectáculos, y quienes, por el contrario, nunca se podrán convencer de que la vida, la sociedad, la patria, las opiniones, sean una pura farsa.

Yo, amigo Lamar, soy uno de estos. Pero no me va mal así. Esta seriedad que tú me ves, es lo que me impide recurrir a ciertos procedimientos de exhibicionismo, de reclamo y de medro, de los que prefiero no poner ejemplos, (a no ser que se me tiente a ello), porque tampoco sé abandonar con facilidad los planos de la polémica impersonal y decente. Este «trascendentalismo» mío —como tú llamas al prurito de escribir para decir algo sincero y de pura sustancia— me defiende también bastante de caer en la crítica barata, en el croniquismo epidérmico, en el saqueo de la opinión ajena y en las simulaciones de originalidad doctrinal. Mi tono poco jocundo me libra de profesar la maledicencia espaldera, amparándome de ese virus de la chacota, que llega a envenenar los espíritus hasta el punto de disolver sus ideales y poner sus ideas al servicio de los peores autoritarismos.

Si un muñeco ha podido hacer su apología pública, bien puedo hacerlo yo también. Continúo. Mi oscuridad —aunque solo sea la de ese párrafo por ti citado en que se han tupido tus entendederas— me permite decir, cuando otros están de rodillas o en los coros cortesanos, las situaciones de un civismo que todavía no he sabido cambiar en cinismo, y la fe en una patria que aún no me resigno a considerar perdida.

Esta irremediable trascendentalidad mía es la que me fortalece para pensar que si nuestra generación, por causas muy distintas de las que tú apuntas, no ha podido servir en la política (a pesar de los esfuerzos que algunos, como tú, han hecho por conectar con sus círculos tradicionales), los escritores de nuestra generación debemos hacer siquiera el esfuerzo por ayudar a nuestro pueblo a recobrar su conciencia, hablándole de sus problemas, tratando de fijarle sus valores, estimulando su fe y su confianza en sí mismo y no haciéndole creer que sus vicios son sus normas, y sus cloacas sus hogares.

En fin, jocundo Lamar, todas estas modalidades mías que tu muñeco ha satirizado tan dócil y primariamente, se reducen a una sola característica que yo voy a llamar a mi modo: dignidad. Entre las imposiciones de esta dignidad que padezco, incluyo esta: la de que, cuando uno escribe un libro, y le pide a un compañero un juicio de ese libro, y el compañero lo escribe sinceramente, con seriedad crítica, sin personalismos y teniendo, además, la deferencia de mostrarle a uno ese juicio antes de publicarlo, la dignidad recomiendo no contestarle sino con la misma seriedad y con la misma lealtad que se nos dio en homenaje.

Y nada más, excelente y querido ventrílocuo.[46]

(*El País*, 24 noviembre 1932)

---

46 El 28 de noviembre, Mañach publicó un artículo titulado «Telón y micrófono» que comenzaba así:
He recibido de Lamar Schweyer estas líneas, que le agradezco mucho:
«Querido Jorge:
«Si el público se empeña en que el espectáculo continúe y te pide salgas de nuevo a la escena, asegurándote de que en mi último artículo la palabra «pillastre» tiene para ti un sentido que pueda interpretarse como referencia a tu corrección, te ruego no le des el gusto. El diccionario y yo tenemos nuestras viejas diferencias, y doy a las palabras mi sentido y siempre dentro del tono en que escribo. Lamentaría que una vieja amistad, puesta al calor de una polémica LITERARIA, fuera a quebrarse porque a un señor se le ocurra torcer las frases.
«Te hago la aclaración porque en mi ánimo jamás estuvo el decirte «pillastre» en el sentido de la palabra. Si ella se deslizó, excúsalo y recibe un abrazo cordial de tu afectísimo amigo y compañero».
(f) Lamar Schweyer

Carta abierta a Joaquín Edwards Bello

Distinguido compañero:
En uno de los últimos números que a La Habana han llegado del *Repertorio Americano* de García Monge, he leído un artículo de usted, reproducido de *La Nación* de Santiago de Chile, bajo el título «El descrédito de nuestra América».

Siendo de usted no hay que decir que el artículo abunda en novedad y firmeza de pensamiento y en una claridad enérgica de expresión. Por tales calidades hemos aprendido ya a reconocerle los americanos un poco atentos a estas cosas de letras, aun los más distantes. Pues una de las promesas de nuestra América reside precisamente en este milagro de que bien o mal, nos vayamos conociendo algo más cada día, a despecho de nuestra general incomunicación.

Para excluir cualquier posible impresión de zalamería epistolar, añadiré enseguida que no todo lo que en su artículo se lee gana mi adhesión. El interlocutor cuyos pareceres sobre los Estados Unidos usted recoge parece instalarse sin embargo en un lugar común de denostación yanqui que va siendo ya tan malsano para nosotros como el de la yancofilia incondicional. Conozco un poco los Estados Unidos, por haber vivido siete años de estudiante allá, y hallo tan simple e injusto tachar su civilización —o si quiere su fisonomía colectiva— de «monótona y anodina» como reputarla de espejo de perfecciones.

No voy a argüir sobre el punto, porque no es ese el motivo de esta carta. Pero sí me permito someter que ese vicio millonario que la marea del turismo echa sobre las playas y casinos del mundo, es difícilmente un índice para medir la sanidad de un pueblo. Si algo ponen en evidencia esos vacacionistas de la moral yanqui es la represión de su régimen moral doméstico —muy regido aún de puritanismos—; pero realmente creo que abunda más en esa fauna turística el yanqui ingenuo, de kodak en bandolera, que sale de su patria a improvisarse una información de antigüedades y lugares. No hay más derecho a juzgar a los Estados Unidos por las cazadoras de divorcios y de cuadros plásticos, que a nuestra América por esos rastacueros de que su interlocutor hace mención. Unos y otros son nuestras respectivas excrecencias.

La tesis misma de su artículo —la de que nuestra América tiene que hacerse «fuerte», vale decir «monótona y anodina», si es que quiere resistir la absorción del Norte— me revela que usted juzga esencialmente saludable esa civilización, a no ser que todo su artículo sea una sutil pieza de ironía. La salud del Norte dista mucho de ser perfecta; pero la asiste una robustez tan evidente y apetecible, que nada medraremos nosotros con desacreditarla. No pudiendo incluirle en la beatería yancófila, me felicitaría de verle también lejos de esas filas de románticos de nuevo cuño, especie de avestruces patrióticos, que creen que la mejor manera de galvanizar a la América Latina consiste en decir pestes de los Estados Unidos.

No es todo esto, sin embargo, lo que principalmente me ha incitado a escribirle. Es, más bien, la tesis general de su artículo, en relación con la referencia que en él se hace a mi patria cuando admite que los Estados Unidos a la larga «podrán absorbernos y destruir nuestra modalidad, nuestra lengua y nuestra estructura autóctona, como está ocurriendo en Cuba y Panamá».

Permítame sugerirle, señor Edwards, que esta creencia —ya demasiado general, y expresada con harta frecuencia y seguridad en el resto de América—de que Cuba se está desnaturalizando con la influencia yanqui es, como la noticia aquella de la muerte de Mark Twain, un poco exagerada. Desde luego, el mundo entero está padeciendo de «americanización» al modo o moda yanqui. Pero lo que a la misma Francia hace, la prensa de allá, con sus mejores intelectuales, ha hecho menos aspavientos sobre el fenómeno. Cuba no es una excepción, y por recibir nosotros la influencia yanqui de un modo más inmediato y directo, es probable que se nos cuaje en formas más numerosas y acusadas —modas, técnicas, deportes, dichos, esnobismos.

Sin ninguna elaboración de optimismo patriótico, creo poder asegurarle, sin embargo, que Cuba se mantiene, por debajo de esas adherencias exteriores, bastante fiel a su índole. La médula de nuestras costumbres es todavía hispanocriolla. El Y.M.C.A. no ha hecho mayores estragos frente a lo católico y lo volteriano. El lenguaje es nuestra misma habla rota, pimentosa y algo acongada de los tiempos de la Niña Pancha. El ford desplazó al coche de punto, pero nos hemos vengado llamándolo «fotingo» con ese fonema afro «ng», que es una de nuestras más exquisitas formas despectivas.

No: no nos hemos adulterado todavía. Seguimos siendo la misma criollada un poco primitiva, alegre y caótica de siempre, con el aditamento psicológico de una antipatía a lo yanqui que suele tomar la forma, en nosotros clásica, del «choteo: —una suerte de homenaje burlón. Le diré más. Le diré (y Ud. perdone la vehemencia del desahogo, porque esto de la «americanización» de los cubanos ya va siendo un tópico molesto a más de barato) que en los últimos diez años en Cuba ha venido ocurriendo precisamente todo lo contrario.

Al sobrevenir la independencia (parteada por el yanqui, después de mucha gestación y dolor cubanos) una efusión ingenua de gratitud, unida a los espejismos de la emulación y del estreno republicano, hicieron que, en efecto, cundiera mucho entre nosotros la admiración a todo lo yanqui. Pero ya la Enmienda Platt nos aguó un poco la fiesta y la gratitud. Después, poco a poco las últimas generaciones le han ido viendo los cálculos al «poderoso amigo del Norte». Hoy ya sabemos a qué atenernos. No creemos que los Estados Unidos sean un ogro que se come crudos a los países niños; pero tampoco vemos en ellos a un hada madrina.

A esta reacción el pueblo y, en general, los cubanos sin complicaciones se adelantaron a la «gente pensante», determinando instintivamente en la Nación un repliegue celoso y receloso. Por lo que valgan los pequeños detalles, mencionaré que el cubano de hoy ya no dice *all right*, prefiere el Bacardí al whisky, y el son al foxtrot. En artes e ideologías, miramos más a Europa que al Norte. Y los últimos cinco años de experiencia, que han sido angustiosos, nos han acabado de enseñar precisamente a qué podemos atenernos respecto a la Enmienda Platt, el Tratado de Reciprocidad y otras dispensaciones de la «Gran República Hermana». Crea usted que en el alma de Cuba se pulsa, desde hace tiempo, una nueva «fiereza», y usted puede tomar la palabra en su sentido español o francés, como guste.

Lo que sí acontece es que Cuba está consciente de sus insuficientes defensas frente a la succión del Norte, lo cual se debe en parte a nuestra falta de solidaridad con el resto de la América que habla español, y a esa misma desunión de ella que usted en su artículo deplora. Pero sobre esto quisiera escribirle sin prisas, y me permitirá usted que lo deje para una segunda carta.

(*El País*, 7 enero 1933)

Segunda carta abierta a Edwards Bello

Distinguido compañero:
Terminaba mi carta anterior diciéndole que lo que realmente le sucede a Cuba no es que esté voluntariamente ayanquizada, como con demasiada frecuencia se supone por esas latitudes americanas, sino que carece, por sí sola, de fuerza suficiente para resistir la poderosa e inevitable atracción del Norte. Y atribuía esto a nuestra falta de solidaridad con el resto de la América de habla española, y a la misma desunión de esta que usted en su artículo deplora con un acento nuevo.

La aplicación de la Física a las relaciones internacionales está ya algo desacreditada; pero sigue teniendo siquiera un valor metafórico. Pongamos que aquello de la gravitación, que decía Adams, era una fórmula de pueblo ambicioso; mas es indudable que los Estados Unidos poseen una cohesión magnífica que se manifiesta, en el orden económico y político exterior, como una suerte de imantación poderosa, cuyo magnetismo se ejerce sobre los países cercanos en relación directa a su proximidad. Para resistirla, habría por lo menos que equilibrarla, presentando nosotros —los «Estados Desunidos de América»— una cohesión análoga.

Todo esto es sumamente obvio. Pero el único objeto de esa segunda carta es invitarle a considerar nuestra falta de resolución frente a la evidencia de estas cosas. Desde Bolívar hasta Martí vivimos acariciando con alguna esperanza el ensueño de una América unida. En el primero, como es muy sabido, el ideal dictó ademanes políticos muy calculados y positivos, que se frustraron, entre otras razones, porque ya los yanquis se habían hecho su composición de lugar imperialista. No obstante, un poco más de decisión en aquel momento, y un poco menos de caos en cada uno de nuestros países, hubiera bastado para permitirnos una afirmación enérgica de ese ideal unitario, y entonces hubiéramos estado todavía a tiempo para hacer valer nuestra voluntad y realizar nuestra vocación. Pero nos faltó todo eso, como usted dice, «por exceso de crítica, por odio al personalismo o minoría directora»; y el anhelo se nos quedó en retórica.

Posiblemente ese fracaso inicial engendró ya una suerte de complejo de inferioridad continental, para usar de la jerga en boga. Lo cierto es que poco a poco nos fuimos habituando los americanos a considerar como una utopía, lo que estaba tan naturalmente dentro de los imperativos de nuestro destino. Y ya en Martí, el último gran formulador de la idea de solidaridad, esta tiene un alcance puramente cultural y espiritual, limitado por cierta desconfianza en la posibilidad de su realización política positiva. Desde entonces, se ha hecho actitud común en nuestra América la de pensar que la unión constitucional de nuestras repúblicas es «un sueño imposible». Más o menos briosa y continuamente, todos los que sentimos la preocupación continental seguimos abogando por una suerte de vaga inteligencia iberoamericana; pero en cuanto abordamos los medios de hacerla efectiva, no nos avenimos a recomendar más que tratados comerciales, comunicaciones culturales y otros sustitutivos patéticos. Ni siquiera hemos puesto el hombro a la idea, relativamente viable, de la ciudadanía hispanoamericana. Pero, eso sí, seguimos cultivando bastante la cuita de nuestra desunión.

Lo curioso del caso es que solemos ser en todo esto más papistas que el Papa; quiero decir, más desconfiados de nosotros mismos y de nuestras posibilidades reales que los extranjeros que nos observan y que los mismos Estados Unidos. Apenas hay extranjero o yanqui que escriba o hable de nosotros con alguna buena voluntad que no se pregunte por qué diablos no hacemos los iberoamericanos ningún intento serio de federación. En su último libro, *América Hispana*, Waldo

Frank ha llegado incluso a proponernos la fórmula, y no ha sido el único. Pero nosotros mismos acogemos por lo común esas insinuaciones con un escepticismo previo que tiene mucho de enfermizo, cuando no de estúpido. Nos creemos más «realistas» abandonándonos a un nacionalismo cominero, haciéndoles el juego a los políticos de bajo vuelo que suelen tener el señorío de lo público en nuestros países respectivos, y hasta apadrinando rencillas regionales y supuestos «equilibrios» y «potencias» entre nuestros pueblos. Padecemos un poco del resentimiento de nuestro romanticismo, y para curarnos de una pretensa disposición característica al ensueño, le recortamos las alas a toda ambición política de alguna altura.

De cuando en cuando, sin embargo, las sugestiones del sentido común —de ese sentido común americano que insiste que la América de un mismo origen histórico, de una misma habla y de composición homogénea debe ser una sola entidad, para su mayor prestigio y vigor— nos invitan a acariciar el viejo ideal con un gesto melancólico. Pero rara vez abandonamos la vacua jeremiada tradicional. Este artículo suyo trae, como dije, un acento nuevo de objetividad, de frío cinismo, si me permite llamarlo así. «Sabemos —dice usted— que contra la unión monótona y anodina del Norte, no hay más remedio que la unión monótona y anodina del Sur». Yo no sé si nuestra unión tendría que ser necesariamente anodina y monótona para ser eficaz. Creo que lo importante sería crear la unión, y dejar que ella asumiera por sí sola la forma, tono y sabor que le impusieran nuestros factores peculiares. Pero en esa sugestión suya asoma ya una conjunción de antiderrotismo y de antirretórica que no se había dado hasta ahora ni por indicio y que pudiera ser la semilla de una actitud nueva más general.

Pero lo urgente no es fijar los predicados de esa unión, sino hacer cundir vigorosamente la idea de su posibilidad. Hemos venido aceptando con demasiada sumisión el juicio perezoso o artero de que la solidaridad de nuestra América es un bello delirio. ¿Por qué no intentar de una buena vez, en forma organizada y enérgica, la movilización de las conciencias americanas a favor, no de una vaga solidaridad sentimental o cultural, sino de una positiva integración política?

Sin esto, usted convendrá conmigo en que todo sería vano. La América dura y fuerte que usted contempla tiene que armarse sobre una recia osamenta constitucional; tiene que ser una unión de hecho, no de apetencias. Lo que a todos nos hace falta, en cada uno de nuestros países, es una política de envergadura, que tenga como objetivo, no los meros intereses nacionales, sino la realización eventual de una federación americana. Claro que esto importa demasiado, supone un montaje de sentimientos demasiado arduo para que nos hagamos muchas ilusiones respecto a su facilidad o viabilidad inmediata. Pero lo procedente sería deplorar menos, desear menos y entregarse más a la obra de edificación.

Por lo pronto, no vendría mal —aunque el recurso parezca ya muy gastado e inocuo— una liga interamericana de hombres que abunden en estas ideas. En cada país, la representación de esa liga se echaría encima la misión de acreditar el empeño hasta insertarla como una tabla maestra en las plataformas más prometedoras de la política nacional. Mientras no se haga algo de esto, compañero Edwards Bello, me parece que no tendremos mucho derecho a levantar la frente ante los extranjeros que hablen de nosotros con cierta conmiseración.

(*El País*, 7 enero 1933)

La salud de la criatura

A propósito de «La crisis del intelectual cubano», Enrique Palomares suscribió el domingo muy pías consideraciones, bajo su gerundio profesional: «Sonriendo». Entre ellas, instaló una alusión particularmente piadosa a la *Universidad del Aire*. Dijo el sonriente compañero: «La *Universidad del Aire* yo la vi con desconfianza. Unos primeros entusiasmos y después un pase a otra estación. El Radio no es todavía un impulso fácil a la propaganda de nada, y menos a la oída de lecciones que a la mayoría del público le interesan secundariamente».

Yo quiero creer que esta es una alusión piadosa. Quiero creer que el compañero registra, con tácita deploración, lo que él descubre como un hecho patente. Y aunque he procurado —por el pudor que siempre debe tenerse en hablar de las cosas propias, cualquiera que sea su bondad— mantener estas columnas muy desentendidas de ese empeño de cultura, me creo ahora en el caso un poco paternal de tranquilizar al amigo Palomares respecto de la salud de la criatura. Como Mark Twain al enterarse de la noticia de su muerte, puedo yo asegurarle al compañero que su aprensión es algo exagerada.

Aunque sea paterno —o tal vez por serlo—, creo que mi testimonio es un poco más fundado que el suyo. Pues, a lo sumo Palomares no es, no ha sido, sino uno entre los muchos oyentes de la *Universidad del Aire*. Puede que, habiéndole tomado a él una súbita desgana después de escuchar algunas de las disertaciones de la *Universidad del Aire*, cayó naturalmente en la fácil ilusión de suponer que a los demás oyentes les ocurriría lo mismo. Y saltó a esa conmiserativa conclusión de que, tras los primeros entusiasmos, se producía «un pase a otra estación». ¿Por qué suponer que los demás interesados han de ser tan tornadizos y displicentes?

Yo, en cambio, tengo la evidencia de que no lo son. No la evidencia precaria de una ilusión vana; sino la cabal y concluyente de muchos testimonios bastante concretos: cartas de plácemes en creciente abundancia; cartas en que se me ofrecen sugestiones o reparos; cartas en que se me pide que se aumenten las audiciones a tres por semana, o que se extienda la duración de nuestras breves conferencias, porque —así dice una de ellas— «saben a poco». Y no hago cuenta, amigo Palomares, de los telefonemas igualmente múltiples, ni del número de personas veraces que me aseguran que la *Universidad del Aire* es, dos noches cada semana, un regalo de elevación espiritual que las ondas les traen, un motivo de reuniones y de comentarios y debates.

Finalmente, si alguna otra demostración fuera menester, ¿no se la brindan al piadoso compañero esos *Cuadernos de la Universidad del Aire*, que reproducen semanalmente las sucesivas conferencias y que han sido acogidos por el público con tan sostenido interés que se han tenido que hacer reiteradas impresiones de los primeros números ya agotados?

Supongo que estos hechos bastarán para aliviar de su pesimismo al tornadizo colega. Ellos tienen alguna más importancia que la de servir de apoyo a una mera rectificación periodística. Tienen una elocuencia en relación con el tema donde halló acomodo un poco forzado esa alusión del señor Palomares. Demuestran, en efecto, que la «crisis del intelectual cubano» no se debe, como muchas veces hemos estado tentados de suponer, a una falta de «ambiente» o de receptividad por parte del público para las actividades intelectuales. Demuestran que el público cubano está ávido, hoy más que nunca, de estímulos y satisfacciones de un orden superior —

superior en la sustancia, pero suficientemente accesible en la forma. Demuestran que, cuando los intelectuales se juntan para una labor útil y generosa, como es la de contribuir a la diseminación de los conocimientos superiores en forma llana, amena y exacta, encuentran siempre en el público una atención agradecida y alentadora.

Todo lo cual no quita, claro está, que el compañero tenga sobradísima razón en todo lo demás de su artículo. La clausura de la Universidad Nacional, aparte los desvalimientos económicos que trae aparejados para la clase que hizo profesión de la docencia superior es, por el simple paréntesis que mantiene en el proceso de nuestra vida de cultura, un hecho al cual no se le pueden hallar ni inventar compensaciones.

Supongo que al advertir que «la *Universidad del Aire* no puede ser más que el Alma Máter», el compañero no creerá que pretendemos sustituirla; no ensañará demasiado su sonrisa con el nombre de «Universidad» que se nos ocurrió darle a la del Aire. Como observó finamente Emilio Ballagas, el poco de petulancia que pudiera haber en aquel título —«Universidad»— se desvanece con esa añadidura en que se alude a su levedad pasajera: «del Aire». Amén que la ironía del compañero no dejará de reparar en lo sugestivo que hoy día resulta esa combinación de palabras. Pues acontece que muchos de los disertantes de nuestra universidad aérea son profesores de la Universidad terrena, que es tanto como decir que son dos veces profesores en el aire, aunque la pequeña les dé algo que ganar.

Porque la pequeña y alada es una realidad, en tanto que la otra, por desdicha, es una sombra nostálgica. A falta del rico pan de las aulas, algo valen esas galleticas volando. Gracias a la *Universidad del Aire*, mucha gente para quien la información cultural superior era antes privilegio poco accesible, cosa de aulas y de libros caros, recibe ahora esa información o «repaso» de boca de unos cuantos jóvenes que ponen entusiasmo y rigor en su esfuerzo. Para estos mismos hombres, la *Universidad del Aire* representa una suerte de cátedra provisional, un modo de seguir ejercitando su vocación y de mantener vivos sus conocimientos.

En suma, la *Universidad del Aire* es hoy uno de los pocos alivios a esa «crisis del intelectual cubano» de que Palomares se duele a su sonriente manera. Por tanto, más que una prematura tarjeta de defunción, hubiera sido piadoso, por parte del piadoso compañero, un ademan confirmatorio. Su bendición, por ejemplo.

(*El País*, 28 febrero 1933)

Defensa del ABC

El País es un periódico «liberal» por la filiación política de quienes lo inspiran. Por su tradición periodística, sin embargo, es un diario «independiente»: un diario al servicio de la opinión pública y dentro del cual caben, por tanto, todos los matices políticos de opinión.

Así se explica que yo pueda salir desde estas mismas páginas a la defensa del ABC contra las agrias imputaciones que en dos artículos sucesivos le ha hecho Ramón Vasconcelos. La misma libertad que le ha permitido a él atacar una posición que no soy yo el único a compartir en esta casa, me permite a mí impugnar esos pareceres, en los cuales también sé que no está él solo.

Vasconcelos está tratando de galvanizar a la vieja masa «liberal». Ni que decir tiene que está en su pleno derecho, y hasta en su pleno deber, de hacerlo. Nadie, que yo sepa, ha pretendido ni pretenderá desahuciar de la ciudadanía a los cubanos que, en el año 1925, obsequiaron al destino de Cuba con la figura providencial de Gerardo Machado. Mucho menos a los que entonces, recordando acaso ciertos antecedentes morales y gubernativos del generaloide villaclareño, hubieran preferido elegir al Coronel Mendieta, de tan acreditada buenhombría y patriotismo. Pero Machado resultó elegido; y si de esa responsabilidad no se le puede eximir al liberalismo, cualquiera que sea su posterior inocencia por los crímenes y las abyectas sumisiones del machadato, la responsabilidad es perfectamente susceptible de contriciones.

Por lo demás, en este momento estúpido y pasional de la vida cubana, en que los que luchamos juntos contra la tiranía, denunciando el sistema político tradicional que le dio raíz, estamos lamentablemente divididos, es lógico que se aproveche la coyuntura para levantar, frente a unos y otros, las viejas banderas caídas. No es que esas banderas representen ningún ideal postrado, sino que solamente bajo ellas se pueden amparar ya los residuos de las viejas mesnadas que le dieron color y dolor a los primeros treinta años de República.

A todo esto tiene derecho Vasconcelos. Alguien tiene que hacer el promotaje. A lo que positivamente no tiene derecho, sin embargo, es a enardecer sus excitaciones con una difamación gratuita del adversario. Y no otra cosa hace el virulento panfletario cuando habla de «los conjurados del ABC —ese fascismo de contrafigura, sin raíz histórica y ridículo por su inadecuación al marco social y económico cubano». Cuando, insistiendo en la misma fórmula demagógica, habla de los abecedarios «apolíticos, clasistas, racistas, autores de las masacres y saqueos del gobierno vandálico del 12 de agosto». Cuando, utilizando un lenguaje que no es precisamente a nosotros a quienes nos es familiar, alude al «iyamba» de los «ebiones» del ABC, y cuando nos proclama, por añadidura, «terroristas» y «anexionistas».

Lo primero que se descubre en todo esto es una peculiar saña contra la organización que más decisivamente contribuyó, hasta 1931, a precipitar la caída de la Tiranía. Vasconcelos lo desconoce, sin duda porque, en esa época, se hallaba en Europa disfrutando del delicioso cargo de «attaché comercial» que Machado le había concedido, interrumpiendo así a tiempo aquel oposicionismo incipiente del periodista liberal.

El ensañamiento de esos artículos es también principalmente contra la organización a la cual Vasconcelos atribuye las sanciones populares del 12 de agosto. Esas sanciones se dirigieron exclusivamente, no contra los liberales decentes, sino contra los porristas notorios y contra los liberales y conservadores que cooperaron con la más siniestra tiranía que registra la historia de América. Vasconcelos siente una honda piedad por esas pobres víctimas. Víctimas, no del ABC solo, sino también de los estudiantes, de los nacionalistas, de una buena parte del pueblo que fue liberal, de todos los que en aquel momento sintieron exacerbado su espíritu de justicia y decidieron castigar expeditivamente, para histórico escarmiento, a los asesinos directos e indirectos de aquel régimen infamante. ¡Quédese Vasconcelos con su piedad! Los demás, solo lamentamos que aquel arrebato higiénico, de esos que los pueblos solo tienen en sus momentos de ira grande, no alcanzara en su justicia a todos los porristas directos e indirectos que aún quedaron vivos. Las revoluciones no son otra cosa que un ahorro de trámites.

Aparte de esa responsabilidad, el nuevo promotor del liberalismo nos hace otras curiosas imputaciones. «Fascismo de contrafigura» llama al movimiento que reivindicó en Cuba la libertad política y que hoy está todavía luchando contra el autoritarismo minoritario apoyado en la fuerza. Y es que Vasconcelos sabe que el ABC tiene un sentido de disciplina y de militancia activa; que está imbuido de una emoción de masa; que tiene ya su breve tradición heroica y esa emoción un poco mística de todos los movimientos políticos modernos. Pero no se le ocurre que si esas características lo asemejan externamente al fascismo, también le hacen parecerse al movimiento irlandés de los SINN-FEINNER, por ejemplo, o a las masas nacionalistas finlandesas o checoslovacas, o al mismo Partido Comunista de cualquier país que lo tenga. Vasconcelos confunde el rábano con las hojas.

Dice Vasconcelos que el ABC no tiene «raíz histórica», sin advertir que esa es justamente nuestra razón de ser. Porque «raíz histórica» en Cuba significa, en lo político, participación en la política tradicional, que ya sabemos lo que dio de sí. El orgullo del ABC es que representa justamente lo contrario de toda esa politiquería de improvisaciones, compadrazgos, «sargentos», pucherazos y cocomacacos, que engendró nuestra vida pública.

«Ridículo» halla Vasconcelos al ABC por su «inadecuación al marco social y económico cubano», cuando si algo tiene el ideario del ABC —que probablemente Vasconcelos no se ha tomado la molestia de conocer por nuestro Manifiesto Programa— es su «realismo» unánimemente reconocido, su cabal ajuste a las urgencias inmediatas de una ordenación económica y social primitiva, que la vieja política nunca se cuidó de superar. «Clasista» nos llama, cuando todo el mundo sabe que en el ABC fraternizan desde el profesional hasta el obrero, desde el comerciante hasta el campesino, porque precisamente lo que le caracteriza es ser una organización «vertical», y no de clase.

En un lejano eco de Ferrara, que echó a volar la insidia con su cuenta y razón, Vasconcelos nos tilda de «racistas», atribuyéndonos no sé qué vaga y peregrina «incomprensión humana». Hablen por mí los cubanos de color que en el ABC militan, y cuantos, antes y después de militar en él, hemos roto lanzas por el sostenimiento de la tradición martiana de solidaridad y de justicia. Lo que hay es que, para hacer prosperar celos e intereses políticos, se quiere provocar el divisionismo étnico, irritando con la misma falsedad de la impugnación racista aquellos resabios sociales o biológicos que, por desgracia, perduran en el fondo de todos los blancos y negros de Cuba y que solo se manifiestan cuando se excita imprudentemente su pugnacidad.

¡«Terrorismo», en fin; y «anexionismo»! Nuestro terrorismo consintió en evitar, por la sanción secreta pero valerosa, cuando otros medios no estuvieron a nuestro alcance, que en

Cuba se sumiera en el abyecto conformismo de los pueblos sumisos. En poner bombas cuando no se podía exteriorizar de otra manera la protesta contra una sórdida y sangrienta tiranía. Y nuestro «anexionismo», en aceptar la Mediación para crear, como creamos, el ambiente público de libertades relativas que le había de permitir su emergencia al ímpetu revolucionario, asfixiado por la tiranía.

Quiéralo o no Vasconcelos, el ABC es una realidad en la vida pública cubana. No es perfecto. Está hecho de hombres, y es demasiado joven, para no errar. Pero su honda e integral cubanidad, su anhelo implacable de justicia y decoro público, su voluntad de contribuir a la formación de una Cuba más alta, su voluntariosa vitalidad, están ya a salvo de todas estas flechitas del viejo partidismo contrito. Y de algo más.

(*El País*, 12 enero 1934)

Una réplica inevitable

¿Qué cosa es la serenidad? ¿Qué cosa es el sectarismo? He aquí algunas de las preguntas que me he hecho leyendo un artículo que publicó ayer en *El Crisol* el doctor Raimundo Lazo bajo el título «Un gerundio de Jorge Mañach». En este artículo, mi colega universitario —ahora también compañero improvisado en la prensa— me da un rapapolvo por mi glosa última «Autoridad y responsabilidad».

Perdóneseme el necesario impudor de decir que, con motivo de esa glosa, he recibido numerosas expresiones de aprobación, procedentes las más de ellas de personas completamente ajenas a acciones y pasiones públicas. Casi todos esos plácemes ponderaban la «serenidad» de mi comentario sobre las señales de violencia en la actualidad: celebraban la severidad ecuánime, el juicio libre de todo miramiento parcial, en suma, la íntima justicia con que se escribió. No todas las reacciones, en verdad, fueron aprobatorias: algunos lectores, francamente adictos a la situación pasada y hostiles a la actual, encontraron que mi artículo era «demasiado tibio». Echaban de menos «la fusta» en él. Pero eso mismo parecía acreditar, por lo menos, que la glosa no había sido escrita con ánimo sectario.

Pues bien: el doctor Lazo disiente de todos. El haber yo escrito que los sucesos y actitudes de los últimos días —«los petardos, la virulencia verbal y los tres o cuatro muertos misteriosos» (si el doctor Lazo no fuera un periodista improvisado sabría que, efectivamente, son por lo menos tres)— indicaban que se estaba «empezando a querer vivir» bajo el signo de la violencia, le ha parecido a mi colega una «afirmación sorprendente».

Lo que le sorprende, por lo visto, es el gerundio; mejor dicho, el sentido actual de él. No, no es ahora cuando estamos «empezando» la violencia, escribe el doctor Lazo: «se nos ha impuesto durante mucho tiempo ese estado, y en él hemos tenido que vivir, padeciéndolo o sufriéndolo hasta el cansancio, hasta el agotamiento del pueblo, y también hasta completar el enriquecimiento de vanidad y de oro de los que en ese estado de violencia fundaban su oligárquica hegemonía». Y mi ilustrado colega se remonta a los períodos de desatada violencia en el pasado postrevolucionario, para demostrar que no es ahora cuando empezamos, y que al lado de los actos de barbarie de «ayer», y que tuvieron por «ominoso» remate la impunidad, «el caso único de hoy tiende a ser esclarecido...».

Efectivamente, hubo una vez en Cuba una «oligárquica hegemonía» (aunque al «román paladino» del doctor Lazo le hubiera bastado con llamarla oligarquía, porque es de la esencia de estas el ser hegemónicas). Cuando ella perpetró sus actos de violencia, el que esto escribe militó contra la autoridad desbordada. Por ello sufrió persecución y exilio, cosa que no sabemos le ocurriera al plácido colega. Pero todo eso fue «antier», no «ayer».

Restablecida ya un poco la calma, normalizada constitucionalmente, hasta cierto punto, la vida del país, este comentarista condenó enérgicamente en el Senado los actos de violencia pasados, y cuando se produjo el asesinato de Fajardo («Manzanillo»), fue la única voz que en aquel cuerpo se levantó para denunciar aquel acto de violencia, con el cual se había sancionado brutalmente —justo es decirlo— un actitud de violencia militante sustentada a su vez por elementos hoy muy cerca del doctor Grau.

Después de eso se consolidó en Cuba la calma política; más aún, la cordial convivencia. La situación pasada padeció de muchos defectos y excesos; pero hay varias cosas que no se le pueden discutir, y una de ellas es, precisamente, la de que creó en Cuba un clima de amplia tolerancia, un respeto sustantivo a la ley política, que culminó en una jornada electoral que a todos los cubanos nos honra. El no reconocer eso, el olvidarse demasiado de eso, el tratar de hacer valer la gestión propia por contraposición constante e inelegante con la gestión pasada, es una de las actitudes que más pronto debieran remediar los sustentadores de lo actual. Cada momento histórico es un complejo de valores materiales, morales, políticos, etc., que da de sí no tanto lo que debe como lo que puede dar de sí. La historia se va tramando con todas esas relatividades, y lo importante es que, a través de ellas, el hecho común, que es la nación, vaya adelante. ¡Ocúpense de eso, y no de mirar tanto atrás, los que no quieran convertirse en estatua de sal!

La situación presente se inició bajo un signo de paz y de esperanza que nos alegró el alma a todos los que, por encima de las diferencias sectarias personales, ponemos el bien de Cuba. El ánimo de paz comenzó a perturbarse con las constantes manifestaciones de revanchismo oral y burocrático. Si, al cabo de algún tiempo, se desatan, dentro de la nueva situación, la violencia, la virulencia verbal de unos y de otros, el partidismo de quien sea y las muertes misteriosas, incluyendo esa «única» que, según el optimismo del doctor Lazo, «tiende» a esclarecerse; si todo esto ocurre, hay derecho a alarmarse y a decir, por lo menos, que se está «empezando» otra vez a vivir bajo el signo de la violencia. El «otra vez» estaba implicado en el resto de mi artículo.

Esta alarma no se expresó con ánimo sectario. El reproche que ella conllevaba se dirigió, por igual, a tirios y troyanos. Se hacía la protesta en nombre de la ciudadanía pura y simple, en nombre de la civilización, en nombre de la paz moral y física que todos los cubanos de buena voluntad ansiamos. Yo no traigo a estas columnas un pensamiento sectario. Pero importa decir qué es sectarismo, y cuánto vale, y hasta dónde obliga.

Entiendo por sectarismo la actitud o el juicio que nacen rígidos de la militancia de un partido. Esto de militar lo estimo un deber histórico para pueblos en formación como lo es el nuestro. El doctor Lazo, profesor de Literatura Hispanoamericana —no sé si con mayúscula o con minúscula— sabe que los más eminentes hombres de letra de Hispanoamérica, los Sarmiento, los Montalvo, los Martí, los Alberdi, los Arboleda, los Mitre, etc., fueron, con pocas excepciones, además de «intelectuales», hombres públicos. Supieron atender el clamor de sus pueblos en formación.

El que tanto escribe, aunque no es ninguna eminencia literaria, es ciudadano de una nación por hacer, y milita en el partido. Milita a las claras, sin oblicuidades, sin adhesiones ocasionales. Eligió para militar el partido cuya ideología mejor cuadraba con la suya propia, y por tanto es natural que las ideas que como periodista expresa, se parezcan mucho a las que como ciudadano militante sustenta. Pero el partidismo no obliga su libre conciencia de ciudadano y de escritor. Lo que trae a estas columnas es su sentir y su pensar cubano. Nada más.

En mi glosa de marras no había, pues, esa carga de «pasión sectaria» que con tan socorrida imaginación le imputa el doctor Lazo. Pero si tal aprensión le ha podido servir al considerado colega para salir de su cubículo a sahumar un poco el altar de turno, me felicito de haberle dado esa coyuntura, en nombre de un cordial compañerismo...

(*Diario de la Marina*, 22 marzo 1945)

Y nada más

Las polémicas periodísticas pueden ser un espectáculo divertido para los lectores —al menos para cierto género de lectores—; pero rara vez conducen al esclarecimiento de la verdad, ni tienen más resultado apreciable que el de abrir entre los contendientes un agrio vacío. Inevitablemente ocurre en tales discusiones que, mientras más se alargan, más se pierde de vista la discrepancia original. Los incidentes dialécticos acaban por desfigurar totalmente la materia que se discute.

No voy, pues, a prolongar —si de mí depende— la polémica con el doctor Lazo. Primero, porque no tengo el menor deseo de abrir un vacío de resentimiento entre mi estimado colega y yo. Estamos en tareas afines, luchando ambos por los intereses de la cultura y la decencia de la patria, y no es cosa de que, frente al primitivismo general, frente a las pugnacidades primarias en que el ambiente abunda, también los hombres de letras riñamos como comadres.

Pero todavía debo hacer algunas precisiones, aunque no sea más para que el doctor Lazo vea que no me defendí ociosamente. Volvamos a lo originario. Escribí un artículo sobre las manifestaciones de violencia que se estaban «empezando» a advertir en Cuba. Dije claramente que esas manifestaciones no eran solo de la zona oficial u oficiosa, sino también de aquella en que la actividad oficial se comentaba con excesos de negatividad y con incitaciones peligrosas. Mi juicio era, pues, equilibrado y sin asomo siquiera de parcialidad.

El doctor Lazo me salió al paso con un artículo todo él transido de la acusación de sectarismo. Dejaba entender claramente que mi opinión no respondía sino a una prevención política. Como yo estoy en este periódico, no para defender ideas de partido, sino ideas de servicio público, tuve que refutar al doctor Lazo, invocando testimonios de lectores que supieron entenderme, y aduciendo razones para que Lazo me entendiera mejor. ¿Dónde está la arrogancia en esto? ¿Dónde está el pontificado? ¿Ataqué yo al doctor Lazo por nada de lo que él antes hubiera escrito? ¿Intenté poner en solfa sus ideas, o embutirle las mías?

«Sorprendido» de mi alarma ante las recientes señales de violencia, Lazo les quitó importancia, aduciendo que, en cambio, todo el régimen anterior sí había sido un régimen de fuerza desaforada. Como ocurre que yo fui ministro en las postrimerías de aquel régimen, por requerimientos y disciplina de partido, la generalización del doctor Lazo me comprendía a mí: me situaba, por lo menos, en la posición de quien fue manso copartícipe de una situación de violencia. No cuentan solo las cosas que explícitamente se dicen, sino también las que se implican.

Evidentemente, si la generalización del doctor Lazo es legítima, al protestar yo contra los indicios actuales de brutalidad en Cuba, estaba incurriendo en una hipocresía. La generalización del doctor Lazo, y el modo como la presentaba, equivalían a poco menos que una negación de autoridad para opinar. De esto también tenía que defenderme, y la defensa no podía tener más que dos vertientes: una, acreditar la consecuencia de mi conducta demostrándole al doctor Lazo que, en mi modesta ejecutoria pública, siempre me produje contra la violencia, y sufrí las consecuencias de ello; otra, recordarle a mi impugnador que la violencia del régimen postrevolucionario no se prolongó hasta incluir la porción final de él —la constitucional y francamente democrática, que fue en la que yo serví ministerialmente.

Y eso fue lo que hice en mi réplica. Lo primero, con inevitables alusiones personales. La argumentación *ad hominem* carece de validez y de decoro intelectual cuando se debaten solamente ideas; pero cuando se discuten hechos biográficos, personales posiciones históricas, no hay modo de eludirla. Entonces, la polémica es una esgrima: se va a la cabeza y al cuerpo; se toca y se es tocado.

Cuanto al fondo de su juicio, ¿no ve el doctor Lazo lo forzado que resulta el querer silenciar la condenación de la violencia actual arguyendo que antes hubo violencia, y peor? Efectivamente la hubo; pero solo mientras se liquidaba el proceso llamado «revolucionario»; y si nos remontamos tan atrás, tendríamos que incluir también la violencia que se dio, silvestre, durante todo el gobierno provisional del doctor Grau, violencia que también fue de unos y de otros: de los que petardearon a aquel gobierno irresponsable (con mi protesta escrita de entonces), y del propio Gobierno que autorizó el bombardeo del Hotel Nacional y aprobó la fusilada de los oficiales rendidos... ¿No ve Lazo en qué confusa, desoladora, abominable madeja de pasiones postrevolucionarias nos metemos si llevamos las cosas demasiado atrás?

Una vez que se constitucionalizó, el régimen anterior no fue un régimen de «violencia», en el sentido de la palabra que yo definí en mi artículo originario. Fue un régimen de «manga ancha», por causas y razones que la Historia se cuidará de señalar; pero no de brutalidad física o siquiera de coacción acerba de las opiniones. Fue un régimen «democrático», a la manera como se puede dar la democracia en estos pueblos nuestros de economía precaria y de educación política incipiente. Cuando el doctor Lazo afirma que esa legalidad respondió a un «interesado designio», puede que tenga razón. Pero la legalidad política fue un hecho. Y la Historia se hace con hechos, y por ellos se juzga. Si queremos penetrar en el plano de las intenciones, tenemos —tiene el doctor Lazo— un perfectísimo derecho para ello; pero corremos el peligro de valorar los designios según nuestras personales simpatías, y eso sí que se parece ya mucho al sectarismo.

El artículo del doctor Lazo me ha ilustrado sobre algunos aspectos encomiables de su ejecutoria personal. Le felicito por ello. Le exhorto a que persista en la sustentación de los valores civilizados en Cuba, que buena falta hace. Pero una cosa me permitiría también esperar de él: que no ronde más el simplismo barato de suponer que todo el que hace política en Cuba es un aprovechado.

No: no condene el doctor Lazo al país a estar regido solo por ineptos o por bribones. No sea tan injusto que suponga santos a todos los de hoy y diablos a todos los de ayer. No se imagine siquiera que en política —que es cosa de mucho esfuerzo— le regalan a nadie actas de senador ni nombramientos de ministro; o que, cuando se los ha alcanzado en tal o cual régimen, ha quedado uno maculado para toda la vida. Hay quienes salen de la política tan pobres como entraron; y tan dignos.

Este pueblo se está haciendo; está en proceso de formación. Cuando los pueblos están en eso, huelen, como decía Martí, «y no a clavellinas». No se olía a clavellinas cuando Batista. Tampoco se huele ahora. (¿Concibe el doctor Lazo mayor fetidez que esa con que se está «esclareciendo» el asesinato de «Llanillo»?) Así son todos los procesos formativos, repito. Pero los hombres que sienten la angustia de su pueblo y la impaciencia por verlos encauzados, no pueden esperar, para aceptar tareas de servicio público, a que sobrevengan horas de fragancia. Nadie elige su momento de servir. Le viene en gran medida impuesto por las circunstancias y los mecanismos ineludibles de la acción política. Lo importante es que, cuando le toque su hora, no la esquive, sino dé en ella lo mejor que pueda. Ese es su deber de ciudadano.

Y nada más, amigo Lazo.

(*Diario de la Marina*, 25 marzo 1945)

La verdad está en medio

No tenía Raúl Maestri que sentirse aludido por mi artículo reciente sobre la «Ley General de la Enseñanza»[47] ni, puesto a comentarlo, necesitaba abundar tanto en la ironía.

Que en la discusión de la ley de regulación de la enseñanza privada ha habido mucho improperio —hiperbólicamente hablando, claro está— y mucho simplismo, es una afirmación que puede documentarse con no pocos textos a la vista, y no fue expresada sin consideradas reservas respecto de «las plumas más circunspectas, entre ellas algunas que traen claridad a estas páginas del *Diario*». Pudo muy bien acogerse a la excepción quien, como Maestri, siempre ha tenido fama de escritor mesurado, aunque en los últimos tiempos se le vea inclinado con exceso a actitudes rígidamente conservadoras.

Dije que me había sustraído al comentario sobre el proyecto de ley en cuestión, porque consideraba prudente aguardar a que «sobreviniera un poco de calma» en el examen de la iniciativa y de sus implicaciones. Y no tiene Maestri razón alguna para suponer que fuera otra la de mi esquivez ante el tema. De ello pudieran dar testimonio las respetables personas que, habiendo movilizado a Maestri para pronunciarse contra aquel proyecto con enérgica hostilidad, me encontraron a mí menos dispuesto a semejante absolutismo. Aparte de que el propio Maestri me escuchó decirle muy claramente que, a mi juicio, «la verdad estaba en medio».

Harto sé que estas opiniones equidistantes ya de por sí tienen poco valimiento, y menos aún en el ambiente de crisis que vivimos. Siempre se las miró un poco como «juicios en la cerca» (para usar nuestro criollismo), por la natural tendencia humana a creer que solo lo que se halla en los extremos

---

47 «La ley de la enseñanza», *Diario de la Marina*, 17 julio 1945, pág. 4.

es cosa definida, como si toda definición no fuese cosa de discernimiento, y todo discernimiento, en materia compleja, no situara inevitablemente el juicio entre las simplificaciones excesivas. Sobre esto, en la época de feroces prevenciones y de justificadas alarmas por que el mundo atraviesa, las opiniones tienden, más por instinto que por raciocinio, a escorarse con particular violencia. ¿No está ya en el aire una especie de conminación, con la cual se pretende que todos «nos definamos», es decir, que seamos «derechistas» a rajatabla o «izquierdistas» bien crudos, conservadores erizados o rápidos moscovizantes?

Pues bien: yo, por mi parte, me niego también a esa simplificación. Y como es esto lo que en parte hay en el fondo de la cosa, no estará demás la toma de posición. Si Maestri ha venido leyendo mis escritos de mucho tiempo a esta parte con la atención con que yo he leído los suyos, habrá advertido que no estoy, ni con los partidarios de un idealismo tradicionalista y en gran medida retórico, que ignoran, o fingen ignorar, todas las presiones deformadoras con que la democracia capitalista tiene acorralado al individuo, ni con los secuaces de un colectivismo absoluto que, por vías menos oblicuas, aunque más francas y expeditivas, ahoga a la persona y declara iluso cuanto hay de afán espiritual y de sentido trascendente en el mundo.

Cual sea la fórmula intermedia entre semejantes absolutos, la fórmula que le abra de veras hueco a la libertad entre ambos estados de asfixia de la espontaneidad individual, no es cosa que yo tenga la petulancia de querer decir. Ese es el gran problema de nuestro tiempo; la gran bisectriz que el mundo tendrá que trazar entre las dos simplificaciones polémicas que hoy confronta, si quiere salvar por igual los valores del recuerdo y de la esperanza. Pero sí creo que si alguna tarea urgente y profunda tiene hoy la inteligencia, es la de encontrar esa fórmula, que ha de tener mucho de síntesis. Eso, y no servir obsequiosamente de menestral a la inteligencia o a la precipitación ciegas, es lo que la historia reclama hoy del escritor público. Si a tales afanes de discernimiento y concordia quiere Maestri llamarlos «indecisión», allá él. Pero yo sé bien por qué clase de sociedad, y por qué géneros de enjuiciamientos se decide mi conciencia. A lo que decididamente no me uno es a la cerrilidad sectaria que, de una y otra parte, cree tener la verdad cogida por la barba.

En la cuestión de la regulación de la enseñanza privada, la verdad, según yo creo verla, está francamente «en medio». Que Marinello pretenda allanar con su iniciativa la vía legal para una intromisión de los criterios ateos en la enseñanza religiosa, es posible; pero solo cabe afirmarlo a título de presunción derivada del conocimiento que se tiene de las tácticas de su partido, a las cuales me opuse enérgicamente, con algo más que letras de molde, cuando fue mi deber oficial hacerlo. Mas si el proyecto de ley en cuestión no estuviera suscrito por Marinello, sino por Santovenia, digamos, la presunción no habría tomado tanto cuerpo, porque las intromisiones que esa iniciativa franquea con una regulación a veces excesiva (como la que se refiere a la aprobación previa de los textos, a la distribución de tiempo en la docencia, a la inclusión de la enseñanza religiosa en la materia inspeccionable y a la exigencia de títulos oficiales cubanos para acreditar la capacidad docente) no hubieran tomado el aspecto de brechas abiertas al asalto de los criterios comunistas. De hecho, muchas de las disposiciones en vigor, aunque en desuso —como lo indicó el Dr. Ramiro Guerra— implican regulaciones más severas, en algunos aspectos, de lo que aquel proyecto contempla.

No estaba de más, por supuesto, que se señalaran esos peligros a tiempo. Para eso están los prolongados procesos legislativos, que a veces se califican de morosidad congresional. Pero lo que no se justifica es que esa legítima prevención sirva de pretexto para afirmar, como se ha afirmado más o menos paladinamente en la exuberancia de la polémica, que la enseñanza privada está bien como está, que no necesita inspección ni regulación ni orientación técnica de ningún género. En la Constituyente se estableció, con toda deliberación, el derecho del Estado a inspeccionar la forma en que se educan sus futuros ciudadanos (fui yo mismo quien redactó el artículo con los frutos del debate), y no sé que ninguna inspección oficial pueda hacerse efectiva sin un derecho complementario de reglamentación.

La prevención contra las asechanzas que pudieran derivarse de la iniciativa del Dr. Marinello no podía, pues, llegar al extremo de enervar en modo alguno la potestad del Estado para comprobar que toda la enseñanza que se les dé a los jóvenes cubanos sea impartida por maestros de capacidad probada, con técnicas a la altura de los tiempos, en espíritu de construcción de un alma nacional y democrática, en condiciones profesionales que amparen —con los miramientos justos para las congregaciones religiosas dedicadas al magisterio— los derechos creados y expectantes del profesorado laico. En fin: la protección a las peculiaridades legítimas en la enseñanza privada no puede extremarse al punto de querer eximirla de toda inspección eficaz, lógicamente derivada de la Constitución, por temor al estrago de manos facciosas, pues jamás podrá haber orden constitucional ni disciplina pública en Cuba si se parte de semejante premisa.

Pues bien: todo eso —que va dicho solo en escorzo— es opinión equidistante, verdad «en medio». Para fijar esa verdad, para sustanciarla en detalle, para traducirla en fórmulas, era necesario que las partes en contienda se descargaran un poco de sus prevenciones, se moderaran recíprocamente con sus alegatos, se pusieran, a la postre, en actitud de diálogo, porque solo de la avenencia juiciosa de entrambas puede salir un régimen justo. No ha de olvidarse que el proyecto de Marinello dista mucho de contar solo con el respaldo comunista.

He ahí, pues, la principal razón —las demás debieran serle a Maestri evidentes— por qué no quise lanzarme antes al hervidero de crudos parcialismos que la discusión puso a bullir. Ahora, y por el solo hecho de haber apuntado una opinión equidistante y sugerido el menester mayor de una «Ley General de la Enseñanza» —que es lo que en definitiva creo que se hará en el Congreso—, Maestri me imputa «displicente suficiencia», «indecisión», y hasta no sé qué secretas intenciones victimarias. Discutamos lealmente, amigo Maestri, y dejémonos de pedraditas, que yo también sé tirarlas, y hay tejados de vidrio.

(*Diario de la Marina*, 26 julio 1945)

Precisiones a una oriental

De «Oriente», según reza vagamente su data, y específicamente de Manzanillo, según acusa, con burlona indiscreción, el matasellos del sobre, he recibido una carta amable y polémica escrita por «Una Oriental».

La carta se refiere a mi reciente glosa titulada «La Iglesia y el camino de la paz»,[48] y, después de muy generosas protestas de estimación que vivamente agradezco, contiene protestas de disentimiento que respeto, aunque solo en grado mínimo las puedo compartir.

Mi comunicante pone en tela de juicio las afirmaciones del aludido artículo, y más que las afirmaciones, las que ella supone ser implicaciones del mismo, aduciendo en apoyo de su discrepancia opiniones de Salvador de Madariaga en su libro *¡Ojo, vencedores!*, que decididamente tendré que leer, a juzgar por el mucho comentario incitante que sobre él escucho. He aquí una opinión que mi comunicante cita:

«Cantemos en loor de la duda. La fe ha vertido ya tanta sangre, que bueno sería acudir a la duda en busca de bondad y caridad. Mientras dos fes se matan una a la otra, la duda organiza la Cruz Roja y sirve los hospitales. Además, en contra de lo que pudiera creerse, la duda no excluye la fe. La falta de fe por sí misma no sería peligrosa. La fe tampoco. Es la fe en la falta de fe lo que hace del mundo un campo de batalla continua. La duda no excluye ni lo uno ni lo otro. Y al excluir la certidumbre, excluye la guerra».

Antes de brindarle a «Una Oriental» mi juicio sobre tales palabras, permítame recordarle que el artículo mío de marras no contenía nada de lo que los abogados llaman «pro-

---

48 «La Iglesia y el camino de la paz», *Diario de la Marina*, 27 febrero 1946, pág. 4.

nunciamientos de fondo». Por lo menos, contenía muy poco de eso, y sin propósito confesional alguno, como ella parece suponer. Era, simplemente, una observación objetiva de un hecho que me parece obvio: frente a la expansión política formidablemente organizada del materialismo ruso, la Iglesia Católica se ha alzado en un nuevo énfasis militante, con pareja dimensión de internacionalidad y con una tendencia aparente —que yo celebraba— a respaldarse políticamente con el apoyo de las grandes democracias.

«Una Oriental» me invita a que «amplíe y aclare conceptos», aunque luego termina su carta suponiendo que «es tan utópico como el Comundo de Madariaga el esperar que Ud. la conteste...». Pues ya ve que no era tan utópico: se la estoy contestando, con todo y lo delicada que es la tarea, pues escribo en un diario de firme pensamiento católico. En él mismo, sin embargo, hice yo mis primeras armas de periodista hace más de veinte años, y de él recibí la primera lección de tolerancia en la circunspección, al ver que mis juveniles comentarios de entonces se alternaban con el «Batiburrillo» de un viejo periodista criollo, Joaquín Aramburu, notoriamente adscrito a la masonería y a todos los matices de «duda», que ella supone. Don Nicolás y Pepín Rivero no eran de los que pensaban que la calentura estuviese en la ropa.

Cuando la críptica oriental me invita a que «amplíe y aclara conceptos», no sé bien qué afirmaciones de mi glosa reputa ella de encogidos o de turbios. Lo que dije, creo haberlo dicho claramente. Pero algo más añadiré que estaba un poco en el fondo y como por implicación. Compártase o no el dogma de la Iglesia en cuanto dogma, apréciese como se quiera la experiencia de ella en cuanto institución humana e histórica, no puede en modo alguno ponerse en duda un hecho de capital importancia. Este hecho es que la Iglesia siempre ha sustentado una tabla de valores y de consignas morales que han hecho de su influencia sobre los espíritus una de las grandes fuerzas de la civilización.

Puestos a especular lo que le hubiera ocurrido a la Humanidad si no hubiera habido nunca cristianismo en el mundo, es fácil perderse tanto en el escepticismo optimista como en el confesionalismo apocalíptico: decir que el mundo sin creencias religiosas hubiera sido más feliz y prosperado más, o afirmar, por el contrario, que nos hubiéramos vuelto a sumir pronto en la cuasi-animalidad primitiva. La filosofía de la historia no es, por desgracia, una ciencia exacta. De ahí la puerilidad de especular sobre cómo hubiera sido la historia si no hubiera sido como ha sido. Pero lo que sí tiene una significación es que la Humanidad haya siempre apetecido mantenerse a sí misma dotada de un alto repertorio de valores y de consignas morales, y que en tan gran medida haya dependido de la Iglesia, durante más de veinte siglos, para sostener esos desiderata de la vida espiritual.

La cantidad de decencia, de generosidad, de preocupación moral activa que se ha derivado para el mundo del simple hecho de que infinidad de hombres crean en Dios y en una vida trascendente, es enorme. Apuntar ese hecho no es declarar una adhesión confesional, es, sencillamente, declarar un hecho histórico cuya importancia solo un ateísmo cerril pudiera negar. Tan claramente se ha reconocido esa eficacia moralizadora y civilizadora (si es que civilización es afirmación del espíritu, como yo creo, recordando lo que nos diferencia de los animales) de la creencia religiosa, y particularmente de la más decididamente espiritual de ella, que es la cristiana —tan se ha reconocido, digo, que cuando el creador del positivismo, Augusto Comte, intentó dejar reducida toda creencia y toda norma humana a las que pudieran derivarse lógicamente del progreso científico, acabó por sentir la endeblez actual de esos cimientos para la vida espiritual y acabó por «fundar» una religión positivista —cuando tan fácil le hubiera sido echar de mano de la que ya había.

La verdad me parece ser, para hablar con toda claridad, que la vida moral, salvo en los casos en que nace de un puro instinto —que son, por desgracia, contadísimos, porque el hombre tiene mucho de bicho malo—, necesita cimentarse, o en una filosofía muy completa y profunda, que logre ligar todas las cosas —*re ligare*—, en la convicción de un gran principio central (con lo cual ya va teniendo mucho de religión, de *religio*), o en la adopción de un cuerpo de doctrina socialmente elaborado, que es la religión en sentido corriente. Y como aún más contados que los hombres de simple buen instinto moral son los filósofos genuinos y profundos, ocurre que la humanidad, si quiere tener un régimen social de valores y consignas morales, necesita de la asistencia de la religión, que para ese menester surgió.

La Ciencia —está visto— no ha adelantado todavía lo suficiente para proveer la cimentación de ese régimen: moral en dimensión social. Puede que algún día llegue a proveerla, y entonces es posible que Ciencia y Religión, tantas veces apartadas en el tránsito histórico, lleguen a mostrarse coincidentes. Esta no es ninguna vana esperanza, puesto que ambas tienen un común desiderátum: el principio único que explica y rige todo lo que es. Pero mientras esa feliz coincidencia no se produce (y a la humanidad le queda aún mucho que andar, si la bomba atómica no lo impide), todo el que piense que la humanidad necesita de algún régimen moral, de algún repertorio de consignas para una vida superior, de alguna poderosa incitación y vigilancia en el cumplimiento de ellas, hará bien en no proscribir lo suficiente en nombre de lo deficiente, la Religión en nombre de la Ciencia. Ambas cumplirán su cometido, si se las deja en paz.

Pero esto se va ya haciendo largo, y aún queda mucho por decir. Dejémoslo así.

(*Diario de la Marina*, 8 marzo 1946)

Lo espiritual y lo social

No sé si mi artículo anterior le dejaría suficientemente esclarecido a «Una Oriental» mi pensamiento en cuanto al grado y sentido en que considero necesaria la religión —para la mayor parte de los hombres— como base de un régimen moral de dimensión social. Pasemos ahora a otro punto de mi glosa inicial que, por lo visto, necesita de mayor precisión.

Apunté el hecho de que la Iglesia Católica estuviera actualmente buscando, a mi juicio, el respaldo político de las democracias genuinas, para alistarse con la fuerza de ellas en la defensa de los valores espirituales, frente al poder político del materialismo ruso. Como suceso puramente externo, eso me parece evidente, y ya veremos por qué lo señalé como cosa digna de celebrarse.

Pero acaso eso de la «defensa de los valores espirituales», que es la premisa de fondo, quedó dicho sin claridad suficiente. Al cabo, temas semejantes reclaman más espacio de ventilación que el que puede darles un artículo de periódico. Posiblemente las dudas de «Una Oriental» se enderezan contra la exclusividad que la Iglesia parece arrogarse con la afirmación y defensa de esos valores.

He de concederle por lo menos esto: hay peligro cierto de que «la defensa del espíritu» se convierta en uno de esos conceptos incómodamente vacíos que lo mismo sirven para un barrido que para un fregado. Hay peligro de que se haga de la frase sin concepto real lo que los ingleses llaman un *shibboleth* —un santo y seña más apto para animar oscuros fanatismos que ilusionadas empresas de superación humana.

Por otra parte, ocurre que el marxismo actual, que ha evolucionado y se ha avisado mucho a sí mismo desde su época natal, superando con hábiles dialécticas sus primeros simplismos materialistas, se está esforzando desde hace tiempo por demostrar —con meros psicologismos— que su pensamiento no niega el espíritu, sino que solo aspira a «liberarlo» y a posibilitar «genuinos valores humanos». Es decir, está dando ya la batalla dentro de la zona misma en que la Iglesia se había atrincherado y, con ella, lo mejor del pensamiento liberal democrático.

Ya se comprenderá, pues, qué importancia tiene disipar equívocos y acabar de definir qué es lo que en realidad puede y debe entenderse por «espíritu», por «valores morales», etcétera. Y cuando eso se haya hecho en forma sincera y clara, todavía quedará la tarea de reconocer la medida en que «lo espiritual» está condicionado por todo lo vital, incluyendo lo material de la existencia humana y, por tanto, las condiciones sociales en que los pueblos viven. No se puede reducir a mera filosofía el problema urgente de un mundo que ya no se deja convencer con meras ideas ni mucho menos con meras palabras. No se puede esquivar, en fin, la responsabilidad social que la defensa del espíritu entraña.

Sobre todo esto que digo, ya se está trabajando, y bien. Mencionaré solo el ejemplo conspicuo del filósofo francés Maristain, orientador de toda una escuela de pensadores más o menos neotomistas más o menos socializantes, que está ejerciendo fuerte influencia dentro y fuera de la Francia angustiada. Y pudiera mencionar también, entre nosotros, al Padre Foyaca y a cuantos, con ocasión del reciente congreso de acción católica, proclamaron la necesidad de actualizar el pensamiento de la Iglesia, enfrentándolo con aquellos requerimientos del mundo.

Por mi parte, no me siento apto para ventilar, en meros artículos, cuestión tan ardua como esa de la entidad de lo espiritual y de su relación con lo histórico y externo. Apenas si me atreveré a esbozar las tres o cuatro ideas en que se apoya mi personal convicción. Resuélvase como se quiera el problema de si el espíritu es sustancia o, por el contrario, simple función del ser vivo superiormente organizado, parece evidente que uno de los caracteres con que lo espiritual se presenta es su apetencia creadora y su exigencia de libertad. Mientras más «espíritu» hay en un ser humano, más ávido le vemos de rebasar el conformismo inerte del animal, los dictados de la muda necesidad biológica, la sumisión gregaria a toda forma externa de disciplina que coarte lo más noble de su albedrío. De ahí que podamos, en nombre de lo espiritual, rebelarnos contra toda disciplina política y social que haga del hombre una mera tuerca en la máquina colectiva, que sujete su vocación creadora propia a las vacilaciones externas de una sociedad integralmente dirigida y que, en nombre de esa disciplina totalitaria, le pode hasta aquella forma más íntima de su libertad, que es la de elaborar su propio pensamiento.

Por «valores morales» parece justo entender simplemente aquellos objetivos de aspiración y de conducta a través de cuya realización el hombre se siente más claramente elevado por encima del oscuro nivel de la animalidad. Son las cosas que la conciencia aprecia en cuanto empieza a sentirse a sí misma como espíritu, esto es, como ansia íntima de superación de la pura animalidad biológica, como exigencia de libertad para realizar esa superación y como fuero interno de responsabilidad. Todo lo que desplace radicalmente esa inconformidad hacia fuera de la persona, haciendo de la elevación del hombre una mera responsabilidad social, tiende a acabar con el espíritu. No puede haber valores morales genuinos, sino, a lo sumo, condiciones externas y variables de moralidad, allí donde al espíritu se le niega radicalmente su autonomía y a la voluntad se le merman posibilidades reales de acción independiente.

Esto no significa, sin embargo, suponer que a la prosperidad de lo espiritual puedan serle indiferentes las condiciones sociales, y en particular las condiciones sociales en que el hombre tiene que moverse. Por el contrario, esas condiciones afectan de un modo profundo —como acabamos de sugerirlo de paso— a la vida moral. Pueblo en que los hombres viven sórdidamente, con la materialidad de su existencia sujeta a una sola voluntad distributiva o, en el extremo opuesto, dominada por las ferocidades y contingencias de una economía competitiva desaforada, es pueblo en que, o se agosta la voluntad creadora del espíritu y su sentido íntimo de responsabilidad, reduciendo la persona a una sumisión bestial o, por el contrario, se desatan —sin más freno que el muy aleatorio de la caridad— todos los instintos animales latentes, no menos ahogadores de la conciencia.

Uno de los hechos más claros y confortantes en la actitud de la Iglesia durante los últimos tiempos es la nitidez con que ha recobrado lo mejor de su doctrina tradicional moderna acerca de la necesidad de crearle al Espíritu un clima social de justicia. Se había sacrificado en exceso la externidad a la intimidad, lo relativo a lo absoluto, lo social a lo teológico. La vuelta, desde León XIII, a un equilibrio entre esos dos polos de la conducta, supone, desde luego, un pensamiento social y, por tanto, un pensamiento político más o menos explícito. Quisiera aún sugerir cómo esto último no puede menos que conducir a una democratización genuina de ese pensamiento. Será tema para otro día.

(*Diario de la Marina*, 10 marzo 1946)

La cruzada nueva

Quisiera hoy terminar de sugerir —que no otra cosa puede hacerse— las reflexiones sobre lo que pudiéramos llamar «política de la Iglesia», provocadas por la carta de «Una Oriental».

Y es esto, en pocas palabras, lo que me quedaba por decir: hay una voluntad de los tiempos; la Iglesia ha querido, desde fines del siglo pasado por lo menos, ir con esa voluntad, auspiciarla, guiarla. Ha surgido en el mundo una fórmula político social —el comunismo— deformadora de la propia intención. La resistencia a esta fórmula puede acarrear el peligro de que la Iglesia desampare aquella voluntad. Sería, a mi juicio, desastroso. Pero «doctores tiene la Iglesia», y es de esperar que ellos sepan evitarlo, conciliando la voluntad de los tiempos con la salvación de los valores morales.

Todo esto tiene alguna sustanciación. En primer lugar, ¿qué es eso de la voluntad de los tiempos? Sencillamente, la voluntad de una mayor justicia para el mundo. Distingamos entre voluntad y mera apetencia. Esta siempre existió, claro está. Constituye, precisamente, uno de esos valores morales hacia cuya realización se proyecta incansablemente el espíritu. La apetencia de justicia se ahonda y difunde, por una parte, según aumenta la cultura del espíritu mismo, y por otra, en la medida en que las circunstancias objetivas en que el hombre vive resultan más opresivas.

Las dos cosas han ocurrido visiblemente desde hace un siglo, si bien en diverso grado. Aunque suele hablarse mucho con menosprecio en ciertas zonas «espiritualizantes» de los estragos de la Ilustración, es lo cierto que la mayor abundancia de las luces ha hecho más sensible el espíritu del hombre, lo ha enriquecido en todos sentidos, incluso, desde luego, para la percepción y servicio de los valores morales. De un mundo predominantemente instintivo en sus grandes masas humanas, se ha ido pasando a un mundo en que la reflexión, la disciplina autónoma, la sensibilidad en general y en particular los pudores morales juegan un papel mucho más importante. Esto ha aumentado, repito, la sensibilidad hacia la injusticia y la apetencia del valor contrario.

Por otra parte, la situación objetiva de los hombres en el mundo occidental se ha hecho, decía, más opresiva en relación con su mayor sensibilidad espiritual. Subrayo este término de relación, porque es importantísimo y, sin la debida cuenta de él, aquella afirmación sería poco menos que gratuita. No hay género alguno de duda que las posibilidades de bienestar del hombre han aumentado enormemente con el proceso del capitalismo. Antes, veíase el hombre infinitamente más oprimido por la autoridad arbitraria, por la miseria, por la enfermedad, por toda la cotidiana aspereza.

Pero tampoco es lícito desconocer que la libertad absoluta del régimen competitivo que el capitalismo engendró, se ha traducido, de hecho, en formas sociales que necesitan honda rectificación. Hay desniveles que no se justifican por la mera diferencia de aptitudes entre los hombres; hay fronteras demasiado indecisas entre la utilización y la explotación de la energía humana; hay técnicas mecanizadoras que embrutecen y formas llamadas de «racionalización» que nada tienen que ver con la razón moral del hombre, sino que lo envilecen y oprimen; hay, en fin, zonas de aprovechamiento capitalista que medran a costa de las condiciones esenciales de la humana existencia. Todo esto es lo que en el capitalismo hay de servidumbre junto a su grandeza.

Los dos hechos históricos se han combinado, y la mayor cultura de la conciencia humana, la ha hecho más sensible a esas formas de servidumbre, que en otras épocas le parecieron al hombre destino ineludible. De ahí que no solo se haya acentuado la apetencia de justicia en el mundo, sino también la voluntad de alcanzarla. Este es el hecho capital de nuestro tiempo que nadie puede ignorar sino a su propia costa. Todo lo que hay de inquietud en el mundo contemporáneo obedece en una u otra forma, directa o indirectamente, por vía de ideal o por vía de pretexto, a esa voluntad difusa, que todas las doctrinas políticas han sabido aprovechar o explotar, cada cual a su manera.

La Iglesia, consciente siempre, por su fondo cristiano, del ideal moral de la Justicia, ha trabajado secularmente a su favor mediante la sensibilización de las conciencias individuales y la prédica constante del amor y la caridad hacia el prójimo. Pero a fines del siglo pasado se hizo ya evidente que la situación objetiva derivada del proceso capitalista era demasiado resistente e impersonal para que se pudieran disolver por vía puramente individual sus precipitados sociales de injusticia. Al reconocimiento de esto se debió la sabia política social, en tantos sentidos revolucionarias, de León XIII.

Lo grave es que, paralelamente, el pensamiento social materialista acentuaba por otro lado su militancia. Del socialismo romántico inicial, saturado todavía de esencias idealistas y de miramientos cristianos, se fue pasando poco a poco a un socialismo llamado «científico», que no lo era tanto por el rigor de su doctrina cuanto por su desasimiento de todo lo espiritual. Ese socialismo, acuciado por cierta crisis del capitalismo y de la democracia liberal, dio de sí la fórmula comunista de nuestro tiempo, estragadora de la democracia y devastadora para todo el régimen ideal de los valores morales.

Hasta qué punto esta fórmula ha cobrado auge en el mundo, es demasiado visible. Frente a ese auge se ha levantado, indecisa todavía, la tradición democrática liberal —indecisa por lo que hay en ella de conciencia sucia, es decir, de falta de resolución para rectificar las injusticias palpables que el régimen competitivo absoluto ha dado de sí. Se alzaron también el pensamiento y los regímenes fascistas —filosófica y cristianamente insostenible aquel, repugnantes estos. Y, en fin, se ha alzado la Iglesia.

La Iglesia ni quiere ni puede desoír el clamor de justicia en el mundo: no puede ignorar la voluntad de los tiempos. Tampoco puede apañar al fascismo, con todo lo que comporta de brutalidad, de disciplina externa aherrojadora de la conciencia, de negación de la persona frente al Estado. En cambio, se halla naturalmente cerca de la democracia, por el contenido de esencias cristianas que esta tiene, por su instinto defensor de la conciencia individual; pero no puede cansarse de reprocharle su apatía social, ni puede dejar un solo momento de aguijarle para que elimine de su seno todo vestigio de servidumbre. La esperanza del mundo, pues, es que la Iglesia, con todo el vigor y la decisión que le permitan los miramientos internacionales, rebase integralmente su neutralidad política y ponga toda su fuerza espiritual enorme al servicio de la rectificación social de la democracia. Si así lo hace, su cruzada será la de todos los que creen que el Espíritu se realiza a través de la dignidad total del hombre.

(*Diario de la Marina*, 13 marzo 1946)

De arte viejo y nuevo

Por lo que vengo a leer con alguna explicable tardanza en un recorte de periódico —en el recorte de uno de los finos comentarios con que Rafael Marquina vigila nuestra actividad cultural—, mi distinguido amigo el pintor Esteban Valderrama me aludió polémicamente en las palabras con que contribuyó a la apertura de una exposición de arte en el Lyceum.

Fueron esas palabras, a lo que parece, ecos del guirigay que su suscitó hace poco en la zona académica de nuestro mundillo artístico, con motivo del envío de algunos cuadros de pintura cubana «nueva» para una exposición en México, envío hecho bajo los auspicios de la Dirección de Relaciones Culturales del Ministerio de Estado. Ya Francisco Ichaso, que desempeña brillantemente esa Dirección, se ha cuidado de justificar insuperablemente, frente a las aludidas censuras, los criterios culturales y artísticos que presidieron aquel envío. Nada hay que añadir al sustancioso artículo que publicó en estas mismas páginas. Ni a las atinadísimas advertencias que antes hiciera también Gastón Baquero sobre el asunto.[49]

So pretexto de que el arte es solo «uno» y de que la sola distinción estimativa radical que en él quepa hacer es la de arte «bueno» y arte «malo», se pretende rechazar la diferenciación estilística entre arte «tradicional» y arte «nuevo», con todas las consecuencias «discriminatorias» que eso pueda suponer. Y es por demás curioso que semejante tesis, que tanta violencia le hace a la más simple y común observación, intenta acreditarse en las artes plásticas desinteresadas, cuando tan evidente resulta en todas las demás la falsedad de ella.

---

49 «Sobre una exposición de pintura moderna cubana en México», *Diario de la Marina*, 21 mayo 1946, pág. 4.

Quienquiera que admita, con solo dar un paseo por nuestros repartos, la existencia de una arquitectura «nueva» al lado de una arquitectura de corte «tradicional»; quien solo tenga serenidad bastante para reconocer que lo nuevo puede ser bueno o puede ser malo, pero es, sin duda, distinto, y no solo se justifica como tal ante el gusto de infinidad de gentes, sino que hasta constituye objeto de preferente curiosidad para cualquier forastero culto que nos visite, podrá medir hasta qué punto la acuitada tesis de algunos de nuestros pintores académicos es desaforada y falaz.

Podrán ellos, a no dudarlo, protestar contra la legitimidad estética del arte nuevo, declararlo, si les place, feo y odioso, irresponsable y anárquico; pero lo que no podrán negar es que hay una forma de expresión que, en el sentir de muchas gentes que no son bárbaras, es «arte» y que, además, por responder a distintas intenciones expresivas es «nuevo». Podrán esos artistas nuestros afirmar que ese arte no es de su gusto, y que el gusto a que responde es aberrado; pero no podrán negar que hay infinidad de gentes en el mundo actual a quienes, por una razón o por otra, ese es precisamente el arte que les gusta. Podrán abrigar la convicción de que los nuevos estilos expresivos no pertenecen a la mejor cultura; mas no tendrán derecho a negar que forman parte de la cultura específica de nuestro tiempo y que, a ese título, concitan una especial curiosidad e interés, lo que bastaría —si no hubiese otras buenas razones— para que nuestro Ministerio de Estado exhibiese «eso» en México —país de muy adelantada curiosidad artística—, a reserva de exponer también «lo otro» en distinta ocasión.

En distinta ocasión, digo. Porque, como muy bien recordaba Ichaso, el conformismo es siempre indeseable. Quienes menos debieran desearlo son los artistas tradicionales. El arte tradicional, cuando es bueno, «se tiene bien», al lado del moderno; pero la exposición simultánea de uno y otro resulta, sin duda, desconcertante. Ahora en París vi en el Louvre un experimento semejante. Al lado de un Courbet se exhibía, a lo mejor, un Renoir y hasta un Picasso; al lado de un Corot, un Vlaminek. Y se comprende; el arte viejo responde a una óptica, digámoslo así, radicalmente distinta de la del arte nuevo. Mientras aquel deriva, con mayores o menores refinamientos, del principio imitativo aristotélico, que dominó la estética durante siglos, el segundo responde a un principio más subjetivo de libertad creadora, que puede llegar hasta a la radical supresión de toda mimesis.

Que esta evolución expresiva —tan consonante con los fermentos antidisciplinarios de la crisis individualista contemporánea— sea o no una bienandanza, es ya otra cuestión, sobre la cual se pudieran escribir, y se han escrito, remas de literatura estética. Pero esa evolución ha tenido, por lo pronto, eficacia bastante para que muchas gentes se hayan hecho su gusto en ella y hasta para hacer a un Bernard Shaw decir lo que dijo hace años:

«No estoy seguro de que me guste el llamado arte nuevo; pero lo que sí sé es que desde que hay arte nuevo, ya no puedo tolerar el viejo».

Claro que hay no poca *boutade* en esa salida del genial irlandés. Estoy seguro de que a él mismo, si le pusieran, al lado del *Blue boy* famoso, uno de los últimos disparates plásticos de Picasso, o junto a un Turner algunos de los caos sucios que vi últimamente en Francia en una exposición de paisajes, a Bernard Shaw le ocurriría lo que a mí, que me quedé, tranquilamente, con lo viejo.

No tiene razón, pues, Valderrama cuando me denuncia como un fanático de lo nuevo y se sorprende de semejante actitud en un escritor a quien atribuye, con harta benevolencia, esmeros «clásicos». No tiene razón, y él sabe que no la tiene. Nadie —permítaseme recordarlo una vez más— dio aquí tan vehementemente la batalla por la expresión nueva en lo plástico como este «clásico» de andar por casa; pero nadie puso nunca entre nosotros más cuidadoso empeño en defender los fueros de lo «tradicional». Y el que uno, cuando escribe, prefiera hacerlo con acatamiento de las normas de la expresión tradicional, tiene tan poco que ver con la amplitud del gusto estético como el hecho de ser persona circunspecta tiene que ver con la ancha curiosidad y gusto de todo lo vital que un hombre realmente vivo debe tener.

Un hombre realmente vivo, digo... Por ahí pudiera quedar dispuesto el enlace para algún otro comentario sobre el mismo tema.

(*Diario de la Marina*, 7 junio 1946)

O matarlos, o entenderlos

Terminaba la glosa anterior sugiriéndole a Valderrama —tan generoso, por lo visto, hacia este glosador como acidulado hacia sus cofrades de tendencia moderna— que el hecho de que uno, al escribir, prefiera hacerlo con acatamiento de las normas tradicionales de la expresión, tiene tan poco que ver con la amplitud del gusto estético como el hecho de ser persona circunspecta en la conducta tiene que ver con la ancha curiosidad y gusto de todo lo vital que un hombre realmente vivo debe albergar.

La diferencia entre arte tradicional y arte moderno es una cuestión de estilo. El estilo tiene un polo social o externo y un polo personal o subjetivo. Depende, por un lado, de influencias de época y lugar, y por otro del temperamento. Mientras en Cuba hubo un ambiente de cultura tradicionalista, que llegó a hacerse solo rutinario, ese ambiente sofocaba toda inquietud, todo intento de expresión disidente de las normas establecidas. Como esto no era nada saludable, la generación del 30 dio la batalla contra esa rutina de expresión: se oreó nuestro ambiente cultural, y ese oreo, acentuado por circunstancias sociales y políticas que luego sobrevinieron, permitió la siembra y desarrollo de las inquietudes estéticas que le han venido dando a Cuba, en los últimos tiempos, cosechas interesantísimas de producción poética, pictórica, escultórica, etcétera. «Interesantísimas» les parecieron, por ejemplo, a Juan Ramón Jiménez en lo poético, a extranjeros de alto calibre crítico, como los compradores del Modern Art Museum de Nueva York, en el orden plástico. ¿No quiere eso decir nada para Valderrama? ¿Están esos señores entregados a una simple superchería?

Pero el estilo tiene también su polo personal. Ya hace mucho tiempo se dijo que ese polo es el del propio temperamento. La obra artística es expresión. Cada cual se expresa según su temperamento: el sereno, con serenidad, el apasionado con pasión, el lógico con orden, el vital con espontaneidad, etcétera. Pero una cosa es el modo como uno tiene necesidad de expresarse para ser fiel a su propio temperamento, y otra cosa su aptitud para acoger y entender la expresión ajena. El radio de la sensibilidad, sobre todo en el temperamento crítico, es siempre mucho más ancho que el de la propia necesidad expresiva. Más claramente: se puede tener el estilo personal muy ceñido a determinada norma, y el gusto muy abierto a todas las demás normas, y aun a la ausencia de ellas. Se puede producir con disciplina y admirar con libertad. Se puede no saber pintar más que lo que se ve, ni escribir más que lo que se piensa, ajustándose a las pautas objetivas de la naturaleza y a las lógicas del pensamiento, y sin embargo admirar el desasimiento con que otros pintan y escriben lo que no ven ni piensan —por ejemplo, lo que sueñan.

Incontables ejemplos pudiera ponerle a Valderrama de escritores «clásicos» de hoy que gustan del *Ulises* de Joyce o la poesía de Neruda. Es más: si no gustan de tales excelencias, habría que poner muy en tela de juicio su calidad aun dentro de lo «clásico». Y a la inversa: no sé de ningún artista moderno genuino que no admire a los viejos maestros. Tan los admiran, que hasta a menudo insisten en declararse sucesores o discípulos de ellos. En Río de Janeiro, Molinari hacía esfuerzos inteligentísimos, aunque para mí frustráneos, por convencerme de que un Picasso violento que allí a la sazón se exhibía, ¡respondía en esencia a normas velazqueñas! Tenga o no razón al reclamar semejantes parentescos, el buen artista moderno nunca niega a los buenos artistas viejos. Es lástima que los artistas tradicionalistas de nuestro tiempo no siempre tengan el gusto igualmente acogedor hacia el arte de hoy.

Posiblemente hay en esto, en alguna medida, la simple antipatía producida por la competencia en la contemporaneidad. El hecho que contemplamos los que no somos más que espectadores un poco críticos, es que los pintores de una y otra tendencia hoy día se vituperan violentamente. Los «normativos», como llama Valderrama a sus congéneres, detestan a los «anárquicos» por estimar que son farsantes e irresponsables; y estos abominan de aquellos por estimar que están «muertos», que se han petrificado en una tediosa rutina. La verdad me parece ser que unos y otros generalizan demasiado. Que en el arte nuevo hay supercherías amparadas por el esnobismo, nadie que tenga un poco de sentido de lo genuino puede dudarlo; pero no todo el arte nuevo es, ni con mucho, una violenta farsa. Y que en el arte «normativo» hay mucho mero copista del natural, sin brío, sin imaginación, sin energía creadora, sin poesía, en una palabra, también es bastante evidente, aunque fuera muy injusto decir que todos sus cultivadores merecen igual anatema.

La razón por la cual el gusto más avisado suele caer actualmente del lado de lo «moderno» no es que solo en esa zona se den calidades genuinas, sino que se dan las más interesantes. Y resultan más interesantes, en primer término, porque toda novedad siempre aguija la curiosidad fatigada de lo consabido; en segundo lugar, porque el arte nuevo traduce vivencias de época, porque refleja lo que yo llamaría la angustia soberbia de nuestro tiempo. Ante un cuadro del «normativo» y académico X, el espectador hoy día puede admirar la fidelidad visual y técnica con que está lograda una alusión al mundo conocido de lo sensible; pero convengamos, Valderrama, en que esa admiración plácida carece de frescura: es, como diría D'Ors, la sensación de la almohada sobre la cual ya se ha dormido, y nada tiene de extraño que la sensibilidad más viva prefiera la alusión misteriosa de un Fidelio Ponce, por ejemplo, al mundo de lo soñado, o la de una Amelia Peláez al pensamiento de las puras formas.

En suma: cada cual tiene la expresión que puede; cada cual vale en la medida de su poder. Lo eminentemente bueno es siempre soberano, cualquiera que sea su estilo. Pero cada época se inclina a lo suyo, y pues ni usted ni yo, Valderrama, podemos remediarlo, hagamos lo que decía Ortega y Gasset: Los jóvenes —es decir, los nuevos— están insolentemente ahí. No hay más remedio que matarlos o entenderlos. Yo prefiero entenderlos.

(*Diario de la Marina*, 9 junio 1946)

Respuesta a Medardo Vitier

Leí con mucho interés y reconocimiento, mi estimado Dr. Vitier, la «carta abierta» que usted me dirigió desde esta revista,[50] a propósito del último de mis artículos epistolares a «un joven sin esperanza».[51] Con interés, porque un juicio suyo, por el solo hecho de ser suyo, es cosa siempre digna de atención, sobre todo si se refiere a cuestiones de orientación intelectual y moral, en las que usted ha empleado tanto de su vida y empeño. Y con gratitud porque me honra usted mucho al enjuiciar cualquier opinión mía, aunque sea para discrepar de ella, o para subsanarla.

Su carta contiene una crítica y una insinuación de doctrina. La crítica es de las deficiencias y opiniones que usted advirtió en mi artículo ya mentado. Celebraba usted bondadosamente algunos «méritos» de él, pero no sin sugerir lo que a su juicio le faltaba. Estimábalo un mero rosario de consejos sin sustentación interna, sin organicidad aparente. No se hacía manifiesto en él, según usted, el «espíritu rector» de los criterios sustentados, el trasfondo de creencias desde los cuales debían proyectarse. Más concretamente aún, echaba de menos alguna doctrina acerca de «la estructura de lo humano», alguna expresión de «fe en la realidad de los valores» y en la existencia de lo que usted llama «el reino del espíritu». De ahí que mis consejos al joven preocupado le resultaran «pautas sin la coherencia de lo orgánico», o, como dice usted muy gráficamente, «postes», que no «árboles».

50 Medardo Vitier: «Carta abierta a Jorge Mañach», *Bohemia*, 26 mayo 1946, págs. 20, 63.
51 «Carta a un joven sin esperanza», 28 abril 1946, págs. 27, 64-66; «Carta a un joven sin esperanza II», 5 mayo 1946, págs. 30-31; «Termina la carta a un joven sin esperanza», 12 mayo 1946, págs. 59-60, publicados todos en *Bohemia*.

Hasta aquí su crítica. Tras ella venía su doctrina, insinuada ya en aquellos reproches. Según lo entiendo, opina usted dos cosas principales. La primera, una cuestión de método. Cree usted que todo intento de orientación moral no solo debe enraizarse en convicciones teóricas acerca de lo que es el ser humano, su vida, su conciencia y los «valores» que se ofrecen a la humana conducta, sino que, además, todo ese andamiaje de metafísica, de psicología y ética superiores (axiología), debe mostrarse bien a las claras en el más simple consejo. No basta que el pretenso maestro lo lleve dentro, sino que lo debe también enseñar, para que no parezca que sus exhortaciones están en el aire. En segundo lugar, ilustra usted el género de «creencia» que pudiera aducirse, exhibiendo la suya: en pocas palabras, usted cree que «el bien posee sustantividad y que Kant tenía razón inmarcesible al postular que el hombre es «un fin en sí».

* * *

Este ligero —y confío que exacto— resumen de su carta, ¿no está ya pregonando, doctor Vitier, lo poco adecuado que son semejantes disquisiciones en páginas como esta? ¡Confiemos en que el lector que haya llegado hasta este punto de mi réplica tenga aún ánimo para seguir!

Estoy más que dispuesto a admitirle, mi respetado amigo, lo esencial de su crítica. Cierto que no la funda usted, por lo visto, sino en el último de mis artículos epistolares, y parece un poco precipitado de su parte —si no me tiene a mal que se lo diga— el enjuiciar solo conclusiones que por necesidad han de ser esquemáticas y de sentido práctico, para echar de menos en ellas una fundamentación que pudo haber encontrado en los artículos anteriores.

Pero la verdad es que tampoco la hubiera encontrado usted en ellos al modo explícito, formal, empinadamente abstracto que usted quisiera. Se hablaba en aquellos primeros artículos de lo que es un ideal, de la creencia firme que supone, de las «imágenes» en torno a las cuales se forma; se sugería no poco la primacía que debe otorgarse a los intereses o «valores» de orden «espiritual». Pero todo eso, a la verdad, quedó dicho sin rigor ni empaque algunos, no porque no se le concediese intrínseca importancia, sino porque no era ni pertinente ni necesario. En estas páginas no escribo para alumnos de filosofía, ni para intelectuales, sino para esa parte heterogénea del «gran público» que tiene preocupaciones nobles, pero que naturalmente gusta más de lo inmediato que de lo remoto, de lo concreto que de lo abstracto, de lo práctico —si usted quiere— que de lo teórico y especulativo. Para la gente, en fin, que se interesa por las conclusiones suficientemente razonadas más que por las últimas premisas de cada cuestión.

Me permito subrayar, de pasada, lo justo de ese requerimiento. Nuestro pueblo es un pueblo en formación. Todo él en su conjunto, y todas las porciones más peculiarizadas de él —por ejemplo, la juventud— necesitan y piden orientación sensata, suficientemente razonada en sus criterios, pero, sobre todo, clara, abarcadora y realizable en su formulación y sentido. Esta es una de las dos grandes tareas de nuestros intelectuales. Cierto que también está la otra: la de fijar y orientar el pensamiento «por arriba», la de elaborar doctrinas y normas en plano superior, con todo rigor lógico y científico y con profundidad filosófica: esa es labor de intelectuales para intelectuales. Pero tan necesaria o más que esa es la labor de los intelectuales para los que no lo son, o de los que lo son en cierta medida para los que lo son menos. Y cuando nuestros escritores «de ideas» se desentienden de este segundo menester para entregarse exclusivamente al primero —cosa que usted, por cierto, no suele hacer— creo que se hurtan un poco, por falta de generosidad, de humildad o de sensibilidad histórica, al deber de su lugar y de su tiempo.

Buena ocasión es esta —ya que puedo explayarme un poco en mi respuesta— para que yo me defienda del reproche que a veces se me hace de que, siendo profesor de Filosofía, no se me haya visto aún intento alguno de elaborar «una filosofía». Aunque creo que no sería difícil, con un poco de buena voluntad, descubrir a lo largo de mi obra hilillos de matiz filosófico (si es que por filosofía se ha de entender, como creo, un intento por entender todas las cosas unidas en su intimidad), cierto es que nada he publicado todavía en jerga técnica ni con caracteres de severa abstracción. Por no haberlo hecho, ha habido ya algún que otro juvenil amateur de lo filosófico que, con toda solemnidad, me ha declarado poco menos que maestrillo de aula, y gracias.

Es posible que tenga razón. Pero mi abstención de la filosofía pura, al menos en letra de molde, se debe a dos razones: una, que para hacer ese género de filosofía, se tiene que tener ya muy maduro el propio saber y el propio pensar; y yo no los tengo, a pesar de que llevo más de veinte años más o menos metido en esas averiguaciones. Tal vez en esta confesión humilde haya más filosofía, sin embargo, que en los escarceos prematuros y en los conatos adultos que yo me sé, los cuales, las más de las veces, no son sino lugares comunes dichos en lenguaje aparatoso, o simples trasiegos de ajenas lecturas que todos nos conocemos. Para intentar en serio y con alguna originalidad la propia filosofía, siempre hay tiempo.

Mas la principal razón de que yo no haga especulación, o la escriba, es que me interesa por encima de todo contribuir a la formación directa de mi pueblo dándole claridad sin pedantería, orientación sin teorismos excesivos, normas sin dogmas, incitaciones a su desarrollo autónomo más que exhortaciones arrogantes y de abstrusa fundamentación. Trato de vivir en mi circunstancia, y de servirla como puedo y por todas las vías que puedo (esta carta se la redacto en pleno día de elecciones, mientras anda en debate de votos mi servicio político). Trato, sobre todo, de comunicar sencillamente a los demás lo poco que se me alcanza de algunas cuestiones. Usted, que es tan buen maestro, no me lo ha de reprochar.

* * *

Dicho eso, ya comprenderá usted cuánto me fastidia añadir que mis artículos a la juventud eran, en el fondo, pedagogía. Me fastidia, por el empaque técnico de la palabra. Pero toda tarea de formación de vida es esencialmente eso, pedagógica, aunque en el caso presente revistiera caracteres poco magistrales y más de «hermano mayor» que de dómine.

Ahora bien: ¿es posible —preguntará usted— hacer pedagogía sin una tabla de valores, sugerir normas de lo que se debe y no se debe hacer sin que se tenga alguna noción previa de lo que es y lo que no es, de lo que vale y lo que no vale: en una palabra, sin criterios metafísicos y morales?

No: claro que no es posible. Por no serlo, toda esa «creencia» estaba implícita en mis artículos, como usted mismo lo sospecha y como podría comprobarlo si lee los cuatro que publiqué. Si usted no «sintió» esa creencia latente en el último —único por usted leído—, señal es de que, o yo escribo muy a la diabla, o usted estaba empeñado en descubrir frondas innecesarias, y al no hallarlas le parecieron «postes» mis árboles. Sin embargo, en aquel postrer artículo se decía, por ejemplo, esto que transcribo con algún entresaque:

«No olvide que también convendría mucho proponerse a sí mismo un ideal de «persona moral»; es decir, no solo lo que uno quisiera ser, sino también cómo quisiera ser uno... También esto depende del inventario —el de la propia intimidad—, y no siempre las condiciones de naturaleza ayudan. A veces nació uno tan mal dotado de estructura física y psíquica... que el cuerpo no le pide a uno nada bueno... Ese es el terrible drama de la moral... Pero esos casos son menos frecuentes de lo que se supone: la mayor parte de los jóvenes son relativamente normales. La mayor parte trae al mundo su poco de bagaje angélico y su poco de contrabando diabólico. Casi siempre nuestro destino moral es una transacción, más o menos feliz, entre el ángel y el demonio que llevamos dentro. Procure, sin embargo, que en ese modus vivendi, el ángel sea el que tenga la mejor parte».

¿No hay raíces de «creencia» moral ahí, doctor Vitier? ¿No se acusa la fe en que existe el reino de lo angélico, es decir, «del Espíritu»? ¿No se sugieren valores y preferencias?... ¿No responden coherentemente a esa «creencia» todos los consejos morales de mi carta? Tan absurdo sería suponer que pueda escribirse con responsabilidad nada admonitorio sin presupuestos de ese género, que usted no se decide a denunciar la omisión de ellos como un vacío íntimo; lo que prefiere reprocharme es que yo no hago explícitas las convicciones teóricas en que mis consejos se apoyan. Aunque reconozca usted que no era cosa de proponerse «una exposición filosófica, didáctica», no veo cómo pudiera haberse hecho esa fundamentación sin incidir en una de dos petulancias: o una cápsula de filosofía abstrusa, o un esquematismo árido, poco menos que insoportable e inútil.

* * *

¿Es eso realmente necesario, no ya en un artículo de edificación popular, sino hasta para cualquier otra forma de moralización individual o social? Admitido que toda pedagogía ha de estar respaldada por un «trasfondo» de creencias, criterios y valores, ¿será realmente indispensable que tales presupuestas se exhiban y razonen, para que la orientación resulte eficaz? No lo creo. Aquí sí que tocamos una cuestión de filosofía pedagógica, y no haré más que rozarla.

Una cosa es que el maestro sepa «dónde está parado», y otra que tenga necesariamente que «justificar» su posición. Lo sabe usted, lo sabemos todos desde Aristóteles (que le enmendó en eso la plana a Sócrates): la educación, más que otra cosa, es «formación de actitudes capaces de convertirse en hábitos». La actitud inicial o básica se logra por inculcación. Esta no necesita ser lo que solemos llamar «discursiva». Hay ya en ella muchos más elementos irracionales de lo que suele suponerse. Por lo pronto, su eficacia depende mucho de la autoridad de quien inculque, autoridad que está hecha, más del prestigio extrínseco con que la calidad intelectual y moral del maestro se irradia sobre el ánimo ajeno, que de ningún aquilatamiento o certidumbre, por parte del que aprende sobre el saber de quien enseña, o sobre su «verdad». La tarea del maestro no es tanto razonar sus convicciones exhaustivamente, cuanto exhibir razones suficientes para comunicar a los demás su propia certidumbre. Es más impresionar que convencer lógicamente.

De la inculcación se pasa a la formación del hábito en quien la recibe, por el simple mecanismo de la insistencia, y sobre todo provocando reacciones efectivas en el discípulo a tono con lo enseñado. Uno se educa, sobre todo, actuando en el sentido de la educación que busca. Usted bien recuerda la paradójica afirmación de William James: «No lloramos porque estamos tristes, sino que estamos tristes porque lloramos». Detrás de esa exageración creo que hay un *modicum* de verdad. Las expresiones —sobre todo las de la conciencia joven— engendran convicciones. Hablando «como» revolucionarios, infinidad de jóvenes nuestros se han convertido en revolucionarios... a su modo. Contágiele usted no más a un joven una creencia, aunque no se la razone inexpugnablemente; indúzcale, por autoridad y seducción, a que «viva» esa creencia, aun sin tenerla intelectualmente sustanciada, y acabará el joven por contraer el hábito la convicción. Tan cierto es esto, que toda la propaganda moderna está basada en ese mecanismo casi irracional. Y la educación, en el fondo, no es más que propaganda.

***

Propaganda, amigo Vitier... porque, si fuéramos a apurar hasta qué punto están efectiva e inexpugnablemente «fundamentadas», no ya en los jóvenes, sino en nosotros mismos, esas convicciones que pretendemos impartirles, ¡en qué grandes apuros no nos veríamos! La verdad es, como decía Sócrates —aunque en otro sentido— que la mayor parte de las cosas que «sabemos» las sabemos por amor. Creemos en lo que amamos más que en lo que efectivamente sabemos. A ciencia cierta, ¿sabemos siquiera todavía lo que es «saber»? ¿Estamos siquiera seguros de que lo razonable es lo verdadero? Muchas de las que llamamos nuestras convicciones, ¿son en rigor algo más que quereres mentales, fórmulas de expresión más o menos confortadoras, simulacros de raciocinio?

Usted, por ejemplo, me habla del «reino del espíritu», de la «estructura del espíritu humano». Y eso, aquí entre usted y yo, ¿qué significa? ¿No se vería usted, con todo su saber y su talento, en gran aprieto si yo le pidiese que me definiera y fundamentara, más allá de toda duda posible, eso del «espíritu»?... Usted cree en él; yo también. Pero creer no es saber. Y a menos que usted me demuestre lo contrario (lo que sería para mí felicísimo descubrimiento), mucho me temo, amigo mío, que detrás de su apenas insinuada doctrina del «reino del espíritu» no hay, aparte la voluntad de creencia, más que... peticiones de principio. Por eso las doctrinas «idealistas» de nuestro tiempo suelen ser tan vulnerables al asalto materialista —aunque las del materialismo, a la verdad, no resultan menos dogmáticas y parciales.

Sospecho que la razón de esa común vulnerabilidad está en que se insiste demasiado, desde que hay filosofía en el mundo, en escindir lo uno de lo otro, el espíritu de la materia, el alma del cuerpo. Sospecho —nada más que sospecho, fíjese bien— que habría que volver de nuevo, ya con mejores medios, métodos y escarmientos, al viejo intento griego, y sobre todo aristotélico, de sustanciar el espíritu —la Forma— a través de lo concreto —la Materia—, y esta a través de aquel. Tengo una especie de fe filosófica en que por esa vía está el porvenir de muchas de las más graves cuestiones morales, sociales y, en suma, filosóficas de nuestro tiempo. Hasta me ilusiono a veces pensando que mi filosofía futura ha de ir por ese camino —que sugerí hace un par de años en una conferencia en el Liceo sobre «El sentido de la vida»—, es decir, por el camino de una síntesis de los dos correlatos aparentes del ser: lo material y lo espiritual. Y hasta me tengo inventado ya un nombrecillo para esa filosofía por hacer: «condicionalismo».

Pero convendrá usted, amigo Vitier, en que nada de esto les interesa, ni mucho ni poco, a los más de nuestros jóvenes sin esperanza. Les interesa, a lo sumo, y sobre todo les importa, el consejo práctico que yo les di, nacido de esa mi creencia latente: «Vivan armoniosamente. Vivan su cuerpo y su alma a la vez. Mejoren el cuerpo para tener bien instalada el alma. Mejoren el alma para que cuide bien del cuerpo. Procuren que el alma siempre predomine».

Con eso bastaba. Algún día, si usted quiere, en cualquier otra parte, podríamos debatir o conversar acerca de todo lo que puede haber, y yo creo que hay, detrás de ese consejillo de almanaque. Entretanto y rogándole me perdone la extensión de esta respuesta, reciba el testimonio de aprecio y amistad de su devoto,

J.M.

(*Bohemia*, 9 junio 1946)

Cuestión de orientaciones

El doctor Ferrán y Rivero me ha llamado a cuentas. Es de presumir —y de desear— que todos los lectores hayan leído el generoso (generoso en el orden personal), reflexivo y acucioso artículo que, bajo el título «Mañach y la inquietud de la juventud cubana», publicó antier mi joven compañero de redacción en sus columnas de *Crónica Católica*.

Por si alguno no lo ha leído, no está de más hacer inventario muy escueto de su contenido, lo que me permitirá contestarlo con alguna precisión. Se alude en él a ciertos recientes trabajos míos, en una revista de esta capital, acerca de la desorientación de la juventud cubana;[52] y me pregunta el doctor Ferrán —a vuelta de algunas manifestaciones de aprecio que mucho le agradezco— si yo mismo estoy satisfecho de mi orientación; caso de estarlo, cuál es mi «conclusión» y cuál mi «cura» para nuestra juventud; y si le veo yo alguna otra salida a su desconcierto que no sea «el comunismo más o menos ortodoxo» o «el catolicismo integral y consecuente con sus principios».

Esto es lo que se llama ponerle a uno en la situación del alguacil alguacilado. O encuentro la «salida» —aunque sea por un postigo— o Ferrán, y todos los demás jóvenes de su buen linaje noblemente preocupado, tendrán harta razón para que quisiera enriquecerles con mi penuria. Como uno no tiene derecho a supercherías, voy a contestarle a mi compañero con toda veracidad y con toda humildad —que es el principio de toda sabiduría.

¿Si me siento yo mismo satisfecho «íntegramente» de mi situación?... Hombre, pues, francamente, no. En primer lugar, porque pertenezco al género de espíritus «inespecificados»,

---

52 Ver nota 50.

como me llama el propio Ferrán donosamente, que no se satisfacen con facilidad. Tengo el ánimo irremediablemente interrogativo y exigente. Si en el trato social de los hombres no creo que me falten caridad ni indulgencia, en el trato conmigo mismo, en la hospitalidad a la convicción y a la creencia soy, por desgracia, bastante arisco. No lo digo como una gracia. Tal vez sea una gran limitación. Pero la verdad es que no tengo la culpa de que el espíritu me dé de sí más inquietud y preguntas que facilidad para el acomodo y la adhesión.

Lo único que puede decirse en defensa de semejante «limitación» es que a ella se debe principalmente el impulso con que la humanidad ha ido rebosando, a lo largo de la historia, sus comunes limitaciones. Decía Aristóteles que todo saber nacía de la curiosidad, y antes había afirmado su maestro Platón que el asombro —es decir, el empezar por sorprenderse de todo, por hallarlo todo inexplicable y extraño— era el padre de la ciencia. Si la humanidad puede pecar (como en efecto peca a menudo) por falta de convicciones, también —créamelo Ferrán— puede pecar (y ha pecado mucho) por sobra de ellas; es decir, por no haber mantenido siempre frente a la ventura de la creencia la dolorosa inquietud de la duda.

Y no crea Ferrán que esto de la duda sea, necesariamente, aquel hongo o moho del espíritu que tanto se nos enseñó a detestar en los siglos acosados por el racionalismo implacable. Si la duda es «herejía», el propio San Agustín declaró que «convenía que hubiera herejes»: *oportet enim heresse esse*. Y aún me permitiría yo añadir que sin la duda, entendiendo por tal la desconfianza en toda mera afirmación, nunca hubiera el pensamiento cristiano subido a las acomodaciones fáciles de Orígenes o de Tertuliano a las soberbias alturas de Santo Tomás. Y ya ve que no estoy eligiendo mis ejemplos sino dentro de la mejor ortodoxia.

Pero volviendo a planos infinitamente más humildes: cuando Ferrán me pregunta si estoy satisfecho de mi propia orientación, lo hace con aire tan severamente inquisitivo, a despecho de su bondad, que parece tener muy serias dudas él mismo sobre esa orientación mía. Sospecho que él sospecha que no la tengo, y por ella me invita a precisarla. No le tengo a mal esa actitud. Pero antes de decirle por qué, convendría que nos pusiéramos de acuerdo, si fuera posible, sobre lo que es una «orientación».

Hay quienes creen —y Ferrán es de ellos— que una orientación es, necesariamente, un punto de partida; otros hay, en cambio, que entienden por tal un punto de llegada. Los que piensan lo primero, salen ya a la vida y al mundo con un equipo completo de provisiones mentales: es decir, con un repertorio, que consideran suficiente, de convicciones o de creencias sustantivas. Entiendo por tales, convicciones no solo en cuanto a posibilidades y métodos de orientarse en la vida, sino también en cuanto a contenidos o significados de toda realidad inmediata y trascendente. ¡*Beati possidenti*! —¡Bienaventurados, sin duda, los que tanto tienen! Pero eso es cuestión de fortuna espiritual. Hay gente que nació con esa sensibilidad, con esa «intuición», con ese poder adquisitivo nato. Es parte de la misteriosa veleidad del destino, que no reparte por igual sus dones.

Distintos por naturaleza —y tal vez más desafortunados— son los que, descontentadizos de índole o voraces de certidumbre, no logran contentarse de entrada con las provisiones de la tradición, cualquiera que sea el linaje de esta, y se empeñan en hacer de su vida un largo esfuerzo por construir su propia fortuna. Claro que ellos también, si les falta capital de creencia, han de contar siquiera con alguna herramienta de trabajo y con algún tino para usarla. También tienen ellos un mínimum de convicciones. Pero no son convicciones sustantivas, sino instrumentales; no son creencias radicales, sino lo que llaman los ingleses *working hypotheses* —supuestos de trabajo. Y con esos supuestos sobre las posibilidades y métodos del humano conocer, echan a andar en la vida, confiando en que la experiencia de esta y las intuiciones y observaciones que a ella da ocasión, les vayan marcando un rumbo cierto, al cabo del cual es de esperar que esté la meta segura. Esa también es, a su modo, una «orientación».

Cuando Ferrán me reprocha —como creo que implícitamente me reprocha— falta de orientación propia, está pensando, por definición que él mismo en su artículo nos da, en una orientación dogmática (y uso la palabra sin aversión alguna). Y entonces tiene razón. Pero no me parece que eso necesariamente suponga que anda uno sin rumbo, sin el otro género de orientación que significa confiar racionalmente en eso que las «angustias» momentáneas de la humanidad tienen hoy un poco desacreditado: la perfectibilidad del ser y del vivir humanos.

Por hoy, baste con eso. Y que todos los lectores excusen el que un nuevo sonsacamiento me meta otra vez en honduras.

(*Diario de la Marina*, 23 junio 1946)

Caminos de fe y de razón

De manera, amigo Ferrán, que la orientación que yo tengo —como traté de sugerírselo el domingo— es la que consiste, no en un punto de partida (esto es, en un repertorio ya cerrado de creencias sustantivas), sino más bien en la aspiración a un punto de llegada, en un rumbo, donde trato de mantenerme asistido por la brújula de la razón, que me sugiera ciertas convicciones en cuanto a «camino», que eso es lo que la palabra «método» significa.

Despejemos, por lo pronto, un equívoco. Es el equívoco entre «creencia» y «convicción». La creencia es cuestión de fe, a lo que me parece; resulta de una necesidad de plenitud que el espíritu humano tiene y que lo incita a completar su certidumbre, buscando asidero en lo trascendental. Aunque la fe se asista a menudo de la razón, su punto principal de apoyo es esa necesidad del espíritu. Las cuestiones de fe están por encima de la mera filosofía, que es tarea racional. Esto no lo digo yo. Lo dice, por ejemplo, el más penetrante y riguroso tal vez de los pensadores católicos contemporáneos, Etienne Gilson. Léase usted su libro, recién traducido al español bajo el título *Dios y la Filosofía*. En una de las páginas finales, la 155, hallará usted esta afirmación: «Es que donde termina la metafísica del hombre, allí comienza su religión».

La convicción —y reconozco que la palabra tiene sus deficiencias, pero no se me ocurre otra mejor— es, por el contrario, del puro orden de lo filosófico, es decir, de lo racional. Y como lo racional es función de nuestra realidad humana en el mundo, y se provee, para sus conclusiones, de los datos que nos suministra nuestra experiencia en él, resulta que la convicción es el producto de una actividad racional volcada hacia esta realidad, hacia la modesta realidad de acá abajo, no la trascendente.

No crea; yo también tengo mi fe —es decir, mis «creencias» sobre lo trascendente. Tengo mis necesidades espirituales como cualquier hijo de vecino. No me resigno al terrible vacío que supone no darse alguna forma de respuesta a las preguntas: ¿Por qué es que hay algo y no nada? ¿Cómo puede entenderse, sin alguna suprema intención, este mundo que chorrea todo él de intencionalidad? ¿Cómo puede pensarse que no tenga algún sentido esta absurda tarea de existir? Sí; yo tengo mi fe sobre eso, aunque no tenga «convicciones».

Pero en mis trabajos de «orientación» a la juventud, que dieron pie a su invitación al vals, yo me proponía solamente orientar a los muchachos en el mundo, y particularmente en este pedacito insular de él. Y me pareció más eficaz tratar de orientarlos a base de mis convicciones, no de mi fe. La razón de ello es clara: no toda nuestra juventud (llámelo usted una desgracia, si quiere) tiene sensibilidad para la fe. En general, se la ha venido educando en el racionalismo. Aspiro, por tanto, a orientarlos según razón. No es que la fe católica, por ejemplo, no sea magnífica para orientarla. Es que mucha parte de esa juventud no la tiene, y no estoy seguro de que la fe sea comunicable. De modo que la disyuntiva es: o dejar a esa juventud sin orientación alguna, u orientarla, en la medida de lo posible, según razón.

Vale la pena detenerse un poco en este punto, con un sentido de preocupación pública. Vale la pena preguntarse, con toda serenidad, con toda objetividad, si, a la altura que el mundo está —o, si usted quiere, a la «bajura» en que ha caído, pues todo es cuestión de punto de vista—, se debe insistir en la educación solo por la fe, cuando hay tantas almas que han perdido la sensibilidad de ella. El punto es demasiado importante para considerarlo con criterio cerradamente dogmático. De lo que se trata es salvar a nuestra juventud, por lo pronto, para el mundo, para este mundo; y si se excluyen los métodos que del mundo nacen y respecto de los cuales una gran parte de esa juventud tiene preferencia, puede darse el caso de que se queden sin fe y sin razón. Esto es, que se quede la casa sin barrer.

Esto no es recomendar una educación solo racionalista. La educación según fe debe perdurar en toda la medida que pueda, en toda la medida en que exista una demanda de ella. Y aun más allá, heroicamente, debe perdurar, siquiera sea para que no se pierdan las semillas de «creencia» con que se fecunda el espíritu para lo trascendente y, por tanto, para una moral afincada en ese género de certidumbre. Pero como la marcha del mundo ha creado una vasta *hinterland* más allá de esa demanda, como ha creado también una demanda racionalista, y ni usted, Ferrán, ni yo, podemos evitarlo, no queda más remedio que sacarle a esa circunstancia todo el partido posible en servicio de los más altos valores.

En servicio de los más altos valores. Es decir, que yo no hablo tampoco de una educación, ni de una orientación, brutalmente racionalista, es decir, radicalmente positivista y pragmática. No creo que la razón, bien administrada, lleve solo a eso. Algunas de las consideraciones en que me fundo para no creerlo, las estoy exponiendo precisamente ahora en una reconstrucción externa que ya he empezado a publicar, en la aludida revista, de una plática mía de hace dos años en el Lyceum. Si le interesa, le ruego leerla allí, porque el asunto reclama demasiado espacio para estas columnas.

De esa larga perorata solo quiero desgajar aquí esta convicción mía: la de que el espíritu tiene una especie de sentido nato de la perfección, y una vocación hacia ella. No hace falta apoyar la idea de perfección en «intuiciones» trascendentes: el alma humana la da naturalmente de sí. De modo que es perfectamente lícito concebir que si se lleva bien el alma dentro de un cuerpo bien llevado, el ser del hombre camine hacia su perfección. Sobre esa certidumbre apoyo mi «orientación». En torno a ella quisiera ir construyendo mi ética.

Pero aún queda más por responder.

(*Diario de la Marina*, 26 junio 1946)

Fin de confesión

Si ahora alguien me preguntase por qué esa mi orientación «racionalista», sugerida en los anteriores artículos, no me satisface enteramente, como hube de confesárselo a Ferrán, le daré una razón sustantiva, aparte de aquella del temperamento descontentadizo que ya declaré.

La razón es esta: que cuando se tiene por orientación solamente un método, un camino, uno no sabe cuál es ni cómo es el paraje de llegada, y no siempre los puntos que uno va atravesando en su rumbo inspiran plena confianza. Para hablar sin metáforas: lo que hace que un dogmatismo inicial resulte más satisfactorio, para el espíritu capaz de creencia, que el racionalismo sin contenidos sustantivos, es justamente eso, que aquel provee una certidumbre. El racionalismo, en cambio, es una pura forma dinámica que busca sus contenidos. El racionalismo es, por definición, inseguro en cuanto a sus últimos rendimientos, y por tanto, angustioso.

Por otra parte, a nada conduce disimular, ni mucho menos negar, que entre los rendimientos provisionales que ese racionalismo va dando, los hay que se prestan a los más trágicos descalabros. Del racionalismo ha nacido la ciencia, y de ciertas aplicaciones de la ciencia han salido la máquina que a veces brutaliza al hombre y la ametralladora o la bomba atómica que lo aniquilan. El vejamen de la ciencia se ha hecho, así, un clásico lugar común. Pero, ¿quién quisiera, a la verdad, volver a los tiempos en que no había ciencia alguna, o en que no se habían logrado aún aplicaciones útiles a ella?

¿Y quién se atrevería a afirmar que, así como se ha dicho, no sin razón, que los males de la democracia se curan con «más democracia», no sea dable y razonable esperar que los estragos de la ciencia se eviten con más ciencia?

Porque en el fondo de todo esto no hay sino un dilema: la confianza o la desconfianza en el espíritu humano. Cierto dogmatismo que a sí mismo se llama «espiritualista», opina que el hombre no tiene remedio, y que al espíritu no le queda otra salida que la que le aguarda más allá de este «valle de lágrimas», donde toda su ocupación debiera ser contemplar la tierra de promisión cuya frontera es la tumba. En cambio, los que, sin perjuicio de las creencias que podamos tener respecto del más allá, asumimos para el más acá una orientación racionalista, somos, en rigor, los que más derecho tenemos a llamarnos espiritualistas, porque confiamos en los poderes de esa parte ostensible del espíritu que la razón es. Y porque confiamos en ella, porque la hemos visto, a pesar de todos los pesares, abrirse paso a través de la historia para granjearle al hombre, con algunas perversiones y decepciones, no pocos incrementos de dignidad intelectual, moral y material. Seguimos dándole crédito a la posibilidad de que el mundo pueda aún mejorar indefinidamente en el ejercicio cumplido de la razón.

En el ejercicio cumplido, digo. Porque hasta ahora, a lo que me parece, las fallas del racionalismo no son por sobra de él, sino por insuficiencia. Con la razón se descubren los principios de la bomba atómica; pero es con la sinrazón que se provocan las circunstancias y actitudes a virtud de las cuales esos principios se aplican a crear el nefando artefacto, y no alguna forma positiva de humana bienandanza. Con la razón se elabora la morfina para mitigar el dolor físico; pero es alguna ausencia de razón la que, abriendo vacíos ominosos en la conciencia social y en la conciencia individual, da lugar a que haya quienes usan la morfina para el halago momentáneo de su cuerpo o para el alivio, no menos efímero, de sus torturas interiores.

En fin: yo creo en el porvenir del espíritu; creo que el espíritu es ansia de perfección eterna, en su dimensión metafísica, pero también ansia de perfección temporal, en su dimensión metafísica y terrena. Creo que en este segundo sentido, es la razón la proa del espíritu; y creo, por tanto, en el porvenir de la razón. Mas, precisamente porque es porvenir, no lo conozco, y siento ese no conocer como un límite —naturalmente, insatisfactorio— a mi ansia de plenitud. Si fe es creer en la realidad de lo que no se conoce, el racionalismo es también, en último análisis, un modo de fe, de fe terrena, como el misticismo es una fe trascendental.

No veo, pues, por qué se hayan de echar a pelear estas dos fes. Cada cual responde, a su modo, a una necesidad de certidumbre y a un sentido íntimo de lo perfecto, que son propios del sentido humano. Lo que me parece que hay que hacer, más bien, es no poner ninguna de esas dos fes a tarea o responsabilidad que no sean las suyas propias. Que no se trate de racionalizar demasiado lo trascendente, ni de «espiritualizar» en exceso lo terreno, porque lo primero desemboca en un materialismo desesperante, y lo segundo en un conformismo inerte.

¿No contesta eso, por implicación, el dilema que Ferrán plantea para el mundo: cristianismo o comunismo? El comunismo me resulta inadmisible por dos razones: porque invade lo trascendente con un materialismo brutal, de una penuria filosófica lastimosa; y porque en lo terreno, no racionaliza lo suficiente, aunque se haga la ilusión de lo contrario. Por su parte, el cristianismo, aplicado a lo social e histórico, inyecta en el mundo de lo práctico un sentido metafísico que no está hecho para ese mundo; se empeña en orientar con fe trascendente un orden de fe racional y empírica. Y así como los marxistas más penetrantes ya se están preguntando si su invasión de lo trascendente no será un error gravísimo, cuyo precio ya están pagando, yo me pregunto, con espíritu que creo muy cristiano, si la invasión militante de lo social por el cristianismo no sea, a la postre, funesta para ese nobilísimo sistema de creencias.

En suma, se me ocurre, amigo Ferrán, —y va dicho sin petulancia— que la «otra salida» del mundo bien pudiera ser una síntesis muy equilibrada en que se conjugaran las exigencias racionales de lo material y de lo espiritual. Pero ya comprenderá usted que no voy a embarcarme aquí, con tan pocas fuerzas, en tamaña empresa.

(*Diario de la Marina*, 28 junio 1946)

La paja en el ojo ajeno

«APOYARÍAN A RUSIA COMUNISTAS CUBANOS EN CASO DE GUERRA CONTRA ESTADOS UNIDOS Y GRAN BRETAÑA»

Este epígrafe o «titular» no es del *Diario*; es de un respetado colega de la mañana. No lo dicta una información local; se deriva de una entrevista dada por el señor Lázaro Peña a Joseph Newman, corresponsal extranjero del *New York Herald Tribune*, donde por lo visto, se ha publicado ya el correspondiente artículo.

Leyéndolo cuidadosamente, se ve que el representante a la Cámara y presidente de la Central de Trabajadores de Cuba no ha sido, en verdad, tan explícito como el epígrafe deja entender. Esquivó cuanto pudo la pregunta del corresponsal norteamericano. «Pero —escribe este— bajo la insistencia del corresponsal a que se definiera (...) aspiró el humo de su tabaco habano pensativamente, y anunció: «Nosotros siempre estaremos contra las guerras imperialistas».

A renglón seguido, Joseph Newman, que así se llama el corresponsal, «se sumó a la opinión común comunista de que los Estados Unidos y la Gran Bretaña son potencias imperialistas, no así Rusia». De donde el corresponsal del Norte saca la inferencia de que en caso de tal guerra entre los Estados Unidos y Rusia, la acción bélica de los Estados Unidos sería, por definición, «imperialista», y la de Rusia, por lo visto, puramente defensiva. Ergo: se pondrían al lado de Rusia los comunistas criollos.

Otras inferencias lícitas hay que el corresponsal norteamericano no deduce. Como Cuba, por su situación geográfica, por afinidades y vinculaciones históricas consabidas y hasta por el fatum económico, se vería ineludiblemente adscrita, en el caso de un conflicto semejante, a la política de los Estados Unidos, si algo entraña la reticencia de Lázaro Peña es que nuestros comunistas, llegado el caso en cuestión, disentirían de la acción oficial cubana y se situarían contra la guerra «imperialista» en que Cuba misma por solidaridad se empeñaba.

Todo esto es para considerarlo con calma. Hay una ventaja en que sepamos a qué atenernos. Como observa el mismo corresponsal norteamericano, Lázaro Peña, con la autorización que le da su condición de *boss* de los obreros cubanos y de codirector del Partido Comunista de Cuba, se ha situado en la misma posición en que, con toda franqueza, se colocó hace poco Luis Carlos Prendes, el líder brasileño, y respecto de la cual, más ladinamente, rehusó comprometerse el líder obrerista de México, Vicente Lombardo Toledano.

Y digo que hay que considerar esto con calma, porque las efusiones de indignación nacionalista, por sí solas, no van a remediar nada. Lo primero que habría que hacer sería decidir si hay algo que «remediar»; esto es, si la tesis que esas declaraciones entrañan es válida o no. Vivimos en una democracia, siquiera sea solo nominal en muchos de sus aspectos; y como una democracia se rige por opiniones mayoritarias, bueno sería que reconociéramos de una vez el dilema que estos problemas de opinión política conllevan: o se cambia la opinión, impidiéndole que devenga mayoritaria, o se renuncia al régimen.

No creo que nadie en Cuba, a estas alturas de nuestra historia y de la experiencia del mundo, se halle en disposición seria a mudar de régimen —como no sean los comunistas mismos (que piensan en una dictadura del proletariado y es de suponer que en algún momento la apetezcan para Cuba) y algún que otro desesperado de la democracia, de esos para quienes la solución no está en mejorar y sustanciar el régimen que adoptamos, sino en echarlo por la borda. También este dilema hay que resolverlo con el criterio del régimen en que estamos y como la inmensa mayoría del pueblo cubano es de convicción democrática, aunque desazonada, no cabe pensar en que ningún problema que se estime amenazador para esas convicciones o para la nación misma, debía ser resuelto sino democráticamente, es decir, trabajando sobre las opiniones e impidiendo que prosperen las que se estiman falsas.

Según eso, lo que habría que hacer, repito, con la opinión que parece sustentar Lázaro Peña, y con él los demás comunistas cubanos, sería examinarla con toda la calma posible, poner de manifiesto su irracionalidad y cualesquiera otros motivos que pueda haber para reputarla de indigna, y después de denunciarla, difundir ese dictamen, propagarlo adecuadamente en todas las zonas de la conciencia pública donde la idea falsa puede hacer estragos.

Quisiera contribuir un poco a eso. En primer lugar, habría que aclarar qué concepto es ese del «imperialismo», que puede ser tan categóricamente aplicado, por lo visto, a los Estados Unidos, mientras se exime totalmente de él a la Unión Soviética. Si se trata de un concepto político, es de suponer que quiera decir la proyección de la autoridad política de una nación sobre la autoridad política de otra. Algo de ese imperialismo tuvo sin duda, con carácter más o menos «paternalista» y de simplista «provisión», la actitud de los Estados Unidos hacia Cuba antes de la derogación de la Enmienda Platt. Y todavía es dable imputarle propósitos análogos a la actitud con que los Estados Unidos se resisten, por ejemplo, a darle su independencia a Puerto Rico, si es que, en verdad, la mayoría de los puertorriqueños la quieren. Dentro de su área estratégica, los Estados Unidos conservan, sin duda, resabios de aquel pensamiento jefersoniano del «destino manifiesto». En cambio, es de admirar ahora la decisión con que les han dado la independencia prometida a Filipinas, no obstante ser también aquella una zona estratégica a distancia. Pero lo que sobre todo no hemos de olvidar los cubanos es que, siendo como somos bastante apetecibles en todos los sentidos y estando como estamos a un paso de la gran potencia del Norte, tenemos ya soberanía cabal, y toda la independencia política que es dable en un mundo de tan compenetrados intereses como el actual.

¿Puede la Rusia Soviética blasonar de semejantes miramientos? La potencia que, al amparo de su victoria militar y del justo miedo del mundo a desatar una nueva guerra, ha sojuzgado ya políticamente a Polonia, tiene políticamente intervenida a Yugoslavia y la mitad de los Balcanes, y no oculta sus designios respecto de Alemania, para no hablar de su política de presión sobre otras naciones europeas de Occidente y de Oriente, del Norte y del Sur —¿puede sustraerse a la calificación de nación imperialista? ¿O es que la expansión política de una democracia de estilo liberal merece ese nombre, en tanto que la de una dictadura socialista no lo merece?

En el fondo, algo de eso se piensa. La tacha, por lo pronto, no es más que una tacha, un epíteto, y ya se sabe la importancia que eso tiene en las técnicas comunistas de propaganda y proselitismo. La mitad de ellas es persuasión; la otra mitad es, simplemente, difamación. Ningún poder en el mundo ha sabido jamás aprovecharse tan hábilmente de la ley psicológica, según la cual una mentira repetida acaba por cobrar eficacia de verdad. Por eso es tan importante que una democracia que realmente quiera defenderse, una democracia consciente, inteligente y enérgica, y no esta democracia nominal y blandengue que aquí nos gastamos y que aquí nos gasta, les salga al paso de un modo perseverante e inexorable a todas las mentiras y las medias verdades con que la prédica comunista estraga de continuo a la opinión, sobre todo a la opinión desprevenida e ingenua de «las masas».

Terminemos por hoy diciendo que si resabios de imperialismo le quedan aún a los Estados Unidos, son casi resabios beatíficos comparados con la torva, sombría y violenta voluntad imperial que Rusia ha estrenado bajo el poder soviético. Los comunistas del patio tendrían que inventar, pues, otra razón mejor para justificar la solidaridad con Rusia en caso de que esta se viese envuelta en pelea con los Estados Unidos, tendrían que inventar una mejor razón, si fuese la suya una opinión que se moviera, para estas cosas, con razones, y no con simples epítetos y falacias.

(*Diario de la Marina*, 28 julio 1946)

De la polémica inútil

Esperaremos a que Juan Marinello comente todo lo que tenga que cimentar acerca de mi artículo reciente, «La paja en el ojo ajeno», y cuando se haya despachado a su gusto, supongo —aunque ya es suponer— que me respetará mi turno en el debate, de modo que yo pueda contestarle con alguna ilación en estas o en otras columnas.

De antemano me permitiré decir sin embargo que no vale la pena. No vale la pena, se entiende, a los efectos de la elucidación de alguna posible verdad en que, por concesiones y rectificaciones recíprocas, pudiéramos Marinello y yo coincidir. Ese género de polémicas se acabó hace ya mucho tiempo en el mundo, al menos por lo que a alta política humana se refiere.

Antaño, tales discusiones entre intelectuales eran posibles, y hasta útiles, porque los intelectuales, aunque fueron políticos, se debían por encima de todo a la verdad. En las cosas trascendentales, respecto de las cuales la opinión estaba muy sujeta a «creencia» y, por tanto, a voluntad de seguir creyendo a todo trance, las polémicas solían ser tan útiles como enconadas. Era imposible que un Voltaire, por ejemplo, pudiera articular su opinión, cerradamente racionalista, con la de ningún apologeta del dogma en que necesariamente entraban elementos de convicción irracional. Pero en cuestiones terrenas y, sobre todo, en cuestiones políticas, que se consideraban más o menos exclusivamente sometidas al peso de la información y de la razón, cundió venturosamente la polémica a lo largo de ese que alguien estúpidamente llamó «el estúpido siglo XIX». Y fue siempre un noble y provechoso espectáculo.

Noble, porque lo animaba —al menos cuando se trataba de contendientes de algún rango— no solo el respeto a la verdad, sino hasta el respeto al error y, desde luego, a la persona que, buscando aquella, podía muy bien caer en este, por la falibilidad de todo juicio humano. Noble, porque, no habiéndose arraigado todavía, ni cobrado generalidad atendible, la estragadora idea materialista de que toda humana opinión estaba determinada por los intereses económicos, a ningún intelectual de algún decoro se le ocurría dudar de la sinceridad y desinterés con que otro de su mismo tipo pudiera sustentar su opinión. Las polémicas tenían así una limpia lealtad. Dos hombres ávidos de certidumbre medían los aceros del razonamiento, irguiéndolos antes en saludo de gallarda cortesía, al modo de la época en que todavía había caballerosidad militante en el mundo.

Y semejantes encuentros resultaban, digo, provechosos en muchas ocasiones. Como nadie estaba ensoberbecido en su pensar, como aún no se sustentaba la idea de que ya se hubiera llegado al fin de toda experiencia humana, al agotamiento de toda duda, a la saciedad de toda información científica, como no se creía —por mucho que fuera el fervor de la propia convicción— que se tenía la verdad terrena y definitiva cogida por las barbas, las posibilidades eran solo un choque de provisionales razones, de inseguras certidumbres —valga la paradoja— en que de lado y lado se desplegaban argumentos fuertes y argumentos débiles, y el tercero en la discordia, es decir, el lector, quedaba siempre edificado por aquel polémico esclarecimiento. ¡Bendito siglo XIX, que así pudo darle a la civilización y a la dignidad intelectual del hombre impulso tan generoso!

Los tiempos han cambiado mucho desde entonces. En primer lugar, ya los intelectuales, por tesis general, no consideran que se deben íntegramente a «la verdad». Claro es que tienen sus convicciones centrales, como las tiene Marinello y como las tengo yo; y no las tendrían si no pensaran que son verdaderas. Pero hay mucha diferencia entre creer que mi certidumbre es legítima hasta donde racionalmente alcanza y pensar que ya mi certidumbre haya alcanzado legítimamente toda la verdad que pueda serle dable a la humana inteligencia. Esto último es lo que priva, por ejemplo, en los comunistas. Y de ese totalismo intelectual, tan naturalmente emparentado con el totalitarismo de sus convicciones y prácticas políticas, se deriva una especie de soberbia que se manifiesta en el desprecio y enojo profesionales hacia quien no comparta su absolutismo mental.

Nada les dice a estos señores que en el mundo actual haya, frente a los marxistas de matiz soviético, otros marxistas, tan bien enterados como ellos y tan respetables intelectualmente como lo puedan ser ellos, que no aprueban el comunismo, o su matiz soviético, por ejemplo, los laboristas ingleses. Nada les dice que haya, todavía más «acá», demócratas perfectamente probados, insospechables de mercenarismo alguno, para quienes la fórmula comunista significa el rebajamiento esencial de todos los valores más humanos y de toda humana dignidad. Nada les dice —como no sea para soliviantarlos— el que existan sobre el planeta, a más de las derechas turbias, egoístas y sórdidas, que arriman el ascua ideológica a su sardina, derechas perfectamente respetables, cuya actitud nace de una concepción, buena o mala, pero sin duda legítima, del origen, la índole y la finalidad del hombre. Todo eso no les dice nada. La verdad, toda la verdad, la tienen ellos. Si la «filosofía» comunista se ha denunciado como penuria del espíritu y de la inteligencia, si la economía marxista se ha visto desmenuzada hasta el desentrañamiento de tales o cuales falacias, si la sociología soviética tiene que defenderse a pura propaganda de quienes le han visto de cerca el sombrío y represivo funcionamiento, todo eso no los pone siquiera a pensar. Ellos están casados con su verdad entera.

De ese terrenal dogmatismo procede todo un repertorio de actitudes intelectuales que son, hoy por hoy, la peor amenaza a la inteligencia del hombre. Una de ellas es la actitud insultante. Estos señores no son capaces —ni siquiera un Marinello— de entablar una discusión sin poner por delante el epíteto oprobioso. Su método intelectual es afín y análogo a su método político: la dictadura despótica, la coacción, el esbirrismo, la siberización. La cortesía polémica es simplemente un resabio capitalista, una «preocupación burguesa». En la ventilación no cuenta el respeto al posible error sincero, como en las relaciones humanas no cuenta la amistad, ni en la disciplina política el matiz discrepante.

En fin, como su «filosofía» misma predica un brutal determinismo material de todas las opiniones, claro es que quien discrepe de sus puntos de vista no puede ser más que un «lacayo» del capitalismo. No importa que el discrepante haya de ya demostrado mil veces su devoción a un empeño de justicia social capaz de superar todos los egoísmos y las explotaciones; no es un «ortodoxo» y, por consiguiente, es un «lacayo» ...

De esta forma, con semejantes actitudes, con tales métodos, no vale la pena la polémica. Pero a veces se hace necesaria, aunque no sea más que para hacerle al pensamiento propio la justicia que otros le niegan, y para demostrarle al pensamiento de enfrente todo lo que en él hay de fatuidad y de soberbia.

(*El País*, 2 agosto 1946)

El vaciador vaciado

Juan Marinello ha escrito dos largos artículos para desentrañar y «vaciar» —es palabra que le place a estos inventores de fórmulas verbales más o menos capciosas— la intención «oculta» de mi comentario sobre unas recientes declaraciones de Lázaro Peña.[53] Voy a tratar de «vaciar» yo a mi vez la intención oculta de Marinello.

En primer lugar, recordemos los hechos. Un periódico cubano, *El Mundo*, publicó partes de un artículo de un corresponsal norteamericano, Newman, en que se daba cuenta de

---

53 Juan Marinello publicó los dos artículos en el diario *Noticias de Hoy*: «Una provocación guerrerista», 31 julio 1946, págs. 1 y 8; «El pueblo descorre la cortina», 2 agosto 1946, págs. 1 y 8.

la entrevista por él sostenida con Lázaro Peña. En esa versión se decía, muy a las claras, cómo el dirigente de la C.T.C. había dejado entender que, en caso de una guerra entre los Estados Unidos y Rusia, los comunistas cubanos estarían del lado soviético, porque la tierra de Roosevelt, como la Gran Bretaña, es una potencia imperialista, y la de Stalin no lo es.

Tal escalofrío debió de darle al Politburó cubano el ver eso en letra de molde que, a poco, salieron unas declaraciones de Lázaro Peña notificando o aclarando lo dicho a Newman. No he podido leer estas últimas declaraciones; pero las supongo transidas de cubanidad, de lo cual me felicito. Mi comentario fue sobre la versión primera del pensamiento lazarino. Y lo que en mi artículo dije fue, en pocas palabras, esto: que era bueno saber a qué atenerse respecto a la acritud comunista para el caso de semejante emergencia bélica; pero que, para justificar esa actitud, el comunismo criollo tendría que buscar razón de más sustancia, pues si imperialista son los Estados Unidos, de muchas más agallas va resultando el imperialismo soviético.

No aludí nada en mi artículo a Juan Marinello. Combato ideas; no hombres. Pero el presidente nominal de los comunistas cubanos se ha considerado en el caso de salirme al encuentro, llamándome «reaccionario» y otras lindezas por el estilo, mientras le hacen coro, con sus lenguaraces simplismos, las cotorras rojas de *Hoy*. Está bien. Ni yo ni nadie tiene bula para opinar públicamente sin arrostrar las consecuencias. El mundo vive una época intensamente polémica, y pobre de aquel cuyos pareceres sean tan anodinos que no conciten aversión alguna. Lo deplorable es que un hombre de la sensibilidad y cultura de Juan Marinello —único a quien me tomo el trabajo de contestar— me «denuncie» en forma tan esquinada, tan burda, tan hecha para la galería. Y aun eso se explica: sin ello, no habría comunismo en el mundo.

Inicia Marinello su refutación con una frase típica de la actitud mental a que le ha ido rebajando «la línea». «Es más que sospechosa —dice— la actitud con que J.M. se ha adelantado a comentar...» etc. Estos dogmáticos de conciencia turbia viven en un permanente complejo de suspicacia. Hasta la diligencia con que un periodista comenta una actualidad fulminante les resulta «sospechosa». Creen que todo el mundo conspira contra ellos; que ninguna actitud discrepante es recta y sincera; que ningún pensamiento político, salvo el de ellos, es claro y explícito. El mío lo es desde hace tiempo, y antes de terminar lo que me propongo escribir, se lo he de recordar a Marinello, por si vale la pena.

Ahora, vamos al grano. No me puedo entretener en las incidentales apreciaciones con que Marinello quiere desfigurarme, como las comadres celosas que arrojan vitriolo al rostro enemigo. He aquí una de sus afirmaciones centrales: «Los que desean la paz —escribe—, la propician con su actitud; los que quieren la guerra, la fomentan con su veneno. La cuestión no debe estar —añade— para un intelectual que se respete, en ayudar a los Newman en una indagación sin sentido ni nobleza, sino en trabajar por levantar en cada pueblo las fecundas coincidencias que pueden y deben traer, sobre lícitas discrepancias políticas, un mañana de pacíficos progresos. Es innoble, a más de absurdo, preguntar a un comunista su decisión en caso de una guerra internacional, cuando, como se sabe, son los comunistas los únicos políticos esencial y profundamente interesados en que las guerras no se produzcan».

¿Suenan bien esas palabras, verdad? Pero nada hay más fácil —sobre todo para quien ha sido poeta antes que apóstol— que hacer sonar bien las palabras.

La paz la quiere hoy día todo el que tenga dos dedos de frente. Hasta Rusia la quiere... de momento. La quiere, como quiso la paz con la Alemania de Hitler: hasta estar preparada. Si Stalin dispusiera de una economía sólida y... de la bomba atómica, tengo para mí que ya habría desatado por todo el mundo una guerra feroz. Aun sin eso, ¿quién es, quiénes son los que mantienen desasosegado, aprensivo, tenso de pugnacidad el mundo, sino el Soviet y sus acólitos internacionales? ¿Quiénes están contribuyendo hoy más a frustrar con sus suspicacias, con sus violencias y desdoblamientos diplomáticos, con su espionaje, con sus interferencias imperiales, el evidente deseo de entendimiento pacífico que el mundo tiene, si no son Stalin, Molotov y sus corifeos? ¿De qué labios se destila sobre la conciencia de las masas de todos los países más «veneno» que los que incesantemente predican, con la mentira y el insulto, la lucha de clases, la perversidad de la burguesía, la malignidad de toda política que no sea la comunista? ¿Qué intelectuales se muestran menos adictos que los del dogma comunista (el marxismo es otra cosa) a «levantar en cada pueblo las fecundas coincidencias», como no sean las coincidencias con su propia doctrina, que son las únicas que consideran «fecundas»? ¿Quiénes toleran menos las «lícitas discrepancias políticas» que los que se adelantan a insultarlo a uno porque no comparte su posición nacional o internacional?

Por la paz trabajan, no los que irritan con su dogmatismo la conciencia libre del hombre, sino los que defendemos los fueros de esa conciencia.

¿La indagación de Newman no tiene ya ni sentido ni nobleza? Pues yo le hallo mucho sentido, quien quiera que el tal Mr. Newman sea. Porque es bueno que una democracia —que es el régimen en que los más deciden— sepa cómo se ha de conducir, en tiempo de guerra, una minoría política dentro de ella. Porque es bueno que se conozca si la lealtad de esa minoría ha de ser a la decisión de su país, buena o mala, o a la consigna de una pretensa verdad política que los demás no comparten. Eso tiene mucho sentido. Y si le falta «nobleza» a la pregunta, será por la crueldad que significa tirar por la manta bajo la cual se oculta una desdoblada lealtad.

Claro que hay «licitas discrepancias políticas»: las hay en una democracia. Donde no las hay, donde no se reconoce esa licitud del disentimiento en dimensión de pueblo, es en el paraíso soviético. Y por no haberla en ámbito de pueblo es por lo que allí no hay crítica general, ni hay publicidad de los hechos internacionales, no hay conciencia ciudadana informada y alerta, que es lujo de nuestras democracias desazonadas, pero políticamente genuinas. De ahí que en Rusia el dogma comunista se sostenga, con sus «purgas» para los disidentes destacados y con su aparato gubernativo y represivo pavoroso para el pueblo; de ahí que tenga fuerza con que irradiar sobre los demás países del mundo —para echarlos a pelear dentro de sí mismos— una ideología que repugna a todo sentido de libertad y de dignidad humana. De ahí que el pobre pueblo ruso no sepa hasta qué punto el absolutismo de sus líderes y la intromisión de sus quintacolumnas están sembrando la semilla de la guerra en el mundo; de la peor guerra, que no es la militar, sino la guerra de las conciencias, de las clases y hasta de las razas.

Concretemos. La razón del enojo de Marinello se descubre en estas palabras subsiguientes de su propio artículo: «Tratar de colocar a los comunistas, como lo intentan Newman y Mañach, frente a una definición que pueda traer sobre ellos el peso de fuerzas todavía poderosas, es cosa que linda con la tarea policial...». He subrayado las frases más significativas. El pecado de Newman fue, por lo visto, poner a un líder comunista cubano ante la necesidad de definirse. Esto era terrible. Es provocarle a revisar la condición rusa a que su lealtad cubana está sujeta; era comprometerle ante los Estados Unidos y ante la conciencia política liberal de ese país y de Cuba, que son fuerzas «todavía poderosas...». ¡Si el señor Newman hubiese siquiera esperado a que el comunismo acabe de lograr el secreto de la bomba atómica, o de minar la diplomacia americana, o de disolver las resistencias morales de Cuba y de su ingenuo patriotismo!... ¡Y si, cometida la imprudencia, Mañach hubiese sido suficientemente distraído para no haberla notado, suficientemente «progresista» para haber acallado la ira de su patriotismo burgués!

He ahí vaciado el vaciador. He ahí revelada la fuente oculta de su irritación ante mi comentario. He ahí también por qué se tergiversan mis palabras para hacerlas decir —con una falta de probidad intelectual escandalosa— que para mí «Cuba debe participar en toda guerra a que la arrastre su cercanía a los Estados Unidos». Subrayo las palabras oblicuamente intercaladas por Marinello en la presentación de mi pensamiento. Que Cuba deba participar en toda guerra de los Estados Unidos es una estupidez que no ha pasado por mi cabeza porque si a los Estados Unidos se les antojase, por ejemplo, ir a una guerra con México sin que México nos hubiese atacado a nosotros, ¡antes de que Cuba se solidarizase con el empeño tendrían que ahogarme a la fuerza mi protesta!

Yo no he dicho que Cuba deba asociarse a toda guerra norteamericana. He dicho, sí, que en caso de un conflicto «semejante» —es decir, con la Rusia Soviética— Cuba se vería «ineludiblemente adscrita» a la política de los Estados Unidos. Y esto lo creo, no solo porque los «compromisos de situación geográfica, vinculaciones históricas y fatum económico» que aduje determinarían, sin duda, una opinión mayoritaria en aquel sentido, sino también porque no concurriría entonces el único factor que nos vedaría colaborar en una guerra con México —valga el ejemplo—: el factor de defensa de un ideal americano de civilización y de vida en que Marinello no cree, pero yo sí.

Que los Estados Unidos hayan más de una vez hecho violencia a esa vocación de nuestro Continente, no lo he negado yo. Del caso de Puerto Rico yo mismo puse el ejemplo. ¿Qué clase de decencia intelectual es la que le permite a Marinello decir que yo «libro de toda culpa a los deformadores de nuestra economía y de nuestra vida»? ¿No me conoce de viejo las ideas? ¿No me ha leído nunca? ¿No ha sabido de mi palabra pública sobre estos temas? ¿No han caído en sus manos mis ensayos de *Pasado vigente*? Quien tan atento se muestra a mis opiniones en estas columnas, ¿no leyó mis recientes glosas al trabajo del mexicano Gustavo Polit sobre el aherrojamiento de la economía latinoamericana en la postguerra? Estos señores no se enteran más de lo que les afecta.

Mi impugnador termina con la indicación de que si el pueblo ha dicho recientemente lo que piensa sobre mí y sobre los comunistas cubanos. Se refiere —con notable elegancia política— a mi derrota electoral de 14.000 votos; también se refiere al auge visible de la Estrella Roja en Cuba. Como yo soy un demócrata de verdad, me sometí a la consulta popular, cosa que en Rusia no se hace. Si yo fuera, además, un demagogo como Marinello, diría que «el pueblo siempre está en lo cierto». Pero como no lo creo, como creo que la aptitud discernidora y valoradora del «soberano» depende mucho de su educación, por eso trato de abrirle los ojos al pueblo con mis indiscreciones y claridades, mientras Marinello se los ciega con sus ocultaciones y sofismas.

Continuaremos —puesto que fue doble la dosis del «vaciador».

(*Diario de la Marina*, 7 agosto 1946)

El imperialismo y las falsificaciones

Y ahora vamos al segundo artículo de Juan Marinello. Se titula «El pueblo descorre la cortina», y en él se trata de sustentar la ya muy raída tesis leniniana de que —sirvan las palabras del propio Marinello— «el imperialismo es un fenómeno económico, culminación obligada del capitalismo».

¿No se hace ya patente el recurso polémico? En estas glosas se dijo que el Soviet está dando prueba de un imperialismo tan brutal y rapaz como el peor que hasta ahora haya conocido el mundo. Voy a probarlo con hechos. ¿Cómo me refuta Marinello? Me refuta con epítetos y con doctrina. Con doctrina de la suya, por supuesto; o de Lenin, que para el caso es lo mismo. Porque si se acepta la triple tesis de que el imperialismo es solo un fenómeno económico capitalista y de que su contenido es necesariamente capitalista y de que no hay en Rusia capitalismo de ningún género, clara es la conclusión de que el Soviet solo resulta un generoso libertador de pueblos oprimidos, un santo pastor de naciones descarriadas. Pero no le vamos a aceptar ninguna de las tres premisas ni a

Lenin ni a Marinello. Lenin fue un hombre inteligente y un constructor político de primer orden, juzgado aparte de los contenidos de su creación histórica; pero supo, como buen doctrinario políticamente interesado, torcer conceptos filosóficos, históricos y políticos, según convenía a sus propios fines. Eso lo hacen casi todos los hombres de acción, pero el empleo de semejantes recursos, de semejante violencia a las ideas e inferencias lógicas, es justamente lo que diferencia el pensamiento espurio del pensamiento auténtico. El que Lenin, para hacer prosperar la crítica marxista del capitalismo, apelara a la repugnancia que todo pueblo libre le tiene a la imperialización y declarara el imperialismo consustancial con el capitalismo, o consecuencia necesaria de él —el que eso dijera y que los comunistas lo sigan repitiendo como cotorras, no garantiza la licitud del aserto. Si otra cosa estiman las normales entendederas de Marinello, no se las envidio.

Estos autómatas intelectuales del marxismo —dicho sea de paso— invocan sus «autoridades» como si fueran definitivas, como si no hubiera habido más cabezas que las de ellos en el mundo y como si lo que esas cabezas pensaron no hubiera sido objeto de refutaciones con autoridad por lo menos pareja, y para mí, en cien casos, superior, porque proceden de inteligencias científicas y no políticas. Pudiera yo aquí traerle a colación a Marinello testimonios innúmeros, sólidamente razonados en su negación de la tesis leniniana; pero no tengo tiempo para andar hurgando en mis libros, y, además, sería del todo inútil. Solo conseguiría que Marinello recusase a todas mis autoridades —desde Sombart y Leroy-Beaulieu hasta Hayek y von Minsen— como «burgueses reaccionarios», «lacayos del capitalismo», «enemigos del pueblo» y demás ritornelos de ese jaez. Prefiero, pues, apelar a la cultura general, a la lógica y bien sentido de los lectores, para sustentar mi concepto del imperialismo, que es el concepto de todo el que tenga un poco de información histórica desasida de prejuicios doctrinarios.

Imperialismo es, sencillamente, sistematización activa de una voluntad de imperio. Se impera (del latín *in*, «dentro» o «sobre» y *parare*, «disponer», «ordenar»—perdóneseme la barata erudición—) cuando se manda entre o sobre los demás. La idea de imperio no está necesariamente asociada a la de expansión; pero la de imperialismo sí lo está. Imperialismo es, pues, la autoridad política expansiva a costa ajena. Imperio de ese linaje ejercieron, desde Darío hasta Gengis Kan, desde Alejandro hasta Teodorico, desde Carlomagno hasta Bismarck y desde Carlos V hasta Cánovas —para no abundar más en fáciles ejemplos—, cuantas autoridades políticas se han impuesto a la autoridad y la conciencia política de otros pueblos. Imperialista con mayor o menor fortuna ha sido Rusia desde Pedro el Grande, que en su testamento famoso exhortaba a su pueblo a «promover guerras continuas en Turquía y Persia», hasta Stalin, que está siguiendo al pie de la letra el consejo.

El imperialismo como tal es, esencialmente, un hecho político, porque lo esencial es lo que define al género y no lo que caracteriza a tal o cual manifestación de él. Que los distintos imperialismos respondan a diversas motivaciones específicas —motivaciones raciales, religiosas, económicas, culturales, estratégicas— es otra cosa. La enorme simplificación del marxismo —de la cual sus más reflexivos sustentadores ya han empezado a apartarse, pero que persiste como resabio en sus corifeos simplistas— es la de suponer que todos los impulsos derivan de lo económico. Esta simplificación le da al pensamiento marxista en general una rigidez, una torsión, una indigencia rutinaria que abisman y que han hecho estragos en la cultura contemporánea —y en las entendederas de Marinello.

Pero, con todo y lo monstruoso que ya esa simplificación es, aún no les parece bastante a estos *equivocators*. Si hay, como ostensiblemente lo hay, un tipo de imperialismo en que la motivación económica es dominante, el comunista se resiste a admitir que pueda ser la excrecencia de cualquier economía; tiene que ser precisamente de la capitalista. De manera que los incontables ejemplos que la historia da de poder político que se extravase arrancando de una economía agraria o pastoral y subyugando a economías de tipo comercial —por ejemplo, el imperialismo primitivo de los persas sobre las colonias griegas comerciales del Asia Menor—, eso ya no es imperialismo, porque no se trató de invertir capitales, ni de abrir bancos, ni de fundar trusts.

La verdad histórica y de sentido común es sencillamente esta: que dentro de la variedad del imperialismo económico, hay modalidades innúmeras, y que por encima de ellas se da el imperialismo de tipo capitalista tradicional, como el de Inglaterra y los Estados Unidos, en que juegan más o menos estrechamente el interés privado con el estatal; y el imperialismo de tipo colectivista, que Rusia ha estrenado para asombro del mundo. El cual es también, a su manera, un imperialismo capitalista, aunque más estatal que ninguno. Pues otro de los conceptos que estos señores simplifican a su gusto es el del propio capitalismo. Por tal entienden solo el régimen individualista de la propiedad privada, sobre todo de los medios de producción. Cuando es el Estado el que posee tales medios, aunque las consecuencias del mecanismo económico sean análogas, o más repugnantes aún, ya eso no es capitalismo: es solo «socialismo». Pues bien: cámbiesele el nombre si les place; pero quede intacta la observación de que el colectivismo a la rusa puede ser tan agresivo, tan violentador de la espontaneidad individual y social del hombre, tan explotador y sojuzgador de él, como lo sea el capitalismo privado en sus peores manifestaciones.

Y aún más: porque el capitalismo individualista que nació con la idea liberal, operó en ámbito abierto, en atmósfera de crítica libre y de libertad política, en tanto que el socialismo ruso opera merced a la privación de toda libertad: la de prensa o información en general (¿qué apuros pasó en los Estados Unidos, para justificar eso, el estridente Ehrenburg a quien Marinello le bebe el aliento?), la libertad de ser juzgado con garantías, la libertad de moverse y hasta de expresarse en la intimidad familiar! La libertad de no verse aterrorizado por el recuerdo de purgas bestiales, por la presencia ubicua de la N.K.V.D., por la distante imagen de Siberia!

Así operó la incipiente disciplina estatal del capitalismo, en Alemania; así, antes y peor que en parte alguna en esa Rusia de la cual Marinello no parece saber nada más que lo que le cuenta el Boletín de la Legación Soviética, cuando tan a mano tiene, por ejemplo, ese libro que algún día he de comentar y que en los Estados Unidos ha causado asombro, repugnancia y piedad para el pobre pueblo ruso: el libro *I chose freedom* (Yo escogí la libertad), escrito por un excapitán y exfuncionario del Soviet, que tan pronto como se vio en los Estados Unidos, mandado en misión oficial, renunció a aquel pavoroso presidio social de Rusia para acogerse a la libertad de una democracia capitalista. Le recomiendo esa lectura a Marinello; ¡y váyase preparando a su excamarada Víctor Kravchenko el epíteto de «traidor» y todos los demás que se le reservan a los que se apartan de la línea tétrica!

Yo bien me sé todo lo que ha dado de sí, en opresión indirecta para nuestros pueblos, el imperialismo norteamericano.

Lo he dicho y escrito mil veces; y puedo demostrarlo. Pero también dije en mi glosa de marras que hasta el imperialismo yanqui de los peores tiempos es pálido y luce «beatífico» comparado con lo que están haciendo los de la *Realpolitik* soviética. Y lo es, por varias razones. En primer lugar, hay un imperialismo que, mal que bien, lleva civilización, y otro que la quita o merma. Hay un imperialismo con miramientos, y un imperialismo brutal y desvergonzado. Hay un imperialismo que estimula al par que se aprovecha, y otro que humilla al par que despoja. Hay un imperialismo que se pone ciertos límites de conciencia nacional, y otro que no reconoce más límites que la fuerza con que se le pueda contener.

El de Rusia es de estos últimos. No ejerce ella su intromisión política para tratar de civilizar a otros pueblos, sino para tratar de disolver su cultura secular, como lo está haciendo en Polonia. No la ejerce para liberarlos económicamente, sino para desvalijarlos de su capital, como lo acaba de hacer en Manchuria y en Hungría. En una nota reciente del Ministerio de Estado al Kremlin, se le censura que, a título de «reparaciones» de guerra, los rusos se hayan llevado de ese país equipos fabriles por valor de 124 millones de dólares, amén del 80 o 90 por ciento de la producción de carbón, hierro y maquinaria en curso. Por lo que se refiere a la Manchuria, Edwin W. Pauley, supervisor de reparaciones por los Estados Unidos, declaraba hace poco que el pillaje de Rusia había paralizado industrias por valor de dos mil millones de pesos y hecho retroceder, por toda una generación, el progreso industrial de 900 millones de asiáticos (véase la revista *Time*, de agosto 5, 1946). ¡Linda manera, la rusa, sin duda, de dar, como dice Marinello, «ventajas máximas para el pueblo laborioso»!

¿Qué más añade Marinello? El «imperialismo» de la Unión Soviética —dice, entrecomillando la palabra, tal vez por algún pudor dubitativo— «no puede oprimir, porque no posee trusts». ¿Qué más trust que el de la absoluta concentración del mecanismo económico en manos de la bien pagada burocracia soviética? «No puede esclavizar —añade— porque no admite latifundios ni monopolios». ¿Qué peores latifundios que los de los vastos koljoses, servidos bajo el látigo por los hijos de los kulaks asesinados de antaño; ni qué monopolio más brutal que el que pone en manos de la «vanguardia proletaria» todos los mecanismos de producción y consumo de un pueblo inmenso?

No puede esclavizar el Soviet porque «respeta —dice Marinello— la voluntad de cada pueblo», etc. ¡Vamos, Juan! ¡Que se lo pregunten a Checoslovaquia, a quien la «amistad» con Rusia le ha costado ya, por lo pronto, la provincia de Rutenia! ¡Que se lo pregunten al Irán, protegido solo por la resistencia del imperialismo petrolero de Inglaterra y de los Estados Unidos contra el imperialismo también económico y político del Soviet! ¡Que se lo pregunten a Turquía, respecto de la cual, como observó ha poco Churchill, no le basta a Rusia el acuerdo de Yalta de darle acceso al Mar Negro, sino que «exige una fortaleza en el mismo estrecho, desde la cual dominar a Constantinopla»!

¡Si se creerá Marinello que vivimos en la Luna y no sabemos lo que pasa en el mundo!... No, en el terreno de las falsificaciones ciertamente que nunca podremos encontrarnos.

(*Diario de la Marina*, 9 agosto 1946)

Colofón en el 12 de agosto

Siento mucho que Juan Marinello se haya tenido que marchar para la Argentina sin que me acabe de escuchar todo lo que yo tenía que decirle. Pero ya le mandarán sus cofrades este colofón, y podremos reanudar la polémica, si le place, cuando vuelva. En todo caso, Marinello no es, al cabo, sino un vocero —ese vocero de emergencia para los casos graves— de todos los fanáticos de su cuerda que aquí quedan; y con él o sin él tendremos que seguir echando la pelea, porque nuestro mundillo de opiniones sociales y políticas se va haciendo cada vez más inhabitable, debido a la intimidación intelectual de los unos y la tímida apatía de los otros.

Había yo quedado en fijarle a Marinello, de una vez por todas, mi propia posición antes de terminar lo que tuviera que decir. Lo que un solo hombre piense no tiene nunca mayor importancia; pero cuando se tiene que lidiar con quienes se valen habitualmente del epíteto y de la deformación para rebajar el parecer ajeno, bueno es dejar este formulado lo más tersamente posible de entrada, para que la deformación no tenga, al menos, pliegues a que asirse.

Me perdonará, pues, el lector lo que pudiera parecer una exhibición demasiado deliberada de los personales criterios con que lucho. Me repugna, a mí como a tantos otros, que por el hecho de estar atacando las demasías y falsías de una tesis tenida por redentora, humanitaria y modernísima, se me vea como un burgués insensible a la avidez de justicia del mundo, como un reaccionario que quisiera, si pudiese, retener la marcha irresistible de los tiempos.

Escribo el 12 de agosto, en el aniversario de una fecha cubana dramática, como todas aquellas en que se escinde, para el gozo de unos y el dolor de otros, la conciencia de un pueblo. Aquella fecha marcó la culminación de un proceso que, en su dimensión más noble, respondió a un noble anhelo de libertad y de dignidad. A ese proceso contribuyó modestamente quien esto escribe. Desde sus preludios en la ya lejana protesta del grupo de «los trece», en la Academia de Ciencias, a ese empeño de libertad y de dignidad para Cuba estoy adscrito. No tiene razón, pues, Marinello en llamarme «conformista». A lo largo de muchos años y de incontables demostraciones públicas, he demostrado que no lo soy.

Soy un demócrata. Creo que la autoridad política debe venir del pueblo y servir al pueblo. No se me oculta, sin embargo, que el pueblo del cual procede esa autoridad es, todavía, un pueblo sometido a condiciones económicas tan primarias y a tales vacíos de tutela cultural y moral, que rara vez sabe delegar el tipo de autoridad que le conviene; que los mandatarios acaban por no representar, en definitiva, sino su propio interés. Pero todo esto no invalida el principio de la democracia: lo que indica es la necesidad de hacerla valer con todas sus condiciones. Tan delicado y noble es en sí el régimen democrático, que solo él es susceptible de verse frustrado por la ausencia de cualquiera de sus condiciones esenciales. La tarea democrática es crear y asegurar esas condiciones.

Soy un liberal. Creo que no se ha encontrado todavía ninguna fórmula perfecta de organización política y que, hasta no dar con ella, tenemos que defender por encima de todo el derecho a enjuiciar, a comparar, a debatir, y hasta a ensayar fórmulas distintas, siempre que se conserve en todo momento el ámbito de libertad. Lo inadmisible es que, so pretexto de haber dado ya con esa fórmula, se pretenda, a despecho de evidentes fracasos y violencias, en la operación efectiva de ella, imponérsela a todos los demás pueblos a costa de su albedrío, por inseguro y equívoco que este aún sea. Soy un creyente en el progreso de la conciencia humana hacia la mayor justicia posible; pero siempre a través de la libertad esencial a esa conciencia.

En el orden de los contenidos sociales, estimo —y he dicho por qué en un largo trabajo reciente, publicado en otras páginas— que la democracia tiende irresistiblemente (y venía tendiendo mucho antes de la Revolución Rusa) hacia un tipo de organización económica de acento social, en que se aprovechen los impulsos creadores de un sano individualismo con las garantías de generalidad que una genuina democracia exige. Sustanciar las implicaciones de este criterio exigiría, desde luego, un largo desarrollo; pero baste aquí el principio, puesto que no se trata ahora más que de fijar criterios.

Si a todo esto lo quiere llamar Juan Marinello «reaccionario», le contestaré, como le contesté ya en plena Asamblea Constituyente, que el reaccionario es él, porque el progreso no puede entenderse nunca a costa de las condiciones superiores que la humanidad se ha ido conquistando a través de la historia, y entre esas condiciones están, sin duda, la libertad de espíritu, la libertad de expresión, la libertad de vida y la confianza del hombre en la posibilidad de seguir adelante hacia la felicidad del mayor número, por las vías de la razón libre.

Lo que Marinello apetece ni es democracia, ni es libertad, ni es justicia, ni es otra cosa que el retorno, políticamente estilizado, a un oscuro autoritarismo tribal, recogido por nuestros mitos, que ahoga el albedrío de la conciencia y de la palabra, somete a perenne violencia lo que hay de persona en el hombre y a la constante intromisión de un espionaje feroz el fuero indispensable para creer y crear. Es un autoritarismo, cuya autoridad ni nace del pueblo ni vuelve al pueblo, sino que se origina en el dogma de una secta política y solo a ella aprovecha; que se inspira en un pensamiento económico parcialísimo —puesto que del «trabajo», entendido en su forma más simple, deriva todo valor— y en una filosofía histórica y moral todavía más falsa, porque hace de la casualidad material, y por ende de la económica, razón única de toda humana evolución.

No obstante, yo he respetado siempre, en mi distancia, la tesis y la actitud que Marinello representa. Las he respetado, en primer lugar por consecuencia con mi propio principio liberal. Después, porque las creo, en la mayor parte de los casos, sinceras, como se ve por el hecho mismo de su capacidad para producir fanatismos. En tercer lugar, porque, inadmisible como es para mí esa tesis en su rigor específico, opino que al menos su sentido social lo sitúa bajo el signo del porvenir. El porvenir —la Iglesia Católica misma no lo niega— queda del lado de lo social. En fin, he respetado y respeto aún esa tesis, porque un poco de lectura histórica me ha convencido de que el movimiento general de la conciencia se produce entre absolutos, y si a la conciencia se le defiende su libertad, acaba siempre por encontrar entre ellos su punto justo, de donde resulta que es menester que haya absolutos en la historia.

Pero respetar no significa comulgar —mucho menos comulgar con ruedas de molino. Mientras pueda gritarle mi verdad, la verdad en que creo, a Marinello y sus secuaces, se la he de gritar —con todos los respetos que ellos me concedan. Ya estamos cansados de esa coacción intelectual humillante con que el comunismo pretende sojuzgarnos por la vía del sofisma, de la propaganda y del insulto, aprovechándose del respeto legítimo a la tendencia social del mundo, del miedo a las «masas» concitadas contra toda discrepancia y del pudor con que la conciencia fina se resiste a que la supongan «retrasada» en su pensamiento histórico o deficiente de sensibilidad ante las injusticias sociales. Levantemos entusiasmo a favor de nuestro criterio. Ni comunistas ni reaccionarios: sencillamente demócratas a plenitud. No estamos dispuestos a cohonestar ni las bastardías de un socialismo radical que priva al mundo de libertad en nombre de la seguridad, ni las falsías y simulaciones de una democracia imperfecta, que en nombre de la libertad se tapa los ojos ante la injusticia.

(*Diario de la Marina*, 14 agosto 1946)

De filosofía y humildad

En un artículo publicado ayer en *El Mundo*, Rafael García Bárcena me tiene a mal que yo escribiera hace poco, a propósito de María Zambrano,[54] que a su presencia en Cuba, así como a las visitas de los filósofos españoles Gaos y Xirau, se deba el interés por lo filosófico que de algún tiempo a esta parte se advierte en cierta zona juvenil de nuestra cultura. Estima García Bárcena —asistente de cátedra de un prestigioso colega mío en la Universidad— que eso que escribí es una «falsedad», que supone darle excesiva importancia a unas cuantas visitas efímeras, negársele a «los profesores cubanos que han impartido materias filosóficas en nuestra Universidad» y desconocer que la inquietud filosófica por mí aludida nace «de factores que residen en zonas situadas en una mayor extensión y a una mayor profundidad».

Respeto mucho la opinión del doctor García Bárcena, y aunque no hallo en su artículo razones para suponer que no me respete a mí el derecho a exponer la mía, creo que la califica un poco esquinadamente al describirla como una «falsedad», cuando tan fácil le hubiera sido tacharla, si le parecía, de mera inexactitud. Porque, si no en rigor semántico, al menos en su connotación usual, la palabra «falsedad» se entiende como una deformación voluntaria y maliciosa de la verdad. Lo cual no tiene el derecho de atribuirme el doctor García Bárcena.

Vamos al grano. Dije, en efecto, que al paso por Cuba de aquellos «transeúntes magníficos» le debíamos «la inquietud con que ciertas inteligencias jóvenes están hoy queriendo elevarse a los planos desde donde puedan mirarse las cosas bajo

---

[54] «Despedida de María Zambrano», *Diario de la Marina*, 6 septiembre 1946, pág. 4.

especie de eternidad». Supongo que quienes mejor pudieran dar testimonio de si eso es o no cierto, serían las inteligencias jóvenes aludidas —entre las cuales le aseguro a García Bárcena que no estaba la suya. Cuando esos testimonios me digan que aun antes de aquellas visitas ya experimentaban la tal inquietud, me inclinaré a acatar su dicho, aunque todavía entonces pudiera extrañarme que esa más temprana sensibilidad no hubiera dado los frutos ni tenido las manifestaciones inequívocas que después se han observado.

Esas manifestaciones consisten sobre todo en esto: en un interés visible por lo más genuino de la filosofía, por sus problemas y empeños de mayor abstracción y exigencia teorética. Antes de 1939, hubo en Cuba sociologismo, biologismo, historicismo filosófico, descriptivismo ético. De lo que hubo muy poco era de Filosofía, que no se enseñaba directamente ni en su manifestación general e histórica siquiera. Sin duda, en algunos profesores ya más maduros, dentro y fuera de la Universidad, se acusaba una actitud filosófica en la medida en que a ello los obligaban sus respectivas disciplinas oficiales. Pero no se trata, en fin de cuentas, de lo que tales maestros hacían, sino de la reacción que suscitaban. Se trata de si había ya llegado a cuajar en las inteligencias y sensibilidades jóvenes, disciplinares o no, esa inquietud que digo, ese interés nativo por lo puramente filosófico, independientemente de los itinerarios académicos y referido a los más desasidos problemas teoréticos. Si esto hubo antes de Gaos con densidad y relieve suficientes para señalarlo como peripecia grupal de cultura, estoy equivocado, si no, no.

No creo estar equivocado, diga lo que diga el señor García Bárcena. Y no siento pena patriótica alguna en que esto fuera así. Ninguna forma de cultura nace por generación espontánea. Cultura es, nuclearmente, tradición; es decir, traspaso de unos a otros. Los pueblos jóvenes aprenden de los viejos. Fuera del famoso «milagro» de Grecia, que inventó la filosofía (aunque sobre esto haya mucho que decir), todos los demás pueblos que la tienen la han recibido, por escrito o de palabra, de maestros forasteros; y el doctor García Bárcena es demasiado avisado para que necesite ponerle ejemplos. Pero sí conviene recordar que siempre tuvo el magisterio oral de lo filosófico una peculiar eficacia y que cuando esa enseñanza se imparte, al margen de precarias rutinas académicas, por forasteros de cierto crédito y aptitud, suele suscitar privilegiadas resonancias, por sus coeficientes psicológicos de novedad en la autoridad... aparte de todo lo demás. Es esa una de las razones por las cuales suele ser tan fecunda —en lo filosófico y científico sobre todo— la formación de maestros propios en tierras extranjeras, o la importación de maestros extranjeros en tierra propia.

Si al doctor García Bárcena le parece peligroso para el espíritu nacional ese criterio mío, me ha de permitir que le diga que a mí me parece mucho más peligrosa aún la aldeanidad soberbia. Está bien que aceptemos nuestro vino, aunque sea agrio; pero antes sería conveniente cuidar de que sea efectivamente vino. Lo cual supone mucha cepa de fuera, o mucha semilla nuestra cultivada en buenos viveros, para su oportuno trasplante. No: no hace falta que el doctor García Bárcena me denuncie mi «falsedad» a voz en cuello, como dice; basta que piense un poco, dejando a un lado el himno.

En todo esto, en efecto, hay una lección de humildad. Dije que en Cuba no teníamos aún más que «aprendices de filósofos», y García Bárcena me acepta el aserto y me lo aplica, con ciertas concesiones que le agradezco, a lo literario y periodístico de mis aptitudes. Efectivamente, en el aserto iba yo incluido. No vaya a creer el doctor García Bárcena que me lastima poniéndome en tan buena compañía. Además, hace ya mucho tiempo que me tengo hecha la convicción de que lo que en definitiva importa no es lo que uno diga o reclame para sí mismo, ni lo que a uno le digan o nieguen, sino lo que valga en sí y por sí la obra propia.

Apliquémonos todos esa modestia. No nos engallemos con quiquiriquíes prematuros. No demos gato por liebre, ni aproximaciones por accesos. Y sobre eso de «una filosofía cubana» —tesis que el doctor García Bárcena viene proponiendo con mejor voluntad que argumentación—, bueno sería que no nos precipitáramos demasiado y siguiéramos todavía aprendiendo un rato.

(*Diario de la Marina*, 18 septiembre 1946)

Sentimientos y resentimientos

Con alguna tardanza, leo, en *El Siglo*, del 23 de octubre, un comentario del Sr. Pedro Abascal Berenguer titulado «A propósito de unos artículos de Mañach» —artículos que no aparecieron en estas columnas del *Diario*, pero que muy bien pudieron haberse publicado en ellas, porque intentaron, en la parte que el Sr. Abascal comenta, caracterizar sin atenuaciones ni disimulos el «desquiciamiento» moral hacia el cual va caminando la sociedad cubana.

Me ha parecido que el origen de eso está en una extraordinaria confusión de valores que ha ido borrando poco a poco la frontera entre el aprecio del bien y del mal, entre el ejercicio de la autoridad y de la libertad. El Dr. Abascal cita un párrafo mío en que se resumen las falsificaciones a que ello da lugar. Es este:

«Casi todo está aquí como voluntariamente falsificado. Bajo la máscara de estadistas cobran crédito los politicastros. Pasan por demócratas los demagogos, por revolucionarios los gánsteres y por apóstoles los hipócritas. Sienta plaza de redentorismo libertador aquello mismo que conspira contra la libertad, de salvaguardia conservadora la inercia egoísta y aprovechada, de espíritu de nación el cálculo de clase. Se tiene por inteligente al 'vivo', por honrado al distraído de la fechoría ajena o cohonestador de ella, por caballero al señorito truhan, por talentoso al empachado, por elocuente al palabrero y por emprendedor al que acomete sin escrúpulos. Se confunde la gazmoñería con la pureza, la bonanza efímera con la prosperidad sustantiva, el clamoreo de las efusiones interesadas con el prestigio y la devoción públicos, la violencia con la energía, la serenidad en el mando con la insensibilidad hacia el desafuero, y el resentimiento con la justicia».

Del Dr. Abascal, cuyos escritos en el *Diario* he leído con mucho interés y aprecio en ocasiones varias, cabía esperar que no atribuyera esa caracterización —que por lo demás califica bondadosamente de «afortunada síntesis»— a otra motivación que la del sentir dolorido ante el espectáculo de nuestra vida. Prefiere, sin embargo, ir a buscar la «raíz psíquica» de mi cuita en el resentimiento personal derivado de cierta experiencia política reciente. Creo que se equivoca y que hace mal. Se equivoca, por razones que no podría yo exponer sin un despliegue demasiado impudoroso de la personal intimidad, pero que tal vez me sea permitido resumir diciendo que estoy un poco por encima de eso. Si no lo estuviera, no me vería el Dr. Abascal cumpliendo todavía ciertos deberes públicos en los que no me va ni me viene nada. Me considero vulnerable, como cualquier hijo de vecino, por el resentimiento que nace de una frustración en lo esencial de la propia vida, no de un simple percance al margen de ella. Y añado que hace mal el juicioso comentarista, porque ese prurito de objetivar las opiniones, de hablar en lo personal la «raíz» de ellas, tiende a poner todos los juicios en entredicho y a hacer estragos en la conciencia pública. Al marxismo —de que el Dr. Abascal tanto abomina— le encanta ese relativismo.

Si el Dr. Abascal no halló otra fundamentación para el juicio que expuse de la situación moral de Cuba, si escribió que no había hecho intento alguno por precisar sus causas, supongo que se deberá a que mi censor no tuvo paciencia bastante para esperar —o para leer— los posteriores escritos sobre el mismo tema en la misma publicación. A ellos me remito.

No contento con estos singulares reproches, la emprende con el pobre partido al cual he estado adscrito en mi vida política. Siento que me obligue así a quebrar una lanza por él, en esta columna en la que tan cuidadosamente procuro siempre excluir todo lo que parezca sectario. Pero también esta defensa va a ser breve.

Ese partido, Dr. Abascal, en efecto, se ha equivocado mucho. No salió de la cabeza de ningún Júpiter histórico, armado, como Minerva, para todos los aciertos. Precisamente porque lo fundaron hombres que no eran por vocación «animales políticos» —ni han aprendido todavía cabalmente a serlo— erró mucho en sus tácticas, y así se ha desmadrado tanto de su inicial pujanza. Pero no ha errado jamás en sus intenciones, hasta donde se me alcance. Cuenta habida de sus yerros y limitaciones, le tengo aún por el empeño más elevado en su aspiración, más razonado en su pensamiento histórico y social, más limpio —limpio hasta en la torpeza de sus claudicaciones «realistas»— que haya conocido la historia cubana en sus últimos tiempos. ¿Sabe el Dr. Abascal de algún otro que se hiciera cargo con más denuedo de su responsabilidad, aun sabiendo la popularidad que le iba en ello? Dique hemos sido, que no desbordado torrente. ¿Sabe de alguno que haya acogido sus oportunidades de poder parcial con más espíritu de servicio público, y que haya sabido renunciar a esas oportunidades más desdeñosamente cuando le resultaron estériles? Por eso hablan de nuestros «virajes». ¿Conoce el Dr. Abascal algún partido que, con menos gente, haya dotado a la conciencia y a la organización pública de más ideas? La Constitución lleva por todas partes —por casi todas— nuestra huella. ¿Ha comparado alguna vez el idioma que hablan entre sí los abecedarios —los verdaderos abecedarios, y no los «colados» por la grieta realista— con el que suele escuchárseles a la mayoría de los políticos al uso? Le aseguro que es todavía un idioma de nobles acentos cubanos y humanos.

No; no condene el Dr. Abascal —y menos con tan baratas apreciaciones— al partido «de la verde enseña» por lo que no ha podido o no ha sabido hacer; júzguelo por lo que siempre ha querido. Más hubiera podido si hombres como el Dr. Abascal —hombres a quienes la conciencia vigilante no les llega, por lo visto, más allá de la letra de molde— se hubieran propuesto siquiera un poco el sacrificio del civismo activo, el sacrificio de asumir responsabilidades públicas, con toda la salpicadura que inevitablemente le echan a uno encima, como la obra al albañil que decía Martí. Más hubiera podido hacer, si la generosidad militante no se las tuviera que hacer tanto en Cuba con la comodidad verbalista.

Y perdóneme el Dr. Abascal tanta vivacidad en la respuesta. Pero es que ya se va cansando uno un poco de desfiguraciones gratuitas, y de él, de una pluma con tan nobles preocupaciones, podíamos esperar siquiera algo más de simpatía. Bastante tenemos con el vituperio de la gente de alquiler.

(*Diario de la Marina*, 1 noviembre 1946)

Articulación de contrarios

Vuelvo de una clase sobre Heráclito en la Universidad para leer, en el *Diario*, la carta abierta que me dirige el Dr. Pedro Abascal Berenguer. Todavía me flota por dentro la idea matriz y «realista» del efesiano: la vida es pugna; lo contrario es siempre saludable como tal, y cada cosa, estado o actitud tiene razón conjuntamente con lo que le es adverso. Conjunta, no separadamente. La vida es impacto —a condición de que los contrarios, al chocar, se articulen, se sientan continuidad el uno con el otro.

Para dejar ya enteramente despejado lo personal, déjeme Pedro Abascal Berenguer decirle, sin zalamerías, que aun cuando no lo conozco a derechas, le tengo en vivo aprecio, por lo que de él sé, y por sus escritos, y por ser hermano de un amigo de Oriente que, por lo visto, no se tomó para sí toda la buena sustancia de la familia. Justamente por eso me picó un poco que nos tratara, a mí y al partido en que milito, con desfiguradora levedad. Pelillos a la mar. Vamos a lo que más importa.

A Abascal también «le duele Cuba», como lo dolía España a don Miguel, Unamuno. Le duele «el cuadro desolador que nos ofrece esta patria, a la que tenemos que querer, pese a todos sus defectos, pugnando por hacer dulce nuestro vino agrio». Piensa, sin embargo, que no se le va a endulzar con estas «filosofías exóticas» que, a su juicio, empañan mi «íntima visión» de nuestro sentir. Que no se va a mejorar el país con instrumentos como ese partido nuestro, que habla «un idioma de mejores acentos cubanos y humanos», pero no ha sabido hacérselo entender al pueblo.

En cuanto al exotismo filosófico, quisiera a mi ya amigo un poco decir más explícito: ¿Qué es lo que le desplace: mi racionalismo, tan moderado, tan «condicionado» todo él por el sentimiento de lo espiritual y lo vital? ¿O la fe democrática en que *todavía* (le subrayo la palabra) desemboca? ¿Por qué lo llama «exótico»? Hace poco, conversando con otro lector sobre «la unidad social», decía yo en estas columnas: «el mejor camino hacia la cohesión social que hoy echamos de menos sería el que nos condujera a alguna suerte de equilibrio entre la conciencia y la existencia, entre las formas de pensar y las formas de vivir». Explicaba eso por extenso, y me pareció dejar bien a las claras que me refería a un entendimiento entre la teoría ajena y la vida nuestra.

Las formas sociales y políticas son, sin duda, exóticas, si por tal se entiende lo venido de fuera. Exóticas son la idea autoritaria y la democrática, la colectivista y la individualista, la laica y la cristiana, la monárquica y la republicana. América no ha inventado más fórmulas políticas que el APRA, que es mezcla de muchas cosas de fuera con un espíritu de dentro, y la tecnocracia yanqui, que no dio mucha persuasión de sí. Pudiéramos nosotros, tal vez, inventarnos un cauce propio; pero dudo mucho que lo abriéramos lo bastante ancho para caminar por él. En rigor, amigo Abascal, lo que me sospecho que discutimos es cuál idea exótica —inevitablemente exótica— es la que más nos conviene.

Y para esto de la conveniencia yo he tenido y tengo siempre muy en cuenta la clase de cuerpo que tenemos que vestir. Pienso en una democracia, pero ajustada a un pueblo de soberanía diversamente mediatizada por la incultura, por la servidumbre económica, por factores más inmediatamente humanos. Todo el problema teórico es determinar en qué medida y hasta qué punto estos factores deben modular la idea democrática pura, para cuyo ejercicio aún no estamos preparados; y todo el problema práctico sería instaurar esa democracia sin que el ajuste fuera tal que frustrara la superación de los factores que por lo pronto la limitan. Porque a veces, cuando se habla de sofrenar nuestra democracia, lo que se piensa es renunciar a los valores esenciales que la Democracia representa: libertad para lo esencial, respeto a la dignidad humana, ámbito para la voluntad y para la opinión…

Convengo con Abascal, sin embargo, en que sobre todo eso se debiera hablar mucho más de lo que se habla. Hay mucha coacción intimidadora en el ambiente y, por tanto, mucha superchería, mucha mentira. So capa de democratismo, anda por ahí cada demagogo, cada explotador de la incultura, cada muñidor de votos, cada comprador de conciencias, cada escandalizador, que dan miedo. Quien se ponga hoy a discutir sobre el «ajuste» de nuestra democracia, inmediatamente se echa encima el anatema de «fascista», que le endilgan precisamente los que menos creen en la democracia. Esta es, en efecto, la cortina de humo teórico detrás de la cual todos maniobran a su antojo... Pero habría que hablar de eso.

Habría que hablar, sin embargo, en mayor dimensión que la que puedan representar nuestras voces aisladas. Habría que lograr que los pocos viejos y hombres maduros vigilantes y aún limpios que nos quedan, se plantearan valientemente el problema, haciéndoles frente a los improperios. Habría que conseguir que la juventud, los jóvenes preocupados, más allá de la pepillería y la escalinata, se hicieran también conciencia del problema, no pensando en el liderazgo ni en el congreso extranjero ni en el acta futura, sino en ese dolor difuso de lo cubano que todos los que tenemos conciencia sentimos. Si Abascal trabaja en eso, como infiero de lo que escribe, a su lado me tiene.

Por lo que hace a mi partido, puedo asegurarle que esa fe democrática, pero relativista, ajustada a su tiempo y lugar, la tuvieron siempre sus rectores. Hay un talentoso amigo en Oriente —Carlos González Palacios— que suele fundar su adhesión diciendo que cree, sobre todo, en «nuestras tesis inconfesadas». Pero me temo que sospecha mucho más de lo que en el fondo pensamos. Ya lo que pensamos —que es eso que dije: democracia con autoridad y realidad— es bastante difícil, como usted ve, de comunicar. Por qué diablos nuestro pueblo, que está tan escarmentado de la mentira política ambiente, no ha acogido y respaldado nuestro mensaje, no me lo explico del todo. Acaso se deba a que no lo hemos predicado bastante; o a que lo hemos predicado con excesiva sequedad y austeridad. Pero me inclino a creer que obedece al inmediatismo que caracteriza nuestra psicología: el cubano no suele tener mucho sentido de la distancia, de la perspectiva. Es hombre de reacciones cortas. Calcula sobre veinte pasos, no más allá. Prefiere la promesa del provecho personal y próximo —que el político usual siempre le brinda— a la promesa del bienestar profundo, común y largamente tramitable, que el ABC le expone. No es que no nos entienda; es que prefiere no entendernos. Y para el soborno no servimos.

Así hemos ido perdiendo terreno. Al perderlo, nos asustamos. Quisimos conservar a todo trance el instrumento. Empezamos a hacerle concesiones crecientes a la política inmediatista —fórmulas «populares», oportunidades de gobierno, puestos que repartir, colaboraciones equívocas en las filas y fuera de ellas. Error, tiene usted razón; un error enorme, del cual, yo mismo, a disgusto, me hice muchas veces solidario. El partido debió atenerse irreductiblemente a lo suyo; esperar su hora, si había de venir; agotar su experimento, costara lo que costara; morirse, si había que morirse, pero en su ley. No lo hicimos, repito, por conservar el instrumento para el servicio eventual de nuestro propósito; y en efecto, lo hemos conservado hasta ahora, pero cada vez más mellado.

Pues bien: permítame aprovechar la oportunidad para decir, por lo que a mí, al menos, me toca, que ya agoté mi personal consentimiento hacia esa política «realista». En estos momentos, el partido confronta una crisis hacia fuera y hacia dentro. O la aprovecha para rectificar razonablemente su orientación y volver a lo que siempre debió ser —o este cura no se hace por más tiempo responsable de colaborar en su rectorado. Y vea usted, amigo Abascal, cómo sus reparos me han traído a una declaración que algo significa. Cuando los contrarios se articulan, siempre sale algo positivo.

(*Diario de la Marina*, 3 noviembre 1946)

Réplica para Manzanillo

Un escritor a quien supongo de Manzanillo, Manuel F. Bermúdez Oliver, publica en el número de enero de la bienquerida y ya veterana revista *Orto*, de aquella ciudad, un artículo excelentemente escrito y sentido, aunque ya no tan bien pensado, bajo el título «Más sobre la Cena Martiana». Ese trabajo reacciona con muy desapacible discrepancia contra la reprobación que recientemente se hizo de aquella manera de honrar al Apóstol y contra las incontables personas que suscribieron la reprobación.

Se explica. *Orto* fue la iniciadora del rito, y no era de esperar que renunciase a la preservación de él, no por falta de abnegación, sino por lo difícil que resulta objetivar juicios que van acompañados de un coeficiente de legítimo orgullo. En la celebración de la «Cena Martiana», el grupo de *Orto* puso siempre fervor muy genuino; con justificada complacencia vieron difundirse por toda la Isla el estilo de honra por ellos creado, y no habiendo sido testigos de las «frívolas deformaciones» —son palabras mías— a que en demasiadas ocasiones se prestó, lógico es que tengan por gratuito «aspaviento» la «denuncia» en que tantos hemos concurrido.

Lo que ya no me explico tanto es que, para defender su cara institución, se dé cabida en la defensa a cierto género poco elegante de suspicacias; y aún menos comprendo por qué se ha de proyectar sobre todo contra mí, sin más razón aparente que el hecho de no solo haber firmado la declaración de marras, sino escrito una glosa explicando un poco las razones que tuve para firmarla. Vuelvo a leer ahora mi artículo y compruebo que estaba todo él escrito con simpatía hacia *Orto*, con visible gratitud por lo mucho que sus animadores han contribuido a generalizar la devoción a Martí y con gran argumentación limpia y levantada (aunque tal vez fallida) a favor de un cambio en el modo de honrarle —cambio cuya pauta sugerí que fuese propuesta por los amigos mismos de *Orto*.

¿Por qué, pues, se me paga con las reticencias que ha de ver quien leyere? Permítaseme, en efecto, transcribir algunos párrafos, con todo lo que en ellos hay de excesiva benevolencia y, también, de penosa oblicuidad. El señor Bermúdez dice: «La pluma ilustre de Jorge Mañach —ilustre no obstante el agrio calificativo de «malévolo y resentido» con que Raúl Roa la acusara alguna vez— ha roto lanzas contra los molinos invisibles de su afán quijotesco, ahora concretado en la sustitución de la Cena Martiana. Produjo un artículo de muy bella estirpe literaria, como todos los renglones que publica. Pero, por desgracia, con la inevitable trastienda intelectual que casi siempre los caracteriza».

Despejemos eso primero, porque también uno tiene su derecho a defenderse, aunque sea con ocasión de Martí. Si penoso fue que Raúl Roa, hallándome yo en el extranjero, me hiciera agresión en el prólogo a su edición de las poesías de Rubén Martínez Villena, más penoso es que el señor Bermúdez recoja, aunque los califique de «agrios», los calificativos que a Roa le dictó el resentimiento que me guardaba por la participación que tuve en una polémica sin mayor importancia con el malogrado Rubén. A aquel ataque de Roa, totalmente injustificado, amplia y enérgicamente en carta abierta que desde los Estados Unidos mandé a una revista cubana. Creo que aquel asunto quedó esclarecido y liquidado, aunque todavía ande por ahí el prólogo de Roa mermándome la honra. Hace mal el señor Bermúdez en desenterrar cadáveres.

Cuanto a mi «trastienda intelectual», no sé qué entenderá el señor Bermúdez por eso. Si tener trastienda significa reconocer que las cosas rara vez son como parecen, que el mundo en general y la vida intelectual en particular están llenos de simulaciones y de simplismos para la galería; si es trastienda escribir, no todo lo que se quiera, sino todo lo que se pueda, porque los medios y los ámbitos receptivos tienen sus limitaciones, y hay una cortesía y circunspección del periodismo como las hay, o debe haber, de toda convivencia —si eso es lo que el señor Bermúdez quiere insinuar, no le tendré a mal la observación. No es la mía pluma de barricada ni de mostrador.

Pero si por trastienda entiende, no el tener medida en lo que se dice, sino el decir lo que no se piensa; si supone que dispongo de alguna robótica para preparar pequeños venenos, para enfrascar agua azucarada o siquiera para dorar píldoras; si me atribuye, en fin, algún desván acaparador de «bolsa negra» literaria, le invito a que me visite de nuevo, a que repase esa labor periodística de veinticinco años que tan mal conoce, aunque le sugiere el calificativo inexplicablemente benévolo con que por ella me honra.

Para venir a lo concreto, nadie, señor Bermúdez, me insinuó que escribiera lo que escribí acerca de las cenas martianas. Aquí en el *Diario*, aunque usted y muchos más piensen otra cosa, no hay ningún dictado de doctrina, ningún consejillo de fiscales que nos obligue a los colaboradores a escribir a espaldas de nuestra conciencia. El *Diario* tiene su centenaria manera de pensar, tiene —para el mejor equilibrio de la opinión y de la formación cubanas (que de otra manera se hubieran ido hace mucho tiempo de un solo lado)— su sistema de principios, con las previsiones que de ello se originan en una sociedad cada vez más polémica. Quienes escribimos en el *Diario* respetamos eso, desde luego, como lo hacen los periodistas que escriben en cualquier otro periódico. Pero bastará que usted eche con un poco de buena voluntad una mirada siquiera por encima de los artículos que habitualmente se publican en esta misma página, para advertir que aquí las opiniones de los colaboradores no están pautadas. No vaya usted a creer que le he consultado a la Dirección, o que le hago el caldo gordo con aspavientos místicos, si digo que la norma de la Casa parece ser aquella de San Agustín: «En lo necesario, la unidad; en lo dudoso, la libertad; en todo, la caridad».

Y basta por hoy. Mañana acaso quiera añadir algo más sobre lo de la honra martiana.

(*Diario de la Marina*, 13 febrero 1947)

Nuestra frustración

Nuestro compañero Manuel del Riego nos ha estado reprochando con afable severidad a ciertos comentaristas de la vida cubana lo que él considera una actitud demasiado crítica y acidulada, un acento demasiado pesimista. Vasconcelos, Roselló, Ichaso, Carbó, yo mismo, nos hemos visto mencionados. Alguien había de contestar.

¿Por el solo gusto de acusar recibo de un juicio ajeno?... No: más bien porque ese juicio nos compromete un poco. Del Riego piensa, en efecto, que esa actitud y ese tono nuestros se deben al resentimiento.

Escribo en la cama por una leve y pedestre invalidez. No tengo, pues, fácil acceso a mis papeles, ni comodidad para buscar entre ellos los recortes de los artículos en que nos ha puesto sus peros el compañero aludido. Pero creo recordar bien ese diagnóstico suyo: lo que pasa es que todos quisimos, por una vía o por otra, hacernos del poder público con que reformar a Cuba, y no habiendo podido alcanzarlo, se nos rebosa el mal humor de nuestro fracaso. Somos, en fin, unos resentidos.

Es esta una de las dos tesis psicosociales que andan desde hace tiempo por el mundo minando la autoridad, poniendo en entredicho la validez de las opiniones. A la tesis marxista, según la cual se opina «desde la clase a que se pertenece» y según los ingresos económicos de ella, se agrega la más sutil y profunda que Marx Scheler derivó de Nietzsche y que, en su precioso ensayo sobre *El resentimiento en la moral*, traducido por la *Revista de Occidente*, ha venido teniendo mucha difusión en nuestro ámbito. No pudiendo suponérsele a del Riego, por ciertos antecedentes políticos que le conozco, adhesión alguna a la generalización marxista, es más probable que sea la del filósofo nietzscheano, judío, católico converso, etc., quien le haya adoctrinado para esa suspicacia.

No sé si del Riego tendrá o no razón. Todo escritor sincero escribe con su conciencia, y cada conciencia es un mundo. Más modestamente: la del escritor se asemeja a un lago que unas veces refleja límpidamente todo su cielo y vecindad, otras se encrespa con los vientos que por sobre él corren —y siempre, inevitablemente, tiene su fondo de oscuras vegetaciones instintivas... No: no somos meros reflejos.

De manera que no se puede ir a lo individual e introspectivo para averiguar si del Riego tiene o no razón. Lo único que puede hacerse es preguntar, preguntarse, preguntarle si el paisaje que estamos reflejando es realmente mejor de cómo lo reflejamos, si no hay en él ni los cielos sombríos, ni las alternativas de yermo y de vegetación monstruosa que en nuestras aguas se pintan. ¿Estaría del Riego dispuesto de declararnos que vivimos en una Arcadia?

Probablemente me diría que si nuestro paisaje no es arcádico, tampoco es ninguna Tebaida. Una de las más escalofriantes evidencias de lo mal que anda el mundo la tenemos los cubanos al oír a muchos extranjeros decirnos que Cuba es actualmente «un paraíso». Claro: aquí no nos estamos muriendo ni de frío ni de hambre, aunque la bolsa negra de carbón y vituallas nos coma por un pie; aquí no estamos todavía en guerra civil desbordada o sofocada, aunque los gérmenes de ella estén latentes; aquí no se persigue a nadie por su credo, aunque haya muchos cubanos que no se atreven a vivir en Cuba; aquí las ametralladoras oficiales no barren las calles, aunque el pistolero más o menos oficioso a menudo se despache a su gusto; aquí no tenemos el tesoro colectivo en quiebra, aunque por bajo el haz azucarero, burocrático y sindical de nuestra vida haya tanta miseria y tanto primitivismo como siempre... Somos, en efecto, «un paraíso» —un paraíso artificial, inventado por la guerra.

De donde concluye del Riego que si nuestras plumas destilan tanta reprobación y patetismo es, no ya por meras ganas de quejarnos, sino por el flato de una ambición frustrada que llevamos dentro.

Pues bien: ahora veo que no le falta alguna razón. Aquí, en efecto, hay un vaho de ilusiones muertas. Pero no tanto de ilusiones individuales, como de ilusiones colectivas. Este pueblo pasó por un sueño que fue, a la vez, una terrible pesadilla. Del Riego conoce esto de oídas; mas no lo sabe, no tuvo la vivencia de eso; no estaba aquí para vivirlo. En 1930, nos hicimos la ilusión de que se había colmado ya una etapa torpe y primeriza de la vida cubana; sentíamos que se estaba gestando, que estaba a punto de nacer —con violencia y dolor, como todo parto— nada menos que estas dos criaturas históricas gemelas: la nación y el Estado. La nación, no ya la mera nacionalidad o aptitud de ella, y el Estado, expresión jurídica, estructura oficial de aquella sustantividad; soñábamos con lo que entonces se llamaba, sin ironía, la «Cuba nueva».

Ya digo que aquel sueño también tuvo de pesadilla. Por convertirlo en vida, nos pareció perdonable hasta la muerte. Volvimos a saber del gusto de lo heroico. Pero todos sufrimos, unos y otros. Pensamos que todo aquel soñar, aquel sufrir, aquella vergüenza y aquel heroísmo individual o difuso, no serían en vano.

Pues bien: lo han sido. ¿Comprende usted? Lo han sido por lo menos en medida bastante para que muchos muertos —y perdone usted el patetismo— se revuelvan en sus huesas; para que no pocos cubanos que aún viven sientan que se les fue en esfuerzo sin fruto lo más brioso de su juventud; para que toda mi generación, por ejemplo, la Generación de 1925, que tanto prometía, se quedara sin obra histórica digna de su promesa. Sí, en ese sentido sí tiene usted razón: estamos todos mascando nuestra amargura.

Pero solo en ese sentido. Es un resentimiento histórico y social, no biográfico e individual. Ninguno de los escritores que usted ha mencionado —por cierto, con bondadosa estimación— nacimos para políticos. Si algún resentimiento personal tenemos, no es por no haber logrado los triunfos del ágora (algunos tuvimos más de lo que apetecíamos), sino por haberle dado a la política, a costa de otros ideales, más de lo que ella le ha dado a Cuba.

Con todo, algo se logró: hicimos saltar las viejas oligarquías cerradas, llevamos al país a un nuevo orden constitucional que es siquiera el marco expectante de nuevas instituciones y costumbres, suscitamos una nueva conciencia que está aún trabajando por lo bajo y que algún día aflorará en cosas de veras auténticas... Pero no nos pida usted que contemplemos con meras sonrisas de menosprecio, ni mucho menos con impasibilidad, toda esta farsa a que los pillos y los frívolos han reducido lo que fue nuestro ensueño doloroso.

(*Diario de la Marina*, 2 abril 1947)

Nosotros y los demás

No: no todas las discusiones periodísticas son ingratas ni ociosas. Cuando se discute con un interlocutor tan inteligente, ponderado y cortés como el compañero visitante de esta plana Manuel del Riego, alguna luz y no poca animación cordial sale siempre de la peripecia.

Del Riego —como se recordará, como lo recordó Ichaso— nos ha reprochado a algunos escritores cubanos de la letra periódica lo que él llama nuestro «ácido escribir», nuestra tendencia al comentario demasiado negativo de la vida cubana. Y en definitiva ha venido a decir dos cosas: 1) que esa actitud y tono nuestros son injustificados e inconvenientes a la salud pública; y 2) que se deben, no a una razón objetiva, no a que esa vida nuestra sea en realidad tan mala como la pintamos, sino a que nosotros mismos hemos fracasado en nuestra responsabilidad ante ella.

Creo que vale la pena seguir conversando sobre el particular, aunque, por ser varios a enfrentarnos con la tesis del compañero, pueda pensar este que no es justo que le asaltemos en tumulto. La verdad es que del Riego se basta y sobra para lidiar él solo con Ichaso, con Roselló, conmigo y cuantos más salgan al ruedo. Prometemos, sin embargo, no actuar en pandilla, por muy de moda que eso pueda estar en los días que corren... Y digo que vale la pena porque si, efectivamente, tenemos ese tono acidulado que del Riego dice (sobre lo cual no cabe mucha duda, aunque él lo exagere un poco) y si ese tono es, efectivamente, infundado y gratuito, cierto será que le estamos haciendo muy flaco servicio al espíritu público. De manera que del Riego no ha planteado ninguna cuestión trivial.

Consideremos, pues, en primer término, lo de que el tono que mostramos sea o no injustificado, lo de que sea o no inconveniente. Vale eso tanto como preguntarse si las cosas están en Cuba relativamente bien o relativamente mal. Digo «relativamente» porque ni el mismo del Riego, con todo y su envidiable optimismo, se avendría a declarar que están bien de un modo absoluto. Nada lo está, como bien él dice, en este mundo pecador. Ahora bien: ese «relativamente» —ya sea «bien» o «mal»— ¿con relación a qué ha de apreciarse? He ahí, a mi juicio, el nudo de la cuestión.

Del Riego parece inclinarse a apreciar nuestro estado de cosas comparándolo con el que se observa en otras partes del mundo. «Basta y sobra —dice— deslizar la mirada sobre el panorama mundial para sacar una consecuencia tranquilizadora y venturosa cuando los ojos se posan de nuevo sobre el mínimo y vilipendiado escenario de la isla».

No estoy seguro de que ya esto sea tan cierto como a él le parece. Hace dos años recorrí una buena porción del mundo. No encontré que Brasil estuviera peor que Cuba, comenté entonces en una glosa la enorme pujanza creadora de que aquel vasto país está dando muestra su voluntad de organización profunda y de forma histórica, la vitalidad, todavía parca en logros, pero enérgica y auténtica, de su afán cultural. Tampoco encontré que el Uruguay estuviese peor que nosotros. Lo poco que pude ver de aquella pequeña república —buen término de comparación para la nuestra— me confirmó, por vía directa, lo que ya por las indirectas sabía: hasta las apariencias concretas de Montevideo están revelando también una seriedad, una autenticidad en el querer, en el saber y en el hacer uruguayos.

La Argentina estaba y está en crisis. Pero no es una crisis, por así decir, embrionaria: no es un sentimiento de frustración inicial y básica lo que allí se advierte, sino más bien lo que suele llamarse una crisis «de crecimiento», resultado de una voluntad (justa o injusta: no vamos a discutir eso ahora) de mejorar lo bueno que ya se tiene, de lograrle al país todo su potencial de realización, solo en parte actualizado. Es, sobre todo, una crisis de pensamiento y voluntad político-sociales, que puede, sin duda, llegar a afectar el sistema de valores más hondos, ya cuajado en realidad nacional, pero que pretende precisamente apoyarse en ellos como una realidad histórica ya inconmovible. En fin: aquello es una nación —más aún que el Brasil— a la cual le suenan los huesos porque se estira. Pero tiene los huesos.

Visité también el África occidental: Dakar. Mejor que eso sí estamos... ¡pero ya comprenderá del Riego que es flaco consuelo! En cambio, Casablanca me hizo reflexionar sobre la fina opulencia que puede llegar a alcanzar una ciudad del trópico cuando la mima el genio organizador de un Liatuey... En cuanto a Europa, claro: aquello es un mundo de espasmos, no sé si de agonía o de transformación. Aquello ha pasado por la sacudida más profunda que conocen los siglos; está pasando aún... Con todo, no creo que me costaría trabajo, si tuviera espacio para ello, demostrarle a mi estimado compañero que en Francia, en Inglaterra, en Bélgica al menos, por debajo de las grietas y de los gritos, queda todavía en pie la armazón secular de obras y valores; es decir, aquel denominador común de conciencias, aquel sentido hondo de personalidad y destino, aquel repertorio básico de formas y normas, aquel principio y raíz de autoridad por lo inalienablemente hecho, y aquella autenticidad de propósito hacia lo que ha de hacerse, y que a esa autoridad se vincula (por algo las palabras mismas tienen igual raíz) —todo eso, en fin, imponderable pero inequívoco, que consiste el ser una nación en serio...

Cuba no ha pasado, lo que se dice pasar, por aquel trance apocalíptico de la guerra. En la medida en que la alcanzó, resultamos afectados por el estrago; pero solo epidérmicamente. Y nadie se queja de eso. No nos quejamos, por ejemplo, de la escasez de subsistencia que la guerra nos produjo: nos quejamos de la torpeza y corrupción de la política que ante ese hecho inevitable nosotros produjimos... Nos quejamos de no haber sabido tomar en serio ni siquiera la seriedad de la guerra y de sus consecuencias.

De manera que, aun suponiendo que sea válida la comparación entre pueblos trágicamente damnificados y un pueblo relativamente indemne, resulta que todavía aquellos demostraron en su tragedia mucho más nervio y conciencia que nosotros en nuestra bonanza; y si comparamos el estado de cosas cubano con el de países respecto de los cuales la comparación sí es válida, no veo que tengamos mucho ni poco de que gloriarnos.

Pero este desbrozo inicial apenas deja al descubierto lo central de la cuestión. Sobre ella, pues, volveremos —porque no tenemos más remedio que ponernos bien en claro si nuestra acedia es angustia genuina y sana inconformidad o es, por el contrario, hipocondría y aspaviento.

(*Diario de la Marina*, 9 abril 1947)

De lo que pudimos ser

Vamos a ver si podemos reanudar ya en firme nuestro coloquio con del Riego e ir llegando a algo que tenga siquiera visos de conclusiones. Se recordará que sus artículos deplorando lo que él llama nuestro «ácido escribir» se resolvían en dos tesis: una, que las cosas de Cuba no andan tan mal como para que nos pasemos la vida en tono censor, y la otra, que si tal hacemos, es por una especie de resentimiento colectivo, porque nuestra generación está fracasada.

Habíamos empezado a contestarle lo primero. El juicio que se haga de la vida cubana —dijimos— no puede ser un juicio absoluto, sino relativo; ¿pero relativo a qué? No nos pareció válido fundarlo en la comparación con países asolados por la guerra. Y si la comparación la hacemos con otros de experiencias y circunstancias más parecidas a las nuestras, no se ve quedar muy bien parado el optimismo del compañero del Riego, su «limpio gozo por lo que somos en contraste evidente con lo que han venido a ser los otros pueblos». ¡Ojalá nos fuera dable compartir tan alegre conclusión! ¡Ojalá pudiéramos los cubanos sentirnos tan contentos del estado de nuestra patria como lo están de la suya, por ejemplo, los uruguayos, que no son ni más grandes ni más ricos ni mucho más experimentados que nosotros!

Pero ni siquiera estas comparaciones entre pueblos de actitud análoga son de fiar. Creo que el juicio relativo acerca de un pueblo, como acerca de un individuo, hay que plantearlo, para que sea justo, respecto de él mismo, respecto de su propia potencialidad. Sobre todo, cuando se hacen juicios no descriptivos, sino críticos; juicios, no ya de ser, sino de deber-ser. No hay derecho a pedir que el sujeto A, nacido con tales o cuales taras y criado en adversas circunstancias, dé tan buena cuenta de sí en la vida como el sujeto B, que nació favorecido de mejor índole y fortuna. Pero sí hay derecho a pedirle a B, por ejemplo, que llegue a hacer de su vida todo lo que de su disposición natural y de su instalación en la existencia cabía razonablemente esperar.

Los escritores a quienes del Riego nos reprocha nuestro «ácido escribir» no somos pesimistas. Si lo fuéramos, no seríamos tan exigentes: no es ningún deporte andar pidiendo imposibles. Somos, por el contrario, gente que esperábamos bastante de Cuba; que lo seguíamos esperando. Estamos convencidos de que Cuba tenía, por lo menos desde el comienzo de la República, potencialidad razonable para haber llegado a ser, a estas alturas, mucho mejor pueblo, mucho mejor país de lo que es.

Sustanciar eso llevaría poco menos que un libro. Sé muy bien que muy pocos cubanos —¡y esos sí son los radicalmente pesimistas!— opinan lo contrario: opinan que de Cuba, dada su posición geográfica, su clima, su tipo de productividad natural, su heterogeneidad racial, su sujeción a España por casi un siglo más que los otros países americanos de su mismo origen, no podía esperarse más de lo que ha dado. Teníamos una potencialidad limitada, y somos la consecuencia de ella.

No diré que no haya mucho de cierto en su tesis. Pero siempre me ha parecido no poco viciada por el hecho de que a tales factores se les ha querido dar un valor puramente negativo, cuando lo cierto es que cada uno de ellos tiene su signo de más y su signo de menos. Se atiende a lo que la insularidad significa como aislamiento, mas no a lo que conlleva como independencia y nitidez de perfil territorial. Se repara en lo que la vecindad a los Estados Unidos ha supuesto para nosotros como presión «imperial»; pero no a lo que también ha significado como accesibilidad económica, técnica, y en otros órdenes de potencial civilización, ni al privilegio que implica estar situado a la entrada del Golfo y en el crucero de un tráfico auspiciador. Se piensa en lo que el clima genera como laxitud, pero no en lo que asegura como encandilamiento imaginativo, como fértil vivacidad y hasta como rendimiento salutífero, como clínica solar. Se lamenta la colinialidad que nuestra producción agrícola, excesivamente singularizada, favorece; pero no se piensa en toda la riqueza que nos procura y que tantos otros países hispanoamericanos nos envidian. Se pesa todo lo que la presencia del negro ha significado como lastre a superar; pero no lo que representó como instrumentalidad económica, ni lo que también significa como enriquecimiento potencial de nuestra sensibilidad, como elemento en lo que José Vasconcelos llamaría una superior vocación o destino «cósmico». Se alude, en fin, al retraso de experiencia política ejecutiva que la sujeción a España motivó; pero no se tiene en cuenta la experiencia de reflexión política que la polémica contra España nos permitió al mismo tiempo acumular, sin que tuviéramos encima las responsabilidades de nuestra propia tutela...

De manera que nuestra potencialidad estaba hecha, al comienzo de la República, de factores que tenían su doble vertiente: negativa y positiva. No hay razón para cargarse en la cuenta el déficit sin apuntarse a la vez el haber. Y tal vez no fuera extremar artificiosamente esa contabilidad histórica el decir que los factores auspiciosos y los ominosos se cancelarían entre sí, de modo que cuando emprendimos nuestra propia vía de pueblo independiente, si no disfrutábamos de ninguna privilegiada solvencia, estábamos al menos en un como equilibrio de posibilidades, apto lo mismo para resolverse en fortuna que en desmedro.

Claro que todo esto es un poco artificioso. No se «cancelan» así como así los factores objetivos en el destino de un pueblo. Sin duda hemos estado los cubanos cogidos en las mallas de muchos círculos viciosos. Se me permitirá recordar lo mucho que en este género de discusiones he insistido siempre —para atenuar un poco nuestra responsabilidad colectiva— en esos mecanismos de circularidad casual, a virtud de los cuales lo objetivo no deja prosperar lo subjetivo, ni esto a su vez puede reaccionar sobre aquello para modificarlo.

Pero todos los pueblos sufren, en mayor o menor medida, de esas correlaciones. Y como escribí hace poco en *Bohemia*, la única manera de escapar a los círculos viciosos es por la tangente de la voluntad. Si nosotros no hemos logrado todavía resolver los nuestros es, pues, por falta de voluntad genuina.

¿Se podrá siquiera decir, en descargo total de nuestra conciencia, que la voluntad misma está determinada; que ella a su vez es hija de lo positivo y lo negativo en nuestros antecedentes, de manera que le queda muy escaso margen de libertad creadora?... No es cuestión de meterse en demasiadas filosofías; pero sin duda será interesante plantearse eso con más espacio en el próximo artículo. Ya ve del Riego que lo estoy tomando tremendamente en serio... aunque sin acidez.

(*Diario de la Marina*, 16 abril 1947)

La tangente y la menor resistencia

Las reflexiones de la glosa anterior nos trajeron a esta duda: aun reconociendo que el destino de Cuba se ve embarazado en círculos viciosos, ¿es posible escapar a ellos por la tangente de una voluntad de superación, o, por el contrario, está nuestra voluntad cogida en aquellos círculos viciosos?

Ya supondrá el compañero del Riego que no me voy a aventurar en la vieja tembladera polémica sobre determinismo o albedrío. Creo que él me concederá, como buen católico que es, que la voluntad no está dada a los hombres para la ironía de disimularnos una sustancial servidumbre. Cualquiera de nosotros piensa que es lo que es, en parte porque «las cosas han venido así»; que mucho y aun lo más importante de lo que somos se lo debemos al puro ejercicio de nuestra voluntad. Es decir, a que esta, en las ocasiones decisivas de nuestra vida, hizo o no hizo la gana que le dio, tomó o no tomó la línea de menor resistencia. Porque así pensamos, nos sentimos libres, y vale la pena de seguir viviendo. Si eso no se acepta, estamos «listos», y realmente no hay para quejarse de nada, pero tampoco para querer nada. Sucederá lo que «las cosas» quieran, y nada más.

Pues así con los pueblos, así con Cuba. Muchos de nuestros males, de «las cosas» proceden: del clima, de la historia, de las sangres, etc. Pero también esas condiciones históricas trajeron aparejados, como vimos, ciertos privilegios y actitudes. Teníamos la voluntad a la vez comprometida y auspiciada. De lo favorecido en ella —de nuestra comodidad de instalación, de nuestra vivacidad tropical, de nuestro potencial de riqueza y nuestro patrimonio de valores civilizados— ¿no podíamos haber sacado fuerzas bastantes para superar las limitaciones correlativas?

Pongamos algunos ejemplos concretos. Nos emancipamos, nos impusieron la Enmienda Platt. Logramos, sin embargo, acumular vergüenza polémica suficiente para luchar contra ese baldón durante más de treinta años, hasta eliminarlo de nuestro destino. Liberados de la fiebre amarilla, fuimos lo bastante sensato por algún tiempo para mantener nuestro régimen de Sanidad como era debido, impidiendo así que resurgiera el terrible mal. Gravados durante dos siglos por la aprensión del negro, supimos sobreponernos un día al espíritu esclavista que teníamos metido en las venas y liberar al hombre de color, y no solo liberarlo, sino darle en la República mucho más decoro y justicia que los Estados Unidos, por ejemplo. Afligidos a veces por el despotismo o el abuso político, rara vez nos faltó decoro para rebelarnos hasta con abnegación heroica... Todo lo cual quiere decir, si algo significa, que la voluntad regida por valores ideales cuenta para algo en la Historia, incluso en nuestra historia.

Veamos el reverso. Los americanos nos pusieron en buena vía para la instrucción total y rápida de nuestro pueblo. Nos mantuvimos por algún tiempo en esa vía por nuestra cuenta. Después, de dejación en dejación, de disimulo en disimulo, de politiquería en politiquería, hemos venido a parar… a la vergüenza del Inciso K. Y tenemos hoy un porcentaje de analfabetos que da pena mentar. La Sanidad iba todo lo bien que permitía el Erario. Pero le sucedió lo que a la instrucción, y todavía hoy, con cerca de doscientos millones de presupuesto real (el otro no existe), está nuestro campesinado comido de parásitos, de tuberculosis, de frambesia, de lepra, y viviendo en promiscuas pocilgas… ¿Sabe del Riego lo que solamente esos dos renglones significan? Significan que el material humano de Cuba, tanto en el orden espiritual como en el físico, se está deteriorando progresivamente. ¿Cree que sea cosa de sentirnos muy optimistas ante eso, o de ponernos dulces en el comentario?

La propiedad cubana de la tierra quedó muy comprometida ya al terminar la guerra de Independencia. En vez de hacer un empréstito para ayudar al cubano a recuperarla, lo hicimos para que el mambí se cobrase, sin condiciones de inversión, la soldada de su lucha heroica. ¿Cómo, si hubo ideal y voluntad para esta, no los hubo para lo otro? Falló entonces la conciencia ideal porque no hubo, a pesar de los Sanguily y los Juan Gualberto, dosis suficiente de «ácido escribir», inconformidad bastante para impedir que se tomase la línea de menor resistencia. Y por eso mismo, al menos en parte, seguimos después vendiendo la tierra, entendiéndonos mercenariamente con el americano, comprando votos, eligiéndonos para el aprovechamiento y no para el servicio, haciendo cada vez menos representativo el poder público, al extremo de que entre el Congreso actual y los que conoció la República en sus comienzos, hay una diferencia de calidad que abisma...

Lo objetivo conspiraba, sí, a favor de todo ese desmedro; pero también contábamos, para prevenirlo, con todo lo que en el fondo llevábamos de conciencia civilizada. Había cultura y patriotismo difusos en el país; sin embargo, por frivolidad y por abulia, fuimos dejando que los círculos viciosos se cerraran cada vez más y que la gana irresponsable nos mantuviera dentro de ellos en la línea menguada de la menor resistencia, en vez de buscar horizonte de nación por la tangente de una firme voluntad ideal... Y mucho peor sería si en todo momento no hubiéramos tenido, en los próceres que con más cariño recordamos, en los Varona y Sanguily, los Juan Gualberto y Lanuza, los Torriente y los Maza y Artola, mucho valiente hablar y mucho «ácido escribir».

Esos eran, querido del Riego, hombres que también creían en la superior potencialidad cubana. Porque creían en ella, luchaban por abrirle plaza. No eran conformistas; eran protestantes. No hacían la vista gorda; tenían el mirar desvelado. No disimulaban; denunciaban. No creían que fuéramos ya paraíso ganado, sino, a lo sumo, infierno perdido —purgatorio en que ir expurgando pecados y ganándonos el cielo histórico; pueblo en formación, al cual no se le debían esconder sus máculas ni sus problemas, sino recordárselos a cada momento. Pues, a la postre, el estadista genuino y el escritor son amadores de perfecciones, de absolutos. La nuestra, sobre todo, no es misión contentadiza, sino de señalar en cada momento toda la potencialidad que aún está por realizar. No se trata de crearle a Cuba un complejo de inferioridad; al revés, se trata de infundirle la noción de lo mucho más que tiene derecho a ser.

Basta por hoy. Dejemos, si le place, para otro día el tema de la generosidad de nuestra generación.

(*Diario de la Marina*, 18 abril 1947)

Una generación ante el espejo

No es cosa de que le escatimemos a nuestro compañero del Riego el reconocimiento del perfectísimo derecho que tiene a pensar que la Generación del 25 —como ha quedado, al parecer, bautizada— haya resultado una frustración. Por el contrario, me parece muy saludable, en nuestro clima de complacencias, un poco de lo contrario, de lo insólito y hasta de lo insolente, dicho sea sin que este último adjetivo conlleve alusión alguna a nuestro circunspecto compañero. Todavía es posible que esa inconformidad, ese reproche —que tanto contrasta con la difusa indulgencia de del Riego hacia nuestro general estado histórico— nos incite a los hombres del 25 a irnos despidiendo con mayor esfuerzo, por ver si ganamos el purgatorio, ya que no el cielo.

Desisto de intentar yo la defensa de esa generación. Ya lo ha hecho muy bien Ichaso en la medida que quiso. Y además, otras voces han terciado desde fuera del *Diario* sin poner en aprietos el pudor, por ser de escritores que, el uno, Nicolás Bravo Bockmeyer, no es «del 25», y el otro, Severo García Pérez, contempló desde Las Villas lo más visible de aquel esfuerzo, y puede hablar de él con cierto desasimiento. Permítasenos el consuelo de recoger algo de esos pareceres.

Escribiendo desde *El Siglo*, Nicolás Bravo —una de nuestras plumas nuevas más responsables— dice que a la del 25, más que generación frustrada, «se le podría llamar generación defraudada». «La hornada intelectual del primer tercio del siglo —explica— no se nos ha frustrado. Ha realizado y realiza aún en Cuba, en el orden de la cultura, el esfuerzo superador más hondo e importante de esta época, y si los resultados de tal esfuerzo están frustrándose, al menos en parte, hay que atribuirlo a las resistencias del medio y, también, a que esta generación de ahora no coadyuva lo bastante a aquella obra de superación».

Transcribimos todavía esto, que nos devuelve el alma al cuerpo: «... el pequeño grupo de intelectuales cubanos de la generación del 25, hombres de excepción que, no conformes con sacudir esforzadamente nuestra apatía ambiental por las cosas del espíritu, echáronse sobre los hombros la ingrata tarea de hacer cultura, alta cultura, en un medio poco menos que refractario a los empeños culturales. No sería violentar mucho la cuestión afirmar que debemos a ese grupo de intelectuales el que Cuba se cuente hoy entre las naciones cultas, de donde se infiere que su misión fue necesaria, si lo necesario, como dijera Ortega y Gasset, es aquello que echaríamos de menos si llegara a faltarnos...».

Por su parte, Severo García Pérez, profesor en el Instituto de Santa Clara, ensayista de cultura y estilo muy acendrados y uno de los hombres que sustentó en «el Interior» los ideales críticos y estimuladores de aquella generación a la que él mismo pertenece, ha publicado en *Pueblo*, de Santa Clara, un bello artículo de defensa, bajo el título mismo que he adoptado para esta glosa. Merecía ese artículo ser transcripto íntegramente, no tanto por lo que tiene de halagador cuanto por la contribución que hace al saludable ejercicio del sentido histórico, tan falible dentro de las perspectivas inmediatas y poco espaciosas. Pero me tengo que limitar a transcribir lo más decisivo:

«La primera generación republicana —dice Severo García Pérez— podrá haber fracasado o no. Lo que nadie puede poner en duda es su anhelo de rectificación moral, al menos en la mayoría de sus hombres responsables. Sin embargo, precisamente la vulnerabilidad de los resultados, su invalor de fracaso, derívanse primordialmente de la falta de probidad notoria con que los principios revolucionarios se han llevado a la práctica. Esto nos conduce a un primer intento de explicación: el impulso generacional fue bueno, pero no pudo plasmar en realidades a causa de una defectuosa preparación de la ciudadanía o de una supervivencia indestructible de los cuadros adictos al *ancien régime*».

Y después de ciertas comparaciones oportunas con la generación revolucionaria francesa, que «se ha sobrevivido por su afirmación de la necesidad ética de la libertad», concluye el ensayista villareño: «Nuestro no-conformismo nos salva frente al espejo de nuestra conciencia. Cada cual dio de sí sus mejores esfuerzos. Ahí está lo que quisimos, lo que hicimos, lo que pudimos lograr. ¿Acidez resentida? ¿Queja amarga? ¿Dureza de gesto ante la nueva generación? Nada de eso. Es que nuestra afirmación sigue siendo la misma, mientras la moral colectiva ha descendido. Así moriremos. Y así resucitaremos en el porvenir, cuando sobre la isla amanezcan de nuevo las olvidadas auroras».

Gracias les sean dadas a estos apologetas por su justicia, o en todo caso por su indulgencia. Y enseguida añadamos —porque si no, no perteneceríamos a la Generación del 25, cuya consigna fue la inconformidad— que a uno y a otro se les puede decir, como al portugués del cuento: «*Vosé ten razón, mais non toda...*». La verdad, como siempre, está en medio. Prometimos mucho; mucho quisimos; pudimos hacer mucho más. Cierto que la tempestad política nos sorprendió cuando apenas habíamos alzado el vuelo. Cierto que nos hizo dar muchos tropezones después el desnivel entre nuestro horizonte y nuestro terreno histórico. Pero la gracia siempre está en triunfar con la realidad que se tiene, y sobre ella. Estas defensas son un poco, más bien, la explicación de nuestro fracaso.

No triunfamos. Hicimos solo labor de desmonte y de siembra. Quitamos del camino, es verdad, el vocalismo anquilosado que pasaba oficialmente por cultura. Abrimos otra vez al mundo la sensibilidad y el pensar cubanos. Bajamos a Martí de los pedestales para hacer de él lábaro vivo. Gritamos la urgencia de darle contenido de nación a la república puramente jurídica y política. Un partido —como lo recordaba noblemente Roselló hace unos días del ABC— planteó con claridad y vigor insuperados el problema de la rehabilitación cubana dentro de un marco nacional; otro partido de gente del 25 (oh, manes de Martínez Villena) estrenó con otras miras la militancia social. Entre todos, rompimos los cuadros de las viejas oligarquías políticas y llevamos el país a una nueva Constitución, más a la altura de los tiempos y de su propia experiencia. Además, hemos creado mucho mecanismo nuevo de cultura, hemos escrito algunos libros que se pueden exportar, le abrimos al esfuerzo universitarios cauces nuevos que todavía son promesa de rigor y fecundidad. Pero no pudimos, con todo, recoger la cosecha que quisimos.

¿Hicimos bastante? La Historia lo dirá. En todo caso, no hemos acabado aún, ni con mucho. Toda esta discusión lo único que deja muy patente es que ya nos estamos poniendo viejos. Y, como es natural, los jóvenes que vienen detrás nos niegan. Es parte del sino generacional: también nosotros negamos a nuestros padres. Pero a eso es a lo único que nos resignamos, y no con acidez, sino con una comprensiva sonrisa. De lo demás, de que los viejos más viejos que nosotros sigan siendo tantos de ellos un estorbo o algo peor, y de que los jóvenes que nos vienen a la zaga «arrempujen», pero no empujen; censuren, pero no den normas; afinen a veces, pero no comuniquen ni sensibilicen en lo estético ni en lo moral; y pongan la violencia cínica donde nosotros pusimos la heroica y el aprovechamiento donde nosotros ejercimos la austeridad —de eso, del Riego, no podemos sonreír.

Pero, lo repito, aún estamos vivos, ¡qué diablo!

(*Diario de la Marina*, 30 abril 1947)

Sobre la réplica de Chibás

No es cosa de seguir distrayendo a Chibás de sus tareas políticas de fundación con insistencias epistolares. Si me permito ponerle a su respuesta una apostilla, menos política que periodística, es porque, hallándonos tan de acuerdo en lo principal, conviene que también nos entendamos en lo accesorio.

En su habilísima respuesta,[55] Chibás —que tiene, como se sabe, todo un arsenal de documentos, y es un maestro en la invocación de ellos— exhuma mi carta de hace un año a Joaquín Martínez Sáenz y señala las contradicciones que a su juicio existen entre lo que allí dije respecto del ABC y lo que ahora opino respecto del nuevo partido en gestación.

Pero me pregunto si aquella epístola mía tendría esa curva de *boomerang* que Chibás le supone. Dolíame yo, efectivamente, en aquella carta al presidente de mi partido (revolucionario de los de verdad, dicho sea entre paréntesis, y hombre público integérrimo) de que en el ABC se hubiera «adoptado como criterio político el de la cantidad a todo trance, apelando a todo género de solicitaciones y de injertos, premiando en sus filas la 'habilidad política' a costa del decoro o la eficacia en la conducta pública, y postergando, o forzando a retirarse del partido a sus hombres más representativos, porque no se avenían a aquellas deformaciones». Y Chibás me hace notar que eso mismo es lo que ha estado ocurriendo con el PRC y que no hay, por tanto, congruencia entre mi censura de entonces y el parecer que ahora aventuro de que se debe invitar al nuevo partido, «sin más discrimina-

---

[55] Eddy Chibás: «Carta a Mañach», *Bohemia*, 25 mayo 1947, págs. 40-41. Es una respuesta a la «Carta a Chibás», que Mañach publicó en esa misma revista, 18 mayo 1947, págs. 40-41, 54.

ciones estériles, a todos los que se comprometan a servir de veras».

Cabría anticipar ya que las situaciones no son idénticas, por lo que luego diré. Pero tal vez le hubiese bastado a Chibás, para disolver la aparente contradicción, detenerse un poco en lo que esa última frase citada deja entender. No hablé yo de suprimir todas las discriminaciones, sino solo las «estériles». Ni recomendé que se invitara a todo el mundo, que se abriese banderín de enganche a los mercenarios y aventureros, sino solo a «los que se comprometan a servir de veras».

Es posible que aun eso lo tache de «candoroso» mi muy estimado compañero Rafael Esténger, que otea el panorama político con displicente mirada. Pero no siempre la malicia es sagaz. Cierto peruano ilustre e ingenioso, que nos visitó hace poco, suele decir que hay grados diversos de perspicuidad: la perspicacia, que consiste en mirar por encima; la suspicacia, que es mirar por debajo; y «la traspicacia», o mirar lo que hay detrás. Esténger es siempre muy perspicaz, a veces un poco suspicaz, y rara vez… «traspicaz». Mi «candor», como él lo llama, puede consistir en un saludable esfuerzo por ver detrás de las apariencias, por ir un poco más allá de las opiniones del momento. Y cuando ahora hablo de que se invite a «los que se comprometan a servir de veras», claro es que no se me oculta el poco trabajo que a cierto tipo de políticos les cuesta contraer «de boquilla» semejante compromiso… Pero también sé que hay modos más fáciles de no invitar a la gente de mera boquilla.

Pero pongamos las cosas claras. Un partido, una vez constituido, es casa abierta a todo género de inquilinos. No hay modo legal de impedir que se inscriba o se afilie quien lo desee. Ni de hacer imposible que el afiliado de recursos y de «arrastre», cualquiera que sea su catadura política y moral, movilice a su gente, «saque» a sus delegados e introduzca su influencia en las asambleas. Mientras más «atractivo» sea un partido, más difícil resulta sustraerlo a ese peligro, que es una de las servidumbres que gravan la noble idea democrática.

La única manera como un partido puede defenderse es hacer prevalecer en su núcleo dirigente una energía moral y política lo bastante continua e intensa para saturar a toda la organización o, al menos, para mantener siempre en ella un margen de militante «idealismo» —llamémosle así— por encima de la porción inevitable de calculismo mercenario. En otras palabras: que la dirigencia misma no se entregue a todo eso que suele llamarse la «realidad» (y que por lo común no suele ser más que la sordidez), que no abdique ella misma del fervor ideal en que se originó su poder y su prestigio, que no incurra en el trágico error de suponer que se pueda cortejar indefinidamente la mera cantidad sin correr el peligro de ser prostituido por ella. En esto, Chibás y yo estamos, pues, de total acuerdo. Como creo que lo está Martínez Sáenz, después de cierta experiencia a que Chibás aludió y que prefiero no mentar —entre otras razones porque sus turbios resultados están muy a la vista.

Ahora bien: ¿cómo puede ejercitarse esa vigilancia de los fundadores y de los dirigentes para que los partidos no se prostituyan? Pues es muy obvio: en la fundación, mirando a quienes se invita; y una vez que el partido está en marcha, mirando a quienes se postula. Si la «dirigencia» no tiene influjo bastante para eso, o no lo conserva, nada ni nadie puede evitar que la ambición grosera haga estragos en el seno de un partido cualquiera. El problema de vigilar las postulaciones ya se les presentará a Chibás y sus compañeros cruzados. Lo que yo he sugerido ahora no es, repito, que se abra la puerta incluso a los malandrines, sino que se invite a todos «los que se comprometan a servir de veras»; y es de suponer que el núcleo fundador, que tiene la iniciativa de la invitación, sea lo suficiente avisado para distinguir entre aquellos cuya palabra de «servir» merece alguna confianza y los que no la merecen en absoluto.

Lo que repudio son las discriminaciones «estériles». Se entiende: los que no se fundan en ningún baldón real de la conducta, en ninguna cerrazón notoria del pensamiento político que lo haga inerte para el tipo de servicio público que la nación reclama. Hombres por encima de estas descalificaciones se encuentran hoy en todos los partidos —y los contrarios también. Así como el PRC dio de sí muchos ineptos y logreros que todos conocemos, en los demás partidos hay hombres que han mostrado su capacidad para servir a Cuba con desinterés personal y con eficacia. Pudiera citar no pocos ejemplos; pero no quiero singularizar.

Lo importante es notar que los azares de la vida pública unas veces, otras las vinculaciones afectivas y los miramientos y lealtades que ennoblecen la condición humana, nos han barajado a todos un poco arbitrariamente. Los hombres buenos están en todas partes. Y las buenas ideas también: así, por ejemplo, cuando Chibás formula ahora las grandes consignas de su partido en cierne no hace sino acoger aquellas frases de «Libertad política», «Independencia económica» y «Justicia social» que en 1931 se vieron ya al pie del Manifiesto-Programa del ABC. Todos nos debemos algo a todos, y como dije en mi carta, si muchos hemos errado y no pocos han pecado, es que todos somos un poco víctimas de la objetividad cubana, del torpe imperio de una factualidad deforme, que es la que hay que rectificar.

No quiero yo, pues, para el «Partido del Pueblo», o como se haya de llamar, lo que no quise para el ABC. Pero aunque en efecto me hubiese mostrado antaño más exigente con mi partido, no faltaría justificación para ello. Las situaciones respecto de las cuales se produjeron mis exhortaciones no guardan mucho parecido. Veámoslo.

El ABC no podía contemplar un acceso inmediato al poder. No tenía ya «chance' alguno en ese sentido. Por muchas causas que serían largas de exponer y que en su mayor parte fueron de ambiente histórico, el partido había perdido hacía mucho tiempo las «masas» con que contara a la caída de Machado. Ni siquiera era ya núcleo suficientemente vigoroso para contemplar una fusión en que pudiera dejar a salvo su magnífico programa. Sin embargo, merecía ser salvado para el futuro —y lo seguirá mereciendo si no surge algo mejor en el panorama cubano. No se trataba, pues, de ponerlo en actitud de ganarse electoralmente el poder a un año vista, sino de irse cargando lentamente de prestigio y autoridad nuevos, como una reserva, singular. Su problema, tal como yo lo veía, no se ligaba al presente nacional. Por eso pedí para el ABC una vía de paciente y austera ejemplaridad.

La situación a que se ve abocada la iniciativa de los ortodoxos es enteramente distinta: es una situación de interés nacional inmediato. Se trata de impedir que continúe después del 48 la falsa «revolución», o que triunfe sobre ella la contrarrevolución, entendiendo por tal el repudio de los ideales genuinos de 1930. Para eso hacen falta dos cosas: un núcleo renovador con proyección popular suficiente para atraer fuerza política, y una táctica de fundación, por parte de ese grupo, que no estorbe la suma efectiva de toda la energía electoral posible. Lo primero garantizaba, por lo menos en principio, el acento de la nueva movilización; lo segundo, aseguraba su éxito.

Claro que no se trata de ir al poder sin más, lo que Chibás llama «grandes propósitos y más altos objetivos». Eso nunca me ha inspirado entusiasmo alguno, y la prueba de que tal cosa no pensaba es que hasta sugerí vías programáticas muy claras, orientaciones concretas sobre los fines a que el poder había de aplicarse una vez logrado. Pero sí pienso que se ha de procurar el triunfo en el 48, y que es perfectamente posible alcanzarlo sin discriminaciones «estériles» ni mediatizaciones bastardas; esto es, sin que el acopio de cantidad llevase aparejado más merma de calidad que la que toda movilización amplia inevitablemente supone.

Si estoy o no en lo cierto, ya se verá.

A Chibás le ha parecido arbitraria e injusta, en cuanto a él pueda referirse, mi prevención contra el fulanismo. «¿Cómo has podido pensar —me dice— conociéndome a mí como me conoces, que yo pueda invitar a nadie a que apoye mi candidatura presidencial?...». Y declara enfáticamente que su movimiento es solo «de recuperación revolucionaria», que no está «determinado por apetencias personales».

Eso es muy hermoso, y lo creo a pie juntillas. Creo, sí, que la motivación más ardiente y profunda de Chibás es salvar los ideales renovadores del año 30; si no lo creyera, no lo hubiese escrito con la simpatía que lo hice. Pero sería en verdad candoroso suponer que Chibás no ha pensado en sí mismo como instrumento de esa recuperación. Por algo se ha dejado aclamar candidato... Además: ¿por qué no había de pensar? Es ciudadano cubano; tiene la edad; le asiste un historial de ilusión, voluntad y coraje; una cantidad considerable del pueblo cree en él y le quiere... ¿Por qué no había de pensar en ser el candidato de su propio movimiento, puesto que es ya el gonfalón?

Yo no he proscrito semejante posibilidad. Lo que he hecho —pensando en voz alta, como creo que la política requiere a veces que se piense— es decir mi opinión de que «no se puede poner un nombre por delante de entrada». Nótese que digo de entrada, pues claro es que, en su momento, la personalización resulta indispensable. Pero ¿es este ya el momento? Una fundación partidista que, con la anuencia de Chibás o sin ella, pusiera ya su nombre como bandera presidencial ¿no quedaría reducido en sus posibilidades de recaudación de fuerzas políticas dispersas?...

Abstengámonos de elaborar más ese punto, en vista de la declaración de Chibás. Solo la insistencia pudiera ser calificado ahora de «arbitraria» e «injusta»... La alternativa vendría a quedar sencillamente en esto: en una concentración de líderes limpios, sin más compromiso inicial, explícito o implícito, que un breve programa de acción inmediata de sentido renovador. En torno a eso se reunirían, si no me equivoco, las fuerzas disímiles de resistencia engendradas por el estrago «grausista» —con la posible excepción de los liberales. Se pondría al servicio de la nueva organización toda la popularidad de Chibás y todos los demás valores que otros líderes irradiasen y representasen. Se atraería al nuevo partido, no solo elementos del sano emocionalismo «revolucionario», sino también de la sana reflexividad política; no solo auditorio radial, sino también difusa opinión neutral; no solo los ardientes, sino también los prudentes. De todos se ha menester. Y solo con todos se podría hacer una organización decisiva en su volumen de afiliaciones, y sobre todo en su volumen electoral.

Bueno —se me dirá—; pero, a la larga, ¿quién?

Pues, a la larga (que nunca podrá ser más que unos pocos meses), quien quiera la asamblea nacional determinada por esa amplia movilización. En el curso de la lucha, mientras se riega por el país el fervor de la cruzada nueva, muchos hombres hoy aislados se habrán podido conocer entre sí y el pueblo los habrá podido conocer mejor a todos; muchas actitudes personales se habrán podido examinar a fondo, y muchas aptitudes se habrán podido medir. La afirmación y la negación de que el nuevo partido nace se habrán articulado ya en una más clara noción de lo que el momento exige y lo que el futuro reclama. Y el partido postulará más conscientemente, para que también el pueblo pueda votar en su día más a conciencia. Quienquiera que fuese el candidato, lo sería a virtud de un proceso de colaboración y de educación política, y no de mera sugestión popular; de sedimentación, y no de mera agitación. Esto me parece más sólido. Y, a la larga, más saludable para la República, que es lo que importa.

(*Bohemia*, 1 junio 1947)

Las cuentas que nos piden

Bohemia publicó la semana pasada una carta severa e impresionante, una de esas cartas «abiertas» en más de un sentido, que no pueden quedar sin contestación.[56] La escribió un cubano, joven según se colige, que actualmente vive en los Estados Unidos; y viene dirigida a mí, pero no va solo conmigo. Es una «queja contra la *intelligentsia* cubana»; es decir, contra los hombres de palabra y pluma a quienes ya era bastante desgracia que nos llamaran «intelectuales», por lo que de pedante y seco y alejador tiene la palabra. Ahora, el señor Llerena nos remite y aplica ese mote foráneo: *intelligentsia*, que no deja de tener su historia y su miga irónicas.

Pero esta del compatriota de Princeton no es una carta desconsiderada ni oblicua. No hay burlas en ella, sino un acento dolido y directo. Es la «queja» de un cubano a quien «el amor a la patria y el anhelo por el progreso de nuestro pueblo se le hacen cada día más como un perenne gravitar sobre el corazón...». Comprendo: también yo fui joven en los Estados Unidos, en otra universidad americana, y sé lo que es eso; sé cómo «duele» Cuba cuando ella misma no está ahí para pasarnos la mano por la frente... De manera que esta carta es respetable, aunque pida cuentas y nos ponga en tela de juicio, aunque nos lastime un poco con su miaja de injusticia. Hay que contestarla, pues. ¿De qué se queja Llerena? ¿Qué nos reprocha?... Ya el lector —si es de aquellos para quien estas cosas no se publican en balde— leería la requisitoria. Voy a resumirla en pocas palabras. El ausente compatriota cree que los de la *intelligentsia* —digamos más sencillamente: los escritores— no estamos sirviendo para mucho en Cuba.

---

56 Mario Llerena: «Queja contra la inteligencia cubana», *Bohemia*, 1 junio 1947, págs. 9, 50-51 y 66.

Carecemos de «ideario», no somos portadores «de ninguna doctrina definida», no pareceremos tener «una interpretación concreta de la historia ni contar con filosofía alguna de la vida...». Por tanto, «nadie se consagra en cuerpo y alma a causa alguna», «nadie predica, nadie proclama, nadie señala rumbos...». Nuestra obra se reduce a juegos malabares o exhibiciones de «cultivo mental». Somos los hombres al balcón, que decía Unamuno, interesados en todo lo que pasa, pero sin tomar parte en nada, sin bajar a la calle para sudar un esfuerzo con los sudores del pueblo. Si se exceptúa a Marinello, ha faltado entre los intelectuales quien supiera «suscribirse a una verdad y, haciéndola su credo, defenderla a capa y espada».

Después de sustanciar por extenso ese capítulo de cargos, nuestro cubano ausente se pregunta: «¿No habrá en Cuba quien responda al reclamo del momento y ofrezca un mensaje que sea como un rayo de sol rompiendo la grisura de un cielo nublado?».

* * *

Aunque el señor Llerena me echa encima, con bondadosa exageración, responsabilidades de «arquetipo», no soy yo quien para contestar por toda la *intelligentsia* cubana aludida. Bastante haría si pudiera contestar por mí, amparando mi modesta historia de ese chaparrón... Pero... ¿es así como debe contestarse una carta semejante? Abundar en eso, en lo personal, ¿no sería rebajar la anchura de su tesis y, de paso, menguarse también un poco a sí mismo con la inevitable apología *pro domo sua* que toda defensa implica?

Sea, pues, muy breve el descargo: lo suficiente para poder responder con un poco de tranquilidad de conciencia. El presente espécimen de la fauna letrada se examina la suya y encuentra, a la verdad, que si bien hay mucho déficit en su vida, no es por ese lado que Llerena dice por do (sic) más pecado ha... Lleva —¡santo Dios!— casi un cuarto de siglo escribiendo; desde que puso por primera vez a mano el papel, también a él le ha dolido perennemente el problema de Cuba, y apenas ha publicado una página que no fuera sobre el menester de su tierra y de su pueblo. Cree haber cavilado bastante, señalando rumbos hasta donde le alcanza la mirada, y todo ello con su poco de «filosofía de la vida» y de «interpretación concreta de la historia», al menos de nuestra historia; de todo lo cual han solido ser víctimas los lectores de *Bohemia*... Sabe que toda esa palabra suya estuvo siempre regida por las mismas ideas, alimentada por la misma emoción, la angustia y el afán por «la nación que nos falta...». No, francamente: no le escuece la conciencia de no haber hecho con la palabra, lo que ha podido por levantar el espíritu y la voluntad de su pueblo.

¿Acción al servicio de esas ideas?... Cuando llegó el momento, se bajó del balcón para ser también hombre «de calle»; hizo política de «prédica» y empuje, con todo el riesgo y fatiga que en ello hubo; polemizó de lo lindo para abrirle cauce seguro a la ilusión revolucionaria; llevó a las tribunas del pueblo y a las sedes de gobierno criterios más severos y creadores de los que convenían a su personal afianzamiento... Y ahora mismo, no está en el balcón, sino en la acera a lo sumo, listo para la nueva hora que pueda venir.

Y basta. Para trances semejantes, nunca se dijeron en Cuba palabras más hermosas ni más dignas que aquellas de Martí: «Defiéndame mi vida».

***

Esta vida no es ninguna excepción. Otro tanto, y más, podrían decir de la suya muchos de los intelectuales cubanos en quienes el señor Llerena ha estado pensando. Si algo no se les puede reprochar, en general, es la apatía, la insensibilidad al requerimiento colectivo, la actitud contemplativa y bizantina que Llerena dice. Más bien hemos solido reconocer que estábamos pecando del exceso contrario: que aquí ningún escritor hacía «obra que quedara», cosa de aliento y calado, por lo mucho que nos entregábamos a las menudencias de la prédica y a los relativismos y pasiones de la política.

En eso estábamos dentro de la tradición latinoamericana. América hace escritores y los quema. Sarmiento, Montalvo, Martí, fueron los tres más grandes prosistas del habla en su siglo; formaron pueblos; pero les impidió hacer obra escrita de dimensión más universal esa generosa entrega de sí mismos a los menesteres de sus pueblos en formación. En esa tarea, que ya los argentinos casi remataron, estamos aún los cubanos. Por eso andan ya traducidos un Mallea y un Güiraldes, y nosotros nos estamos aún quemando en crítica y consejo, en prédica y efímeros entusiasmos. ¿Dónde está la deserción del menester histórico inmediato? ¿Dónde la actitud desasida y «de balcón»?

Pudiera mencionar muchos nombres para mostrar cómo no es cierto que no se haya emulado, en la medida de los varios alcances y en la de nuestro distinto marco histórico, la obra de los Varela, los Luz y los Saco... Ni que con Martí y Varona se acabara el celo vigilante de la *intelligentsia* cubana.

No creo que el señor Llenera lo piense —si recapacita un poco. Lo que hay es que existe, eso sí, un viejo divorcio —desde Montoro y Varona— entre la inteligencia y la política cubana, y se le cargan a la primera todos los déficits en que incurre la segunda. ¿Es eso culpa de los intelectuales? ¿No hubo toda una generación increpante de *Cuba Contemporánea*? ¿No arrancó Fernando Ortiz de las páginas severas y vivaces de *Entre cubanos* para ir a descansar al fin, después de un lapso político, en las sociologías que nos recuerdan nuestra insolidaridad racial? ¿No hizo Ramiro Guerra el análisis riguroso de la problemática azucarera, que aún no se ha remediado?... Y pudieran multiplicarse los ejemplos menores.

¿Que los intelectuales no se han convertido todos en líderes?... No, ciertamente; pero habría que averiguar si es esa ciertamente su función. El tema anda más que sobado, y siempre me ha parecido un poco tonto generalizar acerca de él. No se es un líder solo porque se quiera, sino porque además se puede. Ser líder significa, no tanto ver más que los demás cuanto empujar más que ellos: tener temperamento para abrirse a codazos el sitio delantero, aguantar la presión de atrás y el peligro de enfrente, cambiar vanidad por adversidad, y, sobre todo, contentarse con lo que se pueda. La política es el reino de la relatividad. En cambio, el intelectual es un cortejador y contemplador de absolutos, de autenticidades —o no es intelectual. Su misión, en rigor, no es más que ver claro y decir claramente lo que ve. A veces hay líderes intelectuales; pero generalmente el intelectual es el lazarillo de los líderes.

Pide demasiado, pues, el señor Llerena cuando se duele de que no luchemos por nuestras ideas «en cuerpo y alma». Bastante es que luchemos con el alma.

***

¿Qué es, pues, lo que sí tiene razón en echar de menos nuestro compatriota ausente?

Él mismo lo insinúa. No lo dice, a la verdad, con la precisión, la claridad y la energía a que a sí mismo se obliga quien pretende tachar a los demás de falta de ellas... Pero lo deja entender. Echa de menos una «doctrina definida» y una consagración militante y activa, es decir, política, al servicio de esa doctrina. La prueba de que eso es lo que piensa está en que nos pone a Juan Marinello como excepción. Aunque él no esté de acuerdo —dice— con su credo; aunque piense que «la base filosófica del materialismo histórico de Marx es falsa en su esencia», reconoce a Marinello como «uno de los que predica», y en eso lo admira.

No le cedo yo a Llerena en semejante aprecio, aunque muchas veces haya lamentado todo lo que las letras y, en general, la cultura cubana están teniendo que pagar por la apostólica militancia de mi viejo amigo. Pero vamos a la intención general del señor Llerena. Lo que, por lo visto, quisiera él para toda la «inteligencia» cubana es que sustentara con cuerpo y alma alguna otra gran tesis redentora, aunque fuese —colijo— «la que proclaman Berdiaiev en Rusia, Karl Barth en Suiza, y aun el católico Jacques Maritain en Francia...». ¿No es eso? ¿No es eso lo que quisiera Llerena: una «verdad» mayor, una fórmula histórica y filosófica universal, una doctrina maestra, capaz de abrir ella sola todas las puertas del Destino?

Pues si eso es lo que quiere, tiene razón. Cierto, ciertísimo que la inteligencia cubana (como la de casi todo el mundo) ha estado y está (si se pone el marxismo a un lado) bastante dispersa en sus puntos de vista, muy relativizada en sus criterios, muy escasa de filosofía universal y de fórmulas generales. No tenemos comunión alguna en una «ideología» mayor, que abarque el entendimiento de todos nuestros problemas en función de una tesis universal. Hay solo opiniones disímiles sobre las cuestiones específicas de Cuba.

No digo que eso no sea de lamentar; pero se explica. Un pueblo tiene, en primer término, problemas de orientación y de destino. Hemos estado demasiado ocupados con los modos inmediatos de existir y de crecer. Hemos tenido que aplicar urgentemente la inteligencia a las condiciones básicas de nuestra vida material, política, moral, a superar, como lo hicimos, las condiciones humillantes de la Enmienda Platt, a rebasar el insularismo psicológico y «sacarnos el *Madrid Cómico* de las venas», a llenar el vacío de civismo que enrareció el clima de la República tras la resaca de la fundación, a rectificarnos políticamente cuando apenas nos habíamos organizado, a quitarnos de encima la colonia económica, a rebasar, en fin, todos los resabios, inercias y rutinas, todo el primitivismo vital y cultural de nuestra etapa formativa.

Estos eran los problemas primarios y urgentes. Su solución no exigía mucha «filosofía de vida» ni mucha «interpretación concreta de la Historia» con mayúscula. Bastaba con un poco de emoción de nuestra propia historia y de buen sentido práctico e ideal. Esa es la batalla que hemos estado dando los «intelectuales» con vocación o aptitudes para ello: la batalla por crear la Nación y, con ella, el Estado que no tenemos. Y la hemos librado, amigo Llerena, en todas las trincheras, y cada cual con su voz, con sus criterios, con sus prédicas, a veces con su militancia política. En nuestra dispersión, hemos estado, sin embargo, unidos por la angustia del semivacío histórico que todos sentíamos, por el afán de autenticidad nacional que no acababa de llegarnos —¡ni siquiera con ese Mesías frustráneo a quien usted quisiera ponerle ya nicho en nuestra historia!

Todo eso, repito, era demasiado urgente y primordial para que sintiéramos la necesidad de condicionarlo a fórmulas universales. Quienes sí han puesto lo universal por delante han sido, efectivamente, los comunistas. ¿Y sabe usted por qué? Porque al comunismo lo que en primer término le interesa, aunque parezca lo contrario, no es lo doméstico, lo nacional, no es lo cubano. Como a los anarquistas de antaño, lo que les interesa, ante todo, es «la redención de la Humanidad», y si Cuba tiene que hundirse más aún en su propia miseria física y moral para que la redención del mundo se celebre, santo y bueno es para ellos el sacrificio de Cuba... Lo cual será muy heroico, pero no nos conmueve demasiado a todos los que pensamos que la caridad bien entendida empieza por casa.

Es verdad que, en última instancia, el problema del destino cubano está condicionado por el problema general del mundo, que es la antítesis liberalismo-comunismo, con todas las demás disyuntivas que ello supone. Pero nosotros no vamos a resolver ese problema. Fuera de lo que pudiera haber de bravo esfuerzo intelectual en ello, ¿de qué podría valernos, ni valerle al mundo, que elaborásemos en esta pequeña isla del Caribe la gran fórmula de transición a un mundo mejor? Si diésemos con la solución —que ya es mucho imaginar— nadie nos haría caso. Esta sensación de que la inteligencia cubana no pesa, ni mucho ni poco, en la polémica universal, contribuye bastante a que nos contentemos con ir discurriendo sobre los modos de ordenar y limpiar nuestra casa, dejando a otros que «arreglen el mundo». Lo que no quita para que nos permitamos de vez en cuando, como yo últimamente en *Bohemia*, apuntar algunas reflexiones inútiles sobre «gremialismo integral» y cosas por el estilo...

Finalmente: ¿por qué echarnos en cara a nosotros el desconcierto que hoy se observa por todas partes en el pensamiento de raíz liberal, es decir, fuera de las zonas dogmáticas del comunismo y el catolicismo?... Ese desconcierto se explica por la dificultad misma del problema: se trata nada menos que de encontrar la fórmula satisfactoriamente justa entre valores que hasta ahora parecen irreductibles: entre la concepción materialista y la concepción espiritual de la vida, entre la afirmación necesaria del bien social como desiderátum y la defensa del individuo, entre la seguridad y la libertad, entre lo que debe preservarse de la tradición secular y lo que debe crearse para despejar de injusticias el mundo.

Ese es un problema sumamente difícil. Claro que, con un poco de irresponsabilidad y mucho de dogmatismo, se lo puede uno saltar a la torera y «suscribir», como dice Llerena, alguno de los credos antitéticos que hoy andan a la greña... Claro. Pero es que no se trata meramente de «suscribir» algo, sino de creer en ello. Y a los que estamos insertos en la gran tradición crítica de Occidente, reforzada por la vocación americana a la libertad, no nos seduce lanzarnos a ninguna adhesión sin saber qué suerte han de correr los valores que nos parecen indispensables para la dignidad de la persona, de la inteligencia y de la convivencia humanas. No entramos en rebaños ideológicos para después enterarnos demasiado tarde —si es que ya para entonces no nos han embotado hasta la capacidad de «enterarnos»— de que le hemos sacrificado irreparablemente a una mentida ilusión algo de lo más bello que en el mundo había junto a tantas miserias y falsedades: el derecho del hombre a vivir y a pensar por su cuenta, a labrar su propio goce y su propio destino.

¿Que esa situación, omisa por un lado, remisa por el otro, nos mantiene paralizados, expectantes?... Aunque así fuera, me parece preferible estarse quieto a meterse en dogmáticas aventuras, de las cuales no se ve todavía ningún rendimiento apetecible. Porque la historia no es solo la acción de los hombres, sino también, y principalmente, la acción de las cosas. Aunque nos estuviésemos estáticos, la historia marcharía... Pero es que no estamos paralizados. Nuestra misma abstención de lo dogmático es un clima de creación, no lo olvide. El liberalismo intelectual siempre, siempre, ha sido fecundo. En cambio, son los dogmatismos los que han abierto siempre los paréntesis más sombríos de la historia humana.

En ese clima preferimos trabajar. El problema de la inteligencia libre del mundo —única a que a mí, al menos, me interesa pertenecer— es el de dotar al liberalismo como actitud de una filosofía positiva como contenido. Esta filosofía tendrá que ser, ineludiblemente, de acento social: tendrá que ser capaz de rebasar el individuo sin acabar con la persona, de extirpar la hipocresía espiritualista sin acabar con el espíritu, de sustanciar la seguridad de los hombres sin acabar con su libertad. Si usted ha encontrado ya eso en Berdiaiev, en Karl Barth o en Maritain, lo felicito. Yo no he tenido tanta suerte. Pero creo que eso ha de venir, que lo estamos haciendo venir. Rusia y los Estados Unidos, arquetipos del dilema actual, se están penetrando sin quererlo; si la bomba atómica no se adelanta a destruir el mundo, acaso el peligro mismo de ella sea el aglutinamiento que obligue a entrar en síntesis los ideales humanos e históricos que esos dos grandes pueblos representan.

Entre tanto, acá en nuestra pequeña isla, contribuiremos a eso como podamos. Pero lo que más nos urge es acabar de poner la inteligencia y la política al servicio de esta convicción primordial que me ha desvelado mucho: hay que crear la nación que nos falta y el Estado que no tenemos.

(*Bohemia*, 8 junio 1947)

Las oblicuidades de un «Apóstol»
Respuesta a Juan Marinello

En mi artículo «Las cuentas que nos piden» —contestando a Mario Llerena—, observaba yo que este «reconoce a Marinello como uno de los que predican, y en eso lo admira»; y añadía por mi cuenta, con plena sinceridad: «No le cedo yo a Llerena en semejante aprecio, aunque muchas veces haya lamentado todo lo que las letras y, en general, la cultura cubana están teniendo que pagar por la apostólica militancia de mi viejo amigo».

Digo que estas manifestaciones mías eran plenamente sinceras, para que no se sospeche que pudiera haberlas dictado un canijo espíritu congraciador del adversario político que desde hace años tengo en el comunista Marinello. Mal podría buscar apaciguamientos semejantes quien lleva, como yo, tantos años combatiendo el marxismo y sus derivaciones políticas con toda energía y claridad.

Siempre he pensado, sin embargo, que el hombre civilizado, honrado y —si se me permite decirlo— inteligente es el que sabe discernir entre valores y, además, lo pone de manifiesto; el que, lejos de pensar que un matiz de error o de conducta condena por entero, cualesquiera sean las excelencias de que vaya acompañado, tiene siempre presente que la verdad total está demasiado alta y el acierto absoluto es demasiado arduo, para que se pretenda esperar de ningún hombre cabalidad en los méritos. Por tanto, discrepando de las ideas político-sociales de Juan Marinello, no podía dejar de reconocer, ni podré en el futuro —a menos que el comunismo lo deteriore irreparablemente— las calidades puramente intelectuales y literarias que le asisten. Gabriela Mistral, en el prólogo admirable al libro *La política y el espíritu*, de su compatriota Eduardo Frei Montalva, le celebra a este con razón «su radical honestidad en el trato del adversario, verdadero fenómeno en un ambiente como el nuestro, donde se niega al enemigo no ya la sal, sino aire y suelo...».

Efectivamente, el sustraernos a ese reconocimiento, cuando no se debe a inteligencia manca para discernir, acusa falta de «radical honestidad», o sea, del sentido de la justicia y de la disposición a hacerla. Por donde viene a cuento el decir que una de las cosas que más me repugna en la mayor parte (no en todas) de los comunistas militantes, es justamente esa falta de probidad, de común decencia. La pasión sectaria los ciega de tal suerte, que a todo el que no esté con ellos lo niegan, vejan y difaman, sofocándose cualquier vestigio de conciencia crítica que pueda aconsejarles lo contrario. Esto, claro, a menos que lleven interés político momentáneo en disimular, pues entonces el militante comunista típico sabe también ser extremadamente untuoso y blandílocuo y hacer la vista gorda ante cualquier bellaquería.

Marinello y yo surgimos a lo público casi simultáneamente y con parejos gustos e intenciones, adscribiéndonos por algún tiempo al mismo empeño. De ahí se me formó a mí un querer de amigo. Soy, por temperamento, sobrio pero tenaz en la amistad. Pudiera traer aquí testimonios para mostrar cómo, desde los primeros trances postrevolucionarios en que Marinello y yo quedamos situados frente a frente, hice cuanto en mi mano estuvo para defender esa amistad en lo privado y evidenciar mi respeto a Marinello en lo público. También pudiera hacer patente que, más allá de las privadas palabras, no me vi correspondido ni en el afecto ni en la consideración.

En fin, cuando he tenido que polemizar con Marinello —y muchos lectores cubanos darán fe de ello— he atacado sus ideas y sus posiciones políticas, jamás sus motivaciones personales. En todo esto había algo más que pudores del sentimiento. Respondía también a la convicción que tengo —como buen liberal que todavía soy— de que la vida pública no debe ser, ni en lo político ni en lo cultural, patio de comadres; que las ideas se pueden y se deben discutir sin que los hombres se saquen la tira del pellejo; y lo que es aún más importante: que hay algo de profundamente odioso, insocial y soberbio en la actitud de quien insulta al adversario ideológico, no ya por el agravio que a este le hace, sino por el que inflige a cuantos como él piensan. Discutir con la diatriba es tan incivilizado y coaccionador como discutir a golpes; porque los insultos no son sino eso, los golpes de la palabra, en tanto que los argumentos son las buenas maneras.

Pero ya es sabido que en la militancia comunista las buenas maneras se estilan poco. En el artículo con que Marinello contesta a Llerena,[57] hay algunos argumentos —malos casi todos— y unos cuantos golpes que me da a mí de refilón, como si mi presencia en el mundo le estorbase demasiado. Si no tuviera yo mejor razón (y tengo muchas) para rechazar el comunismo de esa laya militante, me bastaría con esta reiterada experiencia, con este ver cómo la sombría milicia moscovita, que no cree ni en «idealismo» ni en «moral burguesa», es capaz de tomar un bello espíritu y deformarlo, desecarlo, retorcerle toda su natural inclinación, estragar su inteligencia y dejarlo convertido en un polemista agrio, basto y difamador. Y que me perdonen (si les dejan) aquellos otros comunistas militantes en quienes todavía puede uno encontrar un poco de tolerancia, de buenahombría y de calor humano.

---

[57] Juan Marinello: «El balcón y la nube (Carta a Mario Llerena)», *Bohemia*, 15 junio 1947, págs. 39 y 54.

***

¿Es excesivo todo esto? Ya se ha visto con qué palabras de amistad y estima aludí yo a Marinello. ¿Cómo me alude él a mí? He aquí sus frases: «Hoy, como ayer, un grupo de intelectuales sirven a los privilegiados y otro grupo pelea bravamente por la mayor justicia e igualdad entre los hombres. En el pasado, pongamos la oposición Martí-Montoro; en el presente, Guillén-Mañach. Luego no tiene usted razón —continúa Marinello— en hablar de evasiones y desvíos; lo cierto es que cada quien está en su puesto, unos con la causa del pueblo, otros con la de sus enemigos». Y más abajo, por alusión clara, yo soy uno «de esos que piden ser libres para poder seguir siendo esclavos de sus mandantes poderosos»; y todavía más explícitamente: «Jorge Mañach trata de explicar en la contestación a la carta su posición política, que es la de su grupo afín, integrado por los redactores del periódico falangista *Diario de la Marina*...». Y esto no es nada para lo que Marinello me ha dicho en [*Noticias de*] *Hoy* y en la tribuna varias veces.

Argumentos *ad hominen* llamaban eso los lógicos de antaño. No discutía Marinello conmigo ahora, sino con Llerena. Pero si necesitó combatir mis ideas, lo cual no le tengo a mal, pudo haber atacado eso, las ideas. No; no le calmaba el resentimiento. Tenía que falsificar las ideas y, una vez desfiguradas, encarnarlas en mi persona; tenía que traer a colación el periódico conservador en que me ayudo a ganarme la vida, aunque no a *Bohemia*, revista de izquierda donde también escribo; tenía que llamarme esclavo de mandantes poderosos, a mí, que he escrito siempre sin escuchar más mandato que el de mis sentimientos y mis luces. Tenía, en fin, que enturbiar el prestigio público con que yo pueda verme honrado, cegando la fuente personal de él con todos los sórdidos escombros de la rutinaria difamación comunista.

Lo repito, es demasiado triste. Fuese yo hombre de menos escrúpulos y, aprovechando esa afirmación que Marinello hace de que en el intelectual, como en cualquier otro hombre, la clase social es «lo dominante», podría mostrar muy al detalle cómo este apostolillo marxista, procedente de la más regalada burguesía catalana y criolla, no ha cesado jamás de ser, en su empaque, en la prosopopeya de sus gestos, en lo barroco de su palabra y de su letra, en sus pequeñas y grandes vanidades un burgués tropical en pujo de resonancias internacionales e históricas: un burgués solemne por toda la íntima e irremediable factura, al lado del cual la suelta gracia criolla de un Blas Roca, o la contenida severidad de un César Vilar, comunistas de primera agua ellos, tienen todo el aire de lo genuino frente a lo pedante y retórico. ¡Si conoceré yo a mi viejo camarada!... Pero yo quiero a mis amigos con sus defectos —¡hasta que pretenden abrumarme con ellos como si fueran virtudes!

* * *

La falta de respeto por las convicciones opuestas es la característica polémica de esta ralea de redentores. Si algo enseña la historia de la civilización es que el mundo —como lo decía yo en mi artículo a Llerena— siempre ha caído en las etapas más sombrías y estériles cuando ha prevalecido un dogmatismo, una idea que se consideraba a sí misma la única cierta, y, por el contrario, el progreso se ha visto siempre acompañado por la libertad intelectual, por el libre tránsito en que las ideas distintas se examinan, chocan, se moderan y enriquecen las unas a las otras. Cuando Marinello escribe que «el camino del progreso humano —de la ampliación de la igualdad social— es uno y solo uno en cada momento histórico», tendría razón si al decir eso pensase en el gran cauce que los hombres abren con sus discrepancias en dramática y hermosa lucha tras la Verdad. Pero no es eso lo que piensa. Lo que quiere decir es que la sola vía de progreso consiste en hacerse comunista.

No serlo, por lo visto, es una vergüenza. No importa que, frente a las baterías doctrinales del Marxismo, haya un centenar de pensadores de primera línea que han condenado y condenan la penuria lastimosa y pedestre de la «filosofía» marxista; un centenar de economistas que han demostrado las fallas o las exageraciones de su doctrina de la producción y del valor; incontables historiadores o simples observadores que han revelado el fracaso de las profecías de Marx y Engels, la brutalidad del autoritarismo social y político que ha hecho posible —en Rusia como en cualquier parte— la estabilidad económica, a cambio de salvajes «purgas» domésticas y de cínicos desbordamientos imperiales; o la asfixiante cerrazón de esa «cultura» soviética en que escritores y artistas —es decir, los trabajadores del espíritu; no los científicos— tienen que inspirarse por fuerza en la «línea» del Partido, so pena de purga o de siberización... Nada de eso importa. Ellos tienen la VERDAD, la panacea civilizada, el secreto del Milenio —¡qué digo, el secreto de la eternidad!

O se está con esa arrogancia, o se es un traidor a la humanidad y un reaccionario. Reaccionario significa un hombre que actúa hacia atrás. Llevo veinticuatro años pidiendo la renovación de la política, de la economía, de la cultura cubana para hacer una nación más decorosa y justa en que vivir; he dicho en todos los tonos que la democracia tiene que conservar sus valores genuinos, pero superar sus fallas; he escrito que la vocación del mundo moderno es a una síntesis del liberalismo y el socialismo. Sin embargo, soy un «reaccionario». No importa que mi creencia vaya, filosófica y políticamente, más allá del comunismo: como disparo contra esa trinchera llena de cieno y de cadáveres, como le estorbo al comunismo con mi pluma, como al parecer le estorbo a Marinello con mi buen nombre de ciudadano, soy un reaccionario.

Con este vituperio se contentan hoy día. Si mañana triunfase el comunismo, me fusilarían por la espalda, y Juan me daría —posiblemente con algún puchero— el tiro de gracia. A no ser que ya para entonces sus camaradas auténticamente proletarios estuviesen en disposición de «liquidarlo» a él también, como hicieron en Rusia con los jerarcas intelectuales de la época batalladora. ¿No dejó ya entender Lenin que el intelectual de origen burgués no servía más que para la palabrería del «apostolado»?

Pero dejémoslo aquí por hoy. Queda mucha tela por donde cortar, y no quiero abusar del espacio de *Bohemia*. La semana que viene terminaremos. Y permítaseme una indicación. Siento mucho no poder estar en Cuba cuando estos artículos se publiquen. Los escribo cuatro días antes de salir para los Estados Unidos a dar unos cursos de verano en Middlebury College. Pero volveré en el otoño, dispuesto a todas las peleas que, por desgracia, sean necesarias. Quince años he estado tratando de evitar esto. Pero está visto que los comunistas se empeñan en hacer invisible el mundo.

Hasta la semana que viene.

(*Bohemia*, 29 junio 1947)

Las oblicuidades de un «Apóstol» II

Decía que mientras les llegue a los comunistas del patio la hora de la degollina de burgueses —la cual, afortunadamente, va a tardar todavía un poco...—, se visten de «demócratas» y enamoran a los cándidos todo lo que buenamente pueden.

Jamás la palabra «democracia» se ha visto más deformada que en los labios de esos oligócratas. La democracia burguesa es todavía una realidad a medias; pero siquiera hay en ella una vocación sincera. Lo prueba el avance social de todos los pueblos libres. Mal que bien, en las democracias occidentales de alguna ejemplaridad, la opinión pública cuenta, el electorado pesa, el pueblo manda. Pero ¿en Rusia?... Rusia no es sino la oligarquía despótica de un partido, gobernado por una camarilla que a su vez está dominada por un autócrata insustituible. Y a eso, so pretexto de que es para «servir» al pueblo, lo llaman «democracia». ¡Es para morirse de risa!

Mientras nos traen eso a Cuba, sirven, sí, los comunistas a los proletarios cubanos; pero nada más que a los proletarios. Y sobre todo, a los obreros organizados que se dejan quitar sus semanales pesos o pesetas a cambio del disfrute exclusivo de la protección sindical. Los demás no son gente. De esa manera se sostiene la enérgica acción proselitista y la propaganda escandalosa que le permite al partido, no solamente ser el más rico de Cuba, sino crecer, como dice Marinello, «sin intermitencias, de espaldas al riego burocrático». ¡Qué más riego que el sindical!... Y eso, no obstante que la Constitución prohíbe expresamente, como los partidos religiosos o de raza, los partidos «de clase»...

Sirven, digo, a los intereses populares, porque ese es el filón. Pero nada más que esos intereses. Y la nación, en tanto, no llega a cuajar, dividida como está internamente por el «internacionalismo» comunista, que le va aguando todos los fervores patrióticos y siembra y cultiva en su seno todo género de resentimientos de clase y raza... Sirven al pueblo, aprovechando la invalidez de esta pobre democracia nuestra, frustrada por los políticos aprovechadores. Pero ese pueblo ingenuo al que hoy «sirven», no es más que el punto de apoyo para la revolución política y social que el día de mañana, si los hados no lo remedian, erigirá sobre el propio pueblo una oligarquía de déspotas vitalicios, y entronizará una economía «humana» como esa que en Rusia condena a los proletarios a pagar quinientos rublos por un par de zapatos único al año, y a trabajar bajo el látigo y a vivir como conejos en una madriguera.

«Fue Martí —dijo Marinello— y no Lenin quien ordenó a los cubanos quebrantar el latifundio y acabar con el monocultivo...». ¡Ah! ¿Martí fue?... Ahora me explico por qué en la Constituyente, cuando el ABC presentó y defendió enérgicamente su moción estableciendo el impuesto progresivo sobre la tierra, precisamente para acabar de verdad con el latifundio, los comunistas se opusieron a ella, y contribuyeron a elaborar, con el doctor Cortina, una fórmula constitucional inerme, ¡que ni pincha ni corta!... Ahora me lo explico: ¡fue Martí, y no Lenin, quien aconsejó acabar con el latifundio!

Además, la técnica comunista es clara: de lo que se trata no es rectificar a fondo y para el bien de todos la economía democrática. Lo que los comunistas quieren es solo forzar la protección sindical hasta el punto de hacer imposible una economía democrática. Lo que quieren no es salvar a la nación; sino hacer de ella un caldo de cultivo para el fermento de todas las discordias. Lo que quieren, sí, no es lo nacional sino lo internacional presidido por el papaíto Stalin.

Poco a poco, a pesar del mal ejemplo norteamericano, Cuba adelanta hacia una noble compenetración racial, libre de prejuicios y de resentimientos. La cultura social, moral y política va venciendo, en esto, todos los resabios coloniales, como los ha ido venciendo el Brasil. Vamos hacia la «tierra mulata», que dije yo hace muchos años en dialogo escrito con Araquistain… Pero al comunismo no le basta con eso, y del resentimiento racial ante la lentitud de ese proceso, ha hecho una de las dos armas principales de su guerra doméstica. ¡Así envenenan el alma de la nación!

Pero eso sí; cuando hay que engatusar, engatusan. Ahora, Marinello pasa muchos trabajos, en su desgraciado artículo, para no lastimar en exceso a los católicos con su materialismo. Cuando él presentó su proyecto de ley sobre la regulación de la enseñanza privada, el *Diario de la Marina* lo atacó mucho editorialmente, por entenderlo dirigido, entre otras cosas, contra los colegios católicos. No estaba yo enteramente de acuerdo con ese juicio, por razones que no son del caso; y escribí uno o dos artículos diciendo francamente mi opinión. Y el *Diario*, que no me censura la expresión, porque sabe que yo no he de aprovechar la oportunidad que me da en sus columnas para hacer agresión desleal a sus principios, el *Diario*, digo, publicó respetuosamente mi artículo, sin prejuicio de seguir defendiendo editorialmente su tesis. Y no ha sido la única vez. ¡Hasta ese punto estoy yo «esclavizado» al *Diario*; hasta ese punto el *Diario* intenta sofocarme la conciencia!

Pero vengamos a los arrumacos que ahora les hace Marinello a los católicos. «No crea usted que está en comunicación —le dice a Llerena— con un anticlerical de oficio ni con quien estime abominable en sí misma la postura religiosa…». «Por lo mismo —añade— que el fenómeno religioso hace tiempo que se nos muestra muy claro en sus orígenes (entre paréntesis: ¡hay que ver la «claridad» con que se contentan estos naturalistas de pulgada y media!) no somos capaces de maldecir a un hombre porque crea en soluciones extratelúricas...». Claro; ya Moscú, después de haber exterminado a miles de sacerdotes ortodoxos y cerrado otras tantas iglesias, ha cambiado la «línea», porque se ha dado cuenta de que la religiosidad es una avidez indominable de trascendencia, en cierto género delicado de espíritus, o bien porque ha considerado conveniente suministrarle ese «opio» al pueblo ruso para que no se percate demasiado de la angustia y barbarie en que vive... Y ya Marinello, que no es tonto, se ha percatado de que el movimiento católico en Cuba tiene que ser minado, aunque sea invitando al vals a futuros pastores protestantes, como el señor Llerena.

«El fin justifica los medios». No importa que el «fin» nos lo vayan aplazando tanto, que ya el régimen ruso viva en servicio permanente de los «medios» que traicionan aquel fin. Si hay que humillar y avasallar a Polonia y a diez pueblos más, se los avasalla y humilla; si hay que aprovechar las vacaciones de un premier democrático para extorsionar bárbaramente a un compañero político suyo, y fabricar así delaciones increíbles con que ahogar un gobierno democrático, como acaban de hacer en Hungría, se extorsiona; si hay que mantener el mundo —que está ávido de paz— en una tensión angustiosa de guerra por temor al despotismo ruso, se le mantiene; si hay que acosar a los hombres hasta que se hagan autómatas del dogma rojo —como lo denuncian todos los rusos que han podido escaparse de aquel infierno y escribir libremente—, se les acosa, a ellos y a sus parientes; si hay que impedir que ningún ruso salga de Rusia, aunque sean mujeres que se han casado con oficiales ingleses que las llaman, o que ningún occidental entre en Rusia sin llevar tras sí espalderos y espías, se impide; si hay que sabotear con quintas columnas la democracia, destruir a sus hombres, cundir de espionaje el mundo, arrancar reputaciones honradas, ¡se perfora, se espía, se envenena, se lapida! Si hay un Trotski que se aparte de la línea del «padrecito» Stalin, ¡también hay siempre algún asesino que lo despache siniestramente en las sombras de un país libre!

Ahora vuelven a lo del imperialismo. No hablaron mucho de eso cuando Molotov se entendió con la Alemania de Ribbentrop, en aquel pacto nefando que escandalizó al mundo. Menos aún hablaron de imperialismo cuando tuvieron necesidad, después, para defenderse del antiguo socio, de los dólares yanquis y de los armamentos y máquinas americanos que distribuían en Rusia como productos de la industria soviética. No; no hablaban entonces de «imperialismo». Ahora, descuelgan el tema raído porque Truman les cierra el camino del mundo y el del petróleo asiático; y la emprenden con el APRA, que es sin duda un partido del pueblo, porque también —¡oh, vana prédica de Haya de la Torre!— se ha hecho imperialista... Pero si alguien no puede ya hablar de imperialismo —como no sea cínicamente— es la nación que anda entrometida en los destinos políticos de todo el mundo, disolviendo el espíritu de nacionalidad y unciendo pueblos a su coyunda, igualito que el Reich hitleriano.

* * *

Pues sí, Marinello, frente a eso, contra eso, estamos los hombres verdaderamente libres en su conciencia —que aún andamos por el mundo, y yo soy uno de ellos. ¡Libre!... Libre para creer lo que el saber y la razón y la conciencia me dicen. No tengo que beberle el aliento ni al *Diario de la Marina* ni a Fabio Grobart. Por la libertad de Cuba he luchado; contra todos los despotismos de la política y de la inteligencia he bregado; por una Cuba realmente libre, en su conciencia, en su economía, en su cultura, escribo sin cesar. Eso me da derecho a situarme en el discipulado de los próceres de nuestra tierra americana, vocada a la libertada y no a la servidumbre.

Yo no hubiera estado con Montoro cuando la lucha por nuestra independencia, pero respeto la convicción evolucionista de Montoro; yo no estuve con Guillén cuando este era secretario del gobernador machadista de La Habana y, ya en plena conspiración revolucionaria, se le daba algún banquete presidido por «Sinmigo», pero respeto a Guillén como persona y lo admiro como poeta. Yo no estoy en el chato materialismo, que deja la mitad de la realidad sin explicar y rebaja la anchura y nobleza del hombre; no estoy con el dialectismo artificioso que los comunistas heredaron de Hegel, el absolutista político, y que ahora les sirve de cartabón para «explicarse» hasta la lírica de Antonio Machado, que tenía en sus venas «gotas de sangre jacobina», pero también anduvo «siempre buscando a Dios entre la niebla»; no; tampoco estoy ni estaré nunca con ese doctrinarismo marxista, como lo está Marinello; pero sigo recordando con nostalgia al amigo que en Marinello tuve...

Y basta ya. Todo lo demás en el artículo de Marinello son gorgorismos y aspavientos para «la masa».

Y ahora, si Marinello me contesta, ruego a mis lectores aplacen su juicio definitivo. Aunque quisiera mandar alguna colaboración a *Bohemia* desde mi lugar académico de trabajo en los Estados Unidos, no estoy muy inclinado a turbarme el sosiego de unas vacaciones a medias, con polémicas estériles, como esta a que me he visto forzado. En septiembre será otra cosa.

(*Bohemia*, 6 julio 1947)

Para cerrar una polémica

He leído desordenadamente, con anchos intervalos entre ellos, los artículos de Juan Marinello en *Bohemia*.[58] El primero allá en Middlebury, una deliciosa aldea académica de Vermont, rodeada de montañas y de lagos, fragante de pinos y abedules, cuajada de silencio. ¿Sorprenderá, pues, que lo leyera con gran serenidad de espíritu? ¿Se tendrá por gala de indiferencia o desdén el que diga que durante la lectura de aquella andanada me sentía florecer en el ánimo —no sé si también en el rostro— una sonrisa?

No era desdén. Marinello no es ningún zascandil de la pluma o de la política. Ni la causa que él defiende es un mero rizo de la Historia. Ya se comprenderá que tampoco me divertía en modo alguno el espectáculo de mi propia deformación en sus manos polémicas. Vi mi modesta historia personal caricaturizada, mis ideas mutiladas y adulteradas, mis argumentos desatendidos, el espíritu de toda mi obra publicada reducidos a una sola gran simplificación hiriente... Todo aquello era lo peor de cuanto Marinello tenía que decirme, como he podido comprobar al leer luego el resto de su serie. Sin embargo, no logré enfadarme. Allá en lo bajo de la loma frente a mi celda de estudio, los sauces y los abedules se espesaban en sombras de terciopelo. Por entre las frondas se veían algunos claros de luz; sobre las agujas pascuales de los pinos, el edificio de la Vieja Capilla, convertido en edificio administrativo de la Universidad, alzaba al cielo, increíblemente limpio y cándido, una torrecilla que el sol encendía como una lengua de fuego. Detrás había como un galope azul de montañas.

58 Juan Marinello contestó a Mañach con dos artículos aparecidos en *Bohemia*: «La trágica frivolidad», 27 julio 1947, págs. 48-49 y 74; y «La trágica frivolidad II», 17 agosto 1947, págs. 12, 19 y 79.

En aquella quietud, ante aquella serenidad de lo eterno, era difícil no sentir la pequeñez de los encuentros de hombres con que se ameniza la Historia. Aquello me dejó ya «entonado» para recibir los demás artículos de Marinello, en que se permitió menos el triste lujo de la diatriba, para cuidarse de lo público, que es lo único que importa. Aquí en La Habana —entre las tristezas de un hondo duelo familiar que me hizo regresar antes de lo que había esperado— leí el último artículo. Y me confortó mucho a mí mismo ver que todo seguía pareciéndome tan pequeño y tan inútil, tan rutinario y «obligado», o —en los mejores momentos— tan por ver y tan por demostrar. ¡Cuánto —me decía a mí mismo— se queda fuera en las querellas de las plumas! En el fondo, ¡qué poco amamos los hombres la Verdad!

No voy, pues, a contestarle a Marinello. Yo dije lo mío —parte de mi «verdad» querida— y él ha dicho lo suyo, parte no más de la «verdad» que quiere, que es la verdad de su amor, pero también la de su voluntad. A todos nos pasa lo mismo... Lo personal es aun más precario siempre. Ni Marinello es, probablemente, como mi pluma lo pintó en algún exceso polémico, ni soy yo como me ha pintado él. Tampoco somos como cada cual se supone ser. Somos como nuestros hechos y conducta dicen, y a los efectos sociales, como la gente nos ve. Siempre resulta un poco cómico este empeño que los hombres ponemos en adornarnos, en alzarnos por encima del saldo con que nos vamos quedando acreditados o insolventes ante la historia, si es que ella se cuida de tomarnos en cuenta.

Algo parecido ocurre con las opiniones impersonales. Cada cual tiene las suyas, y supone que las del vecino o las del transeúnte son engendros de la estupidez, de la malevolencia o del egoísmo, o cuando menos, plácidas ingenuidades y flatos de la ignorancia. Al cabo de veinte o treinta años, si es que vale la pena volver sobre tales repertorios, se descubre que los opinadores no vieron sino un fragmentillo, a lo sumo, de la verdad que esos años posteriores probaron, la cual verdad aún será entonces como aquella mancha de luz que yo veía entre los abedules de Middlebury, mientras leía a Marinello: un poquito claro, turbio de sombras pasajeras, en el gran bosque misterioso… De manera que ya el tiempo dirá, cuando pueda decirlo, en qué leves acentos atinamos y en cuáles desbarramos. Y todavía entonces los hombres —muchos pobres Marinellos y muchos pobres Mañachs— seguirán debatiendo.

***

Es decir, seguirán debatiendo si todavía hay posibilidad de debate en el mundo. Porque una sola cosa sí gustaría yo de subrayar al cerrar, como quisiera, esta polémica con Marinello: en una sola cosa quisiera insistir. Y es esta: aquí, en la libertad de un ámbito occidental todavía oreado por una genuina aspiración democrática, HEMOS PODIDO DISCUTIR. En Rusia no hubiéramos podido.

Hemos podido discutir Marinello y yo. Será cada cual de nosotros como sea, tendrá cada cual la razón que tenga; pero es evidente —salvo que pretendamos rebajar demasiado las cosas— que los dos contendientes tenemos nuestro respectivo ideal de vida, de civilización, de organización humana. A cada cual le asiste una pretensa buena voluntad pública. La expresión que hemos hecho de nuestras recíprocas actitudes en lo personal, probablemente no habrá servido más que para suscitar la angustia de amigos comunes, la deploración de los espectadores sensatos y la diversión innoble de los que se paran en las aceras para azuzar peleas callejeras. Pero los principios, las fórmulas, las interpretaciones y valoraciones de hechos públicos que de un lado y de otro se han ido mezclando a la diatriba, habrán ido incitando a muchos lectores a pensar y juzgar por su cuenta, los habrá obligado —ante la evidente pasión negadora de casi toda polémica— a discernir entre el juicio objetivo y el sofisma enconado, entre la verdad a medias y la falsedad probable. Y los lectores de *Bohemia*, que son una buena parte de los ciudadanos a quienes incumbe formar, con su opinión y con su voto, la voluntad pública de la nación, habrán crecido un poco, creo yo, en su aptitud como tales ciudadanos: serán más aptos para determinarse por sí mismos respecto de la verdad probable, del bien social, de la problemática actual del mundo.

En ese sentido por lo menos, es cierto el viejo optimismo de que «de la discusión sale la luz». A la verdad, no siempre sale «la luz» —a menudo no sale más que el enredo, la vanidad y algún que otro trapo sucio. Pero lo que sí sale creciendo siempre es la vitalidad de la conciencia crítica. Hasta el que ha mentido polémicamente ha tenido que someterse a cierto cálculo y tensión reflexiva que lo sacó de su rutina mental, de su pereza, de lo animal en él, para situarlo en una zona de presión del espíritu que acentuó lo propiamente humano en su ser. Quiere decir que el debate es por naturaleza adverso a lo gregario, a lo rebañero, a lo que hace del hombre mera masa sujeta a la voluntad de otros hombres que sí piensan, y a veces piensan mal... Aunque esté cundida de errores, toda discusión es buena. Sobre todo, es infinitamente preferible el mercado libre de los errores y las verdades posibles, al régimen cerrado en que solo impera una «verdad» que, a lo peor, es un error monstruoso.

***

Marinello se va a reír —con esa risa que los marxistas siempre tienen en reserva para los que no son de su cofradía intelectual— cuando yo recuerde que Donoso Cortés tiene escrita una página admirable sobre algo parecido a lo que intento expresar ahora. Siento no tener la página aquí para citarla ahora. También la leí en Middlebury, en libro de aquella biblioteca, porque yo andaba allá dando, entre otros, un curso de literatura española del siglo XIX, y me tuve que repasar a Donoso Cortés, conservadorísimo, ultramontano, reaccionario en el más válido sentido de la palabra, pero cuya elocuencia y cuya poderosa dialéctica asombraron un día a toda Europa.

La página que digo es, sin embargo, del Donoso Cortés relativamente liberal de su primera época. Y vale la pena recordarla, porque entraña, tal vez, el argumento más hondo a favor del liberalismo como actitud intelectual y política. El concepto central era este: el liberalismo se asienta sobre la noción de la infinitud del hombre y, por consiguiente, de su imperfección. Como el ser humano no es sino parte de la Realidad, no tiene aptitudes para dominarla por entero ni para hacerse dueño de toda la Verdad. Por consiguiente, el Error le es consustancial, inherente. Es preciso admitir, por tanto, no solo que todos los hombres pueden equivocarse, sino que todos, de hecho, en alguna medida se equivocan.

Si esto es así, mala cosa fuera la convivencia de los hombres sobre la suposición de que nadie puede estar en posesión de la verdad absoluta, sobre la pretensión de ningún dogma filosófico, social o político. Lo menos torpe que los hombres pueden hacer es organizarse de modo que los errores de unos compensen los errores de otros; que las opiniones de todos cuenten en la elección de la autoridad y de sus formas; que esas opiniones tengan libertad absoluta para cruzarse, chocar, rectificarse, mezclarse, moderarse recíprocamente; que sea perfectamente posible el que una opinión mayoritaria mande ahora y otra opinión totalmente distinta, siempre que respete y escuche también a la minoría, mande después.

Ese es el liberalismo, y el régimen que sobre eso se asienta es la democracia genuinamente representativa, al modo occidental. Lo contrario de eso es el autoritarismo, y el régimen que pretende justificarlo es el totalitarismo —cualquiera que sea su signo. En el liberalismo, hay siempre la posibilidad de que los errores se cancelen entre sí o se superen por la labor crítica; en el totalitarismo, solo el Estado yerra, y cuando yerra, yerra definitiva e irremediablemente. Lo característico de una democracia liberal es la convivencia y el amor a la libertad, condición esencial de su régimen; la característica de un «demócrata» totalitario (¡también Hitler a veces se llamaba «servidor del pueblo»!) es el dominio oligárquico y el redentorismo autoritario.

* * *

Marinello y yo hemos discutido públicamente. Habremos dicho muchas tonterías y lindezas entre los dos; mas para algo ha servido. Entre los dos estará acaso la verdad.

Pero esto no lo hubiéramos podido hacer en Rusia. Cuando tal cosa se afirma, tráennos siempre a colación las deliberaciones de las asambleas del Partido Comunista y de sus órganos subalternos. Pero, en primer lugar, el Partido Comunista no es todo el pueblo ruso, sino una ínfima parte de él. En segundo lugar, lo que en las Asambleas del Partido se discuten son solo fórmulas técnicas, «líneas» u orientaciones circunstanciales; nunca principios, nunca valores esenciales, nunca la doctrina central con que todo se ha de sostener o caer. Si alguien en Rusia no es un materialista histórico, porque cree que esa filosofía da solo cuenta de una parte de la realidad total y de la humana, y pretende conducir a los hombres como si la conociera toda; si alguien piensa eso, digo, no llega nunca al partido Comunista, y si lo dice desde fuera con alguna eficacia, no vive para repetirlo.

El día mismo que salí de Nueva York, leí en el *Tribune* una información acerca del camarada Alexandrov (creo recordar que este era el nombre), jefe superior de la propaganda soviética, o algo por el estilo. Alexandrov es, por lo visto, profesor de Filosofía. Parece que era, en lo que cabe, un profesor de Filosofía con ciertos escrúpulos. No enseñaba como enseñan ciertos manuales de «filosofía» soviética que yo me sé, que todos los filósofos anteriores a Marx eran unos pobres despistados, pedantes, servidores de clases privilegiadas, etc. El camarada Alexandrov tenía ciencia bastante, por lo visto, y sobre todo decoro suficiente para reconocerles a Descartes y a Leibniz, a Kant y a Hegel su genio. Pues bien, por haber dicho eso, por haberles hecho demasiadas concesiones al «idealismo» filosófico, el profesor Alexandrov acaba de recibir una terrible y ominosa reprimenda pública, y nada menos que de boca del camarada Zhdanov, de quien se asegura que ha de ser el sucesor de Stalin. No sé si mi pobre colega habrá tenido que cantar ya la palinodia, o si estará a estas horas en Siberia.

Se dirá que todo esto no es más que… filosofía. Pero de la filosofía nace todo lo demás. Porque el marxismo es materialista, todo el interés y el destino del hombre se le quedan reducidos a interés y empresa económicos; dentro de la economía, todo valor se les funda en el trabajo, y dentro del trabajo, el más físico, directo y concreto es el que más importa. El único móvil humano esencial es la existencia, y dentro de la existencia, la seguridad. La trascendencia no cuenta, y por tanto no cuenta la conciencia, ni cuenta la libertad, concepto que Marinello no emplea ni una sola vez en sus artículos. Todo lo que el hombre es como hombre —que es lo que tiene, sobre todo, como espíritu— queda fuera de estimación intrínseca, es mero epifenómeno o superestructura. Y como todo eso está adscrito al individuo, el individuo importa poco, lo que cuenta es la masa y, en último término, el Estado —la máquina sombría y omnímoda, en cuyo trágico servicio se mueven los hombres como esclavos bajo una disciplina implacable.

Esto es, al menos, lo que yo opino de la Rusia actual, después de haberme cuidado, durante muchos años, de leer y averiguar mucho de lo que Marinello supone. Marinello se irrita —y a veces parece dolerse— de que yo no apruebe la generalización de un régimen semejante para el mundo, y sobre todo para mi tierra. No puedo remediarlo. Tengo una incorregible propensión a cuidarme siempre de lo que hay detrás de los primeros planos de cualquier realidad. Claro que ningún hombre medianamente justo niega lo que ha hecho para sí y para su sociedad el Estado soviético. Pero lo que cualquier hombre se ha de preguntar si no tiene un fanatismo ideológico que lo inhiba, es hasta qué punto esas bondades que están en el primer plano de la creación soviética compensan todo el trasfondo, toda la intimidad sombría, hosca, recelosa de esa vida nacional que no se deja mirar de cerca por ningún extranjero que no lleve un espía al lado. Igualmente es cierto que el Partido Comunista ha hecho y hace su «defensa» del pueblo en Cuba. Lo que importa también aquí preguntar es qué va pagando el pueblo por esa defensa y, sobre todo, qué tendría que pagar si la «defensa» se hiciese victoria total.

Es verdad que yo llevo años atacando, con las mejores razones que puedo, el marxismo comunista. Ya que no puedo quererlo, Marinello debería agradecerme esta forma de antagonismo. Porque no hay sino dos maneras de condenar y frustrar un sistema público que se considera funesto. Una, es la manera fascista o comunista, que consiste en suprimirlo por la fuerza; la otra es la manera liberal: restarle fuerza por la persuasión. Yo soy un liberal, y empleo este método. ¿Preferiría Marinello que yo trabajase por el sistema Dutra?

Cree él que mi disentimiento se debe, en el mejor de los casos, a ignorancia o a «trágica frivolidad». En cuanto a lo primero, cierto que es mucha la ignorancia mía sobre todo lo divino y lo humano; pero créame, se lo repito, que he procurado enterarme un poco. Sé que el mundo va hacia lo social, lo que de veras me place; pero confío en que, si seguimos debatiendo, todavía encontraremos alguna fórmula para salvar por igual la seguridad y la libertad, la disciplina común en que los hombres no se exploten y el respeto mutuo en que los hombres no se ahoguen. Mas para ello es preciso que se pueda seguir debatiendo —siquiera sea fuera de Rusia.

En cuanto a la «frivolidad» personal, ya lo saben, por si no lo sabían, los que me han estado reprochando ¡el haber pertenecido durante catorce años a un solo partido!... Fuera de ese orden biográfico, que nada importa, sería cosa de recordarle a Marinello que la frivolidad nunca ha sido tan «trágica» en el mundo como el dogmatismo aplicado a lo terreno. Eche la vista por el panorama actual de los pueblos, y tal vez lo advierta. No se está hoy en lo que acaso resulte ser el trágico preludio de una nueva guerra, no se está en esta angustia por exceso de acomodo, de flexibilidad, de espíritu de transacción, sino por todo lo contrario. Y no son precisamente las democracias occidentales las que pecan del contrario exceso. No es el «imperialismo» norteamericano, que articula pueblos a las buenas en Río de Janeiro, sino el imperialismo ruso, que sofoca la opinión disidente en Hungría, quien tiene al mundo rondando de nuevo la tragedia. Lo que proyecta sobre el haz de la tierra esa sombra torva y fatídica, que hace que tantos muertos se agiten en sus tumbas, es la terrible soberbia de un par de millones de hombres que creen, dentro y fuera de Rusia, que ellos solos tienen la verdad de la Historia, y que todo el resto del Universo es una vasta y malvada conjura. No es la trágica frivolidad: es el trágico dogmatismo.

(*Bohemia*, 7 septiembre 1947)

Defensa de la revolución... y un muerto

El artículo que Raúl Roa publicó la semana pasada en *Bohemia* es una gran página para la Historia.[59] Estaba haciendo falta una recordación semejante, ordenada y puntual, por quien tuviera tanta autoridad como Roa —autoridad de experiencia personal y de personal calidad— para la evocación de los hechos. Estaba haciendo falta... No han de vivir los pueblos, ciertamente, con sus cadáveres a cuestas; no han de vivir, como decía Martí, dando vueltas en la jaula del odio. Pero tampoco han de consentir que se les niegue su historia.

En los últimos tiempos, las derivaciones bastardas que, desgraciadamente, ha estado teniendo desde el poder la autoridad política que se dijo legataria de los ideales del año 30, venían dando ocasión al intento reiterado de bastardear también aquellos ideales y el empeño heroico de que ellos se animó. Estábamos asistiendo a todo un proceso de difamación revolucionaria, que no era ya obra de ningún escritor público en particular, sino que tendía, cada vez más, a constituir un estado difuso de opinión. Ciertas zonas de la conciencia cubana actual, poco informadas o en exceso olvidadizas, empezaban a juzgar al árbol de la revolución por sus frutos. No poca gente joven se estaba ya preguntando si aquello del 27 al 33 no habría sido una irresponsable algarada, vistas sus consecuencias históricas. Y los que de alguna forma y momento tuvimos que ver con aquello, nos estábamos sintiendo —como dije por la «hora» de Chibás— un poco avergonzados de llamarnos revolucionarios: pesaba sobre nosotros «el bochorno de un ideal prostituido».

---

59 Raúl Roa: «La generación inmolada», *Bohemia*, 19 octubre 1947, págs. 4-7, 9, 82.

Bien ha hecho Roa, pues, en recordar la verdad de aquello. Los demás estábamos fatigados de esa tarea de reivindicación, a la cual habíamos consagrado mucho esfuerzo polémico, tachado las más de las veces de puro sectarismo resentido o calculador. Habíamos acabado por callarnos, refugiándonos en ese tácito facilismo: «la Historia dirá». Pero la Historia tarda mucho en ofrecer sus dictámenes serenos, y entre tanto, se corre el peligro de que muchos ideales espanten, por la falsa versión que de ellos se da. Es preferible que todavía la pasión —la buena pasión— siga matizando los juicios, a que, por falta de recuerdo histórico, un pueblo se quede enteramente sin nobles pasiones.

***

El propio artículo de Roa, que tanto le celebro y que, como revolucionario, tanto le agradezco, no está libre de pasión. Matiza particularmente todos sus juicios acerca del ABC, y él no me ha de tener a mal que yo venga a oponer en estas mismas páginas, a su pasión la mía.

Afortunadamente, se puede ya defender al ABC sin que parezca que nos va más interés en ello que el de salvar nuestras responsabilidades históricas, por modesta que fuera la ocasión de ellas. El ABC está muerto. No hay ya necesidad de acreditarlo, o de conservarle su prestigio, para ningún fin político parcial. Lo que vengo a defender, pues, es una amada memoria. Es también, honradamente sea dicho, el propio pasado personal. Aquí donde tanta indiferencia conspira para demoler a los hombres, hay que cuidar de que eso no se vea asistido por ningún equívoco antecedente.

En su primera alusión al ABC, Roa dice: «Arsenio Ortiz asesina a mansalva en Oriente. Atarés es teatro de los más crispantes tormentos. Surge el ABC. Aporta la política del atentado personal y una posición seudoantimperialista del problema cubano en su Manifiesto-Programa. Al terror oficial se opondrá ahora el terror revolucionario. Es asesinado Floro Pérez...». ¿Hay en esos juicios exactitud comparable a la que campea hasta ese momento en el artículo de Roa?

En primer lugar, dudo mucho que pueda decirse con rigor histórico que el ABC «aporta la política del atentado personal» como si esa técnica de lucha no hubiese sido empleada hasta entonces. A la altura del proceso revolucionario en que el ABC surgió, se había rebasado ya la técnica de mera «agitación» que el estudiantado había puesto en práctica inicialmente. A la represalia policial violenta, había ya respondido «la Oposición» con la violencia personal. La bomba que se había puesto en Palacio, por ejemplo —y no recojo más que un episodio mencionado por el propio Roa— no estaba ciertamente destinada solo a meter ruido.

La verdad es que cuando el ABC surgió, ya se había contestado al hierro con el hierro, a la sangre con la sangre. El vago plan revolucionario destinado a culminar en el fracaso de Río Verde, contuvo por algún tiempo aquel ánimo de violencia, dibujándole perspectivas de insurrección rural al modo clásico. Fue el fracaso de aquella intentona lo que determinó la organización del ABC, en la cual tuvieron parte, desde el comienzo, elementos estudiantiles con representación oficial. El fiasco de los caudillos produjo algo muy cercano a un desplome; Machado parecía consolidado; era necesario, a todo trance, sustentar la voluntad de resistencia, so pena de que el país cayese definitivamente en la miseria abyecta de una satrapía como la de Juan Vicente Gómez en Venezuela. Y el ABC se fundó para evitar eso. Frustrada la acción rural, no quedaba otro recurso, habida cuenta de la desproporción de fuerzas materiales entre el Gobierno y la Oposición, que la organización de la violencia urbana, con los caracteres terriblemente indirectos y sombríos que asumió.

Sí, fue un momento terrible de la vida cubana. Duele recordarlo. Duele y, ¿por qué no decirlo?, avergüenza un poco. De mí sé decir que, si bien no tenía entonces participación alguna en la dirección abeceísta, como dirigente que ya era en sus filas me tenía estragada la conciencia aquella violencia sin cuartel entre cubanos. Pero en tales situaciones históricas, los medios no son producto del capricho ni de la vesania de nadie: son los que un clima moral engendra, los que la desesperación sugiere, los que un determinado fin, en determinadas circunstancias, impone. Lo que no parece justo es que se le eche encima solo al ABC esa triste responsabilidad. Todos por acción o por omisión, pusimos nuestras manos en aquel holocausto de pudores, provocado, eso sí, por el régimen humillante que había dado pasto de hombres a los tiburones y desnudado a nuestras mujeres en las calles.

* * *

Pero dejemos eso. Vamos a otra afirmación que Roa hace de que el ABC aportó «una solución seudoantimperialista del problema cubano». Con palabras menos largas, eso quiere decir que el ABC, en el fondo, era imperialista; que su posición contra el ingerencismo americano en nuestra vida pública era una engañifa. Y aquí sí que me siento muy directamente aludido, porque yo colaboré con Martínez Sáenz, con Ichaso, con Lliteras, en la elaboración de ese Manifiesto-Programa. No estoy arrepentido: estoy orgulloso de ello.

¿En qué se funda Roa para decir que nuestro pensamiento era «seudoantimperialista»? Veamos el texto mismo de aquel

Manifiesto. Al hablar de las «causas económicas» del problema cubano —que nunca hasta entonces había sido analizado de modo más cabal en la República—, se decía:

«El drama económico de Cuba dimana de que no se resolvió a tiempo el problema de la paz. Debido a la intervención norteamericana de última hora, Cuba no pudo hacer valer su autoridad natural de triunfadora al terminar la guerra; ni siquiera fue parte del Tratado de Paz de París, que le puso fin. España no tuvo que pagar indemnización alguna, y los Estados Unidos se contentaron con el botín geográfico y económico de Puerto Rico y las Filipinas. Gracias a la indiferencia de su accidental y poderoso aliado, Cuba se encontró, al sobrevenir la emancipación, con un ejército de veteranos desprovistos de todo medio pacífico de vida, con una legión de emigrados que había perdido sus propiedades o el capital para explotarlas, con un territorio asolado y una población rural reducida a la miseria por la reconcentración, y con una clase media nativa desplazada ya por el peninsular y reducida a una condición parasitaria».

¿Son palabras, esas, de complacencia hacia el americano? Después de explicarse cómo «la ocupación inicial norteamericana demoró la resolución de ese gran problema», el Manifiesto recordaba la política entreguista de nuestros primeros gobiernos, y aludiendo al primer empréstito americano decía: «Este empréstito inconsulto marcó el inicio de la supeditación económica del Gobierno de Cuba al capital extranjero, y despejó el camino para que invadiera sin trabas la tierra, la minería, las industrias, las riquezas de todo el país».

Hablando del aspecto monetario de nuestra economía, el Manifiesto-Programa denunciaba luego la «monstruosidad económica» que había representado el darle curso legal ilimitado al billete americano. En el aspecto bancario, se decía cómo la incuria gubernamental había dejado que la banca extranjera se extendiese «tentacularmente»: «El Estado cubano, obedeciendo en apariencia a las determinaciones de sus productores ha ejecutado con docilidad el mandato imperativo del capitalismo extranjero». ¿Son esas palabras de consentimiento imperialista?

Más abajo se escribía aún: «La penetración del capital extranjero, propiciada por el Estado, ha completado el proceso de desplazar al cubano de la riqueza. Esta penetración halla su manifestación más cabal en la extensión desorbitada del latifundio extranjero. Entre menos de 200 ingenios se encuentran distribuidas más de 170 mil caballerías de tierra. Y hay compañía extranjera que, por sí sola, posee cerca de 20 mil... Hay poblaciones cubanas, como Banes, en Oriente, enclavadas dentro del feudo de la United Fruit Company, donde no se obedece más ley que la que impone el administrador americano; donde las autoridades cubanas son vasallos suyos; donde todos los privilegios municipales les están reservados a los residentes yanquis; donde el cubano es tratado como un siervo de la gleba, y hasta le está prohibido, a determinadas horas, el acceso al centro urbano (...) El administrador norteamericano es un pequeño jefe soberano; la población criolla es una población de súbditos suyos».

«Si el proceso —se decía más adelante— completa su ciclo interrumpido, Cuba se convertirá en un gran ingenio con población de negros antillanos, una corta burocracia nativa, un gobierno que recibe órdenes de Wall Street, y una bandera símbolo de su independencia». ¿Son esas palabras de seudoantimperialismo?

Pudiera seguir citando. Pudiera pasar de la parte analítica del documento a la parte propositiva de él, para mostrar cómo los remedios propugnados por el ABC se inspiraban en una idea maestra: darle a Cuba entereza de nación, energía política saludable, solidez económica básica que le permitiera resistir la invasión del capital de fines explotadores, favorecido por las presiones políticas americanas que nuestra propia inepcia consentía y a veces provocaba. ¿En dónde está, pues, lo de «seudo» antimperialismo? Con lo que no comulgó nunca el ABC —pero no creo que ese sea el fundamento del juicio de Roa— fue con las simplificaciones excesivas de un antimperialismo ingenuo, o simplemente calculador y enderezado a ciertos fines internacionales, que pretendía hacer residir por entero la culpa del imperialismo en la malignidad del Norte, desenfocando así el verdadero sentido de la revolución cubana posible que la conciencia del año 30 propugnaba.

**

La otra imputación que Roa le hace al pobre ABC —el partido de más nobles propósitos que con peor suerte haya pasado por la vida pública cubana— es la muy consabida de la Mediación. Resabio de la irritación que en ciertas zonas estudiantiles produjo aquella decisión política abecedaria es esta pasión que Roa ha proyectado también, injustamente, sobre su Manifiesto-Programa. Por eso, valdrá la pena simplemente —simplemente para seguir salvando nuestra responsabilidad—, volver sobre ese asunto de la Mediación, que pide tiento y espacio.

(*Bohemi*a, 26 octubre 1947)

Un estilo de pensar

Una amistosa polémica interna en el *Diario* no dejaría de ser cosa divertida y tal vez útil. No sé si Gastón Baquero me invitará a ella con su artículo de antier.[60] En tal caso, le aceptaría el convite, aunque tenga yo que moverme en terreno mucho más propicio a él que a mí. Y no por otra razón, sino que las ideas de mi compañero son mucho más ortodoxas que las mías, de donde resulta que yo no puedo sustentar lo que pienso sin un poquito de escándalo. Procuraré que sea el menor posible.

Lo primero que quiero decirle a Gastón Baquero es que en mi artículo «Conjeturas sobre Colombia»,[61] que él comenta, no debiera haber visto ni una «lección», ni una «llamada al orden» a nadie dirigida, y menos a él. Semejante actitud admonitoria cuadraría mal a quien padece de tanto «dubitatismo» como el que Baquero me atribuye. La actualidad es la actualidad; sus temas nos vienen dados con cierto imperio, y cada cual los enfoca con su propia mirada y su peculiar apreciación de los elementos de juicio: eso es todo. Si en este régimen de periodismo alerta y sincero —que es el que siempre me ha amparado en el *Diario*— ocurre alguna discrepancia, será como esas posibles coincidencias de que habla la ritual leyenda de las películas: algo puramente fortuito.

Me permitiré recordar en pocas palabras lo que yo opiné en mi glosa de marras. Dije que no me costaba trabajo alguno admitir que en lo de Colombia hubieran puesto sus manos los comunistas, pues «son capaces de eso y mucho más, como lo demuestra su espléndida hoja de servicios en

60 Gastón Baquero: «Conjeturas sobre unas conjeturas de Mañach sobre Colombia», *Diario de la Marina*, 15 abril 1948, pág. 4.
61 «Conjeturas sobre Colombia», *Diario de la Marina*, 14 abril 1948, pág. 4.

Europa». Pero apunté —con mis razones para ello— que tal vez no estaban aún todos los elementos de juicio a la vista, y que los hasta ahora aducidos —«noticias transmitidas en momentos de intensa confusión»— no merecían todavía una aceptación definitiva. Por ejemplo, la víspera de escribir mi artículo asegurábame un compañero en la prensa, Scarpetta, haber visto un parte, no suficientemente desplegado en los periódicos, con la noticia de que el líder liberal asesinado, Eliécer Gaitán, había sido el abogado que sacara absuelto días antes al matador de un hermano de su victimario... Sugerí, además, que aun dando por cierta aquella intervención de los comunistas colombianos —cosa que ya no parece discutible—, pudiera no ser sino coeficiente episódico de un resentimiento mucho más difuso, que tiene en Colombia largas y hondas raíces.

Baquero no ignora, como no ignoro yo, ni el fondo inmediato de la tragedia bogotana (la lucha en el seno del Partido Liberal entre la vieja tendencia «santista» y la más popular que representaban Turbay y Gaitán) ni el trasfondo secular más ancho de la política colombiana: la lucha entre un conservatismo dogmático, oligárquico e inerte y una vocación populista que empezó a alimentarse del aire mismo de América desde mucho antes que hubiera Soviet en el mundo. Sospeché que sin ese doble fondo histórico, no hubiera sido tan viable el aprovechamiento tangencial y episódico que a los comunistas se les imputa.

Todo eso, en efecto, fue dicho dubitativa y conjeturalmente, porque no me parecía, ni me parece aún, a despecho de las declaraciones del presidente Ospina, de Marshall y del *New York Times* —inevitablemente matizadas todas de oportunismo político—, que tengamos aún datos suficientemente cabales como para lanzarnos a conclusiones espeluznantes.

Si esta prudencia o parsimonia en el juicio es un pecado, pecador soy. Dejemos ese aspecto de la cuestión ahí, que tal vez los días venideros lo despejarán un poco.

Esa prudencia mía en el juicio le da a Baquero ocasión para comentar muy halagadoramente mi «estilo de pensar». Muy halagadoramente, digo, aunque no lo comparta ni lo apruebe, antes lo caricaturice con más gracia que penetración. Pues ese estilo representa, en efecto, un tipo de actitud mental que me es grato, por algo más que razones de mero intelectualismo. Baquero halla su arquetipo en Erasmo, y ocurre que yo tengo por Erasmo una gran admiración. En la lucha de la Reforma, el gran humanista de Rotterdam se mantuvo fiel a la catolicidad, pero su crítica de ciertas excrecencias históricas de la Iglesia —crítica en que, por cierto, le precedieron muy buenas y muy ortodoxas cabezas medievales—, contribuyó enormemente a liberalizar el ambiente de Europa para una nueva etapa de la cultura y a despejarle la conciencia secular a la propia Iglesia, a tal extremo que sin las burlas y reservas de Erasmo, la Contrarreforma no hubiera tenido en el Concilio de Trento el acento de auto-revisión que tuvo, ni hubiera prendido en la nueva Escolástica de los españoles aquel criticismo, defensor de la dignidad humana, que inspiró la obra de los Vitoria, Suárez y Mariana. Es decir, de los que afirmaron que los indios no eran cosas, sino hombres.

¿Ve Baquero lo que quiero sugerir? Erasmo fue uno de esos intelectuales que saben mantener lo esencial de su lealtad, pero que no se cierran a la banda, no se niegan a la historia, no borran de un fosco plumazo los momentos en que la conciencia humana se crece, ávida de mejor destino. Fue de esos escritores que sienten el deber de contribuir a sanear el mundo cuando este se obstina en inercias acumuladoras de ominoso resentimiento, o se ciega de violencias que quieren hacer tabla rasa de toda nobleza. Así que ya supondrá Baquero lo grato que me resulta que él, tan sagaz crítico para todo lo que no reza con determinadas cuestiones, me sitúe, siquiera sea muy modestamente, en esa generosa estirpe.

Pero aún hay mucha tela por donde cortar, y como no me gusta extenderme demasiado, permítame, querido Baquero, dejar el resto para el domingo.

(*Diario de la Marina*, 17 abril 1948)

Las cosas claras

Mi artículo de ayer, escrito el jueves, llegó tarde a la redacción y se publicó con veinticuatro horas de retraso. La cosa no tendría importancia alguna si no fuera porque justamente el día en que resultó vacante mi espacio en esta plana, se publicaron en el *Diario* los partes en que se daba cuenta de algo que ya en mi artículo había yo dejado aludido: la versión según la cual el motivo inmediato de la tragedia bogotana, es decir, el asesinato de Eliécer Gaitán, se debió a una «venganza personal exclusivamente» —para emplear las propias palabras de un epígrafe menor en nuestra información. Como alguna noticia tenía yo ya de eso, vea el querido Baquero cómo mis «dubitaciones» respecto a la imputación exclusiva a los comunistas de lo sucedido en Colombia no carecía de fundamento.

Ahora bien: ¿cuál es mi actitud en el problema mayor que Baquero planteaba en su artículo, a saber, el problema comunista del mundo? Decía mi estimadísimo compañero que no estamos ya para «lujos» contemplativos ni para irisaciones críticas; que el momento es de ji o ja; que hay que decidirse: por la tolerancia al comunismo o por la lucha abierta y enérgica encaminada a extirparlo. ¿Cuál es, pues, mi actitud?

La de formular sin evasiones ni disimulos, por lo que pueda valer, que será muy poco. Como liberal que soy de toda la vida, aunque mal me esté el decirlo, yo no puedo, no podría, sin traicionarme a mí mismo, negarle a nadie el derecho a opinar como crea que debe opinar sobre las cosas públicas y a tratar de persuadir a los demás de que su opinión es justa. Ante la experiencia histórica de un mundo que tantas veces se ha equivocado en semejantes proscripciones, no veo cómo se puede justificar en conciencia —en conciencia de hombre y de escritor amante de la verdad antes que nada— el extirpar ninguna opinión, ni la organización de sus adeptos para sustentarla y defenderla con las solas fuerzas de la razón y de la palabra. Pero adviértase bien: con estas solas fuerzas. Cuando el comunismo —y quien dice el comunismo dice el anarquismo o el falangismo— pasa visiblemente de la exposición persuasiva a la acción agresiva, pierde su derecho a ampararse en un régimen de libertad y de razón, y el hombre de Estado democrático tiene no solo el derecho, sino el deber, de reprimirlo en toda la medida en que sea necesario para asegurar la vigencia de su régimen, que es el que la mayoría social ha querido darse a sí misma.

La cuestión de la actitud ante la acción comunista es, pues, un problema no teórico, sino de discernimiento político. Se trata de precisar exactamente cuándo la exposición persuasiva se convierte en acción agresiva. Mi record personal en ese aspecto está muy claro. No sé si Baquero —que era entonces un muchacho— sabrá que cuando fui Secretario de Instrucción Pública le di al comunismo una de las batallas más sonadas y enérgicas que ningún funcionario le haya dado en

Cuba. Mi justificación fue que el comunismo no se limitaba a predicar, sino que, mediante una acción agresiva de cierto tipo (huelgas, coacciones estudiantiles, ataques a profesores y funcionarios, actos escandalosos de propaganda), estaba subvirtiendo todo el orden interno de la docencia cubana. Y yo respondí a la acción agresiva con la acción defensiva del sistema democrático en el sector cuya tutela se me había confiado.

Que el comunismo ha llegado ya a darle en el mundo ese carácter de acción agresiva a su «militancia», es harto evidente, y que las democracias occidentales se hallan dispuestas a la acción defensiva, no lo es menos. A su lado, naturalmente, estaré yo. Por razones evidentes, Cuba no podrá ni deberá sustraerse a colaborar en esa acción cuando el momento llegue. Entre tanto, la política cubana hacia el comunismo no debe, a mi juicio, anticipar los acontecimientos, sino regirse exclusivamente por mediaciones domésticas. Y con el mismo criterio: reprimir al comunismo cuando ataque, y exactamente en la medida en que ataque, el orden constitucional, o los intereses que este orden ampara. Pues si vamos a condenar solo por ideas no genuinamente democráticas, a muchos otros elementos habría que fiscalizarles la conciencia y sujetarlos a anatema. Lo que no se puede es defender la libertad solo hacia la derecha, y no también hacia la izquierda.

Lo cual me trae al otro aspecto de la cuestión: el aspecto crítico ideológico. Baquero me habrá visto infinidad de veces, en estas y en otras páginas, condenar el comunismo no ya por su acción, sino por su teoría, que me parece filosófica, social y económicamente falsa. Falsa; pero no vana. Hay en ella una sustancia doctrinal y dialéctica considerable; ha contribuido a proyector y potenciar enérgicamente ante el mundo dos pensamientos fundamentalmente válidos: el condicionamiento económico de la historia (condicionamiento, no determinismo) y el criterio político de socialidad, es decir, de organización de la sociedad atendiendo, antes que nada, a los intereses comunes. Lo odioso del comunismo es que, para afirmar estas ideas justas, por un lado se entrega a la materialización de todos los valores, y por otro (so pretexto de polémica temporal) a la supresión de la libertad. Por ambas vías rebaja la dignidad individual y social a planos abyectos.

Pues bien: lo que yo creo es que el porvenir del mundo está en conciliar lo válido de la democracia individualista y lo válido de la democracia social. Está en concertar la libertad y la socialidad para los pueblos. Y creo que si los comunistas se están haciendo aborrecibles, entre otras cosas, por su reprobación brutal de la libertad, las democracias hace mucho tiempo que vienen perdiendo prestigio por su pánico excesivo, y muchas veces sórdido y maligno a la socialidad. Creo firmemente que si el comunismo ha avanzado tanto en el mundo contemporáneo, se debe muy mucho a que ciertas democracias —precisamente aquellas en que más ha medrado— velan esa resistencia con toda suerte maniobras y de hipocresías, si es que por el contrario no se degeneran a sí mismas con las más estúpidas demagogias. Por eso he escrito muchas veces que la democracia no logra defenderse eficazmente del comunismo porque tiene la conciencia sucia, social o políticamente sucia. En fin: lo que les reprocho a las falsas democracias es que cometan tantos crímenes en nombre de la libertad; y a los comunistas que los están cometiendo aún peores en nombre de la socialidad. Lo más grave —históricamente— que está haciendo el comunismo es que está comprometiendo y acaso frustrando para mucho tiempo el destino de la socialidad en el mundo.

Me parece que todo esto —que no se dice ahora por primera vez— está bastante claro; que no hay dubitación ni coquetería ni ambivalencias de ningún género en esto, como no sea que se le quiera llamar vaguedad al discernimiento, y coquetería a la crítica, que es separación de los grados de validez en las cosas complejas. No creo que mi deber como escritor sea pronunciarme tajantemente a costa de lo que me parezca sea la verdad —o lo más próximo a ella. No creo que por las reacciones cortas y circunstanciales deba nadie cegarse a la historia y a los requerimientos humanos que estime cardinales. No creo que por huirle a un dogma deba uno adscribirse a otro.

Soy, en fin, un impenitente liberal, y algún día verá mi querido Baquero que esta posición, aunque ya sea un poco vieja (como los vinos de buena solera) se afinca en una convicción filosófica: la de que ninguna verdad acerca de este mundo es inmutable —ni siquiera las verdades científicas, como se ha estado viendo en los últimos tiempos. Lo que llamamos verdad es solo la relación segura entre el hombre y las cosas, y estos son polos variables, sujetos a evolución. Ni un hombre definitivo conoce al mundo, ni un mundo definitivo se deja conocer del hombre. Uno y otro se condicionan recíprocamente. A eso se debe la dificultad —pero acaso también la inevitabilidad— del progreso humano.

(*Diario de la Marina*, 18 abril 1948)

Por entre las columnas

Bienvenido, Emilio Ballagas, a esta página del *Diario*. Sobre todo, trayendo usted, como trae, la gracia ática de un peristilo.[62] Por entre las columnas, como usted sabe, se veía la solidez austera del templo; pero eran los inter-columnios los que permitían descubrir la gracia del cielo inmediato de los hombres, el cielo índigo de Grecia, y la luz mudable del sol sobre los fustes les desvanecía juguetonamente todo aire de prisión. ¡Bienvenido siempre, Ballagas, pero sobre todo si nos trae esa gracia y paz!

Para no apartarle de ella, no contestaré el artículo con que usted tercia entre el diálogo entre Baquero y yo.[63] Lo leí muy atentamente; luego lo extravié, creo que con un poco de deliberación. Y ya apenas me acuerdo sino de que usted me llamaba a mí «cívico» y a Baquero «valiente», y que de usted mismo decía que antaño había sido «izquierdista», pero que ya no lo era. Aquellos son sutiles distingos de poeta, distingos de la fantasía, más que de la razón; y esto otro, una confesión de que usted sin duda blasona, pero que no dejará de tener, como todas las confesiones, algún trasfondo de melancolía.

Yo, si me permite, no he tenido que rectificar nada, porque nunca fui eso que llaman «izquierdista». Creo que nunca he dicho que lo fuera —lo único que alguna vez me he dejado decir es que no soy un «hombre de derecha», que no es lo mismo. Últimamente, en otras páginas, me describía a mí mismo situado como el corazón en el cuerpo: al centro, aunque un poco a la izquierda. De manera que estamos cerca,

---

62 Alude al título de la columna de Ballagas.
63 «Un huésped imprevisto», *Diario de la Marina*, 20 abril 1948, pág. 4.

porque usted es también hombre de corazón. Como lo es Baquero, que le descubría ha poco un «ángel» a Rafael Suárez Solís, izquierdista impenitente. El corazón es, realmente, lo único que importa. Lo demás son ideas, que cambian con los tiempos —al menos para este abominable relativista que soy yo.

Después de esta amistosa trifulca, lo que quiero es paz, no más polémica —al menos en la casa del *Diario*. Esta casa me es muy querida, y no estoy yo aquí para turbarla. Aparte otras razones, me lo impone mi veteranía. Creo que soy uno de los más viejos —digámoslo con prudencia: uno de los más antiguos de cuantos aquí escriben visiblemente. No importa que las vicisitudes de mi vida, los sacudimientos y tentaciones de la política, me apartaron por algunos años de esta casa: lo que cuenta es que empecé a escribir para el *Diario* el año 22, si mal no recuerdo. Hace más de un cuarto de siglo, por consiguiente. Entonces el Director era más «bebito» que nunca. Ni siquiera Urrutia me precedió, con todo y las canas que disimula. Creo que solo Paco Ichaso y Ramiro Guerra (hablo, y repito, de las «firmas» visibles), estaban ya aquí cuando me acogió Pepín.

Figúrese si eso me habrá dado tiempo para encariñarme con esta casa; para entenderle el alma al *Diario* y para respetarle sus miramientos, cualesquiera sean mis matices de herejía. Entré aquí cuando Don Joaquín N. Aramburo (que en gloria esté y que en mayor gloria cubana debía estar), recordaba a cada paso en su «Batiburrillo» que, a pesar de ser masón, Don Nicolás le había traído a sus columnas, y Pepín le retenía en ellas. Es que acaso aquellos Rivero pensaban con San Agustín, que lo repitió de San Pablo, según creo, aquello de que *oportet enim heresses esses* —«conviene que haya herejes». ¿Dónde sino en la carne de ellos se afilia la buena doctrina? Y, puestos al lujo de las citas triviales, ¿no cuadra también al periodismo aquello que los franceses dicen: «si estuviésemos todos de acuerdo no valdría la pena hablar»? No he querido decirlo en francés, conste, para que no le entren celos a la que Baquero dice es mi lengua «amada», la del Norte.

Pero cuando se trata de mis propios pensamientos, la única lengua que me place es la de la sinceridad. El mundo, Ballagas, usted lo sabe, está hoy más lleno que nunca de impostura y de cobardía. Acierta usted, a pesar de aquel excesivo distingo que dije, en eso de reconocernos a Baquero y a mí el ser «valiente» el uno y «cívico» el otro. ¿Por qué no admitirlo? Los dos somos denodadamente fieles a nuestras respectivas convicciones. Y creo que para ambos modos de pensar hay lugar y deber en el mundo. Cuando oigo decir por ahí que Baquero —a quien todos reconocen su gran talento de escritor— es esto y lo otro, y decirlo con un acento como de proscripción, suelo preguntar —a poco que se trate de gente con pretensiones civilizadas— si querrían un mundo en que no hubiese un Maurras, un Claudel, un Mauriac. Lo terrible es que a veces dicen que sí.

Pero eso es repugnante. Porque sin esos grandes espíritus de derecha, sin los otros que usted cita y que caen todavía más sobre el punto del corazón, los León Bloy y los Peguy, el mundo se hubiera desbocado ya hace tiempo hacia el pavoroso simplismo de las izquierdas absolutas, para las cuales ya el corazón no se estila.

Lo bueno que tenemos los liberales de espíritu es que nuestro liberalismo funciona de un lado y de otro, y mientras así opera y prodiga sus respetos, les da tiempo a los hombres para averiguar por dónde cae la verdad —que generalmente no cae ni a la derecha extrema ni a la extrema izquierda.

A eso lo llama usted un punto «neutro». No vamos a discutir. Pero yo opino que eso no es neutralidad en el sentido de parálisis que usted le da a la palabra, sino, por el contrario, dinamicidad. Parece que los hombres de ciencia se hallan de acuerdo en que todos los procesos están hechos de esos puntos «neutros» a través de los cuales las energías se conservan y renuevan a la vez. En la historia al menos, no hay puntos neutros, sino una serie infinita de puntos de enlace, de tradición e innovación, de pasado que se mete dentro del futuro para contenerlo y ensancharlo, a la vez que se deja superar por él.

Así pensaba Hegel, recuerde usted, con su esquema famoso de tesis, antítesis, síntesis. Dirá usted que de eso se aprovecharon los comunistas. Es verdad; pero falsificándolo. Porque Hegel encontraba en eso la trama misma del Espíritu; y los comunistas, so pretexto de poner a Hegel sobre los pies, hicieron de su esquema una mera fórmula de entrega a las fuerzas materiales.

En fin, basta de filosofías. Lo único que yo quería, era darle la bienvenida a usted, caro poeta, la bienvenida, y decirle cuánta luz y alegría y gracia nos prometemos todos de su peristilo. No nos defraude.

(*Diario de la Marina*, 22 abril 1948)

Necesidades del oficio

Es vieja consigna de nuestro oficio que el periodista «no se queda callado» cuando alguien del gremio, con autoridad suficiente y hasta sin ella, le sale al encuentro. Según ese prurito, yo debía de contestar muy por lo amplio y por lo firme el artículo titulado «La ética de Mañach» con que el colega «Luz» me obsequió hace unos días, a propósito de mi glosa «La autoridad y el escándalo»,[64] en que comenté la infortunada designación del señor Inocente Álvarez para un cargo diplomático de mucho viso internacional.

Pero no sé, la verdad, si valdrá la pena. Desde el punto de vista del interés público, dije ya lo que me pareció oportuno, pertinente y útil decir; y dicho queda, sin que tenga yo mayor interés en insistir en ello. Si «Luz» no está de acuerdo con mis opiniones, otras porciones de la conciencia cubana lo están, y vaya lo uno por lo otro. La contabilidad del caso no me resulta desfavorable.

¿Qué otro interés podía haber en contestar al articulista desconocido del órgano auténtico? No, ciertamente, el de una posible persuasión. Es sabido que en las polémicas nadie convence a nadie. A una cosa se contesta con otra enteramente distinta. «Luz» ha estado demasiado tiempo defendiendo el Galimatías para que llegáramos a entendernos. Persistiría incansablemente. De la discusión no saldría la luz, y «Luz» no saldría de la discusión.

¿Defenderme yo de la pequeña caricatura, de la pequeña malicia, de las pequeñas oblicuidades en que el artículo del colega se afana? Tampoco vale la pena. Aquí todos nos conocemos —nos conocemos la índole personal y la historia de

---

[64] «La autoridad y el escándalo», *Diario de la Marina*, 20 octubre 1948, pág. 4.

cada cual. Valdrá perennemente aquella consigna lapidaria de Martí: «Si mi vida me defiende, nada puedo alegar que me ampare más que ella. Y si mi vida me acusa, nada podré decir que la abone. Defiéndame mi vida».

A algunos, efectivamente, la vida no basta a defenderlos. Otros necesitan de la protección de la letra de molde. Ella los hace, los rehace, los redime, los exonera, los consagra… pero siempre en el papel. Y mientras el pobre papel público puja sus tristes loas, los hechos, los terribles hechos siguen contando inexorablemente; y la opinión pública juzga, y los gobiernos se salvan o se condenan, tienen autoridad o no la tienen, por obra de ese juicio público.

Si «Luz» hubiera sido un poco más fiel a su título, un poquito más perspicaz, se hubiera percatado de que mi artículo no estaba animado por el deseo de cavar fosas. No me gusta el oficio de enterrador, y además, como dejo sugerido, son los hombres mismos los que a sí propios se salvan o se entierran. Mi artículo se enderezaba a ayudar al Gobierno en el deseo que parece tener de ir cobrando autoridad ante el país, y a recordarle que la autoridad se alimenta de decisiones moralmente limpias y políticamente hábiles, y que muchas veces no es habilidad lo que a primera vista lo parece. El comercio internacional cubano y cuantas cosas más de ese tipo que se imagina «Luz», pudieran quedar muy bien servidos con el nombramiento de marras; pero yo no quiero pensar lo que sufriría el prestigio cubano, y las cosas que se resolverían, si en algún trance polémico inevitable el camarada Vishinsky, por ejemplo, que gusta de escarbar en la historia antigua, la emprendiese con un delegado de Cuba que no tuviese algo más que las credenciales en orden. Se vería entonces que la cosa no había sido tan hábil.

La defensa que el colega intenta es de las defensas que matan. Se apoya toda ella en la tesis de que no hay que ser tan «catón», tan «agrio», tan «intolerante» para juzgar las cosas como lo soy yo. No se pretende, como sería lo lógico, demostrar que Inocente Álvarez es, como dicen los americanos, *the right man in the right place*. Lo que se hace es emprenderla conmigo porque no soy más flexible, más «humano», más olvidador, en una palabra, más acomodaticio. Falta la loa del hombre; pero no el argumento *ad hominem* —y en su forma peor, que es la forma sin argumentos.

Da pena que escriba en el órgano de un partido «revolucionario», de un partido que venía a rehacer las costumbres públicas cubanas. Da pena que sirva también a semejantes criterios de flexibilidad humana, demasiado humana, un articulista a quien no conozco, pero a través de cuyos miramientos y deferencias se cree descubrir, en el propio artículo, un hombre de cierta sensibilidad para otros valores. ¿No llega a decir que ha «opinado siempre que Mañach, como Santovenia, como Ichaso, como otros hombres de valía intelectual, deben ser llevados a posiciones permanentes, para que el vaivén político no influya en su labor periodística, en sus opiniones y en sus actitudes públicas»?

Por mi parte, le agradezco sinceramente esa generosa disposición, pero le confieso que no aspiro a semejante esclavitud. Voy a pagarle el buen sentimiento con una franqueza de las que hoy suelen tacharse de ingenuas. Yo también he pasado por situaciones políticas de gobierno en que he visto la inmundicia muy cerca de mí, un sentimiento, acaso equivocado, de disciplina, de que debía atemperarme a lo episódico para ayudar a un noble fin mayor, me obligó a sofocar muchas protestas íntimas. Pero secretamente me refocilaba entonces de que hubiera en Cuba periodistas libres —libres de la disciplina terrible de partido— que decían lo que había de decir. ¿Cree el compañero que añoro aquella esclavitud de la conciencia? Ahora estoy feliz como estoy.

Y no me aproveche el argumento. No se sirva ningún «fin mayor» con la decisión que ha motivado nuestra contienda. No surge de ninguna situación de fuerza histórica, sino más bien de la pura condescendencia. No responde a la tremenda «razón de Estado», que a veces legítimamente se impone a la conciencia individual; surge de la mera compadrería. Por el bien del propio Gobierno, déjeme «Luz», pues, dejar dicho lo que dije. Y no me insista.

(*Diario de la Marina*, 24 octubre 1948)

Avispas en la ventana

Yendo una vez en automóvil con algunos amigos, vi entrar una avispa por la ventanilla. Se posó en el respaldo del asiento delantero, encorvando ominosamente el cuerpecillo estriado, desarticulando la cabeza, angulando las patitas como garfios, plegando y batiendo alternadamente las alas… Fuera de observarla con curiosidad, no le hice mayor caso. Pensé que se iría por donde había entrado. Pero súbitamente levantó el vuelo con hosca decisión, rondó tenaz y ferozmente la cara de quien nos conducía; lo sobresaltó, y acabó picándole. El vehículo hizo unas cuantas eses peligrosas en el camino. Hubo que detenerlo y matar la avispa.

Así, de cuando en cuando, le ocurre a uno en este camino del periodismo. Hoy tengo yo por lo menos que espantarme no una, sino dos avispas. Es un fastidio, habiendo tantas cosas más importantes y constructivas de que hablar; pero no hay más remedio.

***

Vengamos al primer caso.

Anda circulando por ahí un folleto mendaz que me quiere poner a mal con mis compatriotas negros.[65] No hace falta decir su título ni mentar siquiera a su autor. Aunque me dicen que es comunista más o menos ortodoxo, lo cual deja presumir que es implacable en el encono e irremediable en la diatriba y en el error, todavía abrigo la esperanza de que un día se convenza de la injusticia que me hace y se arrepienta de

---

[65] Ángel César Pinto Albiol: *Jorge Mañach y el problema negro*, Editorial Nuevos Rumbos, La Habana, 1949.

este peregrino modo que tiene de ganarle amigos a su raza o de conservar —como es mi caso— los que ya tiene.

Habrá que hacer un poco de historia. Hace muy cerca de un año, un joven cubano de color me escribió una carta, muy conmovedora y deferente, hablándome de las discriminaciones que en Cuba padece el negro y pidiéndome que yo tratara el problema en estas páginas.

Demasiado sabía yo a qué riesgos se me invitaba. Rara vez ha sido posible tocar este asunto en Cuba a plena luz y sinceridad. Es de los que se consideran «delicados», y, como tales, intangibles. Está envuelto en una nube de reticencias, de hipocresías, de lisonjas, de prevenciones. Si alguna vez se saca a la luz pública, es muy oblicuamente, o con el ademán resentido y envenenador del racismo —el racismo blanco o el racismo negro. Pero ignorar un problema no es decente ni saludable. Nada encona tanto las heridas de la injusticia como el silencio ante ellas. Y por lo que se refiere al «problema negro», el vacío tiene aun más importancia que la puramente moral. Así como ese problema gravitó sobre todo el pasado cubano, se cierne aún sobre su futuro, pues no podrá haber en Cuba una nación verdadera —lo que se dice una nación, y no una mera «nacionalidad»— mientras no exista en nuestro pueblo, en todo nuestro pueblo, un sentimiento diáfano y profundo de solidaridad. Las tensiones particularistas internas, ya sean de clase o de raza, conspiran contra ese sentimiento, particularmente aquellas que se asocian a falsas ideas de irremediabilidad. Habría, pues, que disolver ese problema a chorros de luz. Pero de luz verdadera, no de suspicacias.

Como desde hace tiempo pienso así, hay ya bastantes años que me aventuré por primera vez a tratar el problema racial. Fue en 1931 y en un largo diálogo cordial con el escritor negro Gustavo E. Urrutia, en las páginas del *Diario de la Marina*. Mi contribución a ese diálogo lo recogí después en mi libro *Pasado Vigente* (1939).[66] El dato bibliográfico no tiene mayor importancia, pero insisto en recordarlo para que se vea que no estoy improvisando ahora ni mi actitud ni mis ideas, valgan ellas lo que valieren. Y lo que sí puedo decir es que parecieron lo suficientemente nobles y lúcidas para que un escritor negro del Brasil, Ascasio Franca, las tradujera al portugués y las publicara en su patria, como un ejemplo claro y limpio sobre las relaciones interraciales.

La actitud que digo es de sinceridad, de objetividad, de elevación por encima de todo halago. No he lisonjeado al blanco, pero tampoco al negro. Entre unos y otros hemos hecho hasta ahora una república que tiene muy poco de ejemplar, y creo que cada cual debe cargar con sus responsabilidades y aceptar que se le digan en cubano. No se entra, pues, en un problema como este para enturbiarlo con zalamerías y concesiones oligárquicas o demagógicas, sino para examinarlo con independencia, con limpieza y con toda la claridad que a uno le sea dada.

En cuanto a las ideas, jamás he negado la existencia de la discriminación, ni atenuado la responsabilidad blanca de la esclavitud, que nos legó ese baldón. Lo que sí he procurado siempre es vaciar las presunciones del blanco mostrando lo que tienen de irracionales, y atenuar los resentimientos del negro explicando aquellas presunciones de manera que no se viese en ellas una deliberación maligna, una voluntad de humillar, sino un mecanismo psicológico que se ha de ir desmontando con el tiempo. No quiere eso decir que hayamos de cruzarnos de brazos ante el problema; pero sí me

---

66 «El problema negro», *Pasado Vigente*, Editorial Trópico, La Habana, 1939.

han parecido siempre más recomendables los procedimientos indirectos por entender que los otros —los aritméticos y mecánicos, sobre los cuales debatí con García Agüero en la Constituyente— más bien contribuirían a agravar el problema que a encauzarlo hacia estados armoniosos y genuinos de justicia.

En esa actitud y con tales criterios le contesté hace un año en *Bohemia* al joven que «respetuosamente», como decía, me escribió.[67] Sustenté opiniones que habrán podido ser acertadas o erradas; pero que muy evidentemente estaban inspiradas en un férvido anhelo de cohesión y de cordialidad cubanas y de humana justicia. Tuve que embarcarme para los Estados Unidos, para profesar un curso de verano, antes de que se acabaran de publicar aquellos artículos. Allá me llegaron varias cartas comentándolos. Tres de ellas eran particularmente elocuentes: una era de un negro, que protestaba de algunas de mis opiniones, aunque terminaba pidiéndome que no le juzgara mi enemigo; otra carta fue de un blanco, que anónimamente me llamaba demagogo, «guataca del negro» y otras cosas peores; y una tercera procedía de un distinguido escritor oriental —mestizo él— que me decía su aprobación esencial y me instaba a que siguiera batallando en igual sentido. Ya se ve lo «parciales» que debieron ser mis artículos cuando determinaron tan varias reacciones.

Conservo esas cartas, y están a la disposición de quien quiera examinarlas. De la tercera, a que acabo de referirme (y no veo inconveniente en que diga que era de Héctor Poveda), quisiera extraer lo más importante al caso. He aquí cómo interpretó mis artículos un hombre inteligente y, ade-

---

[67] «Sobre la discriminación racial», 27 junio 1948, págs. 45, 72-73; «La barquilla de la Caridad del Cobre», 4 julio 1948, pág. 24, ambos publicados en *Bohemia*.

más, libre de cerrazones sectarias. Refiriéndose a mis dos primeros artículos, que eran precisamente los más severos de enjuiciamiento para blancos y negros, me dice:

«Yo he deducido por mi cuenta, de sus dos trabajos, las siguientes conclusiones, aun a riesgo de interpretar torpemente:

«1ª) Quien desee replantear el problema racial cubano, en busca de soluciones correctas, tiene que tomar, como puntos de partida, el 'hecho histórico' o esclavitud, y el hecho real o discriminación, sin extraviarse estérilmente en alegatos contra culpables demasiado difuntos ya.

«2ª) Quien aspire a soluciones de mejoramiento en la convivencia social, ha de procurar, desde el lado blanco y el lado negro, que sean superadas las 'condiciones objetivas' que inferiorizan de hecho al negro.

«3ª) En las luchas del hombre negro para vencer la resistencia del blanco no todo depende de lo que le conceda el hombre blanco; sino también, en mayor parte, del esfuerzo y aptitud del negro para asimilar las condiciones de 'vida civilizada' del blanco.

«4ª) La conquista del nivel humano común, no ha de lograrse a costa de la simple aparición de 'negros señeros' individualmente superiores. Ha de ser obra del 'negro colectivo'; obra social, de conjunto, que pueda ser panorámicamente apreciada en cuanto a civilidad de masa, comportamiento, estilo, costumbres.

«Si he interpretado bien sus palabras —resumía Poveda— estamos de acuerdo».

Claro que esos párrafos de Poveda son esquemáticos, y solo dan, en seco, por así decir, lo más sustantivo de aquellas reflexiones mías; pero bastan para que se pueda apreciar el espíritu constructivo con que eché aquel cuarto a espadas.

Pues bien: eso es lo que el autor del folleto a que vengo refiriéndome llama, entre otras lindezas, un «grosero y malintencionado ataque a la sociedad negra cubana». ¡Qué se le va a hacer! No hay modo de luchar contra el calibre de las entendederas.

En ausencia mía, se bombardeó a *Bohemia* con artículos diversos de réplica. Ignoro las razones que tendría el Director de esta revista para no publicarlos: tal vez una deferencia por el hecho de hallarme yo ausente; acaso, lo que me parece más probable, que no deseó enturbiar estas páginas, ni enturbiar el ambiente cubano con cierto género de apasionamientos. En cambio, otra revista de esta capital (redactada, según tengo entendido, por personas de color) publicó los artículos que ahora se ven recogidos en el folleto que me difama.

No tuviera yo más trabajo en este mundo que tomar esos artículos y desmenuzarlos para poner en evidencia, aparte de sus pintorescos devaneos «filosóficos», las falsas imputaciones, las mutiladas citas, los especiosos argumentos, los incompletos datos y las malignas interpretaciones de que están cundidos por lo que a mí respecta, o las aseveraciones de subido tono racista (ellas sí, y con menosprecio de próceres venerandos) que esas páginas contienen. Ya se comprenderá que si no lo hago, no es ni por inseguridad en mi posición ni por esquivez ante la polémica. Lo primero, porque procuro siempre pensar las cosas antes de decirlas, para no tener nunca que arrepentirme de haberlas dicho; y lo segundo, porque he polemizado ya mucho y muy duro en mis veintitantos años de periodismo: soy viejo corcel de guerra.

Pero la polémica, para que sea útil, requiere una base de buena voluntad, de inteligencia, de respeto al prójimo que sabe respetar, de amor a la justicia cabal y a la verdad. Cuando no es eso, es solo gresca y diatriba. Y este tema es de aquellos en que no podemos permitirnos el triste lujo de irnos a las greñas, pues nada menos que el alma cubana anda de por medio. Si traigo hoy el asunto a estas columnas, muy a mi pesar, es para dejar constancia de que rechazo vehementemente, por falsa y mal intencionada, la versión que de mi pensamiento ha hecho la pluma a que aludo. Mis innúmeros amigos de color, que saben cómo pienso, no necesitan de este mentís; pero no estará de más para aquellos otros cubanos inadvertidos en cuyas manos caiga la diatriba del impenitente marxista.

Nada más, y a otra cosa.

***

Allá en Santiago de Cuba —en el querido Santiago, tan criollamente cordial— hay un señor avinagrado que escribe en un periódico local. Creo que nació por aquella tierra. Es blanco. Lleva, a su manera, un nombre ilustre en nuestra historia, el nombre de un prócer ya muerto, que alguna vez, por cierto, me honró con su hospitalidad y me edificó con sus evocaciones de los días grandes de Cuba. Con el hijo no recuerdo haber cruzado nunca la palabra, aunque sí algún lejano saludo, muy cortés de mi parte y oblicuo de la suya. Tal vez es cierto lo que me dice mucha gente: que está medio chiflado. Suele ocurrir con los hijos de los grandes hombres.

En todo caso, si no está loco, escribe enajenadamente: en la forma y en el fondo. Parece que yo soy su obsesión, su *bête noire*, como aprendería él a decir en sus días de París. Pues este señor pasó allá por universidades y disciplinas severas, aunque hasta ahora no se vea mucho qué sustancia dejaron en él... Pues bien, como digo, no pierde oportunidad de zaherirme, de describirme con las más gratuitas deformaciones, de atribuirme las ideas y actitudes más inverosímiles. ¿Qué favor le habré hecho yo a este señor para estorbarle tanto?

Hace poco, por ejemplo, afirmaba tranquilamente que la Sociedad de Amigos de la República, que fundé y que mal de mi grado presido, es «una punta de lanza del imperialismo americano». Ya lo saben ustedes: la Sociedad que contribuyen a regir hombres como el General Loynaz del Castillo, el General Manuel Piedra, el doctor Cosme de la Torriente, etc., hombres todos muy blasonados de manigua mambisa —esa Sociedad... ¡es una empresa de solapado entreguismo!

No pierde tampoco oportunidad de recordar que yo llamé «mulato» a Maceo. El que también lo llamara «glorioso», «Áyax de ébano» y otras cosas parecidas en mi biografía de Martí —eso no lo dice. Siguiendo la mala insinuación de algún escritor oriental hace años, quiere ver en mi adjetivo de matiz literario un improperio, a pesar de aquello que el Apóstol dijo sobre que no había ofensa en decir «negro» como no la había en decir blanco. Tampoco el señor de marras hace memoria del «Maceo: cubano integral», que publiqué alguna vez en estas páginas de *Bohemia* y sobre el cual me escribieron muchos negros cartas de aplauso generoso. Esta laya de denostadores se cuida mucho de divulgar lo que se presta al equívoco, y de ocultar cuidadosamente lo que sirve para disiparlo. ¡Y se tildan veraces! ¡Científicos!

Hace tiempo que vengo aguantando ese chaparrón de majaderías, que no solo se divulgan desde un periódico popular de Santiago, sino que el autor de ellas tiene, además, la noble preocupación de recortar y mandar por correo a mis amigos, a *Bohemia*, a la Universidad... Sí; hace tiempo que lo vengo aguantando con menos desprecio que piedad... Pero, caramba, ¡hasta *substine et abstine* de los estoicos tenía un límite!... Así es que los lectores me han de perdonar el desahogo.

Como es natural, el megacefálico señor a quien vengo aludiendo no ha dejado ahora de aprovechar la oportunidad que para zaherirme le brindaba el folleto a que antes me he referido. Tal vez se acordara del cuentecillo aquel del chicuelo que, habiendo sido una vez reprimido por un policía, cuando estuvo a prudente distancia le gritó: «¡Ay de ti el día que te coja en una manifestación!».

Solo que yo nunca he reprimido a este lanzador de piedras, ni estoy en ninguna manifestación. Él sí está tratando de armármela en Santiago de Cuba, particularmente entre los orientales de color. Afortunadamente, allí me conocen. Allá he hablado en «Luz de Oriente», la sociedad mestiza, y en el Club Aponte, la no menos prestigiosa sociedad negra. Precisamente me llegó hace poco —por bondadoso y espontáneo envío del excelente taquígrafo señor Pedro H. Troche— la versión exacta, o casi exacta, de una larga conferencia que sobre «Aponte y la situación del negro cubano» hube de pronunciar hace siete años en la segunda de las sociedades mencionadas. Expuse en aquella conferencia mis ideas sobre el problema del negro en Cuba. Con necesaria inmodestia diré que, al final del texto taquigráfico, se halla esta palabra del taquígrafo: «Ovación»... Hubiera podido trasladar fragmentos de esa conferencia a estas páginas, para que vieran los dos denostadores a quienes hoy me refiero lo «racista» que soy.

Pero no. Hay ciertas imputaciones de las cuales es humillante hasta el defenderse. Después de todo, siempre habrá en el camino avispas que se metan por la ventana.

(*Bohemia*, 27 marzo 1949)

La tolerancia y sus límites

El «Diálogo del cinismo y la iracundia»[68] que estas glosas acogieron el pasado viernes, me ha valido algunas felicitaciones explícitas y una tanda de insultos en un periódico de la tarde, buen servidor del amo que bien le paga.

Se comprenderá que haya recibido los plácemes con melancolía, a pesar de su honrosa procedencia. No quisiera uno cosechar palmas por decir cosas que a todos los cubanos de vergüenza (que somos los más) nos sacan el rubor a las mejillas. Además, ciertas formas drásticas de severidad resultan particularmente ingratas cuando se tiene el espíritu formado en escuela de tolerancia.

Pero, ahí está la cosa: ¿hasta dónde se debe tolerar? Este es tal vez el mayor problema moral —y por consiguiente social— que Cuba tiene planteado desde hace bastante tiempo. Valdría mucho la pena que algún día se le examinara con el cuidado con que hay que examinar las cosas nobles que han proliferado en vicio. Pues la tolerancia puede a veces ser, como dicen que es el cáncer, una célula sana a la que le da por crecer en demasía y acabar con todo el organismo.

Se sabe que los hombres no somos perfectos; más aún: que la mayor parte de los hombres, por no decir todos, somos, en el mejor de los casos, tristes imitaciones de lo que quisiéramos y aun de lo que pudiéramos ser. Tenemos que ser indulgentes para con las mutilaciones ajenas, si queremos que los demás lo sean con las nuestras. Allí donde todos nos dijéramos los unos a los otros toda la verdad, el clima social se haría poco menos que irrespirable. Aparte de esta consideración de caridad en cierto modo egoísta, ya sabemos de aquella otra

---

68 «Diálogo del cinismo y la iracundia», *Diario de la Marina*, 10 junio 1949, pág. 4.

noble situación a la tolerancia nacida del saludable respeto que todos debemos tener a la opinión ajena.

Pero ambas modalidades, la primera sobre todo, tienen sus límites. En el mejor de los casos, la tolerancia es solo una virtud accesoria, no sustantiva. Lubricante social, un poco de ella sirve para que no rechine esta máquina de la convivencia en que los hombres por necesidad han de articularse; pero un exceso de grasa haría resbaladizo todos los engranajes, inseguras todas las presiones y trasmisiones y acabaría por despeñar la maquina social.

Pues bien: en Cuba, desde hace mucho tiempo, estamos chorreando grasa. Chorreando, hasta pringar la vía, la grasa del silencio cómplice, del disimulo culpable, del compañerismo mentiroso, de la opinión vendida. Por un lado han hecho quebrar la cortesía, sí; pero antes cayó en bancarrota aquel grado de veracidad que resulta indispensable para que una sociedad no se pudra. Es más: yo creo que hay una relación entre ambas crisis. Creo que si se ha llegado a tales extremos de vociferación, de insolencia (hablo de la sanamente inspirada), es como una reacción contra esa densidad oleaginosa del disimulo ambiente.

Precisemos. Hay toda una vasta zona de la conducta humana respecto de la cual podemos y debemos ser tolerantes; pero hay también ciertos núcleos de conciencia y de comportamiento social respecto de los cuales no se puede ser indulgente sin colaborar a una especie de suicidio colectivo. Seré aún más concreto. Haciéndoles violencia a todos nuestros purismos éticos, en gracia a las imperfecciones humanas y a los retrasos históricos, se puede llegar a hacer la vista gorda sobre el hecho de que un gobernante no resulte un santo en el ejercicio del poder. Sobre todo, se le puede disimular eso a quien supo, por otra parte, darle a su pueblo mucho desvelo y servicio. Pero lo intolerable es que un pueblo se deje engrasar de lisonjas, complicidades, mentiras y sobornos hasta el extremo de consentir en silencio que un hombre público no tenga más que exhibir que una inmensa fortuna robada a las arcas públicas. Y si, para bochorno de un pueblo, tales cosas ocurren y el despojo se queda sin sanción, ya no hay tolerancia que pueda disculpar el espectáculo de ver a ese hombre en plano de apoteosis política.

    A esta falta de tolerancia —que es como la que tienen ciertos estómagos normales para las cosas demasiado fétidas— ese periodicucho de la tarde a que antes aludí lo llama «catonismo». Y fiel a la voz del amo que bien le paga, me castiga mi intolerancia con los más burdos insultos. El *Diario de la Marina* no es lugar para contestarle. Quiero hacerlo donde sienta más el fuetazo —en páginas más francas para la polémica de cauterio que ese lacayismo paquidérmico requiere. Y no me digan mis amigos, como ya me lo han dicho muchos, que ciertas cosas se contestan con el desprecio. No: ya no nos podemos permitir ni ese lujo siquiera. Se va haciendo indispensable bajar al arroyo para barrer mejor esta inmundicia: la tolerancia tiene límites.

(*Diario de la Marina*, 12 junio 1949)

El arcano de cierta poesía nueva
Carta abierta a José Lezama Lima[69]

Poeta: A mi regreso a La Habana hace unos días, hallé sobre mi mesa, cargada de los recuerdos de la ausencia, un ejemplar de su último libro, titulado *La Fijeza*. También encuentro el «regalo cordial» que Cintio Vitier me hace de su obra más reciente, *El hogar y el olvido*, publicada igual en esas bellas ediciones de la revista *Orígenes*, que usted viene dirigiendo desde hace algunos años con heroísmo y prestigio sumos.

Primorosos volúmenes ambos, sobre todo el de usted, con esa cubierta citrón (le gustará a usted que no diga el color en castellano, para que el adjetivo no se domestique demasiado) que lleva el nombre de usted en modestas letras blancas, como una cicatriz antigua o un vago rubro estelar: con una viñeta en sepia de Portocarrero donde se conjugan una lámpara, una oreja y algo que parece un caracol de tripa mágica; y, dominando ese tranquilo misterio de la portada, el título austero de sus versos, *La Fijeza*, como una negra pupila escrutadora.

Al mismo tiempo que el de Vitier he abierto y leído no poco de este libro suyo, al cual particularmente quiero referirme; y todo ello con mucho agradecimiento por el bondadoso recuerdo de ustedes, y con vehemente y ávida expectación. La dedicatoria de su libro me ha movido a escribir esta

---

69 Lezama Lima respondió al artículo de Mañach en «Respuesta y nuevos interrogantes: Carta abierta a Jorge Mañach», *Bohemia*, 2 octubre 1949, pág. 77. Además de Lezama Lima y de Cintio Vitier, en la polémica intervinieron Luis Ortega, «Una generación que se rinde», *Prensa Libre*, 2 octubre 1949, y «Coquetería intelectual», *Prensa Libre*, 30 octubre 1949; y Manuel Millor Díaz, «Sobre el diálogo Lezama-Mañach», *Prensa Libre*, 20 octubre 1949.

carta, cuya consideración de «abierta» le ruego me excuse si, por desventura no piensa usted, como lo pienso yo, que también en las cuestiones de arte nos está haciendo falta desde hace tiempo un poco más de oreo y franqueza. Esa deferente dedicatoria suya dice: «Para el Dr. Jorge Mañach, a quien *Orígenes* quisiera ver más cerca de su trabajo poético —con la admiración de J. Lezama Lima. Agosto 1949».

Obviamente, la generosidad de esa inscripción, que tanto avalora para mí su regalo literario, envuelve, sin embargo, un reproche. Usted no me siente lo bastante cerca de la obra poética que *Orígenes* viene haciendo y de la cual es usted, notoriamente, máximo inspirador. Y como me estima usted lo bastante para deplorarlo y mandarme reiteradamente sus libros —ninguno de los cuales he dejado de leer—, lo menos que puedo hacer yo es descargar mi conciencia ante usted y los demás escritores de *Orígenes* que, en distintas ocasiones y por más o menos directos, me han hecho patente la misma actitud a la vez de estimación y de reserva.

Lo primero que yo quisiera decirle, Lezama Lima, es que escribo esta carta con el más alto respeto y la más genuina modestia. No ha de ver en ella usted ni nadie especie alguna de desestimación o de altivez crítica —ningún desconocimiento del magnífico ejemplo de devoción, de fecundidad y de austeridad que ustedes están dando en su ya abundante obra, ni mucho menos pretensión alguna de leerles la cartilla literaria. Están ustedes demasiado crecidos ya para eso. Le escribo precisamente para ver si puedo lograr que ustedes no interpreten como falta de estimación lo que más bien es una falta de... adhesión, o si se quiere, de comunidad en el modo de querer y preferir la obra poética. Y para que todo esto se comprenda mejor, haré un poco de historia.

Hacia 1925 —la fecha que se va haciendo convencional para señalar la generación literaria a que pertenezco— empezamos a liquidar en Cuba, como usted sabe, una rutina literaria en que los residuos del modernismo, ya en su mayor parte muy raídos, llenaban un lamentable vacío de poesía y de prosa significativas, pero se avenían bastante con la efusión provinciana y oratoria que por las letras cundía. En el momento mismo en que Cuba se hallaba más madura para afirmar su personalidad artística, había quedado relegada a comarca segundona en el mapa literario hispanoamericano. No había gusto fino, empuje creador, sutileza de pensamiento ni de emoción. Rezagados respecto de los mejores ejemplos europeos y americanos, todo nos sabía aún demasiado a fórmula agotada y a provincianismo, a improvisación y a poco más o menos. En el mejor de los casos, era aquella «almohada donde ya se ha dormido», que decía desde España Eugenio D'Ors.

Entonces se produjo, bajo las consignas criticas primero del «Minorismo» y después, más explícitamente, de la *Revista de Avance* que Ichaso, Lizaso, Marinello y yo dirigimos, la campaña que se llamó del «vanguardismo». De lo que se trataba era de barrer con toda aquella literatura trasudada y de estimular una producción fresca, viva, audazmente creadora, capaz de ponerse al paso con las mejores letras jóvenes de entonces. Fue una revolución —el preludio en el orden de la sensibilidad intelectual y estética de la revolución política y social que quiso venir después. Y como toda revolución, tuvo que incurrir en exageraciones e injusticias. Le negamos la sal y el agua a todo bicho viviente que no compartiera nuestro credo, y el credo mismo tuvo a veces mucho de desaforado. Exaltamos lo que por entonces el sagacísimo Mariátegui se atrevió a llamar «el disparate lírico», adoramos la «asepsia» y el pudor antisentimental, hasta el extremo da darle cabida a aquella escandalosa «Oda al bidet» de Giménez Caballero; le abrimos la puerta del sótano a toda la microbiología freudiana, pusimos por las nubes —adonde ella ya de por sí se encaramaba— la metáfora loca, la imagen de tres o cuatro estratos simbólicos, los adjetivos encabritados, las alusiones a todas la frenética de nuestro tiempo, los versos sin ritmo y sin rima. Tomamos muy por lo serio aquello de Huidobro de que el poeta crea un poema —«como la naturaleza crea un árbol»—, y echamos enteramente por la borda todo lo que fuese arte representativo. Participamos del rescate de Góngora, beatificamos al Conde de Lautréamont, y a Baudelaire y a Mallarmé y a Apollinaire. Hicimos la estética de lo feo y de lo intangible. A propósito de Mariano Brull y de otros aun menos comunicativos, hice yo la apología del arte como expresión pura, del sentido poético como mera irradiación mágica de imágenes y vocablos. Mucha gente sensata nos insultó, y nosotros los insultamos de lo lindo a nuestra vez.

Y ya ve usted, pues, mi querido Lezama, que yo tengo mis antecedentes penales y que estoy un poco curado de espanto en eso de la poesía sibilina. Pero voy a confesarle un secreto, del cual ya me he descargado algo en otras ocasiones: no siempre pude yo entonces asimilar todas las insolencias estéticas a que solíamos entregarnos. En el fondo, conservaba mi fe candorosa en la poesía como idioma comunicativo y no solo expresivo, y aunque consideraba que la mediocridad y la rutina tenían ya muy abusados todos los viejos cánones, repugnábame un poco, para mis adentros, la anarquía que cultivábamos, y apetecía —por estos resabios clásicos que sin duda tengo— algún orden de la expresión capaz de asegurarle a esta a la vez profundidad y claridad.

Más que una batalla estética, para mí fue todo aquello una batalla cultural, una rebelión contra la falta de curiosidad y de agilidad, contra el provincianismo, contra el desmedro imaginativo y la apatía hacia el espíritu de nuestro tiempo. Me parecía bien que la batalla prescindiese al principio de todos los miramientos con tal de desalojar aquel modernismo flatulento y aquel academicismo gordo e inerte; pero abrigaba la esperanza de que, una vez despejado el campo, volviesen nuestras letras más finas (las no periodísticas, las no académicas, las no universitarias, las no oratorias) a juntar en sobria disciplina la pureza, la novedad, la hondura y la claridad. Y no dejé de comprender aquella advertencia de Varona ante nuestro vanguardismo: «Andan por las nubes: ¡ya caerán!».

Pues bien: ustedes los de *Orígenes* son, amigo Lezama, nuestros descendientes, como los pintores y escultores «nuevos» de hoy lo son de aquellos que nos ayudaron en nuestra batalla vanguardista: los Víctor Manuel, los Gattorno, los Abela, los Sicre. Si usted me reprocha a mí desvío respecto de ustedes, yo a mi vez podría reprocharles a ustedes su falta de reconocimiento filial respecto de nosotros. Nos envuelven ustedes hoy en el mismo altivo menosprecio que entonces nosotros dedicábamos a la academia sin querer percatarse de la deuda que tienen contraída con sus progenitores de la *Revista de Avance*, que fuimos los primeros en traer esas gallinas de «la nueva sensibilidad». Cierto que los más de nosotros nos hemos «formalizado» ya mucho: apagamos los fuegos revolucionarios, escribimos como dicen que Dios manda, hasta hemos entrado en academias y ganado premios. Eso es tan inevitable como echar abdomen después de los cuarenta años. Pero a nadie se le ocurre renegar de su padre porque ya no tiene la esbeltez de antaño.

Este pequeño resentimiento no es, sin embargo, lo que de ustedes me aparta. Sé lo suficiente de la historia literaria general para no olvidar que las generaciones tienden a negar sus predecesores inmediatos, a fin de acusar mejor esa originalidad en que el alma del artista se apasiona. Lo que me tiene en esa distancia que usted dice es más bien (déjeme ver si acierto a sugerirlo) una incapacidad de fruición que muy bien puede ser un embotamiento de mi sensibilidad, pero que prefiero atribuir —y usted no me lo tendrá a mal— a una excesiva extralimitación de ustedes. Trataré de explicarme.

Yo leo asiduamente *Orígenes*, como leí todas sus revistas precursoras y afines de los últimos tiempos. Con la mejor voluntad me he sumido también en las páginas de los libros individuales con que ustedes me han obsequiado y en las de la Antología reciente de Cintio Vitier.[70] Y le mentiría, amigo Lezama, si le dijese que fueron esas muy gratas lecturas, o que saqué mucho en limpio de ellas. No quisiera generalizar demasiado, porque más de una vez tuve ocasión de deleitarme intensamente con algún poema de rara sugestión y fuerza lírica —ya fuese de Baquero, de Gaztelu, de Cintio Vitier o de usted mismo, a quien todos tienen por maestro—, o con alguna prosa de finos matices expresivos y fino paisaje interior. Además, en todos los casos no he dejado de admirar, como quien admira una hermosa parada de quebradas luces y opulentos arreos, aunque no sepa exactamente a qué viene ni de qué se trata, la procesión de los vocablos y las imágenes, los relámpagos de la alusión culta o ciertos movimientos rítmicos imprevistos, ciertos complejos de prestigiosa sonoridad en el verso o en la prosa.

Pero ¿me permitirá usted poner ejemplos de su propia cosecha? En el primer poema de este libro que usted ahora me manda, después de leer esos sonetinos del «coro» inicial que empiezan:

«Son ellos, si fusilan
las sombras los envuelve.

---

70 Se refiere a *Diez poetas cubanos 1937-1947*, Orígenes, La Habana, 1948.

Doble caduceo trituran
pelota los devuelven.
Toscos, secos, inclinan
la risa que pierde,
o al borde de lo verde
ira taconan jocundos».

—etcétera— de los cuales, con perdón, no entiendo ni la gramática siquiera; después de eso, digo, hallo como un relativo alivio en la gran tirada del canto III que empieza:

«Una ráfaga muerde mis labios
pisoteados por puntos salobres
que obstinados hacían nido en mi boca.
Una ráfaga de hiel cae sobre el mar,
más corpulento que mi angustia de hilaza mortal,
como gotas que fueron pájaros
y pájaros que fuesen gotas sobre el mar»,

lo cual, aunque todavía sea bastante sibilino, aunque contribuya muy poco a entregarme el misterio de esa hidrografía metafísica de su poema, siquiera tiene un sentido metafórico menos mediato y logrado con mucha energía y novedad. Pues bien, esta experiencia difícil, de momentos de fruición formal (yo todavía creo, y por inercia retórica, en la diferencia conceptual de «fondo» y «forma» que tanto se ha dado en la flor en negar), aislados en islotes como en arcanos mares espumeantes de palabras —esa experiencia es, amigo Lezama, la que en general me queda de toda esta poesía de ustedes. La admiro a trechos; pero no la entiendo.

Le repito: estoy dispuesto a admitir, humildemente, que se trata de una trágica limitación de mis entendederas. No vea ironía en ello. No puedo suponer que hombres de tanta probidad intelectual y de tan limpio espíritu y acendrada cultura literaria como ustedes, se entreguen a esas elucubraciones por puro camelo, como dicen los madrileños. No me pasa siquiera por la cabeza que puedan escribir y editar con tan primorosa devoción un libro tras otro de poesía y prosa semejantes si no creyesen de veras que están haciendo arte literaria de la más genuina y rigurosa de nuestro tiempo. Pues, además, eso de ustedes se parece mucho —no he de negarlo— a lo que todavía se lee en revistas y bajo firmas muy sonadas de otras tierras. De manera que el único consuelo que me queda, puesto a echarme del todo la culpa a mí mismo, es el de saberme acompañado en mi afición por no poca gente de indubitable sensibilidad y afinadísima cultura, de quienes frecuentemente recibo parejo testimonio de incomprensión, aunque no se aventuren a publicarlo.

Pero también puede muy bien ocurrir, amigo Lezama, que no sea tanto una limitación mía como una extralimitación de ustedes. También es posible que ustedes se hayan forjado un concepto de la poesía demasiado visceral, por decir así, demasiado como cosa de la mera entraña personal, ajena a la sensibilidad de los demás. De viejo es sabido que la poesía ha estado oscilando siempre entre el polo de la expresión y el de la comunicación, y que se ha acercado más al uno o al otro según el humor de los poetas y de los tiempos. Pero de todas las épocas, hasta esta que vivimos, el poeta se sintió en alguna medida obligado a hacer comunicable, en términos de la común experiencia y del común lenguaje, la sustancia misteriosa de sus sueños y las aventuras de su fantasía. Llevaría un espacio de que ahora no dispongo el exponer la explicación que me tengo hecha de por qué, a partir de la resaca romántica, el individualismo poético se ha ido exacerbando con el humor mayoritario de nuestro tiempo, hasta dar de sí esos excesos de expresión sibilina, en que el poeta se queda ya casi enteramente solo en su misterio.

Pero lo cierto es, Lezama, que tal va siendo el resultado. La poesía, regalo de los dioses a los hombres —que se dijo con novedad hace siglos— amenaza convertirse, si esos mismos dioses generosos no bajan a remediarlo, en una simbología puramente personal, a lo sumo en un idioma de pequeñas fratrias poéticas. No es ya lo que siempre pensamos que debía ser, lo que fue en Homero y en Ovidio, en el Dante y en Garcilaso, en San Juan de la Cruz y en Bécquer y hasta en los más nobles momentos de Juan Ramón Jiménez y Neruda: una expresión, en símbolos inteligibles, de la experiencia humana, sino que se va haciendo, repito, un idioma críptico de poetas para poetas... y para poetas de la propia capilla. Con lo que ocurre que, marginado por su propia soberbia expresiva, el creador poético se queda cada vez más incomunicado con el mundo que su voz debía iluminar y ennoblecer.

Créame, Lezama, que es muy vivo el pesar que me produce —velando por las dimensiones y fulgores de nuestra cultura— el ver que tanto talento literario y de primer orden se fue frustrando para la gloria de nuestras letras y la edificación espiritual de nuestro medio, con semejantes ensimismamientos. Cierto es que nosotros abrimos esa vía, como antes dije; pero fue para apartarnos de la letra muerta o gastada y posibilitar el acceso a nuevos paisajes de expresión y de comunicación, no para que la poesía se nos fuera a encerrar en criptas. Y no me vaya usted a suponer, por Dios, ensayando ninguna apología de lo pringosamente descriptivo, o sentimental o social. No me imagine tan descaecido de mi antigua rebeldía que ande ya reclutando sufragios para los sollozos románticos, los erotismos empalagosos, las maracas tropicales que vienen a ser nuestra pandereta, o las efusiones ideológicas en verso. No es eso. Pero tampoco es lo otro. Tampoco es la dieta onírica a todo pasto, la imagen que se le escapa a uno de la intuición cuando cree que le ha apresado su sentido, porque tiene algo de pájaro mecánico, el abigarramiento de las palabras por las palabras mismas, la superposición caótica de planos imaginativos o las violentas asociaciones temáticas, el metafisiqueo gratuito de los símbolos, la desmesura, en fin, de ese supra o infra-realismo que ya no se contenta con calar súbitamente en lo oscuro de la existencia para aflorar de nuevo a la claridad del alma, sino que prefiere quedarse alojado en un nocturno de larvas… Tampoco eso.

Pero ya le digo: es posible que todo esto sea limitación mía. Si así piensa usted, no sabe cuánto le agradecería que nos ilustrase a todos un poco en un lenguaje que podamos entender —y digo esto, con perdón, porque demasiado a menudo ocurre que al tratar de explicarnos estas cosas resulta que la explicación necesita a su vez ser explicada.

Por lo demás, crea que le agradece mucho su amistoso recuerdo y que le admira muy sinceramente, más por lo que le adivina que por lo que le entiende, su amigo

J.M.

(*Bohemia*, 25 septiembre 1949)

Reacciones a un diálogo literario
(Algo más sobre poesía vieja y nueva)

No pensaba insistir en el tema de «cierta» poesía nueva, sobre el cual hemos dialogado un poco Lezama Lima y yo en estas páginas. Aunque disto mucho de pensar que la respuesta del poeta fuese convincente en la misma medida en que me resultó interesante, ya él dejó dicho lo suyo y yo lo mío, y es sabido hasta qué punto es una ilusión pensar que en este género de diálogos nadie convence a nadie.

Pero la discusión ha servido al menos para suscitar en los círculos literarios —y hasta en los infraliterarios— reacciones diversas que no deben perderse en el silencio. La más pública ha sido la de un compañero de prensa, Luis Ortega, que en las páginas de *Prensa Libre* y sustrayéndose a su tarea habitual de arrimarle titulares como brasas a la opinión pública, procedió a anotar que yo no había polemizado en absoluto con Lezama Lima, sino que me había sencillamente rendido a los pies del poeta, y conmigo toda mi generación. Según él, la confesión que hice de que no entiendo la poesía de Lezama Lima marca el agotamiento, la defunción intelectual de los hombres del 25. ¡*Sancta simplicitas* la del amigo Ortega!... Aquí, cuadraría muy bien aquello de «los muertos que vos matáis gozan de buena salud», o la salida de Mark Twain de que la noticia de su muerte estaba un poco exagerada.

Una bonita frase de Lezama parece haber inspirado ese arrebato necrológico del distinguido repórter. Nosotros, los hombres del 25, o más específicamente, los que hicimos la *Revista de Avance*, hemos cambiado —decía el poeta— «la fe de por la sede». Como se trata de una frase de Lezama Lima, no estará de más aclarar lo que quiere decir, por si alguien no la entiende. Quiere decir que hemos cambiado la pura dedicación a las cosas de la inteligencia y de la sensibilidad por los halagos o las solicitaciones de la vida histórica. En otras palabras: no nos hemos dedicado a ser poetas, o ensayistas químicamente puros, sino que hemos hecho política, periodismo, labor de animación cultural y otras cosas nauseabundas por el estilo.

Por supuesto, me declaro culpable. Salvadas todas las distancias, lo mismo hicieron, en sus respectivos momentos y lugares americanos, los Andrés Bello, los Sarmiento, los Alberdi, los Lastarria, los Montalvo, los Hostos y Varona y Martí. Esa es la gran tradición del intelectual americano: responder al menester público, no sustraerse a él; vivir en la historia, no al margen de ella. En los países ya muy granados y maduros, es perfectamente justificable que el escritor se consagre enteramente a sus tareas creadoras como tal, porque la conciencia moral e histórica de que está asistido, y aun la estética, encuentra en torno suyo un ámbito de suficiente respeto y servicio a los valores espirituales, y gente lo bastante numerosa, en la política o en el periodismo, para sustentar esos valores. Pero los pueblos todavía en formación reclaman y esperan demasiado de sus hombres de espíritu para que estos les vuelvan soberbia o tímidamente las espaldas. Y no veo por qué se haya de imputar falta de austeridad precisamente a los que no se permiten el lujo de desdeñar lo público con purezas altivas y ascetismos cómodos.

¡Si supieran qué sacrificios exige eso de la más íntima vocación! Porque ello supone, sin duda, una merma en la cantidad y a veces en la calidad de la obra, con lo cual la cultura pierde tal vez algunas altas espigas. Pero, en cambio se va atendiendo mejor a la regularidad de las cosechas, que son el pan de todos. Siempre se tuvo por nobleza sacrificar la devoción a la obligación, y yo creo que el primer deber de un hombre de espíritu es luchar por que el espíritu efectivamente reine en el ámbito donde el destino le situó. Y cuando digo el espíritu, digo eso que con palabras un poco menos solemnes solemos llamar la justicia, la libertad, el decoro, la cultura. En su día, pues, la Historia sacará sus cuentas, y dirá quiénes tuvieron más fede y menos sede, si los generosos en el desvelo o los soñadores... sedentarios.

* * *

Pero dejemos eso. Otras son las reacciones que quisiera comentar de las motivadas por el diálogo entre Lezama Lima y yo. Se refieren a la cuestión esencial que planteamos: la del valor o legitimidad de «cierta» nueva poesía —y me permito subrayar ese primer adjetivo, que con toda deliberación empleé. Oralmente o por escrito, algunos lectores me han pedido mayores precisiones por la tesis que sostuve de que la poesía está obligada a ser, lo más eficazmente posible, no solo expresión, sino también comunicación. Por otra parte, no han faltado algunos lectores, y hasta autores, que, tomando el rábano por las hojas, hayan interpretado mi desgano hacia «cierta» poesía nueva como una reprobación de toda nueva poesía, suponiéndome adscrito a las sobadas rutinas de antaño.

Nada de eso. Muy enfáticamente quisiera decir, por el contrario, que la novedad me ha parecido siempre un coeficiente casi indispensable a la más viva fruición artística. No es solo una broma el conocido dictamen según el cual fue poeta el primero que dijo «Tus ojos son dos luceros», y el que lo repitió fue solo un cursi. A eso aludía la frase de D'Ors que cité en mi artículo anterior y con la cual gusto de prevenir a ciertos poetas neófitos: hay que tenerle repugnancia a «la almohada donde ya se ha dormido». Y no porque estén sujetas a cambio esencial las emociones del hombre —que son la sustancia de lo poético—, sino porque la fresca, la inusitada expresión de ellas contribuye mucho a su virtualidad comunicativa. Cuando un poeta «se parece» demasiado a otro poeta, cuando su voz parece el eco de otra voz, no es solo su «originalidad» lo que queda comprometida, sino también su aptitud para conmovernos de nuevo. Con ese sentido —aunque exagerando a su manera— dijo alguna vez Ortega y Gasset que un Velázquez era un milagro humano; dos Velázquez serían ya una calamidad. El arte debe aspirar a ser siempre milagro.

Desde hace años soy, pues, un lector siempre interesado, y a menudo apasionado, de los Valéry, los Rilke, los Eliot, los Neruda, los Aleixandre, y en cambio se me caen irremediablemente de las manos los libros de poemas «al modo de» —aunque sean modos muy ilustres. Si un poeta no halla manera de decir lo viejo de un modo nuevo —y por «nuevo» entiendo el acento singular, el recurso propio—, lo correcto será que no fatigue las prensas. O, si las fatiga, que no aspire más que a la efusión consoladora del sentimiento propio.

Ahora bien: lo que sí me parece que hay derecho a exigirle a toda novedad poética es que sea eficaz. En esta eficacia estriba, en parte, eso que llamé «hacer poesía que se entienda». Y para que ahora se me entienda a mí un poco mejor, quisiera permitirme algunas consideraciones un poco generales sobre el hecho poético tal como lo veo. No he de poner en ellas ningún magisterio personal. La estética moderna está ya muy gravada de doctrinarismos, muy abrumada por «el espíritu de manifiesto». Apenas hay poeta de alguna jefatura, por cenacular que sea, que no se sienta en el caso de promulgar su propia filosofía y canon de lo poético. Y como todos quieren ser muy personales y sutiles, y a veces muy revolucionarios, cada cual resulta más artificioso y arbitrario. Está haciendo falta un poco más de modestia y objetividad. Si de lo que se trata es de aclarar en qué consiste y a qué aspira la poesía,

¿no parece lógico que empecemos por mirar lo que de hecho ha sido la poesía a lo largo de los siglos?

Ha sido, sencillamente, la expresión y comunicación eficazmente condensadas por medio de la palabra, de una experiencia emocional ante el mundo y ante la vida.

Nótese bien: expresión y comunicación. Sobre lo primero, la expresión, no creo que haya duda. Hay almas profundamente emotivas que quisieran poder decir «todo lo que sienten»; pero no pueden. El poeta es la que sí puede, la que es capaz de verter hacia fuera en palabras la presión que sobre su ánimo ejerce una experiencia conmovedora. El reiterado testimonio de los poetas nos ha revelado muchas veces ese carácter que la poesía tiene de alivio, de catarsis o sangría espiritual. Martí hablaba de «la almohada» que es el verso.

Cuando la emoción que así se descarga es predominantemente subjetiva, es decir, cuando consiste en los goces y pesares, las angustias y esperanzas de que el poeta es sujeto pasivo, a esa poesía la llamamos lírica. Pero ya se sabe que a veces el momento de emoción es activo o es contemplativo, consiste en un amor a la acción como espectáculo y como ideal, y entonces tenemos la poesía épica, o en una emoción ante la belleza plástica o el misterio de las cosas, en cuyo caso tenemos una poesía descriptiva o filosófica.

Todo lo cual es bastante sabido. Sin embargo, una de las tendencias de cierta estética literaria moderna es a desconocer o negar esa división clásica, que sin duda a ciertos neo legisladores le sabe demasiado a «preceptiva y retórica». Pero hay una ciencia acumulada del hecho literario, como la hay de todos los demás constantes, y no es cosa de andar renegando de la ciencia cada vez que nos cuadre. Si ciertos cultores de lo moderno tienden a reputar de «poesía pura» solo la que es profundamente subjetiva, ello se debe a razones histórico-psicológicas, no de teoría estética. Y claro que ni ellos mismos se atreven a negar la calidad poética de Homero y Virgilio, del Romancero y el Dante, de Herrera y Wordsworth, por más que lleven el acento sobre lo épico y lo descriptivo.

Por este lado de la expresión, la calidad poética —aunque no el grado de esa calidad— está determinada por el solo intento de condensar la emoción en palabras, cualquiera que sea el acierto de esa condensación o la profundidad del pensamiento que se expresa. Esta opinión puede parecer escandalosa, pero la corrobora el juicio histórico. Lo de «buena» y «mala» poesía es de lo que más sujeto anda hoy día a arbitrarios dictámenes. Se dice, por ejemplo, que no hay poesía buena y poesía mala, sino solo poesía. A mí me parece que esto es como decir que no hay música buena y música mala, sino solo música. Hace algún tiempo, uno de nuestros mejores poetas modernos se tomó el trabajo de averiguar lo que había de poético en Plácido, y llegó a la conclusión de que no pasaba de unos cincuenta versos aislados. Según eso, la crítica tradicional y la común apreciación han estado desbarrando desde hace un siglo. Con ese criterio, habría que repudiar las tres cuartas partes, si no más, del patrimonio literario de la humanidad, y apenas habría razón para escribir historia «literaria» en un pueblo como el nuestro.

Pero la verdad no es tan exquisita ni tan soberbia. La verdad es que todo en Plácido es poesía —mejor o peor, pero poesía, *poieios*, esfuerzo por recrear la emoción en palabras. Poesía es también Campoamor (a quien detesto) y la más genuina copla del pueblo.

Tampoco es la profundidad de la emoción lo que determina la calidad poética. Se ha escrito mucha poesía genuina sobre temas triviales. Lo que la salva como poesía en tales casos es el solo hecho de la emoción condensada —el hecho de constituir un modo de lenguaje esencial en que el sentido se capta por una rápida intuición, sin los trámites discursivos de la prosa. Creo que así es como se explica el tan debatido misterio de la apelación a la medida y la rima, disciplinas de contención expresiva.

Nada de eso, sin embargo, garantiza por sí sola la gran poesía. La expresión poética se eleva a sus más altos niveles, primero, cuando la condensación es insuperable en su logro verbal, de modo que nada en ella parezca que pueda ser sustituido a los efectos de la expresión y de la comunicación; y en plano aún más alto, cuando la emoción que así se expresa es de una particular profundidad.

Veamos algún ejemplo. El maravilloso final del Canto V de la *Divina Comedia*, en que el Dante recoge la evocación melancólica de Francesca, no hace sino trasladarnos un momento de nostálgica ternura harto común en la vida amorosa. La gran poesía no está en la emoción —que muchos hemos experimentado sin ser poetas—, sino en la eficacia con que se evoca, con solo unos cuantos versos insuperablemente sugestivos, el episodio famoso de la lectura entre los dos amantes; casi en aquel solo verso inmortal: *Quel giorno più non vi leggemmo avante*. («Y aquel día ya no leímos más») Consideraciones semejantes pudieran hacerse sobre lugares innúmeros en cualquier gran poeta. El primer plano de su eminencia es solo es solo un logro verbal insuperable.

Pero no es el plano más alto. La poesía «mayor» será siempre aquella en que esa perfección de lenguaje se ponga al servicio de un sentido profundo. Ya sabemos que no se trata primordialmente de ideas. Una de las cosas que anda ya muy puesta en claro es que las ideas no son la sustancia de lo poético. Mas aquí también se ha caído en exageraciones irresponsables. Cuando se habla de «ideas» suele pensarse en «ideología», en doctrinarismos, en la reflexión más o menos discursiva, y eso más bien estorba que sirve a la poesía, a pesar de un Lucrecio y un Dante. Pero toda emoción poética está motivada por alguna forma de pensamiento. La expresión bruta de la emoción no es nunca poética. Lo que poetiza la emoción es el ser pensada, es decir, el ser ponderada, más o menos conscientemente. Por eso decía Valle-Inclán que en arte las cosas las cosas no son como son, sino como se recuerdan. Nadie escribe poesía en plena emoción —ni siquiera los románticos. Martí decía que la poesía era la «distancia». Ese «alejarse», ese «recordar» la emoción significa, no solo revivirla, resentirla, sino traerla al plano de la conciencia, pensarla.

Y aquí viene lo decisivo. La calidad más alta de la materia poética es aquella que, al ser ponderada, le revela al poeta motivos profundos y universales, raíces que la vinculan al misterio del hombre y del mundo —al sentido o «sinsentido» de la vida, del dolor, del amor, de la Naturaleza, de la muerte. Un poema en el que el poeta nos cuente tal o cual experiencia sentimental —experiencia de amor, por ejemplo, que suele ser la materia más socorrida—, podrá ser poesía… mala; podrá ser poesía buena si la expresión verbal y simbólica es impecable (y ya vendremos a eso); pero solo será alta poesía en la medida en que a la emoción de mero episodio se sume la de la vida total como misterio.

El misterio —eso es, en definitiva, el tema mayor de la poesía, como lo es de la filosofía. El sentir que somos «juguete del destino», náufragos en una realidad infinita, indigentes de sustancia y claridad o necesitados de Dios; el no saber por qué el amor nos agita, la injusticia nos ronda y la muerte nos acaba; la aprensión de la inocencia trágica en los ojos de un niño; la solicitación oscura de un paisaje y la desolación de un camino; la voz que se nos pierde en el turbión de la propia conciencia y el anhelo que se nos ahoga en la marejada de nuestros sueños.

Porque la poesía moderna —en sus manifestaciones más inequívocamente grandes— se aventura con predilección en esa zona misteriosa y casi inefable, soy un lector asiduo de esa poesía, y creo que en ella la expresión poética ha alcanzado a veces alturas incalculadas. Pero la que así me impresiona es la que en efecto logra entregarme algún sentido dentro de ese misterio, la que logra comunicármelo y[71] solamente, sumergirme en un fárrago de palabras y de imágenes. Por ahí es por donde se plantea el problema de la «comunicabilidad», sobre el cual tal vez le interese al lector que volvamos en otra ocasión.

(*Bohemia*, 16 octubre 1949)

Final sobre la comunicación poética

Puesto que *Bohemia* tiene lectores para todos los temas, y aun no pocos a quienes les gusta descansar de lo político abrumador en lo científico y lo estético, no se me tendrá a mal que todavía hoy añada un artículo —ya para terminar— a los dos que he publicado sobre materia poética a propósito del último libro de Lezama Lima.

Huelga decir que la cosa tiene cierta importancia cubana. No trascendemos mucho al exterior, o a la Historia, por nuestros episodios políticos, sino por la cultura. Heredia o Julián del Casal —y no digo ya Martí, que atendió en gran-

---

71 Hay un salto de línea en el que se perdió parte del texto.

de a los dos menesteres— han hecho más por el prestigio cubano que toda la fauna menuda, y mucha de la mayor, en nuestra vida oficial. Que se cultive en Cuba poesía buena es cosa tan importante, por lo menos, como el que la Nación esté bien gobernada, y, desde luego, mucho más importante que la fortuna, próspera o adversa, de tal o cual bandería o renglón administrativo.

Traspuesto ya, a guisa de vestíbulo, ese honorable lugar común, podemos preguntarnos: ¿Qué manera de expresión poética la daría hoy a Cuba más gusto, más edificación espiritual y más prestigiosa resonancia? ¿Por ventura esa que vienen haciendo los Lezama Lima y sus cofrades?

Con todo respeto yo ya he aventurado mis dudas. Y quiero ya aquí salirle al paso a ciertas suposiciones, tan oblicuas como menguadas, que no se han exteriorizado en letra de molde, pero sí en corro de maledicencia, lo bastante para traerme la burda especie de que a mí me «duele» la fama ajena. Suciedades como esa no debieran, tal vez, recogerse. Pero no está de más decir que se tiene que ser muy enano de espíritu, y muy romo de inteligencia, para no gozarse uno con que su patria ofrezca al mundo el mejor despliegue posible de triunfo y talento. Todos los años voy a enseñar letras al extranjero, y nada me da más gusto que hacerme lenguas de lo bueno que en Cuba se está haciendo, como no sea el oír que la gente de fuera nos celebra lo bueno que tenemos. Y eso, hasta por egoísmo. Pues aunque sea uno muy poca cosa, tiene mucha más gracia ser «alguien» entre muchos que valen, que no el de hacer alguna fortuna entre indigentes.

No es, pues, que deje de reconocerles a esos poetas nuevos su talento. Tan lejos estoy de ello, que lo considero, por la novedad e intensidad de su inspiración, por el refinamiento de su cultura, por la austeridad de su dedicación, por el dominio de los recursos verbales, por su prurito mismo de novedad (ya vimos qué importancia tiene esto) tal vez la generación mejor dotada para la poesía que Cuba ha dado. De manera que no se trata de negarlos; se trata nada más que de deplorar, por lo que pueda servir, el que esos poetas insistan en dársenos de un modo que, para simplificar, he llamado «ininteligible».

Claro que esto, esto de «no entenderlos», se ha de tomar relativamente. Cuando un lector tiene sensibilidad para la poesía, siempre capta, más o menos, el sentido general de la expresión de un poeta genuino. Ve, al menos, lo que «quiere decir», qué mundos de emoción trata de revelar por medio de las palabras. Si esa comprensión nos falla a veces, en algún lugar donde el poeta se ha expresado con demasiada arbitrariedad o hermetismo, siempre nos percatamos siquiera del sesgo general de su intención, y lo así revelado nos compensa entonces un poco de lo no entendido. Pero la faena total nos deja en el ánimo una especie de admiración irritada, de fatiga intelectual por el esfuerzo descifrador a que nos hemos visto sometidos. Y muchos lectores inteligentes y de buena voluntad hay, por supuesto, que se niegan a ese esfuerzo, porque no creen que la poesía deba ser un criptograma, o una carrera de obstáculos. Como se ve, más que de una poesía totalmente «ininteligible» —que no nos autorizaría a ningún elogio—, se trata de una poesía sembrada de momentos absurdos y, por tanto, fatigadora. Poesía «difícil», no ya con aquella famosa dificultad de las *Soledades* gongorinas o del *Cementerio marino* de Valéry, en que hasta el verso más elusivo acaba siempre por entregar su sentido si se tiene la necesaria paciencia y cultura para recibirlo, sino con la dificultad impenetrable de los múltiples lugareños en que el poeta, siéndolo de veras, se ha contentado, sin embargo, con la pura expresión, sin generosidad comunicativa alguna.

Esto nos trae el enlace necesario con el último artículo. Ya vimos lo que la poesía es como expresión (no porque yo lo diga, recuérdese, sino porque así se ha revelado ella misma siempre a lo largo de la historia). Pero la expresión poética se frustra, o por lo menos se queda reducida a su pura función de «catarsis», de sangría espiritual, como decíamos, si no aspira a algo más: si no aspira también a comunicar la emoción del poeta ante el mundo. Siendo como es la materia poética una experiencia emocional que ya por su misma pureza y profundidad, se halla en el plano de lo inefable, de lo que no puede expresarse, apenas tendría sentido que el poeta quisiera ponerla en palabra si no fuese para compartirlas con sus semejantes.

Cierto que a veces, en la poesía mística, por ejemplo, parece como si no se aspirase a otra cosa que al soliloquio absoluto. Pero aun entonces se trata más bien de un diálogo del poeta con Dios, y no obstante que se dirige a una comprensión tenida por infinita, hay como una humillación voluntaria del alma religiosa dentro de los límites del verbo. Ni San Juan de la Cruz, que dijo las cosas más altas que se han dicho jamás en verso, renunció a la claridad de su propia expresión. Una poesía a la cual no le importase ser entendida de otro que del poeta mismo, quedaría ahogada por su misma profundidad, reducida al silencio, al grito o a la absoluta incoherencia.

Por lo demás, ese afán comunicativo está bastante acreditado también en la historia. Hasta los poetas más ariscos, más recónditos, han gustado algo más que poner en papel sus versos: los han ofrecido al gusto ajeno; y hay mucho indicio del enojo que a veces les daba el no ser «entendidos». La poesía no era solo un testimonio del poeta ante sí mismo;

era también un mensaje al prójimo. Aspiraba a que el mayor número de almas posible supiese de la propia experiencia fruitiva o desolada. Era más que un alivio íntimo: un tratar de salvarse el hombre en el hermano hombre. No sé qué vago sentimiento de solidaridad humana la animaba, y precisamente por eso los pueblos pagaban a sus poetas con admiración y con amor, ya que se sentían consolados por ellos, o edificados, o noblemente enardecidos. Que el romanticismo exagerara eso con sus excesos confesionales y sus pujos mesiánicos, a veces tan vacuos y palabreros, en nada merma la validez de esa generosidad comunicativa que el poeta sentía hasta como un deber.

¿No pertenece esa solidaridad a la esencia misma de la forma poética? Se ha dicho que el poeta no piensa por conceptos sino por imágenes. Y, por debajo de la función superficialmente explicativa que antaño se le solía atribuir, ¿qué sentido tiene la imagen, recurso primordial del poeta, sino ese de unir lo disperso, de enlazar lo distinto, de asimilar lo incoherente, como para reivindicarnos la conciencia de la integridad del Ser, tan comprometida por las apariencias y los episodios del mundo?

Tomemos un ejemplo viejo y elementalísimo, aunque sea acudiendo a Núñez de Arce. Cuando el poeta dice:

«la Luna, cual hostia santa,
lentamente se levanta
sobre las olas del mar,

es ridículo pensar que el imaginarnos la elevación de la hostia en el altar nos ayude a visualizar mejor la ascensión de la Luna en el cielo. Lo que el poeta en realidad procura es comunicarnos su sentimiento religioso, re-ligador, de la

Naturaleza: la emoción que ante ella tiene como algo sagrado, pues hay un panteísmo difuso en casi toda poesía. A ese efecto, el poeta viejo se valió de una comparación muy obvia, autorizada por una semejanza visual que a nadie se le escapa.

Todo esto se extrema en la poesía nueva, y la exageración contribuye mucho a explicar su «dificultad». Abunda ella en el lenguaje imaginífero hasta el punto de haber casi excluido de su expresión el discursivo o discreto. Esta acentuación de las imágenes, de los enlaces, es precisamente un testimonio del ansia de profundidad en la nueva poesía; pero también un camino hacia la oscuridad. Cuanto más se ahonda en el ser de las cosas, más se llega al centro común de ellas, en que todas las sustancias se funden. La poesía moderna aspira a suprimir toda superficie, toda periferia. Y no solo hace de todo su lenguaje imagen, sino que quiere, además, llevar la imagen hasta sus últimas consecuencias. La intuición penetrante del poeta prescinde de las semejanzas lógicas y sensibles, en que aún se apoyaba Núñez de Arce, y asocia audazmente, violentamente, las cosas más dispares. Añádase que la realidad misma que así trata de unificar el poeta se ha ensanchado y profundizado; no es ya solo la realidad externa que los sentidos perciben, ni solo la interna que aflora a la conciencia y que la introspección lúcida aprehende, sino la realidad de ese mundo tenebroso de lo subconsciente, que solo se manifiesta de un modo caótico en los sueños, o se proyecta turbiamente en los fantaseos de la vigilia. ¿Cómo no ha de ser siempre un poco oscura la nueva poesía?

Yo no dudo que el poeta tenga derecho a concentrar en el verso esas nuevas dimensiones de la experiencia para las que Freud reclamó tanta atención. En un artículo reciente, a propósito del libro último de Enrique Labrador Ruiz, *Trailer de sueños*, escribí:

«Que esto —el surrealismo, por llamarlo convencionalmente— sea materia digna de la expresión artística, podrá discutirse y, de hecho, después de mucha beatería apologética con que se acogió en la época ya lejana del deslumbramiento freudiano, está ahora siendo muy discutido, a veces sin entusiasmo alguno. Personalmente, creo que al arte nada humano debe serle extraño. Si hay un modo de experiencia vital que no se produce en los niveles lúcidos, sino en esos soterrados estratos; si eso es parte de nuestro sentir, nadie podrá negarle al escritor su derecho a expresarlo con los varios recursos de la palabra. El problema no es, pues, de licitud; es, sencillamente, un problema de arte, de eficacia expresiva y comunicativa, y, a lo sumo, es también cuestión de que esa materia, eficazmente elaborada, nos guste o no nos guste».

Ahora bien: a eso hay que añadir que si el «subconscientismo» ha enriquecido considerablemente el arte moderno por tratarse de una zona temática más, también ha hecho estragos en él, por su tendencia a devorar toda la inspiración y toda la expresión. El «surrealismo» no es sino la estética de lo freudiano, de lo subconsciente; y esa estética no se ha contentado con reducirse a límites de escuela, sino que ha querido invadir el arte todo. Ocurre entonces que sus temas y los recursos de que ella se vale han proliferado desmesuradamente. Las asociaciones incoherentes de imágenes, que conjugan lo sublime con lo vulgar, la estrella con la cloaca, el ala del ángel con el íncubo, quieren extenderse a toda poesía, como en pintura el recurso legítimo de la deformación expresiva se extrema para llenarnos los cuadros de perfiles viscerales o larvarios.

No negaré que esa influencia ha contribuido mucho a darle al poema de hoy —en Neruda el chileno, en Aleixandre el español, en Octavio Paz el mexicano, para citar solo unos cuantos ejemplos eminentes de nuestro idioma— extraordinaria fuerza expresiva. En su último libro *Libertad bajo palabra*, que tiene poemas hermosísimos, Octavio Paz nos ofrece un «Homenaje a D.A.F. Sade» titulado «El prisionero». En él leemos:

«Muerte o placer,
inundación o vómito,
otoño parecido al caer de los días,
volcán o sexo,
soplo, verano que incendia las cosechas,
astros o colmillos,
petrificada cabellera del espanto,
espuma roja del deseo, matanza en alta mar,
rocas azules del delirio».

etc., etc.; y uno siente que por medio de esa misma exasperación metafórica, el poema se colma de fidelidad a la turbulenta representación del poeta. Con palabra delirante no solo se expresa, sino también se nos logra comunicar, la siniestra aberración de los sentidos… en el señor de Sade… Y así Neruda en su famoso poema «Entrada a la madera», tan resonante del misterio cósmico, o en su prodigio épico filosófico inspirado en las alturas de Machu Picchu. O Aleixandre, en los momentos más logrados de su libro *Espadas como labios*.

Pues bien: ese sentir uno lo que el poeta quiere decir, y sentirlo con plenitud y continuidad, es lo que atestigua la virtualidad comunicativa. Milagrosamente, el poeta ha inventado un lenguaje que sería también nuestro lenguaje si fuéramos poetas y tuviéramos que comunicar a los demás su misma emoción, sus mismas representaciones. La forma empleada es —para decirlo en jerga filosófica— necesaria, no contingente. Sentimos que nada en el verso puede ser sustituido, por violento que parezca.

Sobre esto de la «sustitubilidad» puedo aquí traer indiscretamente a colación una anécdota de Juan Ramón Jiménez. Una vez, en Nueva York, el poeta me hablaba de Neruda. Para probarme que la poesía del chileno era irresponsable, recordó uno de sus versos —que se sabía de memoria— y dijo: «Verá usted como todas las palabras se pueden sustituir, y resulta lo mismo». Maravillosamente hizo la mutación verbal, y, en efecto, ... no resultó lo mismo. Pero como era un gran poeta quien sustituía, el verso así improvisado resultó hermosísimo y con su propia irradiación semántica, a pesar de la voluntad de disparate que Juan Ramón había puesto en ello. Neruda no quedaba negado, sino justificado.

La incoherencia comunicativa —ahí está el secreto. Pero ¿cómo se logra esa comunicación? Yo no soy poeta, pero puedo hablar como lector; y como lector advierto que el sentido cabal de un poema nuevo me llega cuando toda la construcción de palabras y de imágenes conspira, por así decir, a favor de ese sentido único. Por lo mismo que en el poema moderno las palabras no están empleadas casi nunca con su significado lógico, convencional, sino con toda la irradiación de significados cercanos o lejanos, que a cada uno de ellos se asocia, importa mucho que las palabras (y las imágenes y alusiones) no se estorben entre sí, sino que, por el contrario, se concierten para determinar el sentido supra lógico del poema. Es la misma técnica que emplea el pintor moderno para lograr una estructura lineal y cromática dentro de lo que, a primera vista, no es sino un caos de elementos plásticos. El «no parecerse» a la naturaleza equivale, en pintura, a la ausencia de sentido convencional y directo en poesía; esa es precisamente la novedad y la libertad expresiva y creadora del arte moderno. Pero esa misma libertad supone, como todas, una disciplina, una estructura, una armonía. Cuando tal cosa se logra, entonces el poema y el cuadro modernos «se entienden».

Lo que no se entiende es la imaginaria que no presenta —si es que la tiene— unidad alguna por debajo de su incoherencia; los versos que nos impresionan como una pura anarquía de palabras, de tropos, de alusiones; el poema cundido de trechos impenetrables, donde un giro demasiado violento, una referencia demasiado hermética, una palabra puesta a la diabla, nos disuelven súbitamente la intuición cumulativa del poema.

Pudiera poner no pocos ejemplos domésticos y de fuera; pero creo que no hace falta. Dudo mucho que esa poesía —que sin duda lo es intrínsecamente, aunque carezca de virtualidad comunicativa—, le rinda un sentido cabal a nadie (ni siquiera a los compañeros de cenáculo) como no sea a través de una jadeante «exégesis». Se dirá que lo mismo ocurre con el Góngora «difícil». Pero no. En él, como en Valéry, la exégesis lo es de veras: consiste en una revelación de sentidos presentes, aunque poco manifiestos. No es una atribución gratuita de sentido a lo que no lo tiene en sí, o lo tiene solo para el poeta. No es un fiat pontifical.

Por el camino de ese autoritarismo «genial» —que la irracionalidad de nuestro tiempo tanto favorece— se va a la irresponsabilidad en que está cayendo mucho del arte nuevo; a la superchería de lo original, al rompecabezas estético, a la sublimación esnobista del puro disparate; en fin, a una desmoralización absoluta del gusto como factor de ennoblecimiento espiritual.

Si por decir esto, por haberles llamado respetuosamente la atención sobre esto a «ciertos» poetas cubanos cuyo talento intrínseco soy el primero en admirar, se me tacha de insensible o de «atrasado», al menos quedaré con mi conciencia tranquila. Ya el tiempo dirá. Ganada o perdida, habrá sido esta una batalla más por la diafanidad y fecundidad de nuestra cultura.

(*Bohemia*, 23 octubre 1949)

Breve réplica a Cintio Vitier

Cintio Vitier trajo antier a esta plana un eco de la discusión que en *Bohemia* he venido sosteniendo acerca de «cierta» poesía nueva en Cuba.[72] No es cosa de volver a enfrascarnos aquí en cosas ya dichas, y claramente dichas. Pero sí importa un poco recoger brevemente y una a una las observaciones de Vitier, siquiera sea para no quedar suspecto de irresponsabilidad.

Porque yo pregunto «¿qué manera de expresión poética le daría hoy a Cuba más gusto, más edificación espiritual y más prestigiosa resonancia?», Vitier opina que «la crítica no está para hacer conjeturas en el vacío, sino para explicar lo que la realidad nos ofrece de un modo irrechazable». Contesto: la crítica está no solo para «explicar» eso —cosa que intenté hacer en mi último artículo al hablar del grado de oscuridad que toda nueva poesía conlleva, y de lo mucho que el suprarrealismo a veces se lo agrava—, sino que también está la crítica para enjuiciar lo que se ofrece. Crítica que no valora, no cumple —y enseguida recordaré por qué— más que la mitad de su tarea. Y una de las maneras de valorar la «cierta» poesía de marras es preguntarse si es la que más gusto, más edificación espiritual y más prestigiosa resonancia le produciría hoy a Cuba, y contestar que no, y decir en qué se funda uno —todo lo cual yo he hecho.

Vitier parece hallar contradicciones entre mi referencia a «los Lezama y sus cofrades», y mi reconocimiento de que estos poetas nuevos son «tal vez la generación mejor dotada para la poesía que Cuba ha dado». Es decir, no comprende que se les puede reconocer talento a poetas a quienes «no

---

72 Cintio Vitier: «Jorge Mañach y nuestra poesía», *Diario de la Marina*, 26 octubre 1949, pág. 4; 30 octubre 1949, pág. 34.

se entiende». Que ciertos plumíferos adventicios tomaran mi «no entiendo» al pie de la letra, se entiende; pero que tal entienda Vitier, no lo entiendo. Ni un ápice quito del elogio que, desde mi primer artículo, dediqué a los momentos de indudable logro poético de un Baquero, un Gaztelu, un Vitier, del propio Lezama Lima (y la enumeración no fue taxativa). Pero no puedo aceptar la tesis de Vitier, según la cual el talento poético es necesariamente infalible en todos sus empeños, o en la totalidad de cada empeño dado. Según eso, no habría derecho a opinar que a veces Shakespeare es artificiosamente cultista, tedioso Dante, prosaico Jorge Manrique, desmayado Garcilaso, pujador de conceptos Góngora, como ya se lo dijo Lope de Vega, pedregoso Unamuno y sobreintelectualista Valéry, con ser todos ellos grandes poetas. Sin el derecho a tales reparos, la crítica no tendría razón de ser (porque el poeta —dice Vitier— siempre sabe lo que hace), o solo tendría una función descriptiva y apologética. Si eso es lo que quiere decir Vitier, por ahí podía haber empezado.

Pero no. La aceptación *in toto* es una de las formas de la beatería, que también se da en literatura. La crítica está en el derecho de velar, entre otras cosas, por que la poesía tenga una eficacia no solo expresiva, sino también comunicativa. Vela por los derechos del consumidor de poesía, si se me permite expresarme burdamente. Y le incumbe decir, en nombre de ese consumidor, que «cierta» poesía nueva resulta fatigosa de leer y azarosa de gustar por ser a trechos absurda. Absurda no porque no tenga sentido, sino porque ese sentido no se ha hecho suficientemente explícito dentro del misterio que toda poesía envuelve.

Ese «a trechos» lo subrayo mucho en mis artículos, y no me parece leal de Vitier el ignorarlo. Desde mi primer comentario mostré cómo en un poema de Lezama —el primero de su último libro— un pasaje de sentido metafórico «logrado con mucha energía y novedad» seguía a unos versos que no voy a reproducir de nuevo para que no se me acuse de separarlos del ámbito semántico del poema, pero que, aun dentro del sentido general de este, resultaban totalmente ininteligibles. Como eso no es un caso aislado, sino que se repite mucho en la obra de casi todos estos nuevos poetas nuestros, creo que hay derecho a pedirles que no nos torturen tanto el seso o la sensibilidad, a cuenta de la belleza que nos dan.

De extraña y confusa tacha Vitier mi teoría de «la expresión separada de la comunicación». No es tan mía la tesis como él supone: muchas ideas semejantes hallaría, por ejemplo, en un libro que le recomiendo del excelente crítico inglés John Livingston Lowes, titulado in *Convention and Revolt Poetry*. Por lo demás, Vitier está en su perfecto derecho de desestimar la tesis, como yo lo estoy para enjuiciar aquella poesía del modo como lo hago. Pero a muchos otros lectores desapasionados la teoría les ha resultado clara. Y yo no me explico que una inteligencia tan fina como la de Vitier, y sobre todo un poeta como él, no advierta que todo poema es, antes que nada, un ensueño, una imagen, una intuición (lo que Jean Hytier, agudo exégeta de Paul Valéry, por cierto, llamó en su libro *Le plaisir poétique*, París, 1923, «el poema interior»), y que lo demás, el poema escrito, es ya la realización, más o menos lograda, de esa experiencia. No: yo no creo que la poesía sea «trascendente por definición», como dice Vitier. Creo, al contrario —si es que tenemos que usar jerga filosófica— «inmanente», y que solo el arte la hace trascender. Toda mi «teoría» consiste en reclamar que la realización artística logre, en efecto, hacernos partícipes en satisfactoria medida de la intención poética. ¿Es esto mucho pedir?...

Termina Vitier pidiéndome que diga, como lo dije en mi primer artículo, que padezco de «incapacidad de fruición» respecto a los poetas de *Orígenes*, declaración que reputa de «sincera, exacta y tal vez inevitable». Siento defraudar un poco a Vitier; por lo visto tiene el temperamento demasiado grave para captar ironías. Lo que yo dije es que pudiera ser que se tratase de una incapacidad mía de fruición, *o de una extralimitación de los poetas de marras*. Y claro es que mi modestia no llega al extremo de suponer lo primero, pues tal sospecha me hubiera disuadido enteramente de escribir sobre el asunto.

Antes de que Vitier naciera, ya estaba yo gozándome mucho en la poesía nueva, y defendiéndola a capa y espada, como he defendido toda la nueva estética y sus logros en Cuba, cuando han sido buenos. Lo que no puedo admitir, ni he admitido nunca, es que todo lo nuevo sea bueno por el solo hecho de ser nuevo, o que una obra nueva y buena en la intención no pueda sobregirarse en la «novedad» hasta el punto de caer en deformaciones sin sentido —si de plástica se trata— o en hermetismos impenetrables, palabrería abigarrada y hasta prosaísmos banales, si es obra poética.

En definitiva, la protesta de Vitier es porque yo no considero a estos jóvenes perfectos, como por lo visto se consideran ellos. Pero tal vez decir lo que dije sea el mejor modo de ponerlos en camino de que lleguen lo más cerca posible de la perfección, podándoles un exceso de complacencia nacido de ese «cenaculismo» que tanto les aparta del hermano hombre y de la común medida humana. Por lo demás, crea Vitier que no estoy solo ni mal acompañado en estas apreciaciones.

(*Diario de la Marina*, 28 octubre 1949)

El ajeno disentimiento

He recibido, con motivo de mi artículo último «La aventura crítica»,[73] las dos hermosas cartas siguientes, que también son dos hermosos rapapolvos. Se llevan todo el espacio que hoy es posible disponer. Las contestaré mañana. J.M.

***

Carta de César García Pons:
«La Habana, marzo 27 de 1950.
«Querido Jorge:
«En tu artículo de ayer — «La aventura crítica»— a propósito de Octavio Costa y sus esfuerzos literarios, te llevas de encuentro a los historiadores. Sin contemplación algunas los subestimas, y de tal modo, que aun acogiéndose cualquiera de ellos al más leve grado en la escala de causas determinantes que establece para identificarlos (a-la inutilidad literaria; b-la ausencia de ambición para ser escritor; y c-la condición de viejo), quien a la historia se haya dado debe tener por cierto que en tu reino no entra sino a título bastardo y, por lo mismo, poco o nada significativo entre los valores de las letras. Pero reproduzcamos tu propio texto: «La historia es obra para los inútiles literarios, para los que no tienen mayor empeño en ser escritores y para los escritores viejos, porque la fidelidad al hecho frena demasiado la imaginación, y la interpretación del hecho requiere mucha experiencia».

«La tesis —a todas luces insostenible— pasaría a mis ojos y probablemente a los ojos de otros muchos como manifestación intrascendente o sencillamente caprichosa, si no viniera calzada con tu firma, que es la de un escritor que ejerce —con

---

73 «La aventura crítica», *Diario de la* Marina, 26 marzo 1950, pág. 34.

autoridad bien ganada por cierto— conocido y brillante magisterio como publicista y orientador de juventudes. Cobra importancia tan solo por eso, porque la adopta un intelectual de tu talla, a quien obliga, además, al pronunciarse, el antecedente, que es conciencia en los lectores, de la severa y muy seria madurez con que sustanció desde temprano sus criterios. Y vayamos al reparo que, llamada tu atención sobre el particular, ya casi nos parece ocioso.

«De los tres especímenes en que rápidamente dividiste a los escritores que se dedican a la historia, el último es el único que explícitamente expuesto admitiría tolerancia. En efecto, mientras el vigor mental no falle, la reconstrucción histórica, esto es, la visión del pasado, su visión y recreación literaria, será siempre más fecunda en hombre dotado de experiencia que en el bisoño caminante por las rutas de la investigación y de la crítica. Experiencia que arranca del estudio y del saber, más caudalosos cuanto más logrados, y de la serenidad del juicio puesto en trance de largo trajín. Que, por lo demás, ni la imaginación estorba al historiador genuino ni sufre por ella la fidelidad al sujeto de su examen.

«En lo tocante a que la historia es obra digna de los que en las letras no sirven para otra cosa, y lo que es parejo, para los que no tengan mayor empeño en ser escritores, ¿qué decir? Resulta tan enorme en su desacierto la afirmación que se me antoja muy semejante a esta: Enrique José Varona no pensaba. O a esta otra: Sanguily no sabía hablar. Nadie lo admitiría. Como tampoco nadie puede admitir que excluido sin más por el absoluto de tu aserto, el Inca Garcilaso, historiador de las culturas indias, no deba registrarse como uno de los escritores más egregios que produjera, en el alborear de la colonización, la fusión intelectual del blanco de España con el indígena de América, ni que entre nosotros el ilustre

Emeterio Santovenia —el prócer vivo de quien un día si algo celebraste fue su pluma tranquila y magnífica— tomó por esos caminos porque ello le venía impuesto por muy previas lamentaciones intelectuales.

«Dando de lado a la tabla de valores en que parece ampararse tu concepto de la historia, porque en definitiva ello entra francamente en el campo de las más personales opiniones, y de igual modo que a mí se me ocurre estimarla disciplina que prima y señorea, y muy urgida de buenas letras, tú puedes atribuirle rango inferior, lo que requiere, sí, especial detenimiento es el botonazo de la inutilidad y el no menos peyorativo de la ausencia de empeño de ser.

«¿Por qué es obra la historia para los inútiles literatos y no precisamente menester en que conquistan auténtico triunfo los más aptos, los mejor dotados, los más creadores? ¿Por qué está reservada a los carentes de ambición literaria, a los que 'no tienen mayor empeño en ser escritores', y no precisamente a los que se manifiestan en sentido contrario? ¿Es que no existe la vocación histórica que arrastra y sitúa? ¿Es que no juega la aptitud? ¿Es que no se nace historiador como se nace novelista o filósofo, como se nace poeta?

«La historia, querido Jorge, y tú lo sabes muy bien, hace mucho tiempo que no es ya mera fidelidad al hecho ni interpretación a secas del hecho. Antes que ninguna otra cosa es visión, esto es, penetración crítica y captación veraz, y después, inexcusablemente, potencia y capacidad creadora en el historiador. ¿Que frena su ejercicio la imaginación? ¡Arreglado está el historiador que no imagina, que no reproduce mentalmente, que no se acerca a la imagen real de la época del suceso o del personaje que estudia! Sin trasladarse al escenario histórico y sentir y pensar un poco al modo del tiempo en que existió, ni se ve, ni se entiende, ni se interpreta. Por eso, sin duda, la faena está permitida a los que son suficientes a recrear lo que fue y —para el conocimiento ulterior— hacerlo valer de nuevo. Ya lo dijo Michelet: «La historia es una resurrección». Y ya lo han dicho otros: el conocimiento histórico es imposible sin una sensibilidad histórica.

«Un eminente crítico contemporáneo, Huizinga, ha asegurado en términos precisos: «Todo presente no solo se convierte en pasado, sino que lo es ya. La materia plástica de la literatura ha sido y es en todos los tiempos un mundo de formas que es, en el fondo, un mundo histórico». Y hace más de medio siglo que nuestro José Martí escribió: «El pasado es la raíz de lo presente. Hay que saber lo que fue, porque en lo que fue está lo que es». Y, ¿crees tú que semejante intento está expresamente reservado a los inútiles literarios, a los que no tienen mayor empeño en ser escritores y a los escritores viejos? ¿O, precisamente, a los que son escritores de veras y por lo mismo que lo son?

Tal como hoy concebimos la historia (el mencionado Huizinga da una definición discutible, pero verdadera: «Historia es la forma espiritual en que una cultura se rinde cuentas de su pasado») solo puede presentarse en la palestra de la investigación y de la crítica histórica quien posea al efecto armas poderosas y diversas. Entre estas figurará siempre su condición y su capacidad de escritor: ya vaya con la moderación de Tácito —sin ira y sin amor, según su propio decir— o con el entusiasmo poético de Renán.

«Por lo demás, bastaría que nos volviésemos un instante a la historia contemporánea para aceptar que de las disciplinas históricas se ha hecho en nuestro tiempo una de las llaves maestras del saber. Y para aceptar, igualmente, que sus cultivadores, aquí como en todas partes, no son precisamente las inteligencias que tú pintas. Tú mismo —gran escritor, buen crítico, excelente prosista— cultivas y escribes historia de la filosofía, si no miente tu magisterio universitario. Y cerca de ti, en la propia colina, otro prosista de monta, escritor desde la cuna y hombre de sensibilidad actualísima, Raúl Roa cultiva y escribe historia de las doctrinas sociales. En los dos, por añadidura, ha sido ese un empeño de juventud plena todavía.

«Esta carta ha sido demasiado larga. Excusa su extensión. Y excusa también el tono franco del disentimiento. Lo pusieron, sin temores, mi confianza en tu talento y mi vieja admiración por ti.

«Cordialmente tuyo.

«César García Pons».

***

Carta de Octavio R. Costa:
«La Habana, 27 de marzo de 1950.
«Señor Jorge Mañach.
«Miramar.
«Mi querido y admirado amigo y compañero:
«No siempre la gratitud cabe en su propio nombre. Hay sentimientos que no encuentran la palabra adecuada para expresarse. Hay estados de ánimo que solo pueden manifestarse por sí mismos, sin que tengan a su disposición un vehículo verbal para llegar a quien se desea. Así me ocurre a mí frente al artículo que me ha dedicado con motivo de mi libro sobre Manuel Sanguily y que salió publicado ayer en el *Diario de la Marina*. Con él veo realizado un ensueño que no tengo recato alguno en confesar. Aunque en muchas ocasiones me ha dicho usted juicios muy halagadores y muy sabias censuras, ardía yo en deseos —y en esto parece que anda por medio la inevitable vanidad humana— que usted, Jorge Mañach, y esto ya lo dice todo, dijese públicamente algo sobre mí. Me dolía, en el optimismo con que uno se juzga, siempre propenso a ver una imagen amable, que usted, a quien tanto admiro,

de quien tanto he escrito, a quien se considera tan alto juez literario, me desconociese, se mostrase indiferente ante mi obra, ignorándola.

«Su artículo fue una sorpresa, y no lo fue, porque lo tenía yo escondido en la subsconciencia a fuerza de esperarlo. Con todas estas confesiones, un poco ingenuas por lo sinceras, queda dicho lo que su trabajo ha significado para mí y lo que para mí constituye que usted diga paladinamente lo que piensa sobre mi ejecutoria literaria. El hecho de que usted me considere un suceso feliz en el mundo de las letras cubanas es un elogio total y absoluto si se tiene en cuenta la jerarquía de quien lo emite, lo riguroso que es usted en sus opiniones y lo tacaño que es para el halago, obligado por el sentido de responsabilidad que lo caracteriza.

«Pero no es posible terminar aquí mi carta, querido doctor Mañach, sin recoger las últimas expresiones de su artículo. Dice usted que ha sido una calamidad que a mí se me haya hecho académico de la Historia cuando apenas había tramontado los treinta años. Ciertamente, creo que ha sido usted injusto con los historiadores cuando dice que «la historia es obra para los inútiles literarios, para los que no tienen mayor empeño en ser escritores y para los escritores viejos». Su afirmación rebaja la jerarquía del género histórico y desconoce la existencia de los grandes historiadores que al mismo tiempo que colosales reconstructores del pasado han sido portentosos artífices del idioma. Tan escritor es el que evoca hechos, el que reedifica realidades, como el que maneja ideas, inventa ficciones, elabora pensamientos. Si imaginación tiene que poseer el novelista o el ensayista, de no menor imaginación tiene que estar dotado el historiador para adentrarse en el pretérito y levantar sobre la frialdad inerte del documento la vivacidad de una vida, la complejidad ardorosa de un acontecimiento. ¡Qué esfuerzo de imaginación tiene que realizar el historiador para salirse de su tiempo y reproducir un tiempo ajeno, desaparecido ya! ¡Qué esfuerzo de imaginación para trazar el ámbito, para darle estampa y espíritu a los personajes, para mover la acción, para levantar los sucesos! Es cierto que el historiador tiene que respetar la fidelidad del hecho, atenerse a sus aristas, ceñirse a su sustancia, pero ¡cómo tiene que movilizar su imaginación para darle vida de nuevo a un hecho superado, para ponerlo a funcionar una vez más dentro de una época ya desaparecida!

«Ya sé que usted no ha pretendido intencionadamente ofender en forma alguna a los historiadores ni disminuir la categoría de la Historia. Usted mismo ha hecho historia más de una vez. Historia es su biografía de Martí y a pesar de que usted tuvo que ceñirse a una realidad, esto no le impidió movilizar su imaginación para recrear lo histórico ni le mermó la frescura y el movimiento de la prosa. Esa biografía suya es pura y genuina historia, porque no fue usted un mero recopilador de datos, un simple coleccionador de documentos, un retratista de un pasado que se le entregó con la mansedumbre con que el paisaje se entrega al artista que pretende llevarlo al lienzo. Al escribir la biografía de Martí, usted, a golpe de imaginación —esa imaginación que usted le niega al historiador— recreó una vida ya acabada, recreó un tiempo liquidado, recreó una historia que parecía deshecha, desarticulada. Esa es la función del genuino historiador: recrear, pero recrear con arte. Si no hay arte ni recreación, se está frente a algo que se ha llamado falsamente historia. Si no se tiene imaginación ni se es un artista no se es un genuino historiador. Un coleccionador de datos no es un historiador. Un manojo de hechos burdamente zurcidos no es historia. La cuestión está en distinguir entre la verdadera historia y la falsa, entre los auténticos historiadores y los que se pasan por tales sin serlo.

«Por lo demás, saliendo ya de esto, quiero que sepa que yo lo he entendido perfectamente cuando usted me recomienda que me desentienda de la materia histórica. En definitiva, su consejo implica un alto elogio, porque me quiere decir usted que hay en mí condiciones para ascender a otras zonas literarias que si acaso no son superiores a la historia sí son distintas. Quiere usted que penetre en un mundo de total creación, en el que pueda yo movilizar todas mis posibilidades literarias e intelectuales sin limitación alguna. Desea usted, y lo desea porque cree en mí, y al creer en mí me halaga sobremanera, que yo me lance, por la vía seductora del ensayo, a explorar en el mundo de las ideas, ya sean ideas puras o ya estén conectadas con el agónico destino del hombre actual. Aspira usted a que yo me saque de adentro el mensaje que debo tener dormido en el fondo del espíritu si es verdad que nací escritor. Eso quiere usted para ver si doy todo lo que prometo, pero no porque crea que debo arrepentirme de cultivar la historia ni de pertenecer a la casa que preside quien es un genuino e indiscutible escritor. Estoy seguro de que usted no se arrepiente de haber hecho historia ni de pertenecer a la propia Academia de la Historia.

«Con la reiteración de mi gratitud por sus generosas expresiones, reciba un fuerte abrazo de su amigo, compañero y admirador,

«Octavio R. Costa».

(*Diario de la Marina*, 29 marzo 1950)

Las cosas en su punto

Vamos a ver si puedo redimirme de ese sambenito que me he echado encima: el de haberme «llevado de encuentro a los historiadores», para emplear la frase arrolladora de Cesar García Pons en la primera de las cartas que ayer publiqué en estas columnas.

La frase mía que motivó ese peregrino dictamen —peregrino por venir de un entendimiento tan sagaz como el de García Pons— se deslizó en una glosa reciente sobre Octavio R. Costa. ¡Bien decía yo que aventuraba mi artículo con ciertas pretensiones!... Escribí que las excelentes calidades de escritor que ya Costa acusa «se le irán afinando en la medida en que se desentienda de la materia histórica a que hasta ahora se ha reducido excesivamente». Y añadí esta piedrecita de escándalo: «La historia es obra para los inútiles literarios, para los que no tienen mayor empeño en ser escritores y para los escritores viejos, porque la fidelidad al hecho frena demasiado la imaginación, y la interpretación del hecho requiere mucha experiencia».

No me duelen prendas. Convengo, de entrada, en que la frase no solo fue poco cauta, sino también poco explícita. Poco cauta, porque aquí ya va siendo necesario, por lo visto, al escribir con alguna intención valorativa, tomar todo género de precauciones para que nadie se sienta lastimado, para que ninguna complacencia se turbe. Cosa bastante malsana, por cierto, pues un ambiente cultural hecho de excesivos miramientos nunca valió la pena. Un medio literario donde nadie dice nunca más que lo medido, lo circunspecto, lo lisonjero, lo apacible; en que nunca nadie polemiza ni ironiza ni exagera, podrá llegar a ser un ilustre beaterio, una sala de pompas fúnebres de la cultura, pero no un centro fervoroso de ideas, de vida intelectual, de cultura genuina. Un poco de benigna insolencia suele propiciar lo insólito bueno; ciertas especies irritantes convienen para que la inteligencia no caiga en estériles rutinas. Mi frase fue, sin duda, incauta; pero gracias a eso ha suscitado, por lo pronto, esas dos hermosas cartas de César García Pons y de Octavio R. Costa. Cayó una pequeña piedra en el estanque y se avivaron las aguas. ¡Dios sea loado!

Reconozco, además, que mi frase no fue explícita. En vez de intentar, como intentó, por vías de síntesis, una apretada sugerencia, confiada en las buenas entendederas de los llamados a entenderla, y en el sentido común ajeno —confiada, es decir, en que no se me iba a atribuir ninguna necia injusticia hacia los historiadores en general, ni una desestimación bárbara del género, en que tanto yo mismo me he esforzado—; en vez de eso, digo, debí poner las cosas bien claritas, hacer un párrafo largo donde solo escribí tres cláusulas concisas; y, desde luego, no exagerar lo más mínimo. No importa que todo pensamiento sea inevitablemente exageración, como advirtió Ortega y Gasset, atendiendo a que el pensar supone siempre abstraer y generalizar en alguna medida, acentuar una intención, una nota, un sentido. No importa. Para ser cuidadosos en Cuba hay que escribir ancho y explícito, con la mayor cantidad de «peros» y de «sin embargos», y no olvidando de aludir siempre a las «honrosas excepciones», si es que uno tiene la audacia de aventurar alguna generalización... Además, Dios nos guarde del acento irónico, de cierta juguetona agilidad. En la aldea, el burla-burlando está reñido con las solemnidades a que la amistad y la estimación andan sujetas. Hasta en esta tierra del choteo, o tal vez por lo mismo, el humor escrito es un explosivo. Si con todos esos miramientos el pensar se encanija, la crítica se convierte en sosas paráfrasis y acomodaticias lisonjas y el estilo contrae un reumatismo crónico, tanto peor. Todo se habrá perdido, ¡pero se habrán salvado las amistades!

Mas veamos: sobre ser tan incauto lo que escribí, ¿fue tan desaforado lo que pensé? Dije que la historia es a) para los inútiles literarios; b) para los que no tienen mayor empeño en ser escritores; c) para los escritores viejos. No hay derecho a dejar esa escala reducida a ninguno de sus peldaños, si es que se quiere enjuiciar mi pobrecito parecer con alguna rectitud.

a) Consideremos el primero. ¿Es o no cierto que la tarea histórica (en su plano ínfimo, desde luego) es uno de los refugios a que suelen acogerse los que no tienen ninguna capacidad o ninguna voluntad de pensar y de pensar por su cuenta? La cosa no me parece siquiera materia opinable: es un hecho. Las letras de todos los países están llenas de esa ganga, de esa historia primaria a que se ve atraída cierta aspiración facilona. En las de Hispanoamérica, por ejemplo, hay poca novela, poca poesía de alta calidad, muy poca crítica profunda, poquísimo ensayo de alto vuelo ideológico; pero en cambio hay una cantidad de anecdotismo, de episodismo, de polémica menuda sobre fechas y lugares, sobre apología rapsódica sobre héroes y próceres, que realmente abruma, y que si algo ha contribuido, sin duda, a la glorificación de los anales, muy poco o nada ha contribuido a la glorificación de las letras.

Porque no se trata de que esa labor sea inútil como historia; sirve siquiera para acarrear materiales, para la fijación elemental de valores. Se trata de que, precisamente por su elementalidad, carece de todo valor literario. Y es un hecho, no una apreciación, el de que justamente por esa utilidad relativa que en el género histórico tiene la tarea elemental de mera narración y glosa de documentos, suelen acudir a ella, con cierta esperanza de dignificarse por el asunto, los que se saben sin mucha aptitud para ameritarse por el talento, es decir, los «inútiles literarios». ¿Que también hay gente de chispa que acude a ella? ¡Hombre, claro! Estoy enjuiciando: es decir, exagerando.

b) En un segundo grado de la escala de mi juicio, como dice García Pons, escribí que a la historia acuden también «los que no tienen mayor empeño en ser escritores». La implicación debió ser suficientemente clara. Gira en torno al concepto riguroso del «escritor». Escritor no es, desde luego, todo el que escribe; ni siquiera todo el que escribe correctamente; ni aun todo el que escribe con eficacia aclaradora y comunicativa, o con cierta retórica solemnidad. A nadie, que yo sepa, se le ha ocurrido decir que el gran matemático francés Poincaré, el astrónomo Flammarión, o —para venir a lo nuestro— un Momsem aparatoso o un Altamira desvaído, sean escritores, en el sentido específico y literario de la palabra. Ni eso tiene que ver nada con la sustancia o con el talento de otro orden. Kant era infinitamente superior a Schelling como filósofo, pero Schelling era infinitamente superior a Kant como escritor. Y no es solo que la específica calidad literaria exija ciertas cualidades formales de gracia, de elegancia, de elocuencia, de calor y color expresivos, sino que además supone también una aptitud poética en el más amplio sentido de la palabra, que va desde la penetrante intuición de lo real hasta la fabulación creadora. No hay duda de que la materia histórica consiente grandes escritores —a eso vendremos enseguida—; pero no me parece menos cierto que la materia histórica no es la más adecuada para desarrollar la vocación literaria en quien, por encima de todo, quiera ser eso: un escritor. Y no lo es, porque su objetividad, su factualismo, sus exigencias dominantes de orden y de lógica, conspiran mucho contra el impulso creador y cuasi lírico que la obra del puro escritor conlleva. Mas como eso no quiere decir que la Literatura sea superior a la Historia, sino que son cosas distintas, hay gente que, no obstante tener aptitudes para alcanzar la dignidad literaria, prefieren sacrificarlas en alguna medida a la dignidad de lo histórico. De ahí la afirmación de que a la historia acuden también «los que no tienen mayor empeño en ser escritores».

c) ¿Quiere todo esto decir que en la tarea de reconstruir el pasado no se dé, a veces, la conjunción del gran escritor y el gran historiador? Mis queridos García Pons y Costa ponen demasiado empeño en convencerme de eso. No es necesario: yo no me he olvidado de los Gibson, los Michelet, los Macaulay, los Brandes, etc., para no remontarme demasiado. Ni se me oculta, claro está, el papel que la imaginación, instrumento capital de lo literario, desempeña también en la recreación histórica. Pero lo que sí creo es que esa imaginación tiene que verse, en lo histórico, muy nutrida de larga ciencia y muy frenada por la madurez del juicio, para que se dé lo que a menudo pasa por «historia», a saber, la pura rapsodia sobre el hecho pretérito, cosa a que suelen entregarse demasiado los «historiadores» juveniles y los viejos que nunca llegaron a crecer del todo. La historia es una síntesis de información, de imaginación y de reflexión; cuando esa síntesis resulta de un equilibrio interno de esos tres factores, estamos en presencia de un gran historiador, y por ese equilibrio precisamente solemos decir que la «serenidad» es la marca externa del historiador genuino. En menos palabras: la aptitud literaria y la aptitud histórica suelen encontrar su justo equilibrio solo en la madurez, y por eso escribí también que la historia es tarea «para los escritores viejos».

Todo eso, y no más, ni tampoco menos, es lo que mi frase implicaba, solo que, para ahorrarle al lector estas largas disquisiciones, preferí —incauto que uno es— decirlo en diez palabras, no en mil. Intenté una especie de propedéutica para un escritor joven en quien me parece ver aptitudes para alcanzar mucha plenitud literaria en y fuera de la historia. Me pareció que no le sería inútil el consejo de que no se limitase demasiado a lo histórico; que se ejercitase también en la reflexión libre, en la tarea más puramente crítica o creadora, a la cual ya ha hecho alguna incursión prometedora. ¿A qué negar que a mí me fastidia un poco que los hombres del talento y la sensibilidad de García Pons y de Costa, que pudieran ser también excelentes ensayistas y acaso excelentes críticos, se circunscriban a lo histórico? ¿Cómo desconocer que nuestras letras abundan mucho en este género de producción, con detrimento de los demás géneros? ¿A qué silenciar que Cuba no está solo menesterosa de conocer bien su pasado, sino también de enjuiciar con agudeza su presente y de especular con emoción sobre su propio destino?

A la luz de esas ideas —que yo suponía suficientemente colegibles de mi artículo— se ha de entender la humorada aquella de que «es una calamidad que a Octavio Costa lo hicieran académico de la Historia a los treinta años; esperemos que logre esquivar sus consecuencias». Parece que en la respetable Corporación de la cual me honro en formar parte, eso ha caído mal. Lo deploro, pero demuestra una falta de humor casi patética. En lo sucesivo, cada vez que me permita una broma semejante, tendré que poner una nota al pie diciendo: «¡Ojo! Es una manera juguetona de decir...». ¡Por Dios, colegas! Miren que eso fue lo que le hizo a Rubén Darío decir: «¡De las Academias, líbranos Señor!».

(*Diario de la Marina*, 30 marzo 1950)

Las bardas del jardín de Cándido
(Respuesta a Álvarez del Real)

En su artículo «El Milagro Imposible», publicado el día 14 de este mes en *Prensa Libre,* Evelio Álvarez del Real se excusaba de comentar con alguna tardanza, «por exceso de temas», ciertas manifestaciones de un trabajo mío en *Bohemia* —aquellas en que yo deploraba el tono de la política actual y lo consideraba inferior al de la política de antaño, «más generosa y leal, menos pródiga en arribismos escandalosos, con más penachos románticos» y, cuando venal, más circunspecta en sus aprovechamientos.

También yo tengo que excusarme por recoger ese comentario con alguna demora, a fin de despejar ciertas implicaciones de él en estas mismas páginas de *Bohemia* donde vieron la luz aquellas frases elegíacas. Porque Evelio Álvarez del Real —pluma elegante y sinuosa, inteligencia ladina, de la escuela de «realismo» escéptico que tuvo en Wifredo Fernández su maestro— quiere encontrar en esas frases mías una suerte de arrepentimiento de mi ejecutoria revolucionaria, como si me sintiera —dice— «un poco responsable de haber agitado los polvos que trajeron estos lodos». Y pues el que calla otorga, no estará de más que yo le diga a don Evelio —y a cuantos lectores le leen con la misma atención y gusto que yo— hasta qué punto exacto llegan mis otorgamientos.

La cosa, como se ve, no deja de tener importancia muy superior a la de un mero encuentro amable de periodistas, pues se trata de discernir si la Revolución, por el solo hecho de haber producido un estilo de política, hirsuto, arribista y venal, queda totalmente condenada como un mal paso histórico, al extremo de que debamos presentarles nuestras excusas a los manes de la Patria y a los corifeos de la política vieja.

Lo primero que hay que decir, desde luego, es que las revoluciones —y eso lo sabe bien don Evelio, aunque lo disimule— no son sucesos artificiales ni, por consiguiente, imputables. Son productos históricos. Voy a contar una anécdota cuyo protagonista —Orestes Ferrara— no le será antipático a Álvarez del Real, ni le parecerá sospechoso de complacencias revolucionarias.

En 1936, hallábase el brillante parlamentario del liberalismo expatriado en Nueva York, adonde también me había lanzado a mí la siniestra ola de la huelga de marzo. Otro «exiliado» del machadismo, el doctor Masvidal, que me asistía como dentista a la sazón, me preguntó un día si yo tendría inconveniente en comer en su casa con Ferrara. Le contesté que me sería muy gustoso, pues admiraba el talento de Ferrara y mucho de su ejecutoria, y no era yo hombre que anduviese por la vida cargando odios. Durante la primera parte de la comida a la cual asistíamos los tres matrimonios del caso, la conversación fue un poco tensa y evasiva. Al final salió «aquello». Levantados ya de la mesa, en el momento incitante del café, las damas se cruzaron, sin quererlo demasiado, evocaciones escabrosas de los días aciagos. La simpar María Luisa respiró por su herida. Insinuó imputaciones que hicieron el ambiente difícil. Ferrara, que caminaba por la sala con las manos en las sisas del chaleco —una estampa de sus viejos días parlamentarios— atajó a su esposa, y con aquella su voz sonora, de napolitanos dejos, exclamó:

—Pero, María Luisa, ¡tú hablas de la revolución como si fuese la culpa de alguien!... Las revoluciones no son producto de los hombres; son como los ciclones, ¡parte de la meteorología de la Historia!

Y allí se acabó la discusión. Todos nos despedimos, como cubanos que habíamos asistido, en barrios distintos, al mismo huracán.

De modo, mi querido Álvarez del Real, que no me eche usted la culpa de haber sembrado los vientos de aquella tempestad; en primer lugar, porque mi papel en todo el proceso revolucionario fue bien modesto: apenas hice más que contribuir a darle ideas e ideales a la violencia inevitable; y en segundo lugar, porque esta violencia nació de otras que a su vez se originaron —y aquí llegamos ya a la madre del cordero— en el agotamiento de la sensibilidad histórica de la política vieja.

Piense usted un poco en eso lealmente, con la misma lealtad que a mí me celebra aquellas frases dedicadas a las viejas maneras públicas. Porque las maneras, los modos de un determinado estilo de vida pública pueden ser muy urbanos y circunspectos y relativamente limpios, sin que por eso la política que representan deje de ser una política esencialmente falsa, estéril y periclitada. Y a la inversa, el estilo de una política puede resultar, como el de hoy, sumamente primitivo sin que por ello deje de ser una política representativa de su momento histórico, fiel a las exigencias más profundas de su época.

Usted me llama ingenuo por haberme hecho ilusiones respecto de la clase de vida pública que la Revolución propiciara. Pero ¿no es más radicalmente candoroso, o por lo menos, simplista (porque ya sé que el candor no se da en los predios de Anatole France) el querer juzgar los hechos históricos con ese criterio pequeñito de los corros infantiles: «¡Tú tuviste la culpa!»... «¡No, mentira, que fuiste tú!».

A mí me parece, Álvarez del Real, que aquello de la Revolución se produjo, como digo, por un agotamiento de la sensibilidad histórica de los políticos de entonces. Ese agotamiento lo marcó, sobre todo, Zayas, contra el cual se produjeron las primeras protestas juveniles, pues él fue, recordará usted, quien nos procesó a «los Trece» de la Academia de Ciencias. Gobernante más inteligente, más hábil, no lo ha tenido nunca la República; pero tampoco más asiáticamente indiferente a todo empeño histórico: toda su consigna fue darle libertad al país y que a él lo dejaran hacer, es decir, medrar y tirar el limoncito. No le importaba ni poco ni mucho que ya el criticismo ejemplar de *Cuba Contemporánea* hubiera puesto en evidencia cómo la República se estaba vaciando de toda sustancia moral y retrasándose, con la Enmienda Platt y Crowder, a cuestas, en un simulacro de democracia, sin sentido social ni económico alguno. ¡Y esto, cuando ya se había producido la primera guerra, parto de un mundo nuevo; cuando ya alboreaba por el Este europeo la violencia social; cuando ya el pensamiento fascista incubaba su denuncia de las «democracias podridas»! ¡Aquellos políticos corteses, pacientes, circunspectamente venales y a menudo de penacho romántico vivían, desde el punto de vista histórico, en una especie de limbo! Creían que al país no había que darle más que discursos de ripios poéticos, alguna que otra ley progresista para ir haciendo tiempo, mucha burocracia parasitaria, chivos que no berrearan demasiado, elecciones de cabo y vela y alambrada, y algún que otro delito para amenizar. Era, en efecto, la «Política Cómica».

De ahí salió la política trágica. Si Machado tuvo durante sus tres primeros años el prestigio y hasta la apoteosis que tuvo, fue porque el país le vio de entrada un estilo nuevo: un empuje como para querer hacer de la República una nación verdadera, un espíritu disciplinario que acabara con el relajo zayuno, una voluntad de grandes construcciones, cierto gesto arrogante como de mayoría de edad histórica, hasta un hablarles a los americanos sin servidumbre, como quien iba ya a liquidar, gustárales o no, la Enmienda Platt. Supongo que ese tono inicial fuese el que se ganó la anuencia conservadora, que había de desembocar en el cooperativismo, al cual, don Evelio, creo que no fue usted ajeno.

Sí, Machado fue ya un conato de política nueva. Pero el hombre no dio la talla. En realidad, pertenecía a otra época, a otra sensibilidad. Tenía aún la mentalidad caudillista y guajira. Creía que la cosa era de tranca y tente tieso, y que eso de la cuestión social era invento de comunistas revoltosos. La política —salvo las cuatro o cinco figuras próceres a quienes había desdeñado— se le volvió un coro abyecto, y Machado se ensoberbeció. No tenía la aguja de marear de Zayas. Los episodios obreros se le convirtieron en sistemas celulares, los mítines oposicionistas en conspiraciones, las algaradas estudiantiles en semillero de heroísmos. ¿Tuvo la culpa de eso algún revolucionario? ¡Si es cosa de andar depurando responsabilidades, Machado fue el gran fabricante de revolucionarios!

Pero no; ni siquiera él. Fue, sencillamente, el tiempo histórico que él no supo entender. Cuando ya las torpezas y las soberbias no tenían remedio; cuando ya la vieja política («Río Verde») se había mostrado incapaz de reivindicar las libertades; cuando ya no se podía enjugar la sangre derramada y la juventud estaba en ascuas, tratando de darse a sí misma programas para fecundar su ira, surgió ese abeceísmo a quien usted le achaca la acumulación de polvos que trajeron «estos lodos». Pero la verdad es que surgió ya sobre el lodo, sobre un lodo ensangrentado, y para sobreponerse a él, para darle un sentido ideológico e histórico a toda aquella tragedia. ¿Que también cultivó la violencia? Pues claro. La violencia la introdujo Machado —eso es un hecho histórico— y una violencia, por cierto, bien oscura, siniestra y mercenaria; el país respondió con lo que únicamente podía responder: con violencia también, pero de gente no pagada, y con ideas e ideales para ennoblecer aquella brutalidad inevitable.

Nótese que digo inevitable. No sé si también fuese indispensable. Nunca se ha podido decidir hasta qué punto son necesarias las revoluciones, por la sencilla razón de que no ha sido jamás dable el comparar lo que pasó con ellas a lo que hubiera pasado sin ellas. Nadie sabe si en 1815 Francia hubiera estado mejor o peor de no haber habido Revolución Francesa. Hay un pensamiento evolucionista, al cual Álvarez del Real está declaradamente adscrito, según el cual la evolución consigue a la larga las mismas cosas buenas que una revolución puede lograr, ahorrando, en cambio, las calamidades que toda mutación violenta trae consigo. Es posible. En todo caso, la tesis es tan respetable como para no lanzarse a una revolución «de a porque sí», por simple *fiat*, por pura voluntariosidad. Pero yo insisto en mi tesis, que es también la del Ferrara de sobremesa (distinto del Ferrara de proscenio) de que las revoluciones «no se hacen»: suceden. Son, en efecto, Meteorología histórica: descargas de un proceso congestivo. La «culpa» de ellas no la tienen nunca fundamentalmente los agonistas singulares que las preceden o que las tramitan, sino, en todo caso, los pueblos que en su actitud pasiva día tras día, se dejan ir pasando «carretas y carretones», creando condiciones congestivas de vida.

Por eso, quienes más hacen por evitar las revoluciones no son —¡oh, irónico, eupéptico, diplomático Álvarez del Real!— los optimistas profesionales que ante las cosas vergonzosas que pasan se limitan a sonreír mundanamente; sino nosotros, los que a veces nos vemos acusados, como me acusa don Evelio a mí, de «negro pesimismo». Declino el calificativo. Los pesimistas «negros» no critican, no protestan, no piden a gritos cosas mejores, porque llevan en el alma una lóbrega oquedad, un radical escepticismo. Yo soy de los optimistas que recatan su confianza para que nadie se la saque a bailar. Soy de las que pelean por la clara imagen de futuro que llevan dentro; de los que creen que a un pueblo se le ayuda diciéndole en cada momento la verdad mala de oír junto a la buena, y diciéndole sin disimulos, sin sonrisas en el embustero jardín de Cándido, sin cálculos para estar al calorcito nutricio; soy de los que creen en una gran Cuba futura, y se impacientan de que se le hagan tan tortuosos los caminos.

La política está hoy bastante sucia. Está, en efecto, cundida de arribistas audaces y de pillines y pillastres desorejados. Le falta el pudor en la corrupción y el estilo en la esterilidad. Pero así y todo, tiene un tomo de vitalidad progresista, de simpatía con las mejores consignas del tiempo histórico, que la hacen superior a lo que era aquella política zayuna, totalmente desatendida del querer profundo de la Nación. Su estilo es más violento y más crudo, pero habla mucho mejor el lenguaje de su época. No tiene tanto penacho, pero sí más raíces en lo social. Roba, pero no le está escamoteando al país su destino. No me convierta, pues, amigo Álvarez del Real, mis impaciencias en nostalgias. No soy un arrepentido, sino un eterno esperanzado, y en el peor de los casos, un hombre que, sin frecuentar el jardín de Cándido, se morirá haciéndose cándidas ilusiones. ¡Pobre de Cuba el día en que todos nos sintamos «de vuelta», con una mera sonrisa desilusionada en los labios!

P.S.—Ahora me voy para el Norte, como todos los veranos, a mis colinas de Middlebury. Si usted me contesta, Álvarez del Real, espero que alguien me mande allá su artículo.

Siempre será un placer seguir dialogando a distancia, si los quehaceres no me vedan ese privilegio.

(*Bohemia*, 25 junio 1950)

El autenticismo no da para más

Un leve quebranto de salud —leve, pero no tanto que no me obligase a ausentarme por más de una semana de mis regulares tareas— me impidió recoger con más oportunidad ciertos comentarios motivados por la opinión que respondí a la encuesta reciente de *Bohemia* sobre los dos primeros años del actual Gobierno.[74] Algunas personas me hicieron llegar por vía privada su parecer: yo había estado «sereno», pero demasiado «indulgente» al enjuiciar esa primera etapa de la actual Administración. Y ya en letra de molde, en sus columnas de *Prensa Libre*, el brioso e independiente Ernesto de la Fe destacaba de aquella opinión mía una frase, «el autenticismo no da para más», y me invitaba a que explanase un poco su sentido.

Como el periodismo debe tener más de diálogo que de monólogo, con lo cual se protege de ser dogmático e irresponsable, se me permitirá no ignorar esas reacciones. En el ambiente hay mucho de polémica adusta, y no lo bastante de amigable conversación. Suele andar cada cual más atento a lanzar las pedradas de la invectiva, o a emitir las nubecillas de su incienso, que a ventilar pareceres con la mira puesta en lo único realmente útil: la verdad, la justicia, el interés cubano. Hace poco un diplomático extranjero me decía que le resultaba en nuestro país más difícil que en otro alguno formarse opinión sobre la política leyendo los comentarios de la prensa, porque suelen siempre situarse en los extremos: o el dicterio o la lisonja. «Aquí —añadía— casi todo el mundo es faccioso».

---

74 «Opinan sobre los 2 años del gobierno del doctor Carlos Prío Socarrás», *Bohemia*, 15 octubre 1950, págs. 82-89. La respuesta de Mañach aparece en las páginas 85-86.

Yo no creo haber sido «indulgente» al enjuiciar los dos primeros años de gobierno de Carlos Prío. Señalé los que me parecen ser tantos indiscutibles de acierto en su ejecutoria, y también las deficiencias. Hablé de los problemas que heredó o que se le presentaron, y del modo más o menos hábil como los resolvió; pero también dije de cómo las más importantes cuestiones, los menesteres más profundos de nuestra vida económica, social y cultural, estaban aún por atender. Sobre esto volveré ahora, para dejar luego más justificada aquella frase a que se prendió la atención de Ernesto de la Fe: «el autenticismo no da para más».

Notemos antes que nada el desiderátum cubano, o, para decirlo con más claro lenguaje, lo que este país está desde hace años pidiendo a gritos. Está pidiendo una política seria, limpia, competente y de gran empuje rectificador y creador. Adjetivos semejantes son fáciles de escribir; por lo mismo hay que cuidar de que ellos no nos deslicen hacia planos demasiado ideales o utópicos, de que nos lleven a la ociosa tarea de «pedir la Luna». Todos sabemos que el mundo está hoy lleno de problemas y que toda realidad social presenta fuertes resistencias al mejor empeño. «Gobernar es siempre lo difícil», fue lo primero que dije en aquella opinión para *Bohemia*. De manera que no hay que extremar la inconformidad ni las aspiraciones hasta el punto de su quicio real o histórico. No hay por qué exigir que nuestra Cuba, con todas las limitaciones que le son propias en su situación especial y en su inmadurez y con todas aquellas otras que se derivan del momento crítico que todos los pueblos viven, sea una república perfecta.

Pero, sentado ese límite a nuestra demanda, hay que añadir enseguida que si un pueblo no tiene derecho a pedir la Luna, sí lo tiene, por lo menos, a vivir con su pedacito de sol, es decir, a vivir con sus necesidades básicas y primarias cabalmente satisfechas. Crear un Estado es como poner casa propia en la Historia, y sostenerlo no difiere esencialmente de lo que significa, en el orden individual, sostener una casa como es debido. La casa ha de estar todo lo bien amueblada y provista que la economía personal consiente, ha de tener techo sin goteras y mesa sin hambres, ha de estar bien limpia y ordenada, ha de vivirse en ella con un mínimo de placidez y decoro, sin dar escándalos ni tener que sonrojarse cuando recibe visitas. Que después de haber logrado eso haya en la casa determinadas deficiencias, que surjan problemas según va creciendo la familia, que el ambiente doméstico tenga sus fallas en el convivir, ya es cosa inexorablemente humana, y sin eso tal vez la vida resultaría demasiado aburrida.

Puede que ese modesto símil casero sirva para dar a entender lo que quiero decir. La casa cubana nunca ha tenido un orden primario que nos satisfaga medianamente siquiera. Nunca ha estado medianamente amueblada de instituciones sociales. Nunca ha disfrutado de una economía proveedora y previsora en la medida en que los ingresos de la familia consienten. En la familia, unos se aprovechan demasiado de esos ingresos, y otros están bajo las goteras y tienen que «volar turnos» a la hora de comer. Si estos enferman, no hay quien los asista. Los niños no van a la escuela, o van cuando les place y con escaso provecho. El ambiente doméstico es desapacible, porque los mandantes tiran la casa por la ventana mientras los demás sufren y aguantan. En una palabra, esta casa cubana ni está medianamente instalada ni es propiamente un hogar: es sencillamente un solar de lo peorcito, donde unos viven a la buena de Dios y otros a la mala del diablo.

¿Se prefiere que dejemos los símiles a un lado? Pues recordemos concretamente que Cuba, país de ingresos considerables para su tamaño y población, aloja un pueblo del cual solo una pequeña parte —ciertos privilegiados del azúcar, del comercio y de la industria— disfrutan de prosperidad sustancial; otra parte aún más pequeña, los políticos, derivan del Estado muy pingües provechos, al extremo de que casi todos llegan a la opulencia; y todo el resto de la población, o vive malamente de la burocracia, o vive «defendiéndose»...

Recordemos que Cuba es un pueblo con leyes civiles retrasadas y otras leyes, sociales y políticas, demagógicamente desaforadas. Recordemos que en Cuba apenas hay más caminos que el maltrecho de la Carretera Central. Recordemos que el sistema de instrucción pública, precario de aulas, de horas de enseñanza y de edificios escolares, deja amplios márgenes al avance del analfabetismo; recordemos que aquí hay apenas servicios públicos que no sean un escarnio; que problemas elementales, como los de agua y alcantarillado, están por realizar; que la Salubridad es casi una entelequia; que apenas hay hospitales dignos de tal nombre; que el material humano, empobrecido ya por la falta de un régimen sensato de inmigración, está a la merced de los estragos de la enfermedad y de la falta de alimentación. Recordemos que si La Habana nos provee de ilusiones civilizadas, el «campo» es un inmenso ámbito de primitivismo, de explotación y de sordidez en las costumbres. Recordemos, en fin, para no hacer el catálogo completo de nuestros males, que aquí vivimos desde hace muchos años escandalizados por la creciente desmoralización de nuestras costumbres públicas y privadas, por la corrupción, la incompetencia o la frivolidad de nuestra política; por el despilfarro, en una palabra, de recursos que, ya a los cincuenta años de vida independiente, debieran haber hecho de la nuestra una República, si no ejemplar, por lo menos merecedora de un fuerte orgullo nacional.

Si todo eso se tiene en cuenta, se comprenderá cómo es posible hacer el balance de un gobierno como el de Grau con los acentos irritados con que yo lo hice, y enjuiciar los primeros dos años de Prío sin negarle las cosas que ha ido haciendo para mejorar la casa aquí y allá, pero diciendo al final lo que dije: que «las grandes necesidades del país en cuanto a servicios sociales —escuelas y caminos, hospitales, acueductos y alcantarillados, salubridad, reforestación, sustentación orgánica de la alta cultura— están aún por satisfacer». No hubo, ni «indulgencia» en el reconocimiento de lo primero ni «gratuitas ganas» de quejarse en lo segundo. Negarle demasiado a un gobierno es desalentarlo para las buenas intenciones que aún puedan quedarle; es llevar a su ánimo la conclusión de que no vale la pena sacrificar un poco siquiera del interés politiquero con asomos de «nuevos rumbos», porque le seguirán diciendo perrerías al que manda. Mas, por otra parte, aplaudir demasiado equivale a olvidar que un país no está bien gobernado mientras tenga tantas cosas esenciales por atender.

Ciertos amigos ortodoxos me han reprochado aquella indulgencia; pero ya va siendo hora de decir que la Ortodoxia tiene que poner más alto el blanco de sus inconformidades. Ese gran movimiento de recuperación cívica no puede malgastarse, si ha de ser fiel a su destino, en cogerle pulgas al gobierno de Prío, ni mucho menos en negar las cosas buenas que evidentemente ha hecho. Tampoco puede concentrar solo sus iras en la falta de «honestidad», en la vasta corrupción que ha inficionado la vida cubana, aunque sea este, hoy por hoy, el problema más escandaloso y que más drásticos remedios exige. La Ortodoxia tiene que elevar su censura contra el nivel general de chabacanería, de incompetencia, de frívolo arribismo en la política; tiene que polarizarse contra la falta de espíritu rectificador y de espíritu creador profundos en nuestra vida pública; tiene que denunciar, en una palabra, no tales o cuales episodios escandalosos, sino, por encima de todo, el gran escándalo que significa el hecho de que, a los cincuenta años de vida independiente, aún no tengamos una república que sea un hogar digno y limpio para todos los cubanos.

Los auténticos —amigo Ernesto de la Fe— están agotando la oportunidad que les deparó la Historia de hacer de Cuba una nación ejemplar con un Estado decente. Eso fue lo que prometieron en los días gloriosos de la Revolución; pero en cuatro años de Grau, faltaron miserablemente a su promesa y nos envilecieron la República, y en los dos años que lleva Prío apenas han logrado levantarse por encima de aquella miseria más que ordenado y barriendo un poco la casa y amueblándola con dos o tres instituciones importantes. Eso fue lo que me llevó a la conclusión de que, por lo visto, «los auténticos no dan para más»... A la conclusión de que, en general, como partido, como escuela de pensamiento y de acción política, no le entra en la cabeza al autenticismo la gran necesidad y la gran demanda de Cuba.

(*Bohemia*, 5 noviembre 1950)

El incauto y el reincidente
(Contestación a Rivero Agüero)

Siento de veras que Andrés Rivero Agüero —con su artículo «Ansia de rectificación», publicado en el último número de *Bohemia*—[75] me haya puesto en el trance de tener que contestarle «para alusiones». Y lo siento, primero porque tengo a Rivero Agüero en estima tan cordial como la que él declara profesarme, y siempre es penoso tener que discutir con amigos. Y después, porque hubiera preferido —ex ministro como soy de los postreros días de Batista— no verme atraído a discusión alguna respecto del hombre a cuya obra de gobierno asistí con tanta lealtad a él como a la República. Soy de los que cultivan eso, la lealtad, hasta póstumamente...

Pero he aquí que, con subrayado de fotografía y todo, Rivero Agüero me califica de «incauto que cayó en las mallas de la Ortodoxia, porque solo ha visto la superficie color de rosa, y no la negrura insondable del fondo». Le apena, dice, tener que destruir esa «ilusión», que a mis años bien pudiera ser la última. Mas ¿qué menos puedo hacer yo que salir a la defensa de esa ilusión, aunque acaso no sea tan postrera como el tenaz paladín del General Batista supone?

No quiero, sin embargo, convertirme yo a mi vez en el Rivero Agüero de Chibás. Si de vez en cuando tercio en estos debates políticos, que la disputa del poder va encendiendo cada día más, no es en defensa o propaganda de ningún hombre, sino en defensa —aunque esto suene muy solemne— de los intereses públicos. Los hombres no me interesan sino en la medida que parezcan o no capaces de servir esos menesteres nacionales. Puede tener Rivero Agüero la seguridad de que si, de aquí al 52, surgiese algún hombre que, por sus antece-

---

75 Publicado el 18 marzo 1951, págs. 58-59.

dentes, por sus aptitudes personales y por el cuadro general de compromisos y de hombres dentro del cual se moviese, me pareciera más prometedor que Chibás para el beneficio de Cuba, a su favor se iría mi nueva «ilusión». Más claro, agua.

Esto quiere decir que del artículo de Rivero Agüero no me incitan a dar respuesta tanto las apreciaciones generales que en él hay como la tesis de fondo que plantea. Las apreciaciones personales están inevitablemente cargadas de pasión hostil —hostil a Chibás y rendida de amor a Batista. Y hasta qué punto la pasión de este tipo puede ser arbitraria, se echa de ver con solo notar que a Chibás no le perdona ciertos excesos de conformidad cuando estaba al lado de Grau, ni cree que pueda dar bueno de sí a pesar de estar inédito como gobernante; y en cambio, de Batista, gobernante muy «editado», dice que «viene obligado a una rectificación sustancial de los errores pasados» y pide «comprensión general» hacia ellos... En este mundo traidor...

Vamos, pues, a la tesis de fondo, que es lo que importa. Rivero Agüero la expone con estas palabras: «Solo con honradez química y bacteriológicamente pura no se es un buen gobernante, y en el dilema de ser honrado o capaz, responsable, patriota, honesto, en el verdadero sentido del concepto (¿cuál será para Rivero Agüero este verdadero sentido?), es mil veces preferible lo último a lo primero». Y en otro lugar advierte: «los más grandes hombres de la historia, los que han dejado huellas eternas de su paso por la dirección de los pueblos, no han sido honrados, en el sentido limitado, estrecho y cominero que parece querer darle a las actividades públicas el ilustre ex Ministro de Estado del General Batista».

Después de dar las gracias por el adjetivo honroso y de recordar que yo ocupé ese alto cargo en un gobierno de «unidad nacional», sirviendo a mi partido, que lo creyó justificado por la guerra, paso a examinar la tesis, que es lo que importa. En ella, Rivero Agüero y yo estamos sustancialmente de acuerdo. Con parecidas palabras he dicho muchas veces eso mismo que él dice: que no basta la honradez, mera condición inicial, para ser un buen hombre de gobierno. A lo que yo no podría extender tanta conformidad es a la idea que parece desprenderse del otro párrafo de Rivero Agüero en el sentido de que todos los grandes estadistas han sido gente rapaz o de pocos escrúpulos. Rivero Agüero menciona a Cavour, a Catalina II de Rusia, a Clemenceau, a Bismarck, a Richelieu, a Luis XIV, a Napoleón. Pudiera haber añadido a Mirabeau, y hasta haberse asistido de las consideraciones que a propósito de ese gran líder revolucionario hace Ortega y Gasset en un ensayo muy socorrido y socorredor para quienes mantienen esa tesis de que la política tiene muy poco que ver con la honradez.

Claro que junto a la lista de hombres de Estado sin escrúpulos administrativos —y no estoy yo tan seguro de que lo fuesen cuantos Rivero Agüero menciona— se podría tener una lista aún más larga de hombres de gobierno que sí unieron a la austeridad la fecundidad. Pero no vamos a convertir esto en torneo de erudición histórica. Repito que estoy sustancialmente de acuerdo con Rivero Agüero en que con la honradez no basta. Lo he dicho en muchas ocasiones.

Pero también he dicho —y aquí es donde llegamos al grano— que si en Cuba el requisito de honradez ha alcanzado «categoría de labor patriótica», como el mismo Rivero Agüero dice, es porque la deshonestidad ha llegado a afectar profundamente dos intereses fundamentales: 1) la capacidad de servicio del Estado; 2) la salud de la conciencia política y moral de la Nación.

¿Será necesario demostrar eso? ¿Será necesario persuadir a Rivero Agüero, ni a nadie, de que en Cuba el peculado no es ya un incidente periférico, por así decir, sino una disposición crónica que ha mermado atrozmente la eficacia del Estado? En proporción a nuestro tamaño y población, somos uno de los países más ricos del mundo. Con los recursos de que ha venido disponiendo el Estado cubano —salvo en momentos de gran crisis— podríamos tener en Cuba, desde hace ya mucho tiempo, un sistema vial magnífico, un sistema de obras públicas básicas que no obligasen a nuestro pueblo a vivir reducido a la más primitiva satisfacción de sus necesidades físicas primordiales; un sistema de escuelas que hubiera acabado con el analfabetismo; un sistema sanitario que hubiese extirpado el paludismo, la malaria y otras endemias con la misma eficacia con que se extirpó, en tiempos de los americanos, la fiebre amarilla. Con los recursos de que el Estado ha dispuesto, si los hubiera canalizado hacia el servicio público, y no hacia el enriquecimiento personal y hacia una frondosidad burocrática esencialmente destinada a hacerse perdonar electoralmente ese enriquecimiento y sus vicios afines, Cuba tendría sistema de irrigación, mejor distribución de tierras e instrumentos para cultivarla, mejor aprovechamiento de sus riquezas naturales, más centros industriales de trabajo, comercio más accesible al trabajo honrado, bancos más próvidos para el esfuerzo, etc., etc. En fin, si en Cuba los gobernantes hubiesen sido nada más que medianamente honrados —y ya ve Rivero Agüero que no pido lo que él llama «gollerías»— Cuba sería hoy un pueblo admirable.

Pero ¿es que nos hemos perdido solo eso: la ejemplaridad magnífica? No: es que por rapacidad de nuestros políticos (en tesis general) NUESTRO PUEBLO, SIENDO UNO DE LAS MÁS RICOS PER CÁPITA DEL MUNDO, ES UNO

DE LOS QUE VIVEN EN CONDICIONES MÁS DOLOROSAMENTE PRIMITIVAS EN TODOS LOS SENTIDOS. Pongo eso en mayúsculas, porque esa es la gran tragedia, ese es el gran crimen, eso es lo que ninguno de nuestros gobernantes ha querido remediar, y a eso, no a ninguna moralina superficial, ni a ninguna austeridad de sacristía, es a lo que nos referimos cuando decimos que el gran problema de Cuba es el de la moralidad administrativa. No se trata de hacer arcángeles de nuestros políticos; se trata, sencillamente, de que cumplan el requisito básico de pulcritud indispensable para que nuestro Estado sea un Estado de veras, ¡para que ellos sean políticos de verdad! Porque si la tarea de un político no es crear un orden decoroso de satisfacción de los intereses primordiales de un pueblo, entonces yo ya no sé lo que significa política en el sentido genuino de la palabra.

Y eso, querido Rivero Agüero, no lo ha hecho todavía nadie en Cuba. No lo hizo el pobrecito Don Tomás, a quien ahora está de moda ponerle en solfa la virtud; mas no lo hizo, no por sobra de virtud, sino por falta de talento, que es otra cosa. No lo hizo José Miguel, que empezó con aquello del tiburón que «se baña, pero salpica»; no lo hizo Menocal, que si no salpicó, nadó bastante; no lo hizo Zayas, que estuvo asistido de dotes justamente contrarias a las de Don Tomás; no lo hizo Machado, cuyos mayores pecados, sin embargo, se fueron por otro lado...

Allí terminó lo que creíamos que podríamos llamar la etapa de vieja política, caudillística, oligárquica y mano-liviana. Pero la Revolución levantó, entre otras, un ansia enorme de limpieza fecunda en nuestra vida pública. Pensamos que, de ahí para adelante, nuestros hombres de gobierno serían honrados, a más de fecundos. ¿Comprende usted ahora, sin que hagamos inventario, por qué en ese capítulo, por lo pronto, la Revolución ha sido TRAICIONADA?... No me obligue, por Dios, a desatar más la lengua. No me fuerce a determinar cómo y cuándo comenzó esa traición. No me ponga en el caso de decir que mientras yo servía a Batista lealmente como Ministro de Estado, y salía de mi cargo pobre, como entré en él, un Alliegro se hacía millonario a mi lado, y yo tenía que morderme las ganas de renunciar, para no hundir definitivamente a un partido que todavía soñaba con ser «¡la esperanza de Cuba»!

No: no se trata de moralinas, sino de la vitalidad social misma del país. Pero también de algo más se trata. Se trata de que en Cuba el espectáculo de la venalidad política ya está corrompiendo, no solo la política, sino todo el ámbito nacional. ¿O es que no ha oído usted a muchachos de quince o de veinte años decir que aquí en Cuba el que no roba es un idiota? ¿Por qué blasona usted, amigo Rivero Agüero, como lo hace usted, de la honradez personal que todos le reconocemos? ¿Por qué blasona usted?: ¡Usted y yo somos unos idiotas! Servimos a la Administración en altos puestos, y hoy vivimos de nuestro trabajo y no tenemos ni finca ni casa propia —yo, al menos, no la tengo. ¿Verdad que somos unos idiotas? Hasta la gente «bien», hasta los jóvenes dicen que lo somos. Es que EL ESPECTÁCULO DE LA RAPACIDAD POLÍTICA NO SANCIONADA está corrompiendo la conciencia moral cubana.

De eso, pues, se trata cuando hablamos del rescate de la honradez: se trata de recatar LA FECUNDIDAD DEL ESTADO Y LA FECUNDIDAD DE LA CONCIENCIA. ¿Le parece a usted poco eso? ¿No cree usted que esa es una tarea histórica, digna hasta de Cavour y de Richelieu? Eso no es periférico en Cuba; es central. Todo lo demás que han hecho nuestros gobernantes más creadores —entre los cuales incluyo a Batista— es más periférico que central. Nuestro pueblo sigue sin caminos, sin escuelas, sin hospitales, sin acueductos, sin sanidad, sin centros suficientes de trabajo, sin nada de lo que levanta a un pueblo por encima de un nivel primitivo de vida. Lo que pasa es que los chalets y las casas de apartamentos —muchos de los cuales pertenecen a los políticos rapaces— nos deslumbran y nos hacen pensar que somos un pueblo próspero y venturoso.

Termino. Yo no sé si Chibás tendrá aptitudes, como hombre de gobierno, para ser el día de mañana, además de honrado, creador. Pero con que solo fuese tan honrado que los dineros del pueblo volviesen al pueblo en forma de tutela y servicios de Estado, ya estaría haciendo en Cuba una revolución creadora. Y lo que sé de él, no me induce a pensar lo contrario. Es un hombre en quien se dan, por lo menos, dos cosas: la honradez y la combatividad valerosa al servicio de ella. La virtud no ha faltado aisladamente en Cuba: la tuvo un Coyula, por ejemplo. El valor tampoco falta: lo tiene cualquier ladronzuelo en el cuadro político actual. Lo que rara vez han ido juntos en Cuba han sido la virtud y el coraje para combatir por ella. Que un hombre público tenga esa combinación, ya es bastante para poner en él una ilusión. Si el día de mañana nos la defraudase... ya sabe usted lo que yo dije a Chibás ante muchos ortodoxos en el discurso de la víspera de sus primeras elecciones aspirando a la Presidencia —si nos fallase, ¡le iríamos a poner en la frente la ceniza de nuestra propia ilusión!

En cuanto a Batista, soy el primero en felicitarme de que aspire de nuevo ahora con el sentimiento de que viene, como usted dice, «obligado a una rectificación sustancial por sus errores pasados». Pero no nos censure usted, Rivero Agüero, que entre lo inédito prometedor y lo «édito» que promete rectificaciones, optemos por lo primero. Yo podré ser «incauto», como usted dice; pero al menos no quiero ser reincidente.

(*Bohemia*, 25 marzo 1951)

Algo más que una cuestión personal

¿Valdrá la pena seguir escribiendo públicamente sobre mi «problema» en la Ortodoxia, cuando tantas cosas hay de que hablar que parecen más importantes?

Creí que mi artículo en *Bohemia* titulado «Mis relaciones con la Ortodoxia»[76] bastaría para que se me dejara en paz —en la paz de mi conciencia. Pero sobrevino la comparecencia de Aureliano [Sánchez Arango] en *Ante la Prensa*. Pensé que mi artículo sobre eso en *Prensa Libre* bastaría para sosegar las lenguas de nuevo desatadas, y que mi renuncia a un cargo dirigente en el Partido del Pueblo (aunque no al Partido mismo) les daría satisfacción a algunos fanáticos de fila, y tranquilizaría a los que, más arriba, pudieran verme como un competidor senatorial, o algo por el estilo... Pero está visto que entré en Cuba con mal pie, porque cierta brevísima «microentrevista» que *Prensa Libre* me hiciera el día 13 —TRECE, día en que uno no debe casarse ni embarcarse ni dejarse entrevistar— desató de nuevo la inconformidad estentórea de [José] Pardo Llada haciendo tronar mi nombre infeliz por toda la isla con acentos de reprobación.

No hay más remedio que contestar, porque vivimos en un medio que se nos está volviendo sumamente primitivo, donde está muy vigente eso (tan reñido a veces con la dignidad del silencio) del que calla otorga.

Ya le contesté a Pardo Llada aceptando la invitación a hacer lo que yo mismo, espontáneamente, le pedí al Dr. Agramonte desde mi llegada a Cuba: que convocase enseguida al Consejo Director del Partido para considerar conmigo ciertas imputaciones que, sin formularse oficialmente, habían lle-

---

[76] «Mis relaciones con la Ortodoxia», *Bohemia*, 9 septiembre 1951, págs. 48-49 y 88. Incluido en esta compilación.

gado a tomar relieve molesto y hasta vejaminoso; para que se me explicase por qué los cables que yo había mandado, desde Madrid primero, cuando el tiro fatal, y luego desde Nueva York, cuando la muerte que todos lloramos,⁷⁷ no se publicaron, dando así pábulo a la impresión de que el trágico suceso me era indiferente. Para que se me aclarase también por qué, en las esquelas de defunción que convocaron al sepelio, mi nombre fue deliberadamente suprimido, a pesar de ser yo un dirigente de la Ortodoxia... Todo eso y algo más quería yo saber, a cambio de lo que se me pidiera que explicase. Pendiente estoy ahora, al escribir estas líneas, de que el Consejo Director me oiga, y de oírlo yo a él.

Pero eso será de puertas adentro, y esta elucidación, en sus aspectos más importantes, la tengo que hacer de puertas afuera por tres razones: porque es fuera de la intimidad del Partido donde se me han hecho los ataques; porque si mucho me importa lo que en el seno de la dirigencia se piensa de mí, mucho más me interesa que piense bien de mí el pueblo; y finalmente, porque las cosas de más fondo que quiero decir rebasan con mucho lo personal.

Antes de hacer todo eso, sin embargo, se impone otra diligencia restauradora de la verdad. Mi entrevista con *Prensa Libre* no se publicó completa. Cuando este diario me la pidió, rogué que, para mayor precisión ante un tema tan delicado, se me permitiera poner mis respuestas por escrito, y hasta añadir alguna pregunta de mi propia cosecha, con su correspondiente contestación. Se accedió a ello. Mas, por falta de espacio, o por lo que fuera, *Prensa Libre* omitió dos preguntas contestadas. Eran las siguientes:

77 Mañach alude a la muerte de Eduardo Chibás, quien el 5 de agosto se dio un tiro ante los micrófonos de la emisora radial CMQ, cuando dirigía una alocución contra la política deshonesta del presidente Carlos Prío. Murió de la herida el 16 de ese mes.

«—¿No es un peligro para el orden público —me preguntó *Prensa Libre*— el frenesí oposicionista de la Ortodoxia?».

«—No —contesté yo. Sería mucho más peligroso que, bajo ese pretexto, se le conculcase a la Ortodoxia su derecho (que es también su deber) a combatir las violaciones del orden moral y jurídico».

«—¿Cree usted —pregunta añadida por mí— que la Ortodoxia ganará el poder en 1952?».

«—Si logra tramitar el candente período electoral con energía y prudencia, sí».

Como se ve, esa parte del diálogo escrito y omitido, era, precisamente, la más favorable a la Ortodoxia: la que me mostraba en defensa de ella y confiado en su triunfo. *Prensa Libre* no ha de tomarse a mal que yo divulgue esa omisión. Cierta vez me vi penosamente obligado a reprocharle públicamente a Chibás que citara solo fragmentariamente un discurso mío sobre Belt. Si eso hice con Chibás, bien puede ahora *Prensa Libre* excusarme que lo haga con ella, para restablecer, ahora como entonces, la plenitud de mi pensamiento; para que no parezca, en una situación ya bastante delicada, que mis opiniones sobre la Ortodoxia se iban por donde más podían lastimarla, y no por donde podían servirla.

* * *

Ahora, con la conciencia tranquila, pasemos a otra cosa. Comentando lo que salió de esa entrevista mía con *Prensa Libre*, Pardo Llada dijo, por su hora radial, que no quería polemizar conmigo, y añadió algunas flores que, aun con sus estambres de ironía, mucho le agradezco. Yo también tengo el más sincero aprecio por Pardo Llada, a quien celebré alguna vez públicamente en lugar donde no era fácil hacerlo. De modesto francotirador de la radio, Pardo Llada se ha alzado a una posición destacada en la Ortodoxia y a una perspectiva muy brillante en nuestra vida pública. Mas, ¿por qué ese escrúpulo en polemizar conmigo, si de hecho ya lo está haciendo? Lo malo no es polemizar, sino «fajarse», dar bramidos sin sustancia, desfigurar deliberadamente las cosas, perderse el respeto que todos nos debemos; y eso no espero que lo haga Pardo Llada. Es un muchacho apasionado; pero lo creo de pasión noble, no bastarda.

Los reproches que me hizo se redujeron a dos: el primero que yo había dicho a *Prensa Libre* que llevaba ya tres meses «fuera del santuario». Eso de «santuario» no le gustó. Creyó que yo quería decir que la Ortodoxia es una capilla cerrada. La verdad es que la frase tuvo su pequeña malicia; pero no tanta. ¿No ha oído nunca Pardo Llada hablar de la intimidad más solemne de un lugar o de una institución como su sancta sanctórum?... Pude haber empleado ese latinillo; pero me pareció que no se iba a entender del gran público y preferí «santuario». La malicia estuvo en aludir, eso sí, a cierto ambiente de beatería fanática que me parece estarse formando en el alto seno ortodoxo. A eso me referiré después.

El segundo reproche de Pardo Llada consistió en devolverme por pasiva la explicación que di de que me separaba de la dirigencia ortodoxa porque se me había forzado a considerar mi participación en ella, tal como ella lo desea, como incompatible con el adecuado desempeño de mis demás responsabilidades públicas. Lo verdaderamente incompatible —replicó el director de *La Palabra*— es que un líder ortodoxo adopte «equívocas actitudes», sobre todo en los momentos en que el Partido requiere más unión y decisión en sus filas.

¿Cuáles son mis «equívocas actitudes»? Pardo Llada tuvo la sensatez de no referirse a mi viaje a Europa para representar a Cuba en la UNESCO. Aunque ese fue uno de los temas de la comidilla contra mí, no se refirió a él Pardo Llada, ya fuese porque la aprobación de Chibás convalidaba mi actitud, o porque le impresionó mi argumento de que yo no había ido representando ni al Presidente Prío ni a su Gobierno, sino al Estado cubano, a Cuba.

Mis «actitudes equívocas» las ve más bien Pardo Llada en que soy amigo de Aureliano, a quien —según dijo— le he mostrado muchas veces «reconocimiento, adhesión y hasta aplauso». Aquí el reproche toma cierto viso insidioso. Parece, en primer término, como si se quisiese echar sobre mí la malquerencia ortodoxa en que el Ministro de Educación se ve envuelto por la malhadada polémica de marras, y toda la exaltación que la trágica muerte de Chibás proyecta sobre lo que, sin ese tremendo desenlace, hubiese sido un incidente polémico más en la vida del gran batallador...

Esto —dicho sea de paso— esta interposición trágica, es lo que hace tan difícil hoy ventilar a fondo y en todos sus aspectos cualquier cuestión que, directa o indirectamente, se relacione con aquella violenta discusión o con sus protagonistas. La entrevista *Ante la Prensa* les pareció «una pala» a ciertos espectadores y les pareció mansa a otros porque yo había rogado que no se hiciese referencia alguna ni a Chibás ni a la polémica, y todas las cuestiones que hubieran resultado más interesantes y sensacionales giraban precisamente en torno a eso. El premio por haber tenido los periodistas y yo esa elemental delicadeza, fue que nos acusaran de haber entrado en complicidad con Sánchez Arango. A ese extremo ha llegado la suspicacia en Cuba. Hay, pues, una tumba recién cerrada por medio. Habrá que aguardar unos meses, tal vez unos años, para que, serenados los ánimos, estas cosas se puedan ver en su justa perspectiva y valorarse como es debido. La verdad entera tendrá que esperar...

El viso insidioso en el reproche que me hace Pardo Llada se concreta en su afirmación de que yo le he mostrado muchas veces a Sánchez Arango no solo amistad, sino también «adhesión y reconocimiento». Yo tengo amistad personal con muchos hombres en los sectores más diversos de nuestra vida pública; pero nunca he sentido que esa relación personal me obligase al elogio de sus labores oficiales o de sus actitudes políticas. Ni sabía yo que al hacer esto —al celebrar, por ejemplo, como alguna vez lo hice en plena campaña contra el Gobierno de Grau, la actividad constructiva de Pepe San Martín— estaba yo incurriendo en nada que pudiese lógicamente calificarse de «adhesión». Ahora Pardo Llada habla, además, de mi «reconocimiento» a Sánchez Arango. ¿Agradecimiento de qué y por qué? En el ambiente que vivimos, esta palabra —tan noble, por lo demás— toma latitudes muy sospechosas, muy sugestivas. Quiero hacerle a Pardo Llada el honor de suponer que no ha querido atribuirme lo que yo en mi primer artículo llamaba «eructos de estómago agradecido». Llevo demasiados años viviendo con harta independencia, pero no con una independencia harta.

**

Levantemos el debate, sin embargo, por encima de estos aspectos personales. La cuestión tiene implicaciones mucho más importantes. Cierto que esta batalla que estoy dando es, antes que nada, en defensa de mi propio decoro, lastimado por la intriga, la suspicacia y el desaire; pero es sobre todo una batalla POR LA ORTODOXIA MISMA, y si la Ortodoxia no me quiere aceptar esta brega en su defensa, me atreveré a decir que es una batalla por la justicia, por las ideas liberales y por la salud moral de Cuba.

En efecto, lo que está realmente a debate en toda esta lamentable, pero necesaria discusión, es SI EL FANATISMO ES UNA ACTITUD POLÍTICA SANA. Por fanatismo entiendo lo que se ha entendido siempre: «el celo excesivo por una religión u opinión». Lo que hace «excesivo» el celo en tales casos es que no se limita a ser un fervor por lo que se cree, sino que se acompaña de una prevención cerrada, sistemática, violenta, agresiva contra todo lo que no sea eso en que se cree, contra toda actitud que no acepte íntegramente lo que pensamos y sentimos, contra toda independencia de criterio para graduar y discernir, para distinguir y separar.

El fanatismo político en que la Ortodoxia viene cayendo parte de una premisa correcta: que hay mucha corrupción en la vida política cubana. Eso es verdad, por desgracia, y nadie lo ha denunciado más que yo. Pero de esa premisa correcta, el fanatismo oposicionista da un salto a la deducción de que TODA esa vida política nuestra está podrida, de que no hay ninguna zona de intenciones limpias más que aquella en que nosotros estamos situados, ni ningún gobernante útil más que los que nosotros prometemos al país, ni ningún hombre honrado más que los que con nosotros están... Hecha esa tremenda generalización, se pasa a declarar varias cosas más; a saber: que todo el que participe, o tenga siquiera algún contacto con esa vida política que no es la nuestra, es un cómplice miserable de la corrupción o coquetea con ella; que todo lo que se diga en elogio de algún aspecto de esa gestión oficial, es una traición, una deserción, una «actitud equívoca». Y algo más grave aún se declara o se piensa: que TODO argumento contra esa vida política, o contra cualquier detalle u hombre en ella, es válido, cualquiera que sea su grado de veracidad intrínseca, cualquiera que sea su demostrabilidad. El fin justifica los medios.

Eso es lo que yo llamo fanatismo político. Es la generalización y la simplificación llevadas al extremo de la ferocidad. Contra eso, en política tanto como en religión, el espíritu liberal ha dado batallas seculares, porque no ha habido caso alguno en la Historia, que yo sepa, en que un pueblo arrastrado y cegado por el fanatismo, no haya sufrido, a la corta o a la larga, estragos de todo género, empezando por los estragos de la conciencia y de la cultura y acabando por las más cruentas violencias.

No se crea que ignoro la fuerza de ciertas consideraciones que se me pudieran aducir en el caso de Cuba. Confieso que yo mismo, en trances de intensa ira ciudadana, he pensado y hasta escrito que cuando la putrefacción llega muy hondo, no hay más remedio que atacarla con unanimidad violenta, sin concesiones ni salvedades de ningún género. Pero siempre me he tenido que arrepentir de tales pensamientos, porque enseguida han acudido a mi mente varias consideraciones. Por ejemplo, la de que la base de la corrupción es la falta de discernimiento de quienes eligen gobernantes malos, de donde se infiere que a un pueblo realmente se le cura enseñándolo a discernir, no a confundir con simplismos y generalizaciones absolutas; la de que negar el elogio al adversario cuando lo merece, es hacerle sentir que lo mismo da que lo haga bien o que lo haga mal, con lo cual normalmente estimulamos el vicio que queremos combatir y desalentamos la virtud por la cual decimos afanarnos; la de que los «saneadores» de la cosa pública no siempre son radicalmente impolutos ellos mismos, o no lo son en su totalidad, ejercitando para la admisión en sus propias filas una indulgencia que le niegan a los que persisten en las filas contrarias; en fin, la de que un partido que se cría en el fanatismo puede, en efecto, llegar a alcanzar el poder a fuerza de inculcar la intransigencia feroz, pero no sin que haya lugar a temer que, una vez arriba, le falte serenidad y espíritu de justicia para gobernar, o se vea devorado por su propio Frankenstein.

Yo no estoy pidiendo una Ortodoxia blanda ni versallesca. No estoy pidiendo la vista gorda, que tantas veces he denunciado. Pero creo que una cosa es la energía combativa y otra la ferocidad. Creo que una cosa es la denuncia clara y entera de la sordidez pública, y otra el lenguaje extremo del vituperio, generalizado de tal modo que llega a saturar el ambiente y acaba por perder toda eficacia descriptiva o generalizadora. Creo que, hasta cuando un pueblo tiene la desgracia de caer en manos de gobernantes entre los cuales abundan los entregados al pillaje, es prudente no olvidar que ellos también son en buena medida un producto de la voluntad popular, y que los pueblos, como los niños, se vuelven cínicos e impudorosos cuando se les reprueban con excesiva crudeza sus propios actos. Creo que la política, sobre todo en un país en formación como el nuestro, es siempre una trama de hilos muy diversos, en la cual muchas veces, por los mecanismos de la democracia, el hombre honrado de vocación pública tiene que trabajar al lado del pillo con favor popular, y no es ni inteligente ni justo confundir en tales casos al honrado con el pillo.

De estas confusiones estoy tratando de defender la Ortodoxia. La quiero enérgica, combativa, corajuda, pero también constructiva. Mi pequeña batalla es por una Ortodoxia que vea todo lo podrido que realmente hay —TODO, y no solo lo que conviene ver y denunciar—; pero que al mismo tiempo, no crea que todo lo que está frente a ella es podrido. Por una Ortodoxia que repela y condene la complicidad; pero que no la confunda con la convivencia y con la comunicación, indispensables en toda vida civilizada. Por una Ortodoxia que no quiera meterle a todo el mundo el resuello en el cuerpo, tenga o no tenga razón; ni le niegue a nadie el derecho a ser oído, o a pensar con independencia. «La hora es de sajar y extirpar, no de disecar» —me observa alguien que tiene pruritos de cirujano. Y yo digo que hasta para extirpar con precisión, hace falta saber distinguir entre los tejidos podres y los sanos.

Abrigo la creencia de que en la dirección del Partido hay no pocos hombres que piensan como yo —profesores y no profesores—; y también sí de los que piensan distinto, aunque hayan pasado por los libros. Me parece que aquellos son los más fieles al designio democrático de este partido de la Revolución. A mí se me ha puesto en el caso de tener que levantar la primera voz públicamente para recordar ese designio y señalar los peligros que lo acechan. No pretendo minar la integridad de la Ortodoxia, que es el movimiento popular más extenso e intenso que se haya logrado hasta ahora en Cuba para vindicar la decencia pública. Porque así lo creo, sigo con ella. Pero en el momento en que me parece ver que la limpia intención de la Ortodoxia se compromete públicamente al salpicar mi propio decoro, creo que tengo el derecho de decir, a las claras y donde todos lo oigan, la clase de Ortodoxia con que quiero estar —una Ortodoxia que, a dos dedos ya del poder, se muestre capaz de servir a Cuba por la libertad y la justicia, y no de sumirla aún más en el primitivismo político, so pretexto de sanearla.

(*Bohemia*, 23 septiembre 1951)

Réplica a Rodríguez

No es ninguna novedad: la propaganda política en Cuba se hace hoy día con fines, no de edificación, sino de destrucción. Lo de menos es sembrar principios y normas responsables en la conciencia pública, informarla sobre el fondo de sus problemas, acreditar fórmulas y hombres capaces de resolverlos, ejercitarla en distinguir el bien del mal verdaderos. A lo que se aspira, por encima de todo, es a aniquilar lo que está delante, lo que por un motivo o por otro no coincide con nosotros. Y el arma con que eso se hace es la difamación.

La receta para difamar no es ya ningún secreto. Se toma un adarme de verdad. Si no la hay disponible, se puede uno contentar con la apariencia. A ese se le mezcla una buena dosis de mentira. Luego se agita bien todo, y se pone a hervir en la retorta de la pasión pública. Antes de que se enfríe, se administra a grandes dosis. Algunas gentes delicadas de negarán a tomar la pócima. Pero la credulidad de los más es infinita. Como los supersticiosos de la brujería, creen en realidad que esos brebajes de la difamación «limpian», ahuyentan los malos espíritus.

No, la gente ya no cree al que razona, sino al que escandaliza, al que dice esas cosas gruesas que tienen un aire concreto y rotundo, por lo mismo que son gruesas. Ciudadanos que se suponen cívicos y ávidos de decencia nacional, acogen la calumnia como un artículo de fe. Más aún: la ensanchan y sazonan a su gusto para la miserable comidilla, y donde el calumniador solo sugirió, ellos afirman; donde dijo «uno», ellos dicen «diez», «cien», «mil». Para los mentirosos se han hecho los mentideros.

Pronto, toda una reputación está, si no desbaratada, salpicada al menos. Aquellos mismos que se decían afanosos por interesar a los ciudadanos decentes en la vida pública y movilizados para servirla, se dedican a demoler al incauto que quiso ser decente de un modo total, y no parcialmente, ni solo de labios hacia afuera. No la destruirán, porque la verdad al cabo resplandece. Pero al menos se lo quitan de en medio. Ya renunció. Ya no estorba. Ya no nos agua la fiesta demagógica. Ya no nos fastidia con sus escrúpulos. Ya a los promotores de la infamia les ha quedado el camino libre para simulaciones y senadurías.

Ni se exigen parciales condiciones para esta destrucción. Antes, cuando un partido tenía en su seno a un hombre de cierto prestigio por sus aptitudes y por su historia, se le «cuidaba», rodeándolo de respeto cuando menos. Si alguna duda le producía respecto de su conducta, la cosa se ventilaba de puertas adentro, no ya por consideración personal, sino porque no se quebrantase, con un escándalo o con una querella pública, la unidad del partido.

Ahora basta que ese hombre le estorbe un poco a alguien, si no con sus aspiraciones, con su mera presencia; basta que a alguien le haga sombra, para que ese alguien o esos «alguienes» —ya se trate de un advenedizo ávido o de un chisgarabís con aspavientos rebeldes— suelte públicamente contra el que estorba el chorro de la difamación: este chorro fétido con que ciertas alimañas de aspecto inocente, como la mofeta que los americanos llaman *skunk*, compensa su falta de armas.

Ninguna vida está a cubierto de ese peligro. Ninguna ejecutoria se halla a resguardo de esa improvisación agresiva. Así como cualquier quisque se siente ya con tamaño para ser legislador (¿no acabamos de leer que Tarzán, famoso por su fuerza y sus alaridos, aspira a representante?), así también el arribismo político corre parejas con el político.

***

En el último número de *Bohemia*, el joven Tarzán Luis Orlando Rodríguez la emprendió también conmigo.[78] Su artículo fue, por un lado, una sarta de apreciaciones histórico-políticas de lo más baratas; por otro, una cadena de embustes. De embustes, eso sí, en que el adarme de verdad, o cuando no, de mera apariencia, sirve para impresionar a quienes leen, disimulando lo que en todo ello hay de torva difamación.

No queda más remedio que contestarle al mozo de los aspavientos melodramáticos. Lo voy a hacer con toda puntualidad, sin dejarme una sola agresión concreta en el tintero. Lo demás, la salsita de ironías, no vale la pena. Es muy insípida.

1) Resulta que no soy yo el que ha tenido que soportar últimamente agresiones gratuitas de ciertos hombres caracterizados de mi propio partido (y hasta de algún gozquecillo oriental), sino que son los ortodoxos —dice Luis Orlando Rodríguez— quienes se han mostrado más que «pacientes con mis veleidades»; son ellos los que han tenido que tolerar al «consumado equilibrista de la política isleña» que yo soy.

Ya los lectores con sentido crítico saben en qué ha consistido mi equilibrismo. Ha consistido en querer ser un observador y comentarista equilibrado de la realidad cubana; en sustraerme a toda conducta cerril o fanática; en no negarle la sal y el agua a todo el que no sea de mi parroquia, ni escatimarle mis servicios a la Nación cuando he podido darlos sin desdoro. Así ha sido siempre, desde que salí de la barricada revolucionaria, en que la intransigencia sí era un doloroso deber, y comprendí la necesidad de ir restaurando, en una

---

78 Luis Orlando Rodríguez: «La Ortodoxia y Mañach», *Bohemia*, 23 septiembre 1951, págs. 46-47.

vida ya política, un mínimum siquiera de serenidad, sin merma de la energía combativa.

Y ahora me pregunto: si esa actitud mía era tan «acrobática», tan situada «en la cerca»; si yo no he sido nunca más que un exhibicionista de los principios, como dice Rodríguez, ¿por qué en 1947 me invitó Chibás, en carta muy hermosa por cierto, que entre mis papeles guardo, a la formación de su Partido, «empeño magno que requiere —me decía— la colaboración de hombres y mujeres de tus altos quilates intelectuales y morales». Si yo no soy más que una conciencia elástica, como afirma Rodríguez, ¿por qué el líder a quien dice seguir fielmente me describía, en aquella carta, como «un hombre de pensamiento claro, de honda cultura y de limpia conducta»?... Exageraba, sin duda, el inolvidable animador. En lo que no exageraba, señor Rodríguez, era en eso de la «limpia conducta», cosa que está a prueba de la difamación de usted y de cien más como usted.

Si tan «veleidoso» mostré ser, ¿por qué en 1948 me ofreció Chibás, después de haberla declinado Coyula, la postulación vicepresidencial de su Partido, que yo también decliné, aduciendo entre otras razones, la voluntad que tenía de servir a la Ortodoxia y a Cuba sin los compromisos de una militancia cerrada?

Si tan indeciso era en mi adhesión a lo esencial del Partido, ¿cómo se explica que resistiese las seducciones emanadas de la respetable candidatura de Núñez Portuondo, llegando a discutir públicamente en estas mismas páginas con el insigne cirujano? ¿Cómo se explica que me pronunciase por el «clavo ardiendo» de Chibás —no obstante las reservas que esa misma frase conllevaba—, y que, la víspera misma de aquellas elecciones, viniese él a abrazarme conmovido por un discurso mío en la CMQ, del cual decía, con generosa exageración, que le había dado veinte mil votos?

Si, como dice Rodríguez, le «volví la espalda» a Chibás en la campaña provincial del año 50, por el hecho de haber salido yo a rescatar públicamente la plenitud y la exactitud de un juicio mío sobre Belt, ¿cómo se explica Rodríguez que votase por Chibás, que defendiese la aspiración alcaldicia de Bisbé en estas páginas de *Bohemia*, y que el propio Chibás, un mes después de su victoria senatorial, me escribiese a los Estados Unidos pidiéndome que aceptara la presidencia de la Comisión Técnica de Cultura?

Si mi actitud política de no militancia cerrada les viene a resultar a estas alturas inaceptable a los comecandelas, hablando de ella como de una díscola novedad, ¿cómo se explica que en esta carta a que acabo de referirme me dijese Chibás textualmente: «Me has expresado muchas veces, desde aquella Asamblea Nacional celebrada en el Liceo del Pueblo, a raíz de las elecciones de 1948, que si bien no te agradaba ocupar un cargo de responsabilidad política militante, estabas dispuesto a servir a Cuba combatiendo contra el peculado y por el adecentamiento de la vida pública en colaboración sincera con un grupo idóneo de personas honradas», y cómo se explica que, en vista de ello, me instase a presidir aquella Comisión con estas palabras: «No pido que me defiendas, NI QUE RENUNCIES AL DERECHO DE LIBRE CRÍTICA. Lo único que solicito de ti es que nos auxilies con tu talento y tu cultura en la obra de saneamiento político y de integración nacional en que estamos empeñados...».[79]

Siento tener que hacerle a mi pudor la violencia de reproducir esos encomios del ilustre desaparecido que, como político, les daba ciento y raya a todos estos comecandelas. Y eso

---

79 La revista incluye una foto de esa carta.

que Chibás me pedía, ¿no lo he hecho con creces? Por causas ajenas a mi voluntad, la Comisión Técnica de Cultura tardó mucho en organizarse; pero ¿no estuvo mi pluma en defensa constante del Partido? ¿No apoyó la candidatura de Bisbé? ¿No defendió a Chibás cuando se le tachaba de «demagogo» y de «loco»? ¿Tiene Rodríguez tan poca memoria que sea menester mostrarle la serie de artículos en que puse al servicio de la Ortodoxia toda la autoridad moral de que pueda envanecerme? ¿Será necesario decirle a Rodríguez de las veces en que Chibás vino a pedirme parecer —siempre sincero y a veces discrepante—, y de los documentos de partido en que intervine con manifiesto beneplácito suyo?

No: los que me tachan de veleidoso o de «oportunista», como usted lo hace, señor Rodríguez, no son los discípulos genuinos de Chibás; no son los ortodoxos de fervor profundo y limpio, de quienes estoy recibiendo cartas conmovedoras rogándome que no me vaya de la Ortodoxia. Los que así me tachan son los corifeos del fanatismo destructivo, como usted, o los zorros a quienes mi prestigio estorba, porque nunca llegó a tranquilizarles mi afirmación de que no tenía aspiración electoral alguna.

2) ES UNA DOBLE FALSEDAD, Rodríguez, decir como lo dice usted que «promediando lo enconada polémica» entre Chibás y Aureliano, «me apeara» yo con un elogio de este en que tributaba un aplauso a su «buena administración». Ese articulo mío se escribió semanas antes de la polémica. Decir que lo publiqué cuando «promediaba» esta, es sencillamente una mentira insidiosa. También mostré textualmente que aquel artículo elogiaba, justísimamente por cierto, una determinada actividad de la Dirección de Cultura. Para nada se hablaba en él de la «buena administración» de Aureliano. Decir, como insiste usted, Rodríguez, y como lo ha hecho por

segunda vez el doctor Lazo, padre de esa distorsión, que en aquel artículo «se elogiaba desmesuradamente al Gobierno» y se ponderaba la obra de Aureliano como «la mejor política educacional que jamás hemos tenido», es sencillamente una falsedad.

Pero no hago demasiado argumento de todo esto. Lo que escribí sobre *Juana en la hoguera* no lo hubiese escrito, por elemental discreción, en los momentos en que el Ministro y el Jefe de mi partido se iban a las manos. Si yo hubiese estado entonces aquí, puede que aquella desaforada polémica no hubiera llegado a donde llegó. Pero el hecho de que tuviera el trágico desenlace que tuvo, no puede obligarme, Rodríguez, a pensar hoy distinto de lo que honradamente pensé meses y semanas antes respecto a la gestión de Aureliano en Educación. Yo no acomodo la verdad a los sentimientos, sino los sentimientos a lo que considero la verdad.

3) Ya aclaré también —pero no hay peor sordo que el que no quiere oír— que yo no fui a la Unesco representando, como usted dice, al Gobierno de Prío, sino a Cuba como «Estado-miembro» (tal es la frase oficial y técnica) de la Unesco, y a virtud de una proposición de la Sociedad Cubana de la Unesco, proposición en la que nunca estuvo incluido el doctor Portell Vilá, como usted dice falsamente. La colaboración en tareas internacionales siempre se ha considerado, en países civilizados, como algo que debe estar por encima de los partidos. Ahora mismo acabamos de ver cómo el autor del tratado de Paz con el Japón, suscrito en San Francisco, ha sido un republicano, Mr. Foster Dulles. Si de mi delegación a París no se derivó, como usted dice, «ventaja alguna para Cuba», será porque usted no alcanza a comprender lo que hay de beneficio para un país en sostener su prestigio internacional participando con decoro en las más nobles delibera-

ciones que hoy embargan al mundo. No, eso está más allá de su alcance, joven ex Director de Deportes.

4) ES FALSO de toda falsedad, señor Rodríguez, que yo «gestionara personalmente» mi nombramiento en las esferas oficiales. La proposición en que me vi honrosamente incluido con los doctores Baralt, Alberto Blanco, Chediak y Brull fue tramitada por correspondencia oficial, sin más diligencia de apoyo que la que al doctor Cosme de la Torriente correspondió como presidente de la Comisión Cubana de la Unesco, ni más gestión mía, una vez nombrado, que la elemental de conseguir mi viático. Todo lo cual se hizo ante el Ministro de Estado, sin que interviniese para nada el Ministro de Educación. Y lo que hubo de «turismo» en mi viaje por Europa, una vez que cubrí mis ocho semanas de arduos deberes en París y en Ginebra, fue lo que pude pagarme de mis propios recursos y de los que me anticipó *Bohemia*. Tan favorecido me vi por el Gobierno, que ese viaje me ha dejado endeudado, y estoy pagando lo que en él hubo de descanso con mucho sudor de trabajo honrado y con bastante acíbar, después de haber honrado a Cuba todo lo que pude en el extranjero.

5) ES UNA FALSEDAD INFAME, Rodríguez, decir como dice usted, con aplomo inaudito, que el Ministerio de Educación me pagó «algunos miles de pesos por una traducción inglesa» de mi obra *Martí, el Apóstol*, «lo que explica» — añade usted vilmente— la «exquisita tolerancia con Aureliano». Eso es un ejemplo de esa difamación a la cual se mezcla un adarme de apariencia, para hacerla más verosímil. Mi obra *Martí, el Apóstol* —que, dicho sea entre paréntesis, ha contribuido a hacer amar a Martí de su pueblo y a que se le venere en el extranjero, mucho más de lo que usted estaría dispuesto a admitir— fue traducida y publicada por la Devin-Adair Company, de Nueva York, corriendo con ello

un riesgo editorial considerable, porque Martí es aún poco conocido en los Estados Unidos, y yo lo soy menos como autor. Varios meses después de su publicación, el editor Mr. Garrity me escribió informándome de que el Departamento de Estado de aquel país había adquirido un número apreciable de ejemplares de la obra. Estimaba el editor que bien pudiera el Estado cubano hacer otro tanto. Le llevé esa carta al Ministro de Educación. Sin vacilar me dijo que consideraba eso un deber para Cuba, y que encargaría enseguida ejemplares suficientes para obsequiarlos a los maestros americanos que a la sazón se hallaban en Cuba. No miles de pesos, señor Rodríguez, sino mil, dedicó Educación a esa difusión de la vida de Martí en lengua inglesa.[80] Y NO SE ME PAGÓ A MÍ. Al tramitarse esa decisión administrativa, se me presentaron para que los firmase, los vouchers emitidos a mi nombre. ¿Y sabe usted lo que hice, señor Rodríguez? Explicar que no era yo el vendedor, sino la Devin-Adair Company de Nueva York, y pedir que los vouchers fuesen rehechos, como lo fueron, a nombre de esa casa editorial. ¿Cree usted que con los treinta y tantos pesos que a mí me puedan corresponder por derechos de autor se me pueda comprar la conciencia? Yo no lo he vendido NUNCA ninguna obra mía el Ministerio de Educación, ni a oficina alguna del Estado, aunque no me parece mal que aquel departamento dedique parte de sus recursos a estimular la producción literaria cubana que lo merezca. Pero no se trata de esto ahora. Se trata de demostrarle

---

80 En la revista se publica una foto del documento oficial del Ministerio de Educación por el cual se autorizaba, el 30 de diciembre de 1950, un crédito de mil pesos a favor de Devin A. Garrity, presidente de la Editorial The Devin-Adair Company. Asimismo, se incluye otra foto del documento oficial del propio Ministerio, fechado el 30 de diciembre del mismo año, en el cual se da por recibida la cantidad de novecientos pesos «por la adquisición de ejemplares del libro *Martí, Apostle of Freedom*».

al pueblo de Cuba, y a todos los que se andan haciendo eco de su mentira infame, hasta qué punto pueden poner fe en las palabras de usted.

6) Usted me acusa, Rodríguez, de no haber salido a la defensa de la Ortodoxia en el programa *Ante la Prensa*, en que compareció Sánchez Arango. Ya expliqué todo lo relativo a eso en *Prensa Libre*: ¿no se enteró usted? ¿O es que se enteró y no le conviene darse por enterado? Cien veces he dicho que yo no puedo actuar en *Ante la Prensa* como ortodoxo, como tampoco lo hago cuando escribo tres de los seis editoriales semanales de CMQ. Si en algunas ocasiones se me ha visto animar aquel programa con observaciones polémicas o irónicas, siempre ha sido desde el punto de vista general de la ciudadanía limpia, no de la Ortodoxia específicamente. Pero esta vez, por la situación particularmente delicada en que me hallaba, me propuse no intervenir en absoluto en la discusión. La entrevista con Sánchez Arango pareció mansa —aunque en realidad no lo fue tanto— porque yo les había pedido a los periodistas y al entrevistado para que para nada se aludiese a Chibás ni a la polémica con el Ministro, y todas las cuestiones que la morbosidad esperaba eran precisamente las que tenían alguna relación con aquella polémica, o podían parecer alusiones a ella. La elemental consideración de no querer que se lastimara siquiera la memoria de quien ya no podía defenderse, se me paga con estas burdas acusaciones de «pala».

Los periodistas interrogaron lo que quisieron. Si el Sr. La Suarée hizo una pregunta de la cual ya dije en *Prensa Libre* que me pareció inoportuna e injusta, no era yo quién para suprimirla, ni para rectificar la respuesta que se le dio. Oportunidades tendrán de hacerlo los ortodoxos que comparezcan en lo sucesivo *Ante la Prensa* como ya lo hizo el domingo el doctor Millo Ochoa.

Pero ¡cómo duele, verdad, señor Rodríguez, el que le digan a uno injustamente que el partido en que milita es racista! ¡Cómo duele!... Sin embargo, usted que me protesta de haber consentido eso, no vacila en hacer esa misma afirmación respecto del partido ABC, en que yo milité antaño; no vacila en atribuirle a aquel partido «la resurrección de un vicio criminal que parecía extinguido entre nosotros: la persecución racista». Por lo visto, solo usted, Rodríguez, tiene bula para el insulto. Porque insulto es, aunque sea retrospectivamente, situarlo a uno en complicidad con modos de conducta lesivos a la integridad nacional y a la dignidad humana.

7) Con eso no se contenta usted. Pinta usted el ABC a su manera, sacando a relucir todas las injurias del año 33, para difamar en su tumba histórica a un partido que fue —diga usted lo que diga— lo más puro, limpio, responsable y doctrinal que la Revolución produjo. Si tan despreciable era el ABC, ¿por qué la Ortodoxia se fusionó con él? ¿Por qué cuenta hoy en su dirección central y en sus cuadros provinciales a abecedarios que fueron prominentes y que no han dejado de ser leales a aquel gran recuerdo? Más cuidado debiera poner usted, si tuviese un poco más de delicadeza, en no lastimar a esos hombres que son hoy sus compañeros.

Pasa usted a enjuiciar mi historia política a su manera. Está usted en su derecho. Mi historia, ahí está, y que la juzgue cada cual según su conciencia, que yo me hago orgullosamente responsable de toda ella. Pero no me la deforme usted con mentiras. No diga usted, por ejemplo, que mi ambición suprema fue ser Embajador en Washington, cargo que se me ofreció precisamente cuando, por servir a mi Partido, me vi en el caso de ceder, contra mi voluntad, mi legítima aspiración a continuar en el Senado, donde no creo haber sido inútil a Cuba... No diga usted que yo «busqué inútilmente» esa Embajada, ni ninguna otra, en tiempos de Grau o de Prío, porque esa es también una mentira que toda mi obra periodística de oposición desacredita... No diga usted que yo me aproximé a la Ortodoxia cuando esas «esperanzas diplomáticas» se desvanecieron, porque se van a mover en la tumba, airados por la mendacidad de usted, los huesos de Chibás, cuya carta de invitación cité antes y tengo a la disposición de quien quiera verla... No haga usted argumentos de que yo trabajé al lado de Batista, porque se van a lastimar muchos compañeros ortodoxos de la dirigencia que también lo hicieron. No intente usted salpicarme con las basuras de aquel régimen, ¡porque le van a caer a usted sobre la frente, señor ex Director de Deportes, todas las inmundicias del régimen que incubó a Alemán!

Para venir a desacreditar una vida como la mía, Rodríguez, tiene usted aún mucho que crecer. Tiene usted que ensancharse un poco más las entendederas deportivas y demostrar que sabe servir a Cuba con algo más que la escopeta, la nómina de boxeadores y la palabra desgañitada que no vacila en llamar «bestia» por radio a un expresidente de la República. Tiene que llegar a comprender —cosa que todavía no se le alcanza— que la energía combativa del lenguaje (la cual nunca ha faltado en mi propio idioma político) no está reñida con la buena educación, porque las cosas más duras se pueden decir con las frases más serenas; ni está reñida con el respeto que se le debe, por encima de las apreciaciones políticas e históricas, a quien ha ocupado una alta magistratura del Estado por el voto de muchos conciudadanos, de los cuales todavía muchos le respaldan. Tiene usted que llegar a comprender sobre todo —cosa que todavía no le entra en el meollo— que a un pueblo no se le levanta con mentiras como las que usted me lanza al rostro, sino con verdades; con discernimiento y razón, no con alaridos; con obra serena y fecunda, no con aspavientos.

Ustedes, los mascavidrios hirsutos, pupilos de la estridencia, adolescentes perennes del pensamiento político, profesionales de la gesticulación revolucionaria más simplista, son los que le han dado a la política cubana de consignas renovadoras ese primitivismo feroz del cual no acaba de curarse. Si la Ortodoxia tuviese que depender, en el Congreso, o en el Ejecutivo el día de mañana, de tales jacobinillos sempiternos, aviada estaría. Sería cosa de ir vaticinando ya su fracaso en el servicio creador de la República. Por fortuna, hay hombres sensatos en esa dirigencia que tal vez puedan impedirlo.

Y ya no tengo más que decirle por hoy. Su artículo era ya bastante para que yo me fuese definitivamente de la Ortodoxia, donde, por lo visto, mientras mis agresores son públicos, mis defensores son solo recatados. Pero me contienen todavía dos cosas: las innúmeras cartas que vengo recibiendo de ortodoxos civilizados, pidiéndome que no me vaya, y cierta curiosidad que tengo por saber cuántos y quiénes, en la dirigencia, se solidarizan con esos ataques de que soy objeto. Chibás ya no me detiene. Si es verdad que los muertos ven, él me estará viendo desde la tumba lo limpia que tengo mi conciencia. Y si al fin me voy, no será nunca sino para seguir sirviendo, a mi alta manera, los ideales por que él luchó.

(*Bohemi*a, 30 septiembre 1951)

Segunda réplica a Rodríguez

Algunos amigos, y no pocos de los ciudadanos de alma grande que en estos días han escrito sobre mi «problema» en la

Ortodoxia, me reprochan que yo ande polemizando con Rodríguez. «Usted no debiera darle beligerancia», me dicen.

Pero ocurren dos cosas. Una, que Rodríguez figura entre los líderes del P.P.C., y si bien él tiene, intrínsecamente, poco peso específico, en cambio la Ortodoxia es cosa de bastante importancia. No importa que Rodríguez le esté haciendo muy flaco servicio. No importa que sea al Partido, y no a mí, a quien le inflige un daño incalculable con este escandalito, el cual yo desde el primer momento traté de evitar pidiéndole a Agramonte —infructuosamente hasta ahora— que la cosa se ventilase de puertas adentro en presencia mía. Lo cierto es que por ser Rodríguez un lidercillo a su manera, hay gente que le escucha, y gente ingenua y sana en su mayoría, para quien su palabra es artículo de fe. Y una de las tristes cosas de Cuba es lo mal puesta que la fe anda a veces.

La otra razón de que yo le conteste ahora a Rodríguez, por segunda vez, es que su articulejo último en *Bohemia* es todo él una incursión en mi vida pretérita,[81] y aunque muchas de las imputaciones que en él hace harán reír, o airarse un poco, a los que conocen esa vida mía y a los que han sido espectadores de toda nuestra vida pública desde los tiempos de Machado, no es menos cierto que hay dos generaciones de jóvenes que saben poco de aquello, y si yo dejase sin rechazar las desfiguraciones de Rodríguez, esos jóvenes se quedarían envenenados de mentiras. O de eso que es todavía más insidioso, de la verdad deformada.

Falto de argumentos con que sustentar los cargos que me hizo en su primera diatriba, falto también de nobleza polémica para retractarse de los más viles —como ese de que yo le había vendido mi alma a Aureliano por los pesos de una

---

[81] Luis Orlando Rodríguez: «La serenata gozosa con música de soldaderas», *Bohemia*, 7 octubre 1951, págs. 52-54.

traducción—, Rodríguez, desesperado, se dedicó todo un fin de semana a excavar en periódicos y archivos, a ver por dónde me podía sacar algún trapo sucio. Mientras la plana mayor de la Ortodoxia debatía sobre mi renuncia con más o menos seriedad, pero al menos sin salirse de lo que estaba a discusión, el pobre Rodríguez, más desgreñado y jadeante que nunca, por el poco hábito de andar entre papeles, sudaba la gota gorda —tal vez con algún asistente paleógrafo y literario— en busca de datos que pudieran comprometer mi decoro político.

Claro que yo pudiese hacer lo mismo, si fuese hombre capaz de semejantes recursos polémicos. Claro que yo también podría ponerme a escarbar en los antecedentes del ex corifeo de Trejo en la Alcaldía y del ex director de Deportes, para ver qué dato concreto pescaba con que corroborar lo que algunas lenguas dicen. Pero, repito, soy de los que gustan de la pelea limpia y de los golpes sobre la faja. Y prefiero defenderme de la inmundicia antes que lanzarla.

Todo el articulejo último de Rodríguez está encaminado a demostrar que yo, desde la época de Machado, soy un hombre acomodaticio, carente de espíritu público, indiferente a las ansias de mi pueblo. Y lo primero que se me ocurre es el género de preguntas que ya hacía en mi anterior respuesta: Si eso era yo, ¿cabe suponer que no lo supiese Chibás, hombre de tan tremendos pertrechos sobre el pasado de todos los cubanos? Si Chibás lo sabía, ¿cómo es posible que me requiriese tanto para la Ortodoxia y que hasta me pidiera que lo acompañase en la postulación vicepresidencial? Y si eso fue excesiva indulgencia suya, ¿cómo se explica que la Ortodoxia me haya tolerado en sus filas, y que aun ahora los más de sus dirigentes arguyen que no se debe dejar que me vaya. ¿Qué explicación tiene el que nada menos que Millo Ochoa,

Presidente del Partido y fraternal amigo de Chibás, me escriba en los nobles términos de aprecio en que lo ha hecho?

No: lo que hay es que sabía, como lo saben la mayor parte de los actuales directores ortodoxos, quién es quién en Cuba y de qué pie cojea cada cual. Chibás sabía, por la propia experiencia, que no hay vida pública un poco larga en que no haya habido errores; pero que una cosa es fallar en la apreciación de los hechos o de los intereses públicos y otra emporcarse en ellos. Chibás mismo erró mucho, y lo que le salva sobre todo para la posteridad es la apasionada buena intención que muchas veces generó su error. Lo contrario de ciertos discipulillos suyos, que aún no han errado, porque no tienen vida pública apenas, pero tienen ya la ineditez cundida de las peores intenciones.

Si yo estuviese en lugar de Rodríguez, tendría muchas más fallas que imputarle a Jorge Mañach —ese señor a quien el doctor Lazo tacha de «olímpico», por tacharle de algo, a pesar de que hay tantos artículos de ese Júpiter llenos de rectificaciones honradas de pasados juicios. Si estuviese yo en lugar de Rodríguez, tendría cosas mucho más exactas que decirle a mi adversario, como Cyrano las tuvo para su propia nariz frente al mofador que no sabía atacarle a derechas. Lo que no se me ocurriría sería llamarle apático ante los menesteres públicos a un hombre que ya en 1923 se inició políticamente participando en la famosa «Protesta de los 13» contra Zayas, y se vio ya entonces procesado. No le diría insensible a los intereses públicos a quien, desde que tomó la pluma, fue para emplearla continuamente en el estudio de los problemas cubanos. No le diría oportunista a quien, de los veinte años que lleva en la vida pública, solo ha militado en un partido, el ABC, y en el partido con que el ABC se fusionó, la Ortodoxia. No le llamaría acomodaticio a quien tiene montañas de artículos y discursos hechos para denunciar la corrupción, la incompetencia o la injusticia en los gobiernos cubanos. No le llamaría hombre aprovechado y de vida muelle y regalona a quien, después de haber ocupado muy altas posiciones oficiales, todavía vive como un galeote de la pluma, de la radio, de la docencia…

Pero ¿qué le vamos a hacer? Eso es parte de la cosecha de los hombres decentes en nuestra tierra. Parte nada más, porque frente a los articulejos de Rodríguez, puedo yo poner, para mi tranquilidad y orgullo, las innúmeras cartas que en estos días estoy recibiendo de personas de mucho más alta autoridad, y de innúmeros cubanos humildes, que me dicen su afecto y su respeto, y cuyo respaldo me compensa con creces de la rodrigada.

***

Pero vamos al grano, no sea que Rodríguez se crea que me quiero escurrir. Su gesto para la galería consiste ahora en invitarme a que designe un tribunal de honor que compruebe si son o no ciertas determinadas imputaciones que Rodríguez me hace. ¿Tan inseguro está de su reputación de veracidad, que necesita el resultado de un tribunal?

Pues bien: no tenemos que molestar a nadie. ¿Qué más tribunal que el de la opinión pública? Hace ya mucho tiempo que yo estoy sometido a él, y a él me atengo. Es ese juicio sensato, libre de pasión sectaria, informado por un hombre que no miente, quien rechazará los hechos que Rodríguez aduce, o las interpretaciones necias y pueriles que les da. Vayamos a la lista.

1) El golpe de Aquiles es mi artículo «La serenata gozosa», con el cual me han querido ya destruir muchas veces, aunque

todavía gozo de buena salud. Yo soy, en efecto, autor de ese artículo que *Bohemia* transcribe enterito, y en cuadro aparte, para que se vea mejor. Lo que Rodríguez se cuida mucho de no destacar —aunque el artículo así lo dice— es que ese comentario periodístico, tarea con que un columnista se enfrentó a la actualidad sin esquivarla cómodamente, se escribió A LOS SEIS MESES DE GOBIERNO DE MACHADO, cuando casi toda Cuba creía que se le había revelado, al fin, un gobernante ejemplar; cuando de hecho, y no obstante la atrocidad del asesinato de André —provocado por circunstancias y agresiones en que no vamos a entrar ahora—, la inmensa mayoría de los cubanos pensaba que Cuba se hallaba en el camino de «la regeneración». Yo cometí ese error juvenil de juicio, como tantos otros. ¿Qué mucho que lo cometiese, si todavía un año más tarde la mismísima Universidad de La Habana, por acuerdo de su claustro de profesores, al que no faltó la firma de Grau San Martín, primer apóstol de Rodríguez, exaltó a Machado a la dignidad del doctorado honoris causa? ¡No se ponga Rodríguez a averiguar los elogios que de Machado hacía entonces mucha gente que hoy es amiga suya, porque se va a llevar tremendas sorpresas!

Pero Rodríguez es tan escaso de mollera, que no se da cuenta del servicio que me ha hecho transcribiendo ese artículo. Pues el que lo lea con cuidado y teniendo en cuenta las circunstancias en que se escribió, verá hasta qué punto se mantenían en él las más gallardas reservas. ¡Bastante era, en efecto, que en aquel momento en que todo el mundo estaba ya en éxtasis ante Machado, yo empezara mi artículo llamándole «¡César!» ... ¡Bastante es que lo terminase diciendo, premonitoriamente: «¡Estemos agradecidos a lo bueno que ya se ha hecho, sin perjuicio de mantener enhiesto el criterio para censurar a tiempo lo malo que se pueda hacer!».

No se olvide —insisto— que ese artículo se publicó a los seis meses de estar gobernando Machado y con motivo de una serenata que se le ofreciera el día de su santo. Cada vez que me quieren sacar ese trapito sucio me posponen la fecha. ¡Los comunistas llegaron una vez a decir que lo había escrito en el año 1930!... En cuanto a que el artículo esté escrito mejor o peor, perdóneme Rodríguez, ¡pero en ese terreno sí que no le doy beligerancia! Por lo menos, se escribió sin necesidad de ningún cirineo literario, cosa que sospecho no ocurre con los suyos en *Bohemia*, pues si bien son bastante vulgarcitos, no campea en ellos la tremenda grosería que Rodríguez suele exhibir en sus más espontáneos desahogos.

(Incidentalmente, el barbarito llega a lanzarme, como un denuesto, el haber sido yo «discípulo de Harvard y de la Sorbonne». Lo que no sabe, o no dice, es que hice todos mis cursos de estudiante pobre en la universidad norteamericana y en la de París, con becas de honor obtenidas a título de excelencia en los estudios. Esto no lo publico por vanidad escolar, sino porque ya estoy un poco cansado de que, al sacarse a relucir esos blasones universitarios, se trate de sugerir que se los debo a haber sido un niño de fortuna.) Prosigo...

2) No, señor. NO ES CIERTO que después del 25, mis glosas en *El País* estuviesen, como Rodríguez dice, «ausentes del dolor y de las angustias que vivió la República a través del viacrucis a que la llevó Machado». NO ES CIERTO. Los dos primeros años de Machado no constituyeron un viacrucis, sino una apoteosis nacional en la cual yo figuré, entregado como estaba a mis tareas literarias y de estimulación cultural. Así y todo, cuando la Conferencia Panamericana de 1926, fui yo el joven periodista a quien, por cierto artículo displicente que entonces hice, Machado en persona le mandó, con

Hornedo, el más severo de los recados. Cuando se planteó lo de la prórroga, polemicé contra ella, discrepando de uno de mis más queridos amigos y excompañeros de Harvard, el doctor Juan Clemente Zamora, ya desgraciadamente fallecido. A pesar de la coacción que ya entonces se ejercía sobre la prensa, y de la censura de esta, por discreción, se imponía, eran mis artículos de los pocos que en aquella época decían lo que había que decir, en la única forma velada en que se podía decirlo.

Esto no es ninguna afirmación gratuita, ni tiene Rodríguez necesidad de meterse de cabeza en los archivos para comprobarla. En mi libro *Pasado vigente*, publicado en 1939, hallará algunos de los trabajos de más sustancia y de sentido más permanente que por aquellos tiempos escribí. Véase, por ejemplo: «Crisis de la ilusión» (noviembre de 1929), «Raíces del absentismo» (marzo de 1930), «Norma y decadencia» (mayo de 1930), «Frente a un mitin» (el famoso mitin nacionalista del Parque Central, abril de 1930), «La generación expectante» (julio de 1930), «Por una organización renovadora» (octubre de 1930), etcétera, etcétera. NADIE que tenga un sentido elemental de la probidad podrá leer esos artículos y decir que yo estuve ausente de la angustia nacional, o que no me pronuncié contra aquella situación con espíritu ya francamente revolucionario.

3) NO ES CIERTO que «cuando la juventud revolucionaria se alzó contra la Reforma Constitucional y contra la pretendida Prórroga de Poderes, no escuchase en ningún momento la voz de solidaridad de Jorge Mañach». En septiembre del 30, a raíz de los sucesos de la Universidad, hallándome yo convaleciendo de una grave enfermedad en Isla de Pinos, remití desde allí a *El País* un artículo que se publicó, adhiriéndome explícitamente a los estudiantes. Siento no ha-

ber podido hallar ese artículo entre mis papeles. Si Rodríguez quiere, métase de cabeza en el archivo y búsquelo; pero no diga mentiras.

Que él no me viese por ninguna parte cuando los días de la conspiración y lucha contra Machado —lucha en la cual, vamos a ser leales, le tuve mis momentos de admiración—, poco o nada significa. A quienes tendría Rodríguez que preguntarles es a los que entonces se movían en plano más alto que el suyo. No soy hombre de pólvora, sino de ideas y palabras, que también son un modo de acción. Y con ellas serví a la Revolución desde que se fundó el ABC, desde los días que el periódico *Denuncia*, cuyos fondos escribía yo, trataba de darle superior sentido histórico a aquella pelea, y sus colaboradores teníamos la cabeza a precio. Desde los días que ayudé a redactar el Manifiesto-Programa del ABC, que fue el documento político más serio que hizo la Revolución y del cual han salido muchas de las consignas ortodoxas... Todo eso hice: ¿le parece poco?

4) SÍ SEÑOR, sí es cierto —¡ya era hora!— que en cierta época «vertí las más duras críticas» («diatribas», no; eso se lo dejo a la gente del tipo de Rodríguez) contra el régimen de Batista (contra el régimen, no contra el hombre), y que años después justifiqué la conducta del ABC al incorporarse «al poder y gobierno» de Batista. Eso es cierto.

Lo que no dice Rodríguez es que yo ataqué al régimen de Batista cuando, a virtud de la septembrada que los auténticos nos echaron encima, constituyó una amenaza para nuestra democracia; cuando, fracasada la cura de emergencia que se intentó con Mendieta, el Ejército se adueñó de la situación e invadió todo el organismo civil de la nación. Lo que no dice Rodríguez es que, en aquellos días del palmacristi rampante y del cabo Gil, era yo director de *Acción*, el periódico más vigoroso y aguerrido del momento, y salvé entonces la vida, o por lo menos el estómago, de puro milagro. Lo que Rodríguez se calla es que tuve que irme al destierro por cuatro años porque Pedraza le había atribuido demasiada importancia a mi cabeza.

Después de la Constituyente, hice oposición enérgica a Batista en el Senado (como lo demuestran los discursos que Rodríguez fragmentariamente cita), cuando la política o la administración de Batista, ya presidente constitucional, se estimaban como nocivas por mi partido. Y es cierto que más tarde, advenida la Guerra, justifiqué al ABC cuando este pasó a formar parte de un gobierno «de unidad nacional», al amparo de una interpretación perfectamente legítima del régimen semi parlamentario. Es posible que aquel paso fuese errado. Es más: creo que lo fue, y yo mismo voté contra él en el seno de mi partido. Pero una vez que la mayoría de sus directores tomó aquella decisión, yo, que soy un demócrata, que era entonces líder del partido en el Senado y que, en política, ponía mi lealtad al ABC por encima de mis personales juicios, que pudieran estar equivocados, justifiqué a mi partido. Mas no lo justifiqué con palabras babosas de lisonja, sino con esa entereza y altitud de los mismos párrafos que Rodríguez cita.

Si eso fue un error en mi vida pública —y sería realmente asombroso que fuese el único— acepto la responsabilidad de él. Pero no confunda el mozo de pocas entendederas un error con una mancha. Yo no lo he sacado nunca provecho indebido a mis fugaces situaciones de gobierno. Ya que Rodríguez me da esta excelente oportunidad de contar mi historia para las generaciones nuevas, me voy a permitir dos pequeñas anécdotas.

Cuando terminaba el gobierno de Batista, siendo yo su ministro de Estado, el propio Presidente, en vista del sacrificio que yo había hecho de mi aspiración senatorial por Oriente, en vista de que con el triunfo de Grau también se esfumaba la embajada en Washington, que me había sido prometida sin que yo la pidiese, quiso suavizarme el paso del calor oficial a la intemperie, y me propuso nombrarme, con un alto sueldo, asesor técnico del Ministerio de Estado. Decliné. «Hemos perdido, Presidente —le dije—, y ahora nos toca estar fuera». ¡Sin duda, yo era muy acomodaticio!

Se podrá decir que yo declinaba aquella merced en la seguridad de que los auténticos, al subir al poder, no la convalidarían. Mas es lo cierto que semanas antes me había visitado Carlos Prío en el Ministerio para preocuparse igualmente por mi suerte y sugerir que, con el apoyo auténtico, yo aceptase un cargo de «Asesor de Estilo» en el Senado, o algo de parecida suculencia. Aquello no hubiera sido nada inviable, porque yo conservaba muy buenos amigos y hasta compañeros de partido en aquel cuerpo legislador. Y también le dije a Prío que no, aunque agradeciéndole mucho su gentileza. Como se ve, cito testigos de todo eso, y bastante prominentes. Preferí no utilizar mi influencia. Preferí volver a ganarme la vida arduamente con mis tareas de profesor y de escritor. ¡Es obvio que soy muy acomodaticio!

Pero volvamos, ya para terminar, a los errores de marras. Sería asombroso, repito, que yo no hubiese cometido más que dos en mi vida pública, aunque haya sido tan modesta. Deben de haber sido muchos más. Lo que no sabe aún Rodríguez, porque es todavía un pipiolo, es que actuar con sentido de responsabilidad en lo político es bastante más difícil que hacer discurso a grito herido. Lo que no sabe es que solo cometen errores los que se esfuerzan por servir constructivamente, como solo se salpica de yeso (para recordar el símil de Martí) el albañil que ayuda a construir. Lo que no sabe este pupilo del simplismo es que la política no se puede reducir a ciertas tenacidades superficiales, sino que es cosa compleja y sinuosa, porque la realidad lo es, y las necesidades de un país, o de un partido que quiera servir a un país, o de un hombre que quiera servir a un partido, muchas veces aconsejan que se sacrifique la apariencia rectilínea sin perjuicio de la rectitud inicial.

Pero claro está, esto Rodríguez no lo entiende. Supo él ser bravo un día, y yo soy de los cubanos que se lo agradecen y admiran. Pero desde entonces ha querido vivir en perenne bravura, cultivando una especie de paroxismo verbal o histeria de la rebeldía que ya resultan cómicos, porque el país lo que pide es integridad y sensatez, no gesticulación. Y lo dicho: si la Ortodoxia no tuviese a su disposición más que eso, no pasaría de ser un espectáculo delirante, destinado a defraudar una vez más la ilusión del pueblo cubano.

Yo tengo la esperanza de que pueda ser más que eso. Que a mí me hayan desconsiderado ahora algunos de sus dirigentes; que el Consejo Director no me haya querido escuchar, permitiendo así que en ausencia mía se hiciesen afirmaciones inexactas a las cuales no mis defensores, sino yo, podía responder adecuadamente; que, sin embargo, la Dirigencia me quiera retener, pero bajo regaño y a condición de portarme bien —todo eso no tiene mayor importancia histórica, ni le afecta mucho al país. Lo que importa es que la Ortodoxia siga su camino rectamente, y cumpla lo que Chibás prometió. Sería un crimen que toda esta gran oleada de fervor que él suscitó, se malograse por la estupidez, por las intrigas envidiosas de los que tiran la piedra y esconden la mano, por esas codicias zascandilleras que ya se van despertando. O por falta de una mano firme al timón, que no se deja secuestrar la voluntad por los tarzanes.

(*Bohemia*, 14 octubre 1951)

Las ideas y la política
(Impugnación al doctor Fernández Varela
sobre «La Moral del doctor Agramonte»)

En el último número de *Bohemia* se publicó, ilustrando un artículo mío, una fotografía del doctor Roberto Agramonte, a la cual la propia Redacción puso como pie de grabado una frase de mi trabajo: «Agramonte, respetado de todos por su integridad moral». Dos páginas antes, la revista insertó también (como para demostrar una vez más su imparcialidad en cuanto a dar hospitalidad a las opiniones políticas más diversas) un trabajo del doctor Ángel Fernández Varela titulado «La moral del doctor Agramonte».[82] En ese escrito, de intenciones esencialmente políticas, el doctor Fernández Varela se proponía demostrar que el doctor Agramonte «predica» en sus clases universitarias, y expone en sus libros académicos, una moral anticristiana y que, por lo tanto, constituye un peligro llevarlo a la Presidencia de la República, por la natural continuidad que cabe esperar entre sus opiniones y sus actos como gobernante.

Como se ve, la afirmación mía —«Agramonte, respetado de todos por su integridad moral»— y la tesis del doctor Fernández Varela, se dan de cachetes. Esto por sí solo no habría bastado para que yo me resolviese a impugnar sus afirmaciones. El único fanatismo que confieso tener es el del respeto a la opinión ajena. Me ha cautivado siempre aquella frase conocidísima de Voltaire (a quien el doctor Fernández Varela, sin duda, consideraría abominable autoridad). «No comparto tu opinión. Pero daría la vida en defensa de tu derecho a

---

82 *Bohemia*, 24 febrero1952, pág. 36 y 93. Ángel Fernández Varela respondió a este artículo de Mañach en «Mañach, al fin se define», *Bohemia*, 9 marzo 1952, págs. 52-53, 76.

sustentarla». La democracia, como se sabe, es esencialmente (y conviene mucho recordarlo hoy día, cuando de ella se dan definiciones tan acomodaticias) el régimen en que la autoridad se asienta precisamente sobre tres pilares: la concurrencia de las opiniones diversas, el predominio político de la más ampliamente respaldada y el respeto de todas las demás.

De modo que, en circunstancias normales, yo no le hubiera salido al paso al doctor Fernández Varela. Pero ocurre que esas opiniones suyas enjuician, en un aspecto muy profundo e importante, la personalidad del doctor Agramonte, que es el candidato presidencial del Partido en que milito y por cuyo éxito electoral batallo. La adhesión al doctor Agramonte nos envuelve en una suerte de corresponsabilidad con sus ideas y con sus actos futuros. Cuando el doctor Fernández Varela afirma que el candidato presidencial del Partido del Pueblo «desde la cátedra universitaria ha envenenado a la juventud cubana, curso tras curso, con la prédica más demoledora contra la moral cristiana»; cuando habla de su «dogmatismo» y previene al electorado de «lo que les espera con un Presidente de la República que, en el colmo de la soberbia, del orgullo y de la fatuidad», sostiene opiniones que el doctor Fernández Varela califica poco menos que de satánicas, está uno obligado —por la seriedad misma que le atribuye a quien tales afirmaciones hace, y por el propio sentido de la responsabilidad— a determinar si esas afirmaciones son o no son ciertas.

No lo son y vamos a demostrarlo.

En primer lugar, consideremos el criterio general que el doctor Ángel Fernández Varela (animador tan fervoroso de juventudes católicas en Cuba, que el humorismo político le llamó «el Curita» desde que surgió a las lides electorales) sienta al comienzo de su artículo. «Cuando en Cuba —escribe— alguien habla de moral, sin otras añadiduras, se sobreentiende que se refiere a la moral cristiana. Así lo entendieron los propios constituyentes de 1901 y 1940, cuando a la libre confesión de todas las religiones y a la libertad de cultos, hubieron de ponerle como única limitación el respeto a la moral cristiana». De esta afirmación, nadie discrepará, y menos yo, que contribuí como constituyente a que ese principio se llevase al preámbulo de la Carta Fundamental de 1940. La vida del Estado, en efecto, ha de regirse por un trasfondo de valores, y esos valores son, en la tradición de nuestra cultura, los de la moral cristiana.

Conviene, sin embargo, subrayar bien la latitud de esos conceptos. Se trata de *moral*, esto es, de normas de conducta individual o colectiva; y se dice *cristiana*, es decir, derivada de la prédica de Cristo según recoge e interpreta el consenso del pensamiento cristiano, y no solo una parte de él. Va siendo ya preciso, por lo visto, denunciar cierta tendencia a darle a la palabra «moral» determinadas dimensiones metafísicas, y a la palabra «cristiana» determinadas calificaciones sectarias o confesionales. El doctor Fernández Varela incide en esa extralimitación cuando pasa a afirmar que «la depauperación moral de los últimos años en Cuba vendría dada por el grado en que los cubanos se hayan apartado de las tradiciones morales cristianas, *para abrazar la concepción materialista de la vida*».

Que sea posible o no sustentar conceptualmente, filosóficamente, una moral cristiana sobre una base materialista, es cosa en que no hemos de meternos. No estamos ahora para teologías ni para metafísicas. Pero lo que sí afirmo es que resulta prácticamente posible sustentar, en la conducta de la vida, una moral de estilo cristiano, aunque se sea filosóficamente un materialista. Varona en gran medida lo fue, y nadie dirá que no vivió las normas de la moral cristiana. Hoy día, un gran filósofo como Jorge Santayana es un materialista filosófico, y está terminando en un convento de Roma los últimos días de una vida ejemplar desde un punto de vista cristiano. El materialismo marxista, entre las muchas confusiones y deformaciones que ha echado por el mundo, es responsable de que muchas gentes de juicio precipitado crean que todo materialismo filosófico es satánico, cínico, indiferente a los valores morales de raíz cristiana. Parecería petulante de mi parte que le recordase al doctor Fernández Varela cómo algunos de los sistemas morales más nobles de la Antigüedad tuvieron una base materialista, o fueron totalmente ajenos, por la cronología misma, al pensamiento filosófico cristiano. Yo me permitiría recomendarle al severo impugnador del doctor Agramonte que leyere (o que repasase, si es que hace ya demasiado tiempo que la leyó) la magnífica *Historia del Materialismo*, de Federico Alberto Lange, de la cual aquella alma cristiana en su vida —aunque no en su filosofía— que fue don Fernando de los Ríos, me decía que era una de las obras más hermosas que se habían escrito.

No, doctor Fernández Varela: lo que ha depauperado moralmente la vida cubana en los últimos años no han sido las ideas filosóficas o sociales sinceramente sustentadas, cualesquiera que sean, sino todo lo contrario: la ausencia de ideas en absoluto, o algo todavía peor, la hipocresía de las actitudes en relación con las ideas: la bifurcación entre los principios que se dice profesar y los modos de conducta que visiblemente se observan. Hay por ahí mucho materialista filosófico que muestra en su conducta una austeridad, una limpieza, una congruencia, que ya quisieran para sí muchos de los políticos que se las dan de cristianos y van todos los domingos a darse golpes de pecho en la iglesia, pero durante el resto de la semana «amiguean» y negocian a más y mejor con todos los pillos, querindangueros y cocainómanos de la fauna política actual.

La moral cristiana, tal como yo la entiendo, y como creo que la entienden todos los que tienen más sentido histórico que dogmático, es una moral que se sustenta sobre dos grandes valores: el de la dignidad del hombre como hombre, y el del amor, el de la caridad del hombre para con el hombre. Toda conducta, privada o pública, que de veras respete esos valores, que de veras los viva, que de veras quiera la difusión o generalización de ellos en el ámbito social, es esencialmente una moral cristiana. Lo demás es dogma adscrito a esa moral, o institucionalizaciones puramente históricas en nombre de esa moral.

Ahora bien: yo quiero discutir legalmente, y no he de negar que, al suscribir nuestros constituyentes ese principio de la moral cristiana como fondo de nuestra vida pública, probablemente pensaron en algo más que en los valores que acabo de asentar: probablemente contemplaron el mantenimiento en Cuba de ciertas instituciones sociales y de ciertas normas de conducta adscritas, más o menos originariamente, a la tradición cristiana; por ejemplo, la preservación de la familia monogámica y legalmente constituida. No creo, sin embargo, que ese repertorio institucional fuese tan extenso ni tan rígido, en la mente de hombres como Sanguily, por ejemplo, que pretendiese congelar o petrificar, por así decir, todas las tradiciones institucionales y prácticas de la tradición católica, y proscribir todas las regulaciones sociales que el pensamiento liberal y científico pudiera aconsejar en el futuro. La Iglesia, por ejemplo, nunca aprobó ni aprueba el divorcio con disolución del vínculo, y sin embargo, las exigencias de una conciencia social más racionalista y menos inerte ante el drama de muchos hogares frustrados, ha impuesto esa libertad de divorcio, a despecho de la Iglesia. ¿Vamos a declarar enemigos de la moral cristiana a todos los que votaron el divorcio en nuestro Congreso, o a todos los que hoy lo aprueban, aunque lamenten los excesos a que se está llevando en Cuba esa libertad?

Otro ejemplo. El doctor Fernández Varela se indigna con el doctor Agramonte porque estima que este predica el control de la natalidad. Si lo predica o no, es cosa que luego veremos. Mas por mi cuenta he de decir, con toda franqueza, que esa práctica está hoy día respetada por buena parte del pensamiento social moderno para los pueblos que tienen un exceso tal de población y tal escasez de recursos naturales, que el tener muchos hijos es, para una familia pobre, entregarlos a la miseria más abyecta. La Iglesia se opuso al movimiento por el control de la natalidad en Puerto Rico. Yo respeto mucho el criterio de la Iglesia, y creo comprender sus espirituales razones; pero no lo comparto en su forma absoluta o incondicionada. ¿Se me va a tachar por eso de enemigo de la moral cristiana? El «creced y multiplicaos» ¿se ha de entender en forma socialmente irresponsable? ¿Desde el nivel de una vida social miserable, producida por la sobrepoblación, es posible levantarse a los niveles de esa espiritualidad que la Iglesia quiere para todos los hombres? ¿Y negará el doctor Fernández Varela que, en esto también, son muchos los matrimonios católicos que, a espaldas de la Iglesia, cultivan el amor infecundo, y no precisamente con una conciencia de pecado, sino con frívola despreocupación o con regustos de sensatez?

Pero hasta aquí yo he estado hablando demasiado por mi cuenta. Hablemos ahora por la vía del doctor Agramonte. Lo más grave del artículo del doctor Fernández Varela —con serlo ya mucho— no es que pretenda, por lo visto, limitar el disfrute de la autoridad política en Cuba solamente a los que compartan a plenitud su filosofía católica; no es que quiera hacer gravitar ciertas ideas filosóficas y científicas como anatemas, para proscribir de la representación nacional a quienes las sustentan. Lo más grave es que, al describir el pensamiento del doctor Agramonte, lo hace falsamente. Del modo más gratuito llama «La moral del doctor Agramonte» a los temas de sociología moral que él enseña.

Para cualquier espíritu alerta y cultivado, es obvio que un profesor universitario, en un país como el nuestro, en que existe efectivamente la libertad de cátedra como fundamento de la docencia universitaria, está obligado a exponer, analizar e interpretar, en sus textos y en su clase, los temas de la disciplina que profesa tal como ellos se producen en el pensamiento científico. El profesor puede y hasta debe enjuiciar y valorar lo que ese pensamiento dice; pero lo primero que tiene que hacer es exponerlo. La general confusión a que el doctor Fernández Varela se entrega, con menos pulcritud que malicia política, es la de identificar lo que el doctor Agramonte expone con lo que el doctor Agramonte piensa. Y para mejor hacer prosperar esa mixtificación, mutila pasajes de las obras del profesor, suprime otros, y crea en el lector una falsa impresión de sus ideas.

Que el doctor Agramonte sustente —como efectivamente sustenta— una concepción relativista de la moral, y no absolutista y dogmática, NADA TIENE QUE VER CON SUS PROPIAS CONVICCIONES MORALES. El relativismo moral, es decir, la idea de que —como ha dicho Agramonte apoyando a Spengler— «toda moral es siempre verdadera dentro de su círculo histórico y es siempre falsa fuera de ese círculo», es un concepto esencialmente histórico, nacido de la evidente pluralidad y variedad de sistemas o repertorios morales en el mundo, y no de su menos visible sujeción a las condiciones sociales y culturales en que surgieron. Pero reconocer eso no es declarar que se tenga personalmente una moral acomodaticia o carente de principios. Dentro del fluir de las «morales», cada cual se adscribe a aquella que su propia conciencia le dicta, y el doctor Agramonte tiene ya muy demostrado, con la integridad de su vida, con su conducta ejemplar como individuo, como padre de familia y como ciudadano, que su moral está regida por los más altos principios.

La primera gran mutilación se la permite el doctor Fernández Varela al maltratar, más que tratar, la exposición que Agramonte hace de los dos grandes problemas del matrimonio y la eugenesia. Sugiere maliciosamente que Agramonte es partidario del amor libre. Pero lo que, en la página 630 de su *Tratado de Sociología* (que, por lo visto, el doctor Fernández Varela no se ha tomado el trabajo de leer), Agramonte dice textualmente: «Debiera difundirse a los cuatro vientos, en universidades, clubs, iglesias, *la idea de la seriedad y responsabilidad del matrimonio, y crear una atmósfera contraria a todas las ideas frívolas sobre el matrimonio*». Cita el doctor Fernández Varela la frase de Agramonte según la cual el matrimonio «aburguesa» al hombre —palabra esa que el doctor Fernández Varela considera despectiva, cuando más bien sentirla como un homenaje y apreciarla como una verdad psicológica—; y protesta de que Agramonte condene el celibato, no por «el daño moral» que conlleva (¿cuál es ese «daño moral», después de todo, si la Iglesia les exige el celibato a sus curas?), sino porque «al mantenerse célibes los hombres y mujeres más selectos, dejan de reproducirse y engendrar tipos de mentalidad superior necesarios para el progreso de la humanidad». ¿No es ese un criterio de valoración muy concreto y respetable; aunque no concuerde con el incondicionado «creced y multiplicaos» de la consigna bíblica?

Respecto al neo-maltusianismo, lo que hace Agramonte en su libro es exponer las teorías y opiniones vigentes al respecto. Cierto es que menciona cómo el genio humorístico de Bernard Shaw llamó al control de la natalidad «el gran invento del siglo»; pero también lo es que Agramonte señala con prevención —sin que Fernández Varela lo advierta— que ese «procedimiento científico» *«elude el sentimiento de responsabilidad ante la paternidad, agudizando el egoísmo de los padres»*. ¿Es eso contrario a la moral cristiana? ¿Lo es el observar que la esterilización «se suele considerar como uno de los recursos para restringir la natalidad»? ¿Tiene el doctor Agramonte la culpa de que así piense mucha gente? Cuando el doctor Agramonte advierte que «la moderna civilización prescribe normas», como la del «amor al prójimo», que contribuyen «a facilitar la supervivencia del débil y la conservación del individuo inferior», ¿se atreverá nadie a sostener que eso sea sociológicamente inexacto, cualquiera que sea el valor moral que a esas normas se atribuyan?

El doctor Agramonte sostiene que «los conocimientos y prácticas contraceptivas debieran difundirse entre las capas más incultas y pobres de la población, a fin de que las madres necesitadas no tengan más hijos que los que puedan sostener, y no constituyan, estos y aquellas, cargas sociales». Ya he indicado arriba mi adhesión a esa idea, que es también la adhesión de infinidad de católicos precavidos, contrarios a que las madres pobres «se llenen de hijos». Sacar de eso, como lo saca Fernández Varela, la conclusión de que «las mujeres pobres e incultas *no deben tener hijos*, para que los gobernantes cultos —como proyecta serlo el doctor Agramonte— no tengan la precaución de abrir fuentes de educación y de ocupación», es sencillamente tomar el rábano por las hojas y polemizar con poca lealtad. Con semejante criterio se condenaría de plano toda la política social de los Países Bajos, que se ha orientado hacia el control de ritmo de la natalidad; así como la de Inglaterra y de Austria, donde —bajo el influjo de las ciencias médicas, psicológicas y sociales— se suelen ofrecer consejos y conferencias en los hospitales de maternidad a las clases pobres. En Inglaterra, es precisamente el gobierno quien fomenta —en ciertas condiciones— esta política eugenésica, con el auxilio de notables miembros de la Iglesia Anglicana, de la cual es Dean Inge sumo consejero. Sin embargo, Agramonte no se solidariza con semejante política. En su libro, el problema neo-maltusiano se toma en cuenta como otros tantos que la sociología moderna plantea. Un ciudadano como el doctor Fernández Varela debiera ver con buenos ojos el que esos problemas sean meditados por los estadistas. ¿Puede acaso negarse que cualquier hombre de Estado se deba interesar en problemas tan vitales para la sociedad humana y en sus posibles soluciones? ¿No se entrega el doctor Fernández Varela a una caricatura malintencionada y absurda al enlazar eso con las horrendas prácticas del racismo nazi?

Sugiere el impugnador de la moral de Agramonte que este auspicia el amor libre. ¡Qué absurdo! «Casi toda la moral sexual gira en torno al problema del status de la mujer», escribe Agramonte, y dándole un mentís a la imputación de materialismo que el doctor Fernández Varela le hace, añade que «la condición de la mujer evoluciona desde el matriarcado», pasando por la etapa en que se la considera «como cosa que se compra», hasta la época civilizada en que «la virginidad se convierte en un valor, en una forma de conducta generalizada en el mundo occidental». ¿Se atrevería el doctor Fernández

Varela a rebatir el concepto? Por lo demás, para nadie es un secreto que la moral sexual, que ha sufrido a lo largo de los tiempos cambios muy profundos, atraviesa hoy por una crisis patente, en torno a la cual se ha escrito toda una copiosa literatura científica. Fiel a su saber de profesor de Sociología, Agramonte indica los argumentos que se producen a favor de la vieja y a favor de la nueva moral sexual. Eso es todo.

De ese inventario de problemas se desprende, en efecto, un punto de vista relativista, que es el de toda la ciencia sociológica moderna. Pero hay que advertir que, frente a esa posición dominante, el doctor Agramonte, en las páginas 210-211 de su *Tratado de Sociología* (Quinta edición), expone, con evidente simpatía, los principios fundamentales de lo que él llama «La Moral Universal». Cito solamente los dos primeros: «El hombre es un ser espiritual que debe alcanzar la plenitud de sí mismo, sacrificando todo lo que hay en él de grosero y egoísta, sacrificando su yo inferior, a fin de que refulja su verdadero yo, su yo superior». Ahí está el principio de la dignidad humana que el Cristianismo propugna. «El hombre —añade Agramonte— ha de esforzarse, continuada y abnegadamente, en practicar el amor universal, a fin de que la paz se logre, entre todos los seres de la tierra. La ley suprema de la moral es: ama a tu prójimo como a ti mismo...». Y ahí está —vuelvo yo a glosar— el otro gran principio de la moral cristiana: el del amor, el de la caridad.

¿De dónde saca, pues, el doctor Fernández Varela que este hombre íntegro, este creador de un hogar modelo, este profesor cuyos libros han sido saludados con respeto en tantas instituciones extranjeras, sea un demoledor de la sociedad cristiana?

¡Las ganas de quejarse!... ¡Las ganas de tener algo que imputarle al Presidente de un partido que quiere acabar con la corrupción moral y la hipocresía en la vida política cubana!

(*Bohemia*, 2 marzo 1952)

Sobre una juvenil discrepancia

Un joven amigo mío, a quien no debo mencionar, me ha opuesto ciertos atendibles reparos al artículo «Los principios y la fuerza»,[83] con que reanudé hace unos días mi colaboración en el *Diario*, tras los sucesos de marzo.[84] Se trata, como verá enseguida el lector de reparos puramente dialécticos, no políticos; pero digo que es preferible no mentar al joven en cuestión, porque esos reparos suyos disienten de mi adhesión al principio «numérico» como norma democrática y hoy día cualquier discrepancia de ese género se expone a ser mal interpretada.

La sustancia de aquella breve apología de la democracia era que, siendo todos los hombres, por su natural finitud, susceptibles de acierto y error, no hay más modo razonable de constituir el mando público que darle autoridad a la opinión más ampliamente sustentada con su porción de verdad y de error inevitable. Mi interlocutor aduce —sin mayores pretensiones de novedad— que hay por lo menos otros dos criterios para la determinación de los que deben gobernar, a saber: el principio de la calidad y el principio de la fuerza.

El principio de la calidad es el aristocrático, el que a veces se llama de las élites, de las minorías mejores. Lo sustenta, por ejemplo, Ortega y Gasset, si es que no hemos estado entendiendo mal entre líneas al insigne pensador español. Era ya la tesis del viejo Platón. El tomón de la sociedad debían llevarlo los más capaces, los más preparados.

En principio, ¿quién puede resistirse a tesis tan razonable? Lo malo de ella, como se sabe, es que no funciona. Y no

---

83 «Los principios y la fuerza», *Diario de la Marina*, 23 marzo 1952, pág. 52.
84 Alude al golpe militar dado por el general Fulgencio Batista, el 10 de marzo de ese año.

funciona porque la aptitud, la preparación no son valores concretos ni finales sino marcos que tienen un contenido variable. Ese contenido son las ideologías. Dos hombres igualmente aptos, igualmente preparados para la faena práctica de gobierno pueden tener sin embargo muy distintas orientaciones. El elegir una elite viene a significar la elección de la elite mejor orientada ahí donde todas suponen que la suya es la mejor ideología. Con lo cual el problema queda revertido a su origen, sin que se le pueda resolver razonablemente más que por la consulta de lo que la mayoría del pueblo estima la mejor doctrina y la mejor intención.

El único modo de conseguir que el pueblo no se equivoque, o siquiera que se equivoque lo menos posible en esa apreciación, es educarlo a chorros y además, crearle condiciones tales de vida —particularmente en lo económico— que no se sienta impelido a decidir contra su propia conciencia. Si Cuba no ha aprendido todavía a vivir su democracia, sus principios democráticos, es en parte por la ineficiencia de su sistema de educación (no digo solo de instrucción) y en parte porque lo aprendido en la escuela lo borra después el medio social, lleno de presiones deformadoras.

El joven de la distancia, con ser él mismo eso que se llama un «intelectual», no deja de comprender estas dificultades respecto del criterio de la élite como directora, y hasta le vi peligrosamente inclinado a refugiarse en el criterio de la fuerza. Sus argumentos eran sutiles. Cuando la fuerza se alza con el mando —decía— arrostra graves peligros; ese denuedo acusa ya cierto valor moral, cierta fervorosa convicción, cierto espíritu de sacrificio. ¿No es mucho más razonable, y hasta más «espiritual», que esa calidad se imponga a la mera gravitación de la cantidad, de la fuerza numérica?

Sutil, pero ingenuo, y sobre todo peligroso. No negaré que a veces la fuerza se mueve por ideales más o menos verdaderos, eso es lo que siempre ocurre en las verdaderas revoluciones. Tales casos solo pueden juzgarse históricamente. La revolución es, en efecto, digna de tal nombre cuando se dan dos circunstancias: que la situación social y política contra la cual se produce fuera a todas luces insoportable e insuperable por la vía legal, y que la situación que de la violencia emana sea efectivamente más noble y fecunda. Cuando eso no ocurre, la revolución no es más que una mera revuelta, y no obedece propiamente a ideales, sino a intereses de grupo. El hecho de que conlleve cierto riesgo, y por tanto cierto valor, el asumir el mando para defender esos intereses, en modo alguno puede justificar la revuelta, ni compensar los estragos que se derivan de la subversión de lo legal.

Frente a los reparos de mi joven amigo, mi conclusión viene a ser, pues, la misma de aquella breve apología democrática. El mando público necesita, por igual, de autoridad y de fuerza. La autoridad, que es cosa moral, solo se la puede dar el consentimiento formal de los gobernados a través de las urnas, o un consentimiento informal, pero no menos explícito, de la mayoría de ellos exteriorizado inequívocamente por el pueblo a través de la opinión pública. La fuerza que prescinde de esa autoridad no es más que eso, la fuerza. Y el que en un país se le reconozca a la fuerza derecho para asumir el mando sin autoridad, es decir, sin autorización popular explícita o implícita, es como renunciar a la civilización política para emprender el retorno a la selva.

Frente a ese hecho, las diplomacias rectificadoras, los despliegues bien intencionados de un tacto prudente, podrán atenuar las consecuencias inmediatas, pero nunca alcanzarán a proteger el futuro de una nación. Este joven que discrepa de mis tercas teorizaciones no comprende que lo que estoy tratando de defender con ellas es el decoro, la seguridad y la libertad de los años que nos quedan por delante. Eso, y no la senaduría que se llevó el viento de una madrugada.

(*Diario de la Marina*, 28 marzo 1952)

Por una polémica decente

El doctor José Agustín Martínez publicó ayer en *Prensa Libre* un artículo, lamentablemente decrépito de pensamiento y de intención, dedicado a refutar, con pasmosa diligencia, cierto reciente comentario mío a una portada y un reportaje de la revista *Time* sobre los sucesos del 10 de marzo.[85]

El artículo del doctor Martínez es de una sofistería tan burda, de tal penuria polémica, que casi no vale la pena contestarlo. Quien haya visto siquiera la portada en cuestión y leído el reportaje que ella ilustra, dirá si mi descripción es la correcta, o lo es la alambicada desfiguración que de su sentido hace el *facti-consulto* del régimen.

Lo que a eso añade el doctor Martínez es una referencia a mi supuesto «resentimiento», a lo «amargado» que me supone por habérseme frustrado una senaduría, y el hecho de que fui antaño ministro de Batista, por lo cual —dice— nada tendría de particular que en algún momento volviese «a traspasar» de nuevo los umbrales de la mansión presidencial, armado de la más seductora de las sonrisas y con el espinazo listo para el saludo ceremonioso y cordial.

Es lamentable este sesgo polémico *ad hominem*. Que lo utilicen los esbirros de la letra de molde, se comprende. No se explica ya tanto en quienes presumen de cierta jerarquía espiritual. Lo que se está discutiendo en Cuba hoy es demasiado importante, demasiado grave y hasta dramático, para empequeñecer así el debate. Se discute si ha sido o no conveniente para la República el golpe militar del 10 de marzo; si son más atendibles y estimables los juicios que se hacen sobre su posible eficacia aliviadora de momento, o los de quienes

---

85 «El traspiés de marzo, y un reportaje», *Bohemia*, 27 abril 1952, págs. 49 y 87.

miramos las cosas en más amplia perspectiva histórica y creemos cuidar, sobre todo, los intereses de los intereses permanentes de la Nación.

A los efectos de dirimir esa cuestión, o por lo menos de acreditar los puntos de vista opuestos, tiene tan poca importancia mi «resentimiento», o mis antecedentes de colaboración con Batista presidente legítimo de 1940, como la tendría el sacar a colación el resentimiento del doctor José Agustín Martínez porque el Autenticismo no convalidó su nombramiento, por mí refrendado, de Asesor Técnico del Ministerio de Estado, o el atribuir su posición actual a un espíritu calculadoramente obsequioso hacia los nuevos poderes.

El doctor Martínez tiene derecho a que yo presuma que defiende sinceramente el régimen actual de Batista; pero se ha de ganar el reconocimiento de ese derecho con razones, no con insinuaciones personales oblicuas. Y yo tengo derecho a que no se les atribuya a las razones que esgrimo coeficientes de «amargura»; primero, porque no son razones insensatas, y después, porque me he pasado muchos años de mi vida defendiendo mis ideas a costa de peligros y destierro, y no se ignora que más de una vez he declinado invitaciones al vals de las posiciones oficiales. Hace poco, escribí en otra parte, que yo no nací con un acta en el ombligo; que no soy hombre de vocación política en el sentido de avidez de las fruiciones del poder, y que la política nunca ha hecho en mi vida sino interrumpir las tareas que me son más gratas: las de escritor, y esas otras de orden profesoral a que el doctor Martínez alude con la sorna espesa que ahora se ha puesto de moda, pero que tan mal cuadra a quien aspiró antaño, con mucha distinción, a una cátedra universitaria. Nada me hubiera sido más fácil que situarme ahora al sol que más calienta, porque la verdad es que Batista siempre ha sido muy deferente para conmigo en el orden personal. Pero me temo que el doctor Martínez se va a quedar con las ganas de verme colaborar con una situación quebrantadora de un orden constitucional perfectamente establecido.

La bondad o nocividad de una situación semejante —repito— es lo que ahora se discute. En tal debate, las calificaciones personales resultan ociosas o gratuitamente malignas, y solo sirven para acusar la falta de razones sustantivas. Cierto que la calidad y los antecedentes de las personas también cuentan; pero aquí todos nos conocemos, y cada cual tiene la autoridad que tiene. No se trata ahora de que nos desmeritemos personalmente, sino de defender las opiniones que consideremos más valederas. Lo que se ventila es si conviene o no que en el pueblo cubano se arraigue la convicción de que la democracia es un mito por el hecho de que no siempre funciona idealmente; la convicción de que el ejército tiene el derecho a ser gran elector; de que los gobiernos de fuerza son los únicos saludables; la idea, en fin, de que es justo cerrarles el paso a unas elecciones por la mera presunción de que iban a ser adulteradas, o de que el resultado de ella iba a ser funesto para el país. Eso es lo que se discute.

Personalizar en una discusión de tanta monta, es desenfocar. O tratar de ganar méritos, no para una idea, sino para el propio provecho. De eso a convertirse en guardaespaldas ideológico o en porrista intelectual, no hay más que un paso. Es lícito lamentar genéricamente, como lo he hecho yo, que muchos de los llamados, por su calibre intelectual y moral, a defender los principios básicos de la nación en el orden político, hayan abdicado de ese deber, o lo hayan entendido mal. Pero lo que está ya muy desacreditado, al menos entre la gente de cierto decoro mental, es el juicio singular, el que aspira a rebajar a planos de reyerta o de comadreo verdulero una alta cuestión pública. Bastante desgracia tenemos con lo que ha pasado ya en Cuba para que demos, además, ese otro espectáculo.

Por mi parte, he de resistirme a ese género de polémica todo lo que me sea posible dentro de la necesidad en que a veces se está de defender la decencia de la propia vida. En todo lo que de la mía tengo vivido, nunca aprendí, doctor Martínez, a tener «el espinazo listo» para ninguna adulación.

(*Diario de la Marina*, 30 abril 1952)

Defensa de un juicio

En un artículo publicado ayer en esta misma plana,[86] mi muy admirado amigo el doctor Medardo Vitier me reprocha un juicio que aquí también dejé hace poco, de pasada,[87] a propósito de Emile Bréhier: el de que nuestros filósofos estaban «en mantillas».

Para refutar esa apreciación, que tiene por injusta, el autor de *Las Ideas en Cuba* examina «los aspectos a que pudiera aludir mi frase». Si a nuestro pasado alcanza me recuerda Vitier que ni Varela, ni Luz ni Varona «se hallaban en lo elemental en la Filosofía». Si a la enseñanza universitaria presente me refiero, tampoco cabe la afirmación, porque todos los que profesamos la enseñanza de la Filosofía «procuramos estar al día en las materias» de nuestra dedicación. Si lo que quise decir es que en Cuba no se lee a los grandes filósofos en su lengua propia, «eso ya concierne a la tradición cultural», y no abona mi juicio.

Todo este esfuerzo polémico inicial es una especie de *shadow-boxing* a que don Medardo deportivamente se entrega. ¿Le parece indecoroso el símil para una discusión más o menos filosófica? En tal caso, me atrevería a comparar el desproporcionado esfuerzo polémico de mi ilustre amigo, con aquella peregrina tesis idealista de Fichte, según la cual el Yo Absoluto, que es lo único que realmente existe, se crea el mundo irreal de las cosas no más que para darse el gusto de triunfar sobre él, de tener algo con que chocar, a fin de sentirse la propia autoridad.

---

[86] Medardo Vitier: «Un juicio del Dr. Mañach», *Diario de la Marina*, 13 junio 1952, pág. 4.
[87] «Recuerdo de Emile Bréhier», *Diario de la Marina*, 29 mayo 1952, pág. 4.

Mediado ya el artículo refutatorio, don Medardo cae al fin en la cuenta de que nunca pretendí negarles calidad filosófica a nuestros primates, ni poner en duda la aptitud y seriedad profesoral de nadie, sino solo aludir «a la ausencia de producción original». Esto parece aceptarlo Vitier en cuanto al presente. Pero todavía vuelve a las andadas y arguye que «de eso a negar que haya profesores y estudiosos de extensa formación, se mide largo tramo».

Y ¿quién ha negado que eso lo haya? Mi ilustre amigo sigue boxeando con las sombras. La cosa es muy sencilla. El artículo sobre Bréhier —que no puedo citar textualmente porque no lo tengo a mano— aludía claramente a posibles apreciaciones, con motivo de su muerte, entre nuestros «filósofos» cubanos de hoy. Y de ellos es de quien decía yo que están «en mantillas».

Este juicio no es lisonjero, pero me parece bastante exacto. Por filósofo entiendo yo al que filosofa; y por filosofar, al que especula sobre el sentido último, o por lo menos, radical, de las cosas. Por otra parte, estar «en mantillas» siempre ha querido decir, si no yerro, hallarse no más que iniciado, o en incipiencia de actividad; no haber alcanzado aún a madurar un rendimiento. Y yo le pregunto a don Medardo: aquí entre nosotros, con todo rigor, ¿no es eso cierto de nuestros amantes de la Filosofía?

Soy el primero en reconocer, y con mucha satisfacción por cierto, que desde hace doce o quince años más o menos, se despertó, y viene acumulándose en Cuba una corriente muy vivaz por la Filosofía. Sus manifestaciones son varias y muy prometedoras: en alguna medida (aunque todavía muy insuficiente) se ha ampliado la enseñanza de disciplinas filosóficas en nuestros centros docentes; es cada vez mayor el número de personas que lee Filosofía y la estudia y comenta; de cuando en cuando se producen trabajos laboriosos, y a veces penetrantes, en que se exponen determinadas corrientes del pensar, se interpretan doctrinas y figuras y hasta se esbozan tesis y puntos de vista personales. Se dan a la estampa manuales docentes de Historia de la Filosofía y de Lógica. La publicación de la *Revista Cubana de Filosofía*, al igual que la fundación y mantenimiento de la Sociedad Cubana de Filosofía, nos han vinculado a la comunidad filosofante americana y aun a la de Europa.

Todo eso es un gran adelanto, y fuera muy mezquino el escatimarle aplauso, cuanto más el desconocerlo o negarlo. Pero todo eso, querido Vitier, no quita para que los «filósofos» cubanos estemos —y vea que me tomo la libertad de incluirme entre ellos— «en mantillas», si con esta frase se entiende lo que a mí me parece lícito entender: que andamos todavía en la primera etapa, en la de aprendizaje, disciplina, investigación de lo ajeno y tímida formulación, cuando más, de lo propio. Pues lo contrario de esa incipiencia es el rendimiento maduro y más o menos original, y todavía no asoma siquiera en Cuba una obra original, como la de un Vaz Ferreira en el Uruguay, pongo por caso, o tan abarcadora y sugestiva como la de un Alejandro Korn y un Francisco Romero en la Argentina, o tan ambiciosamente sistemática como la de un José Vasconcelos en México. Y eso, para mencionar solo ejemplos de nuestra América.

Decir que nuestros filósofos están «en mantillas» no envuelve ninguna intención de disminuirles ni la seriedad de su propósito ni la calidad de su promesa. Es solo decir que no han dado aún de sí un fruto cuajado, ya sea por la envergadura o por la intensidad. Y al decir esto solo se pretende evitar, con un juicio de medición, que caigamos en peligrosos engreimientos, e incitar a la superación de nuestra incipiencia, por aquello de que el «poco más o menos» nunca ha servido para llegar a ninguna parte. Tenemos en Cuba una tendencia excesiva —residuo de cierto aldeanismo que mucho hemos luchado por extirpar— a resentirnos de esos juicios rigurosos, suponiendo que tienen un sentido desahuciador. Todo lo contrario. Nadie ha adelantado nunca nada si no es exigiéndose mucho a sí mismo. La holgura complaciente en la estimación es la madre de la inercia y de la mediocridad, y el niño mimado por tales complacencias suele quedarse para siempre «en mantillas».

No creo que los que lean esa opinión mía se formen «un juicio inexacto e injusto» de nuestra actividad filosófica. Más se lo formarían, si dejándoseles entender que hemos llegado a madurez, vinieran a comprobar que no solo no es cierto, sino que no siquiera tenemos el concepto de lo que una madurez filosófica significa.

(*Diario de la Marina*, 14 junio 1952)

Glosa de unas declaraciones

De entre los voceros del general Batista y de su régimen, debo confesar que el doctor [Andrés] Rivero Agüero es el que me tiene más ganada la simpatía y la estimación desde hace tiempo. Hemos discutido bastante, y siempre le he visto sincero, razonador, respetuoso del pensar ajeno sin perjuicio del propio. Su actitud desde el 10 de marzo es diáfana hasta en el exabrupto. Aquello de «y no se olvide que, después de todos, somos nosotros quienes tenemos los fusiles», fue, sin duda, mención excesiva de la soga en casa del ahorcado; pero al menos era pensar en alta voz. Los peligrosos no son esos, sino los de la arrogancia ladeada y reticente.

Ahora el doctor Rivero Agüero acaba de hacer unas declaraciones muy explícitas y sensacionales. Quisiera comentarlas exclusivamente como periodista, oficio que por naturaleza se sustrae a toda otra disciplina.

Hay no poco que celebrar en ellas, y algunas cosas que lamentar. De estas, la primera es que no hayan revestido uniformidad textual en los periódicos. La ocasión fue un diálogo con los reporteros palatinos, diálogo sin duda muy deliberado y refrendado de altos poderes, pero cada periódico lo ha recogido a su manera y con diversos énfasis, de manera que en algunos extremos no sabe uno muy bien a qué atenerse.

En cuanto al fondo, también es de lamentar que Rivero Agüero se haya mostrado, en algunas de sus frases, despectivo y ácido hacia la Oposición, y particularmente hacia el más destacado sector de ella. Es verdad que los adversarios del régimen no suelen mondar de improperios su pensamiento. Eso no autoriza, sin embargo, para afirmar que «auténticos y ortodoxos no son honrados ni patrióticos», o para afirmar, como lo hace el doctor Rivero Agüero en otro momento del diálogo, que tampoco son «sinceros».

La Oposición tiene profundos motivos de resentimiento que al Gobierno no le asisten: le cumple hablar el lenguaje de la inteligencia, en tanto que la voz gubernamental debe ser siempre serena; baraja, en fin, consideraciones de mucha más trascendencia histórica que las del pensamiento oficial. Que no quiera «dialogar» con el régimen, es solo irritante para este; que el régimen sea producto de un profundo trastorno institucional cubano y haya reeditado ciertos vicios en el origen de la autoridad, es cosa de mucha más monta. Tales desquiciamientos justifican mucho más el que también las frases polémicas se saquen de quicio. Rivero Agüero, tan inteligente, debiera comprender eso.

Pero vamos a lo esencial. Asegura el fidelísimo amigo del General que este no aspirará al poder desde el poder. Algo vamos ya ganando. Ahora solo falta que esa promesa no se traduzca en un simulacro. Porque «el poder» no es solo una presencia física, por supuesto; puede ser hasta un fantasma detrás del trono; o más concretamente, ese designado del Consejo Consultivo que el doctor Rivero Agüero deja entrever. Cuando la Oposición pide un gobierno «inequívocamente neutral» para ir a las elecciones, lo que pide es que no se trate de un recadero del General. Si eso más se promete, tanto más habremos adelantado.

Lo otro es «garantías». Rivero Agüero asegura que el General, que aspira a la Presidencia legítima, quiere ganársela con votos. Está en su derecho. Pero, aquí también, la Oposición no puede permitirse ingenuidades. Admítalo o no Rivero Agüero, el ánimo de la inmensa mayoría del pueblo es, actualmente, de inmensa hostilidad al régimen; si pudiera hacer una revolución, la haría. Ese es un dato del problema que el Gobierno, si quiere actuar sensatamente, no puede ignorar. Y ese hecho obliga por igual, aunque en distintos sentidos, al Gobierno y a la Oposición. Obliga al primero a actuar sin trastienda, so pena de prolongar indefinidamente la ominosa tensión en que el país vive. Y obliga a la Oposición, para que sus filas no se le rebelen, a no hacer concesiones ingenuas.

Disponerse en principio a tomar una vía electoral, ya sería una concesión difícil de tramitar popularmente. Pero si además se contrajese ese compromiso sin una plenitud inequívoca de garantías, sería un suicidio. Y es lógico que la Oposición prefiera resistir indefinidamente a suicidarse. Las garantías que tiene razón para pedir no son solamente las escritas en un Código donde se mantengan todas las conquistas anteriores en cuanto a la representación electoral y a los mecanismos de los comicios; no son solo las que se derivan de la presencia de un Gobierno «neutral» que presida el proceso, sino también las garantías de ambiente, en que los partidos se sientan en libertad para decir las graves cosas que inevitablemente tendrán que decir. ¿Está también el Gobierno en disposición de permitir ese derecho?

Termino con una referencia otra vez a la sinceridad del doctor Rivero Agüero. Hasta ahora, los voceros del régimen venían diciendo que el 10 de marzo se había producido para acabar con un estado de anarquía y para prevenir una conculcación aún mayor de derechos. Era una tesis seráfica, aunque armada: la tesis del Arcángel expulsando con la espada flamígera a los malos inquilinos del paraíso. Pero ahora el doctor Rivero Agüero tira de la manta, y descubre que la culpa del 10 de marzo la tuvo el doctor Alonso Pujol, que al pasar el Nacionalismo a la Alianza auténtica, le cerró el paso electoral a Batista. Ante esa nueva versión oficial, solo cabe decir aquello de que, para verdades, el tiempo...

(*Diario de la Marina*, 23 julio 1952)

¿Quién es reaccionario? Réplica a un defensor de la dictadura

Uno de los corifeos más activos y más diligentemente recompensados del actual régimen, Otto Meruelo, escribía hace poco, comentando la intervención del doctor Torriente en el problema político del momento: «Yo creo que don Cosme puede ser aplaudido por los reaccionarios de nuestros días, por Raúl de Cárdenas, por Dorta Duque, por Mañach, etc.... No se trata de un defecto, sino de un caso de formación ideológica, de rancio conservadurismo»; y esto, añade Meruelo, no «puede ser un ejemplo para los cubanos jóvenes que anhelan, desde 1930, una Cuba nueva y progresista».

Heme aquí, pues, tachado una vez más de reaccionario por mi impenitente y gratuito enemigo, flamante consejero hoy del ministro de Comercio. No sin algún desgano me dispongo a contestarle, pues está visto que resulta bastante inútil en Cuba salirle al paso a esas calificaciones. Suele aquí haber muy poca responsabilidad en los juicios, sobre todo, en los juicios políticos. A favor de eso conspira una increíble inercia mental. Basta que alguna vez le hayan colgado a usted gratuitamente un sambenito cualquiera y que se haya insistido un poco en él —cosa en que los comunistas, sus derivados y sus apóstatas suelen ser expertos— para que eso críe hábito. De nada le valdrán al así calificado ni sus opiniones escritas ni sus actividades vividas. Rectificar o dejarse convencer es lo que más trabajo les cuesta a los vagos de la inteligencia, a los que tienen interés en que alguna verdad no prospere, o simplemente a los que no pueden contener las ganas de ser desagradables.

No espero, pues, convencer al señor Meruelo —ni a los demás rutinarios de las calificaciones políticas. Pero como también hay aquello de que «el silencio otorga», y como en todo momento están surgiendo a la vida pública jóvenes naturalmente impresionables y faltos de información sobre el pensamiento y ejecutoria de sus mayores, de cuando en cuando resulta necesario precisar lo que uno efectivamente es y se siente ser. Al menos, por lealtad a la propia conciencia, y para que la Historia, si le importa, sepa a qué atenerse.

* * *

Antes que nada, puesto que Meruelo me tilda de «reaccionario», habría que precisar lo que esa palabra significa. Y una manera de precisar cómo diferimos él y yo en la comprensión de ese significado, es considerar cuál ha sido nuestra historia pública respectiva, y cómo está cada uno de nosotros situado en este momento.

Para mí, «reaccionario» es lo que la palabra misma está diciendo: el que reacciona, el que —para decirlo en criollo— «da marcha atrás». No es reaccionario el conservador como tal: este no es más que estático, partidario de no moverse, de no alterar los principios sociales y políticos tradicionales. El reaccionario es, propiamente, o el conservador regresivo, que quiere volver las cosas a un estado anterior, o el que habiendo sido revolucionario, se arrepintió, adoptando tesis y actitudes más moderadas y más complacientes hacia la «realidad». Con este criterio, que me parece el justo, veamos quién es el verdadero reaccionario, si Meruelo o yo.

Cuando la lucha contra Machado, el entonces joven Meruelo (sobrino, por cierto, de un ilustre médico de Cienfuegos, que era allí líder del ABC y hombre de altísimas cualidades morales), militaba en el comunismo. Como tal militante de las filas rojas, se habituó, ya desde entonces, a pensar mal de mí, y como se ve, no ha perdido el hábito. Pero un día Meruelo, ya un poco menos joven, descompadró con sus camaradas. Estos lo expulsaron del partido. Circularon entonces muchas explicaciones turbias sobre los motivos de esa expulsión. No me haré eco de ellas. En primer lugar, porque soy amante de la verdad, y la de esas alegaciones no me consta: a lo mejor fueron parte del llamado «aparato de difamación» del comunismo, que es cosa tremenda. Y en segundo lugar, porque no quiero darle a este artículo ningún tono de diatriba.

Pero lo cierto es que el señor Meruelo fue comunista y, una de dos, o abjuró de la dogmática del partido, o guarda esa ideología tan latente que apenas se le ve. Más consecuente, su hermano Homero, que había pasado por la misma hechura ideológica, cuando estalló la guerra civil española se fue a la Península y allí dio la vida por la República. Era un gran muchachote por cierto; lo traté mucho en Nueva York, en nuestros días comunes de destierro cuando la primera dictadura de Batista, y me produjo mucho pesar su muerte en los campos de Castilla. Pero había muerto en su ley.

Otto, no. Otto ha evolucionado regresivamente y con las más ágiles acrobacias. Excluido del comunismo, se hizo auténtico. Cuando Grau se querelló con Prío, Otto se hizo «grausista». Escribió entonces, aquí mismo en *Bohemia*, así como en *Prensa Libre*, los artículos más desaforados en defensa del Mesías frustráneo. Y, desde luego, en contra de Batista. Puedo citar —para mostrar la verdad de lo que digo— un pasaje de unos de sus artículos, que me cayó accidentalmente en las manos hace poco. En él se decía, entre otras cosas, lo siguiente, después de censurar acremente a Chibás:

«Batista, más hábil, pelea también contra el hecho revolucionario simbolizado por Grau. La reiterada confesión de que sus vicios, sus malversaciones y crímenes —los de Batista, se entiende— fueron ampliamente superados por sus sucesores, encubre su objetivo más importante: presentarse a la opinión conservadora y a los timoratos como un político de orden, que creará la paz nacional, rebajando las conquistas sociales logradas y sofrenando las manifestaciones reivindicativas que hacen explosión frecuente en nuestras relaciones civiles».

Después de esa manera tan clara de señalar, continúa Meruelo, acordándose todavía de su marxismo:

«En la obra de Carlos Marx sobre *La Revolución Española* se leen estas frases: «Los prolongados y tormentosos períodos de reacción son admirablemente propicios para poder rodear de nuevo prestigio a las eminencias derrumbadas en el período de los fracasos revolucionarios». Esta es la etapa que Batista cree llegada para Cuba. A juzgar por el odio que se acumula en la calle contra Prío, puede suponerse que la era levantisca nacionalista haya fracasado, pero la frustración de un gobernante no implica que las masas estén dispuestas a desprenderse de todas sus conquistas, y mucho menos que apelen a fórmulas y *hombres que salieron de las filas humildes, conspiraron luego contra la vida constitucional y terminaron instalados en lujosas fincas al amparo de una fortuna fabulosa*. También Batista cree que Grau es un estorbo, que mientras exista su arraigo popular no entraremos de lleno en la hora de la reacción. Sus voceros desbocan sus improperios con más interés que contra Prío el 'Viejo'».

Eso escribía el señor Meruelo hace poco más de un año. Al transcribir el pasaje, he puesto en negrilla ciertas frases para que se vea bien lo que Meruelo pensaba entonces de su jefe actual. Bastó que sobreviniese el 10 de marzo para que, desentendiéndose de Grau a quien ya no le veía posibilidades, el señor Meruelo se pasase con armas y bagaje (con el arma de la pluma y el bagaje de las ideas acomodaticias) a las filas del hombre cuyos «vicios, malversaciones y crímenes» había recordado un año antes; del que en 1951 consideraba representante de una «opinión conservadora y antirrevolucionaria»; del que había conspirado «contra la vida constitucional» y se veía instalado en lujosas fincas, al amparo de una fortuna fabulosa».

Pues bien: eso, esa «marcha atrás», esa abjuración de actitudes y principios, esa plegabilidad del criterio en obsequio de una fuerza que, otra vez, le ha asestado un golpe «a la vida constitucional», y que de nuevo se presenta invocando el orden, pero «rebajando las conquistas sociales logradas y sofrenando las manifestaciones reivindicativas» —eso es lo que yo llamo ser REACCIONARIO. Cubrir esa actitud con aspavientos «ojalateros», con jaculatorias prometedoras, con balbucientes esperanzas de que el régimen dictatorial de Batista evolucione en un sentido «progresista», no es más que tratar de justificar de alguna manera la adhesión a una fuerza cuyos perfiles el señor Meruelo vio muy claros cuando le convino verlos.

Bien es verdad que nunca se le ha visto a él hablar de democracia, sino en la medida en que ese concepto puede ir implícito en su estimación de una «vida constitucional». Algo debe de quedarle aún al señor Meruelo de la peregrina idea que de lo democrático se tienen hecha los que son, o alguna vez fueron partidarios de una «dictadura del proletariado» que no acaba de resolverse en libertad efectiva del pueblo. Pero, aun aceptándole a Meruelo ese lastre doctrinal, resulta demasiado fuerte que este señor se atribuya espíritu renovador y progresista al mismo tiempo que defiende a un régimen que ahoga partidos o los amordaza, que agita el látigo sobre el obrerismo (y no únicamente sobre el vicioso y gansteril), que ha vuelto a hacer del Ejército el gran elector, que tiene la dragonada a la orden en ciudades y campos, que mantiene todas las suculencias de la Lotería y del juego clandestino, que financia excesos irresponsables de producciones con jugosas exenciones de impuestos a beneficio de los plutócratas del azúcar, y que, en suma, por alguna razón, tiene el respaldo de todos los elementos retardatarios de la vida cubana.

¿O creerá el señor Meruelo que abrir una playita popular aquí y allá y legitimar a los precaristas sin entrar a fondo en el problema agrario, basta para acreditar una genuina voluntad de progreso social?... Yo llego hasta a admitir la posibilidad de que esa voluntad se acuse progresivamente en la dictadura, por la necesidad de simpatía popular en que esta se halla y aprovechando la concentración de poder que toda dictadura supone. Lo que niego es que el solo advenimiento del 10 de marzo —provocado en buena medida por el estilo caótico e irresponsable de gobernar que estrenó en Cuba el doctor Grau, antiguo ídolo de Meruelo—, que ese golpe militar, digo, fuese razón bastante para que corriese a entrar en el coro el mismo que tan nefandos antecedentes le había señalado antes al general Batista. Pudo haber esperado un poco a que se vistiese de progresismo el muñeco.

Pero niego, además, que el progresismo de un gobierno consista solo en las mejoras de orden económico-social que pueda presentar. Es un gobierno vicioso y retrógrado si a esas ventajas no las acompaña una sustanciación de las libertades ya consagradas, un respeto al equilibrio de las instituciones, por el cual esas libertades se garantizan, y un impulso moral y cultural hacia la elevación uniforme de la conciencia colectiva. Dictaduras de cemento y barriga contentan hay y ha habido siempre muchas; mas nunca han dejado de ser una rémora para el progreso integral de los pueblos. Apoyar ese género de gobernación es, por lo visto, lo que el señor Meruelo considera tener un espíritu no reaccionario.

***

Y ahora, veamos cuál es MI «reaccionarismo». Siento tener que hablar un poco de mi persona y de mi historia; pero ya se ve que no hay más remedio.

Yo nací políticamente a la Revolución. Me había ya pronunciado contra el zayato en la famosa protesta del Grupo de «Los Trece», que capitaneó Rubén Martínez Villena en 1923, y por la cual fuimos procesados. Había militado ya mucho con mi pluma a favor de la renovación integral cubana, en la conferencia, en el libro, en el periódico, en la *Revista de Avance*, que no fue solo cosa estética. A la imagen de una «Cuba Nueva» —de esa «Cuba Nueva» que Meruelo invoca de boquilla en su artículo contra Torriente— me adscribí desde entonces, y no he cesado de luchar por ella en todos los terrenos que me han sido accesibles.

Me uní al movimiento abeceísta desde su fundación, y nadie, como no sea un comunista, o un derivado más o menos arrepentido del comunismo, negará que aquel fue un movimiento revolucionario. No aspiró solo a derribar a Machado; aspiró a transformar todo el género de vida política y social que Machado representaba y que le hizo posible. Al ABC se le tildó de derechista, de imperialista, de antiobrero, de antinegro, de españolizante, etc., porque de alguna manera había que contener a un poderoso movimiento de juventudes como fue aquel. Mas por la verdad abeceísta habla su Manifiesto-Programa (que yo contribuí a pensar y a escribir), y hablan las actitudes del ABC. Léase ese documento, sin duda alguna el más importante y completo de la revolución contra Machado. Véase cómo, en su filosofía política, se declara por igual distante del fascismo y del comunismo, el «falso dilema» renovador de aquella hora; cómo denuncia la garra imperialista en nuestra tierra; cómo pide la proscripción del latifundio, la preferencia para el cubano en el trabajo, el reconocimiento del derecho obrero de organización y de huelga, la participación en las utilidades, etc., etc. A ese documento, el *New York Times* lo calificaba, por aquella época, de *mildly socialistic*: «moderadamente socialista». Aquí, sin embargo, el extremismo izquierdizante lo tachó de reaccionario, sencillamente porque pedía, para el inmediato futuro cubano, no la revolución absoluta e inviable, sino la «revolución posible».

La historia de las actitudes políticas abeceístas, que yo compartí y por las cuales asumo plena responsabilidad, es demasiado larga, y no puedo sino reducirla a esquema. Aceptamos la mediación porque venía de Roosevelt y porque parecía ser ya el único modo de liquidar a Machado restaurando en el país el clima de libertades que, en efecto, le derribó. Estuvimos contra el 4 de septiembre, porque vimos claro que aquello le abría a Cuba la perspectiva del militarismo, que había de añadir un nuevo y más profundo vicio a su democracia, como en efecto ha sucedido y lo tenemos muy a la vista. Gobernamos con Mendieta mientras este, respaldado por una indudable mayoría del pueblo de Cuba, prometía rescatar el poder civil, y dejamos a Mendieta cuando esta promesa resultó incumplida. Hicimos una oposición riesgosa y azarosa contra Batista, y yo dirigí el periódico *Acción* en la época tremenda de Pedraza, del palmacristi y las hormigas en la boca. Sufrí destierro de cuatro años después de la huelga de marzo, y yo, que ya había sido secretario de Instrucción

Pública, tuve que trabajar muy duro para ganarme la vida honrosamente como profesor en los Estados Unidos. Se produjo la guerra civil española, y fui entonces de los que se manifestaron públicamente por la República en un manifiesto de los intelectuales de aquel país.

Volvimos a Cuba a pelear por la Constituyente. Cuatro delegados abecedarios en ella luchamos por el mismo programa de 1931, señaladamente contra el latifundio, contra la discriminación racial (cuyo precepto en la Constitución redacté yo), por la justicia social y el aseguramiento de los mecanismos democráticos de la gobernación. En 1934, el ABC cometió el error de ir a un gobierno de unidad nacional con Batista, atendiendo a la situación de guerra y también al desmedro de un partido que aún creíamos poder salvar para el servicio de Cuba, mostrando desde el gobierno la capacidad y la honradez de sus hombres. Error político, sin duda. Pero aquel Batista con quien colaboramos no era ya dictador, sino Presidente legítimo de la República, y su política no era de derecha, sino tan de izquierda que hasta había comunistas en el gabinete de que yo formé parte. Y salimos limpios de aquel Gobierno, que enriqueció a Alliegro y compañía.

En 1948, no apoyé yo al insigne cirujano Núñez Portuondo, por el viso de «reacción» que su campaña me parecía tener. No le apoyé con mi pluma, a pesar del alto concepto que de él tengo como cubano. Apoyé a Chibás, que sentía aún incompleta la revolución hacia una «Cuba Nueva». Cuando el ABC se fusionó con la Ortodoxia, me quedé en ese Partido del Pueblo Cubano, por considerarlo el vehículo más limpio y más férvido de las ideas revolucionarias que yo había sostenido toda mi vida.

Sobrevino el 10 de marzo. No me fui, como el señor Meruelo, con Batista, de quien siempre he tenido, en lo personal, muestras de alta consideración. Volví a combatirle, como en la época de la septembrada que engendró el militarismo. Publiqué en *Bohemia* un artículo titulado «Revolución y libertinaje», planteando con razonado escepticismo la cuestión de si cabía esperar del golpe militar un desemboque genuinamente revolucionario, como se pretendía. Lo cual me valió una carta del doctor Raúl de Cárdenas —con quien ahora Meruelo me asocia— en que ese limpio ciudadano, pero, él sí, conservador impenitente, me reprochaba que siguiese yo hablando de una revolución que él consideraba agotada.

Y es que soy fiel a mis ideas. Invito al señor Meruelo a que me señale un solo artículo, en mi larga vida de escritor público, que acuse un criterio o un sentimiento racionalmente calificable de «reaccionario». En cambio, yo le pudiera citar innúmeros trabajos míos en que batallo *por una renovación de nuestras instituciones y nuestras costumbres públicas encaminadas a asegurar la mayor libertad, justicia bienestar para el pueblo cubano.* Y esto no es cuestión de politiquería, de demagogia ni de cálculos electorales. He mantenido esas ideas hasta cuando no pensaba para nada en elecciones. Ellas nacen de la filosofía que me tengo hecha del hombre y de lo social, y si el señor Meruelo quiere enterarse de sus fundamentos, le sugiero que lea mi ensayo *Para una filosofía de la vida*, particularmente las páginas 86, 87 y 88, en el libro que lleva ese mismo título.

Hasta por temperamento —que es el fondo primordial de todas las creencias— creo en una sociedad equilibrada. Equilibrio entre el interés del individuo y el de los grupos, entre la libertad y la autoridad, entre la tutela de las energías impulsoras y creadoras y la tutela de las condiciones de seguridad y oportunidad para todos. Pero ese equilibrio es cosa del futuro. La sociedad hoy está desequilibrada, y a ese desequilibrio hay que darle un dinamismo de progreso. Está desequilibrada, porque ni siquiera se han echado las bases económicas adecuadas para estabilizarla en la fecundidad y la justicia, y, en cambio, hay condensaciones de poder económico y social diverso que conspiran contra esa aspiración. Creo en la necesidad de una política que se imponga a esas fuerzas en bien de la comunidad. Creo, sí, que todos los pueblos, y particularmente un pueblo en formación, necesitan estímulos lucrativos; pero que esos estímulos no deben mermar nunca las condiciones para un bienestar común mínimo lo más elevado posible. Creo que, en la duda, hay que caer siempre del lado de los más y no de los menos; de la libertad y no del autoritarismo; de la justicia «humana», y no de la mera justicia legal. Tengo confianza en el pueblo, y creo que si a veces elige mal sus rectores, lo que hay que hacer es educarlo para que elija mejor. En lo que no creo es en los providencialismos arrogantes, que suplantan la voluntad del pueblo. Y creo en la civilidad, que es el orden de la deliberación de todos; no en la fuerza, que es la «razón» física de unos cuantos.

Después de estas precisiones —que no son nada nuevas en mis escritos—, quisiera saber quién es el «reaccionario»: yo, o el señor Meruelo, que tan asiduamente está sirviendo con su pluma (y en la nómina) al régimen de facto.

(*Bohemia*, 27 julio 1952)

Contrarréplica a un corifeo del régimen[88]

Algunas personas amigas deploran que yo me haya tomado la molestia de entrar en polémica con Otto Meruelo. «Su tiempo —dicen— se puede emplear en cosas más útiles».

No les falta razón. Pero cuando profesionalmente se tiene una pluma en la mano, desdeñar constantemente los ataques puede llegar a parecer discreción excesiva, o algo peor. Y ya aduje, en mi artículo rechazando la tacha de «reaccionario» obsequiada reiteradamente por el señor Meruelo, que no cesan de surgir nuevas generaciones cubanas a quienes uno está en el deber de dar cuenta de su vida y de su pensamiento, para no perder el derecho de asistirlas con el consejo. Puede estarse seguro de que no es el juicio del señor Meruelo el que a mí me importa.

Para no desatender del todo, sin embargo, aquel reproche de amigos y lectores, voy a emplear este artículo en la menor cantidad de defensa personal indispensable, cargando enseguida la mano en lo que más me interesa, que es mostrar la falta de autoridad de Otto Meruelo, no ya para calificarme a mí en un sentido o en otro, sino para que merezca ser creído cuando entona la loa del régimen actual.

En lo que tiene de invectiva contra mí, su artículo es de la más baja superficialidad polémica. Como era de esperarse, saca a colación ese trapito sucio, ya clásico entre mis adversarios, de mi artículo «La serenata gozosa».[89] Lo lavaremos una vez más. Dice Meruelo que yo era abogado fiscal de la Audiencia de La Habana en 1925, y que «para consagrar mi adulonería», escribí ese artículo, «que sonaba a encomio

---

88 Con este artículo, Mañach responde a Otto Meruelo, quien contestó al suyo del 27 de julio en «Replica al que ayer sirvió a la dictadura y hoy combate la revolución», *Bohemia*, 3 agosto 1952, págs. 88-91.
89 «La serenata gozosa», *El País*, 24 septiembre 1925, pág. 3.

desmedido del despreciable dictador...». ¡Peregrino modo de adular era aquel, en que yo recogía objetivamente un estado de opinión entonces muy deslumbrada ante Machado (era a los pocos meses de comenzar su gobierno), y sin embargo, llamaba ya «césar» al dictador en ciernes y le prevenía de posibles anatemas futuros!... Abogado auxiliar fui, en efecto, no por nombramiento de Machado, sino del Licenciado Barraqué, amigo de mi familia. Pero lo que no dice Meruelo es que presenté mi renuncia en 1927, entre otras razones porque se me había obligado a no pedir diligencias esclarecedoras en la causa contra el Alcalde Cuesta, que el Gobierno tenía intención de sobreseer.

Escribí —dice Meruelo— en el mismo año en que murió Rafael Trejo, «una loa insensata» al Capitán Castells, jefe del Presidio de la Isla de Pinos. Lo que escribí fue el reportaje de una visita de transeúnte curioso, diciendo honradamente lo que vi y oí, en días en que aún no había presos políticos. Y lo que Meruelo no dice es que por aquellos mismos días, desde Isla de Pinos, donde me hallaba convaleciente, me solidaricé en forma pública y enérgica con la protesta por la muerte de Trejo y con el manifiesto de los estudiantes universitarios.

Me saca a relucir Meruelo un penoso episodio estudiantil de mi época de Secretario de Mendieta, diciendo que permití que hubiera «atropellos de estudiantes y hasta algunos muertos». No hubo tales muertos, sino un mero choque de la policía con los muchachos que se habían hecho fuertes en el Instituto. Y aquella misma mañana, cuando por motivo de eso Batista pretendió que se cerrara ese y otros planteles, le contesté, en presencia de Mendieta, que yo no había ido a la Secretaría a cerrar instituciones de enseñanza, sino a abrirlas, y que de no estarse de acuerdo con esa política, se me aceptara la renuncia. Y las instituciones no se cerraron. Meruelo le oyó a Pendás hablar de eso en Cienfuegos; pero silencia la refutación que yo allí mismo hice. Su sentido de la polémica leal es decir lo que compromete, pero no lo que explica.

Por lo que al ABC se refiere, ya no haré más apología de aquel malogrado partido, tantos de cuyos viejos dirigentes se hallan ahora muy cerca de Batista. Baste decir que en este artículo último de Meruelo, como en el de junio 24 del año pasado, a que se refiere, y que yo desconocía, por haber estado entonces ausente, y no lo he venido a leer hasta ahora, Meruelo pinta al ABC como le place a un hombre de su formación comunista, o apoyándose en un señor Lumen cuya autoridad desconocía y sigo desconociendo.

En resumen, Meruelo no ha podido responder a mi reto de que citara una sola frase de cualquier escrito mío, o actitud alguna, que merezca racionalmente la tacha de reaccionario. Pero, eso sí, se permite llamar «franquista» —aludiendo veladamente a vinculaciones familiares— a quien cien veces declaró su adhesión ideológica al Gobierno de la República. Es otra muestra de la probidad del señor Meruelo. Y llama «escalador de posiciones» y cosas de ese burdo jaez, a quien, en veinte años de modesta vida pública y en un período muy accidentado, propicio a todos los arribismos, no ha militado más que en el ABC y en el Partido con el cual se fusionó, siguiendo lealmente en ambos sus líneas políticas; a quien, en esos veinte años, solo por unos ocho meses en conjunto ha tenido funciones oficiales, y no siempre a gusto; a quien, con un poco más de flexibilidad, hubiera podido ser ministro no dos, sino diez veces, y embajador otras tantas; a un hombre, en fin, que supo sacrificar posiciones muy honrosas por venir a lidiar en su patria, y que no se ha cansado nunca de decir que está en la política, no por vocación, sino por sentido del deber cívico. Pero esto, claro está, no lo entiende el señor Meruelo.

***

Ahora, vamos a sus propias cuentas.

Yo dije que Meruelo era el reaccionario, no yo. Para demostrarlo, recordé que reaccionario es el que «retrocede»; el que pretende echar hacia atrás un proceso histórico, o el que abjura de determinadas posiciones ideológicas o políticas para acomodarse a situaciones retardatarias. En ambos sentidos es Meruelo un reaccionario, aunque con lenguaje hábil de girondino.

No insistiré demasiado en el detalle de su evolución ideológica regresiva, que ya apunté en mi anterior artículo. Comprendo que Meruelo pasase por el sarampión comunista, que yo mismo estuve a punto de contraer. Comprendo que luego se hiciese auténtico. Lo que ya no puedo explicarme en términos de mera rectificación ideológica es que, habiendo sido auténtico y a última hora «grausista», y habiendo escrito en esa última hora pestes de Batista, ahora sea un corifeo de la dictadura. No soy yo quien pone de manifiesto esa regresión. Es el propio Meruelo. Ya cité un artículo suyo publicado en *Bohemia* hace cosa de un año. Ahora voy a citar otros, y por orden cronológico.

En junio de 1950, Meruelo polemizaba en *Prensa Libre* con Andrés Rivero. Se había metido con el PAU,[90] del cual escribió: «No es ni siquiera un partido nuevo. Se trata simplemente de una denominación reciente para un grupo político desgastado, copado por figuras que ya están insertadas en la historia por un voluminoso compendio de acusaciones y de culpas...». CON ESE PAU ESTÁ MERUELO HOY.

---

90 Siglas del Partido Acción Unitaria, una organización política fundada por Fulgencio Batista en 1949, con el fin de postularse nuevamente a la presidencia de Cuba. Después se convirtió en el Partido Acción Progresista.

El 29 de junio, en el mismo periódico, Meruelo sustanciaba su ataque, pero emprendiéndola ya más directamente con Batista. He aquí, abreviadas, sus palabras textuales: «Batista significa el hombre y los procedimientos que detuvieron durante más de un decenio el avance revolucionario...»; «Batista creó una mentalidad cuartelera que esperó (¿operó?) durante más de un decenio con exclusiva atención a sus particulares intereses de grupo (...) Por eso su zona de influencia está limitada a pequeños sectores de la opinión nacional, que obtendrían muchas ventajas de su victoria...». Pues bien, subrayo ahora yo, con ese Batista retardador de la revolución, con ese que «creó una mentalidad cuartelera», con ese cuyo triunfo sería, como en efecto lo ha sido, el de «pequeños sectores de opinión», CON ESE ESTÁ MERUELO HOY.

El 11 de junio de 1950, en *Prensa Libre* también, Meruelo insiste en las mismas apreciaciones, afirmando que Batista «no fue un presidente progresista», puesto que «rinde su política internacional a los intereses dominadores extranjeros, y la política interna la pone al servicio de una casta cuartelera...». CON EL BATISTA ASÍ JUZGADO ESTÁ MERUELO HOY.

El 13 de mayo del pasado año, en el mismo periódico, publicó Meruelo un artículo titulado «Guiteras y Batista». Se lamentaba de que el aniversario de la muerte de Guiteras no se hubiese conmemorado «al estilo que merece su memoria». Recordaba a las claras a quién se debía la muerte del líder civil septembrino. Y explicaba así la apatía ante el aniversario: «Estamos en un proceso de inversiones. De Guiteras no se habla ni se cumple su mandato. En cambio el General Fulgencio Batista aspira a restaurarse el mando. Hace crítica virulenta contra la Revolución y predica una moral cívica de la que él no podrá ser jamás ni ejemplo ni guía...». Pues bien: con ese Batista cuya reaparición ilustra «un proceso de inversiones», es decir, un proceso reaccionario; con ese Batista bajo cuyo mando omnímodo murió Guiteras; con ese que, según Meruelo, no podría ser «jamás ni ejemplo ni guía», CON ESE ESTÁ MERUELO HOY.

Finalmente, el 20 de mayo del año pasado, en un artículo publicado en *Bohemia* bajo el título «Un gobierno con recursos, pero sin respaldo popular», Meruelo hacía un ácido análisis de la oposición a Prío. He aquí la primera frase de ese análisis, parte de la cual se utilizó para un pie de grabado: «Fulgencio Batista, un malversador al que más de una vez le sangraban las garras como recuerdo de viejas tropelías...». En ese mismo artículo, insultaba al doctor Jorge García Montes: «al que no prestigiaban precisamente las luces del martirologio ni las blancuras de la honestidad». Y refiriéndose al PAU hallaba que: «en los del PAU la misma tónica apostólica movía al asco, por lo cínica que resultaba. Los paupistas no podían poner de ejemplo sus vidas para enaltecer ninguna conducta cívica...». Pues bien: con ese PAU, con un García Montes tan injustamente calificado, con ese Batista a quien llamaba «malversador» y de sangrantes garras, ESTÁ MERUELO HOY.

***

Bastan, por el momento, esos testimonios. Cuando se ha escrito tales cosas, si se tiene un elemental sentido de consecuencia consigo mismo, no se puede ir a formar parte del Gobierno cuyos hombres así se juzgó.

Yo bien sé que la política, como la *donna* de la ópera, es *mobile*. Sé que ciertas mudanzas pueden justificarse por las exigencias de una realidad social y política que uno no elige, y por las demandas o urgencias de un país que necesita ser defendido o servido. Lo sé por experiencia. Combatí mucho a Batista en una época, y al cabo de los años me vi un día de ministro suyo; y ahora de nuevo lo combato. Pero cuando yo combatí a Batista, nunca lo insulté personalmente; censuré una política suya, de tipo dictatorial y militarista, como la censuro hoy. No hace muchos meses, en una polémica con un ortodoxo prominente, me vi en el caso de reprocharle que hubiese llamado «bestia» a un hombre que, con razón o sin ella, era ya el candidato de un buen número de cubanos. Las dos veces que estuve en el poder con Batista, lo hice sin abdicar de mis juicios políticos anteriores, y desafío a Meruelo que me encuentre un solo pronunciamiento lisonjero que yo hiciese sobre el Presidente Batista cuando fui su Ministro de Estado. Estaba, en fin, en su Gobierno siguiendo la línea de mi partido, que así creyó —contra mi voto particular— servir a la Nación.

Ese no es el caso de Meruelo. Había dicho de Batista y del PAU que no tenían un sentido crítico circunstancial, sino que implicaban condenas definitivas. Y no se debía él a ningún partido ni disciplina política. Después de su breve milicia comunista, era solo un periodista francotirador, ávido de destacarse, para lo cual no le faltaba ni combatividad ni ambición. Se fue, al fin, con el Grau ya aislado por la defección de un pueblo que había visto traicionadas con él sus mejores ilusiones. Cuando se convenció de que el retorno del Mesías era inviable, quedó Meruelo en disponibilidad, y a las pocas semanas se enganchó bruscamente al tanque victorioso del golpe militar dado por los enemigos tradicionales del Autenticismo. A poco, lo hacían consultor del Ministerio de Comercio.

Entonces todo cambió para el señor Meruelo. Aunque el 10 de marzo se debió a otro golpe militar ambicioso, ya Batista no era el que «creó una mentalidad cuartelera» y puso la política interna «al servicio de una casta militar»: era, por lo visto, un dechado de civilismo. Si algo han hecho con Batista los años, es darle un sesgo burgués y atento a los intereses creados; pero ya Meruelo no cree que este Batista sea el mismo que «retardó la revolución» y sirvió en el exterior a «los intereses dominadores»: ahora lo tiene por un gobernante «progresista». Aunque hace un año el General representaba en Cuba, según Meruelo, «un proceso de inversiones», y «jamás podría ser ni ejemplo ni guía», ahora es el conductor de una esperanza renovadora. Aunque hace pocos meses era un «malversador» a quien le sangraban «las garras», ahora es un adecentador de la vida pública cubana.

***

¿Cómo trata Meruelo de justificar una abdicación semejante de sus propios juicios? ¡Ah! es que el 10 de marzo fue, según él, «un hecho revolucionario», y por eso Meruelo se le sumó enseguida. Para este ágil opinador, basta que un equipo coja el poder por la fuerza para que se convierta, ipso facto, en «revolucionario». Pero es que, además, Batista «fue a él —al hecho revolucionario— contra la desvergüenza imperante y prometiendo un programa que se va cumpliendo».

Sin embargo, la «desvergüenza imperante» antes del 10 de marzo era del mismo tipo de aquella a la cual el propio Meruelo consideró a Batista responsable cuando le llamó «malversador»; era aquel gansterismo a cuya acción violenta, efectivamente, se le ha puesto fin por la concentración policíaca de poder, pero que empezó por pactar con no pocos pandilleros y facilitarle la fuga a Policarpo, que hoy se pasea en Madrid del brazo del señor Aristigueta, nuestro franquista y flamante agregado cultural. La «desvergüenza imperante» era aquel aprovechamiento consentido y corruptor de la Renta de Lotería, del cual no tengo noticias que haya cesado;

era aquella voracidad burocrática de la cual el PAU se ha hecho sucesor ahora tan ávidamente; eran aquellos políticos muchos de ellos venales, pero siquiera imbuidos de cierto ímpetu juvenil populista, que ahora se han visto desplazados por los Alliegro y demás «figuras que ya están insertadas en la historia por un voluminoso compendio de acusaciones y de culpas», como escribió Meruelo hace algunos meses. ¿Ve el señor Meruelo lo acomodaticio que es?

Batista —escribe mi impugnador— «ha realizado de un plumazo todo lo que la Ortodoxia ofreció para cuatro años: impidió la continuidad del priísmo, erradicó el gansterismo y adecentó la administración...». Concedamos lo que deba ser concedido. Impidió la continuidad del priísmo, pero le rompió la continuidad a la vida constitucional que tanto trabajo nos costó establecer, y restableció la continuidad al militarismo, que tantos esfuerzos llevó eliminar. Erradicó el gansterismo; pero ha puesto algo peor a la orden del día —peor porque es más orgánico—: la violencia actual o potencial del uniforme. Adecentó la administración en algunas zonas; pero no en las que más profundamente inficionan el orden político cubano, como la lotería, el manenguismo y el compadrazgo politiquero.

«Uno se siente —añade Meruelo— con la posibilidad de superar la crisis cubana bajo esos signos; lo que no se puede hacer en la Ortodoxia junto a Fico Fernández, a Sargent y a Dorta Duque». Esos ortodoxos tendrán sus ideas más o menos conservadoras; pero no se enriquecieron nunca desde cargos oficiales... ¿Puede Meruelo decir lo mismo de todos los colaboradores actuales de Batista? ¿O es que los lastres —si lo son— solo operan cuando de la Ortodoxia se trata?

Meruelo trata de darme una pequeña lección de terminología y de criteriología políticas advirtiéndome que «este es un gobierno de facto y no una dictadura», y que en otros países «existe ya una jurisprudencia elevada a doctrina política, que hace el honor de darle a la doctrina de facto una valoración muy definida». El que no se consuela es porque no quiere…

Sí, gobierno de facto es el actual, como lo fue el de Mendieta, del cual fui yo Secretario; solo que aquel de 1934 nació de una situación ya en sí misma provisional, en que el cauce electoral estaba aún cerrado; y este gobierno no. Solo que Mendieta subió al poder provisional, respondiendo a una demanda pública y apoyado a través de varios «partidos», en la inmensa mayoría visible del país, y Batista no. Solo que Mendieta, lejos de ser un dictador —en el sentido que Meruelo le da a la palabra—, fue un gobernante débil; y Batista, aunque lleve guante blanco sobre el puño duro, representa una dictadura. Porque es un solo partido y un solo hombre en él, quien se ha impuesto a todos los demás, y dictadura es todo régimen que pone el *dictum* del gobernante sobre el consentimiento previo, expreso y formal del pueblo.

«Mañach —dice, en fin, Meruelo— también estuvo una vez con Batista, y creo que hoy, de ser sincero y no obedecer a intereses determinados, debía reconocer que el actual presidente está en un plano más progresista que antes, y es más que nunca respetuoso de la normal superación cubana…». Examinemos esos conceptos en orden inverso. ¿Más «respetuoso de la normal superación cubana» ahora que cuando fue elegido presidente al amparo de una Constitución y respetó plenamente las libertades públicas?... ¡No me haga reír! Si será o no más progresista ahora, con mejor tesoro y poder más concentrados que en 1940-44, cuando tenía escasos recursos y un Congreso frente a él, es cosa que está por ver en el orden institucional y material. Meruelo pudo haber esperado a que se produjera, antes de entregarse tan ávidamente a la nueva situación.

Pero es que en ella se da algo de irremediable. Hay progreso y progreso. Un pueblo puede adelantar mucho en obras concretas, y hasta en mecanismos institucionales, y retroceder mucho en valores morales y en hábitos políticos. Porque sé que Cuba ha de retroceder mucho —está retrocediendo ya en esto, que para mí es de capital importancia—, no puedo estar con un Batista dictador, resucitador del militarismo, prometedor de unas elecciones en cuya autenticidad como consulta pública la fuerza misma de los hechos impide creer.

Se equivoca Meruelo al creer que mi oposición no es sincera, o que obedece a «intereses determinados». En mí la sinceridad es casi un vicio: llega hasta la ingenuidad. Intereses, no los tengo, como no sean esos de tipo público e ideal. Las actas senatoriales de la Ortodoxia nunca las ambicioné, y hay testigos de eso. Personalmente, pudiera estar ahora muy cómodo al lado de Batista: bastante más cómodo que en la Ortodoxia, donde no hay ningún lecho de flores.

Termino definitivamente. Siento mucho serle tan desagradable al señor Meruelo por haber defraudado la esperanza que él puso de que yo llegase a ser un «maestro» de su generación. Me consuela que hay muchos jóvenes que, si no me dan todos tan alto título (como me lo da el poeta universal Israel Rodríguez, en la dedicatoria de uno de sus fuertes poemas), al menos me tienen por un hombre honrado, sincero y no enteramente romo en el examen incansable de los problemas cubanos. Con este estilo, bueno o malo (que yo, según Meruelo, imité de Ortega y Gasset, pero que ya tenía antes de haber comenzado a leer al filósofo español —¡y perdóneseme la menuda reivindicación!)— con este mismo estilo, no he hecho más que escribir, durante treinta años, sobre Cuba, para Cuba, con anhelo indeclinable de superación cubana.

He servido y honrado a mi patria cuanto he podido. Estoy en paz con mi conciencia. Allá el señor Meruelo con la suya.

(*Bohemia*, 10 agosto 1952)

Carta abierta a don José Vasconcelos

Ilustre maestro y amigo:
He leído estos días en un diario habanero un artículo de usted —reproducido, al parecer, de un periódico mexicano— en el que, bajo el título «Impresiones de viaje» y con motivo de su reciente visita a Cuba, elogia usted a Martí, ponderando ciertas experiencias y valores de nuestro pueblo y termina usted con algo que se parece mucho a una apología del General Batista y de la situación pública que él ha traído a nuestro país.

Quisiera referirme, ante todo, a lo que de ese artículo suyo ganó mi gratitud. Ningún cubano, en efecto, podrá dejar de agradecerle a una pluma prócer como la suya la evidente simpatía hacia nuestro pueblo que anima su comentario, el tributo que rinde a nuestro patricio amado y los estímulos que a la conciencia cubana provee cuando habla de nuestra unidad espiritual, y aun de nuestros logros económicos, y sociales, si bien estos no sean, desgraciadamente, tan halagüeños como usted los pinta.

En esto, don José, se le ve a usted la generosidad de espíritu que tantas veces y desde hace tanto tiempo le hemos admirado, el aprecio de los valores profundos, propio del filósofo que en usted hay, y su desvelo de siempre por el menester de unidad en lo disperso americano, y porque esa unidad sea en términos de todos los elementos actuales de nuestros países, pero también de aquella tradición hispánica a cuya glorificación los años le han ido inclinando a usted más y más.

Que en la sustentación y defensa de tales criterios fundamentales haya usted exhibido, en los últimos tiempos, matices de opinión histórica, y sobre todo política, que ya no responden tanto al más característico sentir y pensar del liberalismo americano, no empeche para que siga usted manteniendo el respeto profundo de los que no podremos nunca olvidar su magnífica ejecutoria de revolucionario en México, particularmente su gran obra creadora en el Ministerio de Educación, ni, después, la luz de antorcha con que usted por tanto tiempo iluminó a las juventudes continentales, la austeridad batalladora de su vida, y esa su obra filosófica, tan personal, armoniosa y abarcadora, que es blasón del espíritu americano.

Todo ese ha dado a usted una autoridad de vigía y testigo, de informador y mentor, que no en todas las conciencias han podido mermar las actitudes y tesis más específicas —muy respetables también, por lo demás—, a que antes aludí. Es justamente esa autoridad suya la que, haciendo pesar mucho sus observaciones y valoraciones en el juicio ajeno, y particularmente en el por lejano menos avisado, confiere incalculable trascendencia a las apreciaciones que usted hace de la presente situación cubana y nos obliga a rectificarlas a los que no podemos ni estar de acuerdo con ellas ni dejar que ellas prosperen.

Me atrevo a hacer esto, don José, no al amparo de la estima y benevolencia que usted pueda conservarme y de la que dejó usted hace muchos años el más generoso y estimulador testimonio en uno de los tomos de su autobiografía, sino más bien del respeto con que su espíritu sabrá acoger, por adverso que sea a su propio parecer, un juicio nacido del más hondo y limpio sentimiento ciudadano.

Luego de su hermoso tributo a Martí, al cubano que «no supo de odios» y que «no llegó a matar», habla usted en su artículo de la unidad espiritual que nuestro pueblo ha mostrado «desde los comienzos de su existencia nacional», atribuyéndola a nuestra larga impregnación en los valores hispánicos. No he de expresarle mis reparos a tesis tan optimista, por más que la historia registre que en la formación espiritual de Cuba «los excesos de capitanes y gobernantes» y «la política torpe de Madrid», de que usted también habla, contribuyeran muy continuamente a retardar nuestro proceso de integración, desvirtuando lo que más profundas influencias generaban y dejando, en lo social y político sobre todo, una huella de autoritarismo y de esclavismo de los espíritus que aún no hemos podido enteramente borrar. Como hijo de español que soy y enamorado de la España esencial, el corazón al menos se me inclina a lo más sustantivo de ese juicio histórico suyo. Mucho de lo mejor en el alma cubana es también de lo que de la española heredamos —de su dignidad, de su nobleza, de su coraje.

Tampoco he de medirle su precisa exactitud al juicio que usted hace cuando afirma que ya hoy la economía cubana se halla casi enteramente en nuestras manos. Si este juicio sirve para restarle relieve a lo que de colonialismo económico aún nos queda, que es mucho, al menos hace justicia a los esfuerzos que los cubanos hemos logrado, particularmente desde la República de 1930-31 para acá y desde la Constitución del 40 en que sus ideales se plasmaron, por hacernos cada vez más dueños de nuestros recursos y distribuirlos mejor. La opinión de usted vale, en todo caso, como un estímulo para que perseveremos en el empeño.

Cuando ya empiezo a discrepar más decididamente de sus «impresiones de viaje» es cuando usted se refiere al ambiente y circunstancias que usted halló en Cuba durante los días en que nos visitó como invitado oficial a las honras martianas. «Un ambiente de libertad y despreocupación —escribe usted— prevaleció en Cuba durante la semana del Centenario de Martí».

De regreso de un viaje a los Estados Unidos a que me obligó una penosa y urgente necesidad familiar, regresé yo a Cuba el 27 de enero —a tiempo para presenciar esta semana martiana, para asistir físicamente, como lo hubiera hecho aun desde lejos en espíritu, al homenaje del pueblo cubano a nuestro grande hombre. Y debo confesarle, mi ilustre amigo, que fuera del ámbito oficial, al cual ni me acerqué siquiera, no vi por ninguna parte ese «ambiente de libertad y despreocupación» que usted dice.

Porque libertad es —bien lo sabe usted— algo más que una tolerancia ocasional de expresiones y demostraciones públicas que no hubieran podido suprimirse sin gran escándalo, en presencia de tantos extranjeros ilustres. Libertad es algo más que «permiso» y vista gorda; es la respiración normal de un pueblo, el desembarazo de espíritu que solo da la ausencia de rencores justos, de coacciones más o menos directas y de miedos dispersos; es, en fin, el sentimiento de seguridad y de dueñez de sí mismo que un pueblo tiene cuando puede regir su presente y ordenar su futuro. Y eso estuvo en Cuba casi ahogado durante la semana martiana. «Despreocupación» dice usted que observó en Cuba, y yo lo que hallé fue a mi pueblo abrumado de una angustia sorda por su inmediato destino, desesperado de no poder ejercitar su voluntad frente a peligros de todo género. Para no mencionar más que un hecho —y pudiera mencionar muchos—: por los mismos días en que usted admiraba nuestra «libertad», un joven estudiante universitario, un limpio joven idealista y valeroso, agonizaba en un hospital a consecuencia de una brutal represión policíaca.

«Nadie —dice usted— pretendió acaparar o representar» las virtudes martianas. Tal vez no. Pero sería ya mucho dejar entender que las virtudes martianas hablaron por igual en unos y otros, y que al espíritu de Martí —con todo y su ancha cobija de amor para todos los cubanos— le hubieran sido igualmente gratas las honras nostálgicas de los cubanos fieles y las de aquellos otros que, con su conducta de hoy, violaron y traicionaron todo lo que Martí quiso para nuestra República.

Aquí, don José, se perpetró el año pasado un golpe militar por obra del cual se halla el General Batista en el gobierno. «La explicación de esa presencia —escribe usted— la expresan con sencillez sus partidarios», y usted traslada esa explicación (demasiado sencilla, en efecto) a sus lectores, con visos muy claros de aceptación por su parte. ¿No cree usted que hubiera sido más justo divulgar también la explicación que de los hechos dan, sin que a usted pueda habérsele ocultado, numerosos cubanos que no son «partidarios» del General Batista?

Yo voy a recordársela. Pero antes permítame dos precisiones personales, para que usted no entienda mal el espíritu de esta carta. La primera es que yo no «odio» al General Batista ni a nadie. Ya sabrá usted que hasta fui ministro del General, por incidencias de la política, en las postrimerías de su gobierno constitucional, el año 44. La segunda precisión es que, si bien milité hasta hace unos días en un partido de oposición, acabo de renunciar a todo partidismo, entre otras razones porque deseo verme libre para expresar mi pensamiento sobre lo público cubano sin que se me atribuyan compromisos de disciplina ni intenciones sectarias. He llegado a la conclusión de que así puedo servir mejor a Cuba, puesto que, al cabo, yo no soy por vocación más que un modesto escritor público y un profesor universitario. A otra cosa.

Dice usted, por boca de los opinadores de un solo lado: «Batista entregó el poder al doctor Grau que derrotó por escasa mayoría de votos al candidato del Gobierno. Puso con esto, Batista, un ejemplo a no pocas administraciones hispanoamericanas. El retiro de Batista no solo fue sincero, sino que pronto se le convirtió en exilio. A Grau le sucedió otro peor que él, Prío Socarrás. Y vino la danza de los millones. El azúcar deja mucho. Y el pueblo de Cuba, bondadoso y despreocupado, resiste pero sabe castigar cuando le colman la paciencia. Batista se hizo otra vez encarnación de su pueblo cuando se presentó seguido de unos cuantos oficiales y de un solo puntapié echó de la administración a los ladrones».

En esa versión hay algunas cosas ciertas —particularmente lo del puntapié. Pero no es sino la mitad de la historia. Hubiera sido más cabal decir también que Batista volvió a Cuba al amparo de las garantías que Prío Socarrás le brindó; que fundó un partido para probar fortuna en las elecciones prescritas por la ley para junio del pasado año; que ese partido no llegó a ser más que notoriamente mínimo y, por tanto, incapaz de alcanzar el poder, y que, en vista de eso, Batista, de acuerdo con oficiales y subalternos de las fuerzas armadas, dio un golpe militar el 10 de marzo, ochenta días antes de las elecciones, escamoteándole así al pueblo la oportunidad de renovar él por sí a sus mandatarios y de rectificar tal vez, con un nuevo gobierno, los males políticos que afligían a Cuba, rectificación esa para la cual existía ya una demanda popular tan poderosa que ningún partido triunfador hubiera podido desoírla. A la versión de usted hubiera habido que añadir que el «puntapié» —como usted dice con frase para la cual resulta difícil comprender su tono de adhesión— no se lo dio Batista solamente a Prío Socarrás, sino también a la Constitución de la República, al Congreso, a la más alta magistratura judicial, a los mandatarios municipales, a la oficialidad superior de los cuerpos armados y, sobre todo, a la opinión pública cubana.

Porque el General Batista, al realizar tales estragos, no «se hizo otra vez encarnación de su pueblo», como usted con tanta rotundidad afirma, pues mal puede encarnar la voluntad popular quien, siendo candidato, siente la necesidad de dar un golpe militar para hacerse del poder en vísperas de unos comicios. Lo que Batista sí encarna es otra cosa: es la avidez de autoritarismo en cierta zona antidemocrática y mínima de nuestro pueblo, y el espíritu faccioso que él les infundió en 1933 a las fuerzas armadas de Cuba y que logró avivar cuando para bien de la Revolución, lo creíamos ya extinto.

Espero que todo esto no le parezca a usted minucia política. Ya sé que hoy día los gobiernos «de autoridad» están al orden del día, sobre todo en los pueblos a los cuales no se les ha dado la oportunidad de crecer con limpieza democrática; y sé también que se tiende a rebajar mucho la importancia de los «medios» políticos con tal de obtener ciertos resultados ordenadores y rectificadores. Por esa vía se fue al fascismo, y por ella puede aun irse al comunismo. Pero nosotros, don José, estábamos, si no satisfechos de nuestra democracia, sí deseosos de que fuese la norma democrática la que nos rigiera. Mal que bien, íbamos ya consolidándonos en el ejercicio de ella. Graves eran aún ciertos achaques de que sufríamos por su incompleta observancia, como la venalidad y otras formas de corrupción política; pero esos males tendían a superarse. En cambio, la supresión que de la norma democrática hizo Batista, no solo nos echó muchos años atrás en nuestro proceso político, sino que reinstaló en la República males como el de la injerencia de lo militar en lo civil, que no son menos graves que los que padecíamos y sí, en cambio, muy difíciles de superar sin mucho tiempo y tal vez mucha sangre.

Por lo demás, usted puede tener la seguridad de que la dictadura imperante no ha rectificado nada fundamental u orgánico en el año que lleva de ejercicio sin trabas del poder. El «gansterismo» de pandillas adversas desapareció; pero yo personalmente, recordando un episodio de la *Universidad del Aire* y otros posteriores, puedo asegurarle que la brutalidad al margen de la ley solo ha cambiado de traje y de recursos. En lo demás, sigue aún la sentina de la lotería, el contrabando, el burocratismo, sobornado, la demagogia sindical, la incuria de los servicios públicos. Inmovilizada, por el pánico a lo que pueda venir, la economía del país ha entrado ya en crisis, sin que, por la desorbitación de ciertos gastos, en particular los castrenses, se pueda acudir en auxilio de la hacienda pública. Sigue aún habiendo mucha miseria en esos barrios humildes de La Habana a que usted tan optimistamente alude, y muchas poblaciones de la isla, si no andan descalzas, es porque el azúcar todavía tapa las miserias más visibles —aunque no las otras. Hay, en fin, muchos niños abandonados, aunque usted no los viera, deslumbrado como quedó por el Instituto de Ceiba del Agua, que es, efectivamente, un espectacular alivio de incurias.

Al cabo, las dictaduras siempre hacen algo, sobre todo en alardes de cemento y de disciplina. Así quieren hacerse perdonar el daño inmenso que le infieren a la conciencia y a la voluntad sana de un pueblo. Pero hoy día lo más ostensible que aquí contemplamos es una vida pública en que no se han rectificado ninguno de los vicios profundos, y otros se han recrudecido o empeorado; un pueblo al cual no se le han satisfecho ninguno de sus más vitales menesteres, y en cambio se halla conturbado hasta la entraña con todas las tensiones ominosas y las violencias que preparan las trágicas contiendas civiles.

Dirá usted, Vasconcelos, que no puede ser tan grave la situación cubana, tan opresiva la dictadura, desde que yo puedo publicar una carta como esta en una revista local. Pero eso a mí me parece más un cálculo que una atención. Esos aires de tolerancia sirven para ocultarles a muchos cubanos, y a forasteros como usted, la realidad más honda, incitándolos a transigir con los estragos. Que estos males profundos no los hayan visto transeúntes de mirada tan penetrante como la suya, resulta verdaderamente desolador. Grato es que los filósofos vengan a honrar a Cuba con su presencia y a Martí con sus loores; pero entristece un poco que quienes profesan de amantes de la verdad, contribuyan luego a dar testimonio solo de lo aparente.

Asegurándole mi pesar por haber tenido que decirle públicamente estas cosas, le reitero, don José, mi respeto y la amistad en que usted quiera conservarme.

(*Bohemia*, 22 febrero 1953)

Segunda carta a don José Vasconcelos

Mi ilustre amigo:

Es vicio muy generalizado en las polémicas, como usted bien sabe, el de no querer nunca el «quedarse callado», el prurito de decir la última palabra, a pesar de que, las más de las veces, casi todo lo importante se dice, de parte y parte, desde el primer encuentro. Como semejante insistencia es ociosa y pueril, no había yo pensado volverle a escribir a usted públicamente, aunque daba por descontado que me contestaría con las muy atendibles razones que de su pluma cabe siempre esperar.

Pero he aquí que su respuesta es apenas una contestación.[91] Usted casi no me niega ninguna de las consideraciones que en mi carta le hice. Más bien traslada todo nuestro «trozo de diálogo» a un plano nuevo. Y ya esta novedad es de por

---

91 Mañach se refiere a «Respuesta de José Vasconcelos a Jorge Mañach», *Bohemia*, 1 marzo 1953, pág. 57.

sí una tentación a prolongar el coloquio, siquiera sea porque plantea usted, para la orientación de nuestros pueblos, ciertos criterios generales que, seguramente, merecen ponderación y debate, por venir de quien vienen. Eso es lo más importante y sustancioso de su carta, y a ello principalmente he de referirme.

Antes quisiera que me permitiese usted dos aclaraciones de orden personal. A ellas me obligan ciertos modos suyos de señalar: ciertos sayos que usted cuelga en el aire y que a mí, o no me vienen bien, o no se me ajustan del todo.

Se duele usted de que algunos de los cubanos con que antaño compartió aquí las angustias del machadato, al trasladarse luego a México no tuviesen «una protesta en contra de la dictadura sanguinaria» que azotó a su patria, sino que se transformaron en amigos del llamado «Maximato Callista». Desde luego, esos cubanos distaban mucho de tener la categoría del Vasconcelos que ahora ha venido a Cuba a celebrar a Batista, quien, dicho sea de paso, no sale muy bien librado de ese emparejamiento implícito con Calles, que usted le obsequia... Por lo demás, el justo reproche no me alcanza. No estuve nunca en México por esos tiempos, y si hurgase entre mis viejos papeles, de seguro hallaría algún artículo mío condenando la dictadura de Calles, que fue escándalo del continente, como encontraría también originales y copias de las cartas que me crucé con jóvenes mexicanos que fueron ardorosos defensores de la aspiración presidencial de usted. Desde lejos, tuve para esa aspiración todas mis simpatías, y me indignó, como a tantos, el que se despojase a usted de lo que pareció ser un legítimo triunfo comicial.

De aquella experiencia le quedó a usted, don José, un justo resentimiento. Se comprende. Ahora está un poco de moda (sobre todo, después del libro de Max Scheler sobre *El re-*

sentimiento en la moral) despreciar ese estado psíquico. Es, desde luego, una forma del rencor, y no digo que sea ni saludable ni elegante. Lo hermoso es aquello (que por tan cristiano, usted preferirá siquiera sea teóricamente) de «poner la otra mejilla». Pero también hay un peligro en no ser capaz de «resentir», esto es, de seguir sintiendo.

Arguye cierta insensibilidad, cierta falta de pasión, aun de la buena que Martí quería. Lo que hay que cuidar es que el resentimiento justo no le envenene a uno el alma, o no le haga abdicar de los valores en que antes se creyó.

Todo esto va dicho solamente para pedirle a usted que no nos tenga a mal —usted, que no puede olvidar el despojo de que fue víctima— el que tampoco nosotros los cubanos tomemos a la ligera la violencia que Batista nos infirió el 10 de marzo: hace nada más que un año. Porque si bien es verdad que en el caso de usted lo que se conculcó fue un triunfo ya consagrado en las urnas, solo fue, al cabo, una burla electoral, y lo grave del 10 de marzo no fue tanto que les cerrara a tales o cuales personas el acceso al poder, como la lesión profunda que le infirió a todo el orden democrático y civil de la nación. Puede usted creerme que es lo único que a mí me duele.

A otra cosa personal quería referirme. Comentando la alusión que yo mismo hice a mi colaboración de antaño con Batista, dice usted: «Seguramente que aquella decisión suya obedeció a las circunstancias de emergencia que justificaron la interrupción temporal del ejercicio democrático», y añade usted que «motivos muy semejantes» son los que le inclinan ahora «a simpatizar vivamente con el actual régimen de Cuba». No, Vasconcelos: no hay semejanza alguna. Entonces no hubo en Cuba interrupción del ejercicio democrático, sino todo lo contrario. Como le subrayé a usted en mi carta, Batista era entonces presidente constitucional de Cuba, a virtud de unas elecciones efectuadas tres años antes. Esas elecciones fueron justamente tachadas de violencia militar en algunos lugares, pero sin que nadie seriamente negara que el General Batista había alcanzado la mayoría de los votos en ellas, gracias al Código Electoral que entonces regía. En las postrimerías de aquel Gobierno de Batista, las circunstancias de la guerra parecieron recomendar un gobierno de «concentración nacional». El partido en que yo militaba aceptó formar parte de él, y yo, aunque no estuve de acuerdo con esa política, la acaté por disciplina de partido, y hasta acepté una cartera en el gabinete. No hubiese hecho ni lo uno ni lo otro si Batista hubiese sido entonces un dictador. Lejos de ello, había venido gobernando en los últimos con miramientos democráticos y con claro sentido populista, y presidió las elecciones ejemplares en que Grau ganó. Vea, pues, como no hay semejanza alguna entre la situación de entonces y la de ahora.

Pero vengamos a lo más general. Lo que de toda su carta se desprende es la creencia que usted tiene de que la resistencia a Batista en Cuba es obra de eso que usted llama izquierda marxista, frente a la cual parece usted situar a Batista como campeón. Esto resulta gracioso, pues si alguien favoreció en Cuba el auge del comunismo fue precisamente el General Batista, que aun tenía un ministro comunista en el gabinete en que yo serví. Conste que no hago capital polémico de eso. Eran los tiempos en que todos los gobiernos tenían a los comunistas por aliados. Pero tampoco pretenda usted ahora que se ha convertido en un ángel de la social-democracia cristiana el Batista que tiene sus intereses político laborales en manos del señor Mujal, que fue trotskista y, probablemente, lo sigue siendo allá en las entretelas de su alma socializante.

¿Qué «libertad religiosa» ni qué sentimientos de vinculación al solar hispánico son esos que usted echó de menos en tiempos del muy apostólico y hasta muy asturiano doctor Grau, y que ahora considera protegidos por el General?... Es sencillamente un hecho histórico, don José, que los gobiernos auténticos, por las razones que fueran, se desentendieron del comunismo y lo combatieron, y que nunca la Iglesia Católica en Cuba se vio tan favorecida, a través del cardenal Arteaga, como en los tiempos del doctor Grau. Y es también otro hecho muy a la vista que al Gobierno actual le tienen perfectamente sin cuidado los riesgos o las venturas, tanto del catolicismo como de ese liberalismo protestante cuya penetración tanto le preocupa a usted. En cuanto a España, si bien le ha reconocido su gobierno franquista, cuidó mucho de mandarle allá como primer embajador a un masón No. 33, encendiéndole así una vela a Dios y otra al diablo.

Pero todo eso es minucia. Lo más atendible de su carta son los criterios superiores que aduce para cohonestar la dictadura batistiana. «De suerte que ante un régimen político actual —escribe usted— lo que me interesa es averiguar, lejos de la palabrería izquierdizante y por encima de los gastados lemas de la Revolución Francesa (...) cuál es la posición de ese régimen en lo que atañe a la libertad religiosa y a nuestros credos y costumbres ancestrales. Si en un gobierno determinado veo que pueden prosperar los modernos anhelos del Continente, que son la restauración católica y la hispanidad, enseguida pongo mis simpatías al lado de ese gobierno...».

Ahora sí estamos claros. Aunque todavía no sé bien qué alcance tenga eso de «palabrería izquierdizante», sospecho que usted se refiere a socialismo y a marxismo. Los «gastados lemas de la Revolución Francesa» supongo que sean los que formulaban el respeto a la «voluntad general», claramente expresada en las urnas, y a las consignas de «libertad, igualdad, fraternidad». Lo de «restauración católica» debe de andar muy cerca del Estado teocrático militar de Franco, y lo de «hispanidad», aledaño a la nostalgia del imperio de Felipe II. En fin, parece que es en términos de esos conceptos como define usted esa «social democracia cristiana» a la cual se declara adscrito, aunque tampoco le haga usted con tal definición ningún favor a ese movimiento.

Esas ideas son, en efecto, las que ha venido defendiendo con violenta singularidad en los últimos tiempos. Está usted en su derecho, como lo estuvo, salvadas las diferencias, un Maurras en Francia. Pero permítame que con igual derecho le exprese, mi ilustre amigo, la certidumbre que tengo de que esas ideas están muy lejos de ser, como usted afirma, «los modernos anhelos del Continente».

Al negarlo, no creo que mi óptica esté viciada de extremismo alguno. Aunque yo no puedo desconocer todo lo que el pensamiento de Marx ha aportado a la criteriología social moderna, disto mucho de aceptarlo *in toto*, y, por tanto, de ser un marxista —cuanto menos un comunista. Tampoco le aprobarían a usted en Cuba que me tachase de «izquierdista», porque si bien la izquierda cayó siempre del lado de la libertad y del servicio a las grandes mayorías desposeídas, y yo ciertamente estoy de ese lado, no voy muy allá del centro en los métodos, ya que creo, como creía Martí, que los pueblos necesitan a la vez caldera y freno, es decir, equilibrio —precisamente para poder avanzar mejor. Por otra parte, soy aún de los que creen que las de la Revolución Francesa fueron nobles y fecundas consignas: sin aquella Revolución y el liberalismo que de ella se derivó, el pensamiento social católico no se hubiese visto obligado a reeditar, en el siglo XIX, lo más humano y justo de su tradición evangélica y tomista, sobreponiendo al totalitarismo teológico y absolutista de la Contrarreforma. En fin, insensible a los valores hispánicos, huelga decirle a usted que no lo soy; pero la España que amo es la esencial, la intrahistórica que decía Unamuno, la del carácter moral y el «dolorido sentir» humano, no la de las formas autoritarias; la de Don Quijote y Pedro Crespo, no la de Felipe II, por mucho que Thomas Walsh nos lo edulcore y sublime.

Pues bien: con esta óptica, con estos criterios, creo que puedo asegurarle a usted, don José, que se equivoca mucho al pensar que nuestra América quiera, por huirle a uno de los dos extremos de la contienda actual del mundo, caer en el extremo contrario. Hemos tenido y tenemos, sin duda, mucha falsa democracia, mucha podre demagógica y corrupción política, mucho además hacia el socialismo regalón, y, en cambio, ninguno o casi ninguno hacia el socialismo equilibrado y fecundo de los escandinavos, por ejemplo. Estamos, en efecto, amenazados desde hace tiempo de una impregnación comunista que, de consumarse, daría al traste con nuestra vocación democrática liberal y con todos los valores sociales y morales que esa vocación contempla, aunque no los haya realizado plenamente todavía. Pero el anhelo de corregir eso no implica que estemos dispuestos a entregarnos al fascismo, o siquiera al tipo de «social democracia cristiana» fascistizante que usted parece concebir. No creo que eso lo apetezcan ni siquiera en la Argentina demagogizada de Perón, que lleva su procesión por dentro; ni en el Perú de Odría, con su aprismo ahogado; ni en Colombia, pavoroso cementerio de liberales; ni en Venezuela, pasto de bayonetas. ¡Mal servicio le hace usted a Batista al identificarlo con esos regímenes ahogadores o siniestros!

Lo que estos gobiernos de fuerza esencialmente representan no es, don José, como usted parece suponer, una reivindicación de la moral en lo social. Mírelos usted en las entrañas y verá que son regímenes esencialmente inmorales, por la codicia con que medran, por el servilismo que engendran y por la violencia que instituyen hacia la persona humana —aquella «persona» que Santo Tomás tanto apreciaba. Cierto que el auge actual de tales regímenes se debe, en gran parte, a una crisis moral, que abarca la crisis de la lealtad a todos los principios, en la cual deslealtad son los dictadores los primeros que incurren. Pero se debe, sobre todo, al pretexto que a los dictadores les dan las falsificaciones del vivir democrático, y las injusticias que aún lo minan. Cuídese el temple de la democracia; entiéndase lo que significan plenamente la libertad, el orden y la justicia; déseles esas tres cosas a nuestros pueblos, y ya se verá cómo no piden más que eso, ni hay comunismo que les entre.

Se refiere usted al movimiento hispanoamericano del Sur, que algunos de esos hombres fuertes han iniciado: a «la política de pactos regionales que es el antecedente necesario de nuestra futura unión continental». Aquí comparto plenamente su ideal, pero no puedo aprobar los medios que usted celebra como adecuados para realizarlo. Hay que resucitar, en efecto, el ideal de la compenetración americana que Bolívar y Martí sustentaron, siquiera sea para equilibrar mejor los destinos del Continente, en que lo norteamericano pesa y absorbe demasiado. Pero esa unión tendrá que ser de pueblos, no de meros gobiernos; tendrá que ser en nombre del denominador común histórico, que es la vocación a la libertad, no por obra del despotismo, ni en función de él; tendrá que ser, en fin, para asegurarle asiento a la dignidad y a la cultura en el mundo, no para abrirle nuevos semilleros a la opresión de las voluntades y de las inteligencias.

Termino, mi ilustre amigo. Puede que en el fondo no se halle usted tan discrepante de estos pareceres como usted mismo cree. Al menos eso me hace pensar su protesta contra «el espectáculo que sería divertido si no fuese infame», de «la dictadura convertida en régimen de gobierno generalizado». Eso quisiera yo desprender de los votos que usted hace porque Cuba le pueda hallar a su problema político actual «una solución pacífica y justa», hacia la cual, empero, tan poco inclinadas se muestran las últimas decisiones de la dictadura. En todo caso, quedo agradeciéndole mucho sus frases de aprecio personal y la atención que usted ha prestado a mis reparos, que no hubiera yo expuesto tan públicamente si no lo exigiese así la grave situación por que atravesamos, aquí y fuera de aquí.

Suyo siempre, muy cordialmente,
Jorge Mañach.

(*Bohemia*, 8 marzo 1953)

Sobre el recurso y una actitud

La contestación que a seguidas publico a una carta del doctor Pedro Martínez Fraga que vio ayer la luz en esta primera página del *Diario*,[92] puede valer como comentario a la actualidad no en lo que tiene de pequeño episodio personal, sino en referencia al gran problema político del momento.

Sr. Dr. Pedro Martínez Fraga.

Mi distinguido amigo:

Acabo de volver a leer en el *Diario* la carta que sirvió usted enviarme el domingo, por vía particular, sobre mi reciente artículo en torno a las posibles situaciones de la actual situación cubana.[93]

Permítame resumir la sustancia de esa comunicación suya. Le sorprende a usted lo que llama «el juicio sumarísimo» con que «condeno» —es su frase— el recurso de inconstitucionalidad presentado ante el Tribunal de Garantías por usted y otros ciudadanos, y la propugnación, por mi parte, de una «tercera alternativa» entre la legal y la insurreccional, o sea, la vía de los comicios. Refuta usted esta tesis, que considera, con razón, insuficientemente fundamentada en mi artículo. En fin, con frases generosas que de veras le agradezco, se duele de lo que usted considera una actitud de «indiferencia» mía ante el problema político del momento, y me exhorta a ayudarles a ustedes en su empeño.

Cuando recibí esa carta, que suponía particular, aunque escrita, como usted dice, *for History's make*, le hice una respuesta del mismo carácter, que me disponía a enviarle privadamente hoy. Comenzaba diciéndole: «En el artículo del *Dia-*

---

92 «Carta del Dr. Pedro Martínez Fraga al doctor Jorge Mañach», *Diario de la Marina*, 18 mayo 1953, págs. 1, 21.
93 «Lo internacional y lo doméstico», *La Actualidad, Diario de la Marina*, 16 mayo 1953, pág. 1, 32.

rio, tenía que conjugar estos propósitos: dejar constancia de adhesión al recurso de inconstitucionalidad; sugerir, sin embargo, que no lo consideraba, como no lo considero, eficaz para resolver el problema político; no apoyar tanto en este juicio, que pareciera estar «saboteando» el recurso; y finalmente, insistir en que la salida electoral es la única viable».

Al publicar hoy su carta, me obliga a lo que yo no hubiera querido: sustanciar más de un modo público, mi escepticismo respecto de la demanda judicial interpuesta. No lo hubiera querido, porque esa apelación a lo jurídico, que por su propia naturaleza racional tiene todas las simpatías y respetos de un espíritu como el mío, ha suscitado, además, ilusión pública y concitado a su favor plumas muy gallardas —la de usted y la de Carbó entre otras—; y no me es grato ni andar desalentando ilusiones ni contrariando públicamente pareceres tan noblemente inspirados. Ahora mismo, no lo haré en toda la medida que la fuerza dialéctica de su carta requeriría.

Ante todo, debo manifestarle que mi escepticismo respecto de la eficacia política del recurso nada tiene que ver, como usted parece imaginarse, con el hecho de que no se me diese la oportunidad de firmarlo. Usted me escribió explicándome eso, espontánea y gentilmente, y yo le contesté que, de habérseme pedido la firma, como fue la intención de ustedes, gustosamente la habría dado. Formulé, además, mis votos por que el recurso contribuyese «si no a resolver nuestro grave problema político, al menos a dejarlo situado jurídicamente para la Historia». Por lo demás, créame que no soy hombre de susceptibilidades minúsculas.

Sí, doctor Martínez Fraga, yo estaba y estoy en simpatía con el recurso. Les aplaudo a ustedes fervorosamente que lo hayan interpuesto. Admiro la ciencia jurídica y el alto sentido histórico con que está planteado. Creo que el Tribunal ha hecho muy bien en admitirlo, porque para eso, para decisiones semejantes, lo establecimos en la Constituyente del 40, como le recordé al Ministro Godoy en su reciente comparecencia *Ante la Prensa*. Reiteré esa apreciación en el artículo que ha motivado la carta de usted, al decir: «no será este comentarista quien repruebe esa apelación a lo jurídico, por ingenua que parezca ante un régimen nacido de la fuerza, ni mucho menos quien lamente que el Tribunal haya admitido, como a mi juicio no podía menos que hacerlo, una apelación tan congruente con el tipo de contingencias para el cual precisamente fue creado…». De manera que yo no «condeno» el recurso, como usted dice. Y ahora añado categóricamente que, a mi juicio, el Tribunal de Garantías cumpliría con su deber y se llenaría de honra fallando favorablemente esa demanda.

Ahora bien: una cosa es simpatizar con una medida y hasta adherirse a ella, y otra considerarla eficaz en el orden práctico. Lo uno reza con la justicia; lo otro, con la oportunidad de que se la den a uno. Lo que yo he puesto en duda en mi artículo es la eficacia del recurso a los efectos que hoy más nos interesan, que son los políticos. No nos importa tanto el probar que tenemos razón jurídica; eso, no creo que lo dude nadie, ni la gente del régimen siquiera. Lo que sí se duda es que, aun supuesto «ese respeto, poco menos que sublime, hacia las normas» —sublime en los momentos actuales— que del Tribunal esperamos se vea compartido por una fuerza política que empezó poniéndose todas las normas por montera.

Hay fundamentos para esa duda. Son psicológicos, políticos, militares, históricos; y no considero prudente concretarlos. Hablo con buen entendedor. El doctor Guas resumió esos fundamentos *Ante la Prensa* con una verdad como un templo —solo que menos sagrada que los templos—, al preguntarse cuándo se había visto que un régimen nacido de la fuerza pueda ser reducido por el derecho… En una polémica librada en estas mismas páginas a raíz del 10 de marzo, tuve que reconocer que el derecho político todavía está tan atrasado, que la violación con éxito de las normas que al Estado rigen sirve, sin embargo, para generar autoridad estatal positiva a espaldas de ellas.

Es esta autoridad positiva, esta autoridad que de hecho existe, la que se trata de desplazar. Si yo me equivoco al pensar que el recurso, instrumento de «guerra fría», desafiador del poder existente, no servirá para eso, el tiempo lo dirá. A él me remito. Si fracasa, el esfuerzo no habrá sido en vano: por lo menos habrá formalizado para la Historia los motivos de resistencia que hoy determinan la opinión de la gran mayoría de nuestro pueblo. Por eso yo siempre hubiera suscrito el alegato.

Pero el poner toda nuestra esperanza y esfuerzo en eso, me parece aventuradísimo. Mientras el recurso se ventila (y va para largo, por lo visto), esa confianza puede debilitar, y de hecho está a mi juicio debilitando, el esfuerzo intenso y concertado que paralelamente debiéramos hacer por buscarle al problema una salida política. Usted me pregunta qué razones tengo para suponer que esa salida sea viable, cuando empiezo por poner en duda el acatamiento del régimen a una posible solución judicial adversa. La primera razón es factual: el Gobierno mismo ha dicho, virtualmente, que es esa de las elecciones la única solución que acepta. Otra es psicológica: en los elementos que sostienen la situación actual, no pesarían tanto los votos de diez jueces como los de una mayoría popular adversa. Que los resultados de esa consulta comicial se respetasen o no, ya es otra cuestión. Pero, invirtiendo el argumento de usted, si se da por de contado que no lo serán, menos aún puede confiarse en que se acataría el fallo del Tribunal.

Claro que yo estoy hablando de una consulta electoral como Dios manda, y no acomodada a los caprichos oficiales. Sé bien —y usted me lo recuerda— que todos los esfuerzos que hasta ahora se han hecho para lograr del Gobierno condiciones electorales adecuadas han fracasado, y yo mismo lo dije en el artículo que usted impugna. Pero también sé que al Gobierno se le está poniendo la situación muy difícil en todos los órdenes, y que no tendrá más remedio, si quiere evitarle a Cuba serios quebrantos, que ceder ante las razonables demandas de los partidos, que yo también cuidé de mencionar: Constitución del 40, elecciones presidenciales en término prudente, garantías electorales francas.

Termino. Usted parece encontrarme «indiferente» ante la situación. ¿Dónde ha leído usted una línea mía que muestre esa indiferencia? ¿En mi polémica todavía reciente con José Vasconcelos? ¿En mi artículo de *Bohemia* —uno entre tantos del mismo espíritu— titulado «Un año de dictadura»?[94] ¿En mis consejos a los estudiantes para que mantengan irreductiblemente la defensa de los principios democráticos que les inculcamos, pero sin desbordarse en intromisiones específicas de otro orden, o en escaramuzas inútiles? ¿En mi actuación *Ante la Prensa*, donde insinúo mis pareceres personales aun más allá de lo que recomienda mi función «neutral» de moderador?

No, mi distinguido amigo: estoy donde estaba el 20 de mayo pasado. Estoy contra el 10 de marzo, que fue un enorme daño político sin fecundidad social alguna. Estoy por la rehabilitación más pronta de nuestras normas democráticas. Pero al mismo tiempo, estoy mirando a la realidad —a esos «tercos» de que hablan los ingleses—, y recordando aquello

---

94 «Un año de dictadura», *Bohemia*, 15 marzo 1953, págs. 60-61, 161.

que Martí decía: que la justicia a veces padece por los modos inadecuados de pedirla.

Créame que le estima profundamente su amigo
J.M.

(*Diario de la Marina*, 20 mayo 1953)

Otra carta… y dos posiciones

Con motivo de la primera publicación, en otras páginas, de mi «Carta al General Eisenhower», Juan Marinello me envió una extensa misiva, que me pareció de tono más bien particular o privado, elogiando la actitud de aquel artículo *more epistolar* en cuanto llamaba a capítulo a los Estados Unidos por la política que vienen desenvolviendo hacia la América Latina, pero disintiendo en algunas de mis apreciaciones, principalmente las relativas a la responsabilidad de ciertas flaquezas nuestras en aquella política.

Al reproducir en el número antepasado de *Bohemia* la «Carta a Eisenhower»,[95] le añadí una posdata en que me referí a la misiva de Marinello, sin mencionarlo, puesto que no estaba autorizado para ello; pero sí le aludí como «un escritor y líder eminente», y comenté de pasada algunas de sus observaciones. Esto ha provocado otra carta de la misma procedencia, que reproduzco a continuación, y que hoy solo podré contestar parcialmente, pues no tenemos derecho a cogernos de este número de *Bohemia* más de lo discreto:

La Habana, 3 de enero, 1954.
Sr. Dr. Jorge Mañach.
Ciudad.
Querido Jorge:

He leído con la merecida atención tu posdata a la carta a Eisenhower en el último número de *Bohemia*. Ante todo, mi gratitud por los bondadosos calificativos a la misiva que provocó la posdata. Cierto que aquella misiva no aspiraba a los aires de la publicidad, aunque nada se opone a que sea sacada a plaza. Después de todo, nada dice que nos haya sido

---

[95] «La carta a Eisenhower y una posdata», *Bohemia*, 3 enero 1954, págs. 55 y 81.

establecido por los que mantienen en Cuba y en la América Latina una postura antimperialista. Mejor estaría si esta polémica, que creo de mucho interés, pudiera ventilarse públicamente. No está en mis manos lograrlo. En todo caso, creo que estaría bien y las cosas quedarían en su punto de verdad si por lo menos esta carta apareciese en tu espacio de *Bohemia*.

Quiero referirme, con la relativa brevedad posible en estas cosas, a los argumentos de tu posdata. Ya supondrás que no me has convencido, porque es la realidad la que nos dice lo contrario de lo que afirmas, la que me convence de que las razones psicológicas nada tienen que hacer en las proyecciones imperialistas. Para un marxista, ya lo sabes, el imperialismo es el fenómeno soberanamente definido por Lenin en su famoso pequeño libro, en que el capitalismo financiero desborda los límites metropolitanos invadiendo otras tierras, en las que asienta su poder, su explotación, que tiene, de inmediato, connotación política. No es el caso de ofender tu cultura endilgándote una barata lección sobre el asunto. Prefiero invitarte a que eches una mirada responsable sobre nuestros pueblos y juzgues después.

No hay duda de que la realidad latinoamericana, en lo que va de siglo, está conformada predominantemente por la penetración del imperialismo de los Estados Unidos. Negarlo sería inútil. Que el progreso está asentado sobre posibilidades económicas y que por la injerencia imperialista el de nuestros países está interferido y contradicho, es verdad indiscutible. Y frente a estos hechos, que son historia y realidad, hablar de circunstancias psicológicas como elementos determinantes es cosa demasiado fuerte.

Afirmas tú que la experiencia personal te convence de que cuenta lo psicológico en el gran fenómeno. Agregas que las buenas gentes de los Estados Unidos son impresionadas lamentablemente por la evidencia de nuestras manquedades y corrupciones. Es natural que así ocurra. En primer término, esa masa de gentes sencillas nada tienen que ver, aunque absorban a veces el veneno de sus dirigentes, con la explotación imperialista. En lo profundo, son víctimas, como nosotros, de la gran maquinaria monstruosa. Ocurre lo inverso a lo que tú registras. Los directores de la gran maquinaria rapaz —con motor en los monopolios y poleas de transmisión en los ministerios—, desarrollan una intensa campaña para desprestigiar a nuestras tierras, cosa que ya denunció admirablemente Martí en sus días. Ello les guarda las espaldas a maravilla. Les entrega un pretexto habilísimo para justificar sus depredaciones. Lo que callan es que su obra —la de los directores de esa política— ha conducido a su propio pueblo a términos de desmoralización mucho más hondos que los que por acá conocemos. Y este juicio no lo fundo yo en una estimación personal sino en lo que, pública y privadamente, nos notician los observadores más honestos del «modo de vida yanqui».

En mi carta anterior, la que provocó tu posdata, te exponía una razón clara y fácil para aceptar mi aseveración. Te decía cómo el imperialismo no ha mantenido, a lo largo de medio siglo, el mismo ritmo de exacción. Ello se debe, te precisaba, a que, con todos sus engaños y violencias, en ciertos momentos los sectores progresistas de los Estados Unidos y las crecientes resistencias hispanoamericanas han modificado y limitado su obra. Si esto es así, y no puede negarse que así es, ¿qué espacio queda para tu tesis? Porque no será que cuando el imperialismo ha pasado, muy a su pesar, del galope al paso nadado (perdóname el criollismo, no olvidando que nací en Jicotea) ocurre que, milagrosamente, has cambiado la opinión de las buenas gentes norteñas en relación con nosotros.

Pero meditando con cierto rigor, podría quizá aceptarse que los ciudadanos estadounidenses, presionados por la propaganda interesada de sus jefes, nos despreciaran en efecto. ¿Qué relación tendría ese desprecio con el aprovechamiento sin escrúpulos, la exacción creciente y el apoyo a las tiranías «en pelo» que hoy agobian a la América Latina? Que yo desprecie a mi vecino no me faculta para despojarlo. Y si lo despojo es que utilizo mi desprecio para enriquecerme a su costa; que uso la psicología en provecho de la economía.

Yo te invito a mirar hacia un pueblo modesto y admirable, hacia esa Guatemala que dio a Martí, sobre toda otra cosa, la visión entre idílica y señorial de lo criollo de su tiempo. Seamos francos y preguntémonos: ¿es que ahora, después de la firme postura del presidente Arbenz y los que lo apoyan, el pueblo de los Estados Unidos (psicología) ha descubierto de pronto que los guatemaltecos son gente corrompida, prontos a venderse al oro soviético? ¿O no será que ahora, cuando Guatemala reclama su derecho a mandar en lo suyo y a mejorar la dura condición del pueblo, los intereses afectados (economía) gritan insultos y calumnias contra la gallarda nación centroamericana? Te invito a meditar un poco en esto.

Acercas el dedo a la llaga, pero no te decides a desbridarla cuando dices: «Pero si la lucha por el predominio de esa concepción (la de la vida norteamericana) se traduce en el mundo, para la esfera latinoamericana, en la prosperidad del autoritarismo militar a costa de la libertad, se corre el peligro de que acabemos por entender que la concepción democrática americana no es tanto el liberalismo como el puro capitalismo. Y esa sería una gran desilusión». Si analizas seriamente el panorama latinoamericano tienes que llegar inmediatamente a la desilusión que temes. Ojalá llegaras a ella pronto. El imperialismo norteamericano realiza en todas partes función similar a la que fragua por acá. Pregúntale a un francés, a un italiano, a un griego, a un vietnamés y, como sea gente de pueblo, te dará datos muy interesantes. Claro que sobre nuestros pueblos, sobre nosotros mismos, vemos mejor la agresión. Y después de verla, cabe que sigamos admitiendo que hay en ella algo de democrático. Pero, ¿por dónde anda, Jorge, la sola excepción que pueda ponernos en duda? En la misma medida que el imperialismo ama a Odría y a Trujillo, combate a Arbenz y a Paz Estenssoro, siempre en razón de lo que cada uno de esos gobernantes significa para la democracia en sus países. ¡Linda democracia norteña, que practica la persecución a la democracia en nuestras tierras!

Pero el fondo de la cuestión no está en descubrir lo que pueda influir en el mandato imperialista nuestra conducta pública. Ser libres, mandar en lo nuestro, dictaminar sobre nuestro camino y regir nuestro futuro es lo esencial y lo que debemos defender, y aludir a los pecados que tenemos —todo pueblo tiene pecados y virtudes— no está bien, porque damos pie para justificar lo injustificable. Con nuestros maleamientos y nuestras excelencias, hemos probado merecer la libertad y han de respetárnosla los que, sobre tener peores lacras, están dominados por una política invasora que va a buscar el basamento de su poder en la casa ajena.

Pero, bien sabía yo que, al final, iba a saltar aquello... Malo el imperialismo estadounidense, dices, malo el soviético. Muy lejos nos llevaría sumar las razones por las que no puede haber imperialismo soviético. La organización social de la URSS lo impide. No hay en ella, no puede haber, capital exportable con fines de explotación: falta lo esencial y característico del fenómeno imperialista. Claro que aquí podrían decir que, más poderoso que el nudo económico, es el ideológico. En el fondo sí, porque la identidad de conceptos políticos y sociales, cuando son honradamente revolucionarios, resulta invencible. Pero ello nada tiene que ver con la coacción y menos con la explotación.

Sostener que la Unión Soviética ejerce un imperialismo totalitario y que domina con ese imperialismo a los países de Democracia Popular y a la República China es una afirmación que no debe ser hecha por hombre de tu responsabilidad y saber. Lo ocurrido —¡y lo que va a ocurrir!— no es cosa distinta, en esencia, de lo que pasó en las primeras décadas del siglo pasado. Los principios de la Revolución Francesa fueron sintiéndose en todos los países de Europa, después en los americanos. Claro que un sentimiento que, como el de ahora, nacía de una necesidad. Nadie diría hoy que hubo imposición imperialista en aquello. La clase obrera en la vanguardia, los pueblos con creciente adhesión, van entendiendo que la tesis marxista es la válida, la que trae, con su liberación, la del mundo y con ella combaten y por ella mueren. Ver en eso —que es lo que ha ocurrido y está ocurriendo—, una aceptación servil de los deseos de la URSS, es tener muy pobre concepto de pueblos de vieja cultura y hermosa tradición política.

En tus palabras hay como un asomo de alusión a que en las Democracias Populares una minoría actúa a nombre de la Unión Soviética y manda a contrapelo. Mi experiencia dice todo lo contrario, pero si consideras sectario mi testimonio, yo te preguntaría si en Checoslovaquia, en Polonia, o en Hungría, eran más los caseros, terratenientes, industriales y comerciantes que la masa desposeída de trabajadores, campesinos y gente del pueblo. Aquello se llama con irrebatible justicia democracia popular porque es, en verdad, el pueblo, en su exacta representación, el que ha tomado el mando. Que existen relaciones estrechas, fraternales, entre la Unión Soviética y estas democracias es política y humanamente no ya cosa natural sino obligada. De modo parecido a como en Indochina y Grecia (pongamos por casos lamentables) se dan la mano los que tienen interés en aplastar la voluntad popular. Son millones de seres oprimidos los que miran hacia la URSS con amor y esperanza. Su política de paz y de respeto a los pueblos se ha ganado esa esperanza y ese amor. Llamar imperialismo a ese ligamen, darle el mismo nombre que al abominable impulso que sostiene a Trujillo y conspira contra Arbenz es, por lo menos, respetar poco el idioma.

Te escribo esta carta en los inicios de 1954, de un año que parece nacer entre esperanzadores auspicios. Ojalá cuajen, por los caminos de la paz y de la fraternidad humana. Lo primero, sin duda, detener la barbarie, evitar la abominación atómica. Si los hombres de buena voluntad se ponen a ello, se logrará la paz. Que a lo largo de 1954 veamos destruidas las armas atómicas, limitados los armamentos, prohibidas las campañas bélicas, a la ONU cumpliendo sus funciones, establecidas entre todos los pueblos intensas relaciones de comercio y de cultura, asegurada la paz.

Pero la lucha por la paz es inseparable de la lucha por la real libertad de los pueblos. Porque mientras sienta un pueblo la injerencia de otro en sus asuntos, la suspicacia, la malquerencia, la sospecha y la ira, madres de la guerra, estarán apuntando hacia la sangre y hacia la muerte. Vamos a cerrar el Año Centenario del más grande de los cubanos. Fue él quien dijo: el porvenir es de la paz. Fue él quien dejó escrito: Cuba, libre de España y de los Estados Unidos. Magna síntesis: la paz, como camino de la libertad. Solo en él pudo cuajarse una fórmula tan perfecta y trascendente. Ojalá este 1954 —en que se cierra su Centenario y se abre una gran esperanza para el mundo— los cubanos sean fieles a su doble mandato: al de pelear por la paz y contra el imperialismo.

No hay dudas de que está llegando para Cuba, como porción de mundo que nos ha tocado contemplar más de cerca, una hora decisiva en que se cruzan el deber nacional y la responsabilidad humana; en que hemos de levantarnos estrechamente unidos contra el propósito de hundir al mundo en una hecatombe indescriptible; por realizar, con el esfuerzo de todos, la gran tarea de derrotar a la fuerza que impide la solución superadora de las grandes cuestiones cubanas: el imperialismo de los Estados Unidos. Y puedes creerme que me sería muy doloroso que en esa hora no estuviéramos en la misma trinchera.

Un fuerte abrazo de
(f) Juan Marinello

Primera respuesta

Querido Juan:

No sé si por haber publicado esta carta tuya en lo que llamas mi «sección» de *Bohemia*, encontraremos, Miguel Quevedo o yo, dificultades para obtener el visado de nuestro pasaporte cuando queramos ir la próxima vez a los Estados Unidos. Pero aquí en *Bohemia* por lo menos, todavía estamos en ámbito democrático, y aunque yo no me halle de acuerdo con muchas de las afirmaciones o implicaciones de tu carta, no solo te respeto el derecho a exponer tu pensamiento y a contradecir el mío, sino que hasta te lo propicio. (Cosa, Juan, entre paréntesis, que ya no se estila hoy en Rusia, y que debemos seguir aprovechando aquí mientras no llegue ese día, por ti anunciado, en que el ceño de McCarthy, todavía doméstico, se vea sustituido por el más duro y ecuménico de Malenkov.)

No me tomes a mal este pequeño puntazo polémico. Quisiera contestarte con toda seriedad y con tu mismo tono mesurado; pero sin dejar, claro está, de poner los puntos sobre todas las íes. Por lo mismo, creo que debo aprovechar esta respuesta, que la limitación de espacio me obliga a hacer solo «primera» y parcial, solo para subrayar la contraposición básica de ideas a que nuestras discrepancias responden.

En efecto, nuestras concepciones político-sociales son tan distintas, que ya más de una vez nos han llevado a polemizar abiertamente... e irreductiblemente. Valdrá la pena recordarlas. Tú eres un marxista comunista. Quiere eso decir que, por un lado, entiendes que el hecho económico es lo único realmente intrínseco y decisivo en los fenómenos humanos, y particularmente en los de orden social. Eso te hace marxista. Por otro lado, piensas que para hacer valer en el mundo las consecuencias políticas y sociales de esa tesis, se hace necesario imponer, allí donde el marxismo triunfe y al menos durante una larga provisionalidad, la «dictadura del proletariado». No nos detengamos ahora a considerar si tal dictadura es, en efecto, la «del proletariado», o solo la de unos cuantos ideólogos, militares y burócratas que se arrogan su representación. Lo evidentemente indiscutible es que esa dictadura, a su vez, significa disciplinar a toda la sociedad para sujetarla a aquella tesis central, y, por tanto, suprimir toda libertad de opinión disidente, toda acción o conducta discorde. El creer en la conveniencia de eso te hace comunista y totalitario.

Yo, en cambio, creo que si bien lo económico es un factor importantísimo, no es el único determinante en las relaciones humanas, ni siquiera el más profundo. Porque le reconozco mucha importancia, pienso que se debe tender a elevar la condición económica de todos los individuos y a destruir o impedir toda forma injusta de diferenciación económica (es decir, toda diferenciación que no se deba a diferencias que la Naturaleza, y no los hombres, ha establecido, o que supongan un aprovechamiento inhumano de esas diferencias). Creo, además, que todo el mundo debe tener el máximo e igual derecho al disfrute de todos los bienes públicos, y que, por tanto, todo lo que sea servicio material a la colectividad debe ser unificado y socializado. Esto me hace a mí un liberal progresista y hasta socializante.

Pero como al mismo tiempo pienso que lo espiritual es también un factor capital en lo humano; que uno de los valores espirituales más caros es el de la libertad, y que ese valor no es solo «idealista», o «romántico», o «retórico», sino que los pueblos han progresado en la historia mientras más libres se han visto para criticarse a sí mismos, para canjear entre sí opiniones sobre valores y métodos, y para elegir sus modos de vida de acuerdo con las opiniones más generalizadas, resulta que yo no podré nunca dejar de ser liberal, ni aceptar un tipo tal de socialismo que eche por la borda la libertad política, aunque sea bajo pretexto de provisionalidad; ni aprobar, en fin, que se pretenda servir al pueblo, o gobernar para el pueblo, sin que este pueda hacer valer efectivamente el derecho de decir cómo quiere que se le sirva y se le gobierne. De ahí que yo sea un demócrata —lo que desde los griegos acá entendemos por «demócrata».

Perdóname, Juan, estas revisiones elementales de doctrina. Si no recordamos estas cosas, no nos podríamos entender sobre los demás puntos de tu carta. Digo solo «entender»; no digo poner de acuerdo. Tú me declaras que mi posdata a la carta de Eisenhower no te dejó convencido. Claro, Juan: ya lo sabía. ¿Es que alguien que no sea comunista puede jamás convencer a otro que lo sea?... Esto, incidentalmente, es lo que ha puesto en crisis tan profunda el mundo actual. En otros tiempos, siempre había cierta posibilidad de resolver los conflictos humanos por la persuasión. Hoy ya no parece quedarle más destino al mundo, a pesar de tus ansias de paz y las mías, que la tensión constante —o la fuerza.

Pero seguiremos hablando. Baste por hoy esta fijación de nuestras posiciones respectivas, para que se vea luego por qué no podemos estar de acuerdo en puntos más concretos, como ese de la función de lo psicológico y ese otro del imperialismo a que tu carta se reduce.

(*Bohemia*, 17 enero 1954)

Ampliación a un comunista eminente

Querido Juan Marinello:

Amplío hoy la respuesta «primera y parcial» que di, en el pasado número de *Bohemia*, a tu carta, escrita con motivo de la mía al General Eisenhower.

Tus reparos giran, concretamente, en torno a dos puntos que ilustran claramente aquella contraposición de opiniones político-sociales que entre nosotros existe y a que me referí la vez pasada. Uno de esos puntos es el valor de lo psicológico junto a lo económico en las relaciones internacionales, valor que tú niegas y que yo afirmo. Otro, el concepto de imperialismo, que tú enderezas solo contra Estados Unidos, y que yo enderezo también contra la Rusia Soviética.

Empecemos por este segundo punto, que es la madre del cordero. Por el momento, veamos solo el concepto de «imperialismo». Para un marxista, dices, «el imperialismo es el fenómeno soberanamente definido y analizado por Lenin en su famoso y pequeño libro, en que el capitalismo financiero desborda los límites metropolitanos invadiendo otras tierras, en las que sustenta su poder, su explotación, que tiene, de inmediato, connotación política...». Nunca dejará de asombrarme, te lo confieso, esa lealtad cerrada con que ustedes los comunistas descansan sobre sus propias autoridades. Desde los tiempos del *magister dixit* pitagórico, no había visto la humanidad confianza tal en el dogma magistral. Pero a un liberal recalcitrante como yo no podrás tenerle a mal que no comulgue en la definición de Lenin, por estimar que ella tiene el pequeño defecto de confundir el género con la especie, esto es, el imperialismo en general con un determinado tipo de imperialismo.

No quiero yo tampoco ofender tu cultura agobiándote con definiciones; pero ciertas nociones elementales hay que recordarlas, evitando, al mismo tiempo, definir las palabras según nos convenga. Imperialismo viene de «imperio»: es una intención imperial con «ismo», es decir, con militancia, con agresividad. Ahora bien, por imperio siempre se ha entendido la extensión de un poder político, por cualquier motivo, más allá de los límites dentro de los cuales ese poder tiene autoridad nacional y originaria, sin el consentimiento plenario e inequívoco de los pueblos afectados. El imperialismo no es propiamente el imperio: es más bien la intención de que se alimenta una voluntad o una realización imperial. De ahí que pueda haber imperialismo de actitud sin imperio verdadero, actual.

Pero lo que más importante recoger de la experiencia histórica es que las motivaciones imperiales no son siempre económicas, ni mucho menos siempre de extravasación capitalista, como creyó conveniente legislar Lenin. La coacción de un pueblo por otro más poderoso —que eso es lo que, en fin de cuentas, es el imperialismo— puede deberse a intereses puramente políticos (prestigio, «esfera de influencia», fruición pura y simple de poder), o militares (zonas de apoyo estratégico), o a intereses de los llamados «espirituales», como cuando España llevó sus tercios a Flandes para imponer la Contrarreforma.

En la historia se han conocido todos esos tipos de imperialismo, y estoy por decirte que el primero y el segundo son los que más han abundado. Existieron en el mundo, el imperialismo político y el militar antes de que hubiese capitalismo propiamente dicho; y ciertamente antes de que hubiese capitalismo «financiero». Claro que estando como están los impulsos y los intereses humanos tan entremezclados, los beneficios de la extravasación del poder no son exclusivamente los que corresponden a la motivación principal. Al amparo de los imperialismos políticos, militares o «espirituales» también se ha medrado a costa de los pueblos sojuzgados. Pero eso ha sido lo accesorio, no lo principal, en los imperialismos que no han tenido por fin dominante el económico. De modo, Juan, que si Lenin redujo el fenómeno imperialista a un solo tipo, el del «capitalismo financiero» extravasado, o lo hizo por ese simplismo que los marxistas suelen deliberadamente cultivar para impresionar mejor a las «masas», o bien porque quiso curarse en salud y eximir del sambenito de «imperialista» a la Rusia Soviética cuando esta abrumase con su poder militar y conspirativo a sus satélites. Sobre esto último, luego volveremos.

Ustedes los marxistas hablan desde hace mucho tiempo del imperialismo americano. Han hablado de él sin más tregua que la de los años en que los Estados Unidos, bajo Roosevelt, estaban ayudando a Rusia a contener la acometida hitleriana. Por entonces, también el «guerrerismo», imputado antes a los yanquis en la época en que Moscú se entendía con Hitler, pasó a ser «lucha por la democracia en el mundo...». Esa oscilación de la estimativa comunista resulta bastante escandalosa. Ahora, cuando los Estados Unidos, alarmados por la extensión de la influencia política y militar del Kremlin, se previenen contra ella, el comunismo reedita su vieja consigna, y tú mismo, querido Juan, aprovechas mi «Carta a Eisenhower» para arrimar mi ascua liberal a tu sardina comunista.

Sea dicho, ante todo, que ni por asomo dudo de la sinceridad y nobleza de las convicciones que a eso te llevan. Aunque los comunistas del «patio» me han solido decir horrores, nunca he puesto yo en tela de juicio la honradez mental y moral de hombres de tu tipo. Pero aquí no se discuten valores personales. Se discute sobre el medio mejor de proteger los destinos de nuestra América, y eso me obliga a decir mi convicción con la misma sinceridad y claridad con que tú dices la tuya.

Lo del «imperialismo americano» siempre me ha parecido, en más de un sentido, una simplificación de esas en que el comunismo abunda. Por lo pronto, es una simplificación histórica. Yo creo que hubo, en efecto, un imperialismo americano desde Jefferson hasta Blaine (ese Blaine a quien algunos criollos generosos, pero distraídos, quieren ahora rendir un tributo por haber sido el padre del «Pan-Americanismo»). Tal imperialismo fue, primero, de motivación política: aspiró a redondear geográficamente a los Estados Unidos, y México fue la gran víctima; aspiró enseguida a reservarles, como esfera de influencia, el orbe hemisférico, impidiendo al efecto la solidarización política hispanoamericana (cosa que ya hicieron frente a Bolívar cuando el Congreso de Panamá) y previniendo contra la intromisión europea (Doctrina de Monroe). En un segundo momento, cuando los Estados Unidos se repusieron de los estragos de la Guerra de Secesión, surgió ya una intención imperialista económica, que aspiró, bajo la dirección del tal Blaine, a establecer en la América Latina un Zollverein a beneficio del capital que empezaba a sobrar en los Estados Unidos. Recordemos que fue entonces cuando se produjeron las grandes reprobaciones y admoniciones de Martí.

Esa concepción de la América Latina como un campo «natural» de explotación, en términos de explotación de materias primas y mercados, de grandes inversiones industriales y agrarias y de préstamos más o menos leoninos a gobiernos «amigos», se vio, hasta bien entrado nuestro siglo, amparada en su realización por la diplomacia presionadora de Washington y su política del *big stick*. Subrayo que fue particularmente esta asistencia oficial la que dio a aquellos hechos un carácter imperialista. Cuando el desbordamiento de capitales se produce bajo una égida política que respalda exacciones explotadoras, hay imperialismo económico. Cuando solo se debe a la diferencia de desarrollo económico entre dos masas geográficas y a que el capital acude a la menos desarrollada, donde puede emplearse lucrativamente, se podrá hablar de explotación extranjera más o menos abusiva, pero no propiamente de «imperialismo», porque falta el coeficiente político de la ecuación.

Justamente el cambio de una cosa a otra es lo que se comenzó a operar en los Estados Unidos, respecto de nuestra América, por los años en que los comunistas comenzaron a hablar, un poco tardíamente ya, de «imperialismo yanqui». Lo que ocurrió fue que el poder político desistió de guardarle las espaldas a la explotación abusiva, dentro y fuera de los Estados Unidos. No fue cosa de un día. La mudanza doméstica había comenzado ya con Teodoro Roosevelt; la exterior culminaría con su primo Franklyn. Esta última se debió a dos factores: el creciente desarrollo político y económico de los países latinoamericanos, que los iba haciendo cada vez más resistentes a la explotación y más explícitos en sus protestas contra ella; y, por otra parte, a cierto refinamiento de la filosofía económica y social en los Estados Unidos, cuya más adelantada expresión fue el *New Deal*. Se pasó, en efecto, de la economía plutocrática a la economía populista; del individualismo absoluto (el *rugged individualism*) a un individualismo socialmente responsable. Me es grato reconocer que las incitaciones del entonces llamado «experimento ruso» no influyeron menos en ese cambio que ciertas experiencias críticas del capitalismo y de la sociedad norteamericana en general. Sí financieramente: más como mercados para artículos manufacturados, que como zonas extractivas de materias primas y dividendos. En aquel momento, los americanos se desmorecieron por estudiar español y «enamorar» a la América Latina. Del imperialismo extractivo y oficioso de otrora, se pasó a una política que veía con buenos ojos el que los latinoamericanos tuviésemos un alto poder adquisitivo, para que así pudiéramos comprarles más automóviles, más refrigeradores, más abono, más maquinaria, etc., a los Estados Unidos. Lejos de aplicar ya estos el *big stick*, la leña diplomática, se les vio acepar la reivindicación nacionalista del petróleo mexicano por el General Cárdenas.

Si me admites que todo esto es cierto —y no veo cómo pueda negarlo quien conozca un poco los hechos—, convendrás en que hablar de imperialismo americano como un fenómeno histórico simple y continuo en las relaciones entre las dos Américas, es, como dije, por lo pronto una simplificación histórica. Y esa simplificación se debe, a la vez, a una simplificación en el concepto mismo de «imperialismo» y también de las relaciones económicas.

Podríamos también hablar de una simplificación política. En los Estados Unidos no hay un solo estilo de política, sino dos, porque dos son los partidos que allí se disputan el poder. Nadie ignora que los republicanos (James G. Blaine era republicano) siempre han sido más inclinados a lo plutocrático; los demócratas más orientados al populismo. Cuando el año pasado yo comentaba desde los Estados Unidos, para *Bohemia*, la lucha electoral, no dejé de exteriorizar cierta simpatía por el candidato demócrata, Adlai Stevenson, y ciertas aprensiones de que los republicanos, si triunfaban, pudieran volver a las andadas por lo que a la América Latina se refiere… Ahora, mi «Carta al General Eisenhower» renueva esa aprensión, solo que calzada ya en los indicios, más que patentes, de un acoso oficial a Bolivia y a Guatemala.

Solo que yo creo que este acoso no se debe ya tanto a consideraciones económicas, como a consideraciones político-militares. Una de las tragedias de nuestras repúblicas es, a la vez, uno de los méritos que hay que abonarle a la disciplina comunista: y es que los líderes populares más eficaces suelen salir de esas filas, por razones que serían largas de aclarar ahora. De ahí que los movimientos de reivindicación económico-social en nuestras repúblicas suelan, hasta cuando más puramente nacionalistas en su espíritu, verse muy notoriamente asistidos por los líderes comunistas o comunizantes, llámense [Juan] Lechín en Bolivia o [José Manuel] Fortuny en Guatemala. Esa injerencia tiende, naturalmente, a darle color rojo a nuestros movimientos. Y como los Estados Unidos en estos momentos se sienten a la defensiva frente a la imponente expansión del poderío ruso, y no descartan, desde luego, la posibilidad de tener que librar una guerra para contenerlo, experimentan también el temor a ver su retaguardia latinoamericana minada. Ese temor, que se ha hecho histérico con McCarthy, es el que la United Fruit Company está explotando hábilmente para defenderse de la reivindicación agraria en Guatemala. Y la torpeza de los Estados Unidos es que no sepan —o no quieran, posibilidad esta que yo también apunto en mi «Carta a Eisenhower»— distinguir entre reivindicación económica nacional y entreguismo político a Rusia. Que no comprendan que el único modo realmente eficaz de impedir la penetración comunista en nuestros países no es el de resistirse a nuestras reformas sociales y económicas, con lo cual se convierte en héroes populares a los comunistas que a favor de ellas agitan, ni mucho menos ha de consistir en apoyar a los dictadores que ahogan la expresión popular y crean resentimientos políticos, sino en mirar con simpatía a nuestros movimientos democráticos de nacionalización y en asistirlos con dinero y con técnicas cuando lo pidan.

Ya eso de que el miedo al comunismo esté desviando a los Estados Unidos de nuevo hacia procedimientos directamente autoritarios respecto de nuestros países, o hacia el respaldo en ellos al autoritarismo de los «mayorales», debiera demostrarte cómo, en efecto, lo psicológico pesa en las relaciones políticas internacionales, igual que pesa en las internas de un país. Negar ese papel, a veces principalísimo, de lo psicológico en la Historia, es una de las formas de miopía que al marxismo se le derivan inevitablemente de su tesis ultramaterialista. Yo pudiera darte muchos ejemplos; pero no aportaré más que uno que viene al caso, porque todavía se refiere a eso del imperialismo americano.

En la política de un pueblo, no intervienen solo intereses concretos. También los factores de conciencia, de cultura, cuentan. Uno de esos factores en la formación del espíritu americano es, junto al espíritu que llaman de «frontera» —el espíritu pugnaz y adquisitivo—, el puritanismo. Yo estoy convencido de que al puritanismo, modulación ética del alma americana, se debe principalmente el que la política exterior de los Estados Unidos revista, como la interior, ciertos pudores; que se contenga dentro de ciertos límites; que contemple ciertos ideales de libertad y de justicia, barajándolos, desde luego, con sus intereses materiales, porque los yanquis son más o menos puritánicos, pero no son santos.

También estoy convencido de que ese elemento en el alma americana ha contribuido mucho a impedir que la proyección del poder político de los Estados Unidos sobre nosotros haya sido más violenta y abusiva de lo que ha sido. El caso más brutal fue el del despojo de México. Pues bien, recuerdo que cuando yo estudiaba Historia en los Estados Unidos en una *high school* americana, el libro de texto que usábamos calificaba el robo de Texas como «*the bullying of a small nation by a big one*»: «el atropello brutal de una nación débil por una fuerte». Los Estados Unidos se quedaron con esa tajada, pero nunca se han colmado el escozor de conciencia que tal abuso les dejó, y yo creo que de entonces para acá, con los adelantos de la educación pública, ese pudor moral se ha acentuado y llegado a constituir un factor importantísimo en la opinión pública americana. De ahí que importe mucho lo que esa opinión pública piense respecto a la calidad de nuestros pueblos y a su aptitud para la vida democrática. Y eso acabará de explicarte por qué sí tenía importancia el que yo, en mi carta a Eisenhower, hiciera referencia a los juicios que sobre nosotros se tienen, para que no pretendan justificar con ellos una política de agresión o de encarecimiento democrático en nuestra América.

Siento tener que añadir esto más, Juan: si en vez de tener los latinoamericanos a los Estados Unidos ahí arriba, gravitando sobre nosotros, tuviéramos a la Rusia Soviética, hace ya rato que en la América Latina no quedaría ni sombra de democracia tal como los occidentales la entendemos. El materialismo comunista no conoce de pudores políticos que palien la urgencia de sus intereses. Arrasadas nuestras democracias primerizas y en potencia, por la «ideología» comunista, por el aparato del Kremlin, estaríamos hoy, los cubanos los primeros, como está Polonia, como está Lituania, como están Hungría y Rumanía y Albania. Y no me digas que estaríamos mejor. Todos los testimonios más creíbles que salen de detrás de la cortina de hierro, de ese mundo de exacción implacable y de trabajos forzados, donde un Beria pasa, en 24 horas, del poder omnímodo y siniestro a la tumba, son testimonios aterradores —aunque yo bien sé que tú preferirás atenerte a tus plácidas impresiones de viajero.

Por eso yo, que respeto y apetezco del socialismo todo lo que sea compatible con la libertad en el más amplio y profundo sentido, no podré nunca encontrarme en la misma trinchera que tú, si eso es lo que aguarda a Cuba. Ni podré jamás consolarme de que un hombre de tu talento y de tu finura no nos esté acompañando a los verdaderos demócratas cubanos en el esfuerzo por despejarle a Cuba a la vez los caminos de la justicia social y los de la libertad.

(*Bohemia*, 24 enero 1954)

Contestación a Mr. Robinson

La carta de Mr. Brandon Robinson que publiqué en el número anterior de *Bohemia* es un ejemplo de esa buena fe que uno tan generalmente encuentra en el norteamericano común.[96] Solo quienes no conozcan a ese pueblo podrán extrañarse de ese aserto. En los Estados Unidos hay, por supuesto, como en todas partes, gente de todo linaje moral y psicológico, y en lo que toca a lo social algunas veces ocurre que sean los peores aspectos del alma americana los que determinen ciertos estilos de conducta común, como en el problema de la discriminación racial en el Sur, por notorio ejemplo. Pero en la medida en que sea válida una generalización —como la que hacemos respecto de los españoles, o de los franceses, o de cualquier otro pueblo—, el juicio que hagamos del americano común tiene que ser muy favorable. Mientras más se acerca al tipo medio, más evidente resulta su sanidad moral, su buena fe, su ingenuidad de niño grande, no reñida con un sólido sentido común. Si ese pueblo da de sí, por motivos psicológicos y sociales que no hacen ahora al caso, algunas formas sociales censurables, también las tiene muy nobles y generosas. No debemos los latinoamericanos dejar que la ignorancia o el resentimiento ocasional nos cieguen ante eso.

Ahora bien: con frecuencia ha ocurrido y está aún ocurriendo en la historia de nuestras relaciones con los Estados Unidos el que sea, no la buena fe del americano común, sino algo muy distinto lo que se proyecte en la actitud oficial de Washington hacia nosotros. Esta observación dio motivo para que don José Vasconcelos, si no recuerdo mal, dijese alguna vez —cuando solía decir tales cosas— que los ame-

---

96 «Lo que piensa un americano «residente»», *Bohemia*, 14 marzo 1954, págs. 57 y 96.

ricanos eran «vegetarianos en su tierra y carnívoros en la ajena». Uno y otro adjetivos eran exagerados; pero la frase es válida para señalar cierta contradicción entre la índole del americano común —que veo representado en Mr. Brandon Robinson—y la índole ocasional de la política de los Estados Unidos hacia nuestros países, política que ha sido, con demasiada frecuencia, si no maligna, al menos desconsiderada, egoísta, burda y no muy abundante en sentido común.

Pero basta de introito. Vengamos a las observaciones que Mr. Robinson me hace a propósito de mi «Carta a Eisenhower».

***

No halla él fundamento suficiente para mi afirmación de que basta que un gobierno latinoamericano se oriente hacia una reivindicación económica de tipo más o menos «socializante» para que los Estados Unidos lo califiquen de «comunista» y le pongan la proa. Me insta Mr. Robinson a que aduzca ejemplos de esa «falsa representación».

Desde luego, estaba yo pensando eso en el caso de Guatemala principalmente, y en el de Bolivia hasta cierto punto, juzgando el primero por las declaraciones oficiales de Washington, y el segundo por lo que sobre el régimen de Paz Estensoro se suele leer en periódicos y revistas de los Estados Unidos. Mas la «falsa representación» no tiene que consistir necesariamente en la imputación de comunismo. Esta es la que está de moda hoy, por las antipatías que concita. Cuando Cárdenas expropió el México los yacimientos petrolíferos, la imputación era distinta en el lenguaje, pero no en la intención. Cuando Sandino se alzó en Nicaragua, bastaba con calificarlo de «bandido». Lo esencial, insisto, no es la calificación, sino la actitud violentamente reprobatoria.

Si los ejemplos no son más abundantes, es porque tampoco suelen serlo los de insumisión nacionalista en nuestros países.

Ahora estamos ante el caso de Guatemala, y cabe preguntar: ¿es o no justa la imputación de «comunismo? ¿está o no justificada la reprobación con los caracteres que Washington le está dando?

De la situación de Guatemala se saben, por lo menos, dos cosas: 1) que el gobierno del coronel Arbenz, siguiendo las orientaciones ya marcadas por su predecesor, ha desenvuelto una política de reivindicación agraria que le ha obligado a expropiar a la United Fruit Co. en las condiciones de compensación que ha considerado justas, por lo cual esa empresa ha puesto el grito en el cielo; 2) y que, efectivamente, existe en Guatemala un partido comunista muy activo, aunque mínimo, que colabora con el Gobierno y que, desde luego, apoya esa política agraria.

Lo primero no solamente es lícito, sino ejemplar y veo con gusto que Mr. Robinson aprueba las expropiaciones, sin más condición que la de pagar por lo que se expropie. Desde hace años sabemos que esos países de la América Central —las *banana republics*, como las llaman despectivamente por el Norte— vivían casi todos, y los más de ellos aún viven, condiciones políticas y sociales poco menos que primitivas. ¿Qué responsabilidad tenía la United Fruit en eso?

Ella es dueña de buena parte de sus tierras. Domina lo más importante de su exportación. Domina sus ferrocarriles, sus puertos, sus medios de transporte. Es propietaria de una vasta porción de sus tierras. Las utilidades de su explotación en Guatemala fueron por mucho tiempo superiores al presupuesto total de la República.

No niego que la empresa, además de dar mucho trabajo con sus inversiones, haya contribuido con obras accesorias al fomento de esos países. Pero tampoco abrigo dudas, por lo que he leído, de que en ellos no prosperaba gobierno alguno que no se entendiese con la enorme Company. Los gobiernos existentes de hecho eran —y en su mayor parte aún son— brutalmente dictatoriales. Se acusa a la United Fruit de no haber sido ajena a la frustración de todo intento de democratización efectiva.

Sea todo eso histórico o no, lo cierto es que Guatemala se las arregló para llevar al poder, sucesivamente, a dos gobiernos de orientación democrática y social; que el segundo de estos gobiernos, el actual, estimó conveniente a los intereses del pueblo expropiar a la United Fruit de parte de sus tierras, mediante la compensación que consideró justa. Y que todo ello ha sido parte de una nueva política que ya se ha traducido en leyes sociales encaminadas a rescatar a Guatemala de las condiciones cuasi feudales en que sus masas vivían.

Desde el punto de vista de la United Fruit, la expropiación es, desde luego, lamentable. Pero a ese riesgo, entre otros, se exponen, a cambio de su pingüe explotación, las empresas que invierten capitales fuera de su ámbito nacional. Estas inversiones no son sacrosantas en sí mismas. Ya el presidente Figueres, de Costa Rica, ha puesto en duda que sean realmente apetecibles. En todo caso, son respetables en la medida en que no pretendan perpetuar condiciones sociales contrarias a los intereses populares. Cuando los favorecen de veras, ningún gobierno es tan estúpido que les ponga cortapisas. Si el gobierno guatemalteco lo ha hecho, señal parece de que la United Fruit toma de Guatemala mucho más de lo que da. La expropiación de tierras latifundiarias para la mejor distribución de la propiedad agraria es una medida clásica de reivindicación de una economía nacional. La expropiación debe ser justamente compensada. Si la United Fruit ha sufrido expropiaciones injustas, normas civiles hay a las que puede apelar para defender su derecho ante los tribunales guatemaltecos. También las hay que regulan el derecho privado entre gentes de distinta nacionalidad. Si los tribunales guatemaltecos no le hicieron justicia, aún podría la United Fruit llevar su caso ante el Tribunal de La Haya. Lo que decididamente no puede o no debe hacer la Compañía es movilizar a su gobierno para que le reivindique, por vía política, lo que considera injustamente perdido o indebidamente compensado.

Desde el punto de vista de Guatemala, la política de reivindicación agraria puede ser un error, lo cual dudo; pero los gobiernos legítimos tienen derecho a cometer errores en nombre del pueblo, y nadie lo tiene a venir desde fuera a leerles la cartilla. Si es un error, cuando el pueblo guatemalteco se convenza por su propia experiencia de que lo es, él mismo se cuidará de rectificarlo mediante un cambio de gobierno —si es que todavía hay en Guatemala democracia efectiva.

¡Ah, pero ahí está la cosa! —me dirán: es posible que cuando ese momento llegue no haya democracia efectiva en Guatemala, porque el poder ha caído en manos de los comunistas. Por ese camino va...

Aquí se plantea otra cuestión. Creo que no tengo necesidad de convencer a nadie de que no soy comunista, ni cosa que se le parezca. Contra el comunismo, nadie ha luchado más que yo en todos los terrenos, desde el político hasta el ideológico. Y una de las razones que tengo para no ser comunista es justamente esa de que el comunismo postula un régimen político en que el pueblo no tiene posibilidad efectiva de rectificar los posibles errores de los gobernantes cambiando a estos. Donde no hay una pluralidad de partidos y un voto popular genuino, solo es posible la autorrectificación por el partido que monopoliza el poder, cosa a la cual se inclinan muy poco los gobiernos dictatoriales.

En el orden económico, creo que cierto grado de socialización no solo es deseable, sino también inevitable. Los Estados Unidos mismos hace tiempo que están evolucionando en ese sentido por vías más o menos indirectas. Si no estoy de acuerdo con la socialización total, es, entre otras razones, porque me parece evidente que contraría a tal extremo los naturales impulsos y apetencias del individuo, que obliga a establecer un aparato político opresor. Socialismo total y dictadura permanente resultan, por lo visto, inseparables.

Siendo estos mis criterios de fondo, ya se supondrá con qué poco gusto vería a Guatemala, o a cualquier otro país iberoamericano, caer bajo el comunismo, ya fuese internacional o nacional, si es que este segundo existe. Pero ocurre que los partidos comunistas, en su fase aspirativa, siempre se ponen, por sentimiento y por cálculo político, de parte de las causas populares, sirviéndolas con extraordinaria combatividad. Cuando las oligarquías económicas y otras fuerzas conservadoras o regresivas acosan a un gobierno de proyección popular, este, inevitablemente, busca todos los puntos de apoyo de que pueda disponer. Así parece explicarse el relieve del comunismo en Guatemala, que, por lo demás, se exagera mucho. Por lo mismo, cabe admitir que Arbenz no necesite realmente ese apoyo. Si así fuese, su política de colaboración con el comunismo sería, a mi juicio, un error, y lo mejor que podría hacer Arbenz sería desprenderse de «amigos» que más le comprometen que le sirven.

Ahora bien; suponiendo que tal sea la situación, contra ese error por sí solo no se da acción legítima desde fuera. No vale argüir, preventivamente, que el comunismo es «un peligro», concepto muy elástico este, que se presta lo mismo para un barrido que para un fregado. En una democracia, solo cuando el comunismo recurre positivamente a una acción violenta, ya sea directa o en forma de sabotaje de los mecanismos constitucionales establecidos, está justificada la represión interna. Y solo cuando esa acción se extravasa, se proyecta hacia otros países, resulta legítima la acción defensiva de estos, ya sea individual o colectiva.

La mera existencia activa de partidos comunistas, como antaño en Cuba, como en el Brasil, no desveló hasta ahora a los americanos. Se dirá que les preocupa ahora por su problema con Rusia. Pero ¿es imaginable siquiera, que un partido comunista mínimo, accesorio a un gobierno que no lo es, en un país de tres millones de habitantes, pueda constituir de veras, ni siquiera como «punta de lanza», un peligro para la independencia de la América Latina y para los intereses legítimos de ella y de los Estados Unidos?

Se sospecha que son solo ciertos intereses los que andan en juego. No deja de ser significativo que a los republicanos de Washington les preocupe particularmente Guatemala en el preciso momento en que esta se defiende de la United Fruit Company... Creo que si la política de reivindicación del estaño en Bolivia afectase más directamente a inversionistas americanos, ya nadie le habría quitado a Paz Estensoro el sambenito de comunista, a pesar de sus aparentes simpatías por Perón. Difícilmente puede rehuirse la conclusión de que el criterio oficial norteamericano tiende —desde que los republicanos están en el poder— a la «falsa representación» de todo régimen latinoamericano de orientación económica nacionalista y populista. Ni el mismo Perón se ha salvado enteramente de eso.

***

Mr. Robinson se refiere particularmente a la acción de las compañías extranjeras en nuestros países. Empieza por dudar de que la Embajada las apañe en sus maniobras a veces abusivas. Eso por lo menos fue cierto en la época de Roosevelt. En todo caso, lo que mi corresponsal considera «más frecuente» es que esas «firmas extranjeras obtengan privilegios especiales sin ayuda directa o indirecta del gobierno de los Estados Unidos». Y añade: «Si esas firmas representan intereses económicos poderosos, pueden, a su vez, darles un apoyo muy fuerte a los gobiernos dictatoriales». Concedida esta posibilidad y hasta aquella «frecuencia», ello no apunta sino a la ecuación que con la misma frecuencia se advierte entre dictadura económica y entreguismo.

Pero a lo que Mr. Robinson tiende, sobre todo, es a exonerar a Washington de culpas. No le parece reprochable su «neutralidad». ¿Qué otra cosa pueden o deben hacer? —se pregunta. Y eso plantea una doble cuestión: a) ¿Cuándo está justificada la neutralidad absoluta? b) ¿Cuándo es genuina una neutralidad, y cuándo es solo aparente?

En primer lugar, no creo ni consecuente ni discreta la neutralidad absoluta en todos los casos. Los Estados Unidos son una democracia. Dicen estar defendiendo la democracia en el mundo. «La Voz de la Democracia» se titula su programa radial de propaganda. Si la defienden en Europa, pero no la defienden en América, incurren en duplicidad y se exponen a la tacha de hipocresía. A algo peor se exponen: a que los pueblos latinoamericanos (nótese que digo los pueblos) pierdan fe en ellos y en la conciencia democrática. Y ese es el mejor servicio que los Estados Unidos le pueden hacer al comunismo. Por tanto, la política de neutralidad absoluta hacia la América Latina no es solo inconsecuente, sino también torpe como política.

Mi conclusión es que los Estados Unidos deben también defender la democracia en Hispanoamérica. El problema es cómo ha de ser esa defensa. No, desde luego, por la intervención. Esta la rechazan nuestros pueblos hasta cuando sea con las mejores intenciones, como se vio en Cuba en el caso de Welles. Tampoco suspendiendo relaciones diplomáticas o comerciales indispensables. Los Estados Unidos pueden defender la democracia latinoamericana simplemente no yendo más allá de esas relaciones indispensables. No poniéndoles cara de aprobación tácita a las dictaduras. No mostrándose obsequiosos hacia ellas. Para bien o para mal, la influencia psicológica —amén de la económica y la política— de los Estados Unidos sobre nuestros gobiernos es tan poderosa que basta, por lo común, la displicencia de Washington para que nuestros gobiernos espurios se escalofríen y para que se sientan alentados los pueblos que los combaten.

Pero justamente lo que los Estados Unidos viene haciendo es más bien lo contrario. Por eso su «neutralidad» no lo es realmente. Es un modo de bendecir el hecho de fuerza so capa de tener que reconocerlo como tal hecho.

Mr. Robinson deja entender que estas actitudes se deben a que el poder en los Estados Unidos ha pasado a manos republicanas. Así parece, en efecto. Por eso, yo nunca vi esa perspectiva con tranquilidad y me sorprende que Mr. Robinson sacase una impresión contraria de mis artículos del año pasado sobre la contienda electoral. A veces, por lo visto, uno quiere ser tan objetivo al informar, que no deja percibir claramente sus simpatías.

También tiene razón Mr. Robinson al decir que los latinoamericanos debemos mantenernos mejor informados sobre la política interna de los Estados Unidos y sobre las posibilidades ventajosas que ciertos organismos oficiales nos ofrecen, tanto en el ámbito norteamericano como el de las Naciones Unidas. Eso pudiéramos hacer y mucho más. El día en que haya —como algún día lo habrá— entendimiento y solidaridad entre nuestras democracias latinoamericanas, la acción conjunta de estas mantendrá en los Estados Unidos una tarea continua de propaganda, es decir, de información de la opinión pública norteamericana sobre nuestros ideales e intereses.

Aquí toco el punto capital: NO HAY UNA AMÉRICA LATINA UNIDA. Como dijo Madariaga, frente a los Estados Unidos del Norte estamos «los Estados Desunidos del Sur». Por eso no nos ayudamos en absoluto unos a otros. Por eso no tenemos ni sombra de un mercado común, como lo tienen, aunque compitan entre, sí los Estados de la Unión. Por eso no ayudan los combustibles de unos países latinoamericanos a la industrialización de otros. Por eso somos vendedores de materia prima a los Estados Unidos al precio que ellos fijan. Por eso, en buena medida, son pobres nuestros pueblos, y por pobres, incultos. Por eso la democracia se hace en ellos difícil, y los gobiernos dictatoriales encuentran pretextos para imponerse. Por eso: porque abandonamos enteramente, en aras de un realismo miope, los «sueños» videntes de un Bolívar y de un Martí.

Mr. Robinson se pregunta «qué es lo que se puede hacer en fin de cuentas», y él mismo se contenta: «Lo primero, trabajar por el restablecimiento del tipo democrático de gobierno y por la disolución y eliminación del tipo dictatorial...». Es lo primero, en efecto, entre otras razones, porque las dictaduras, aunque se entienden muy bien para ampararse unas a otras, nunca se solidarizan para grandes consignas americanas: cada cual cultiva solo su lote de explotación política, generalmente en nombre de un «nacionalismo» minúsculo, pero bien calculado. Son insolidarias hacia fuera, como lo son también hacia dentro, ya que viven divorciadas de su pueblo.

«Resulta un poco absurdo —dice Mr. Robinson— esperar una política liberal por parte de los Estados Unidos capitalistas, cuando la América Latina misma se muestra tan desatendida (*schizophrenic*) por ese lado...». Cierto. Pero nuestra «esquizofrenia» consiste en que tenemos una personalidad dividida. Dividida internamente para cada pueblo, porque el pueblo está de un lado y el gobierno va de otro; dividida también entre nuestros pueblos, porque nuestros gobiernos tiran cada cual por su lado. La América estará sana toda ella cuando se logre esa doble solidaridad individual y colectiva, y, con toda esa fuerza justa, podamos situar nuestras relaciones de amistad con los Estados Unidos sobre bases de equilibrio. Mientras tanto, los entendimientos no serán —como esos de Caracas— más que acuerdos entre gobiernos... pura diplomacia oportunista, a beneficio del más fuerte.

(*Bohemia*, 21 marzo 1954)

La razón de cada cual

No sé si debo picarme o no con ciertas alusiones del artículo que Gastón Baquero publicó ayer en esta misma página, titulado «Pregunta inocente a los "demócratas"».[97] En él se ponía en solfa a ciertos demócratas entrecomillados, en cuya sinceridad Baquero no cree, y a los «intelectuales despistados» que tomaron la defensa del Gobierno legítimo de Guatemala, recientemente depuesto por una abigarrada conspiración de fuerzas. Impresionado Baquero por los informes que ahora están llegando acerca del estado de opresión que, por lo visto, existía últimamente bajo Arbenz, y particularmente con la persecución de periodistas desafectos al régimen, prorrumpe en un canto de victoria y les espeta a los defensores de aquella causa una pregunta que no sé por qué califica de «inocente»: ¿Quiénes tenían razón, ustedes, papanatas, o nosotros, los denunciadores de la «democracia» guatemalteca?

Digo que no sé si debo picarme con esos ajíes polémicos porque, a lo mejor, solo le están servidos al férvido escritor cubano, andante hoy en México, a quien Baquero alude cruelmente en su artículo. Si esta conjetura parece demasiado cándida, al menos tranquilizará a los que piensen, con prudencia y buen gusto, que el *Diario* no se ha hecho para que sus colaboradores anden a la greña en sus páginas. Pero la verdad es que me resulta difícil no «cogerme», siquiera en parte, la alusión de Baquero. Yo fui uno de aquellos «defensores» notorios de Guatemala —enseguida veremos de qué—, creo en la dignidad y eficacia de la democracia bien entendida, y pertenezco, no menos necesariamente, a esa fauna «intelectual» a la que Baquero gusta de aludir como si la

---

97 Publicado el 6 agosto 1954, *Diario de la Marina*, pág. 4.

cosa no fuera con él. Por sí o por no, valdría la pena puntuar las íes.

 Voy a suministrarle a nuestro jefe de redacción municiones adicionales. Cierto amigo muy estimado, abogado de fuste, me escribe trasladándome datos epistolares de un residente de Guatemala sobre la situación que allí imperaba últimamente bajo el gobierno de Arbenz. Por lo visto, era tremenda. Nadie tenía la vida segura. Aquello fue una terrible «pesadilla», y los datos concretos que en la carta se dan son, en efecto, para estremecer e indignar a cualquiera… Ya ve Baquero que no intento disimular la realidad en que se apoya. No solo no la disimulo, sino que la condeno con vehemencia.

Pero de eso no se trataba cuando se discutió el problema hace unas semanas. No se trataba, en primer lugar, porque no se sabía. Solo después de caído un régimen es cuando vienen a saberse estas cosas, y a veces se «saben» con sospechosa abundancia y severidad en los «testimonios». En la mesa redonda dedicada a la cuestión, los opinadores contrarios a Arbenz no adujeron tales consideraciones, como lo hubieran hecho de haber sabido lo que ahora se dice. Sencillamente afirmaron que el gobierno de Arbenz era comunista, y dejaron entender que por esa razón estaba justificado el que se hubiera incubado una serie de conspiraciones contra él, y el que prosperara desde Honduras una invasión misteriosamente provista de aviones y de armas ligeras y pesadas.

Lo que sosteníamos los «defensores» —por lo menos, lo que yo sostuve, después de declarar que lo único que me interesaba era «la verdad»— es que el gobierno de Arbenz, según todos los indicios, estaba llevando a cabo una reforma profunda y justa en la economía de una república largo tiempo explotada por propios y extraños, una reforma necesaria para cimentar en ella una democracia genuina. Aduje también que si Arbenz se apoyaba, para desenvolver esa reforma, en elementos comunistas —cosa que me parecía reprobable—, la principal responsabilidad era de las fuerzas de residencia doméstica y extranjera, que contra su gobierno se habían conciliado. Sostuve, en fin, que para eliminar, como era prudente que se hiciera, la penetración comunista, recursos más hábiles había que el de una ruda presión diplomática y el de calorizar agresiones desde repúblicas vecinas.

Eso dije, y eso sigo creyendo. Que la obra social de Arévalo y Arbenz era necesaria y hasta lo confirma —para quien sepa leer entre líneas— el hecho de que, apenas caído el régimen, el Arzobispo Rosell advirtiese que el comunismo no se extingue solo con las armas, sino rectificando injusticias, y que el propio Castillo Armas se apresurase a declarar enseguida que su gobierno no se proponía cancelar ninguna de las conquistas sociales realizadas... Que el procedimiento que se empleó en el orden diplomático fue de una enorme traza imperial y en nada favorecía a la causa de la solidaridad interamericana, lo demuestra la oleada de reprobación extraoficial que motivó en todos los países hispanoamericanos no despotizados. En fin, los acontecimientos más recientes de Guatemala —y no serán los últimos— han puesto ya en evidencia qué malos fermentos cría el perturbar la vida espontánea de los pueblos; y las amenazas de Tacho Somoza a Costa Rica —que Washington tuvo que contener a toda prisa— muestran qué género de frutos da la cizaña sembrada a voleo entre los pueblos hermanos.

Queda por determinar hasta qué punto esa presión reprobable, que en Guatemala había durante las últimas semanas del régimen de Arbenz fue —como sospecho— el resultado de la exasperación de un gobierno al que fuerzas incontrolables, desde dentro y desde fuera, lo privaron de la sal y el agua. Yo no justifico esas barbaridades: las condeno. Pero me pregunto simplemente quién tuvo la culpa en último análisis. Algo dijo Martí, hablando de las conmociones hispanoamericanas, de que la culpa de la revuelta de las aguas es casi siempre de los monstruos que la enturbian. Por lo demás, está ya uno muy de vuelta y ha visto demasiadas cosas en esta América nuestra para hacerse demasiadas ilusiones respecto de nadie. Cuando en la mesa redonda de marras se afirmó que Arbenz había mandado matar a Arana, dije que era muy posible y que mejor fuera no hurgar demasiado en la vida pública de ningún «salvador» americano. A menudo, los aprendices de democracia les toman lecciones a los maestros de dictadura, que suelen ser bastante más expertos en lo siniestro. Pero no hay intelectuales más «despistados» que los que en política solo juzgan por episodios.

En fin, no tengo la ingenuidad de considerar a todos los pueblos hispanoamericanos que ese nombre se dan. Lo único que digo es que quieren serlo, que solo cuando lo sean de veras prosperarán en alma y cuerpo a la vez, y que para que aprendan a ser democracias, lo primero que hace falta es que se les deje vivir, bajo su propia responsabilidad, los procedimientos que tal régimen exige. Es cierto, como dice Baquero, que ello no podrá lograrse «sin formar la conciencia ni propagar la educación para la democracia». Pero eso es justamente lo que nunca hacen las tiranías.

(*Diario de la Marina*, 7 agosto 1954)

Cuestión de civilidad

Está visto que no basta que uno no quiera meterse en política menuda. Siempre habrá quien le busque las cosquillas. Así, el doctor Rivero Agüero les dijo la otra tarde a los reporteros de Palacio en una de sus frecuentes y cada vez más novedosas efusiones dialécticas para justificar el 10 de marzo, lo siguiente, según la versión de un periódico de la tarde:

«Mañach, por ejemplo, que se puso a hacerle preguntas a Batista *Ante la Prensa*, me dijo a mí —y en esto quiero ser discreto: solo quiero que lo sepan los cubanos y los extranjeros— que si Batista hubiera dado el golpe cuando ya la sangre corriera, él se habría sumado. Y yo le respondí a Mañach que Batista, humano y patriota, no podía esperar que ese hecho se consumara, para justificarse cobardemente, pudiéndolo impedir, pudiendo evitarle a Cuba, como lo hizo, ese daño».

Como el *Diario* recogió ayer, con versión ligeramente distinta, ese peregrino testimonio, no estará de más que yo reproduzca en estas páginas la aclaración que publiqué en el aludido periódico de la tarde. Para algo tiene uno a su disposición una columna, donde no conviene otorgar con el silencio. Mi declaración decía así:

«Me veo en el caso de precisar determinadas manifestaciones a que el doctor Rivero Agüero ha hecho referencia en un diálogo con los reporteros de Palacio. Cuando me entrevisté, hace tiempo, con el entonces ministro de Educación para invitarle a comparecer *Ante la Prensa*, el doctor Rivero Agüero hizo, naturalmente, los mayores esfuerzos para convencerme de la justificación histórica del 10 de marzo. Su principal argumento fue que, de haber ganado la Ortodoxia las elecciones de junio de 1952, la conmoción política hubiese sido tan grande, que el presidente Prío habría dado un golpe de Estado para cancelar la perspectiva de revanchismo que en ese triunfo veía.

«Le contesté al doctor Rivero Agüero que solo entonces se hubiera justificado que el General Batista utilizara su ascendiente sobre las fuerzas armadas para restablecer el derecho constitucional conculcado. Es exactamente lo mismo que sugerí en la pregunta que le hice al propio General Batista al comparecer últimamente *Ante la Prensa*... Es lástima que el doctor Rivero Agüero no acabe de ponerse de acuerdo consigo mismo sobre las justificaciones del 10 de marzo. Pero más lamentable aún es que, haciéndose eco de una conversación privada, trate de buscar apoyo en quienes reiteradamente hemos condenado ese desafuero».

Hasta aquí mi contradeclaración. Creo que es bastante categórica. La fe que de ella doy vale, por lo menos, tanto como la del doctor Rivero Agüero. Sin embargo, después de verla publicada por primera vez, me quedé pensando... En alguna ocasión, y hasta después del 10 de marzo, confesé que este joven político me resultaba simpático, en un orden, claro está, puramente social. Tiene, aparte de otras cualidades, una especie de atolondrada sinceridad que, a veces, llega al denuedo de tirar del mantel con la mesa puesta. Esto constituye un género de frescura mental más divertido, y hasta más loable, que el de los políticos al uso.

¿No sería, pues, verdad que el doctor Rivero Agüero me entendió decir lo que dice que dije?... Es más: si me pidió (y bien recuerdo que lo hizo) toda una terrífica orgía como secuela inevitable del triunfo ortodoxo, ¿no era natural que yo le reconociera la pertinencia de que, EN TAL CASO, Batista hubiera acudido a poner orden civilizado, si Prío no lo hacía?... Claro que sí. Y también es evidente que semejante concesión estaba sujeta a la desaforada hipótesis de que semejante ola de revanchismo siniestro se hubiera producido, cosa en que nunca creí.

Es posible, pues, que en el curso de una conversación que no consideré necesario armar de cautelas, yo hubiera expresado tal pensamiento. Pero cuando el doctor Rivero Agüero lo extrae ahora de sus recuerdos, declarando, además, que va a ser «indiscreto, para que nada más que los cubanos y los extranjeros se enteren», es patente que quiere atribuirme una doblez de criterio ante el 10 de marzo: una opinión pública y otra privada. Y a eso no tiene derecho. En eso, la «sinceridad atolondrada» que le celebré va resultando ya una sinceridad desconsiderada. Si yo la pagase a Rivero Agüero con la misma moneda, divulgando ciertas admisiones que en aquella conversación me hizo, algunas de sus vinculaciones afectivas y políticas más importantes quedarían muy mal paradas.

La única importancia que todo esto tiene es la de que pone de manifiesto lo necesario que va resultando el recordar que la convivencia social exige, por lo menos, un mínimo de lealtad. Y una de las formas de lealtad más elementales es la que reconoce y respeta la diferencia que existe entre una conversación privada y una declaración pública. En lo privado, todos decimos, además de nuestro pensamiento publicable, cosas más o menos especulativas que ningún interlocutor decente tiene derecho a publicar como categóricas. El día en que se borre del todo la noción de esa frontera, nos habremos ya vuelto enteramente primitivos en el orden social. No contribuya el doctor Rivero Agüero a que por esa vía se acabe la civilidad en Cuba.

(*Diario de la Marina*, 29 agosto 1954)

Ya que el Dr. Lazo se empeña...

Digámoslo en apacible jerga criolla: el Dr. Raimundo Lazo «se agita» innecesariamente. En un artículo publicado ayer en esta misma página,[98] el ánimo se le avinagra a mi ilustre colega, creyendo que al hablar yo de un nuevo partido se le ha negado la sal y el agua al Ortodoxo, y que al no recoger ciertas alusiones polémicas del propio doctor Lazo, he querido ignorarlo. Por todo ello recurre a lo que él llama «legítima defensa». Pero es más bien un exceso de susceptibilidad, a que nos tiene más o menos acostumbrados.

Para poder inventar una legítima defensa, no hay como inventar una ilegítima agresión. Pero la verdad es que no he agredido ni a la Ortodoxia ni a Lazo ni a nadie. Como periodista, recogí indicios de que se estaba gestando la idea de fundar una nueva organización política. Como ciudadano de impenitentes esperanzas para Cuba, acogí con interés esa idea, pero aventurando mis opiniones sobre lo que el nuevo partido tendría que ser para que fuera, además, un partido nuevo.

Apenas publicadas esas apreciaciones mías, el doctor Lazo me salió al paso en el *Diario*. Lo hizo leyéndome mal e interpretándome peor. Yo había escrito que, en los torbellinos de nuestros círculos viciosos, «se quedó al garete, apenas lanzada, la navecilla de nuestra democracia. Por no haber habido a tiempo un partido serio que la sacara a flote y la devolviera con mano firme a su curso, la «democracia», entre comillas, acabó por desprestigiarse, y lo que es peor, la civilidad misma». Es evidente que esas palabras iban muy atrás en su referencia al proceso republicano. Es también evidente que

---

[98] Raimundo Lazo: «Nuevo partido: legítima defensa», *Diario de la Marina*, 9 octubre 1954, pág. 4.

lo que lamentaban es que no hubiera habido a tiempo «un partido serio» al timón de la nave estatal. Pues sin responsabilidad de gobierno si lo hubo, hubo, por ejemplo, el ABC de la buena época.

Pero Lazo, que es tan buen escrutador de textos, esta vez prefirió no entender. Citó escuetamente, fuera de su contexto, la frase «por no haber habido a tiempo un partido serio», suprimiendo así todos los conceptos que la precisaban, y añadiendo como referencia temporal el 10 de marzo. Eso es lo que se llama discutir deslealmente.

No se contentó con eso mi irritable colega. Laborando ya sobre la premisa falsa de que yo había tachado a la Ortodoxia de no ser «un partido serio», me sacó a relucir que yo acepté, antes del 10 de marzo, «candidaturas y responsabilidades ortodoxas». La intención era de miura... Si alguien estaba siendo víctima de una agresión y tenía derecho a «legítima defensa», era quien esto escribe. Sin embargo, no quise contestar directamente al doctor Lazo, y dije en *Bohemia* por qué: «Cuba está harta de negaciones; está harta no solo de vociferaciones y querellas, sino también de esclarecimientos y contraesclarecimientos, de acusaciones y defensas, de dimes y diretes. Todo eso a nada conduce, como no sea a ventilar pasioncillas y, de paso, a agenciarse un poco de publicidad...».

Con motivo de lo del partido nuevo, se me ha aludido ya en más de una veintena de artículos, muchos de ellos tan atendibles como el del doctor Lazo; y menos esquinados. Tampoco he establecido polémica a propósito de ellos —por lo menos, polémica de dimes y diretes. ¿Tan importante considera el doctor Lazo sus pareceres como para que de ellos se haga excepción? ¿No hubiera sido más discreto ver en mi silencio el deseo de no armar querella inútil con persona cuyas buenas intenciones cívicas soy el primero en reconocer?

Pero mi ilustre colega es implacable. Ahora afirma que al no hacer en mis juicios sobre nuestra realidad política «ni una sola excepción» a favor de la Ortodoxia, le he hecho a este partido —es decir, a la porción agramontina de él— «una imputación calumniosa de irresponsabilidad política...». Quiero creer que, o bien el doctor Lazo ha olvidado las graves connotaciones que tiene la palabra «calumnia» o está siendo víctima momentánea de un ataque de hepatismo.

Lo único que a propósito de todo esto he escrito sobre la Ortodoxia ha sido precisamente para reconocer sus propósitos idealistas, aunque también para expresar mi opinión de que «el 10 de marzo sorprendió a la Ortodoxia cuando aún no había alcanzado esa maduración orgánica, esa plenitud y profundidad de doctrina, a que venía destinada», y que por ello, se ha mostrado «falta de cohesión y de pensamiento orgánico frente a la gran crisis» que aquella fecha inició. Y esto me parece una verdad como un templo. Creo que podría, llegado el caso, sustanciarla hasta la saciedad. Pero no tengo ningún interés en censurar a un movimiento al que me honré en pertenecer —no hasta el 10 de marzo, como dice Lazo intencionadamente, sino hasta el momento en que, meses después, no hallé en el doctor Agramonte disposición alguna favorable al esfuerzo que entonces hice por devolverle su unidad al partido que Chibás fundó.

Todavía hoy no considero a la Ortodoxia frustrada, sin embargo. En un artículo reciente escribí con precisión meridiana: «Cuando se habla de los caracteres que debiera tener, no un nuevo partido cubano, sino un partido cubano nuevo, no se está necesariamente desahuciando a la Ortodoxia. Se está simplemente diciendo a qué demandas tendría que responder lo que de ella queda para que se pudieran volver a poner esperanzas en ella. Si la Ortodoxia no se apresura a satisfacer esa demanda, otro partido surgirá que lo emprenda...».

Puede creer el doctor Lazo que yo no tengo el menor empeño por levantar capillas innecesarias, ni por oficiar en ninguna. Lo único que quisiera es que hubiese pronto en Cuba un partido, sea el que sea, capaz de «sumar todas las condiciones necesarias para ser algo integralmente nuevo» y, sobre todo, integralmente renovador. Si aún la Ortodoxia puede llegar a serlo, que los manes de Carlos Manuel de Céspedes, hoy memorados, se lo bendigan.

(*Diario de la Marina*, 10 octubre 1954)

Las ideas en la enseñanza

Dr. Luis G. Mendoza
Presente.
Querido amigo:
Tu carta publicada ayer en estas columnas,[99] desenvuelve tres puntos principales: 1) que el libro *Geografía de Cuba*, del doctor [Antonio] Núñez Jiménez, no debió ser ocupado y prácticamente confiscado por el SIM;[100] 2) que, sin embargo, ese libro contiene opiniones, sobre ciertas cuestiones sociales, que lo hacen inadecuado para servir de texto en la Segunda Enseñanza; y 3) que los juicios del autor sobre esas cuestiones son injustos, o están teñidos de «socialismo avanzado».

No quieres «polemizar» sobre tales puntos, sino que te limitas a pedirme opinión. Debo suponer que mi artículo en *Bohemia* te pareció insuficiente,[101] lo cual no tendría nada de particular, pues, en efecto, lo enderecé principalmente a censurar el procedimiento policiaco de andar confiscando bibliotecas privadas por el hecho de hallar en ellas obras marxistas, u ocupando, como en este caso, la tirada entera de un

---

99 «Carta sobre un libro ocupado», *Diario de la Marina*, 10 febrero 1955, pág. 4-A. Mañach la reprodujo completa en su columna *Relieve*.
100 Siglas del Servicio de Inteligencia Militar, institución militar creada en 1934 por iniciativa del coronel Jaime Mariné. Su objetivo era vigilar los movimientos internos del ejército u otros que afectaran la seguridad del Estado y las instituciones públicas. Tras producirse el golpe militar de 1952, se convirtió en uno de los órganos represivos al servicio de la dictadura de Batista. A partir de entonces, contó con la asesoría del ejército norteamericano, lo cual determinó cierto avance y desarrollo. Fue disuelto en febrero de 1959.
101 «Decomiso de libro y cuarentena de ideas», *Bohemia*, 30 enero 1955, págs. 59 y 73.

libro por presumir que contiene ideas «subversivas», aunque calificadas documentalmente de «nacionalistas».

Tú tampoco apruebas ese procedimiento. En este punto, pues, estamos de perfecto acuerdo. Para el caso de libros «subversivos», añades que es el Ministerio de Educación el llamado a prohibir el uso de ellos en la enseñanza pública. Sobre eso hay que hilar más fino. Del modo más enfático esa exclusión oficial tendría que quedar sujeta a la condición de que el Ministerio tuviese un concepto muy justo de lo que es verdaderamente subversivo dentro del área de exigencias de cada asignatura y de la enseñanza en general.

Permíteme una referencia a ciertos antecedentes de este criterio mío. Cuando yo fui Secretario de Instrucción Pública en 1934, en momentos en que muchos centros de enseñanza cubanos estaban convertidos en pequeños soviets, libré —con riesgo incluso de la vida— una acción muy enérgica para subsanar esa situación. A los que entonces venían a invocarme la libertad en nombre de la revolución, les argüía que Cuba era un Estado democrático-liberal: debía tolerar la exposición de todas las ideas; pero no podía permitir que la enseñanza pagada por el pueblo se convirtiese en una amenaza a la organización político-social misma que el pueblo se había dado. Hace veinte años de eso. Hoy sigo creyendo lo mismo de entonces. La inculcación sectaria contra el régimen constitucionalmente establecido, o contra las ideas de que se sustenta, no puede permitirse desde la enseñanza pública.

Pero... entendámonos... Por inculcación entiendo el procedimiento de meterles a los alumnos en la cabeza determinadas ideas anticonstitucionalistas como si fueran la verdad verdadera y única. Otra cosa muy distinta es la presentación de las ideas diversas y relevantes que sobre una cuestión existe. Esto otro, ¿es permisible? ¿es deseable?

Aquí creo que hay que establecer una diferencia entre la segunda enseñanza y la superior. La diferencia no es de principio, sin embargo. En principio creo que la enseñanza cabal de una disciplina científica supone dos cosas: hechos, y juicios sobre los hechos. Los primeros deben ser hechos genuinos, en cuya comprobación el profesor se haya esmerado todo lo que pueda. Los juicios han de ser tanto los positivos como los negativos que autorizadamente existen sobre cada hecho importante, de modo que el alumno se informe sobre las divergencias de opinión y se eduque para discernir entre ellas y formar así su propio criterio, lo cual es, en fin de cuentas, el fin superior de la docencia.

La razón usual para que de los libros didácticos de la segunda enseñanza se excluyan las opiniones contradictorias, limitando la exposición a los hechos, es que, por necesidad, han de ser libros breves, «manuales», donde no hay espacio suficiente para presentar con justicia las diversas apreciaciones de los hechos. También puede estimarse que en la adolescencia todavía los jóvenes carecen de la ponderación suficiente para discernir del modo más objetivo posible. Por todo ello dije en mi artículo —como lo recuerdas en tu carta— que en el libro del doctor Núñez Jiménez se habían introducido «ciertos afondes críticos excesivos acaso para un libro puramente didáctico, del cual las materias controversiales deben quedar discretamente excluidas». Y, desde luego, en caso de incluirlas, ello debe hacerse sin ánimo sectario, sin manifiesto propósito de «inculcación».

Por ahí es por donde peca el libro del doctor Núñez Jiménez, profesor de excelente formación técnica, pero joven, y como joven, apasionado a favor de sus ideas, cuyo matiz radical es evidente. Pero esto ya nos trae al tercer punto de tu carta, y como eso pide espacio adicional, mejor será dejarlo para otro pliego de respuesta a tu deferente carta.

(*Diario de la Marina*, 11 febrero 1955)

Hechos y opiniones

Quiero creer que Luis Mendoza se quedaría tan impresionado como yo por el espíritu de la carta del doctor Núñez Jiménez,[102] en defensa de la *Geografía de Cuba* que el SIM le ocupó y, por lo visto, le quemó. La veracidad que el joven autor reclama con tan noble fervor para la tarea del maestro; la piedad humana con que reacciona contra la realidad social que ha visto en Cuba; el sentimiento de dignidad patria con que recuerda ciertos hechos más que equívocos de nuestra historia, o de la historia que nos hicieron, todo eso no puede menos que suscitar honda simpatía en quien tenga nada más que un mínimo de sensibilidad humana y cubana.

Pero, ahora examinemos con un poco de orden lo relativo al contenido del libro de Núñez Jiménez. No participa él del criterio de que un libro didáctico para la Segunda Enseñanza deba atenerse solo a los hechos, sino que ha de incluir también la apreciación de los hechos. Estos son, pues, los dos aspectos que conviene examinar por separado.

Que los hechos más generales o de más bulto que Núñez Jiménez señala en su libro son ciertos y forma parte, hasta donde llegan, de la realidad social cubana, yo, al menos, no lo dudo. Ni veo cómo la mención de ellos podía haber-

---

[102] Núñez Jiménez escribió a Mañach una carta, que este reprodujo íntegramente en «El autor se defiende», *Diario de la Marina*, 12 febrero 1955, pág. 4.

se excluido, siquiera en el plano de la Segunda Enseñanza, de un libro de Geografía como el suyo, dada la proyección «humana» y «política» que hoy tiene la disciplina. Idos son los tiempos en que las geografías y las historias, rebasado el nivel elemental, seguían limitándose a ser meros inventarios de caracteres y de accidentes físicos, o de lo social cuantitativo (población, tipos y volumen de producción, etc.), o de los hechos históricos más superficiales y apacibles. Hoy se añade a todo eso lo que pudiéramos llamar materia bio-social y materia bio-histórica; y creo que se hace bien, si se hace con el sentido de la medida que un buen criterio pedagógico exige, es decir, teniendo en cuenta las posibilidades de comprensión y de asimilación del tipo de estudiante a que el libro va destinado. Y si, además, dentro de esos miramientos, se hace con toda la plenitud posible, sin discriminar entre los hechos importantes que la realidad social presenta.

Ya anticipé que por ahí parece pecar de omisión el libro de Núñez Jiménez. Aunque yo todavía no he podido leerlo entero, tengo la impresión de que: 1) no ha recogido todos los hechos relevantes en ese orden que llaman bio-social y bio-histórico; 2) no todos los presentados como hechos resultan indubitables. La realidad social cubana en nuestras ciudades y campos no presenta solo esos aspectos desolados y desoladores que el autor señala. Aunque ellos sean los que, por desgracia, dan el tono y el acento de esa realidad, una exposición que carga el acento en ellos tiende a darle al alumno joven —y hasta al adulto— una impresión deformada o, por lo menos, exagerada.

Por otra parte, ciertos «hechos», como los que Luis Méndez indicó en su carta, o no son exactos, o no están presentados con objetividad. Se me informa, por ejemplo, que ya los Hedges no son dueños de toda esa extensión de tierra al sur de la Isla de Pinos, y se me asegura lo que parece lógico creer: que cuando lo fueron, en modo alguno podían haberse opuesto a que se abrieran por aquella zona caminos que naturalmente hubieran mejorado el valor de su propiedad. Me parece, además, que si relieve hubiera tenido el hecho imputado, no lo tiene menos con un signo contrario, el que esos industriales norteamericanos hayan desarrollado el establecimiento industrial de Ariguanabo, que a tantos cubanos da de comer y no, según mis noticias, bajo régimen de esclavitud, pues la impresión que tengo de esa fábrica coincide con la que Mendoza da en su carta.

Todo esto nos trae al segundo aspecto del contenido del libro: el modo de apreciar los hechos. Se le censura al autor el acento crítico y una actitud tendenciosa. Son dos cosas distintas.

La actitud crítica es inevitable. También aquella objetividad gris de antaño tiende a verse descartada del libro didáctico moderno. Y se comprende: era una «objetividad» imposible, falsa y convencional. Imposible, porque no hay hecho social o histórico alguno que no tenga significación, y por tanto valor, positivo o negativo, el cual cada autor aprecia según su sensibilidad y su fondo general de criterios. Falsa, porque ciertos hechos que pretendían presentarse objetivamente, llevaban su calificación implícita en el mismo modo de presentarlos. Convencional, porque cuando se los apreciaba explícitamente, lo que generalmente se hacía era otorgarle al hecho enseñado la significación rutinariamente establecida y aceptada. Y solo entonces parecía esta apreciación admisible. Así, por ejemplo, no se consideraba impertinente que un autor cubano hablase mal de la Reconcentración; pero se esperaba que, al hablar de la Enmienda Platt, se limitase a dar el juicio «discreto» de ella, excluyendo el de quienes piensan, como pensó un Sanguily o un Juan Gualberto, que aquel Apéndice le haría mucho daño, como se lo hizo, a la conciencia nacional.

Desde el punto de vista de las apreciaciones, el libro de Núñez Jiménez tiene el valor de ser sincero y explícito. Esto no quiere decir que todas sus apreciaciones sean correctas ni serenas. Además de parciales, no pocas de ellas parecen rebasar en su intención el significado del hecho que critican. No creo que esto se deba a antipatías casuísticas, por así decir, sino a que el autor tiene un enfoque de la problemática social matizado por su personal posición ideológica, visiblemente anticapitalista. Eso, francamente, le da a su obra, en muchos lugares, un matiz tendencioso, propagandístico.

Pero ello no justifica que un libro semejante se confisque y destruya. Lo que hace es demostrar lo necesitados que en Cuba estamos de que, tanto para las obras didácticas como para las puramente literarias, haya una alta crítica discernidora, que ayude a formar juicio público sobre los méritos y los defectos de lo que se publica.

(*Diario de la Marina*, 13 febrero 1955)

Las razones de un movimiento
(Respuesta a Carlos Márquez Sterling)

El proceso revolucionario iniciado en el año 30 estuvo a punto de malograrse del todo, no llegó a dar su plenitud de resultados, y se adulteró, debido principalmente a la división en las filas revolucionarias de entonces. Como los cubanos somos difíciles para aprender en la experiencia, ahora estamos confrontando parecidos peligros. Puede decirse que, en los tres últimos años, la Oposición ha sido más el espectáculo de una polémica constante entre sus propios elementos que el de una lucha efectiva contra el régimen del 10 de marzo. Gracias a eso principalmente, Batista se ha consolidado en la medida en que lo está.

Una de las novedades que trae el Movimiento de la Nación[103] es su firme propósito de no contribuir a eso, sino a todo lo contrario: a procurar, con el ejemplo y con el esfuerzo, que la Oposición se entienda todo lo posible, sin perjuicio de los principios y propósitos ulteriores que justifiquen la existencia separada de sus distintos grupos. Por eso siento mucho que al hablar por primera vez en *Bohemia* de ese Movimiento, que he calorizado y al cual daré mi esfuerzo más entusiasta, me vea en el caso de tener que rechazar un asalto, cordial pero inadmisible, de Carlos Márquez Sterling, a quien tanto esti-

---

103 Se refiere al Movimiento de la Nación, fundado por él en abril de 1955. El Comité Gestor Nacional lo integraban además José Pardo Llada, Justo Carrillo, Vicente Rubiera, Jorge Quintana, Rufo López Fresquet, Luis Botifoll, Enrique Huertas, Anita Arroyo y Ángel del Cerro.

mo como persona y como hombre público.[104] Desde luego, la política es lucha, y parte de la lucha es polémica escrita; pero sería bien preferible que el esfuerzo polémico se emplease en combatir al enemigo común, y no al que defiende la propia causa, aunque sea con otros criterios y métodos.

Márquez me responde en la pasada *Bohemia* a mi «Recado final a la Ortodoxia», también publicado en estas páginas.[105] Ante todo, quisiera referirme a la actitud asumida en ese artículo mío y a la que las circunstancias me obligaron enseguida a tomar.

Por lo pronto, nadie podrá acusarme con justicia de no haber dicho las cosas a tiempo. Desde hace por lo menos dos años venía yo deplorando el espectáculo interminable de división que estaba dando la Ortodoxia, y dejando entender que, si eso no se superaba, no habría más remedio que fundar otra organización cívico-política. Pero algo más deplorable también, y era el que la Ortodoxia no tuviese frente al régimen derivado del 10 de marzo, una visión grande de las nuevas necesidades del país, encaminada a coordinar las fuerzas de la Oposición. Esta tesis de la «coordinación» —que nada tenía que ver con el «antipactismo» puramente electoral— la sostuve, hace ya más de dos años, en una de mis últimas intervenciones en el Consejo Directivo del P.P.C., y se vio rechazada. La expuse ampliamente el 14 de junio de 1953, en un artículo titulado «El campo de Agramente y

---

104 Carlos Márquez Sterling: «Respuesta a Jorge Mañach», *Bohemia*, 20 marzo 1955, págs. 52-53, 89. A este artículo de Mañach, Márquez Sterling respondió con otros dos: «Unidos todos valemos mucho más», 3 abril 1955, págs. 57 y 87; y «Punto y aparte», 8 mayo 1955, págs. 39 y 98, ambos publicados en la misma revista.
105 «Recado final a la Ortodoxia», *Bohemia*, 13 marzo 1955, págs. 75 y 96.

el de Agramonte»,[106] publicado en *Bohemia*. A ese artículo remito al agudo biógrafo de Estrada Palma y de Agramonte, tan atento a la importancia de los documentos, aunque no sean de hombres eminentes.

Pero, no obstante ser ese mi enfoque de las necesidades políticas de Cuba después del 10 de marzo, continué esperando a que la Ortodoxia se uniera, a ver si al fin se abría paso en ella alguna política eficaz, fuese o no la que yo preconizaba. Los meses pasaron, y la riña interna ortodoxa continuaba. Surgió la idea del nuevo partido. Yo frené la realización de ella, confiando en que la unidad se lograra después del 1ro. de noviembre. ¡Nada!... Tal vez sería ante el 24 de febrero oficial. ¡Nada!... ¿Es que había que mantener indefinidamente paralizada a Cuba hasta que los directores de la Ortodoxia tuviesen a bien ponerse de acuerdo?... Era absurdo pensarlo. Decididamente, había que mandarle a la Ortodoxia un «recado final».

Entre el momento en que escribí ese artículo y el día en que se publicó, los amigos con quienes yo venía hablando sobre la posibilidad de crear una nueva organización llegaron a la convicción de que, aunque la Ortodoxia se uniera, no cabía esperar que su orientación respondiera de un modo eficaz a lo que Cuba demandaba. Estimaron que esto era así por varias razones, entre las cuales estaba en primer término la de que no había evidencia alguna de que los líderes en disputa se mostrasen dispuestos a poner entre paréntesis la tesis aislacionista, a «rebasar las viejas trincheritas polémicas», a vigorizarse en nuevas ideas...

Como yo compartía esa opinión de mis amigos y frente a ella no podía oponer más que mi inclinación afectiva a la obra de Chibás, ya el domingo subsiguiente a la publicación

---

106 *Bohemia*, 14 junio 1953, págs. 67 y 92.

de mi «Recado», no pude contener por más tiempo la decisión, tomada en mi casa, de crear el Movimiento de la Nación. De esta manera, el «recado final» a la Ortodoxia se convirtió en adiós definitivo (tras seis meses de espera, nótese bien), y así tuve que decírselo con pena a la Comisión de la Ortodoxia que, presidida por el Dr. Agramonte, me hizo el honor de visitarme para solicitar —muy tardíamente— mi reincorporación al partido donde nunca mi opinión había contado para gran cosa, aunque me hubiera honrado postulándome para una senaduría en las elecciones frustradas. Estos honores obligan; pero no esclavizan. Por encima de la obligación moral para con la Ortodoxia estaba mi obligación para con Cuba.

Estos son los hechos. Ahora el Dr. Márquez Sterling, que conocía mi pensamiento y que en gran medida lo compartía, me sale al paso para cubrirme de reproches, no por caballerosamente expuestos menos incisivos.

En primer lugar, no puede dejar de decir la sorpresa con que vi que fuese precisamente él quien me contestara, porque en el momento en que lo hizo, echándome en cara principalmente mi «divisionismo», no parecía estar él mismo contribuyendo a la solidaridad interna del P.P.C., sino más bien a demorar el recobro de ella, con los títulos de inscripción prácticamente en sus manos... Pero eso ya no me concierne. Vamos a los contrargumentos de mi dialéctico amigo, y también, de pasada, a las apreciaciones de mi conducta personal con que ha considerado oportuno salpimentarlos.

Dice él que el Movimiento de la Nación significa «una división más», porque «de lo que estábamos quejándonos hace justamente tres años no es de la ausencia de instrumentos cívicos para enfrentar una lucha seria contra el régimen imperante, sino de la falta de unidad de acción que distingue a los múltiples grupos o sectores...». Cierto. Pero si la falta de unidad de acción a que Márquez Sterling se refiere es entre los partidos de la Oposición, la responsabilidad le incumbe principalmente al partido que, habiendo podido procurar su unidad, por su mayor autoridad moral y política, lo que ha hecho es impedirla con sus exclusivismos. Y si la falta de la tal unidad ha sido dentro de los grupos o sectores (como en realidad piensa Márquez Sterling) aquellos que no han podido unirse, o que han tardado tres años en lograrlo, se han mostrado ya bastante incapaces para responder a la desesperada demanda del pueblo. En cualquiera de los dos casos (y más si se dan los dos juntos) es evidente la necesidad de una organización nueva, cohesionada en su pensamiento y firme en su disciplina, capaz de dar el ejemplo y dispuesta a esforzarse por coordinar la Oposición dispersa.

Refiriéndose a la Ortodoxia, dice Márquez Sterling que las tendencias en ella no han sido «personales», sino que cada una representa «una manera diferente de enfocar las soluciones». Sobre esto, mucha gente tiene sus dudas. Cierto que en la Ortodoxia han entrado en conflicto «enfoques» distintos, pero como ya dije en mi «Recado», esas divergencias están muy ligadas a factores personales, y Márquez Sterling lo sabe... Las separaciones, los cálculos presidenciales, los deseos de hacer prevalecer personales enfoques para ir asegurándose personales perspectivas, son todas cosas muy humanas y hasta legítimas; pero no cuando se las lleva al extremo de subordinar a tales factores personales la integridad y la acción de un partido en momentos críticos para un país —y esa es la sensación que la Ortodoxia le está dando al pueblo cubano, que rara vez se equivoca en sus percepciones. También ante este cuadro era ya evidente la necesidad de crear un núcleo político nuevo en que, para usar la frase de cierto artículo mío, la IDEA fuese la protagonista, y donde nadie pretendiera hacer girar el partido en torno a su personal ambición.

Después de indicar los «enfoques» que se disputaban a la Ortodoxia, pregunta Márquez Sterling: «¿Con cuál pensaba el Dr. Mañach? ¿Con la línea abstencionista? ¿Con la insurreccional? ¿Con la política? ¿Con ninguna?...».

No deja de ser divertido que le pregunten esto a un señor que desde hace tres años está diciendo semanalmente sus opiniones políticas en *Bohemia*. Verdad es que no siempre se puede decir, en una situación como la que Cuba atraviesa, todo lo que uno piensa. Hasta Martí, tan apostólico y franco, le confió en su carta íntima a Manuel Mercado: «... hay cosas que para lograrlas, han de andar ocultas, y de proclamarse en lo que son, levantarían dificultades demasiado recias para alcanzar sobre ellas el fin...».

En el tanteo de esas cosas anduve yo (y no anduvo, por cierto, Márquez Sterling) hasta bastante después del 10 de marzo, y de mi boca lo sabían ciertos líderes ortodoxos para que no se llamaran a engaño. El hombre que le salió al paso con su pluma al régimen desde el día mismo de su estreno; el que recibió las iras de unos cuantos rufianes en la *Universidad del Aire*; el que días después, con motivo del aniversario de Guiteras, marchó con los estudiantes por las calles desde el Cementerio hasta la Universidad; el que el 20 de mayo del 52 habló desde la Escalinata, y no para satirizar en tiempos bonancibles a los «tres puerquitos» palatinos del priísmo, sino para decir con toda entereza, en un ambiente tempestuoso, el clamor de la conciencia cubana frente al régimen... —ese, no estaba ciertamente cruzado de brazos, o en actitud académica, como quiere dejar entender Márquez Sterling, y si insultos llovieron sobre mi admirado amigo, no fueron precisamente flores las que sobre mí cayeron.

Al mismo tiempo, me esforzaba por llevar a la Ortodoxia la idea de la «coordinación» oposicionista frente al régimen, defendiéndola ante un Consejo Director donde, dicho sea de paso, más de una vez se me había pedido la cabeza, que a muchos parecía estorbar (y no incluyo entre ellos a Márquez Sterling, que siempre me ha demostrado su aprecio) ... Pero la Ortodoxia se encastillaba cada vez más en la noción de que ella sola podía apagar el fuego en que se quemaba la casa de todos... ¿Cuánto tiempo está uno obligado a quedarse en un partido cuyo concepto de la inconformidad es, más que nada, la resistencia pasiva?... A mi regreso de los Estados Unidos cuando no pude conciliar a Millo y a Agramonte, decidí que sería más útil no compartiendo las responsabilidades de una querella incesante.

Dice Carlos que «abandoné la nave». Ya se iba viendo que la nave no servía para navegaciones de altura. Lo importante es que yo no abandonara la lucha mayor. Y no la abandoné. Ahí están mis artículos de combate en *Bohemia* y hasta en el *Diario de la Marina*, y mis discursos y actitudes con ocasión del Centenario de Martí, y veinte peroratas más, aquí y allá, denunciando no solo las extralimitaciones jurídicas y políticas del régimen, sino también esas brutalidades que no se pueden señalar sin que le huela a uno la cabeza a pólvora. Creo haber sido, por ejemplo, el primero de los que saludaron por escrito el heroísmo de los muchachos del Moncada, cuando otros andaban muy calladitos. Todo eso también es pelea. ¿O es que Márquez Sterling se figura que solo se sirve al país celebrando conciliábulos y más conciliábulos, mandando notas a los periódicos, haciendo frases, discutiendo indefinidamente si son galgos o podencos cuando se está sitiado por la jauría?

Habiéndose demostrado que mi palabra no tenía ya valimiento alguno en la Ortodoxia que se disputaba la herencia de Alejandro (como llegó a no tenerla tampoco la de Pardo Llada), no tuve más remedio que llevar mi lucha a un foro mayor. Disparé artículos. Insistí en la tesis de mi discurso de la Escalinata: frente al régimen, la cohesión, no la dispersión. Mientras no se viera qué eficacia tenía una Oposición coordinada y unánime actuando por vías cívicas y políticas, «lo otro» había llegado ya a parecerme, por ciertas evidencias, un salto en el vacío... Pero tampoco era cuestión de tomar la vía política dejando lana de corderos por el camino. Ni aislacionismo ni abstencionismo ni mero politicismo manso: lucha enérgica y coordinada en el plano cívico ante todo. Eso dije, no en uno, sino en diez, veinte artículos. ¿No estaba eso claro?

Pues bien: eso, esa ACCIÓN CONCERTADA Y ENÉRGICA DE TODA LA OPOSICIÓN NO ENTREGUISTA; eso, que era lo que el país necesitaba y estaba pidiendo a gritos (porque la Ortodoxia no es todo el país, ni con mucho); eso, que solo la Ortodoxia, sin embargo, podía proponer y encauzar con éxito; eso, que es, con toda posibilidad, LO QUE CHIBÁS HUBIERA HECHO si viviera... —los directores del P.P.C. no solo no lo quisieron, sino que lo estorbaron con sus referencias constantes a las «direcciones corrompidas» y con otros ecos polémicos de una época totalmente distinta... ¿Le sorprende a Márquez Sterling que ante esa falta de visión, o de lo que sea, se fuera quebrantando tanto mi confianza y la de miles de cubanos más, en el gran partido que Chibás fundó? ¿Le extraña que comenzara a tomar en cuenta las instancias que se me hacían para la formación de un nuevo partido político?

Ya ese núcleo está formado: es el Movimiento de la Nación. Dice Márquez Sterling: «En realidad, lo que Mañach va a sostener en un nuevo partido es lo que nosotros hemos afirmado desde temprano». Y cree Márquez Sterling que esto es, simplemente, el no abstencionismo, el no estatismo...

El no estatismo, desde luego. El no abstencionismo, depende. Nosotros no vamos a una acción política incondicionada, a un electoralismo facilón. El Movimiento de la Nación no se hace para ir a buscar actas. Los que hemos lanzado esta nave, estamos exponiendo demasiadas cosas en este mar tempestuoso para izar ninguna bandera mercante ni pirata... Vamos, ante todo, a luchar por que en Cuba se restablezcan a plenitud las condiciones previas indispensables para una lucha democrática genuina. Que se haya restaurado la Constitución no basta, si se sigue incurriendo en flagrantes violaciones de ella, si las cárceles siguen llenas, si los exiliados no pueden volver sin que se expongan a que les vuelvan a quemar las plantas de los pies, so pretexto del primer acto aislado de violencia irresponsable que pueda ocurrir; si la legislación electoral no se modifica a tono con lo que quisimos en la Asamblea del 40 y lo que votó el Congreso del 43. Estamos, en suma, por una vía política, cuando antes se hayan logrado en Cuba condiciones para una política digna.

Por otra parte, la política no es, por sí sola, el camino de salvación para Cuba. Depende de los principios y los fines con que esa política se haga. Muchos de los de la Ortodoxia son todavía los míos, lo serán siempre. Pero en los últimos tiempos los hechos han impuesto una reflexión más ahincada sobre el problema cubano, y de esta reflexión resulta que las tesis de la Ortodoxia, formuladas para otro momento, no son ya suficientes. La lucha contra la venalidad ha de persistir; pero ya el acento no puede estar en esa consigna negativa, entre otras razones porque se va viendo que la corrupción no es una causa, sino un efecto de males más profundos. El Movimiento de la Nación se propone atacar en su día esas causas, que están ligadas a todo el complejo de problemas económicos, sociales, culturales y morales de una nación a medio hacer. En la cura de estos males hay que poner el acento.

Mientras no podamos curar, nuestra consigna es informar combatiendo. Porque el Movimiento de la Nación distará mucho de ser un grupo «intelectualista» o de «élite», esquivo al contacto del pueblo. Que eso lo digan unos cuantos jabalíes y osos del régimen, está bien. Pero que lo insinúe Márquez Sterling está mal. Si intelectual soy yo, también él lo es, y de quilates. Si él ha luchado en política, también he luchado yo, y le he sacrificado muchos intereses «intelectuales» a ella. Que se lo pregunten, si no, a los villareños que recuerdan mi campaña para la Constituyente; a los orientales, que me vieron recorrer mil veces sus serranías, metiéndome en la masa del pueblo, cuando los representé en el Senado; que se lo pregunten a los habaneros que contemplaron mi esfuerzo denodado contra los dineros de Benito Remedios...

Pero, en definitiva, yo no soy más que uno de los fundadores del Movimiento de la Nación. Y este sí que es un núcleo cívico-político que no nace con la décima de pie forzado de ninguna aspiración presidencial. Esto no gira en torno a personas, sino a ideas.

Termino. El Movimiento de la Nación es un hecho —y un hecho ya de tanto bulto, que aun antes de nacer, oficialmente, lo combaten como si fuera un gigante. Un hecho de tanto empuje visible, que hasta parece haber logrado, con su sola aparición, que la Ortodoxia se uniera. Al contrario del Cid, ganamos batallas antes de nacer. Porque nuestra lucha, en parte, ha de ser por eso, porque la Oposición se integre contra el régimen lo más posible. Sentimos que se haya hecho indispensable crear una organización política más; pero ya se ve que no somos responsables de ello. Y cuando no hubiera otras razones, bastaría para justificar la génesis del Movimiento de la Nación el hecho de haber numerosísimos ciudadanos valiosos que se hallaban marginados de la lucha por no encontrar satisfactorio ninguno de los cauces existentes.

Para acoger a esos elementos, entre otros fines, se ha creado el Movimiento de la Nación. Mal podemos venir a dividir a lo que estaba ya dividido o disperso. En realidad, venimos a unir. A unir partidos democráticos, si podemos; y si no, a unir cubanos que quieran una Nación más real, más limpia, más adecuada a la realización de sus grandes destinos.

(*Bohemia*, 27 marzo 1955)

Defensa de un manifiesto

Hace poco declaré mi propósito de no usar estas columnas para nada que pudiera parecer una propaganda de los afanes partidistas en que ando metido. Lo político en general es una cosa, y lo sectario —por muy bien intencionado que sea— es otra.

Pero he aquí que Gastón Baquero me obliga, con su artículo de ayer, titulado «El Manifiesto del Movimiento»,[107] a desviarme de aquel propósito. Si el Jefe de Redacción del *Diario* no ve inconveniente en que esta sosegada página vibre con un poco de controversia política, no he ser yo más papista que el Papa.

También yo quiero y admiro a Baquero, y no le tengo a mal, por supuesto, el que haya enjuiciado con tanta severidad, pero al mismo tiempo con tan buenos modales de la inteligencia (cosa que ya se va estilando muy poco) el Manifiesto reciente del Movimiento de la Nación. Y seguramente no le sorprenderá el que yo le conteste en el mismo diapasón.

Baquero se siente defraudado por ese documento inicial del nuevo grupo político. Esperaba del Manifiesto —dice— «una augusta lección y una honda enseñanza», y lo encuentra, por lo pronto, «huérfano de doctrina». Sin duda, no hemos querido ser ni augustos ni cesáreos: hemos querido, sencillamente, decir un puñado de verdades cubanas que intentaba decir. Un manifiesto político no es una cala filosófica para élites intelectuales. El gran arquetipo cubano es el de Montecristi, y en él, nada menos que Martí se limitó a sustanciar brevemente las cuatro o cinco grandes consignas del pensamiento revolucionario. Nosotros nunca hubiéramos podido dar

---

107 «El Manifiesto del Movimiento», *Diario de la Marina*, 15 abril 1955, pág. 4.

aquella medida egregia de pensamiento y de expresión; pero sí creemos haber seguido aquella pausa.

¿Cree de veras Baquero que está «huérfano de doctrina» un documento que, dentro de las limitaciones de lo que está dirigido a todo el mundo, le da proyección política al ideal de la Nación como «hecho moral», y a la tesis —que el propio Baquero me celebró una vez generosamente a propósito de mi discurso de ingreso en la Academia de la Historia— de que aún no hemos logrado a plenitud nuestra vocación nacional? Se podrá discrepar de esta doctrina, que rige todo el Manifiesto; pero lo que ciertamente no puede afirmarse es que el documento carezca de ella. Y menos aún afirmar que con tesis expuesta a tantas disidencias, el Manifiesto abunde en «los lugares comunes de todos los manifiestos políticos». Pues el lugar común es el cliché mental; no el «afondo» valeroso y polémico.

Opina Baquero que no sabe cuál sea nuestro punto de vista «sobre cuestiones tan decisivas como las económicas, las de relaciones internacionales, las de filosofía de la producción, las de socialismo o individualismo», etc. Este reparo lo hallará también muy difícil de admitir quien haya leído en el Manifiesto lo que se dice sobre «la consigna democrática» y todo lo que ella a nuestro juicio en relación con las grandes antinomias políticas y sociales de nuestro tiempo; lo que se dice respecto de «la consigna económica», tomando clara posición ante las demandas del desarrollo material de Cuba. Desde luego, un manifiesto no es un programa: es un cuerpo de lineamientos generales de doctrina. El programa del Movimiento de la Nación vendrá a su tiempo, como ya se anuncia en el propio documento. Pero si algo no se le puede reprochar a este es que, dentro de su obligada brevedad, no haya sentado claros criterios sobre las cuestiones que Baquero señala.

«En definitiva —comenta Baquero— el Manifiesto dice que los hombres del Movimiento están contra el Gobierno del general Batista (eso ya lo sabíamos) y que el Movimiento se abre a todos los pactos políticos que tengan por común denominador la lucha contra Batista. Haciendo eso ¿se estará laborando por crear la nación que falta?...», etc. Pero ocurre que el Manifiesto no se limita a ese episodismo polémico que Baquero dice. Precisamente lo que hace es todo lo contrario: mostrar que «el problema de Cuba es mucho más profundo»; que la República ha venido arrastrando desde hace muchos años un «déficit» que la Revolución del 1927-33 no logró subsanar; que ese déficit ha consistido en «la superficialidad de su vida democrática», y que Batista no hizo sino aprovecharse de la anemia consiguiente de la vida nacional, mas no para curarla, sino para agravarla. Comprendo que Baquero esté también contra esa otra tesis; pero lo que no puede decir justamente es que el Manifiesto se limita a meterse con el Gobierno. A lo hondo vamos, no a lo episódico. Y sí se ayuda a crear la Nación cuando se le dice al pueblo de Cuba que, por no haberla creado ya, se han producido desgracias colectivas como la del 10 de marzo.

Divierte mucho, pero no sorprende demasiado, ver a Baquero quebrar una lanza por el «antipactismo». No será eso lo más consecuente con las ironías casi feroces que muchas veces hemos leído sobre el espíritu tribal y la arrogancia apocalíptica de Chibás y su escuela; pero ciertamente ese aislacionismo es, hoy por hoy, lo que más conviene al Gobierno y a todo lo que el Gobierno representa. Que esa actitud sea «lo más sólido en materia de política para el futuro», me permitirá mi querido compañero que lo deje sujeto a la condición de que vuelva a haber otro Eduardo Chibás.

Por otra parte, parece que Baquero se imagina que nosotros, al hablar de la necesidad de que la oposición «se concierte», se articule frente al régimen lo que estamos es preparando menudas granjerías electoreras. Si me hizo el honor de escucharme anteanoche en el programa *Ante la Prensa*, puede que se le haya disipado la noción de que venimos «a intervenir en el juego inmediato de la política». A lo que venimos, ante todo, es a luchar por que en Cuba haya una política digna de tal nombre. Si alguna convicción profunda tiene el Movimiento de la Nación es justamente esa que Baquero tan nítidamente formula: la de que «todo lo que en Cuba, por ahora, se haga sin una larga visión de futuro, de largo sacrificio, de convencimiento de que el poder fácil e inmediato, no es una victoria sino una derrota más, no tiene valor alguno».

Pero aún da el artículo de Baquero más tela por donde cortar. Dejémoslo aquí hasta mañana.

(*Diario de la Marina*, 16 abril 1955)

Final de una defensa

Recogí ayer uno por uno los reparos de Gastón Baquero al Manifiesto del Movimiento de la Nación —hasta que se me acabó el espacio de que razonablemente puedo valerme en estas columnas. Pero el artículo de mi fértil compañero abunda tanto en incisos e incisiones, que aún quedan tramos de verdad por rescatar.

Insistiendo en lo de que no traemos mensaje sustantivo ni claridad alguna de criterio frente a las cuestiones generales o cubanas de nuestro tiempo, dice Baquero que «el manifiesto no se pelea con nadie, no es de derecha ni de izquierda, no dice que una de las razones del quebranto económico permanente de Cuba está en la desequilibrada relación entre nuestra posibilidad real de vida y el estándar general de vida, especialmente el sindicalizado; teme como a la muerte —añade— que le puedan bautizar de 'reaccionaria' alguna tesis; no va al fondo de nada, ni aclara nada esencial».

Eso se llama ser implacable. Pero yo no he de tratar de aplacar la indignación que parece producirle a Baquero el que nosotros no vengamos a la palestra cubana con las consignas de extrema derecha que a él le placen y de las cuales es tan notorio campeón. Y no porque sean de derecha, sino porque no las consideramos útiles a los efectos de sustanciar la nación y darle a nuestra democracia un contenido efectivo.

En rigor, no nos hemos preocupado ni poco ni mucho de que nuestras ideas sean ubicables a la derecha o a la izquierda —topografía esa que nació de cierto simplismo ideológico de hace medio siglo y cuya fatuidad, puramente polémica, ya la ciencia económica y social ha ido poniendo muy al descubierto. «Derecha» e «izquierda» son términos que no significan mucho, de puro ser relativos. Recuerdo que en una ocasión, en el Senado, cierto colega me calificó alegremente de derechista. Le contesté que eso dependía de quién me pusiera al lado, y no del lado en que me lo pusiera. Declararse rígidamente de derecha o de izquierda, como quien se declara derecho o zurdo, es, pues, una de las más insignes concesiones al simplismo que por tanto tiempo ha estado haciendo estragos en el pensamiento político. Un gobernante tiene que tomar a veces decisiones de izquierda, como otras las ha de tomar de derecha; y un partido debe reservarse flexibilidad bastante para poner el acento de un lado o de otro, según sea la cuestión de que se trate y a la luz del interés superior que resulte afectado por ella.

Decir que el Movimiento de la Nación «no se pelea con nadie» es ignorar que ya se está peleando con todos los que han falsificado, a fuerza de incompetencia, de bastardía o de demagogia, la democracia cubana.

Lo que no hemos querido es caer en las consignas desaforadas y mentirosas de los que les prometen a las masas más de lo que es posible cumplirles (por ese lado tenemos una prudencia «de derecha»), ni tampoco en las de los que creen que para estabilizar económicamente a Cuba lo primero que hay que hacer es despojar a los más de lo que con tantas luchas han alcanzado.

Si en Cuba hay excesos sindicales es porque antes hubo mucha explotación inmisericorde del trabajador, y Baquero lo sabe. Si aquellos excesos tienden a entorpecer las inversiones, no puede olvidarse cuánta fortuna egoísta hay en Cuba que, sacada del pueblo, renuncia a invertirse en industrias que le den trabajo al pueblo. Lo que el trabajador pide, suele pedirlo para comer; lo que muchos empresarios niegan, es para medrar más. El estándar general de vida no es alto solo por las demandas generalmente humana de los que sudan, sino también por las pautas de vida que imponen aquellos en cuyas manos se queda la mayor tajada del ingreso nacional.

Para estabilizar nuestra economía, todos han de ajustarse. «La gran tarea de superar lo que aún queda de estructura colonial en nuestra economía —dice el Manifiesto del Movimiento de la Nación— no puede realizarse con el sacrificio de derechos sociales, ni tampoco a costa de las inversiones, sino en un esfuerzo conjunto, con parejos aportes y enseñanzas». Para eso, añadimos, «el Estado ha de dar constante ejemplo de austeridad y eficiencia, anteponiendo el interés de las grandes mayorías nacionales». Lo que no se puede hacer es disputarle al trabajador el pedazo de pan mientras se invierten millares de pesos en aviones de propulsión a chorro. A este género de pensamientos Baquero lo podrá tachar de impreciso si le place; para nosotros está muy claro, porque no entendemos que lo claro sea lo que se va de un lado, sino lo que distribuye el juicio según la realidad.

Menos mal que después de haberle puesto al documento en cuestión reparos tan severos, y a mi juicio carentes de fundamentación seria, Baquero termina su artículo diciendo que nuestro Movimiento «merece ser visto con simpatía» y que nuestro Manifiesto «espolvorea nítidas simientes de temas sociológicos, históricos y filosóficos». No más que eso podía hacerse, querido Baquero, en un documento de esa índole generalísima, y usted mismo reconoce que «no es poco, en un ambiente tan pobre en incitaciones a pensar». Mas ¿por qué entonces, en los párrafos anteriores, nos declara usted «tan horros de doctrina y tan ávidos de mera politiquería...»?

La verdad es ese pensamiento último que su conciencia le dicta al final del comentario. Este es el empeño —agobiador por cierto— de un grupo de hombres sinceramente dispuestos a hacer lo que puedan por servir a Cuba. Fracasaremos o triunfaremos. Pero en cualquiera de los dos casos, lo que fracasará o triunfará con nosotros es una noble intención cubana. Y algún día futuro tendremos que hacer la nómina de los que en ese empeño generoso nos ayudaron abriéndonos inicialmente una carta de crédito, o pretendieron desalentarnos midiéndonos por el mismo rasero que a todos los demás.

(*Diario de la Marina*, 17 abril 1955)

La polémica y su «relajo»

Le he dirigido ayer a José Luis Massó, redactor de una sección en el *Diario Nacional*, la carta que a continuación transcribo. No sé si ese distinguido comentarista la acogerá en sus columnas; pero, en todo caso, me parece que teniendo yo aquí mi propia tribuna, y tratándose de un asunto algo más que «político», no hago mal en publicarla por mi cuenta. Dice así:

«Amigo y compañero Massó:

«Tiene usted razón. Es espectáculo que unos cuantos voceros de la Oposición dimos la otra noche en la Mesa Redonda de CMQ-Televisión fue lamentable, y yo mismo salí de allí abochornado.

«Me creo con derecho, sin embargo, a que se reconozca el haber hecho siquiera un esfuerzo para evitarlo. El primer turno fue el mío. Situé el tema de la formación de nuevos partidos en su plano más alto y más general, confiando en que esa intervención inicial contribuyese a dar la tónica para el debate inevitable que habría de seguir. Y no aproveché mi turno para agredir a nadie, entre otras razones porque hablaba en nombre del Movimiento de la Nación, que desde su aparición ha venido abogando por la inteligencia entre los partidos de la Oposición para combatir eficazmente al régimen.

«Pero aquí hay más gente interesada en dar el do de pecho personalista o sectario que en servir al país. La culpa de estos espectáculos es de quienes, sin serenidad o madurez para discutir, provocan con sus insolencias o con sus falsedades la defensa ajena. El estilo de polémica que en Cuba predomina es una de las manifestaciones del primitivismo político que padecemos. Es un síntoma más de la falta de madurez nacional, a cuya superación se propone contribuir, con su ejemplo, el Movimiento de la Nación.

«Aprovecho la oportunidad...», etc.

Lo que hace que esta *mise au point* trascienda un poco el menudo episodio a que se refiere, es esa referencia que en ella se hace al estilo de nuestra polémica como manifestación de nuestro primitivismo político, que a la vez es un síntoma de la inmadurez nacional. Los que hayan dispensado alguna atención a mis escritos a lo largo de treinta años (como el ilustre Medardo Vitier, que con tantas y bondadosas referencias me ha venido honrando, o como el docto magistrado doctor Miguel F. Márquez, cuyo generoso artículo reciente en esta misma página me ha dado mucho aliento para sobrellevar dicterios e injusticias de otras plumas) —esos viejos lectores, digo, saben bien que no es de ahora, de este momento de personal combate, esa observación acerca de la correspondencia entre el grado de realización nacional y el de «seriedad» política, y entre este y el estilo polémico.

Por conciencia nacional he entendido siempre un plano superior del pensamiento y del sentimiento en que en que la gran mayoría de los ciudadanos concurren para reconocer y respetar unánimemente ciertos principios y ciertos valores como indispensables a la dignidad colectiva. En mi discurso reciente del homenaje a Ramiro Guerra (y perdóneseme tanta referencia personal, en gracia a ciertos menesteres de personal defensa) dije que, en definitiva, lo nacional era un modo de reconocimiento de la «indiscutibilidad». Si aquel tributo a nuestro gran historiador tuvo los caracteres nacionales que tuvo, no fue porque a él concurrieran adhesiones de todo el territorio (pues el territorio no basta, desde luego, para hacer la nación), sino porque innúmeros ciudadanos reconocían en Ramiro Guerra, a través de aquel homenaje, valores cuya esencialidad y primordialidad los hace indiscutibles.

Lo que está por lograrse aún en Cuba por la conciencia general es un reconocimiento semejante acerca de los principios y valores indiscutibles de la vida pública. Ello equivale a decir que virtualmente no hay tal conciencia general o de nación. Existe solo en alguna medida (y para eso, muy entre especialistas, entre historiadores y cultores de las efemérides) la devoción a los ideales y proezas del pasado. Lo que no existe es una disposición suficientemente general a hacer el combate de hoy digno del combate de antaño; a pelear en la vida política de hoy, como se peleó entonces, no por galones, sino por la realización de un gran propósito común.

Claro que tiene que haber divergencias en el entendimiento de los modos de servir a ese ideal. Pero si el ideal mismo fuese lo bastante firme y claro en sus perfiles, si de veras encendiese desde el corazón todas las actitudes, y a todas las orientase desde el pensamiento patrio (cosa bien distinta del calculismo sectario), las disidencias serían mucho más elevadas, los choques menos violentos, el lenguaje menos procaz, la buena fe en las apreciaciones, menos precaria.

Tanto en la zona de la Oposición como en la del poder se está hoy poco menos que en plena selva. En la segunda se advierte menos, pues, mal que bien, el poder mismo es un factor mecánico de aglutinación, de disciplina. Con todo, ya se han visto esas escenas recientes en los hemiciclos parlamentarios. Por lo que toca a la Oposición, los comunes descalabros no han sido óbice para la controversia irresponsable y a menudo feroz. Se está hoy, más que nunca, a la merced del improperio de mozalbetes que, sin más crédito a su favor que el que pueda venirles de alguna algarada inútil o de su culto al verbalismo explosivo, se creen con derecho a negarles la sal y el agua a cuantos, con aciertos mezclados de errores, tienen por lo menos una ejecutoria de servicios y de sacrificios. Si en el gubernamentalismo hay adultos improvisados de toda laya que se alzan desde el turbio fondo de sus vidas, antes anónimas, para vituperar las vidas claras, en la Oposición los arbitristas de la novelería política se imaginan ser los únicos autorizados, porque traen algunas fórmulas más o menos librescas que oponer al juicio maduro de nuestras realidades, y los sectarios arrogantes se indignan porque alguna nueva legión alza bandera frente a los pendones.

En el fondo de todo ello, lo que está en crisis, o, si se quiere, en déficit desolador, es sencillamente la seriedad, la autenticidad del propósito. Por falta de ella, hasta en este momento dramático de la vida cubana la política es un choteo, o más bien, eso que expresamos con una palabra vulgar y malsonante, pero de certera intuición popular: un relajo. Relajados están, efectivamente, los tejidos de la conciencia nacional que debieran sustentarla.

(*Diario de la Marina,* 28 abril 1955)

La semilla y la fronda
(Con motivo de dos alusiones)

Hace algún tiempo manifesté que no podría recoger más alusiones públicas al Movimiento de la Nación que las que procediesen de personas de cierto relieve. No es que solo la gente conspicua diga cosas atendibles; a veces son las más insignificantes quienes las dicen. Pero en política lo que más resuena es lo que viene de arriba. Hoy he de recoger dos de esas alusiones empinadas.

Una es de Orestes Ferrara. En un reciente artículo, dice el curtido prohombre liberal: «Lo importante en todas las acciones humanas es tener una idea, que luego elaborada se eleve a Principio, para desembocar más tarde, con prudente esfuerzo que no excluye el noble entusiasmo, en Acción. Actuar sin la guía de la Idea es mera gesticulación de una maniobra infecunda; en lenguaje casero, una manera de perder el tiempo».

Con eso se puede estar casi enteramente de acuerdo. Lo curioso es que después de sentar ese complicado trámite que va de la idea a la acción pasando nada menos que por la augusta eminencia del Principio, todo con mayúsculas, Ferrara se pronuncia, (en relación ya con el tema cubano), a favor de la acción minúscula expeditiva y práctica, al margen de los principios y casi de las ideas. Pues a renglón seguido, en efecto, el consejero ilustre de gobiernos y oposiciones a la vez deplora que los actuales partidos de la Oposición concuerden todos con el doctor Prío «en no tener sobre la cuestión cubana una sola idea concreta...». «Aunque a diario —añade— aumentan los intermediarios y los partidos políticos con soluciones impracticables».

Se ve que para el doctor Ferrara la «concreción» de una idea no consiste en solidez y sustancia de ella, sino en que sea fácilmente realizable. Ocurre, sin embargo, que si estas ideas triunfan es porque se allanan a las dificultades, con lo cual nada resuelven y en definitiva no son las más «concretas», sino la más vacías y estériles. Tras esos triunfos superficiales van los partidos que carecen de verdaderos principios rectores: los que se hicieron solo para el «figurao» y el aprovechamiento.

Afirma el doctor Ferrara que ninguna de las organizaciones políticas que hay hoy en Cuba «responde al bien público». «Todas —dice— están movidas por un interés de grupo o de persona. Ninguna de ellas contiene un programa, y si el Movimiento, palabra que suena a fascismo, tiene uno bastante bueno, este es tan vago, genérico y teórico, que no resulta útil en el momento actual».

Son afirmaciones demasiado tajantes y generalizadoras. Por lo que se refiere al Movimiento de la Nación al menos, puedo asegurarle al doctor Ferrara que solo a nuestra concepción del bien público cubano responde su existencia, aunque eso suene ya increíblemente romántico. Ni cuenta entre nosotros hasta ahora interés alguno de persona, como no sea por aquel rayito de gloria histórica que a cualquier limpio ciudadano le es lícito ambicionar. Si algún día, por desgracia, esto llegase a no ser así, muchos nos iríamos a nuestras casas.

Entre esas afirmaciones *ex cátedra* del doctor Ferrara se desliza la insinuación relativa al fascismo. Suena en mis oídos como un eco de viejas contiendas. ¿De cuándo acá existe ese enlace entre el concepto de movimiento y el de derechismo totalitario? Los movimientos son movilizaciones previas a los partidos, que lo mismo pueden luego ser de derecha que de izquierda o de centro. Para citar un solo ejemplo, el partido político más fuerte y de más autoridad democrática hoy en Francia es el M.R.P., el Movimiento Republicano Popular. Surgió precisamente de los senos de la Resistencia contra el nazismo alemán. Se le llamó «Movimiento» porque se fundó como movilización de voluntades libres antes de que existiera un cauce legal democrático por el cual proyectarse. Cuando en Cuba haya una ley electoral respetuosa de la voluntad popular, también el Movimiento de la Nación será partido. Hoy por hoy es solo un movimiento de conciencias ciudadanas.

Reconoce Ferrara que tenemos un programa «bastante bueno», pero le censura el ser «vago, genérico y teórico», por lo cual, dice, no resulta útil en el momento actual. En verdad, el primate del liberalismo criollo nos concede más de lo que pretendemos tener. No hemos hecho todavía un programa, sino un Manifiesto, es decir, una exposición de cómo vemos el gran problema histórico de Cuba, y una declaración de los grandes principios bajo los cuales hemos de trabajar por resolverlo. Y ya dijimos que nuestro programa vendría a su tiempo, como resultado democrático de las deliberaciones de una asamblea suficientemente representativa. Las ideas que hoy maneja el Movimiento, por fuerza han de ser «genéricas», como principios a normas que son. Pero de «vagas» nada tienen, ni de meramente «teóricas». Contemplando el gran déficit histórico de Cuba, que es la falta de sustancia nacional y de autenticidad democrática, apuntamos muy ceñidamente a sus remedios.

De esos criterios nace, sin embargo, nuestra actitud ante el momento actual cubano. No nos interesa una solución superficial de este problema, un simple cambio de postura. Creemos que eso no resolvería el problema, sino que lo perpetuaría. Lo que pedimos es una solución que de veras le abra perspectivas a la voluntad de la Nación, que no sea una falsificación democrática más, como la que supone el llamar elecciones a las del 1ro. de noviembre, o régimen constitucional a la «regimentación» jurídica y policíaca que hoy estamos viviendo. Queremos que la herida cubana se cierre, pero que no cierre en falso. Queremos que este trágico proceso desemboque en una consulta efectiva de la conciencia pública, para que sea el pueblo quien haga sus juicios históricos y se dé a sí mismo su propio destino. No vemos por qué nos hemos de acomodar a lo que el régimen prefiera. Buscamos ajustarnos a lo que quiera la Nación.

La otra alusión que yo quería recoger hoy procede del doctor Andrés Rivero Agüero. Pasando revista a los partidos de la Oposición, dice el senador marcista: «Lo del movimiento —y pone la palabra «movimiento» con minúscula— está en gestación. Si la Ortodoxia se desbarata, tiene porvenir. De lo contrario, está perdiendo lastimosamente el tiempo». Es curioso cómo se preocupan los consejeros del régimen por el tiempo que perdemos. No se dan cuenta de que, si no fuese por lo mucho que Cuba padece de esta situación, no tendríamos prisa alguna, pues sabemos que las cosas maduran a su tiempo. Que el Movimiento se está todavía gestando, es verdad. Ciertos partidos que yo me sé embarazan a los pueblos, porque los estorban; de otros, un pueblo está a veces embarazado, porque los lleva palpitantes en su entraña, como una promesa de futuro. Siempre he dicho que estamos haciendo un partido no para hoy, sino para mañana.

Ahora bien: esta criatura, que en realidad ha nacido ya y crece con lozanía que a mí mismo me sorprende, no es ninguna hiena; no está esperando que la Ortodoxia se muera para nutrirse de ella. No queremos la muerte del gran partido que Chibás fundó. Al contrario: quisiéramos colaborar con él, juntar su sustancia con la nuestra, para la realización de una Cuba mejor. Ortodoxos ha habido y habrá que, por unas razones o por otras, prefieran venir a nuestras filas: no hemos de cerrárselas a gente tan afín, como no les cerraría la Ortodoxia las suyas a los nuestros. Pero la cantera de la cual queremos edificarnos es la de esa vasta zona de ciudadanía que en los últimos tiempos no se ha sentido atraída a ningún otro partido, la que llevaba años esperando una voz nueva y ahora sabe verle su novedad esencial, en el pensamiento, en las actitudes y en los actos, al Movimiento de la Nación, semilla de hoy, fronda poderosa de mañana.

(*Diario de la Marina*, 3 septiembre 1955)

Las formas y la sustancia
(Defensa a una «opinión disidente»)

En el último número de *Bohemia*, René Fiallo me llama a capítulo en un artículo titulado «La pedrada en la urna».[108] No es más que una pedrada el título, claro está, y bastante desaforada por cierto en sus pretensiones de fondo. Pero, en realidad, quien recibe la pedrada soy yo, que no soy una urna de nada. Y aunque muy desganado en volver a meterme en los dimes y diretes políticos, no tengo más remedio que protegerme, pues con el mismo motivo el doctor Bisbé también me hace afectuosos reproches, y otros plumados, bastante menos inteligentes que él y Fiallo, se han embullado igualmente para tirarme chinitas.

A Bisbé puede que le conteste en otro momento. Hoy vamos con Fiallo. Lo de que él sea muy inteligente, no es ninguna concesión cortés para responder a las apreciaciones amables que en su artículo hay. Es, sencillamente, una verdad. Y justamente lo que sorprende es que un hombre de tanta penetración mental se muestre —perdóneme la franqueza— tan romo para entender las declaraciones mías que le movieron a lapidarme.

Veamos, ante todo, qué es lo que yo dije en esas opiniones que el *Diario Nacional* me pidió y que no se coligen directamente de la andanada de Fiallo. Interrogado sobre la actualidad política cubana, contesté con la veracidad que acostumbro y con la independencia de juicio que me permite el no ser ya nadie en la competencia sectaria, que tanto tiende a desfigurar las opiniones entre nosotros.

«Yo creo —dije— que uno de los males de Cuba es que tendemos demasiado a ver las cosas públicas en función de

---

108 «La pedrada en la urna», *Bohemia*, 22 enero 1956, págs. 57 y 74-75.

la política. Se reducen los problemas a simples conflictos de partidos, o de gobiernos y oposiciones (...) Nuestros problemas vienen de más abajo y de más hondo. Nacen en la misma raíz de la ciudadanía...».

«... Lo que desde hace tres años se viene discutiendo es cuándo se debe ir Batista y cómo (...) No digo que eso no tenga importancia. El régimen del 10 de marzo representa una violación de las formas tradicionales de nuestra democracia, y las formas son siempre importantes en la vida de los pueblos, como lo son las maneras y la costumbre en lo individual. Hay que restaurar cuanto antes las formas democráticas. Pero lo que más cuenta para el destino de Cuba es que esas formas no sirvan para encubrir mercancía averiada; que tengan un verdadero contenido de lealtad y de servicio al pueblo, una sustancia económica, administrativa, cultural, moral, que entre nosotros pocas veces se han acercado siquiera a tener. La gran responsabilidad de Batista es que violó las formas sin que haya hecho adiciones ni rectificaciones de fondo a la vida cubana».

Para restaurar las formas, «no hay más que dos medios: la fuerza o la inteligencia. El primero se ha mostrado inviable. Es evidente que Batista tiene la fuerza física y que el pueblo, aunque inconforme, no lo está tanto como para lanzarse a una pelea desproporcionada. No queda más que la inteligencia, y me temo mucho que la Oposición no esté usando de ella como debiera. En primer lugar, porque no parece dispuesta a aprovechar la brecha que le está abriendo el Gobierno. En segundo lugar, porque no está haciendo nada para el día de mañana».

«Era muy cándido esperar que la segunda entrevista entre el General y el Coronel Torriente produjese acuerdos finales, tajantes, espectaculares. Lo único que podía dar de sí, cuando más, fue lo que dio: una aproximación, un cauce para seguir negociando y una referencia a puntos fundamentales que debatir. Me parece que ha sido un error en ciertos grupos de oposición el desdeñarlo. Se debiera agotar todo el proceso. Para liquidarlo definitivamente siempre hay tiempo… La verdad es que aquí se está produciendo una paradoja: la dictadura, que tiene toda la fuerza física, se manifiesta como si no tuviera ninguna; y la Oposición, que no tiene ninguna fuerza de ese género, se produce como si la tuviera…».

La Oposición «no está preparando nada para mañana. Pide elecciones generales más o menos inmediatas. Pues bien: si las hubiera, Batista, con sus cuatro o cinco partidos succionadores de votos, con todos los recursos e influencias del Poder, a pesar de su impopularidad probablemente le ganaría con votos el ejecutivo a la oposición atomizada (…) Ante una crisis como la actual, lo inteligente era haber concertado ya una gran alianza electoral de oposición, mostrándose todos los partidos en disposición de respaldar al candidato del que obtuviera más inscripciones en la reorganización, que está, quizás, a la vuelta de la esquina».

Algo más decía en las declaraciones; pero basta con eso para que el lector sepa por qué me apedrean.

Lo primero que Fiallo afirma es que yo he atacado la unidad de la Oposición. ¿Cómo se explica, cuando justamente me duelo de que ella ande dispersa en sus actitudes de futuro y se exponga así a perder la batalla electoral venidera?... Si desde el 10 de marzo luché (como lo reconoce Fiallo) en la Ortodoxia y en la orientación del Movimiento de la Nación, por coordinar en su solo empeño las fuerzas adversas al régimen, ¿cómo puede suponerme Fiallo tan frívolo que cambie de parecer de la noche a la mañana?

No, lo que creo es todo lo contrario: que la Oposición, hoy unida solo episódicamente y en la superficie para arrancarle concesiones a Batista, debiera estarlo también en el fondo y en las intenciones de mayor alcance, para consolidar en su momento la reconquista de las formas democráticas y darles la sustancia que siempre les ha faltado en Cuba.

La unión actual de la Oposición dista mucho de ser una «urna», artefacto algo solemne; pero si alguna piedra he tirado yo, no es a esa unión, sino a otra cosa. Es a la táctica política que la unión superficial está dando de sí y que me parece poco inteligente.

A este respecto, la frase que más parece haber soliviantado a Fiallo es la que compara las actitudes de Gobierno y Oposición en relación con las fuerzas de que respectivamente disponen. «¿Es que Mañach —pregunta Fiallo— incurre en el error de creer que toda la fuerza física está en los tanques, olvidando que la fuerza primordial de cualquier instrumento bélico no reside en las fuerzas mecánicas, sino en la inteligencia y el ánimo del ser humano que los maneja? ...». No, querido Fiallo, no incurro en ese error. Sobradamente me sé que si Batista tiene la fuerza física —con sus coeficientes de ánimo defensivo—, es la Oposición quien tiene la fuerza moral y aun la fuerza política del número.

Pero tampoco sutilizo demasiado, porque en estos trances expone al engaño. Lo que creo es que hay actitudes tajantes, exigencias extremas, que solo se pueden tomar cuando se tiene algo más que la fuerza moral para respaldarlas, o cuando se está dispuesto, como en tiempos de Machado lo estuvimos, a una movilización cívica heroica. Lo que opino es que cuando esa fuerza moral pesa lo suficiente sobre el adversario para inducirlo a negociar, no se administra bien tal fuerza, sino que se le compromete, encerrándose en absolutismos al margen de la realidad apreciable. Lo que pienso es que, o no se va en estos casos a un diálogo político en absoluto, o si se va, no es inteligente hacer de la primera trinchera un último reducto.

Fiallo llama a esto una opinión disidente. Sin duda lo es como opinión pública, aunque algo por el estilo esté opinando el doctor Grau San Martín. Precisamente el deseo de poder sustentar opiniones independientes de ese género, con las que creo servir mejor a Cuba, es lo que me tiene tan contento de que una enfermedad y otras cosas me obligaran a apartarme de la política sectaria.

El país, en efecto, está enfermo de insinceridad en las expresiones públicas. Una de las formas de demagogia que tienen inficionada la vida cubana es ese miramiento al «qué dirán» que hace de la polémica pública un torneo de desplantes. Es un hecho de común observación el de que muchos políticos dicen en público lo contrario de lo que en diálogo discreto reconocen. Si por arte mágica se lograse que las palabras correspondiesen a las convicciones, probablemente se adelantaría mucho hacia una política de soluciones, en vez de la política de desplantes estériles que nos tiene paralizados desde el 10 de marzo.

Pero no solamente no se hace eso, sino que hay en el ambiente formas más o menos corteses de coacción para sujetar las opiniones al común denominador demagógico. Así como el régimen llama comunista o subversivo a todo el que dice ciertas verdades en el orden social, a la Oposición no le faltan quienes tachen de entreguista a los que en el orden político no le dan toda la razón. Por esas declaraciones mías en el *Diario Nacional*, ¿no hubo ya quien dijera en una comida, según me cuentan, saber «de buena tinta» que yo estaba a punto de aceptarle a Batista un ministerio?... Para la verdad tenemos la lengua harto amarrada; para la mentira la tenemos muy suelta.

Por supuesto, yo no incluyo a Fiallo entre esa fauna lenguaraz. Lo que sí hace Fiallo es desfigurar lamentablemente mis pareceres a fin de justificar mejor su pedrea. Afirma que, para mí, «la vigencia del régimen democrático suprimido por el golpe de Estado es casi una cuestión de forma...». Yo no he dicho eso, y me permito pedirle a Fiallo que no ampare en un «casi» su falta de exactitud. No he dicho —y a eso equivale su interpretación— que sea mera cuestión de forma el que haya o no democracia entre nosotros. Lo que he dicho es que la democracia que en Cuba hemos tenido en todos los tiempos es cosa de forma más que de fondo; que rara vez se ha acercado siquiera a tener una sustancia económica, administrativa, cultural, moral. Y esto me parece a mí, y les parece a infinidad de cubanos, una verdad como un templo.

Pero es que ni siquiera he desestimado lo formal de nuestra tradición democrática. Por el contrario, dije que «las formas son siempre importantes en la vida de los pueblos, como lo son las maneras y las costumbres en lo individual». Y aquí Fiallo echa mano de otro «casi», solo que esta vez es más disimulado, para desvirtuar un pensamiento que él de sobra comprende, diciendo que yo doy la impresión de que reduzco el 10 de marzo a «¡una simple falta de urbanidad!».

Las maneras y las costumbres no son solo recetas de Carreño: son cauces de conducta, modos de articulación social, formas de convivencia impuestas por la condición del prójimo. Por esas formas principia la vida civilizada. En dimensión mayor, eso son también los cauces jurídicos de un pueblo, sus modos de articular el poder y el consentimiento público, sus normas y mecanismos de convivencia política.

Por esas formas principia la vida democrática... Y eso, nada menos que eso, fue lo que Batista violó.

Ahora bien: ¿pretenderá Fiallo convencerme de que eso que en Cuba teníamos es todo lo que para nuestra República podemos desear? ¿Me negará que detrás de esas formas ha habido una escasísima sustancia de «lealtad y servicio al pueblo»? ¿Pondrá en duda que esta República nuestra es una vasta simulación, al punto de que son miles los cubanos a quienes se les oye decir que aquí «todo está podrido» y que, si hubiese coyuntura para algún remedio a fondo no se sabría «por dónde empezar»? ¿Le parece a Fiallo que todo ese sentimiento cubano de falsificación se debe solo al «olfato delicado de los petimetres y los demagogos de turno»? ¿Me pondrá en el caso de recordarle, atendiendo solo a lo más grueso, escándalos increíbles de la vida pública cubana de antier, de ayer o de hoy?... No creo a Fiallo tan ciego o tan discreto.

«Si yo fuera un cínico —dice Fiallo— o un adversario de Mañach, le haría dos preguntas». Y enseguida, en efecto, pasa a hacérmelas, envolviendo en una de ellas el menguado argumento *ad hominem*. Pues bien: yo no tengo nada que disimular, amigo Fiallo. El hecho de que en épocas anteriores de Batista —incluyendo aquella en que serví de ministro— hubiera esa falta de sustancia y esa corrupción, como la hubo en la de José Miguel, en la de Menocal, en la de Zayas, en la de Grau, en la de Prío, y como la hay en la actual, no hace sino abonar mi aserto... Pero no me obligue Fiallo a establecer grados, porque entonces sí voy a tener que decir cosas de las cuales la famosa «unión» pudiera salir mal parada. Yo no he sacado a relucir los trapos sucios de nadie en particular; me basta con el juicio general. La República, que en el pasado cumplió mal que bien sus formas democráticas, en el fondo ha sido casi siempre una frivolidad y un basurero.

Dije que la gran responsabilidad de Batista es que violó las formas (con todas las demás violencias que ello supone) sin que haya hecho adiciones ni rectificaciones de fondo a la vida pública cubana. Eso no es, ni por asomo, abjurar de la democracia, como se permite insinuar Fiallo, o respaldar el providencialismo. Si Batista hubiese hecho tales «adiciones y rectificaciones» —como las hizo, por ejemplo, un Kemal Pasha en Turquía—, siempre hubiéramos tenido que censurarle severamente la usurpación de la voluntad pública, las violencias siniestras a que ello ha dado lugar y hasta el crear por imposición instituciones o hábitos mejores que solo se incorporan perdurablemente a la vida de un pueblo cuando se logran orgánicamente, porque las reacciones posteriores a toda dictadura son casi siempre destructoras.

Pero ya que Batista dio el golpe desquiciador, pudo haber siquiera aprovechado la concentración de poderes para efectuar «adiciones y rectificaciones» de esas que siempre se tarda mucho en alcanzar por los medios democráticos. El no haberlo hecho agrava su responsabilidad, amén de ciertos aprovechamientos notorios. Y, sin embargo, creo que desde un punto de vista histórico más amplio hasta es preferible que no lo hiciera. Yo he llegado a decir en estas páginas de *Bohemia* que las peores dictaduras son las fecundas, porque son las que más debilitan la conciencia democrática, las que más le hacen perder al pueblo la fe en la libertad y el sentimiento de su propia dignidad. De modo que las leccioncillas liberales de Fiallo huelgan.

Paso por alto su corolario de elogios a los «enormes beneficios» del Gobierno de Prío. Sin ser yo auténtico, le he acreditado a Prío las cosas buenas que hizo, y pudiera mostrarle a Fiallo una carta del expresidente, escrita desde el exilio, en que me da las gracias por ello. Cuanto a las cosas malas...

no es el momento de hablar de ellas. Pero le ruego a Fiallo que no aproveche esta discreción para tratar de meternos el resuello en el cuerpo a los que queremos enjuiciar con serenidad la vida cubana y aconsejar, en cada momento, lo que nos parezca más conveniente al país.

(*Bohemia*, 29 enero 1956)

Dicciones y contradicciones

El doctor Miguel F. Márquez y de la Cerra, uno de nuestros amadores de la filosofía más fervorosos y versados, lleva publicados en esta misma página dos comentarios a mi reciente conferencia sobre Ortega y Gasset.[109] Convendrá que los lectores tengan algunos antecedentes.

Después de aquella larga perorata, el doctor Márquez vino, como es de rigor entre amigos, a felicitarme. Cuando uno tiene alguna experiencia en trances semejantes, sabe que no ha de tomar esas atenciones verbales al pie de la letra, por muy sincera que sea la persona que las ofrece. Se atiene más bien al tono y al rostro. Y el de mi querido amigo fue, aquella tarde, semblante un poco dolorido. La palabra misma, con ser muy afectuosa, no lograba disimular sus reservas. «Tenemos que hablar», me dijo.

Comprendí, pues, que mi conferencia no le había gustado enteramente. Y le sugerí que, en vez de hablar, escribiéramos. Podríamos emular un poco —aventuré—, salvando todas las distancias, aquellos amistosos debates filosóficos que hace un siglo se libraban en los periódicos cubanos; por ejemplo, los de don José de la Luz con los cousinistas y los utilitaristas de su tiempo. Entre otros alicientes, aquello tenía el de que acercaba al público los temas de la preocupación filosófica. Al doctor Márquez le pareció bien la idea. De ahí sus artículos y mi respuesta.

El primero de ellos lo dedicó, luego de frases generales muy bondadosas, a sugerir que mi apreciación final de Ortega había incurrido en contradicciones.

---

109 Miguel F. Márquez y de la Cerra: «Ortega y Gasset visto por Mañach», 20 marzo 1956, pág. 4-A; «Ortega y Gasset visto por Mañach II», 25 marzo 1956, pág. 4-A, ambos en el *Diario de la Marina*.

Al introito solo he de referirme muy brevemente. De sobra sé cuánto se debe a la generosidad de mi comentarista y la amistad con que me honra a la largueza de su encomio. Me asusta ese título de «filosofo» que Márquez me da, y más aún la ubicación «neo-pagana» en que me sitúa. Apenas soy más que un modesto profesor de Historia de la Filosofía. Mas no he de ocultar que el doctor Márquez me estimula mucho al pensar que yo pudiera y debiera escribir algún día esa obra de orientación filosófica cubana a que me insta. ¡Si siquiera las tareas de panganar me dejasen alguna paz para intentarlo!... Pero la vida se va yendo, y todo se ha quedado hasta ahora en trozos y fragmentos —como no sea cierto extenso manual de cátedra que tengo ya muy adelantado y cuyo primer tomo quisiera publicar este año.

Pero vamos al grano. Vayamos a él con humildad, poniendo por delante la declaración de que a mí mismo no se me ocultan las enormes deficiencias y los posibles excesos de aquella conferencia mía sobre Ortega, y que si rebato algunas de las apreciaciones del doctor Márquez es, más que nada, por serle fiel a mi intento, ya que no a mi logro.

Así, por ejemplo, cuando mi acucioso amigo sugiere gentilmente, sin duda para atenuar la culpa de las oscuridades en mi texto, que yo tengo «el horror de ser comprendido por todos», no puedo menos que declinar esa atenuante, pues la verdad es todo lo contrario: que a lo que tengo horror es a no hacerme comprender.

Y, por lo visto, no lo logré, ya que una inteligencia tan penetrante y tan lúcida como la de Márquez advierte «contradicciones» flagrantes en mi exposición, aunque no les ponga ese adjetivo, sino que prefiera llamarlas «hermosísimas» y «más aparentes que reales».

¡Tremenda cosa, la contradicción!... Don Miguel de Unamuno, exasperado siempre, reclamó el derecho a incurrir en ellas, mas no han dejado por eso de ser los duendes malignos del pensamiento, como las erratas lo son del escribir. ¿En qué momento hay que creer a quien ahora dice una cosa y luego otra radicalmente distinta?

Ahora bien, en esa mutación a lo «radicalmente distinto» está el quid de la contradicción verdadera. No es contradicción todo lo que parece. Oscar Wilde definía la paradoja, por ejemplo, como aquello que tiene aire de contradicción y no lo es. Y cuando Unamuno afirmaba el derecho a contradecirse, lo que en realidad hacía era defender sus paradojas, empezando por la de esa reclamación misma.

Pero hay otro linaje de contradicción aparencial y es el de aquellas dicciones que no cancelan las anteriores, que no se les oponen, por no ser en verdad radicalmente distintas en el sentido, sino que las modulan y condicionan con algún matiz adversativo. A mí se me ha reprochado no pocas veces ese modo restrictivo de discurrir, el «sí, pero...» en que abundo. Se supone que es indicio de un talante transaccional e inseguro, atento al barato recurso de «poner una de cal y otra de arena». A lo que suelo contestar recordando aquello que alguna vez dijo Goethe: que el pensar se mueve entre conjunciones adversativas. Creo, en efecto, que se parece más al modelado en barro que a la talla en piedra, aunque comprendo que, como en esto, tiene mucho que ver el temperamento y, por tanto, el estilo.

Las contradicciones que el doctor Márquez descubre en mi apreciación de Ortega me parecen ser de esas «más aparentes que reales», que consisten en quitarle y ponerle al juicio para dejarlo en la máxima justeza que a uno le sea dable. Es, en efecto, perfectamente posible —y a mi juicio, indubitable— que Ortega no suministre sustancia bastante a nuestro espíritu, que nos ilumine sin calentarnos el alma, que su meditación carezca de plenitud por los límites mismos que él le impuso, y que, sin embargo, nos enseñe el respeto a la vida, nos anime a confiar en la liberación plena del hombre, nos incite a una objetividad desasida a la vez de vagos idealismos y de realismo vulgar. Estos juicios últimos no cancelan los primeros; sencillamente los equilibran.

Y ¿no cree usted, doctor Márquez, que ese «equilibrio», ese cuidado de mostrar las dos caras, positiva y negativa, que todo pensamiento presenta es una de las maneras de «pulcritud» que Ortega practicó y con la cual nos previno por igual contra los extremos opuestos del cerrilismo y de la «beatería»?

El otro artículo del doctor Márquez es de más entidad. A él vendremos próximamente.

(*Diario de la Marina*, 27 marzo 1956)

Positivismo y metafísica en Ortega

Tenía ya escrito y pendiente de entrega al *Diario* un tercer artículo considerando los reparos del doctor Márquez que había quedado por examinar, cuando leí la *mise en point* publicada ayer, en que mi generoso amigo puntualiza algunos de los extremos a que mi respuesta había de referirse. Tanto mejor. Ahora puedo copiar lo ya escrito sin más que suprimir algunas de las dudas que tenía respecto a la intención precisa del doctor Márquez.

Decía él en su artículo anterior que «a pesar» de haber celebrado yo en Ortega su objetividad desasida de vagos idealismos y de vulgares realismos, «acuso» al pensamiento del insigne filósofo «de ser, después de todo, un nuevo positivismo vitalista, atento solo a la dimensión relacional de la vida». En su último artículo reitera esa apreciación.

Aquel «a pesar de» yo lo sustituiría con un «precisamente por», pues el positivismo no solo está reñido con esa objetividad a que Ortega nos incita y de que nos da tan constante ejemplo, sino que justamente hace de ella su primordial consigna. No aludo, desde luego, al específico positivismo comtiano, sino a la general actitud filosófica para la cual «solo el conocimiento de los hechos es fecundo». ¿Qué otro talante es el de Ortega cuando sin cesar nos insta a que aceptemos «la severa e inequívoca disciplina de las cosas»; cuando nos dice que «lo objetivo es lo verdadero y ha de interesarnos antes que nada» y que «los hombres que hayan logrado henchir más su espíritu de cosas, habrán de ser puestos en los lugares excelsos de la jerarquía humana»?

Vaya una cita aún más decisiva. En su ensayo *Conciencia, objeto y las tres distancias de este*, escribe Ortega (II, p. 66): «Por mi parte podría anticipar con la natural exactitud que traen consigo las fórmulas harto breves, podría anticipar el alfa y omega de mis convicciones lógicas o metodológicas diciendo: positivismo absoluto contra parcial positivismo. Deducciones, teorías, sistemas son verdad si cuanto en ellas y ellos se dice ha sido tomado por visión directa de los mismos objetos, de los fenómenos mismos». Lo contrario para Ortega es la pura especulación «realista del idealismo», o el positivismo «parcial» de los «realistas», para quienes solo los fenómenos sensibles son «cosas» o hechos. Precisamente una de las buenas conquistas de la fenomenología (a la cual Ortega adhiere en esto) es el haber ensanchado enormemente el área de los objetos hasta incluir aquellos de los cuales no podemos tener una intuición sensible, pero sí una «vivencia». Esa es una nueva dimensión del positivismo, y por ahí se va a un positivismo «vitalista».

Así, pues, cuando hablé del «positivismo» de Ortega —por cierto, sin énfasis alguno— no lo hice con sentido acusatorio, sino todo lo contrario. Ni siquiera el positivismo clásico es para mí, como para tanta gente hoy día, una aberración del espíritu humano; fue solo una morigeración excesiva de él. Sin aquel retorno a los hechos, no hubiera dado de sí mucho de lo mejor que dio. Su responsabilidad fue la de haberse quedado corto; la de no haber comprendido la posibilidad de una metafísica válidamente asentada en los hechos, por su misma limitada concepción de la factualidad.

De ahí que Ortega hable tan a menudo con desdén del positivismo como escuela, como filosofía, no como lógica y método. Efectivamente, lo que le reprochaba al pensamiento de linaje comtiano (y entre paréntesis, no se olvide que pensaba escribir un libro sobre «Comte desconocido») es que solo se interesa en cierto tipo de hechos más o menos mensurables, desconociendo los que más nos acercan a la raíz misma del ser, objeto de toda metafísica.

El más importante, desde luego, es la vida misma, matriz de otros muchos hechos que Ortega juzga decisivos para la comprensión de esa «realidad radical». A la meditación sobre ellos ciñó Ortega su filosofía principal. Desde la explicación de la vida o como preludio a la explicación de ella, se asomó, aunque no siempre muy categóricamente, a la explicación de toda realidad. Vuelvo a recordarle al doctor Márquez cómo, en mi conferencia, subrayé la idea general orteguiana del ser como «relación». Esa idea, generalizada ya en el ensayo *Adán en el paraíso*, que Ortega ofreció como un intento de «visión sistemática del Universo», me parece el antecedente ontológico del «Yo soy yo y mis circunstancias».

Es claro, clarísimo, que Ortega, como el buen filósofo que era, tuvo avidez de unidad. Pero también es patente que no quiso construir la unidad a costa de los hechos, es decir, con pensamientos que no fuesen tomados «por visión directa de los mismos objetos, de los fenómenos mismos». Su vocación metafísica anda así un poco a la greña con su método. La avidez de unidad no se permite lo que él llama «misticismo». Apenas si se resuelve a esbozar, sobre la base de los hechos en la vida, una doctrina del Amor como fuerza cósmica. Supongo que a esto, concretamente, es a lo que el doctor Márquez se refiere cuando habla de la «religación» en Ortega, aun cuando yo no recuerde haber leído esa palabra en sus escritos. «Religación» se asocia, desde luego, a «religión». Hay quienes afirman que los dos vocablos tienen el mismo *etima*. En ese sentido, lato y vaguísimo, no habría inconveniente en reconocer —como evidentemente lo desea el doctor Márquez— que en Ortega hay un sentido religioso. Ciertamente tiene por ese sentido o sentimiento el mayor respeto, y hasta lo considera —como dije en mi conferencia— fuente y origen de la cultura, la cual aspira a penetrar en «la gran sinfonía» donde se justifican todas las acciones, donde todas las cosas se ordenan y adquieren ritmo y valor».

Pero convengamos en que todo eso es un poco... sinfónico —dicho sea con el mayor respeto. El doctor Márquez parece querer conducirnos a la idea de que por no haber nunca Ortega «negado que la inteligencia nos revela nuestra afinidad con todo», porque cree en «la profunda unidad del Ser» y siente, por tanto, toda vida individual como fragmentaria y precaria, su pensamiento está transido de la intuición de Dios. Pero lo cierto es que sus referencias a la Divinidad son siempre fugaces, equívocas y a menudo incongruas. Por otra parte, se puede tener un sentido de la Unidad en términos de materialismo y hasta de panteísmo, y de esto último, por cierto, Ortega no me parece andar muy lejos.

Al final de su artículo sugiere el doctor Márquez que, de haber leído más a Santo Tomás, todo ese pensamiento de Ortega se hubiese definido saludablemente. Es posible. en todo caso, como a Aristóteles en la Edad Media, a Ortega no le faltan devotos ávidos de bautizarlo.

(*Diario de la Marina*, 5 abril 1956)

Réplica a un joven impugnador

Bajo el título «Mañach y la baja cultura», el joven Fausto Masó Hernández —hijo, por cierto, de un estimable amigo y colega universitario— publicó el lunes en la Página de la Juventud de *Revolución*, un artículo enjuiciando con acentos muy negativos mi obra literaria y hasta mis actitudes públicas.[110] Como he respetado siempre mucho el derecho de los demás a expresar sus opiniones, siempre que no sean ofensivas, no replicaría yo a ese artículo si no estuviésemos viviendo en Cuba un momento que, por su tesitura histórica misma, es de inevitable confusionismo. Cuentan que hubo una vez un golfillo que, habiéndole tirado de las orejas un guardia, cuando se desprendió de él y estuvo a conveniente distancia le gritó: «¡Ay de ti el día que te coja en una manifestación!».

Ni el joven Masó es un golfillo ni yo tengo nada de guardador del orden. Tampoco, que yo sepa, hay entre nosotros nada pendiente. Pero convengamos que el momento actual sí tiene sí tiene mucho de «manifestación» en el sentido multitudinario de la palabra. Junto con las mejores intenciones y las más jubilosas y bien fundadas esperanzas, lo más confuso, lo violento, lo improvisado están a la orden del día. A su amparo y so pretexto de «vida nueva», se hacen las más radicales negaciones y se lanzan las pedradas más gratuitas.

Tiene mucha traza de ser esto último el artículo del joven Masó. Después de declararlo motivado por la lectura, bien tardía por cierto, de mi vieja conferencia de 1925 titulada *La crisis de la alta cultura en Cuba,* mi impugnador añade que «sobre ella y su autor se han dicho ya demasiadas cosas

---

110 Fausto Masó Hernández: «Mañach y la baja cultura», *Revolución*, 2 marzo 1959, pág. 10.

buenas, por lo que ha llegado la hora de decir algunas malas». Es decir, que el joven Masó parece hallar la justificación principal de su vituperio en el hecho de que por demasiado tiempo se ha estado hablando bien de mí. No de otra suerte se justificó a sí mismo el ciudadano ateniense que votó por el ostracismo de Arístides, de puro harto de oírle llamar «el Justo».

Masó piensa que la crisis que yo puse de manifiesto en aquel trabajo está aún vigente. Pero añade que los que denunciamos aquel marasmo cultural permanecimos estancados, cayendo muchas veces en lo mismo que criticábamos. Terminamos —dice— como periodistas y como aspirantes a cátedras. Por lo visto, el ser periodista es para el joven Masó un tremendo desmedro, aunque se haya hecho el tipo de periodismo limpio y vigilante que yo he hecho. Y el haberse ganado por oposición una cátedra, después de haber cursado mucho estudio en nuestra Universidad y en dos del extranjero, es otra defraudación, aunque esa cátedra se haya servido con asiduidad y dedicación, escribiendo al margen de esa tarea y para su mejor desempeño una Historia de la Filosofía, que es la obra de veinte años, si bien no se halle aún terminada ni publicada en forma de libro, por lo exigentes que son estos arduos empeños.

Más abajo, el joven Masó volverá sobre mi obra en general para negarme la sal y el agua. Por de pronto, a pesar de su vigencia, aquella conferencia mía de 1925 —que, por cierto, aunque mal me esté el decirlo, abrió todo un período de fecundo criticismo cubano— le parece a Masó representativa de un mal que a todos los intelectuales cubanos de entonces aquejó: la falta de fe en la capacidad del pueblo. ¿Y saben ustedes en qué apoya el joven Masó esa afirmación? Pues en que ya en aquellas páginas la emprendía yo con el choteo, con la irresponsabilidad individualista y con el prurito adquisitivo. Todo esto, sobre todo la censura de nuestra jocosidad sistemática de entonces, lo considera el joven Masó ¡una falta de confianza en el pueblo! Bien es verdad que luego afirma que este tema del choteo fue uno de los pocos en que fuimos «originales y creadores». Pero a renglón seguido añade —con un claro modo de señalarme— que cuando los intelectuales de entonces «hablaron de virtudes del pueblo, lucieron falsos». Es una cómoda manera de impugnar.

«En época de Batista —dice el señor Masó— se mostró cómo el pueblo, desconociendo de teoría política, sí sabía, en cambio, la diferencia entre lo justo y lo injusto, porque lo sentía diariamente, aunque nuestros intelectuales no ocupasen su puesto y se entretuviesen dando conferencias en el Instituto de Cultura». Aquí la cosa, aunque dicha con sesgo impersonal, viene muy directa. Voy a darme por aludido.

Yo no sé qué puesto ocupó el señor Masó el 10 de marzo. Solo sé que yo me situé desde el primer día contra la dictadura en los términos más enérgicos, y ahí están, para probarlo, no las frases vacías del joven Masó, sino mis innúmeros artículos en el *Diario de la Marina* y en *Bohemia*, mis polémicas con todos los corifeos del golpe militar, mi discurso en la Escalinata el 20 de mayo de 1952, que sesenta mil personas escucharon; la agresión que sufrí en la *Universidad del Aire* —junto con no pocos jóvenes, algunos de los cuales, como los doctores Armando Hart y Faustino Pérez están hoy en el Gobierno—; mi negativa a participar (no obstante todo género de seducciones oficiales) en la celebración del Centenario martiano, en los momentos en que toda la política era un ultraje a Martí, pero honrando, en cambio, al gran patriota en el ámbito libre del Lyceum. Tómese el joven Masó la molestia de revisar todos esos testimonios, y dígame si hay algún intelectual cubano que asumiera contra la dictadura actitud más diáfana ni más perseverante.

Con el Instituto de Cultura, señor Masó, no tuve más que un contacto del cual no me queda ningún sonrojo, pues fue para acceder a dar allí una conferencia sobre Ortega y Gasset con ocasión de su muerte. En esa conferencia dije cosas de sentido político que entonces convenía mucho decir, disintiendo de ciertas ideas del eminente filósofo —reparos que, por cierto, no dejaron de verse recogidos por una alta figura del pensamiento español actual, pues esa conferencia se vio reproducida allá y comentada con elogios que seguramente al señor Masó le hubieran parecido desmedidos.

Tal fue mi conducta «intelectual» ante la dictadura. Si lo que el señor Masó tiene más bien *in menti* es mi falta de acción y de presencia en Cuba durante los últimos tiempos del batistato, ya es otro cantar. Cuando yo tenía más o menos su edad, participé muy activamente en la lucha revolucionaria contra Machado. Supongo que el señor Masó no esperaría que ahora, a mis sesenta años, me fuera a la Sierra, adonde no sé si el señor Masó fue. Y en cuanto a la presencia en Cuba, bueno es que sepa que aquí estuve, luchando hasta el último minuto por abrir cauces que evitaran la agravación de la tiranía, hasta que, vencido por la mala salud, me retiré a vivir donde pudiera hacerlo con personal decoro, sin tener que sufrir más los agravios y amenazas del régimen. En Europa, sin embargo, hice cuanto pude —y no fue poco— porque se conociera «el drama de Cuba», como titulé el largo trabajo publicado en la revista *Cuadernos*, de París, en marzo del pasado año.[111]

«Los intelectuales —dice Masó—, y Mañach es un buen ejemplo, nunca creyeron en la capacidad del pueblo cubano. Suspiraron constantemente por la cultura esclavista del siglo

---

111 «El drama de Cuba», *Cuadernos del Congreso por la Libertad de la Cultura*, n. 30, mayo-junio 1958. Reproducido en *Bohemia*, 11 enero 1959.

XIX. No se dieron cuenta que la transformación del hombre es más importante que su estudio...». Todo esto es una sarta de afirmaciones gratuitas. Otra vez insto al señor Masó a que revise mi obra, por ejemplo mi libro *Historia y Estilo* o mis numerosos trabajos publicados en los *Cuadernos de la Universidad del Aire*. Da la casualidad de que el domingo pasado, antes de que viera la luz el artículo del señor Masó, yo di una conferencia en esa misma tribuna (por mí fundada para servir precisamente a la cultura popular), diciendo entre otras cosas que la fe en Cuba nunca la habíamos perdido y que la conducta de incontables y muy disímiles cubanos durante el sombrío septenio que acabamos de vivir nos hacía tener más confianza que nunca en nuestro pueblo. En esa exposición hubo incluso una referencia a los capitanes generales de antaño que, por falta de respeto a la tierra que mandaban, habían mirado a Cuba como una sentina esclavista.

Pero es evidente que mi impugnador prefiere hablar a la diabla, es decir, sin seriedad alguna de fundamentación. Puesto a enjuiciar globalmente, mis cuarenta años de ciudadano maduro y de escritor no le inspiran ningún respeto. Quiero hacerle el favor de suponer que cuando mi conducta pública aparece, en su artículo, calificada de «irresponsable», lo que en rigor escribió fue «irreprochable». Porque esto es lo que en verdad ha sido, y si no, que hable ella por mí.

Cuanto a mi obra de «intelectual», puede que al señor Masó no le falte alguna razón. Si he enseñado con algún brillo en universidades extranjeras; si he publicado siete u ocho libros y algunos de ellos han alcanzado favorable resonancia; si formo parte, con algunas de las figuras liberales más eminentes de la lengua, del Comité de Honor de la revista *Cuadernos*, de París; si he escrito en publicaciones extranjeras y hablado en ajenas cátedras ilustres; si una institución como la Universidad de Columbia me invitó a participar en el Bicentenario de su fundación, y otra, la American European Foundation, me incluyó entre los 29 escritores del mundo a quienes encargó sendos estudios sobre los Estados Unidos; si los intelectuales de España y otros países me han agasajado e ilustres academias me han recibido en su seno —todo eso, y algo más, se ha debido sin duda, a una generosidad excesiva, y créame el señor Masó que no lo digo con falsa modestia. La verdad más escueta es que le he dado tanto a Cuba desde que tengo una pluma en la mano, me he afanado tanto por sus problemas de cada día, que no me ha quedado tiempo ni energías para la obra mayor que hubiera querido, algunos de cuyos conatos andan detenidos en mis gavetas. Para llegar a ser todo lo que uno sueña, hace falta cierta dosis de egoísmo que a mí me ha faltado.

Por lo demás, no me vea el señor Masó, se lo ruego, como estorbo a ninguna pretensión juvenil. Siempre he sido amigo de los jóvenes, que tanto servicio le han rendido ahora a Cuba, sobre todo los que menos hablan. Yo no he vuelto a mi patria a reclamar nada, sino a ayudar como pueda a la Revolución, como ya lo hice en tierra extranjera. A ayudarla, incluso, cuando sea menester, con los honrados reparos a que mi condición de ciudadano y mi historia me dan derecho. Lo único que pido es que no me limiten la una ni me empañen la otra. Siento haber tenido que hablar de mí mismo, sobre todo ahora que a tantos apura salir al proscenio. Por mi parte, esto es punto final.[112]

(*Revolución*, 5 marzo 1959)

---

112 Masó, a su vez, respondió a este artículo de Mañach con otro: «Breve respuesta a un largo artículo de Mañach», *Revolución*, 9 marzo 1959, pág. 2.

Una puntualización necesaria

El doctor Guillermo Martínez Márquez compareció ante las cámaras de CMQ-Televisión para responder a determinado emplazamiento que el Dr. Fidel Castro le hiciera en el programa *Ante la Prensa*. No tengo el menor propósito, claro está, de comentar la respuesta de mi viejo amigo y distinguido compañero. Es ese un pleito que los de «la clase» no hemos podido dejar de contemplar con pena, con las naturales aprensiones y con sincero deseo de que no se prolongue.

Pero he aquí que al comenzar el director de *El País* su réplica, después de manifestar su reconocimiento al público, a la CMQ y a cuantos con él se han solidarizado, hubo de referirse también al moderador de aquel programa, es decir a mí, con irónica reticencia. De nuevo me volvió a aludir al terminar su autodefensa.

Escuché esas palabras (como todo lo que Martínez Márquez dijo en esa comparecencia), y lo que creo haber oído fue, al principio, lo siguiente: «Gracias incluso a Jorge Mañach por sus escuetas palabras, sin ningún calificativo para una vieja amistad y una actuación de largos años, como si fuese un cronista social que tiene que pagar impuesto por los calificativos». Así, más o menos, recogió sus frases *Excélsior*, el periódico gemelo del que Martínez Márquez dirige, y al cual, por cierto, lo debo mucho reconocimiento por un reciente y gentil comentario, en su *Nota del Día*, a mi actuación de moderador.

En cuanto a la referencia final, *Excélsior* da esta versión: «Ya lo dijo Mañach, cosa que no me dolió porque es verdad: yo no represento a nadie. A lo cual podría agregar que yo no aspiro a representar a nadie».

De manera que, o yo soy muy romo, o en las frases iniciales Martínez Márquez me tachó, «por escueto», de parco en la estimación e infiel en la amistad. Y en las postreras me atribuyó el haberle tratado como si no tuviera representación o personalidad pública alguna.

Como Martínez Márquez es, en efecto, un viejo amigo mío, y yo suyo; como nadie desconoce su ejecutoria y su relieve en el periodismo cubano; y, sobre todo como en los actuales momentos se siente —para usar una palabra suya— víctima de «un acoso», y de ser cierto lo que me atribuye podría yo parecer olvidando aquello y colaborando en esto, me interesa manifestar lo siguiente.

Como moderador en el programa *Ante la Prensa*, en el cual hiciera el doctor Castro las manifestaciones a que Martínez Márquez solicitó replicar, recibí de CMQ-Televisión un memorándum precisando lo que la Empresa deseaba que yo dijese en relación con esa solicitud. El memorándum, que por fortuna conservo, dice así:

«Tradicionalmente, las normas por las que se rige este programa *Ante la Prensa* se refieren a la presentación de las figuras de la vida pública cubana a fin de que expongan sus puntos de vista sobre los asuntos de interés nacional o que se refieran a problemas que afecten a núcleos más o menos considerables de nuestra ciudadanía.

«El doctor Guillermo Martínez Márquez, considerándose emplazado por ciertas manifestaciones que hiciera el doctor Fidel Castro en su última comparecencia en este programa, solicitó de CMQ-Televisión se le permitiera responder al emplazamiento hecho por el Dr. Castro. No obstante eso y con el objeto de mantener las normas que orientan el programa *Ante la Prensa*, a la vez que respetuosos de la libertad de expresión, hemos transferido la solicitud del doctor Martínez

Márquez para que comparezca ante estas mismas cámaras el próximo sábado a las 10pm».

Así rezaba el memorándum. En vez de leerlo, preferí decir su contenido, pero ateniéndome lo más estrictamente que pude a los conceptos que la Empresa deseaba puntualizar. Nada debía añadir y nada añadí. Había una situación polémica de por medio, y sabido es que, en tales tesituras, mientras más objetiva e impersonalmente se traten las cosas por los ajenos a la contienda, mejor. Eso hubiera debido bastarle a Martínez Márquez para explicarse la falta de «adjetivos», sin necesidad de echar mano a lo de la crónica social.

También queda claro que yo no dije que Martínez Márquez no representara nada ni a nadie —que es lo que parece haber sugerido. Dije lo que el memorándum me encargó que dijera; a saber, que el programa *Ante la Prensa* se había hecho para que figuras destacadas de la vida pública cubana expusieran sus puntos de vista SOBRE ASUNTOS DE INTERÉS NACIONAL, o sobre problemas QUE AFECTEN A NÚCLEOS MÁS O MENOS CONSIDERABLES de la ciudadanía. En esas palabras quedaba implícito lo que no era necesario añadir: que si bien Martínez Márquez es una figura destacada en el periodismo cubano, su «problema» con el doctor Castro es más bien de dimensión personal. Lo que sí se añadió es que CMQ-Televisión, respetuosa de la libertad de expresión, le daría oportunidad de expresarse ante sus cámaras, como en efecto ocurrió.

Las irónicas reticencias de Martínez Márquez carecían, pues, de fundamento. Cuando las escuché, resolví ir a visitarle para hacérselo en privado, evitando así más gresca. Pero como los periódicos han recogido aquellas desabridas alusiones, he creído conveniente esta puntualización pública, no vaya a ser que se extienda la sospecha que Martínez Márquez parece tener de que yo soy capaz de tratar con menosprecio a un compañero y amigo, y menos en momentos de... «acoso». Por lo visto, uno nunca puede estar seguro de que se le vea por encima de tales miserias.

(*Diario de la Marina*, 2 junio 1959)

Para alusiones...

Intercalo en el comentario que dejé iniciado sobre el discurso de apertura de los Tribunales del doctor Menéndez, para recoger unas alusiones: plácida y generosa la una; amarga y dolorida la otra. Y ambas del martes, día de la gran resaca.

La primera de mi ilustre amigo el doctor Medardo Vitier, en su artículo «A la luz del recuerdo», publicado en esta página.[113] No es la primera vez que me honra con una mención de esas que le traen a uno a la memoria aquel bello concepto martiano de que por la largueza del elogio se mide más la categoría de quien lo da que el mérito de quien lo recibe. Pronto he de ir a hacerle al maestro de tantas disciplinas que el doctor Vitier es, la visita de afecto, de admiración y de agradecimiento que desde hace tiempo me tengo prometida. Pero he aquí que, al describirme con extrema bondad, el doctor Vitier incluye entre los atributos que me dedica el de «político de los que dan relieve al país». Y sobre eso quisiera decir una palabra.

No es que yo piense que la definición de «político» sea en sí misma cosa de la cual uno deba defenderse, y menos cuando la siguen tan indulgentes calificativos. El que desgraciadamente haya sido en Cuba, por lo general cosa tan chabacana y estéril, cuando no nefanda, en modo alguno quita que pueda ser también, en pueblos afortunados, la más noble de las ocupaciones y la más difícil de las artes. Pero así y todo, mi querido don Medardo, yo no quisiera que pluma de tanta autoridad como la suya me hiciese pasar a la historia con ese calificativo de «político». Pues si así ocurriese tendría que quedar también dicho que fui, como político, bastante

---

[113] «A la luz del recuerdo», *Diario de la Marina*, 27 octubre 1959, pág. 4.

desafortunado, a pesar de esos tránsitos oficiales de algún rendimiento a que Ud. ha aludido.

La verdad es que este su amigo no fue nunca a lo público más que por algún grave requerimiento de la vida nacional, o por alguna instancia que en su momento pareció cívicamente indeclinable. Ambiciones, lo que se dice ambiciones de ese género, nunca las tuve, aunque no falten quienes lo hayan supuesto. Solo he querido ser un escritor, un profesor y un hombre útil, en la medida de sus fuerzas, a la conciencia cubana. En Cuba, por desgracia, la política, cuando no es férvida, suele ser bastarda y cínica; y cuando es noble y fervorosa, suele tener un coeficiente excesivo de pasión y de unilateralidad que a mí, al menos, me resulta poco grato.

Y vengamos ya a la otra alusión, la amarga y dolorida. Es del joven columnista Pedro Leyva, que tan en las bocas y en las plumas ha andado por estos días. Se duele él, en su último artículo, de que, con motivo de cierta instancia que en una sesión reciente del programa *Ante la Prensa* se hiciera, yo no considerase oportuno recordar mi amistad con el padre de dicho columnista y la «bonhomía» que le caracterizó.

Efectivamente, conocí y traté bastante al inolvidable Armando Leyva. Le recuerdo sobre todo de cuando vivía aún en Santiago. Era un bello espíritu «bohemio», generoso, alucinado de ensueños, y un delicado escritor, de prosa matizada y brillante. ¡Qué precioso libro su *Estampas de la aldea* —lindas acuarelas de su terruño hogareño! Leyva murió prematuramente, y será justo que algún día se recuerde al excelente escritor y periodista que en él hubo.

Pero ¿qué pertinencia hubiera tenido que yo interpolase ese recuerdo en aquella dramática sesión de *Ante la Prensa*? Tenga en cuenta el ardido heredero de aquella buena pluma, que yo no soy, en ese programa, más que un «moderador» y, a lo sumo, un «animador». Supongo que me llevaron a él por cierta mesura y serenidad de carácter, que Dios bien sabe que hoy es más necesaria que nunca. Represento allí la hospitalidad de una empresa para con las personas por ella invitadas. No me toca a mí «moderar» las expresiones ni las actitudes, sino los choques que puedan producirse entre los entrevistados y los periodistas. No debo en modo alguno polemizar. Ni rectificar más juicios que aquellos que a mí personalmente me conciernen. Como animador, no hago más preguntas que las que se liguen a las que los periodistas formulen, o a las respuestas que se les dan.

Por lo demás, me preocupa hondamente que el fervor revolucionario esté llegando en Cuba al punto siempre peligroso de la ebullición. Nos convendría a todos recordar que, con la justicia, la fortaleza y la templanza, también la política tiene como una de sus virtudes cardinales la prudencia.

(*Diario de la Marina*, 29 octubre 1959)

Respuesta a buenos entendedores

De algún tiempo a esta parte se me vienen dirigiendo, por radio y por escrito, reproches e instancias con motivo de mi colaboración en el *Diario de la Marina*. Salvo alguna carta recibida en este sentido, solo tengo de tales censuras y exhortaciones muy indirecta noticia. Por lo visto, las más de ellas parecen desconocer el tipo de colaboración, de actitud y de criterios que yo he mantenido en las columnas de dicho periódico. Y aunque me repugna bastante la relación de servicios prestados a la cosa pública —por el aire que suelen tener de que se está poniendo alguna cuenta al cobro, cuando no fueron sino el cumplimiento de un deber—, parece que va siendo necesario, para librarme de confusiones y para asistencia de algunas flacas memorias, puntualizar lo que yo he escrito en el *Diario de la Marina* después del 10 de marzo de 1952.

No he de remontarme más atrás de esa fecha oprobiosa, porque sería el cuento de nunca acabar. Fuera de esta relación quedará, por consiguiente, toda referencia a la obra de treinta y tantos años (con algunos intervalos de ausencia y de exilio) que esta modesta pluma puso en el Decano al servicio de un criticismo constructivo, de sentido a la vez nacional y universal; a los incontables artículos de estimulación de la conciencia y la cultura; a los que frecuentemente enaltecieron el pensamiento liberal criollo del siglo pasado o contribuyeron a la exégesis martiana; en fin, a los que con no menos perseverancia abogaron, desde muy atrás, por la rectificación profunda de nuestra vida social y política, señalando sus lacras, apuntando remedios posibles, aplaudiendo las actitudes y los hombres públicos que lo merecían. Ni he de recordar, más concretamente, mi campaña en el *Diario* como fundador que fui de la Sociedad de Amigos de la República —tan influyente en la lucha contra Batista—, mi posición resuelta en defensa de Guatemala, «diplomáticamente» hollada, o mi carta pública de aquellos días al presidente Eisenhower, advirtiéndole de los estragos que la mala política de Washington estaba haciendo en la «buena voluntad» americana.

Quede todo eso para la historia, si es que esta cree que vale la pena tenerlo en cuenta. Solo un momento, una actitud mía anterior al 10 de marzo quisiera exhumar, y eso por la relación que tiene con lo demás que aquí quiero decir hoy. No fue precisamente en el *Diario de la Marina*, aunque sí tuviera algo que ver con él implícitamente. Fue con motivo de una invitación muy honrosa que se me hizo para participar en el homenaje que la Cámara de Representantes tributó al diario *El Mundo* en 1951, al cumplir este sus cincuenta años de vida. Permítaseme transcribir algunos párrafos de aquel discurso, tal como los recogió el propio periódico, pues no fue un discurso leído.

Se iba desenvolviendo en él la tesis de que la más fluida y constante representación de la opinión pública en una democracia no la tienen los organismos de origen electoral, ya que estos se eligen en un determinado momento y después siguen desempeñando sus funciones y ostentando esa representación cuando, a lo mejor, ya han cambiado los estados de opinión pública a que su elección respondió. La más continua representación del público sentir la dan los periódicos:

«La prensa no representa solo el matiz del momento electoral, sino que representa el matiz de la cotidianidad. Recoge la mirada ávida de la población, de la conciencia ciudadana que se va clavando día a día en el correr del tiempo histórico; va pulsando a cada momento el sentir popular, y por eso está siempre en condiciones de colaborar con los organismos y poderes del Estado para recordarle qué matiz, qué desviación, qué rectificación o qué corroboración muestra la opinión pública en cada momento...

«Que no se me diga que no siempre cumple la prensa ese deber: tampoco los Congresos lo cumplen siempre. Estamos hablando de moldes ideales de las instituciones; de aquello que las instituciones quieren y deben ser. No podemos empequeñecer nuestro concepto de estas cosas rebajándolas a la minucia y a la peripecia de la falible condición humana. Congresos hay buenos, malos y eminentes; periódicos hay que saben conducirse como deben hacerlo, y periódicos que, en cambio, le venden su alma al diablo...

«Esta afinidad, señores, que la prensa tiene con el mecanismo legislativo y con el político en general, explica también algo a que importa mucho aludir siquiera esta noche, y es la inevitable pluralidad de opiniones, de matices, de actitudes, de convicciones y de principios que se reflejan en el periodismo, al igual que en la política de una democracia. Estoy cada vez más convencido de que lo que constituye de hecho y en la vida práctica la esencia del vivir democrático, no es la fórmula generosa y magnífica, pero acaso un poco astral, que reza: «Gobierno del pueblo, por el pueblo y para el pueblo» ... Porque, desgraciadamente, estas preposiciones «de», «con» y «por» se prestan, como lo hemos visto, como lo estamos viendo cada día, a los más diabólicos trastrueques. Lo que constituye realmente, en la práctica, la democracia de que algunos pueblos blasonan y que en realidad no tienen, es la pluralidad de las opiniones.

«No hay democracia donde no haya pluralidad de partidos. No es democracia la que presume de acción «por» y «para» el pueblo, lo hace en nombre de una sola entidad política, de un partido único; no es democracia la que se basa en un soberbio entronizamiento de poder contra las más cardinales exigencias del espíritu humano y su afán natural de libertad. Pues el hombre es por naturaleza criatura limitada, y como tal sujeta inevitablemente al error. Lo democrático es admitir siempre la posibilidad de que estemos equivocados y de que sean otros quienes estén en la verdad. Y un régimen que no consienta la existencia de la minoría, que no deje margen para la posible verdad del adversario, es un régimen esencialmente soberbio en el orden moral, y despótico en el orden público.

«Así como tiene que haber pluralidad de partidos, así también en el orden periodístico ha de haber variedad de órganos de expresión. No se concibe una democracia en que no hubiera más que un solo periódico, cuya camarilla interna dictara el modo de interpretar los asuntos públicos. Tiene que haber diversidad de periódicos como de conciencias. En lo técnico, periódicos ágiles e impresionistas y periódicos graves y ponderados; en lo doctrinal, periódicos ávidos de futuro y periódicos conscientes de la responsabilidad profunda de la tradición; periódicos de derecha, de izquierda y de centro... ¡Qué bien se palpaba la democracia francesa, por ejemplo, cuando en mis tiempos oía yo vocear en París *L'Humanité*, el periódico comunista, y *Acción Francesa*, el periódico «royalista» de Maurras!... Para poder marchar físicamente, necesitamos de la resistencia del suelo, porque si no, nos deslizaríamos y caeríamos. Así también para la buena marcha histórica le es necesario a los pueblos no solo el ímpetu, sino también cierto grado de resistencia... Por eso decía Martí que los pueblos han menester a la vez del freno y la caldera».

Hasta aquí los párrafos de aquel discurso en honor de *El Mundo* que yo quería citar y que ese periódico reprodujo íntegramente en su número del 9 de noviembre de 1951. Creo que esas reflexiones tienen hoy aún más pertinencia que entonces.

Pero vengamos a mi colaboración en el *Diario* a partir del 10 de marzo. ¡Pensar que fue en *Alerta*, en el efímero momento de sorpresa ante el golpe de Estado durante el cual Ramón Vasconcelos se sintió todavía ortodoxo, donde publiqué mi primer artículo contra el suceso nefando, bajo el título de «Borrones y paréntesis»!... Pero enseguida, cinco días después, el 23 de marzo, reanudaba yo mi colaboración en el Decano con un artículo titulado «Los principios y la fuerza», seguido de otro, «La norma y el hecho», y me enzarzaba en una polémica con el Dr. Mario Díaz Cruz, que ya entonces salía en defensa del golpe marcista.

Tenía que batallar en dos frentes, pues el 4 de abril era el periódico *Hoy* quien me atacaba, por la pluma de mi antiguo compañero de exilio en Nueva York, César Vilar, hoy en desgracia de su partido... Por los artículos del *Diario* y por los que escribí incesantemente en *Bohemia*, no dejaron de salirme al paso acólitos menores del régimen. Los combatí en ambas publicaciones. Cuando en el mes de mayo se produjo el vicioso ataque a la *Universidad del Aire*, tuve que habérmelas también en el *Diario* con Gastón Baquero, que intentó disculparlo,[114] no obstante la condena que de aquel episodio de violencia deliberada y sangrienta, la primera del régimen, había publicado editorialmente el mismo *Diario de la Marina*. Por cierto, que al acto de desagravio que se me ofreció en La Tropical, y del cual Mario Kuchilán dijo en su *Babel* que «resultó un acto cívico de solidaridad cubana: mil personas, el mejor survey...», concurrieron muchos de los jóvenes asi-

---

[114] Se refiere al artículo «Derecho y revés de un incidente», publicado por Baquero en el *Diario de la Marina*, el 7 de mayo de 1952, pág. 4.

duos de la *Universidad del Aire* que hoy son personeros de la Revolución, como Armando Hart, Faustino Pérez y otros.

Omito los ecos de mi largo discurso en la Escalinata de la Universidad el 20 de mayo de 1952, al conmemorar los estudiantes —en tan dramático ambiente— el medio siglo de la República. Fue, si se me permite decirlo, un discurso profético, porque le anuncié al dictador toda la sangre que por su culpa iba a correr en Cuba. Tres meses después tuve que ausentarme para una grave operación de mi esposa en los Estados Unidos. Cuando regresé estaba a punto de «celebrarse» el Centenario de Martí. Batista me había mandado a ofrecer la presidencia del Comité del Centenario. No solamente la rehusé, sino que tampoco me avine a participar en ninguno de los actos oficiales del Centenario. Pero ofrecí en el Lyceum una conferencia en la que el elogio del Apóstol terminaba con la denuncia de aquella farsa. El *Diario* publicó (el 24 de febrero) esa parte final de mi conferencia, releída después en la Universidad de Oriente.

Por aquellos mismos días me retiré de la Ortodoxia, tras haber intentado en vano conciliar las facciones en que estaba dividida. Pensé que podría servir mejor al país con una pluma que no pareciese obligada a disciplina política. Y así, en efecto, continué haciéndolo, en *Bohemia* y en el *Diario de la Marina*, durante todos los intervalos en que la censura no se impuso. Ambas publicaciones acogieron mis comentarios al Manifiesto de la SAR, que yo aún presidía. Abrigaba yo aún la esperanza de que el problema cubano pudiera resolverse sin sangre, y en ese sentido se movían mis pareceres y mis consejos, por ejemplo, mi artículo en el *Diario* sobre el conato insurreccional de García Bárcena.

A ese mismo espíritu respondió, meses después, la fundación del Movimiento de la Nación, con Justo Carrillo, Pardo Llada, López Frasquet... Algún día habrá que decir más ampliamente hasta qué punto había entonces razones para pensar que un nuevo instrumento semejante pudiera darle salida digna, sin Batista, al problema cubano.

Pero aquello fracasó. La dictadura consideró más provechoso apretar las tuercas... Quebrantada mi salud por aquel empeño, breve pero intenso; amenazado ya por mi actitud política y por mi discurso en homenaje a Cosme de la Torriente en el Liceo de Guanabacoa; consciente de la tragedia que a Cuba se le venía encima y de lo poco que yo ya, a mis años, podía hacer para impedirla, me fui al país de Europa donde podía vivir decorosamente con mis modestos recursos.

Fue un destierro de dos años y medio. Volví cuando se hizo de nuevo la luz. Y desde antes de volver, desde el extranjero mismo, en Madrid y en París ya había dicho —hasta cuando el triunfo no estaba a la vista— mi férvida adhesión a la lucha heroica de Fidel.

Esto es todo lo que yo quería, por hoy, recordar. Como se ve, durante todo el trágico septeto no escribí en el *Diario* sino para decir claramente mi pensamiento, las ideas de rectificación profundas de la vida cubana, dentro de un cauce democrático, que habían informado siempre mi actuación pública. Escribía en el *Diario de la Marina*, no por preferencia ideológica alguna (es difícil que ningún periódico represente cabalmente lo que uno piensa), sino sencillamente, porque el Decano fue el que me acogió cuando yo empezaba a emborronar cuartillas, y ese afecto y reconocimiento le guardo, pues soy hombre bien nacido.

El público lector del Decano es un público, en general, de «derecha», pero no de sensibilidad política. De ahí que mi colaboración en esas páginas fuese mayormente de temas literarios, filosóficos, sociales, culturales en general. Lo primero que tiene que hacer un periodista es saber lo que a su público le interesa. Sin embargo, aproveché también siempre mi colaboración en la *Marina* para comunicarles a esos lectores mis preocupaciones por el destino en Cuba, para hacerles sentir a quienes no la sintieran, la necesidad de una rectificación profunda de la vida pública del país; en suma, para abrirle cauce al pensamiento revolucionario tal como yo lo sentía y lo he sentido siempre. Si se pusiese en determinados juicios superficiales un poco más de perspicacia y de inteligencia, se comprendería hasta qué punto ciertos escritores «liberales» que en el *Diario* colaboramos somos eso que ahora se llama «una punta de playa», y llegamos con nuestra voz de simpatías revolucionarias a un público que de otra manera no escucharía voz alguna en ese sentido...

Pero mi pensamiento político más explícito lo expresé, durante los años a que he venido refiriéndome, en estas páginas de *Bohemia*. Eso (tan patente por lo demás) lo declaré yo mismo en el almuerzo en que se me entregó por entonces el premio José Ignacio Rivero. Simplificando humorísticamente, dije que escribía con la derecha en el *Diario* y con la izquierda en *Bohemia*... No han faltado quienes piensen que esto es un nefando desdoblamiento, o un estar «en la cerca». Pero yo me pregunto: ¿Desde cuándo está un escritor obligado a decir las mismas cosas, a tratar los mismos temas, en publicaciones distintas? Lo único que a un escritor se le debe pedir es que haya unidad, congruencia y consistencia en su pensamiento, y yo quisiera que alguien me pudiera señalar cuándo he cometido el pecado intelectual de decir, en páginas distintas, cosas contradictorias.

En cuanto a lo de «la cerca», es el eterno reproche de los simplistas, a quienes no suele alcanzárseles que la realidad es demasiado compleja para interpretarla o para tratar de modificarla con criterios rígidos, para vestirla, como decía Bergson, con «trajes hechos». Otra cabeza ilustre, Goethe, solía decir que el pensamiento ceñido y revelador comienza cuando decimos: «Sí, pero...». En cambio, el esquematismo, la rigidez, la simplificación, ya sea en forma de lugares comunes o de «ideologías» de cartabón, han hecho siempre estragos en la conciencia y en la cultura de los pueblos.

Todo esto es lo que por el momento quería yo decir hoy en respuesta a ciertas exhortaciones que por lo visto se me han hecho con mucha publicidad radial, sin que yo las conozca en detalle o textualmente, porque no se me hizo recipiendario de ellas, como parecía debido hacerlo. Por lo demás, agradezco los buenos deseos que hayan podido conllevar para mi buena salud de ciudadano. Siempre la he cuidado mucho, y seguiré cuidándola. Es más, puede que en algún momento se vea que no estoy dispuesto a seguirla exponiendo a complicaciones, es decir, a responsabilidades que no sean las que se deriven de mi adhesión profunda de toda la vida al ideal revolucionaria de una Cuba más justa, más libre, más feliz, más genuinamente democrática.

En camino de ella estamos. Ojalá, lectores, cubanos todos, ojalá que el nuevo año vea ya la consolidación de ella.

(*Bohemia*, 10 enero 1960)

Compromiso con la verdad entera
(Réplica a un joven discrepante)

En la sección dominical del periódico *Hoy* (que, dicho sea de paso, a veces leo, y lamento no poder hacerlo con más frecuencia, porque es siempre saludable mantenerse «en forma» cotejando el propio pensar con el ajeno), el joven escritor Adrián García Hernández y Montero dedica en el último número toda una doble plana a comentar mi reciente artículo de *Bohemia* titulado «El testamento de Camus».[115] No está de acuerdo con él, naturalmente; es decir, no está de acuerdo ni con Camus ni conmigo, que no fui en este caso sino modesto glosador. Pero García Hernández expone su discrepancia urbanamente, serenamente; en otras palabras: con seriedad, con limpia dialéctica. Así sí vale la pena contestar. Así da gusto. Por lo demás, creo que García Hernández, al juzgar el pensamiento de Camus sobre las relaciones del escritor con lo público, le ha entendido demasiado simplemente. Y, por extensión, también a mí.

A Camus, por lo pronto. Hace historia de las posiciones que hacia lo político asumió el gran escritor francés recién muerto. Recuerda su participación en el movimiento de la Resistencia francesa, sus campañas en el periódico que luego dirigió, *Combat*, las actitudes morales de sus primeros libros, su desilusión con la Cuarta República y lo que García Hernández llama su incomprensión de «la transformación que se está verificando en los países socialistas». Ante esa actitud suya, le sitúa entre los escritores «que apoyan objetivamente al capitalismo por miedo al socialismo», aunque se cuida García Hernández de decir que Camus «no asume

---

115 «El testamento de Camus», *Bohemia*, 31 enero 1960, págs. 75 y 82.

la defensa explícita de ese mundo, pero guarda silencio y se niega a comprometerse con ninguna causa concreta, con ningún movimiento real que tienda a abolir la explotación y la opresión», limitándose a predicar «una independencia y un aislamiento que solo pueden servir a las clases dominantes y al desorden establecido».

Aquí se ve ya la esencial falacia en el razonamiento de nuestro joven escritor. En primer lugar, no creo que pueda válidamente decirse que Camus, el hombre que tantas batallas libró, hasta casi la víspera de su muerte, contra las más varias formas de injusticia y de violencia, por ejemplo, la guerra misma y pena capital, se negó a «comprometerse con ninguna causa concreta». Esto, desde luego, lo sabe García Hernández. Lo que ocurre es que, para él, la palabra «causa» toma un sentido especial, de específica y organizada militancia —como ahora se dice— al servicio de un determinado «movimiento» y de un repertorio de dogmas político-sociales (más concretamente aún, del socialismo) y, naturalmente, eso es tan tremendamente «concreto», que toda otra batalla, así sea contra las más palpables iniquidades humanas, a mi joven amigo le parece tan abstracto que es como si no existiera.

Pero el sofisma va aún más allá. Envuelve también la suposición (tan frecuente en las discusiones que desde ese punto de vista se hacen) de que todo lo que no sea adscribirse a una causa así entendida, es decir, a La Causa, es apoyar «implícitamente» la tendencia o posición contraria; de suerte que no estar con el comunismo, el no militar con él, significa, según este holgado criterio, estar con el capitalismo y, por consiguiente, con todas las iniquidades que en su nombre se perpetran. Este razonamiento, este *tertio non datur*, como decían los lógicos antiguos (que no por antiguos eran siempre malos, al menos para describir los peligros que rondan al pensamiento) es característico del dilematismo de nuestro tiempo: de la camisa de fuerza a que se pretende sujetar a la conciencia humana. Si no estás conmigo, estás con mi enemigo. No se admite que se pueda estar a la vez contra los dos, en nombre de la adhesión a un ideal humano menos falible que ambos.

De hecho, tal me parece el caso de Albert Camus. No he leído una sola página de él en que «implícitamente» (dándole a esta palabra su sentido más riguroso, y no el más cómodo) «apoye» el capitalismo, ni objetiva ni mucho menos subjetivamente. Por el contrario, recuerdo haber leído bastantes en que deja entender claramente su repugnancia a un sistema de relaciones sociales y económicas que, a cambio del impulso que dio a los intereses materiales y que Carlos Marx fue el primero en reconocer, tantas lesiones le infirió e infiere a los intereses espirituales del hombre. Pero claro es que reconocer eso, el querer, como tantos hombres del estilo mental y moral de Camus quieren, superar ese sistema, no los obliga a tirarse de cabeza en la adhesión a otra «ideología», ya sea de izquierda o de derecha (porque también hay hoy día derechas que se dicen anticapitalistas) que desde su punto de vista «humano» suponga un remedio tan malo como el mal que se propone corregir. No los obliga a casarse con otro sistema que también deforme al hombre, que también le merme su libertad y su dignidad, que también cultive el odio y la violencia, que también suponga que el fin justifique los medios («¿y quién justifica el fin?», preguntaba Camus) y erija a menudo la muerte como vía de salvación.

A eso es a lo que Camus se negaba. Y se negaba, no en razón de una parcialidad, sino de una integridad de lo humano. No por una deficiencia de su espíritu de justicia, de su amor al hombre, sino por todo lo contrario: por una incapacidad para transigir con falsificaciones o siquiera con meras aproximaciones. Claro que en esto hay un absolutismo: un querer lo perfecto. Pero, ¿no es esa justamente la función y deber del escritor, del artista, del «intelectual», como por mal nombre se dice?... Sobre eso volveré enseguida.

Pero antes, debo recoger —aunque no tenga yo por qué erigirme en albacea de todo el legado de ejemplos, buenos y malos, de Camus— lo que García Hernández dice de la aparente indiferencia del escritor francés al drama de Argelia. Debe de ser cierto, porque otros escritores dan testimonio de lo mismo. La represión argelina ciertamente no le hace honor a la Francia de Danton, de Zola y de Víctor Hugo. He leído lo que se ha publicado de *La Gangrena* y otros testimonios. Lo he leído, no solo, por cierto, en periódicos de izquierda, sino hasta en un pequeño mensuario que no sé quién me mandó desde los Estados Unidos, *The Catholic Worker*, y lo que leí me dio bascas. Si Camus, sabiendo eso, no lo condenó, falló gravemente, porque desde sus mismas posiciones mentales y morales estaba inexcusablemente obligado a hacerlo. Desde sus mismas posiciones «humanas». Ahí sí que perdió el sentido de lo «concreto», de lo terriblemente concreto.

Pero, ¿basta eso para invalidar toda una posición de independencia como la que él asumió? El hecho de que tantos comunistas y filo-comunistas se hurten también a condenar las salvajadas de Hungría, ¿basta por sí solo para condenar la buena fe que profesan al servicio de su Causa?... Y conste que no establezco una absoluta ecuación entre lo uno y lo otro, porque si bien sé qué razones se aducen para «cohonestar» lo de Hungría y otras cosas de su laya, no sé cuáles tendría Camus para permanecer indiferente ante las torturas argelinas, si es que de veras se trató de indiferencia y no de un desesperado sentido de su propia impotencia para decir, en la Francia exacerbada de nacionalismo, toda la verdad.

Aun así no se disculparía. Pero si tal fuera el caso, serviría al menos para sugerir aquello en que precisamente estriba la servidumbre y la grandeza del escritor genuino: que es un apasionado, no de las verdades a medias, sino de toda la verdad. De la verdad con todos sus matices, con todos sus rigores y exigencias. No de la opción para decir una cosa y para callar otra; para denunciar un interés humano hollado y silenciar la lesión que otros padecen; sino de la obligación a decirlo todo... o callar. Porque gústeles o no la cita a ciertas mentes propagandísticas (entra las cuales no incluyo a García Hernández, muy devoto de Ortega y Gasset) siempre será cierto aquello que dejó escrito el gran pensador español: «Cuando la pasión anega a las muchedumbres, es un crimen de leso pensamiento que el pensador hable. Porque de hablar tiene que mentir. Y el hombre que aparece ante los demás dedicado al ejercicio intelectual, no tiene derecho a mentir».

En suma: lo que Camus predicó no fue un «desasimiento» de VALORES, y ni siquiera quizás de toda «política», pues aunque desgraciadamente sea también cierto aquello de Alfonso Reyes: que en toda política la acción conduce a la transacción, la política democrática al menos permite cierta flexibilidad de buena ley y es más o menos acogedora a la discrepancia. A lo que prefirió sustraerse Camus fue al sectarismo cerrado (que, en efecto, llamé «cerril», porque eso suele ser), e intelectualmente a lo que Manheimm denominó «ideologías» —esas campanas neumáticas, esas camisas de fuerza, esas prisiones del juicio, esas inexorables y casi siempre brutales disciplinas que nuestra desgraciada época ha inventado. Si oponerse a eso es decidirse por el «liberalismo», como parece pensar García Hernández, yo, al menos, no lo rechazo. Siempre que se le dé a la palabra su noble sentido de afirmación de la libertad crítica del hombre, y no, subrepticiamente, connotaciones de indiferentismo social o de *laissez faire*.

Si Camus predicó (y en realidad, no «predicó» nada: sencillamente ejerció) una independencia de esas «ideologías», es porque todas, tarde o temprano, niegan ciertos valores humanos en nombre de su defensa de otros valores... que a veces también acaban por traicionar. Y es con TODOS los valores, repito, no con unos a costa de otros, con los que el intelectual genuino se ha de «comprometer». Si tiene aptitudes y temperamento para ello, muy bien puede también (y hasta da un ejemplo saludable al hacerlo) sumarse a una política que por lo menos defienda los más altos valores en que cree; pero siempre que tal política no sacrifique los demás. Cuando tal cosa ocurra, lo mejor que hace es meterse en su casa.

* * *

Ya dije que, después de enjuiciar tan severa e injustamente a Camus, nuestro contradictor pasa a Cuba y la emprende por extensión conmigo. Así como hay argumentaciones *ad hominem*, es decir, con vistas a la persona, también las hay con vistas al *locus*, al lugar. Se trata, claro está, de desacreditar una posición mental atribuyéndole implicaciones locales. Por ejemplo: dejar entender que celebrar ese «desasimiento» de Camus supone, por mi parte, una indiferencia a nuestro acontecer revolucionario.

Tiene razón García Hernández cuando afirma que «los mejores intelectuales cubanos» de todos los tiempos siempre se caracterizaron por «la preocupación y la actividad civil».

Sería el colmo que eso me lo sacase a mí como un ejemplo: a mí, que si de algo he sido acusado siempre por los intelectuales «puros» es de haber cambiado «la fede por la sede», como decía Lezama Lima con su garbo expresivo de siempre. Reconoce que, desde mi juventud, he estado batallando por lo público, en la política y fuera de ella. Reconoce que mi actividad política, si bien tantas veces fallida en sus esfuerzos (y según García Hernández, en sus fórmulas), por lo menos «se distinguió por su honradez, en medio de la corrupción posterior al fracaso de la revolución del 30». No es poco ya eso.

Lo que no cree García Hernández oportuno recordar es que también fuera de la política mi actitud y mi pluma estuvieron siempre «comprometidas» en defensa de lo más «concretamente» humano. Se me perdonará, pues, que le refresque la memoria. Que le recuerde solo por vía de ejemplo, no más que unos cuantos episodios de este «liberalismo» mío. No he de remontarme demasiado, porque sería el cuento de nunca acabar y porque, a lo que parece, García Hernández considera que mi «indiferencia» es de los últimos tiempos. Cuando asesinaron a Jesús Menéndez, por ejemplo, esta pluma mía publicó en *Bohemia* un artículo de protesta contra el crimen odioso y un elogio merecido del líder obrero, comunista por cierto; elogio que el periódico *Hoy* comentó con aplauso y con su pizca de sorpresa, como si procediera de un «insensible» profesional... Cuando lo de Guatemala, no solo libré una campaña escrita contra los abusos de la United Fruit y el manotazo imperialista de Washington, sino que hablé en reuniones públicas y encabecé un manifiesto de intelectuales libres cubanos. A la dictadura cubana la combatí incansablemente desde el 10 de marzo, y casi desde la víspera... Cuando el régimen estrenó su hipocresía pretendiendo honrar el Centenario de Martí, rechacé todas las invitaciones a sumarme al coro, a título de «martiano», y sostuve en estas páginas toda una polémica con don José Vasconcelos. Cuando a Núñez Jiménez le quemaron su Geografía y a Carlos Rafael Rodríguez le quemaron su biblioteca, tampoco estuvo ausente mi protesta. Ni cuando los crímenes de la tiranía empezaron a regar sangre cubana... Y baste con eso. La verdad es que me repugnan estas exhibiciones, aunque a veces, por lo visto, son necesarias. ¿Puedo preguntar qué hacía el joven García Hernández cuando yo «comprometía» así mi pluma y mi tranquilidad?

Mi actitud hacia la revolución actual, sobre la que proyecta ciertas reticencias, está muy a la vista. La he defendido desde el primer día. Mejor dicho, la he defendido desde hace treinta años, desde cuando García Hernández aún no había nacido. Porque las revoluciones no las hacen solo los que la llevan a cabo, sino también los que la preparan. Van sobre caminos de papeles, como decía Martí. Y cuando yo estaba predicando lo de «la nación que nos falta» (que García Hernández recuerda), no hacía otra cosa que pedir toda esta sustanciación de la dignidad y de la realidad objetiva cubana que ahora estamos contemplando.

¿Reservas? ¿Matices de discrepancia sobre ciertas formas y modos del hecho revolucionario?... Pues claro que los tengo. En primer lugar, aunque sea un tópico, toda empresa humana es falible por algún lado. Pero lo esencial, lo que hace al presente caso, es que esa actitud crítica (que yo, por cierto, no he hecho explícita, porque no quiero hacer nada que pueda debilitar el gran empeño), y porque hasta ahora los frutos positivos de la Revolución son mucho más importantes que sus fallas) esa actitud crítica, digo, en el ciudadano es un derecho, y en el escritor público algo más aún: es un deber. Más todavía: algo inevitable. Porque el escritor, si algo esencialmente es, es un hombre comprometido, ante todo, con la verdad entera, con la totalidad de los valores humanos. Y si no es eso, no es más que un «ideólogo». O un propagandista.

Lo que en el fondo hay es que el mundo de hoy está, en todo, dividido entre la libertad y la seguridad. Así como en el orden social hay quienes más o menos voluntariamente sacrifican la libertad relativa a la seguridad, por ejemplo, económica, que los regímenes totalitarios procuran, así también hay escritores que prefieren la «seguridad» ideológica de los repertorios dogmáticos, que les ahorran el trabajo de pensar, a la libertad de juicio, que se ha mostrado más fecunda en la historia, pero también más riesgosa. Yo sigo prefiriendo esta última, pues permite la rectificación progresiva de los errores y la depuración de los aciertos mediante el contraste de opiniones y la libre discusión. Lo otro no conduce sino al «estatismo» en ambos sentidos de la palabra: el de la política y el de la inteligencia.

(*Bohemia*, 14 febrero 1960)

www.ingramcontent.com/pod-product-compliance
Lightning Source LLC
Chambersburg PA
CBHW021411300426
44114CB00010B/458